Im Anfang.
Wir schreiben

Christian Linker / Peter Otten

WiR erzählen die Bibel

Texte der Einheitsübersetzung aus ungewöhnlicher Perspektive lesen

Herausgegeben im Auftrag des BDKJ
In Zusammenarbeit mit
Sandra Huebenthal und Bernhard Klinger

Mit Bildern von Mika Springwald

HERDER

FREIBURG · BASEL · WIEN

Im Anfang war kein Beginn. Im Anfang war Erschütterung. Wir lebten als Fremde in Ägypten, heimatlos. Wir zogen durch Wüsten und wohnten in Zelten, zogen in Städte und auch wieder aus, wir suchten. Wir kämpften und siegten, unterlagen und gingen verloren, wir fanden uns wieder und suchten.

Wir hörten von einem Gott und seiner Verheißung, wir hingen an ihm und dann wieder nicht. Wir waren erfüllt und manchmal enttäuscht. Er auch. Wir hörten von dem Mann aus Galiläa und erzählten seine Geschichten, wir schickten uns Briefe, wir saßen beisammen und teilten das Brot, wir saßen im Knast. Wir waren voll Freude und Hoffnung, voll Trauer und Angst, wir schrieben es auf.

Wir wollten es teilen, du kennst das. Was wir erlebt und erlitten, gesehen und gehört haben, gefühlt und geträumt, das ließ uns nicht los. Wir schrieben es auf. Wir fragten uns: Wer sind wir eigentlich, wer wollen, wer sollen, wer könnten wir sein? Wie lebt man mit Gott, wie hält man seine Nähe aus und wie seine Ferne? Wie hat er die Welt gewollt, und was heißt das für uns, dass sie meistens ganz anders ist?

Wir wussten noch nichts von der Bibel. Wir haben aufgeschrieben, was uns wichtig war, Jahrhunderte lang. Wir haben es zusammengetragen, überarbeitet, geordnet und daraus neue Schlüsse gezogen. Es hat uns bewegt. Vielleicht bewegt es auch dich. Zwischen dir und uns liegen hunderte, tausende Jahre. So viele Generationen zwischen uns und dir haben die Texte gelesen, sie hingen daran und dann wieder nicht, sie haben gesucht. Und jetzt kommst du. Wie lebst du mit Gott oder ohne? Wer wolltest, wer solltest, wer könntest du sein? Du in deiner Zeit und die Menschen mit dir? Was erschüttert dich? Was suchst du? Was sind deine Freude und Hoffnung, deine Trauer und Angst? Kommst du mit uns auf die Reise? Wir nehmen dich mit in den Anfang.

Inhalt

Im Anfang. 2
Wir schreiben

Altes Testament 6

Auserwählt 7
Wie es sich anfühlt,
ein Retter zu sein
Aus dem Buch der Richter

Schrankenlos 17
Welchen Preis David für
seine Macht bezahlt
Aus dem zweiten Buch
Samuel

Erschöpft 24
Wo Elija seinen Gott
(wieder)findet
Aus den beiden Büchern
der Könige

Unterwegs 41
Wie wir die wurden, die
wir sein werden
Aus dem Buch Genesis

Befreit 66
Wie das Meer sich immer
wieder teilt
Aus dem Buch Exodus

Rebellisch 93
Wie Amos dagegen hält
Aus dem Buch Amos

Verheißungsvoll 101
Wie Jesaja die Todschatten
verjagt
Aus dem Buch Jesaja

Gewollt 117
Warum überhaupt etwas
existiert und nicht nichts
Aus dem Buch Genesis

Verbindlich 131
Warum Recht nicht
Heuchelei sein darf
Aus dem Buch Deuteronomium

Treulos 138
Warum wir uns Goldene
Kälber gossen
Aus dem Buch Exodus

Unverletzt 146
Wie Gott uns im Alltag
heiligt
Aus dem Buch Levitikus

Fremd 154
Wie die Ausländerin Rut
unter Gottes Flügel kam
Das Buch Rut

Empört 161
Was Jona so wütend macht
Das Buch Jona

Lauthals 168
Wie wir unsere Gottsuche
singen
Aus den Psalmen

Leidenschaftlich 183
Wie Schulammit sich gegen
die Unterwelt wendet
Das Hohelied

Offen 192
Welche Fragen bleiben
werden
Aus dem Buch Ijob

Neues Testament   208

Influencer werden   209
Die Jesusgeschichte muss auf Tour gehen
Aus dem ersten Brief an die Korinther

Glückliche Flucht   219
Vom Tellerwäscher zum Teilhaber
Der Brief an Philemon

Staatsfeind Nummer 1   226
Die Jesusgeschichte kommt nach Europa
Der Brief an die Philipper

Wir wählen die Freiheit   235
Krach. Bumm. Peng.
Aus dem Brief an die Galater

Wer sind wir?   245
Schneeschuh-Spuren
Aus dem Evangelium nach Markus

Alles Schwindel?   278
Wer hat's erfunden?
Der Brief an die Kolosser

Aha-Erlebnisse   289
Die frohe Botschaft wird zur frohen Lehre
Aus dem Evangelium nach Matthäus

Christsein ist kein Ponyhof   304
Eine knappe Vier reicht uns nicht
Der Brief des Jakobus

Der Jesus-Remix   315
Reichtum ist keine Schande
Aus dem Evangelium nach Lukas

Wir schreiben ein Sequel   336
Eine Geschichte wird ins gute Licht getaucht
Aus der Apostelgeschichte

Hüllen fallen   357
Gott macht das Ende rund
Aus der Offenbarung des Johannes

Im Laboratorium   373
Petrus, das gefälschte Original
Der zweite Brief des Petrus

Kein Ende.   382
Ein Nachwort des BDKJ

ALTES TESTAMENT

Wie es sich anfühlt, ein Retter zu sein

Nein, wir beginnen nicht mit der Erschaffung der Welt. Nicht mit Adam und Eva oder Sara und Abraham. Nicht mit unserer Knechtschaft in Ägypten oder unserer Wanderung durch die Wüste. Es werden einmal finstre Tage kommen, an denen wir diese Geschichten aufschreiben werden. Aufschreiben müssen, damit sie nicht vergessen werden. Damit wir uns selbst nicht vergessen.

Beginnen aber wollen wir mit einer echten Heldensage. Mit einer Geschichte aus der Zeit, zu der wir noch keinen König hatten, keinen zentralen Tempel oder etwas in der Art, ja – zu der wir noch gar nicht wussten, dass es uns überhaupt gibt und wer das eigentlich sein soll: Israel. Volk Gottes.

Wir stellen dir eine Gesellschaft vor, die auf der Suche nach sich selbst ist und nach ihrer Identität. Die sich fragt, wer dazu gehören soll und wer nicht. Vielleicht kommt dir das irgendwie bekannt vor.

Menschen zu deiner Zeit werden über jene Epoche nicht mehr viel wissen, denn drei Jahrtausende trennen uns hier. Wir leben in Stämmen oder Sippen, in kleinen Dörfern und fangen gerade erst an, uns mit anderen zusammenzuschließen, uns zu organisieren und Siedlungen zu gründen, die man später irgendwann als Städte bezeichnen wird. Und wie das in wilden Vorzeiten so ist: Immer wieder verstricken wir uns in Gewalt. Wir führen Kriege, oder andere fallen über uns her.

Es gibt da diesen einen Gott, den wir HERR nennen. Wir kennen ihn noch kaum. Manchmal fühlen wir uns ihm nah, dann wieder nicht. Doch jedes Mal, wenn es uns richtig dreckig geht, erinnern wir uns an ihn und es ist, als schicke er uns dann einen Retter oder eine Retterin. Echte Helden und Heldinnen. Das sind Menschen, denen wir uns anvertrauen und die wir deshalb als „Richter" oder „Richterin" einsetzen.

Simson war so ein Held. Seine Geschichte ist episch. Sie hat alles, was eine gute Heldensage ausmacht: Mut, Liebe und Verrat, Superkräfte und eine alles entscheidende Schwachstelle ... Was wir hier niederschreiben, wird in den kommenden Jahrhunderten der Stoff für Gemälde und Skulpturen, für Opern und Filme werden und für immer neue Geschichten, die daraus entstehen. Sie zeigen Simson kraftstrotzend mit seiner gewaltigen Haarmähne, seiner Lockenpracht.
Die Haare wird man ihm nehmen und ihn somit seiner Kräfte berauben. Das klingt nach Mythos, nach einer Zaubergeschichte. Und doch ist es leider bis in deine Tage hinein üblich, den Menschen das Haar abzuschneiden, um ihre Individualität zu stutzen. Oder gar zu vernichten. Du kennst die Bilder von kahlrasierten Menschen in Uniformen. Oder in der Sträflingskleidung eines Konzentrationslagers ...

Manche sagen, Simson sei am Ende gescheitert. Für uns ist es vor allem die frühe Geschichte eines Auserwählten. Eine Geschichte darüber, wie das wohl sein mag, auserwählt zu sein. Wie es ist, so eine Bürde zu tragen. Wie es ist, komplett zu scheitern und vielleicht gleichzeitig doch nicht. Letztlich wie es sich anfühlt, mit so einem Gott zu leben.

Aus dem Buch der Richter

Ankündigung der Geburt Simsons

13 ¹Die Israeliten taten wieder, was in den Augen des HERRN böse ist. Deshalb gab sie der HERR vierzig Jahre lang in die Hand der Philister.
²Es war ein Mann aus Zora, aus der Sippe der Daniter, namens Manoach; seine Frau war unfruchtbar und hatte nicht geboren. ³Der Engel des HERRN erschien der Frau und sagte zu ihr: Siehe, du bist unfruchtbar und hast nicht geboren; aber du wirst schwanger werden und einen Sohn gebären. ⁴Und jetzt nimm dich in Acht und trink weder Wein noch Bier und iss nichts Unreines! ⁵Denn siehe, du wirst schwanger werden und einen Sohn gebären. Es darf kein Schermesser an seinen Kopf kommen; denn der Knabe wird vom Mutterleib an ein Gott geweihter Nasiräer sein. Er wird damit beginnen, Israel aus der Hand der Philister zu retten. ⁶Die Frau ging und sagte zu ihrem Mann: Der Gottesmann ist zu mir gekommen; er sah aus, wie der Engel Gottes aussieht, überaus Furcht erregend. Ich habe ihn nicht gefragt, woher er kam, und er hat mir auch seinen Namen nicht genannt. ⁷Er sagte zu mir: Siehe, du wirst schwanger werden und einen Sohn gebären. Und von jetzt an trink keinen Wein und kein Bier und iss nichts Unreines; denn der Knabe wird vom Mutterleib an ein Gott geweihter Nasiräer sein, bis zum Tag seines Todes.
⁸Da betete Manoach zum HERRN und sagte: Bitte, mein Herr, der Gottesmann, den du gesandt hast, komme doch noch einmal zu uns und belehre uns, was wir mit dem Knaben machen sollen, der geboren werden soll. ⁹Und Gott hörte auf die Stimme Manoachs. Der Engel Gottes kam noch einmal zu der Frau, als sie gerade auf dem Feld war; ihr Mann Manoach war nicht bei ihr. ¹⁰Die Frau lief schnell und teilte es ihrem Mann mit; sie sagte zu ihm: Siehe, der Mann ist mir erschienen, der damals zu mir gekommen ist. ¹¹Manoach stand auf und folgte seiner Frau. Als er zu dem Mann kam, fragte er ihn: Bist du der Mann, der mit meiner Frau geredet hat? Er antwortete: Ja, ich bin es. ¹²Da sagte Manoach: Wenn sich nun dein Wort erfüllt, wie sollen wir es mit dem Knaben halten, was sollen wir mit ihm tun? ¹³Der Engel des HERRN antwortete Manoach: Die Frau soll sich vor all dem hüten, was ich ihr gesagt habe. ¹⁴Nichts, was vom Weinstock kommt, darf sie genießen; weder Wein noch Bier darf sie trinken und nichts Unreines essen. Alles, was ich ihr befohlen habe, muss sie bewahren. ¹⁵Manoach sagte zum Engel des HERRN: Wir möchten dich gern aufhalten und vor dir ein Ziegenböckchen zubereiten. ¹⁶Aber der Engel des HERRN sagte zu Manoach: Auch wenn du mich aufhieltest, würde ich von deinem Mahl nichts essen. Wenn du aber ein Brandopfer herrichten willst, bring es dem HERRN dar! Manoach wusste nämlich nicht, dass es der Engel des HERRN war. ¹⁷Manoach fragte den Engel des HERRN: Wie ist dein Name? Wenn eintrifft, was du gesagt hast, möchten wir dir gern Ehre erweisen. ¹⁸Der Engel des HERRN erwiderte: Warum fragst du nach meinem Namen? Er ist wunderbar. ¹⁹Da nahm Manoach das Ziegenböckchen und das Speiseopfer und brachte es auf dem Felsblock dem HERRN dar und er vollbrachte etwas Wunderbares. Manoach und seine Frau sahen zu ²⁰und es geschah, als die Flamme vom Altar zum Himmel aufstieg, stieg der

> *War da nicht was mit einem Mann, dessen Geburt ein Engel verheißt?*

Engel des HERRN in der Flamme des Altars mit empor. Als Manoach und seine Frau das sahen, warfen sie sich zu Boden auf ihr Gesicht.
²¹Von da an aber erschien der Engel des HERRN dem Manoach und seiner Frau nicht mehr. Da erkannte Manoach, dass es der Engel des HERRN gewesen war, ²²und sagte zu seiner Frau: Sicher müssen wir sterben, weil wir Gott gesehen haben. ²³Doch seine Frau entgegnete ihm: Wenn der HERR uns hätte töten wollen, hätte er nicht aus unserer Hand Brand- und Speiseopfer angenommen und er hätte uns nicht all das sehen und uns auch jetzt nichts Derartiges hören lassen.
²⁴Die Frau gebar einen Sohn und nannte ihn Simson; der Knabe wuchs heran und der HERR segnete ihn. ²⁵Dann aber begann der Geist des HERRN, ihn umherzutreiben im Lager Dans zwischen Zora und Eschtaol.

Simsons Heirat einer Philisterin und sein Rätsel

14 ¹Simson ging nach Timna hinab und er sah in Timna unter den Töchtern der Philister eine Frau. ²Als er wieder heraufkam, teilte er es seinem Vater und seiner Mutter mit und sagte: Eine Frau habe ich in Timna gesehen unter den Töchtern der Philister. Nehmt sie mir doch zur Frau! ³Sein Vater und seine Mutter erwiderten ihm: Gibt es denn unter den Töchtern deiner Stammesbrüder und in meinem ganzen Volk keine Frau, sodass du fortgehen und eine Frau von diesen unbeschnittenen Philistern heiraten musst? Simson antwortete seinem Vater: Die nimm mir, denn sie ist recht in meinen Augen. ⁴Sein Vater und seine Mutter wussten nicht, dass es vom HERRN so geplant war, weil er einen Anlass zum Kampf mit den Philistern suchte. Damals herrschten nämlich die Philister über Israel.
⁵Simson ging mit seinem Vater und seiner Mutter nach Timna hinab. Als sie bei den Weinbergen von Timna waren, siehe, da brüllte ihm ein junger Löwe entgegen. ⁶Da kam der Geist des HERRN über Simson und Simson zerriss den Löwen mit bloßen Händen, als würde er ein Böckchen zerreißen. Aber seinem Vater und seiner Mutter teilte er nicht mit, was er getan hatte. ⁷Dann ging er hinab und redete mit der Frau und sie war recht in Simsons Augen. ⁸Nach einiger Zeit ging er wieder hin, um sie zu heiraten. Dabei bog er vom Weg ab, um nach dem Kadaver des Löwen zu sehen. Und siehe, da war ein Bienenschwarm im Gerippe des Löwen und Honig. ⁹Er löste den Honig mit den Händen heraus und aß davon im Weitergehen. Als er zu seinem Vater und zu seiner Mutter kam, gab er ihnen davon und sie aßen ebenfalls. Er sagte ihnen aber nicht, dass er den Honig aus dem Kadaver des Löwen herausgeholt hatte.
¹⁰Auch sein Vater kam zu der Frau hinab und Simson veranstaltete dort ein Trinkgelage, wie es die jungen Leute zu machen pflegen. ¹¹Und es geschah, sobald sie ihn sahen, holten sie dreißig Gefährten; die waren um ihn. ¹²Simson sagte zu ihnen: Ich will euch ein Rätsel aufgeben. Wenn ihr es mir in den sieben Tagen des Gelages lösen könnt und herausfindet, will ich euch dreißig Hemden und dreißig Festgewänder geben. ¹³Wenn ihr mir aber die Lösung nicht sagen könnt, dann sollt ihr mir dreißig Hemden und dreißig Festgewänder geben. Sie sagten zu ihm: Sag uns dein Rätsel, wir möchten es hören. ¹⁴Er sagte zu ihnen: Vom Fresser kam Speise, vom Starken kam Süßes.

> *Verletzte Gefühle bahnen sich ihren Weg. Altes Thema, oder?*

Sie aber konnten das Rätsel drei Tage lang nicht lösen. ¹⁵Und es geschah am siebten Tag, sie sagten zur Frau Simsons: Betöre deinen Mann, dass er uns die Lösung des Rätsels nennt; sonst werden wir dich samt dem Haus deines Vaters verbrennen. Habt ihr uns hierher eingeladen, um uns arm zu machen? ¹⁶Da weinte die Frau Simsons vor ihm und sagte: Du hasst mich ja nur und liebst mich nicht. Du hast den Söhnen meines Volkes das Rätsel aufgegeben und hast mir nicht die Lösung gesagt. Er erwiderte ihr: Ich habe es ja nicht einmal meinem Vater und meiner Mutter gesagt. Wie sollte ich es dir sagen? ¹⁷Sie weinte die sieben Tage lang vor ihm, solange sie Gelage hielten. Und es geschah am siebten Tag, da sagte er es ihr, weil sie ihm so zusetzte, und sie teilte die Lösung den Söhnen ihres Volkes mit. ¹⁸Und am siebten Tag sagten die Männer der Stadt zu ihm, bevor die Sonne unterging: Was ist süßer als Honig, und was ist stärker als ein Löwe?

Er erwiderte ihnen: Hättet ihr nicht mit meiner Kuh gepflügt, dann hättet ihr mein Rätsel nicht erraten.

¹⁹Und der Geist des HERRN kam über ihn; er ging nach Aschkelon hinab und erschlug dreißig Mann von ihnen, nahm ihnen ihre Kleider und gab die Gewänder denen, die das Rätsel gelöst hatten. Sein Zorn entbrannte und er ging hinauf in das Haus seines Vaters. ²⁰Simsons Frau fiel seinem Gefährten zu, der ihm als Brautführer gedient hatte.

Simsons Streit mit den Philistern

15 ¹Und es geschah einige Zeit danach, zur Zeit der Weizenernte, da besuchte Simson seine Frau mit einem Ziegenböckchen und sagte: Ich will zu meiner Frau in die Kammer. Aber ihr Vater ließ ihn nicht hinein, ²sondern sagte: Ich war fest überzeugt, dass du sie wirklich hasst. Darum habe ich sie deinem Gefährten gegeben. Aber ist nicht ihre jüngere Schwester noch schöner als sie? Die kannst du an ihrer Stelle haben. ³Simson sagte zu ihnen: Diesmal bin ich frei von Schuld, wenn ich den Philistern etwas Böses antue. ⁴Simson ging weg und fing dreihundert Schakale. Dann nahm er Fackeln, kehrte Schwanz zu Schwanz und steckte je eine Fackel mitten zwischen zwei Schwänze. ⁵Er zündete die Fackeln an und ließ sie in die Getreidefelder der Philister laufen. So verbrannte er die Garben und das noch stehende Korn, ebenso die Weingärten und die Ölbäume. ⁶Als die Philister fragten: Wer hat das getan?, antwortete man: Simson, der Schwiegersohn des Timniters, weil dieser ihm seine Frau weggenommen und seinem Gefährten gegeben hat. Da zogen die Philister hinauf und verbrannten die Frau und ihren Vater. ⁷Darauf sagte ihnen Simson: Wenn ihr es so macht, dann werde ich nicht mehr aufhören, bis ich an euch Rache genommen habe.

⁸Und er schlug ihnen mit gewaltigen Schlägen die Knochen entzwei. Dann ging er hinab und hauste in der Felsenkluft von Etam.

⁹Die Philister zogen hinauf, schlugen in Juda ihr Lager auf und streiften in Lehi umher. ¹⁰Die Männer von Juda fragten sie: Warum seid ihr gegen uns heraufgezogen? Sie antworteten: Um Simson zu fesseln, sind wir heraufgezogen, um es mit ihm so zu machen, wie er es mit uns gemacht hat. ¹¹Da zogen dreitausend Männer aus Juda zur Felsenkluft von Etam hinab und sagten zu Simson: Weißt du nicht, dass die Philister unsere Herren sind? Was hast du uns da angetan? Er antwortete ihnen: Wie sie es mit mir gemacht haben, so

habe ich es mit ihnen gemacht. ¹²Sie sagten zu ihm: Um dich zu fesseln, sind wir herabgezogen, und dich in die Hand der Philister zu geben. Simson sagte zu ihnen: Schwört mir, dass ihr selber nicht über mich herfallen werdet! ¹³Sie antworteten ihm: Nein, wir wollen dich nur fesseln und in ihre Hand geben, aber töten wollen wir dich nicht. Sie fesselten ihn also mit zwei neuen Stricken und führten ihn vom Felsen hinauf. ¹⁴Als er nach Lehi hinaufkam, liefen ihm die Philister mit Triumphgeschrei entgegen. Da kam der Geist des HERRN über ihn. Die Stricke an seinen Armen wurden wie Flachsfäden, die vom Feuer versengt werden, und die Fesseln schmolzen von seinen Händen. ¹⁵Er fand den noch blutigen Kinnbacken eines Esels, streckte seine Hand aus, ergriff ihn und erschlug damit tausend Männer. ¹⁶Damals sagte Simson: Mit dem Kinnbacken eines Esels einen Haufen, zwei Haufen! Mit einem Eselskinnbacken habe ich tausend Männer erschlagen.
¹⁷Und es geschah, als er ausgeredet hatte, warf er den Kinnbacken aus seiner Hand weg; daher nannte man den Ort Ramat Lehi.
¹⁸Weil er großen Durst hatte, rief er zum HERRN und sagte: Du hast durch die Hand deines Knechtes diesen großen Sieg gegeben; jetzt aber muss ich vor Durst sterben und den Unbeschnittenen in die Hände fallen. ¹⁹Da spaltete Gott die Höhle von Lehi und es kam Wasser daraus hervor, sodass Simson trinken konnte. Seine Lebensgeister kehrten zurück und er lebte wieder auf. Deshalb nennt man die Quelle bei Lehi bis zum heutigen Tag Quelle des Rufers.
²⁰Er richtete Israel in den Tagen der Philister zwanzig Jahre lang.

Simson in Gaza

16 ¹Simson kam nach Gaza, sah dort eine Dirne und ging zu ihr. ²Als man den Leuten von Gaza berichtete: Simson ist hierhergekommen!, umstellten sie ihn und lauerten ihm die ganze Nacht am Stadttor auf. Die ganze Nacht über verhielten sie sich still und sagten: Bis zum Morgengrauen, dann bringen wir ihn um.
³Simson aber schlief bis gegen Mitternacht. Um Mitternacht stand er auf, packte die Flügel des Stadttors mit den beiden Pfosten und riss sie zusammen mit dem Riegel heraus. Er lud alles auf seine Schultern und trug es auf den Gipfel des Berges, der Hebron gegenüberliegt.

Simson und Delila

⁴Danach geschah es, dass er sich in eine Frau im Tal Sorek verliebte; sie hieß Delila. ⁵Die Fürsten der Philister kamen zu ihr hinauf und sagten zu ihr: Versuch ihn zu betören und herauszufinden, wodurch er so große Kraft besitzt und wie wir ihn überwältigen und fesseln können, um ihn zu bezwingen! Jeder von uns gibt dir dann elfhundert Silberstücke. ⁶Darauf sagte Delila zu Simson: Sag mir doch, wodurch du so große Kraft besitzt und wie man dich fesseln kann, um dich niederzuzwingen. ⁷Simson sagte zu ihr: Wenn man mich mit sieben frischen Sehnen fesselt, die noch nicht getrocknet sind, dann werde ich schwach und bin wie jeder andere Mensch. ⁸Die Fürsten der Philister brachten ihr also sieben frische Sehnen, die noch nicht getrocknet waren, und sie fesselte ihn damit, ⁹während man bei ihr in der Kammer saß und lauerte. Dann rief sie ihm zu: Philister über dir, Simson! Er aber zerriss die Sehnen, wie

> *Sein Liebesbeweis wird Simson zum Verhängnis. Fatal.*

ein Zwirnfaden reißt, wenn er Feuer nur riecht. Doch das Geheimnis seiner Kraft wurde nicht bekannt.

[10]Darauf sagte Delila zu Simson: Du hast mich getäuscht und mir etwas vorgelogen. Sag mir doch endlich, womit man dich fesseln kann! [11]Er erwiderte ihr: Wenn man mich mit neuen Stricken fesselt, mit denen noch keine Arbeit getan worden ist, werde ich schwach und bin wie jeder andere Mensch. [12]Delila nahm also neue Stricke und band ihn damit. Dann rief sie ihm zu: Philister über dir, Simson, während man in der Kammer saß und lauerte. Er aber riss die Stricke von seinen Armen wie Fäden.

[13]Darauf sagte Delila zu Simson: Bis jetzt hast du mich getäuscht und mir etwas vorgelogen. Sag mir doch, womit man dich fesseln kann! Er erwiderte ihr: Wenn du die sieben Locken auf meinem Kopf mit den Kettfäden des Webstuhls verwebst. [14]Sie schlug sie mit dem Pflock fest. Dann rief sie ihm zu: Philister über dir, Simson! Er fuhr aus dem Schlaf hoch und riss den Webepflock mit den Kettfäden heraus.

[15]Darauf sagte sie zu ihm: Wie kannst du sagen: Ich liebe dich!, wenn mir dein Herz nicht gehört? Jetzt hast du mich dreimal getäuscht und mir nicht gesagt, wodurch du so große Kraft besitzt. [16]Und es geschah, als sie ihm mit ihrem Gerede jeden Tag zusetzte und ihn bedrängte, wurde er es zum Sterben leid; [17]er legte ihr sein ganzes Herz offen und sagte zu ihr: Kein Schermesser ist mir auf den Kopf gekommen; denn ich bin vom Mutterleib an Gott als Nasiräer geweiht. Würden mir die Haare geschoren, dann würde meine Kraft von mir weichen; ich würde schwach und wäre wie jeder andere Mensch. [18]Da sah Delila, dass er ihr sein ganzes Herz offengelegt hatte. Sie schickte hin und rief die Philisterfürsten und ließ ihnen sagen: Kommt diesmal her! Denn er hat mir sein ganzes Herz offengelegt. Die Philisterfürsten kamen zu ihr herauf und brachten das Geld mit hinauf. [19]Delila ließ Simson auf ihren Knien einschlafen, rief nach dem Mann und schnitt dann die sieben Locken auf seinem Kopf ab. So begann sie ihn zu überwinden und seine Kraft wich von ihm. [20]Dann rief sie: Philister über dir, Simson! Er erwachte aus seinem Schlaf und dachte: Ich werde auch diesmal wie bisher entkommen und mich freischütteln. Denn er wusste nicht, dass der HERR von ihm gewichen war. [21]Da packten ihn die Philister und stachen ihm die Augen aus. Sie führten ihn nach Gaza hinab und fesselten ihn mit zwei Bronzeketten und er musste im Gefängnis mit der Handmühle mahlen. [22]Doch sein Haupthaar fing wieder an zu wachsen, nachdem es abgeschnitten worden war.

Simsons größter Sieg in seinem Tod

[23]Die Fürsten der Philister versammelten sich, um ihrem Gott Dagon ein großes Opfer darzubringen und ein Freudenfest zu feiern. Sie sagten: Unser Gott hat unseren Feind Simson in unsere Hand gegeben. [24]Als das Volk Simson sah, priesen sie ihren Gott, denn sie sagten: Unser Gott hat unseren Feind / in unsere Hand gegeben, /

ihn, der unser Land verwüstet hat, / der so viele von uns erschlagen hat.

[25]Und es geschah, als ihr Herz fröhlich war, sagten sie: Ruft Simson her, damit er für uns Späße macht! Und sie ließen Simson aus dem Gefängnis holen und er machte vor ihnen Späße. Sie stellten ihn zwischen die Säulen. [26]Simson aber sagte zu dem Jungen, der ihn an der Hand führte: Lass mich los und lass

mich die Säulen betasten, auf denen das Haus errichtet ist, ich will mich daran lehnen. ²⁷Das Haus war voll von Männern und Frauen; alle Fürsten der Philister waren da und auf dem Flachdach saßen etwa dreitausend Männer und Frauen. Sie alle schauten zu, wie Simson seine Späße machte. ²⁸Simson aber rief zum HERRN und sagte: Herr und GOTT, denk doch an mich und gib mir nur noch dieses eine Mal Kraft, Gott, damit ich an den Philistern Rache nehmen kann, wenigstens für eines von meinen beiden Augen. ²⁹Dann ertastete Simson die beiden Mittelsäulen, auf denen das Haus fest aufruhte, und stemmte sich gegen sie, gegen die eine mit der rechten Hand und gegen die andere mit der linken. ³⁰Er sagte: So mag ich denn zusammen mit den Philistern sterben. Er streckte sich mit aller Kraft und das Haus stürzte über den Fürsten und über allen Leuten, die darin waren, zusammen. So war die Zahl derer, die er bei seinem Tod tötete, größer als die, die er während seines Lebens getötet hatte.

³¹Seine Brüder und die ganze Familie seines Vaters kamen herab; sie hoben ihn auf, brachten ihn hinauf und begruben ihn zwischen Zora und Eschtaol im Grab seines Vaters Manoach. Simson hatte Israel zwanzig Jahre lang gerichtet.

Bibelstelle
Ri 13,1 – 16,31

Welchen Preis David für seine Macht bezahlt

Welch ein Ende für Simson!
Welch ein Epos!
Welch ein Gott …
Welch ein Gott?
Ja, gute Frage eigentlich.
Was für ein Gott will dieser HERR denn sein, der seinem Auserwählten zuerst schier übermenschliche Kraft verleiht und ihn dann im entscheidenden Moment fallen lässt? Der einfach so verstummt, als hätte es ihn nie gegeben?

Selbst Könige machen diese Erfahrung. Und von Königen wollen wir nun erzählen. Wir berufen uns bei dem, was wir niederschreiben, auf Samuel. Nach ihm wird man diese beiden Bücher eurer Bibel nennen, die eigentlich zusammen ein einziges Buch bilden. Samuel war auch einer jener Richter – wie Simson. Zugleich war er ein Prophet. Er ist es, der unsere ersten beiden Könige salbt und begleitet: erst Saul und dann David.

Aus anderen Geschichten kennst du ähnliche Figuren: den Zauberer Merlin, der dem König Artus zur Seite steht. Oder Gandalf, der die „Gefährten" begleitet. Oder den Jedi-Meister Yoda. Es sind weise Mentoren, die ihren Helden den Weg weisen. Aber in all den Geschichten können sie nicht verhindern, dass ihre Schüler zwischendurch vom Weg abkommen und in eine tiefe persönliche Krise geraten.

Du hast im Buch der Richter von einer wüsten und gefährlichen Zeit gelesen. Da mag sich ein Volk nach einem König sehnen, der hoch zu Ross und mit blankem Schwert das Land vereinigt. Nach einem, der nach außen unsere Freiheit schützt und nach innen den Frieden und das Recht bewahrt.

Genauso könnten wir unsere Könige darstellen. Wir könnten sie voller Ruhm und Glanz beschreiben, ihre großen Taten herausstellen und alles Schlechte unter den Tisch fallen lassen. Doch so funktioniert die Wirklichkeit nicht. So funktioniert vor allem ein Leben mit Gott nicht.

Es gab Licht und auch viel Schatten im Leben von Saul, der unser erster König war und das Reich begründete. Auch im Leben Davids, der das Land groß und mächtig machte. Ja, selbst im Leben von Salomo, der für seine Weisheit und Gerechtigkeit gepriesen wird.

Wir schreiben nun auf, was uns an diesen Dreien wichtig erscheint. Über zweihundert Jahre hinweg werden wir diese Erzählung immer wieder bearbeiten und ergänzen. Denn die Geschichte von damals soll uns ja für heute etwas sagen. Und da sich unsere Situation verändert, verändert sich auch unser Blick auf das, was an der Vergangenheit bedeutsam ist.

Du hast womöglich schon oft gehört oder gelesen, wie David vom einfachen Hirtenjungen zum König aufgestiegen ist. Wie er mit seiner Steinschleuder den mächtigen Goliath besiegte oder wie er vor Saul flüchten musste. David dürfte also ziemlich gut gewusst haben, wie es sich anfühlt, von Menschen bedroht zu werden, die viel mächtiger sind. Doch als er König wird und damit selber über fast schrankenlose Macht verfügt, schützt ihn seine eigene Erfahrung nicht dagegen, die Macht zu missbrauchen. Ohne Skrupel nimmt er sich, was er haben will. Und dafür geht er über Leichen, wie du gleich lesen wirst.

Nur eines hat er nicht bedacht: Dieser Gott, der ihn vom Hirtenjungen zum König gemacht hat, der bleibt selbst stets eher ein Gott von Hirtenjungen als ein Gott von Königen. Der bleibt den Schwachen treu und zürnt den Mächtigen.

David zahlt für seinen Machtmissbrauch einen sehr hohen Preis. Er wird sich zwar mit Gott versöhnen, aber die Narben werden bleiben. Er ist ein gebrochener Mann und wird nie wieder so strahlend und unbelastet sein Halleluja anstimmen können, wie er es als der einfache Junge mit der Harfe getan hat. Von nun an mischen sich nachdenkliche Töne in seinen Gesang. Und dieser Gesang klingt bis heute nach, wenn du etwa das „Halleluja" eines Sängers namens Leonard Cohen hörst …

Und nicht nur Sänger werden sich in den nächsten Jahrtausenden auf David berufen. Wir werden einen Stern nach ihm nennen, ein Symbol, das uns Hoffnung macht – und das zugleich ein Symbol unserer Verfolgung und Vernichtung sein wird. So verbindet sich mit dem Namen David stets unsere Sehnsucht nach Identität und nach Heimat, aber auch nach einem neuen Aufbruch – ja, nach Verheißung. Nicht ohne Grund werdet ihr Jesus von Nazaret den Sohn Davids nennen.

Aus dem zweiten Buch Samuel

David, Batseba und Urija

11 ¹Um die Jahreswende, zu der Zeit, in der die Könige in den Krieg ziehen, schickte David Joab mit seinen Knechten und ganz Israel aus und sie verwüsteten das Land der Ammoniter und belagerten Rabba. David selbst aber blieb in Jerusalem.

²Als David einmal zur Abendzeit von seinem Lager aufstand und auf dem Flachdach des Königspalastes hin- und herging, sah er von dort aus eine Frau, die badete. Die Frau war sehr schön anzusehen. ³David schickte jemand hin, erkundigte sich nach ihr und sagte: Ist das nicht Batseba, die Tochter Ammiëls, die Frau des Hetiters Urija? ⁴Darauf schickte David Boten zu ihr und ließ sie holen; sie kam zu ihm und er schlief mit ihr – sie hatte sich gerade von ihrer Unreinheit gereinigt. Dann kehrte sie in ihr Haus zurück. ⁵Die Frau war aber schwanger geworden und schickte deshalb zu David und ließ ihm mitteilen: Ich bin schwanger.

⁶Darauf sandte David zu Joab und ließ ihm sagen: Schick den Hetiter Urija zu mir! Und Joab schickte Urija zu David. ⁷Als Urija zu ihm kam, fragte David, ob es Joab und dem Volk gut gehe und wie es mit dem Kampf stehe. ⁸Dann sagte er zu Urija: Geh in dein Haus hinab und wasch dir die Füße! Urija verließ das Haus des Königs und es wurde ihm ein Geschenk des Königs nachgetragen. ⁹Urija aber legte sich am Tor des Königshauses bei den Knechten seines Herrn nieder und ging nicht in sein Haus hinab. ¹⁰Man berichtete David: Urija ist nicht in sein Haus hinabgegangen. Darauf sagte David zu Urija: Bist du nicht gerade von einer Reise gekommen? Warum bist du nicht in dein Haus hinuntergegangen? ¹¹Urija antwortete David: Die Lade und Israel und Juda wohnen in Hütten und mein Herr Joab und die Knechte meines Herrn lagern auf freiem Feld; da soll ich in mein Haus gehen, um zu essen und zu trinken und bei meiner Frau zu liegen? So wahr du lebst und so wahr deine Seele lebt, das werde ich nicht tun. ¹²Darauf sagte David zu Urija: Bleib auch heute noch hier; morgen werde ich dich wegschicken. So blieb Urija an jenem und am folgenden Tag in Jerusalem. ¹³David lud ihn ein, bei ihm zu essen und zu trinken, und machte ihn betrunken. Am Abend aber ging Urija weg, um sich wieder auf seinem Lager bei den Knechten seines Herrn niederzulegen; er ging nicht in sein Haus hinab.

¹⁴Am anderen Morgen schrieb David einen Brief an Joab und ließ ihn durch Urija überbringen. ¹⁵Er schrieb in dem Brief: Stellt Urija nach vorn, wo der Kampf am heftigsten ist, dann zieht euch von ihm zurück, sodass er getroffen wird und den Tod findet! ¹⁶Joab hatte die Stadt beobachtet und er stellte Urija an einen Platz, von dem er wusste, dass dort besonders tüchtige Krieger standen. ¹⁷Als dann die Leute aus der Stadt einen Ausfall machten und gegen Joab kämpften, fielen einige vom Volk, das heißt von den Kriegern Davids; auch der Hetiter Urija fand den Tod. ¹⁸Joab schickte zu David und ließ ihm den Verlauf des Kampfes berichten. ¹⁹Und er befahl dem Boten: Wenn du dem König alles über den Verlauf des Kampfes bis zu Ende berichtet hast ²⁰und wenn dann der König in Zorn gerät und zu dir sagt: Warum seid ihr beim Kampf so nahe an die Stadt herangegangen? Habt ihr nicht gewusst, dass sie von der Mauer

> *Eine Schlagzeile nach der anderen. Dieser Monarch beschäftigt die Regenbogen-Presse. Hier liest du eine der vielen Storys.*

herabschießen? ²¹Wer hat Abimelech, den Sohn Jerubbaals, erschlagen? Hat nicht eine Frau in Tebez einen Mühlstein von der Mauer auf ihn herabgeworfen, sodass er starb? Warum seid ihr so nahe an die Mauer herangegangen?, dann sollst du sagen: Auch dein Knecht, der Hetiter Urija, ist tot. ²²Der Bote ging fort, kam zu David und berichtete ihm alles, was Joab ihm aufgetragen hatte. ²³Der Bote sagte zu David: Die Männer waren stärker als wir und waren gegen uns bis aufs freie Feld vorgedrungen; wir aber drängten sie bis zum Eingang des Tores zurück. ²⁴Da schossen die Schützen von der Mauer herab auf deine Knechte, sodass einige von den Knechten des Königs starben; auch dein Knecht, der Hetiter Urija, ist tot. ²⁵Da sagte David zu dem Boten: So sollst du zu Joab sagen: Betrachte die Sache nicht als so schlimm; denn das Schwert frisst bald hier, bald dort. Setz den Kampf gegen die Stadt mutig fort und zerstöre sie! So sollst du ihm Mut machen. ²⁶Als die Frau Urijas hörte, dass ihr Mann Urija tot war, hielt sie für ihren Gemahl die Totenklage. ²⁷Sobald die Trauerzeit vorüber war, ließ David sie zu sich in sein Haus holen. Sie wurde seine Frau und gebar ihm einen Sohn. In den Augen des HERRN aber war böse, was David getan hatte.

Natans Eingreifen

12 ¹Darum schickte der HERR den Natan zu David; dieser ging zu David und sagte zu ihm: In einer Stadt lebten einst zwei Männer; der eine war reich, der andere arm. ²Der Reiche besaß sehr viele Schafe und Rinder, ³der Arme aber besaß nichts außer einem einzigen kleinen Lamm, das er gekauft hatte. Er zog es auf und es wurde bei ihm zusammen mit seinen Kindern groß. Es aß von seinem Stück Brot und es trank aus seinem Becher, in seinem Schoß lag es und war für ihn wie eine Tochter. ⁴Da kam ein Besucher zu dem reichen Mann und er brachte es nicht über sich, eines von seinen Schafen oder Rindern zu nehmen, um es für den zuzubereiten, der zu ihm gekommen war. Darum nahm er dem Armen das Lamm weg und bereitete es für den Mann zu, der zu ihm gekommen war. ⁵Da geriet David in heftigen Zorn über den Mann und sagte zu Natan: So wahr der HERR lebt: Der Mann, der das getan hat, verdient den Tod. ⁶Das Lamm soll er vierfach ersetzen, weil er das getan und kein Mitleid gehabt hat. ⁷Da sagte Natan zu David: Du selbst bist der Mann. So spricht der HERR, der Gott Israels: Ich habe dich zum König von Israel gesalbt und ich habe dich aus der Hand Sauls gerettet. ⁸Ich habe dir das Haus deines Herrn und die Frauen deines Herrn in den Schoß gegeben und ich habe dir das Haus Israel und Juda gegeben, und wenn das zu wenig ist, gebe ich dir noch manches andere dazu. ⁹Aber warum hast du das Wort des HERRN verachtet und etwas getan, was ihm missfällt? Du hast den Hetiter Urija mit dem Schwert erschlagen und hast dir seine Frau zur Frau genommen; durch das Schwert der Ammoniter hast du ihn umgebracht. ¹⁰Darum soll jetzt das Schwert auf ewig nicht mehr von deinem Haus weichen; denn du hast mich verachtet und dir die Frau des Hetiters genommen, damit sie deine Frau werde. ¹¹So spricht der HERR: Ich werde dafür sorgen, dass sich aus deinem eigenen Haus das Unheil gegen dich erhebt, und ich werde dir vor deinen Augen deine Frauen wegnehmen und sie einem andern geben; er wird am hellen Tag bei deinen Frauen liegen. ¹²Ja, du hast es heimlich getan, ich aber werde es vor ganz Israel und am hellen Tag tun. ¹³Darauf sagte David zu Natan: Ich habe gegen den HERRN gesündigt. Natan antwortete David: Der HERR hat dir deine Sünde vergeben; du wirst nicht sterben. ¹⁴Weil du aber durch diese Tat den HERRN verworfen hast, muss der Sohn, der dir geboren wird, sterben. ¹⁵Dann ging Natan nach Hause.

Tod des Kindes

Der HERR aber schlug das Kind, das die Frau des Urija dem David geboren hatte, und es wurde schwer krank. ¹⁶David suchte Gott wegen des Knaben auf und fastete streng; und wenn er heimkam, legte er sich bei Nacht auf die bloße Erde. ¹⁷Die Ältesten seines Hauses kamen zu ihm, um ihn dazu zu bewegen, von der Erde aufzustehen. Er aber wollte nicht und aß auch nicht mit ihnen. ¹⁸Am siebten Tag aber starb das Kind. Davids Diener fürchteten sich, ihm mitzuteilen, dass das Kind tot war; denn sie sagten: Wir haben ihm zugeredet, als das Kind noch am Leben war; er aber hat nicht auf uns gehört. Wie können wir ihm jetzt sagen: Das Kind ist tot? Er würde ein Unheil anrichten. ¹⁹David jedoch sah, dass seine Diener miteinander flüsterten, und merkte daran, dass das Kind tot war. Er fragte seine Diener: Ist das Kind tot? Sie antworteten: Ja, es ist tot. ²⁰Da erhob sich David von der Erde, wusch sich, salbte sich, wechselte seine Kleider, ging zum Haus des HERRN und warf sich nieder. Als er dann nach Hause zurückkehrte, verlangte er zu essen. Man setzte ihm etwas vor und er aß. ²¹Da fragten ihn seine Diener: Was soll das bedeuten, was du getan hast? Als das Kind noch am Leben war, hast du seinetwegen gefastet und geweint. Nachdem aber das Kind tot ist, stehst du auf und isst. ²²Er antwortete: Als das Kind noch am Leben war, habe ich gefastet und geweint; denn ich dachte: Wer weiß, vielleicht ist der HERR mir gnädig und das Kind bleibt am Leben. ²³Jetzt aber, da es tot ist, warum soll ich da noch fasten? Kann ich es zurückholen? Ich werde einmal zu ihm gehen, aber es kommt nicht zu mir zurück. ²⁴Und David tröstete seine Frau Batseba; er ging zu ihr hinein und schlief mit ihr. Und sie gebar einen Sohn und er gab ihm den Namen Salomo. Der HERR liebte Salomo ²⁵und sandte den Propheten Natan, damit er ihm um des HERRN willen den Namen Jedidja, der vom HERRN Geliebte, gebe.

Eroberung der Hauptstadt der Ammoniter

²⁶Joab überzog das Rabba der Ammoniter mit Krieg und er eroberte diese Königsstadt. ²⁷Darauf schickte Joab Boten zu David und ließ ihm sagen: Ich habe gegen Rabba gekämpft und dabei auch die Wasserstadt eingenommen. ²⁸Darum versammle jetzt den Rest des Heeres, belagere die Stadt und nimm sie selbst ein, damit nicht ich sie einnehme und mein Name über ihr ausgerufen wird. ²⁹David sammelte also das ganze Heer, zog nach Rabba, kämpfte gegen die Stadt und nahm sie ein. ³⁰Dann nahm er ihrem König die Krone vom Haupt, deren Gewicht ein Talent Gold betrug und an der ein kostbarer Stein war; sie wurde nun Davids Krone. Und er schaffte eine sehr große Beute aus der Stadt fort. ³¹Auch ihre Einwohner führte er fort und stellte sie an die Steinsägen, an die eisernen Spitzhacken und an die eisernen Äxte und ließ sie in den Ziegeleien arbeiten. So machte er es mit allen Städten der Ammoniter. Dann kehrte David mit dem ganzen Heer nach Jerusalem zurück.

Bibelstelle
2 Sam 11,1 – 12,31

Wo Elija seinen Gott (wieder) findet

Glanzvolle Herrscher, von glorreichen Göttern behütet und geleitet. Das Volk blickt zu ihnen auf und opfert. Opfert den Göttern auf deren Altären; opfert sich selbst auf – als getreue Untertanen von Fürsten und Königen. So machen es alle Völker. Manchmal auch wir in Israel.

Dabei sollte es nicht so sein. Haben wir nicht den HERRN, unseren Gott, so ganz anders kennengelernt? Eigentlich schon. Eigentlich wissen wir, dass nicht Macht und Herrlichkeit der Maßstab unseres Gottes sind. Eigentlich sollten das auch unsere Könige wissen. Doch wie leicht lassen sie sich von ihrer eigenen Macht blenden. Und wenden sich anderen Göttern zu, die leichter zu handhaben sind, als dieser seltsam sperrige HERR, von dem wir ja nicht einmal Standbilder haben. Nur diese sehr abstrakte Bundeslade, die David nach Jerusalem schaffen ließ, und um die herum Salomon seinen Tempel gebaut hat.

Das ist lange her. Das Reich, das Saul begründet und das David großgemacht und das Salomon so weise regiert hat – man hat es zerteilt.

Na … womöglich war das Reich auch niemals so groß, wie wir es in Erinnerung haben. Womöglich kommt es uns bloß so vor, wenn wir zurückblicken und die schönen alten Geschichten mit der jetzigen Situation vergleichen: Denn heute ist das Land in zwei verschiedene Königreiche zerfallen. Während das südliche Reich – Juda – mit seiner Hauptstadt Jerusalem dem HERRN treu zu bleiben versucht, macht sich im Nordreich – Israel – die Verehrung des Götzen Baal breit.

Wirkt denn so ein Götze nicht irgendwie auch viel netter und persönlicher, viel konkreter und realer als der Herr, der überall und nirgends ist? Wir suchen ihn in den Naturgewalten; im Feuer oder im Sturm und finden ihn meistens dann doch nicht. Baal hingegen ist hier, schau nur, du kannst ihn sehen, du kannst ihn anfassen. Sieh nur, wie herrlich das Gold in der Sonne glänzt.

Wir haben schon bei David gesehen, dass Gott, der Herr, sich nicht mit den Mächtigen gemein macht. Und das wird er die Mächtigen spüren lassen. Dazu beruft er Leute wie Elija und Elischa, deren Geschichten wir nun aufschreiben werden.

Du wirst, wenn du sie liest, von mächtigen Taten erfahren, aber auch von Niederlagen, von Triumph und Verzweiflung – echte Dramaturgie eben, wie es sich für eine gute Geschichte gehört. Du wirst vielleicht grinsen müssen, wenn du liest, wie die Propheten des Baal beinahe den Verstand verlieren in ihrem vergeblichen Bemühen, ihren Götzen zu einem Wunder zu bewegen. Und vielleicht wirst du Elijas Erschöpfung spüren, wenn er nach seiner Flucht in die Wüste unter einem Busch kauert und sich den Tod wünscht. Oh Gott, dieser Herr! Was mutet er den Seinen nicht alles zu.

Ist es das denn überhaupt wert? Fragst du dich vielleicht. Was ist denn so schlimm daran, dass der König und seine Frau dem Baal anhängen? Soll doch jeder glauben, was er will. Du hast natürlich recht – gerade aus deiner Sicht heraus, denn in deinen Tagen wird die Freiheit der Religion ein ungeheuer wichtiges Gut sein. Gehört diese oder jene Religion zu deinem Land oder nicht? Solche Debatten wird man in deiner Zeit sehr kontrovers führen, und du wirst womöglich zu denen gehören, die sich gegen Ausgrenzung einsetzen, gegen Spaltung und für ein offenes und friedliches Miteinander. Darf man denn nicht sagen, dass Baal auch zu Israel gehört? Was ist so schlimm daran? Kann nicht auch ein König anbeten, wen oder was er will?

Nein. Denn hinter dem Bild des Baal stehen Unrecht und Unterdrückung. Sie spiegeln sich in den Goldenen Kälbern, in den falschen Götzen. Und wir würden wetten, dass auch du solche Götzen kennst, deren Anbetung dich zornig macht: Du kennst die Götzen des falschen Glücks. Die Goldenen Kälber des Egoismus. Die Geiz-ist-geil-Tempel des Konsums um jeden Preis – auch um den, dass anderswo auf der Welt Menschen in deinem Alter in Coltan-Minen oder Textilfabriken ihre verkrüppelten Knochen dafür hinhalten müssen.

Wen oder was beten wir an – und wen oder was eben gerade nicht? „Die Anbetung des wahren Gottes", so wird einmal Papst Johannes Paul II. bei einem Weltjugendtag sagen, „stellt einen wahren Akt des Widerstands dar." Wo aber findest du ihn, diesen wahren Gott? Sicher nicht in Standbildern. Und auch nicht im Feuer und nicht im Sturm, das lernen wir mit Elija, weil der Herr eben nicht im brausenden Lärm daherkommt, sondern in einem feinen, leisen Säuseln. Mit Elija finden wir ihn in der Stille.

Du wirst nun einen Auszug aus den beiden Königsbüchern lesen. Diese Bücher können dir so vorkommen, als hätten wir hier die Geschichte eines dauernden Niedergangs und Zerfalls aufgeschrieben. Die Geschichte einer Gesellschaft, die sich in Korruption und Habgier selbst zerfleischt. So könnte man es lesen, wenn man „von oben" darauf blickt. Aus der Perspektive der Könige, die den Büchern ihren Namen geben. Wenn du sie aber „von unten" liest, aus der Sicht der einfachen Menschen, die von Unrecht und Benachteiligung bedroht sind, wirst du immer wieder Hoffnungsschimmer entdecken und machtvolle Worte hören, die bis in deine Tage überdauern. Es ist kein Zufall, dass später einmal, zu Lebzeiten des Jesus von Nazaret, die Menschen sich fragen werden, ob in ihm nicht vielleicht Elija zurückgekehrt ist …

Aus den beiden Büchern der Könige

Das erste Buch der Könige
Elija am Bach Kerit

17 ¹Elija aus Tischbe in Gilead sprach zu Ahab: So wahr der HERR, der Gott Israels, lebt, in dessen Dienst ich stehe: in diesen Jahren sollen weder Tau noch Regen fallen, es sei denn auf mein Wort hin.
²Danach erging das Wort des HERRN an Elija: ³Geh weg von hier, wende dich nach Osten und verbirg dich am Bach Kerit östlich des Jordan! ⁴Aus dem Bach sollst du trinken und den Raben habe ich befohlen, dass sie dich dort ernähren. ⁵Elija ging weg und tat, was der HERR befohlen hatte; er begab sich zum Bach Kerit östlich des Jordan und ließ sich dort nieder. ⁶Die Raben brachten ihm Brot und Fleisch am Morgen und ebenso Brot und Fleisch am Abend und er trank aus dem Bach. ⁷Nach einiger Zeit aber vertrocknete der Bach; denn es fiel kein Regen im Land.

Elija in Sarepta

⁸Da erging das Wort des HERRN an Elija: ⁹Mach dich auf und geh nach Sarepta, das zu Sidon gehört, und bleib dort! Ich habe dort einer Witwe befohlen, dich zu versorgen. ¹⁰Er machte sich auf und ging nach Sarepta. Als er an das Stadttor kam, traf er dort eine Witwe, die Holz auflas. Er bat sie: Bring mir in einem Gefäß ein wenig Wasser zum Trinken! ¹¹Als sie wegging, um es zu holen, rief er ihr nach: Bring mir auch einen Bissen Brot mit! ¹²Doch sie sagte: So wahr der HERR, dein Gott, lebt: Ich habe nichts mehr vorrätig als eine Hand voll Mehl im Topf und ein wenig Öl im Krug. Ich lese hier ein paar Stücke Holz auf und gehe dann heim, um für mich und meinen Sohn etwas zuzubereiten. Das wollen wir noch essen und dann sterben. ¹³Elija entgegnete ihr: Fürchte dich nicht! Geh heim und tu, was du gesagt hast! Nur mache zuerst für mich ein kleines Gebäck und bring es zu mir heraus! Danach kannst du für dich und deinen Sohn etwas zubereiten; ¹⁴denn so spricht der HERR, der Gott Israels: Der Mehltopf wird nicht leer werden und der Ölkrug nicht versiegen bis zu dem Tag, an dem der HERR wieder Regen auf den Erdboden sendet. ¹⁵Sie ging und tat, was Elija gesagt hatte. So hatte sie mit ihm und ihrem Haus viele Tage zu essen. ¹⁶Der Mehltopf wurde nicht leer und der Ölkrug versiegte nicht, wie der HERR durch Elija versprochen hatte.

¹⁷Nach einiger Zeit erkrankte der Sohn der Frau, der das Haus gehörte. Die Krankheit verschlimmerte sich so, dass zuletzt kein Atem mehr in ihm war. ¹⁸Da sagte sie zu Elija: Was habe ich mit dir zu schaffen, Mann Gottes? Du bist nur zu mir gekommen, um an meine Sünde zu erinnern und meinem Sohn den Tod zu bringen. ¹⁹Er antwortete ihr: Gib mir deinen Sohn! Und er nahm ihn von ihrem Schoß, trug ihn in das Obergemach hinauf, in dem er wohnte, und legte ihn auf sein Bett. ²⁰Dann rief er zum HERRN und sagte: HERR, mein Gott, willst du denn auch über die Witwe, in deren Haus ich wohne, Unheil bringen und ihren Sohn sterben lassen? ²¹Hierauf streckte er sich dreimal über den Knaben hin, rief zum HERRN und flehte: HERR, mein Gott, es kehre doch Leben in diesen Knaben zurück! ²²Der HERR erhörte das Gebet Elijas. Das Leben kehrte in den Knaben zurück und er lebte wieder auf. ²³Elija nahm ihn, brachte ihn vom Obergemach in das Haus hinab und gab ihn seiner Mutter zurück mit den Worten: Sieh, dein Sohn lebt. ²⁴Da sagte die Frau zu Elija: Jetzt weiß ich, dass du ein

Mann Gottes bist und dass das Wort des HERRN wirklich in deinem Mund ist.

Konflikt mit Ahab

18 ¹Nach langer Zeit – es war im dritten Jahr – erging das Wort des HERRN an Elija: Geh und zeig dich dem Ahab! Ich will Regen auf die Erde senden. ²Da ging Elija hin, um sich Ahab zu zeigen.

Die Hungersnot war groß in Samaria. ³Daher rief Ahab den Palastvorsteher Obadja. Dieser war sehr gottesfürchtig. ⁴Als Isebel die Propheten des HERRN ausrottete, hatte Obadja hundert von ihnen beiseitegenommen, sie zu je fünfzig in einer Höhle verborgen und mit Brot und Wasser versorgt. ⁵Ahab befahl nun Obadja: Geh an alle Wasserquellen und Bäche im Land! Vielleicht finden wir Gras, damit wir Pferde und Maultiere am Leben erhalten können und nicht einen Teil des Viehs töten müssen. ⁶Sie teilten sich das Land, um es zu durchstreifen. Ahab ging in die eine und Obadja in die andere Richtung.

⁷Als nun Obadja unterwegs war, kam ihm Elija entgegen. Obadja erkannte ihn, warf sich vor ihm nieder und rief: Bist du es, mein Herr Elija? ⁸Dieser antwortete: Ich bin es. Geh und melde deinem Herrn: Elija ist da. ⁹Obadja entgegnete: Was habe ich mir zuschulden kommen lassen, dass du deinen Knecht an Ahab ausliefern und dem Tod preisgeben willst? ¹⁰So wahr der HERR, dein Gott, lebt: Es gibt kein Volk und kein Reich, wo mein Herr dich nicht hätte suchen lassen. Und wenn man sagte: Er ist nicht hier, dann ließ er dieses Reich oder Volk schwören, dass man dich nicht gefunden habe. ¹¹Und jetzt befiehlst du: Geh und melde deinem Herrn: Elija ist da. ¹²Wenn ich nun von dir weggehe, könnte ja der Geist des HERRN dich an einen Ort tragen, den ich nicht kenne. Käme ich dann zu Ahab, um dich zu melden, und könnte er dich nicht finden, so würde er mich töten. Dabei hat dein Knecht doch von Jugend auf den HERRN gefürchtet. ¹³Hat man dir denn nicht berichtet, was ich getan habe, als Isebel die Propheten des HERRN umbrachte? Ich habe doch hundert von ihnen, je fünfzig in einer Höhle, verborgen und mit Brot und Wasser versorgt. ¹⁴Und nun befiehlst du: Geh und melde deinem Herrn: Elija ist da. Ahab würde mich töten. ¹⁵Doch Elija antwortete: So wahr der HERR der Heerscharen lebt, in dessen Dienst ich stehe: Heute noch werde ich ihm vor die Augen treten.

¹⁶Obadja kam zu Ahab und brachte ihm die Nachricht. Ahab ging Elija entgegen. ¹⁷Sobald er ihn sah, rief er aus: Bist du es, Verderber Israels? ¹⁸Elija entgegnete: Nicht ich habe Israel ins Verderben gestürzt, sondern du und das Haus deines Vaters, weil ihr die Gebote des HERRN übertreten habt und du den Baalen nachgelaufen bist. ¹⁹Doch schick jetzt Boten aus und versammle mir ganz Israel auf dem Karmel, auch die vierhundertfünfzig Propheten des Baal und die vierhundert Propheten der Aschera, die vom Tisch Isebels essen!

Entscheidung auf dem Karmel

²⁰Ahab schickte in ganz Israel umher und ließ die Propheten auf dem Karmel zusammenkommen. ²¹Und Elija trat vor das ganze Volk und rief: Wie lange noch schwankt ihr nach zwei Seiten? Wenn der HERR der wahre Gott ist, dann folgt ihm! Wenn aber Baal es ist, dann folgt diesem! Doch das Volk gab ihm keine Antwort. ²²Da sagte Elija zum Volk: Ich allein bin als

> „Mein Gott ist Jahwe, der HERR" – Das heißt „Elija". Und seinen Namen macht er zum Programm.

Prophet des HERRN übrig geblieben; die Propheten des Baal aber sind vierhundertfünfzig. ²³Man gebe uns zwei Stiere. Sie sollen sich einen auswählen, ihn zerteilen und auf das Holz legen, aber kein Feuer anzünden. Ich werde den andern zubereiten, auf das Holz legen und kein Feuer anzünden. ²⁴Dann sollt ihr den Namen eures Gottes anrufen und ich werde den Namen des HERRN anrufen. Der Gott, der mit Feuer antwortet, ist der wahre Gott. Da rief das ganze Volk: Der Vorschlag ist gut.

²⁵Nun sagte Elija zu den Propheten des Baal: Wählt ihr zuerst den einen Stier aus und bereitet ihn zu; denn ihr seid die Mehrheit. Ruft dann den Namen eures Gottes an, entzündet aber kein Feuer! ²⁶Sie nahmen den Stier, den er ihnen überließ, und bereiteten ihn zu. Dann riefen sie vom Morgen bis zum Mittag den Namen des Baal an und schrien: Baal, erhöre uns! Doch es kam kein Laut und niemand gab Antwort. Sie tanzten hüpfend um den Altar, den man gemacht hatte. ²⁷Um die Mittagszeit verspottete sie Elija und sagte: Ruft lauter! Er ist doch Gott. Er könnte beschäftigt sein, könnte beiseitegegangen oder verreist sein. Vielleicht schläft er und wacht dann auf. ²⁸Sie schrien nun mit lauter Stimme. Nach ihrem Brauch ritzten sie sich mit Schwertern und Lanzen wund, bis das Blut an ihnen herabfloss. ²⁹Als der Mittag vorüber war, verfielen sie in Raserei und das dauerte bis zu der Zeit, da man das Speiseopfer darzubringen pflegt. Doch es kam kein Laut, keine Antwort, keine Erhörung.

³⁰Nun forderte Elija das ganze Volk auf: Tretet her zu mir! Sie kamen und Elija baute den zerstörten Altar des HERRN wieder auf. ³¹Er nahm zwölf Steine, nach der Zahl der Stämme der Söhne Jakobs, zu dem der HERR gesagt hatte: Israel soll dein Name sein. ³²Er fügte die Steine zu einem Altar für den Namen des HERRN, zog rings um den Altar einen Graben und grenzte eine Fläche ab, die zwei Sea Saat hätte aufnehmen können. ³³Sodann schichtete er das Holz auf, zerteilte den Stier und legte ihn auf das Holz. ³⁴Nun befahl er: Füllt vier Krüge mit Wasser und gießt es über das Brandopfer und das Holz! Hierauf sagte er: Tut es noch einmal! Und sie wiederholten es. Dann sagte er: Tut es zum dritten Mal! Und sie taten es zum dritten Mal. ³⁵Das Wasser lief rings um den Altar. Auch den Graben füllte er mit Wasser. ³⁶Zu der Zeit nun, da man das Speiseopfer darzubringen pflegt, trat der Prophet Elija an den Altar und rief: HERR, Gott Abrahams, Isaaks und Israels, heute soll man erkennen, dass du Gott bist in Israel, dass ich dein Knecht bin und all das in deinem Auftrag tue. ³⁷Erhöre mich, HERR, erhöre mich! Dieses Volk soll erkennen, dass du, HERR, der wahre Gott bist und dass du sein Herz zur Umkehr wendest. ³⁸Da kam das Feuer des HERRN herab und verzehrte das Brandopfer, das Holz, die Steine und die Erde. Auch das Wasser im Graben leckte es auf. ³⁹Das ganze Volk sah es, warf sich auf das Angesicht nieder und rief: Der HERR ist Gott, der HERR ist Gott! ⁴⁰Elija aber befahl ihnen: Ergreift die Propheten des Baal! Keiner von ihnen soll entkommen. Man ergriff sie und Elija ließ sie zum Bach Kischon hinabführen und dort töten.

Ende der Dürre
⁴¹Dann sagte Elija zu Ahab: Geh hinauf, iss und trink; denn das Rauschen des Regens ist schon hörbar. ⁴²Während Ahab wegging, um zu essen und zu trinken, stieg Elija zur Höhe des Karmel empor, kauerte sich auf den Boden nieder und legte seinen Kopf

zwischen die Knie. ⁴³Dann befahl er seinem Diener: Geh hinauf und schau auf das Meer hinaus! Dieser ging hinauf, schaute hinaus und meldete: Es ist nichts zu sehen. Elija befahl: Geh sieben Mal hinauf! ⁴⁴Beim siebten Mal meldete der Diener: Eine Wolke, klein wie eine Menschenhand, steigt aus dem Meer herauf. Darauf sagte Elija: Geh hinauf und sag zu Ahab: Spanne an und fahr hinab, damit der Regen dich nicht aufhält! ⁴⁵Es dauerte nicht lange, da verfinsterte sich der Himmel durch Sturm und Wolken und es fiel ein starker Regen. Ahab bestieg den Wagen und fuhr nach Jesreel. ⁴⁶Über Elija aber kam die Hand des Herrn. Er gürtete sich und lief vor Ahab her bis dorthin, wo der Weg nach Jesreel abzweigt.

Elija am Horeb

19 ¹Ahab erzählte Isebel alles, was Elija getan, auch dass er alle Propheten mit dem Schwert getötet habe. ²Sie schickte einen Boten zu Elija und ließ ihm sagen: Die Götter sollen mir dies und das antun, wenn ich morgen um diese Zeit dein Leben nicht dem Leben eines jeden von ihnen gleich mache. ³Elija geriet in Angst, machte sich auf und ging weg, um sein Leben zu retten. Er kam nach Beerscheba in Juda und ließ dort seinen Diener zurück. ⁴Er selbst ging eine Tagereise weit in die Wüste hinein. Dort setzte er sich unter einen Ginsterstrauch und wünschte sich den Tod. Er sagte: Nun ist es genug, Herr. Nimm mein Leben; denn ich bin nicht besser als meine Väter. ⁵Dann legte er sich unter den Ginsterstrauch und schlief ein. Doch ein Engel rührte ihn an und sprach: Steh auf und iss! ⁶Als er um sich blickte, sah er neben seinem Kopf Brot, das in glühender Asche gebacken war, und einen Krug mit Wasser. Er aß und trank und legte sich wieder hin. ⁷Doch der Engel des Herrn kam zum zweiten Mal, rührte ihn an und sprach: Steh auf und iss! Sonst ist der Weg zu weit für dich. ⁸Da stand er auf, aß und trank und wanderte, durch diese Speise gestärkt, vierzig Tage und vierzig Nächte bis zum Gottesberg Horeb. ⁹Dort ging er in eine Höhle, um darin zu übernachten. Doch das Wort des Herrn erging an ihn: Was willst du hier, Elija? ¹⁰Er sagte: Mit leidenschaftlichem Eifer bin ich für den Herrn, den Gott der Heerscharen, eingetreten, weil die Israeliten deinen Bund verlassen, deine Altäre zerstört und deine Propheten mit dem Schwert getötet haben. Ich allein bin übrig geblieben und nun trachten sie auch mir nach dem Leben. ¹¹Der Herr antwortete: Komm heraus und stell dich auf den Berg vor den Herrn! Da zog der Herr vorüber: Ein starker, heftiger Sturm, der die Berge zerriss und die Felsen zerbrach, ging dem Herrn voraus. Doch der Herr war nicht im Sturm. Nach dem Sturm kam ein Erdbeben. Doch der Herr war nicht im Erdbeben. ¹²Nach dem Beben kam ein Feuer. Doch der Herr war nicht im Feuer. Nach dem Feuer kam ein sanftes, leises Säuseln. ¹³Als Elija es hörte, hüllte er sein Gesicht in den Mantel, trat hinaus und stellte sich an den Eingang der Höhle.

¹⁴Da vernahm er eine Stimme, die ihm zurief: Was willst du hier, Elija? Er antwortete: Mit Leidenschaft bin ich für den Herrn, den Gott der Heerscharen, eingetreten, weil die Israeliten deinen Bund verlassen, deine Altäre zerstört und deine Propheten mit dem Schwert getötet haben. Ich allein bin übrig geblieben und nun trachten sie auch mir nach dem Leben. ¹⁵Der Herr antwortete ihm: Geh deinen Weg durch die Wüste zurück und begib dich nach Damaskus! Bist du dort angekom-

men, salbe Hasaël zum König über Aram! ¹⁶Jehu, den Sohn Nimschis, sollst du zum König von Israel salben und Elischa, den Sohn Schafats aus Abel-Mehola, salbe zum Propheten an deiner Stelle. ¹⁷So wird es geschehen: Wer dem Schwert Hasaëls entrinnt, den wird Jehu töten. Und wer dem Schwert Jehus entrinnt, den wird Elischa töten. ¹⁸Ich werde in Israel siebentausend übrig lassen, alle, deren Knie sich vor dem Baal nicht gebeugt und deren Mund ihn nicht geküsst hat.

Elischas Berufung

¹⁹Als Elija von dort weggegangen war, traf er Elischa, den Sohn Schafats. Er war gerade mit zwölf Gespannen am Pflügen und er selbst pflügte mit dem zwölften. Im Vorbeigehen warf Elija seinen Mantel über ihn. ²⁰Sogleich verließ Elischa die Rinder, eilte Elija nach und bat ihn: Lass mich noch meinem Vater und meiner Mutter den Abschiedskuss geben; dann werde ich dir folgen. Elija antwortete: Geh, kehr um! Denn was habe ich dir getan? ²¹Elischa ging von ihm weg, nahm seine zwei Rinder und schlachtete sie. Mit dem Joch der Rinder kochte er das Fleisch und setzte es den Leuten zum Essen vor. Dann stand er auf, folgte Elija und trat in seinen Dienst.

Krieg mit den Aramäern

20 ¹Ben-Hadad, der König von Aram, sammelte sein ganzes Heer. In seinem Gefolge waren zweiunddreißig Könige mit Pferden und Wagen. Er zog herauf, belagerte Samaria und bestürmte es. ²Dann schickte er Boten in die Stadt zu Ahab, dem König von Israel, ³und ließ ihm sagen: So spricht Ben-Hadad: Dein Silber und dein Gold gehören mir. Auch deine Frauen und deine edlen Söhne gehören mir. ⁴Der König von Israel antwortete: Ganz wie du sagst, mein Herr und König, gehöre ich dir mit allem, was ich besitze. ⁵Aber die Boten kamen ein zweites Mal und meldeten: So spricht Ben-Hadad: Ich habe dir sagen lassen, dass du mir dein Silber und Gold, deine Frauen und Söhne ausliefern sollst. ⁶Doch morgen um diese Zeit werde ich meine Leute zu dir schicken, damit sie dein Haus und auch die Häuser deiner Diener durchsuchen und alles, was wertvoll ist, nehmen und forttragen. ⁷Da rief der König von Israel alle Ältesten des Landes zu sich und sagte: Seht und erkennt, dass dieser Mann Böses im Sinn hat. Er hat von mir meine Frauen und Söhne, mein Silber und Gold gefordert und ich habe ihm nichts verweigert. ⁸Da antworteten ihm alle Ältesten und das ganze Volk: Gehorch ihm nicht und willige nicht ein! ⁹Er gab daher den Abgesandten Ben-Hadads den Bescheid: Sagt zu meinem Herrn, dem König: Alles, was du zuerst von deinem Knecht verlangt hast, will ich tun; doch diese Forderung kann ich nicht erfüllen. Die Boten zogen ab und meldeten es ihrem Herrn. ¹⁰Darauf sandte Ben-Hadad abermals Boten und ließ sagen: Die Götter sollen mir dies und das antun, wenn der Staub Samarias ausreicht, um allen Leuten in meinem Gefolge die Hand zu füllen. ¹¹Doch der König von Israel antwortete: Sagt zu ihm: Wer den Gürtel anlegt, soll sich nicht rühmen wie einer, der ihn bereits ablegt. ¹²Als Ben-Hadad diese Meldung empfing, hielt er gerade in den Zelten ein Gelage mit den Königen. Er befahl seinen Leuten anzugreifen und diese begannen den Sturm auf die Stadt.

¹³Doch ein Prophet kam zu Ahab, dem König von Israel, und sagte: So spricht der HERR: Siehst du diese gewaltige Menge? Ich gebe sie heute in deine Hand und du wirst erkennen,

dass ich der HERR bin. ¹⁴Ahab fragte: Durch wen? Er erwiderte: So spricht der HERR: Durch die Truppe der Provinzstatthalter. Als dann der König weiter wissen wollte, wer den Kampf eröffnen solle, sprach er: Du selbst. ¹⁵Daraufhin musterte er die Truppe der Provinzstatthalter; es waren zweihundertzweiunddreißig Mann. Nach ihnen musterte er das ganze Kriegsvolk, die Gesamtheit der Israeliten; es waren siebentausend Mann. ¹⁶Als sie um die Mittagszeit ausrückten, zechte Ben-Hadad mit den zweiunddreißig Königen, seinen Bundesgenossen, in den Zelten. ¹⁷Die Truppe der Provinzstatthalter rückte zuerst aus. Ben-Hadad hatte Beobachter ausgesandt und sie meldeten ihm, dass Leute aus Samaria herauskommen. ¹⁸Er befahl: Wenn sie in friedlicher Absicht kommen, ergreift sie lebendig! Wenn sie zum Kampf ausrücken, ergreift sie ebenfalls lebendig! ¹⁹Sobald nun die Truppe der Statthalter und das Heer, das ihr folgte, aus der Stadt ausgerückt waren, ²⁰gelang es jedem Einzelnen, seinen Gegner zu überwinden. Die Aramäer mussten fliehen und die Israeliten setzten ihnen nach. Ben-Hadad, der König von Aram, konnte zu Pferd entkommen, ebenso einige Wagenkämpfer. ²¹Als dann auch der König von Israel ausrückte, vernichtete er die Pferde und Kriegswagen und bereitete den Aramäern eine schwere Niederlage.

²²Da erschien der Prophet wieder beim König von Israel und sagte zu ihm: Sammle deine Kräfte und überleg dir gut, was du zu tun hast; denn um die Jahreswende wird der König von Aram abermals gegen dich ziehen. ²³Zum König von Aram hatten nämlich die Ratgeber gesagt: Ihr Gott ist ein Gott der Berge; darum waren sie uns überlegen. Wenn wir aber in der Ebene mit ihnen kämpfen, dann werden wir sie bestimmt besiegen. ²⁴Tu also Folgendes: Entfern die Könige aus ihrer Stellung und ersetze sie durch Statthalter! ²⁵Dann sammle ein ebenso großes Heer, wie du es verloren hast, und ebenso viele Pferde und Kriegswagen, wie du zuvor hattest! Wir werden in der Ebene mit ihnen kämpfen und sie gewiss besiegen.

Ben-Hadad befolgte ihren Rat. ²⁶Um die Jahreswende musterte er die Aramäer und rückte zum Krieg gegen Israel bis Afek vor. ²⁷Auch die Israeliten wurden gemustert und mit Lebensmitteln versehen. Sie zogen den Aramäern entgegen und lagerten ihnen gegenüber wie zwei Ziegenherden; die Aramäer aber füllten die ganze Gegend. ²⁸Nun trat der Gottesmann zum König von Israel hin und sagte: So spricht der HERR: Weil die Aramäer sagen, dass der HERR ein Gott der Berge und nicht ein Gott der Ebenen sei, gebe ich diese ganze gewaltige Menge in deine Hand; und ihr werdet erkennen, dass ich der HERR bin. ²⁹Sie lagen dann sieben Tage einander gegenüber. Am siebten Tag kam es zur Schlacht und die Israeliten töteten vom aramäischen Fußvolk hunderttausend Mann an einem Tag. ³⁰Der Rest floh in die Stadt Afek; doch die Mauer stürzte über den siebenundzwanzigtausend Mann, die übrig geblieben waren, zusammen.

Auch Ben-Hadad war in die Stadt geflohen und irrte von einem Gemach in das andere. ³¹Da sagten seine Ratgeber zu ihm: Wir haben gehört, dass die Könige des Hauses Israel milde Könige sind. Wir wollen daher Trauergewänder anlegen und mit Stricken um den Hals zum König von Israel hinausgehen. Vielleicht schenkt er dir das Leben. ³²Sie legten also Trauergewänder an und mit Stricken um den Hals kamen sie zum König von Israel. Sie flehten ihn an: Dein Knecht Ben-Hadad bittet dich, ihm das Leben zu schenken. Er antwortete: Lebt er noch? Er ist mein Bruder. ³³Die Männer nahmen das Wort als gutes Zeichen, gingen sogleich darauf ein und sagten: Ben-Hadad ist dein Bruder. Dann befahl der König von Israel: Geht, bringt ihn zu mir! Als Ben-Hadad kam, nahm er ihn zu sich auf seinen Wagen. ³⁴Da erklärte Ben-Hadad: Die Städte, die mein Vater deinem Vater weggenommen hat, werde ich zurückgeben und in Damaskus magst du dir Handelsniederlassungen errichten, wie mein Vater es in Samaria getan hat. Auf diese Abmachung hin werde ich dich freilassen. So schloss er mit ihm einen Vertrag und ließ ihn frei.

³⁵Einer von den Prophetenjüngern sprach im Auftrag des HERRN zu seinem Gefährten: Schlag mich! Als dieser sich weigerte, ihn zu schlagen, ³⁶sagte er zu ihm: Weil du der Stimme des HERRN nicht gehorcht hast, wird dich ein Löwe töten, sobald du von mir weggegangen bist. Der Mann hatte sich kaum von ihm entfernt, als ihn ein Löwe anfiel und tötete. ³⁷Hierauf traf der Prophet einen andern und befahl ihm: Schlag mich! Dieser schlug auf ihn ein und verwundete ihn. ³⁸Sogleich begab sich der Prophet zum König und stellte sich ihm in den Weg. Durch eine Binde über den Augen hatte er sich unkenntlich gemacht. ³⁹Als der König vorbeikam, rief er ihn und sagte: Dein Knecht ist in den Kampf gezogen. Da kam jemand herbei, brachte mir einen Gefangenen und befahl: Bewach diesen Mann! Wenn er entkommt, dann musst du es mit deinem Leben büßen oder du musst ein Talent Silber bezahlen. ⁴⁰Während nun dein Knecht da und dort zu tun hatte, konnte der Gefangene entkommen. Da sagte der König von Israel: Du hast dir dein Urteil selbst gesprochen. ⁴¹Sogleich nahm der Prophet die Binde von den Augen und der König von Israel erkannte ihn als einen von den Propheten. ⁴²Dieser aber sagte zu ihm: So spricht der HERR: Weil du den Mann, der meinem Bann verfallen war, aus deiner Hand entlassen hast, muss dein Leben für sein Leben, dein Volk für sein Volk einstehen. ⁴³Missmutig und verdrossen ging der König von Israel nach Hause und kam nach Samaria.

Nabots Weinberg

21 ¹Danach trug sich Folgendes zu. Nabot aus Jesreel hatte einen Weinberg in Jesreel neben dem Palast Ahabs, des Königs von Samarien. ²Ahab verhandelte mit Nabot und schlug ihm vor: Gib mir deinen Weinberg! Er soll mir als Gemüsegarten dienen; denn er liegt nahe bei meinem Haus. Ich will dir dafür einen besseren Weinberg geben. Wenn es dir aber lieber ist, bezahle ich dir den Kaufpreis in Geld. ³Doch Nabot erwiderte: Der HERR bewahre mich davor, dass ich dir das Erbe meiner Väter überlasse. ⁴Darauf kehrte Ahab in sein Haus zurück. Er war missmutig und verdrossen, weil Nabot aus Jesreel zu ihm gesagt hatte: Ich werde dir das Erbe meiner Väter nicht überlassen. Er legte sich auf sein Bett, wandte das Gesicht ab und aß nichts. ⁵Seine Frau Isebel kam zu ihm herein und fragte: Warum bist du missmutig und isst nichts? ⁶Er erzählte ihr: Ich habe mit Nabot aus Jesreel verhandelt und ihm gesagt: Verkauf mir deinen Weinberg für Geld, oder wenn es dir lieber ist, gebe ich dir einen anderen dafür. Doch er hat geantwortet: Ich werde dir meinen Weinberg nicht geben. ⁷Da sagte seine Frau Isebel zu

> *Ein sanftes, leises Säuseln wird in Elija kraftvoll.*

ihm: Du bist doch jetzt König in Israel. Steh auf, iss und sei guter Dinge! Ich werde dir den Weinberg Nabots aus Jesreel verschaffen. ⁸Sie schrieb Briefe im Namen Ahabs, versah sie mit seinem Siegel und schickte sie an die Ältesten und Vornehmen, die mit Nabot zusammen in der Stadt wohnten. ⁹In den Briefen schrieb sie: Ruft ein Fasten aus und lasst Nabot oben vor allem Volk Platz nehmen! ¹⁰Setzt ihm aber zwei nichtswürdige Männer gegenüber! Sie sollen gegen ihn als Zeugen auftreten und sagen: Du hast Gott und den König gelästert. Führt ihn dann hinaus und steinigt ihn zu Tode! ¹¹Die Männer der Stadt, die Ältesten und Vornehmen, die mit ihm zusammen in der Stadt wohnten, taten, was Isebel ihnen geboten hatte, was in den Briefen stand, die sie ihnen gesandt hatte. ¹²Sie riefen ein Fasten aus und ließen Nabot oben vor allem Volk Platz nehmen. ¹³Es kamen aber auch die beiden nichtswürdigen Männer und setzten sich ihm gegenüber. Sie standen vor dem Volk als Zeugen gegen Nabot auf und sagten: Nabot hat Gott und den König gelästert. Sogleich führte man ihn aus der Stadt hinaus und steinigte ihn zu Tode.

¹⁴Darauf ließen sie Isebel melden: Nabot wurde gesteinigt und ist tot. ¹⁵Sobald sie hörte, dass Nabot gesteinigt wurde und tot war, sagte sie zu Ahab: Auf, nimm den Weinberg Nabots aus Jesreel in Besitz, den er dir für Geld nicht verkaufen wollte; denn Nabot lebt nicht mehr; er ist tot. ¹⁶Als Ahab hörte, dass Nabot tot war, stand er auf und ging zum Weinberg Nabots aus Jesreel hinab, um von ihm Besitz zu ergreifen.

¹⁷Da erging das Wort des HERRN an Elija aus Tischbe: ¹⁸Mach dich auf und geh Ahab, dem König von Israel, entgegen, der in Samaria seinen Wohnsitz hat! Er ist zum Weinberg Nabots hinabgegangen, um von ihm Besitz zu ergreifen. ¹⁹Sag ihm: So spricht der HERR: Hast du gemordet und auch in Besitz genommen? Weiter sag ihm: So spricht der HERR: An der Stelle, wo die Hunde das Blut Nabots geleckt haben, werden Hunde auch dein Blut lecken. ²⁰Ahab sagte zu Elija: Hast du mich gefunden, mein Feind? Er erwiderte: Ich habe dich gefunden. Weil du dich hergabst, das zu tun, was dem HERRN missfällt, ²¹werde ich Unheil über dich bringen. Ich werde dich entfernen und von Ahabs Geschlecht alles, was männlich ist, ob unmündig oder mündig, in Israel ausrotten. ²²Weil du mich zum Zorn gereizt und Israel zur Sünde verführt hast, werde ich mit deinem Haus verfahren wie mit dem Haus Jerobeams, des Sohnes Nebats, und mit dem Haus Baschas, des Sohnes Ahijas. ²³Und über Isebel verkündet der HERR: Die Hunde werden Isebel an der Mauer von Jesreel auffressen. ²⁴Wer von der Familie Ahabs in der Stadt stirbt, den werden die Hunde fressen, und wer auf dem freien Feld stirbt, den werden die Vögel des Himmels fressen.

²⁵Es gab in der Tat niemand, der sich wie Ahab hergab zu tun, was böse war in den Augen des HERRN, da seine Frau Isebel ihn verführte. ²⁶Sein Tun war überaus verwerflich; er lief den Götzen nach ganz so, wie es die Amoriter getan hatten, die der HERR vor den Israeliten vertrieben hatte.

²⁷Als Ahab diese Drohungen hörte, zerriss er seine Kleider, trug ein Bußgewand auf dem bloßen Leib, fastete, schlief im Bußgewand und ging bedrückt umher. ²⁸Da erging das Wort des HERRN an Elija aus Tischbe: ²⁹Hast du gesehen, wie Ahab sich vor mir gedemütigt hat? Weil er sich vor mir

gedemütigt hat, will ich das Unglück nicht schon in seinen Tagen kommen lassen. Erst in den Tagen seines Sohnes werde ich das Unheil über sein Haus bringen.

Urteil des Propheten Micha ben Jimla über den Feldzug Ahabs

22 ¹Drei Jahre hatte das Land Ruhe und gab es keinen Krieg zwischen Aram und Israel. ²Als im dritten Jahr Joschafat, der König von Juda, zum König von Israel kam, ³sagte der König von Israel zu seinen Beamten: Ihr wisst doch, dass Ramot-Gilead uns gehört. Wir aber zögern, es der Hand des Königs von Aram zu entreißen. ⁴Und er fragte Joschafat: Würdest du mit mir gegen Ramot-Gilead in den Krieg ziehen? Dieser antwortete dem König von Israel: Ich ziehe mit dir, mein Volk mit deinem Volk, meine Pferde mit deinen Pferden.

⁵Joschafat bat aber den König von Israel: Hole doch zuvor das Wort des HERRN ein! ⁶Da versammelte der König von Israel die Propheten, gegen vierhundert Mann, und fragte sie: Soll ich gegen Ramot-Gilead zu Felde ziehen oder soll ich es lassen? Sie gaben den Bescheid: Zieh hinauf! Der Herr gibt die Stadt in die Hand des Königs. ⁷Doch Joschafat sagte: Ist hier sonst kein Prophet des HERRN, den wir befragen könnten? ⁸Der König von Israel antwortete Joschafat: Es ist noch einer da, durch den wir den HERRN befragen könnten. Doch ich hasse ihn; denn er weissagt mir nie Gutes, sondern immer nur Schlimmes. Es ist Micha, der Sohn Jimlas. Joschafat erwiderte: Der König sage das nicht. ⁹Da rief der König von Israel einen Hofbeamten und befahl ihm: Hole unverzüglich Micha, den Sohn Jimlas herbei! ¹⁰Der König von Israel und Joschafat, der König von Juda, saßen in königlichen Gewändern auf ihren Thronen. Sie befanden sich auf der Tenne beim Tor Samarias und alle Propheten weissagten vor ihnen. ¹¹Zidkija, der Sohn Kenaanas, hatte sich eiserne Hörner gemacht und rief: So spricht der HERR: Mit diesen wirst du die Aramäer niederstoßen, bis du sie vernichtet hast. ¹²Alle Propheten weissagten in gleicher Weise und riefen: Zieh nach Ramot-Gilead und sei erfolgreich; der HERR gibt die Stadt in die Hand des Königs. ¹³Der Bote aber, der gegangen war, um Micha zu rufen, redete ihm zu: Die Worte der Propheten waren ohne Ausnahme günstig für den König. Mögen deine Worte ihren Worten gleichen. Sag daher Gutes an! ¹⁴Doch Micha erwiderte: So wahr der HERR lebt: Nur was der HERR mir sagt, werde ich sagen. ¹⁵Als er zum König kam, fragte ihn dieser: Micha, sollen wir gegen Ramot-Gilead zu Felde ziehen oder sollen wir es lassen? Micha antwortete: Zieh hinauf und sei erfolgreich! Der HERR gibt die Stadt in die Hand des Königs. ¹⁶Doch der König entgegnete: Wie oft muss ich dich beschwören, mir im Namen des HERRN nur die Wahrheit zu sagen? ¹⁷Da sagte Micha: Ich sah ganz Israel über die Berge zerstreut wie Schafe, die keinen Hirten haben. Und der HERR sagte: Sie haben keine Herren mehr. So gehe jeder in Frieden nach Hause. ¹⁸Da wandte sich der König von Israel an Joschafat: Habe ich es dir nicht gesagt? Er weissagt mir nie Gutes, sondern immer nur Schlimmes. ¹⁹Micha aber fuhr fort: Darum – höre das Wort des HERRN: Ich sah den HERRN auf seinem Thron sitzen; das ganze Heer des Himmels stand zu seiner Rechten und seiner Linken. ²⁰Und der HERR fragte: Wer will Ahab betören, sodass er nach Ramot-Gilead hinaufzieht und dort fällt? Da hatte der eine diesen, der andere je-

nen Vorschlag. ²¹Da trat der Geist vor, stellte sich vor den HERRN und sagte: Ich werde ihn betören. Der HERR fragte ihn: Auf welche Weise? ²²Er gab zur Antwort: Ich werde mich aufmachen und zu einem Lügengeist im Mund all seiner Propheten werden. Da sagte der HERR: Du wirst ihn betören; du vermagst es. Geh hin und tu das! ²³So hat der HERR jetzt einen Geist der Lüge in den Mund all dieser deiner Propheten gelegt; denn er hat über dich Unheil beschlossen. ²⁴Da trat Zidkija, der Sohn Kenaanas, zu Micha, schlug ihn ins Gesicht und rief: Wie, sollte denn der Geist des HERRN von mir gewichen sein, um mit dir zu reden? ²⁵Micha erwiderte: Du wirst es an jenem Tag erfahren, an dem du von einem Gemach in das andere eilst, um dich zu verstecken. ²⁶Der König von Israel aber gab den Befehl: Nehmt Micha fest, führt ihn zum Stadtobersten Amon und zum Prinzen Joasch ²⁷und meldet: So spricht der König: Werft diesen Mann ins Gefängnis und haltet ihn streng bei Brot und Wasser, bis ich wohlbehalten zurückkomme! ²⁸Doch Micha erwiderte: Wenn du heil und wohlbehalten zurückkommst, dann hat der HERR nicht durch mich geredet. Und er sagte: Hört, all ihr Völker!

²⁹Darauf zog der König von Israel mit Joschafat, dem König von Juda, gegen Ramot-Gilead. ³⁰Der König von Israel sagte zu Joschafat: Ich will mich verkleiden und so in den Kampf ziehen. Du aber behalte deine Gewänder an! So ging der König von Israel verkleidet in den Kampf. ³¹Der König von Aram hatte aber den zweiunddreißig Obersten seiner Kriegswagen befohlen: Greift niemanden an, er sei hohen oder niederen Ranges, außer den König von Israel! ³²Als daher die Obersten der Kriegswagen Joschafat erblickten und ihn für den König von Israel hielten, stürmten sie auf ihn ein, sodass er um Hilfe schrie. ³³Doch als sie sahen, dass er nicht der König von Israel war, ließen sie von ihm ab. ³⁴Ein Mann aber spannte aufs Geratewohl seinen Bogen und traf den König von Israel zwischen Panzer und Leibgurt. Dieser befahl daher seinem Wagenlenker: Wende um und bring mich aus der Schlacht; denn ich bin verwundet. ³⁵Da aber die Schlacht an jenem Tag heftig wurde, blieb der König im Kampf gegen die Aramäer aufrecht im Wagen stehen. Am Abend starb er. Das Blut der Wunde war in das Innere des Wagens geflossen. ³⁶Bei Sonnenuntergang ließ man im Lager ausrufen: Jeder kehre in seine Stadt, in sein Land zurück! ³⁷So starb der König; man brachte ihn nach Samaria und begrub ihn dort. ³⁸Als man im Teich von Samaria den Wagen ausspülte, leckten Hunde sein Blut und Dirnen wuschen sich darin, nach dem Wort, das der HERR gesprochen hatte.

Ahab von Israel: Abschluss

³⁹Die übrige Geschichte Ahabs und alle seine Taten, der Bericht über das Elfenbeinhaus, das er gebaut, und die Städte, die er ausgebaut hat, sind aufgezeichnet in der Chronik der Könige von Israel. ⁴⁰Ahab entschlief zu seinen Vätern und sein Sohn Ahasja wurde König an seiner Stelle.

Joschafat von Juda

⁴¹Im vierten Jahr des Königs Ahab von Israel wurde Joschafat, der Sohn Asas, König von Juda. ⁴²Er war fünfunddreißig Jahre alt, als er König wurde, und regierte fünfundzwanzig Jahre in Jerusalem. Seine Mutter hieß Asuba und war eine Tochter Schilhis. ⁴³Er folgte ganz den Wegen seines Vaters Asa, ohne von ihnen abzuweichen, und tat, was dem HERRN gefiel. ⁴⁴Nur die Kult-

höhen verschwanden nicht. Das Volk brachte noch Schlacht- und Rauchopfer auf ihnen dar. ⁴⁵Joschafat hatte auch Frieden mit dem König von Israel. ⁴⁶Die übrige Geschichte Joschafats, die Erfolge, die er errang, und die Kriege, die er führte, sind aufgezeichnet in der Chronik der Könige von Juda. ⁴⁷Er entfernte die letzten Hierodulen, die in den Tagen seines Vaters Asa übrig geblieben waren, aus dem Land. ⁴⁸In Edom gab es damals keinen König; ein Statthalter vertrat den König. ⁴⁹Auch baute Joschafat eine Tarschischflotte, die nach Ofir fahren sollte, um Gold zu holen. Doch kam es nicht zur Fahrt, da die Schiffe in Ezjon-Geber zerschellten. ⁵⁰Damals sagte Ahasja, der Sohn Ahabs, zu Joschafat: Meine Leute sollen mit deinen Leuten auf den Schiffen fahren. Doch Joschafat lehnte es ab. – ⁵¹Joschafat entschlief zu seinen Vätern und wurde bei seinen Vätern in der Stadt seines Vaters David begraben. Sein Sohn Joram wurde König an seiner Stelle.

Ahasja von Israel

⁵²Im siebzehnten Jahr des Königs Joschafat von Juda wurde Ahasja, der Sohn Ahabs, in Samaria König von Israel. Er regierte zwei Jahre über Israel ⁵³und tat, was böse war in den Augen des HERRN. Er folgte den Wegen seines Vaters und seiner Mutter und den Wegen Jerobeams, des Sohnes Nebats, der Israel zur Sünde verführt hatte. ⁵⁴Auch diente er Baal und betete ihn an. So erzürnte er den HERRN, den Gott Israels, ganz so, wie es sein Vater getan hatte.

Diese Könige! Der Fisch stank schon damals vom Kopf her.

Das zweite Buch der Könige
Ahasjas Befragung des Baal

1 ¹Nach dem Tod Ahabs fiel Moab von Israel ab. ²Ahasja war in Samaria durch das Gitter seines Obergemachs gefallen und hatte sich verletzt. Er sandte Boten ab mit dem Auftrag: Geht, befragt Beelzebul, den Gott von Ekron, ob ich von diesem Leiden genesen werde! ³Doch der Engel des HERRN sprach zu Elija aus Tischbe: Mach dich auf, geh den Boten des Königs von Samaria entgegen und sag zu ihnen: Gibt es denn keinen Gott in Israel, sodass ihr fortgehen müsst, um Beelzebul, den Gott von Ekron, zu befragen? ⁴Darum: So spricht der HERR: Vom Lager, auf das du dich gelegt hast, wirst du nicht mehr aufstehen; denn du musst sterben. Elija ging hin. ⁵Die Boten aber kehrten zum König zurück und er fragte sie: Wie kommt es, dass ihr schon zurück seid? ⁶Sie antworteten ihm: Ein Mann kam uns entgegen und trug uns auf: Kehrt zum König zurück, der euch gesandt hat, und sagt zu ihm: So spricht der HERR: Gibt es denn keinen Gott in Israel, sodass du Boten aussenden musst, die Beelzebul, den Gott von Ekron, befragen sollen? Darum wirst du von dem Lager, auf das du dich gelegt hast, nicht mehr aufstehen; denn du musst sterben. ⁷Da fragte er sie: Wie sah der Mann aus, der euch entgegenkam und diese Worte zu euch sprach? ⁸Sie erwiderten: Er trug einen Mantel aus Ziegenhaaren und hatte einen ledernen Gurt um die Hüften. Da sagte er: Das war Elija aus Tischbe.

⁹Er sandte nun den Hauptmann über Fünfzig und seine Leute zu ihm. Dieser stieg zu Elija hinauf, der auf dem Gipfel des Berges saß, und rief ihm zu: Mann Gottes, der König befiehlt dir herabzukommen. ¹⁰Doch Elija antwortete dem Hauptmann der Fünfzig:

Wenn ich ein Mann Gottes bin, so falle Feuer vom Himmel und verzehre dich und deine Fünfzig. Sogleich fiel Feuer vom Himmel und verzehrte ihn und seine Leute. ¹¹Darauf sandte der König einen anderen Hauptmann über Fünfzig und seine Leute zu ihm. Auch dieser ergriff das Wort und rief Elija zu: Mann Gottes, so spricht der König: Komm sofort herab! ¹²Doch Elija antwortete ihnen: Wenn ich ein Mann Gottes bin, so falle Feuer vom Himmel und verzehre dich und deine Fünfzig. Sogleich fiel das Feuer Gottes vom Himmel und verzehrte ihn und seine Leute. ¹³Nun schickte der König einen dritten Hauptmann über Fünfzig und seine Leute. Dieser kam hinauf, kniete vor Elija nieder und flehte ihn an: Mann Gottes, möchte doch mein Leben und das Leben deiner fünfzig Knechte kostbar sein in deinen Augen. ¹⁴Feuer ist vom Himmel gefallen und hat die ersten zwei Hauptleute und ihre fünfzig Mann verzehrt. Möchte nun mein Leben kostbar sein in deinen Augen. ¹⁵Da sagte der Engel des HERRN zu Elija: Geh mit ihm hinab und fürchte dich nicht vor ihm! Elija stand also auf, ging mit ihm zum König hinab ¹⁶und hielt ihm vor: So spricht der HERR: Du hast Boten ausgesandt, um Beelzebul, den Gott von Ekron, zu befragen, als gäbe es in Israel keinen Gott, dessen Wort man einholen könnte. Darum wirst du von dem Lager, auf das du dich gelegt hast, nicht mehr aufstehen; denn du musst sterben. ¹⁷So starb Ahasja nach dem Wort des HERRN, das Elija verkündet hatte.

Joram wurde König an seiner Stelle im zweiten Jahr Jorams, des Sohnes Joschafats, des Königs von Juda; denn er hatte keinen Sohn. ¹⁸Die übrige Geschichte Ahasjas und seine Taten sind aufgezeichnet in der Chronik der Könige von Israel.

Entrückung Elijas

2 ¹An dem Tag, da der HERR Elija im Wirbelsturm in den Himmel aufnehmen wollte, ging Elija mit Elischa von Gilgal weg. ²Er sagte zu Elischa: Bleib hier; denn der HERR hat mich nach Bet-El gesandt. Doch Elischa erwiderte: So wahr der HERR lebt und so wahr du lebst: Ich verlasse dich nicht. So gingen sie nach Bet-El. ³Dort kamen die Prophetenjünger, die in Bet-El waren, zu Elischa heraus und sagten zu ihm: Weißt du, dass der HERR heute deinen Meister über dein Haupt hinweg aufnehmen wird? Er antwortete: Auch ich weiß es. Seid still! ⁴Elija aber sagte zu ihm: Bleib hier, Elischa; denn der HERR hat mich nach Jericho gesandt. Elischa erwiderte: So wahr der HERR lebt und so wahr du lebst: Ich verlasse dich nicht. So kamen sie nach Jericho. ⁵Dort traten die Prophetenjünger, die in Jericho waren, an Elischa heran und sagten zu ihm: Weißt du, dass der HERR heute deinen Meister über dein Haupt hinweg aufnehmen wird? Er antwortete ihnen: Auch ich weiß es. Seid still! ⁶Elija aber bat ihn: Bleib hier; denn der HERR hat mich an den Jordan gesandt. Elischa erwiderte: So wahr der HERR lebt und so wahr du lebst: Ich verlasse dich nicht. So gingen beide miteinander. ⁷Fünfzig Prophetenjünger folgten ihnen und blieben dann seitwärts in einiger Entfernung stehen. Die beiden traten an den Jordan. ⁸Hier nahm Elija seinen Mantel, rollte ihn zusammen und schlug mit ihm auf das Wasser. Dieses teilte sich nach beiden Seiten und sie schritten trockenen Fußes hindurch. ⁹Als sie drüben angekommen waren, sagte Elija zu Elischa: Sprich eine Bitte aus, die ich dir erfüllen soll, bevor ich von dir weggenommen werde! Elischa antwortete: Möchten mir doch zwei Anteile deines Geistes zufallen. ¹⁰Elija entgegnete: Du hast etwas Schweres erbeten. Wenn du siehst, wie ich von dir weggenommen werde, wird es dir zuteilwerden. Sonst aber wird es nicht geschehen. ¹¹Während sie miteinander gingen und redeten, erschien ein feuriger Wagen mit feurigen Pferden und trennte beide voneinander. Elija fuhr im Wirbelsturm zum Himmel empor. ¹²Elischa sah es und rief laut: Mein Vater, mein Vater! Wagen Israels und seine Reiter! Als er ihn nicht mehr sah, fasste er sein Gewand und riss es mitten entzwei. ¹³Dann hob er den Mantel auf, der Elija entfallen war, kehrte um und trat an das Ufer des Jordan. ¹⁴Er nahm den Mantel, der Elija entfallen war, schlug mit ihm auf das Wasser und rief: Wo ist der HERR, der Gott des Elija? Als er auf das Wasser schlug, teilte es sich nach beiden Seiten und Elischa ging hinüber.

¹⁵Die Prophetenjünger von Jericho, die in der Nähe standen, sahen ihn und sagten: Der Geist des Elija ruht auf Elischa. Sie kamen ihm entgegen und warfen sich vor ihm zur Erde nieder. ¹⁶Dann sagten sie zu ihm: Unter deinen Knechten sind fünfzig starke Männer. Sie sollen auf die Suche nach deinem Meister gehen. Der Geist des HERRN könnte ihn fortgetragen und auf einem der Berge oder in einem der Täler niedergesetzt haben. Doch Elischa entgegnete: Schickt niemand! ¹⁷Als sie aber heftig darauf bestanden, sagte er: Schickt sie also hin! Sie schickten fünfzig Mann aus und diese suchten drei Tage lang. Da sie ihn nicht fanden, ¹⁸kehrten sie zu Elischa zurück. Er hielt sich noch in Jericho auf und sagte zu ihnen: Habe ich euch nicht gesagt: Ihr sollt nicht hingehen?

Elischas Quellwunder

¹⁹Die Männer der Stadt sagten zu Elischa: Unser Herr sieht, dass man in dieser Stadt gut wohnen kann; nur das Wasser ist ungesund und in der Gegend gibt es viele Fehlgeburten. ²⁰Elischa befahl: Bringt mir eine neue Schüssel und schüttet Salz hinein! Man brachte sie ihm ²¹und er ging zur Wasserquelle und warf das Salz hinein mit den Worten: So spricht der HERR: Ich mache dieses Wasser gesund. Es wird keinen Tod und keine Fehlgeburt mehr verursachen. ²²Daher ist das Wasser bis zum heutigen Tag gesund, wie es Elischa vorausgesagt hatte.

Fluch über die Spötter

²³Von dort ging er nach Bet-El. Während er den Weg hinaufstieg, kamen junge Burschen aus der Stadt und verspotteten ihn: Sie riefen ihm zu: Kahlkopf, komm herauf! Kahlkopf, komm herauf! ²⁴Er wandte sich um, sah sie an und verfluchte sie im Namen des HERRN. Da kamen zwei Bären aus dem Wald und zerrissen zweiundvierzig junge Leute. ²⁵Von dort ging er zum Berg Karmel und kehrte dann nach Samaria zurück.

Bibelstellen
1 Kön 17,1 –
2 Kön 2,25

Wie wir die wurden, die wir sein werden

Auch Elija und Elischa haben den Niedergang unserer Königreiche nicht verhindern können. Trotzdem – oder gerade deshalb – haben wir ihre Geschichten aufgeschrieben. Und je komplizierter unsere Gegenwart wird, je mehr Krisen und Anfeindungen wir erleben, desto notwendiger erscheint es uns, dass wir uns auf unsere Wurzeln besinnen.

Also beginnen wir ein neues Buch. Später, nachdem wir es weiter ergänzt haben werden, wird es den Namen „Bereschit" tragen. In deiner Sprache heißt das: „Im Anfang". Das Buch begegnet dir aber auch unter den Namen „Erstes Buch Mose" oder „Genesis". Das bedeutet „Geburt" oder „Ursprung". Von dem Wort Genesis sind andere Wörter abgeleitet, zum Beispiel „Generation" oder auch „Gene". Denn das ist vielleicht die Frage, die uns hier umtreibt: Was liegt uns in den Genen? Was taten die Generationen vor uns?

In diesem Text wird dir Abraham begegnen, den wir als unseren Stammvater bezeichnen. Wir werden dir von seiner Wanderschaft erzählen und von seinen zahlreichen Nachkommen, die wir unsere „Erzmütter und Erzväter" nennen, weil aus ihnen und ihren Kindern die Stämme unseres Volkes wie auch viele andere Völker hervorgegangen sind.

Unsere Geschichten entwerfen das Bild einer rauen Zeit, in der Menschen als Nomaden unterwegs sind und ihr Überleben meistern müssen, oft in der Auseinandersetzung mit Feinden – oder auch mit sich selbst, mit den eigenen Schwächen und den inneren Abgründen. An Abgründen sind diese Erzählungen durchaus reich und manche Passage wird dir wenig jugendfrei erscheinen. Ja, sie werden dich vielleicht eher an das erinnern, was man in deiner Gegenwart eine „Soap" nennt. Jedenfalls dann, wenn du alles ganz wörtlich nimmst. Natürlich möchte man gern solche Texte wörtlich nehmen, um jenem fernen Ursprung irgendwie konkret näher zu kommen. Und auf der Suche danach werden Forscherinnen und Forscher späterer Zeiten zu ergründen versuchen, ob die Erzeltern tatsächlich auf historische Personen zurückgehen. Haben Abraham und Sara wirklich gelebt? Wurde Josef wirklich nach Ägypten verkauft? Sind die dargestellten Karawanen-Routen nicht ziemlich unrealistisch?

Nun gut, es ist mit diesen Geschichten nicht anders als mit allen Familiengeschichten, die man sich erzählt – im Laufe der Zeit lässt man manches weg und fügt neues hinzu und weiß irgendwann die richtige Reihenfolge der Ereignisse nicht mehr. Wenn du jetzt das Leben deiner Großeltern oder vielleicht sogar Urgroßeltern aufschreiben solltest – wie würdest du vorgehen? Da gibt es vielleicht die eine oder andere Episode, die man dir schon erzählt hat, als du noch kleiner warst. Aber was wann genau geschah, wer alles dabei war und so weiter – das musst du dir am Ende vielleicht selbst zusammenreimen. Vor allem musst du dich fragen: Was ist das Wichtigste an den Geschichten? Worauf kommt es letztlich an?

Das ist die Frage, die wir uns auch stellen. Der Text, wie er auf den nächsten Seiten wiedergegeben wird, hat Lücken. Hier fehlen – aus Platzgründen – einige Passagen, die du in anderen Bibelausgaben nachlesen kannst. Dort begegnen dir dann immer wieder schier endlose Stammbäume: welche Eltern welche Kinder zeugten, und wie alt sie jeweils wurden, und welche Kinder diese Kinder wiederum hatten und immer so weiter. Auf diese Weise entsteht eine ununterbrochene Linie der Generationen weit zurück in graue Vorzeit. Denn im Kern handeln die Geschichten der Erzeltern von dem, was Gott ihnen versprochen hat: Es ist die Verheißung von Segen, Land und Nachkommen. Etwas moderner könnte man sagen: Es geht um die Sehnsucht danach, irgendwo anzukommen und zu Hause zu sein.

Und es geht um Zukunft. Denn wenn wir hier durch die Generationen hindurch eine Brücke in die ferne Vergangenheit schlagen, ragt diese Brücke auf der anderen Seite gleichzeitig bis weit in die fernste Zukunft hinein. In gewisser Weise begleiten uns unsere Erzeltern ständig, denn in späteren Zeiten werden wir uns immer wieder auf sie berufen. Ja, Gott selber wird sich auf sie berufen, wenn er sich dem Mose vorstellt: „Ich bin der Gott Abrahams, Isaaks und Jakobs." Auch Maria, die Mutter Jesu, wird in ihrem wundervollen Loblied singen: „Er denkt an sein Erbarmen, dass er unseren Vätern verheißen hat. Abraham und seinen Nachkommen auf ewig."

Und eines Tages wird man uns auf sehr grausame Weise auf die Erzeltern festnageln. Denn in den Dreißigerjahren des 20. Jahrhunderts deiner Zeitrechnung werden die Nazis uns zwingen, die Namen von Sara oder Israel, wie Jakob von Gott genannt wird, als zweite Vornamen zu tragen. Daran sollen uns die Behörden als Juden erkennen. Es wird einer von vielen Schritten sein bei dem Versuch, uns vollständig zu vernichten.

Aber die Verheißung Gottes dringt selbst durch die allerdunkelste Zeit hindurch. Vielleicht leuchtet sie uns gerade dann besonders hell, wenn alles um uns dunkel wird. Und sie gilt nicht exklusiv, im Gegenteil. Juden, Christen und Muslime verehren die Erzeltern gleichermaßen. Indem wir uns alle als Kinder Abrahams verstehen, können wir gemeinsam in Vielfalt leben, können wir die Grenzen zwischen den Kulturen und Religionen überwinden und uns an der bunten Verschiedenheit der Menschen erfreuen. Und zusammen neue Brücken schlagen – in die Vergangenheit und in die Zukunft.

Aus dem Buch Genesis

Der Segen Abrahams

12 ¹Der HERR sprach zu Abram: Geh fort aus deinem Land, aus deiner Verwandtschaft und aus deinem Vaterhaus in das Land, das ich dir zeigen werde! ²Ich werde dich zu einem großen Volk machen, dich segnen und deinen Namen groß machen. Ein Segen sollst du sein. ³Ich werde segnen, die dich segnen; wer dich verwünscht, den werde ich verfluchen. Durch dich sollen alle Sippen der Erde Segen erlangen.

⁴Da ging Abram, wie der HERR ihm gesagt hatte, und mit ihm ging auch Lot. Abram war fünfundsiebzig Jahre alt, als er von Haran auszog. ⁵Abram nahm seine Frau Sarai mit, seinen Neffen Lot und alle ihre Habe, die sie erworben hatten, und alle, die sie in Haran hinzugewonnen hatten. Sie zogen aus, um in das Land Kanaan zu gehen, und sie kamen in das Land Kanaan.

⁶Abram zog durch das Land bis zur Stätte von Sichem, bis zur Orakeleiche. Die Kanaaniter waren damals im Land. ⁷Der HERR erschien Abram und sprach: Deinen Nachkommen gebe ich dieses Land. Dort baute er dem HERRN, der ihm erschienen war, einen Altar. ⁸Von da brach er auf zu dem Gebirge östlich von Bet-El und schlug sein Zelt so auf, dass er Bet-El im Westen und Ai im Osten hatte. Dort baute er dem HERRN einen Altar und rief den Namen des HERRN an. ⁹Dann zog Abram immer weiter, dem Negeb zu.

Abraham und Sara in Ägypten

¹⁰Es kam aber eine Hungersnot über das Land. Da zog Abram nach Ägypten hinab, um sich dort als Fremder niederzulassen; denn die Hungersnot lastete schwer auf dem Land. ¹¹Als er sich Ägypten näherte, sagte er zu seiner Frau Sarai: Ich weiß, du bist eine Frau von großer Schönheit. ¹²Wenn dich die Ägypter sehen, werden sie sagen: Das ist seine Frau! Und sie werden mich töten, dich aber am Leben lassen. ¹³Sag doch, du seist meine Schwester, damit es mir deinetwegen gut geht und ich um deinetwillen am Leben bleibe. ¹⁴Als Abram nach Ägypten kam, sahen die Ägypter, dass die Frau überaus schön war. ¹⁵Die Beamten des Pharao sahen sie und rühmten sie vor dem Pharao. Da wurde die Frau in das Haus des Pharao genommen. ¹⁶Er behandelte Abram ihretwegen gut: Er bekam Schafe und Ziegen, Rinder und Esel, Knechte und Mägde, Eselinnen und Kamele. ¹⁷Doch der HERR schlug den Pharao und sein Haus wegen Sarai, der Frau Abrams, mit schweren Plagen. ¹⁸Da rief der Pharao Abram und sagte: Was hast du mir da angetan? Warum hast du mir nicht kundgetan, dass sie deine Frau ist? ¹⁹Warum hast du behauptet: Sie ist meine Schwester, sodass ich sie mir zur Frau nahm? Jetzt aber, siehe, da hast du deine Frau wieder, nimm sie und geh! ²⁰Dann befahl der Pharao seinetwegen Männern, ihn, seine Frau und alles, was ihm gehörte, fortzuschaffen.

…

> *Fast eine Netflix-Serie. Denn manches erinnert nicht an „Vorbild im Glauben". Im Gegenteil: Es „menschelt" überall. Doch Gott, der HERR, hält die Fäden in der Hand. ER will seine Verheißungen wirklich werden lassen.*

Gottes Bund mit Abraham

15 ¹Nach diesen Ereignissen erging das Wort des HERRN in einer Vision an Abram: Fürchte dich nicht, Abram, ich selbst bin dir ein Schild; dein Lohn wird sehr groß sein. ²Abram antwortete: Herr und GOTT, was kannst du mir geben? Ich gehe kinderlos dahin und Erbe meines Hauses ist Eliëser aus Damaskus. ³Und Abram sagte: Siehe, du hast mir keine Nachkommen gegeben; so wird mich mein Hausklave beerben. ⁴Aber siehe, das Wort des HERRN erging an ihn: Nicht er wird dich beerben, sondern dein leiblicher Sohn wird dein Erbe sein. ⁵Er führte ihn hinaus und sprach: Sieh doch zum Himmel hinauf und zähl die Sterne, wenn du sie zählen kannst! Und er sprach zu ihm: So zahlreich werden deine Nachkommen sein. ⁶Und er glaubte dem HERRN und das rechnete er ihm als Gerechtigkeit an.

⁷Er sprach zu ihm: Ich bin der HERR, der dich aus Ur in Chaldäa herausgeführt hat, um dir dieses Land zu eigen zu geben. ⁸Da sagte Abram: Herr und GOTT, woran soll ich erkennen, dass ich es zu eigen bekomme? ⁹Der HERR antwortete ihm: Hol mir ein dreijähriges Rind, eine dreijährige Ziege, einen dreijährigen Widder, eine Turteltaube und eine junge Taube! ¹⁰Abram brachte ihm alle diese Tiere, schnitt sie in der Mitte durch und legte je einen Teil dem andern gegenüber; die Vögel aber zerschnitt er nicht. ¹¹Da stießen Raubvögel auf die toten Tiere herab, doch Abram verscheuchte sie.

¹²Bei Sonnenuntergang fiel auf Abram ein tiefer Schlaf. Und siehe, Angst und großes Dunkel fielen auf ihn. ¹³Er sprach zu Abram: Du sollst wissen: Deine Nachkommen werden als Fremde in einem Land wohnen, das ihnen nicht gehört. Sie werden dort als Sklaven dienen und man wird sie vierhundert Jahre lang unterdrücken. ¹⁴Aber auch über das Volk, dem sie als Sklaven dienen, werde ich Gericht halten und nachher werden sie mit reicher Habe ausziehen. ¹⁵Du aber wirst in Frieden zu deinen Vätern heimgehen; im glücklichen Alter wirst du begraben werden. ¹⁶Erst die vierte Generation wird hierher zurückkehren; denn noch hat die Schuld der Amoriter nicht ihr volles Maß erreicht.

¹⁷Die Sonne war untergegangen und es war dunkel geworden. Und siehe, ein rauchender Ofen und eine lodernde Fackel waren da; sie fuhren zwischen jenen Fleischstücken hindurch. ¹⁸An diesem Tag schloss der HERR mit Abram folgenden Bund: Deinen Nachkommen gebe ich dieses Land vom Strom Ägyptens bis zum großen Strom, dem Eufrat-Strom, ¹⁹die Keniter, die Kenasiter, die Kadmoniter, ²⁰die Hetiter, die Perisiter, die Rafaïter, ²¹die Amoriter, die Kanaaniter, die Girgaschiter und die Jebusiter.

Hagar und Ismael

16 ¹Sarai, Abrams Frau, hatte ihm nicht geboren. Sie hatte aber eine ägyptische Sklavin. Ihr Name war Hagar. ²Da sagte Sarai zu Abram: Siehe, der HERR hat mir das Gebären verwehrt. Geh zu meiner Sklavin! Vielleicht komme ich durch sie zu einem Sohn. Abram hörte auf die Stimme Sarais. ³Sarai, Abrams Frau, nahm also die Ägypterin Hagar, ihre Sklavin, zehn Jahre, nachdem sich Abram im Land Kanaan niedergelassen hatte, und gab sie Abram, ihrem Mann, zur Frau. ⁴Er ging zu Hagar und sie wurde schwanger. Als sie sah, dass sie schwanger war, galt ihr die Herrin in ihren Augen nichts mehr. ⁵Da sagte Sarai zu Abram: Das Unrecht, das ich erfahre, komme über dich! Ich selbst habe meine Sklavin in deinen Schoß gegeben. Aber kaum sieht sie, dass sie schwanger ist, und schon gelte ich in ihren Augen nichts mehr. Der HERR richte zwischen mir und dir. ⁶Da sagte Abram zu Sarai: Siehe, sie ist deine Sklavin, sie ist in deiner Hand. Tu mit ihr, was in deinen Augen gut erscheint! Da misshandelte Sarai sie und Hagar lief ihr davon.

⁷Der Engel des HERRN fand sie an einer Wasserquelle in der Wüste, an der Quelle auf dem Weg nach Schur. ⁸Er sprach: Hagar, Sklavin Sarais, woher kommst du und wohin gehst du? Sie sagte: Vor Sarai, meiner Herrin, bin ich davongelaufen. ⁹Da sprach der Engel des HERRN zu ihr: Kehr zurück zu deiner Herrin und beuge dich unter ihre Hand! ¹⁰Der Engel des HERRN sprach zu ihr: Mehren, ja mehren werde ich deine Nachkommen, sodass man sie wegen ihrer Menge nicht mehr zählen kann.

¹¹Weiter sprach der Engel des HERRN zu ihr: Siehe, du bist schwanger, du wirst einen Sohn gebären und du sollst ihm den Namen Ismael – Gott hört – geben, / denn der HERR hat dich in deinem Leid gehört.

¹²Er wird ein Mensch sein wie ein Wildesel. / Seine Hand auf allen, die Hand aller auf ihm! / Allen seinen Brüdern gegenüber wird er wohnen.

¹³Da nannte sie den Namen des HERRN, der zu ihr gesprochen hatte: Du bist El-Roï – Gott schaut auf mich –. Denn sie sagte: Gewiss habe ich dem nachgeschaut, der auf mich schaut! ¹⁴Deswegen nennt man den Brunnen Beer-Lahai-Roï – Brunnen des Lebendigen, der auf mich schaut –. Siehe, er liegt zwischen Kadesch und Bered.

¹⁵Hagar gebar dem Abram einen Sohn. Und Abram gab seinem Sohn, den ihm Hagar geboren hatte, den Namen Ismael. ¹⁶Abram war sechsundachtzig Jahre alt, als Hagar Ismael für Abram gebar.

Das Bundeszeichen der Beschneidung

17 ¹Als Abram neunundneunzig Jahre alt war, erschien der HERR dem Abram und sprach zu ihm: Ich bin El-Schaddai. Geh vor mir und sei untadelig! ²Ich will meinen Bund stiften zwischen mir und dir und ich werde dich über alle Maßen mehren. ³Abram fiel nieder auf sein Angesicht. Und Gott redete mit ihm und sprach: ⁴Ich bin es. Siehe, das ist mein Bund mit dir: Du wirst Stammvater einer Menge von Völkern. ⁵Man wird dich nicht mehr Abram nennen. Abraham, Vater der Menge, wird dein Name sein; denn zum Stammvater einer Menge von Völkern habe ich dich bestimmt. ⁶Ich mache dich über alle Maßen fruchtbar und lasse dich zu Völkern werden; Könige werden von dir abstammen. ⁷Ich richte meinen Bund auf zwischen mir und dir und mit deinen Nachkommen nach dir, Generation um Generation, einen ewigen Bund: Für dich und deine Nachkommen nach dir werde ich Gott sein. ⁸Dir und deinen Nachkommen nach dir gebe ich das Land, in dem du als Fremder weilst, das ganze Land Kanaan zum ewigen Besitz und ich werde für sie Gott sein. ⁹Und Gott sprach zu Abraham: Du aber sollst meinen Bund bewahren, du und deine Nachkommen nach dir, Generation um Generation. ¹⁰Dies ist mein Bund zwischen mir und euch und deinen Nachkommen nach dir, den ihr bewahren sollt: Alles, was männlich ist, muss bei euch beschnitten werden. ¹¹Am Fleisch eurer Vorhaut müsst ihr euch beschneiden lassen. Das soll geschehen zum Zeichen des Bundes zwischen mir und euch. ¹²Alle männlichen Kinder bei euch müssen, sobald sie acht Tage alt sind, beschnitten werden in jeder eurer Generationen, seien sie im Haus geboren oder um Geld erworben von irgendeinem Fremden, der nicht von dir abstammt. ¹³Beschnitten werden muss der in deinem Haus Geborene und der um Geld Erworbene. So soll mein Bund, dessen Zeichen ihr an eurem Fleisch tragt, ein ewiger Bund sein. ¹⁴Ein Unbeschnittener, eine männliche Person, die am Fleisch ihrer Vorhaut nicht beschnitten ist, soll aus ihrem Stammesverband ausgemerzt werden. Er hat meinen Bund gebrochen.

¹⁵Weiter sprach Gott zu Abraham: Du sollst deine Frau nicht mehr Sarai nennen: Sara, Herrin, soll ihr Name sein. ¹⁶Ich will sie segnen und dir auch von ihr einen Sohn geben. Ich segne sie: Völker gehen von ihr aus; Könige von Völkern werden ihr entstammen. ¹⁷Da fiel Abraham auf sein Angesicht nieder und lachte. Er sprach in seinem Herzen: Können einem Hundertjährigen noch Kinder geboren werden und kann Sara als Neunzigjährige noch gebären? ¹⁸Dann sagte Abraham zu Gott: Wenn nur Ismael vor dir am Leben bleibt! ¹⁹Gott entgegnete: Nein, deine Frau Sara wird dir einen Sohn gebären und du sollst ihm den Namen Isaak geben. Ich werde meinen Bund mit ihm aufrichten als einen ewigen Bund für seine Nachkommen nach ihm. ²⁰Auch was Ismael angeht, erhöre ich dich: Siehe, ich segne ihn, ich mache ihn fruchtbar und mehre ihn über alle Maßen. Zwölf Fürsten wird er zeugen und ich mache ihn zu einem großen Volk. ²¹Meinen Bund aber richte ich mit Isaak auf, den dir Sara im nächsten Jahr um diese Zeit gebären wird. ²²Als er aufgehört hatte, mit ihm zu reden, fuhr Gott zur Höhe empor.

²³Abraham nahm nun seinen Sohn Ismael sowie alle in seinem Haus Geborenen und alle um Geld Erworbenen, alle männlichen Personen vom Haus Abraham, und beschnitt das Fleisch ihrer Vorhaut noch am selben Tag, wie Gott ihm gesagt hatte.

²⁴Abraham war neunundneunzig Jahre alt, als er am Fleisch seiner Vorhaut beschnitten wurde, ²⁵und sein Sohn Ismael war dreizehn Jahre alt, als er am Fleisch seiner Vorhaut beschnitten wurde. ²⁶Am selben Tag wurden Abraham und sein Sohn Ismael beschnitten. ²⁷Auch alle Männer seines Hauses, die im Haus Geborenen und die um Geld von Fremden Erworbenen wurden mit ihm beschnitten.

Gott zu Gast bei Abraham und Sara

18 ¹Der HERR erschien Abraham bei den Eichen von Mamre, während er bei der Hitze des Tages am Eingang des Zeltes saß. ²Er erhob seine Augen und schaute auf, siehe, da standen drei Männer vor ihm. Als er sie sah, lief er ihnen vom Eingang des Zeltes aus entgegen, warf sich zur Erde nieder ³und sagte: Mein Herr, wenn ich Gnade in deinen Augen gefunden habe, geh doch nicht an deinem Knecht vorüber! ⁴Man wird etwas Wasser holen; dann könnt ihr euch die Füße waschen und euch unter dem Baum ausruhen. ⁵Ich will einen Bissen Brot holen, dann könnt ihr euer Herz stärken, danach mögt ihr weiterziehen; denn deshalb seid ihr doch bei eurem Knecht vorbeigekommen. Sie erwiderten: Tu, wie du gesagt hast! ⁶Da lief Abraham eiligst ins Zelt zu Sara und rief: Schnell drei Sea feines Mehl! Knete es und backe Brotfladen! ⁷Er lief weiter zum Vieh, nahm ein zartes, prächtiges Kalb und übergab es dem Knecht, der es schnell zubereitete. ⁸Dann nahm Abraham Butter, Milch und das Kalb, das er hatte zubereiten lassen, und setzte es ihnen vor. Er selbst wartete ihnen unter dem Baum auf, während sie aßen. ⁹Sie fragten ihn: Wo ist deine Frau Sara?

Dort im Zelt, sagte er. ¹⁰Da sprach er: In einem Jahr komme ich wieder zu dir. Siehe, dann wird deine Frau Sara einen Sohn haben. Sara hörte am Eingang des Zeltes hinter seinem Rücken zu. ¹¹Abraham und Sara waren schon alt; sie waren hochbetagt. Sara erging es nicht mehr, wie es Frauen zu ergehen pflegt. ¹²Sara lachte daher still in sich hinein und dachte: Ich bin doch schon alt und verbraucht und soll noch Liebeslust erfahren? Auch ist mein Herr doch schon ein alter Mann! ¹³Da sprach der Herr zu Abraham: Warum lacht Sara und sagt: Sollte ich wirklich noch gebären, obwohl ich so alt bin? ¹⁴Ist denn beim Herrn etwas unmöglich? Nächstes Jahr um diese Zeit werde ich wieder zu dir kommen; dann wird Sara einen Sohn haben. ¹⁵Sara leugnete: Ich habe nicht gelacht. Denn sie hatte Angst. Er aber sagte: Doch, du hast gelacht.

Abrahams Fürsprache für Sodom

¹⁶Die Männer erhoben sich von dort und schauten auf Sodom hinab. Abraham ging mit ihnen, um sie zu geleiten. ¹⁷Da sagte der Herr: Soll ich Abraham verheimlichen, was ich tun will? ¹⁸Abraham soll doch zu einem großen, mächtigen Volk werden, durch ihn sollen alle Völker der Erde Segen erlangen. ¹⁹Denn ich habe ihn dazu ausersehen, dass er seinen Söhnen und seinem Haus nach ihm gebietet, den Weg des Herrn einzuhalten und Gerechtigkeit und Recht zu üben, damit der Herr seine Zusagen an Abraham erfüllen kann. ²⁰Der Herr sprach: Das Klagegeschrei über Sodom und Gomorra, ja, das ist angeschwollen und ihre Sünde, ja, die ist schwer. ²¹Ich will hinabsteigen und sehen, ob ihr verderbliches Tun wirklich dem Klagegeschrei entspricht, das zu mir gedrungen ist, oder nicht. Ich will es wissen.

²²Die Männer wandten sich ab von dort und gingen auf Sodom zu. Abraham aber stand noch immer vor dem Herrn. ²³Abraham trat näher und sagte: Willst du auch den Gerechten mit den Ruchlosen wegraffen? ²⁴Vielleicht gibt es fünfzig Gerechte in der Stadt: Willst du auch sie wegraffen und nicht doch dem Ort vergeben wegen der fünfzig Gerechten in ihrer Mitte? ²⁵Fern sei es von dir, so etwas zu tun: den Gerechten zusammen mit dem Frevler töten. Dann ginge es ja dem Gerechten wie dem Frevler. Das sei fern von dir. Sollte der Richter der ganzen Erde nicht Recht üben? ²⁶Da sprach der Herr: Wenn ich in Sodom fünfzig Gerechte in der Stadt finde, werde ich ihretwegen dem ganzen Ort vergeben. ²⁷Abraham antwortete und sprach: Siehe, ich habe es unternommen, mit meinem Herrn zu reden, obwohl ich Staub und Asche bin. ²⁸Vielleicht fehlen an den fünfzig Gerechten fünf. Wirst du wegen der fünf die ganze Stadt vernichten? Nein, sagte er, ich werde sie nicht vernichten, wenn ich dort fünfundvierzig finde. ²⁹Er fuhr fort, zu ihm zu reden: Vielleicht finden sich dort nur vierzig. Da sprach er: Ich werde es der vierzig wegen nicht tun. ³⁰Da sagte er: Mein Herr zürne nicht, wenn ich weiterrede. Vielleicht finden sich dort nur dreißig. Er entgegnete: Ich werde es nicht tun, wenn ich dort dreißig finde. ³¹Darauf sagte er: Siehe, ich habe es unternommen, mit meinem Herrn zu reden. Vielleicht finden sich dort nur zwanzig. Er antwortete: Ich werde sie nicht vernichten um der zwanzig willen. ³²Und nochmals sagte er: Mein Herr zürne nicht, wenn ich nur noch einmal das Wort ergreife. Vielleicht finden sich dort nur zehn. Er sprach: Ich werde sie nicht vernichten um der zehn willen. ³³Der Herr ging fort, als er aufgehört

hatte, zu Abraham zu reden, und Abraham kehrte an seinen Ort zurück.

Sodom und Gomorra

19 ¹Die beiden Engel kamen am Abend nach Sodom. Lot saß im Stadttor von Sodom. Als er sie sah, erhob er sich, trat auf sie zu, warf sich mit dem Gesicht zur Erde nieder ²und sagte: Bitte, meine Herren, kehrt doch im Haus eures Knechtes ein, bleibt über Nacht und wascht euch die Füße! Am Morgen könnt ihr euren Weg fortsetzen. Nein, sagten sie, wir wollen auf dem Platz übernachten. ³Er bedrängte sie so sehr, dass sie bei ihm einkehrten und in sein Haus kamen. Er bereitete ihnen ein Mahl, ließ ungesäuerte Brote backen und sie aßen. ⁴Sie waren noch nicht schlafen gegangen, da umstellten die Männer der Stadt das Haus, die Männer von Sodom, Jung und Alt, alles Volk von weit und breit. ⁵Sie riefen nach Lot und fragten ihn: Wo sind die Männer, die heute Nacht zu dir gekommen sind? Bring sie zu uns heraus, wir wollen mit ihnen verkehren. ⁶Da ging Lot zu ihnen hinaus vor die Tür, schloss sie hinter sich zu ⁷und sagte: Meine Brüder, tut doch nicht das Böse! ⁸Seht doch, ich habe zwei Töchter, die noch nicht mit einem Mann verkehrt haben. Ich will sie zu euch herausbringen. Dann tut mit ihnen, was euch gefällt. Nur diesen Männern tut nichts; denn deshalb sind sie ja unter den Schutz meines Daches getreten. ⁹Sie aber sagten: Geh weg! Und sie sagten: Kommt da so einer daher, ein Fremder, und will sich als Richter aufspielen! Nun wollen wir dir Böseres antun, noch mehr als ihnen. Sie setzten dem Mann, nämlich Lot, arg zu und waren schon dabei, die Tür aufzubrechen. ¹⁰Da streckten jene Männer die Hand aus, zogen Lot zu sich ins Haus und sperrten die Tür zu. ¹¹Dann schlugen sie die Männer draußen vor dem Haus, Groß und Klein, mit Blindheit, sodass sie sich vergebens bemühten, den Eingang zu finden.

¹²Die Männer sagten zu Lot: Wer gehört hier noch zu dir? Ein Schwiegersohn, Söhne, Töchter oder sonst jemand in der Stadt? Bring sie weg von diesem Ort! ¹³Wir wollen diesen Ort vernichten; denn groß ist das Klagegeschrei, das über sie zum Herrn gedrungen ist. Der Herr hat uns geschickt, die Stadt zu vernichten. ¹⁴Da ging Lot hinaus, redete auf seine Schwiegersöhne ein, die seine Töchter heiraten wollten, und sagte: Macht euch auf und verlasst diesen Ort; denn der Herr will die Stadt vernichten. Aber seine Schwiegersöhne meinten, er mache nur Spaß.

¹⁵Als die Morgenröte aufstieg, drängten die Engel Lot zur Eile und sagten: Auf, nimm deine Frau und deine beiden Töchter, die hier sind, damit du nicht wegen der Schuld der Stadt hinweggerafft wirst! ¹⁶Da er noch zögerte, fassten die Männer seine Hand, die Hand seiner Frau und die Hand seiner beiden Töchter, weil der Herr mit ihm Mitleid hatte. Sie führten ihn hinaus und ließen ihn erst draußen vor der Stadt los. ¹⁷Während die Männer sie hinaus ins Freie führten, sagte der eine: Rette dich, es geht um dein Leben! Sieh dich nicht um und bleib im ganzen Umkreis nicht stehen! Rette dich ins Gebirge, sonst wirst du weggerafft! ¹⁸Lot aber sagte zu ihnen: Nicht doch, mein Herr! ¹⁹Siehe, dein Knecht hat Gnade in deinen Augen gefunden. Du hast mir große Gunst erwiesen und mir mein Leben bewahrt. Ich kann mich nicht ins Gebirge retten, ohne dass mich das Unheil vorher ereilt und ich sterben muss. ²⁰Siehe doch, die Stadt in der Nähe, dorthin

könnte man fliehen. Sie ist doch klein; dorthin kann ich mich retten. Ist sie nicht klein? So könnte ich am Leben bleiben. ²¹Er antwortete ihm: Siehe, auch das will ich dir gewähren und die Stadt, von der du sprichst, nicht zum Einsturz bringen. ²²Schnell rette dich dorthin; denn ich kann nichts unternehmen, bevor du dort angekommen bist. Deshalb gab er der Stadt den Namen Zoar, die Kleine.

²³Als die Sonne über dem Land aufgegangen und Lot in Zoar angekommen war, ²⁴ließ der HERR auf Sodom und Gomorra Schwefel und Feuer regnen, vom HERRN, vom Himmel herab. ²⁵Er ließ ihre Städte einstürzen mitsamt ihrem ganzen Umkreis, auch alle Einwohner der Städte und alles, was auf den Feldern wuchs. ²⁶Als sich aber seine Frau hinter ihm umblickte, wurde sie zu einer Salzsäule.

²⁷Am frühen Morgen begab sich Abraham an den Ort, an dem er dem HERRN gegenübergestanden hatte. ²⁸Er schaute gegen Sodom und Gomorra und auf das ganze Gebiet im Umkreis. Er schaute hin und siehe: Qualm stieg von der Erde auf wie der Qualm aus einem Schmelzofen. ²⁹Als Gott die Städte der Gegend vernichtete, gedachte Gott Abrahams und geleitete Lot mitten aus der Zerstörung heraus, während er die Städte, in denen Lot gewohnt hatte, einstürzen ließ.

…

Abraham und Sara in Gerar

20 ¹Abraham brach von dort auf in das Land des Negeb. Er ließ sich zwischen Kadesch und Schur nieder und hielt sich in Gerar als Fremder auf. ²Abraham sagte von Sara, seiner Frau: Sie ist meine Schwester. Da schickte Abimelech, der König von Gerar, hin und ließ Sara holen. ³Gott kam nachts zu Abimelech im Traum und sprach zu ihm: Siehe, du wirst sterben wegen der Frau, die du dir genommen hast; sie ist verheiratet. ⁴Abimelech aber hatte sich ihr noch nicht genaht. Mein Herr, sagte er, willst du denn schuldlose Menschen töten? ⁵Hat er mir nicht selbst gesagt: Sie ist meine Schwester? Auch sie selbst hat gesagt: Er ist mein Bruder. Mit arglosem Herzen und mit reinen Händen habe ich das getan. ⁶Da sprach Gott zu ihm im Traum: Auch ich weiß, dass du es mit arglosem Herzen getan hast. Ich habe dich ja auch daran gehindert, gegen mich zu sündigen. Darum habe ich nicht zugelassen, dass du sie anrührst. ⁷Jetzt aber, gib die Frau dieses Mannes zurück! Denn er ist ein Prophet. Er wird für dich beten, sodass du am Leben bleibst. Gibst du sie aber nicht zurück, dann sollst du wissen: Du musst sterben, du und alles, was dir gehört.

⁸Am Morgen stand Abimelech auf, ließ alle seine Knechte rufen und erzählte ihnen alles, was vorgefallen war. Da gerieten die Männer in große Furcht. ⁹Nun ließ Abimelech Abraham rufen und stellte ihn zur Rede: Was hast du uns angetan? Womit habe ich denn gegen dich gesündigt, dass du über mich und mein Reich eine so große Sünde bringst? Du hast mir etwas angetan, was man nicht tun darf. ¹⁰Und Abimelech fragte Abraham: Was hattest du vor, als du das tatest? ¹¹Abraham entgegnete: Ich sagte mir: Es gibt gar keine Gottesfurcht an diesem Ort und man könnte mich wegen meiner Frau umbringen. ¹²Übrigens ist sie wirklich meine Schwester, die

> *Zum 2. Mal: Abraham gibt Sara als seine Schwester aus und gefährdet die Verheißung von Nachkommen.*

Tochter meines Vaters, doch nicht die Tochter meiner Mutter; so konnte sie meine Frau werden. ¹³Als mich aber Gott aus dem Haus meines Vaters ins Ungewisse ziehen hieß, da sagte ich zu ihr: Tu mir den Gefallen und sag von mir überall, wohin wir kommen: Er ist mein Bruder.

¹⁴Darauf nahm Abimelech Schafe, Ziegen und Rinder, Knechte und Mägde und schenkte sie Abraham. Auch gab er ihm seine Frau Sara zurück. ¹⁵Abimelech sagte: Siehe, mein Land steht dir offen. Wo es dir beliebt, da lass dich nieder! ¹⁶Zu Sara aber sagte er: Siehe, ich gebe deinem Bruder tausend Silberstücke. Siehe, das soll allen Leuten in deiner Umgebung die Augen zudecken und vor allen erfährst du Genugtuung. ¹⁷Abraham betete zu Gott und Gott heilte Abimelech, auch seine Frau und seine Dienerinnen, sodass sie wieder gebären konnten. ¹⁸Denn der Herr hatte im Haus Abimelechs jeden Mutterschoß ganz verschlossen wegen Sara, der Frau Abrahams.

Isaaks Geburt

21 ¹Der Herr nahm sich Saras an, wie er gesagt hatte, und er tat Sara so, wie er versprochen hatte. ²Sara wurde schwanger und gebar dem Abraham noch in seinem Alter einen Sohn zu der Zeit, die Gott angegeben hatte. ³Abraham gab seinem Sohn, den ihm Sara gebar, den Namen Isaak. ⁴Als sein Sohn Isaak acht Tage alt war, beschnitt ihn Abraham, wie Gott ihm geboten hatte. ⁵Abraham war hundert Jahre alt, als ihm Isaak, sein Sohn, geboren wurde. ⁶Sara aber sagte: Gott ließ mich lachen; jeder, der davon hört, wird mir zulachen. ⁷Wer, sagte sie, hätte Abraham zu sagen gewagt, Sara werde noch Kinder stillen? Und nun habe ich ihm noch in seinem Alter einen Sohn geboren. ⁸Das Kind wuchs heran und wurde entwöhnt. Als Isaak entwöhnt wurde, veranstaltete Abraham ein großes Festmahl.

Die Vertreibung Hagars und Ismaels

⁹Eines Tages beobachtete Sara, wie der Sohn, den die Ägypterin Hagar Abraham geboren hatte, spielte und lachte. ¹⁰Da sagte sie zu Abraham: Vertreibe diese Magd und ihren Sohn! Denn der Sohn dieser Magd soll nicht zusammen mit meinem Sohn Isaak Erbe sein. ¹¹Die Sache war sehr böse in Abrahams Augen, denn es ging um seinen Sohn. ¹²Gott sprach aber zu Abraham: Die Sache wegen des Knaben und wegen deiner Magd sei nicht böse in deinen Augen. Hör auf alles, was dir Sara sagt! Denn nach Isaak sollen deine Nachkommen benannt werden. ¹³Aber auch den Sohn der Magd will ich zu einem großen Volk machen, weil auch er dein Nachkomme ist. ¹⁴Früh am Morgen stand Abraham auf, nahm Brot und einen Schlauch mit Wasser und gab es Hagar, legte es ihr auf die Schulter, übergab ihr das Kind und entließ sie. Sie zog fort und irrte in der Wüste von Beerscheba umher. ¹⁵Als das Wasser im Schlauch zu Ende war, warf sie das Kind unter einen Strauch, ¹⁶ging weg und setzte sich in der Nähe hin, etwa einen Bogenschuss weit entfernt; denn sie sagte: Ich kann nicht mit ansehen, wie das Kind stirbt. Sie saß in der Nähe und erhob ihre Stimme und weinte. ¹⁷Gott hörte den Knaben schreien; da rief der Engel Gottes vom Himmel her Hagar zu und sprach: Was hast du, Hagar? Fürchte dich nicht, denn Gott hat die Stimme des Knaben gehört, dort, wo er liegt. ¹⁸Steh auf, nimm den Knaben hoch und halt ihn fest an deiner Hand; denn zu einem großen Volk will ich ihn machen. ¹⁹Gott öffnete ihr die

Augen und sie erblickte einen Brunnen. Sie ging hin, füllte den Schlauch mit Wasser und gab dem Knaben zu trinken. ²⁰Gott war mit dem Knaben. Er wuchs heran, ließ sich in der Wüste nieder und wurde ein Bogenschütze. ²¹Er ließ sich in der Wüste Paran nieder und seine Mutter nahm ihm eine Frau aus Ägypten.

Abrahams Vertrag mit Abimelech
²²Um jene Zeit sagten Abimelech und sein Feldherr Pichol zu Abraham: Gott ist mit dir bei allem, was du unternimmst. ²³Aber nun schwör mir hier bei Gott, dass du weder mich noch meinen Thronerben noch meine Kinder und Enkel hintergehen wirst. Das gleiche Wohlwollen, das ich dir erwiesen habe, sollst du mir erweisen und dem Land, in dem du dich als Fremder aufhältst. ²⁴Da sagte Abraham: Ich werde es schwören.

²⁵Abraham stellte aber Abimelech zur Rede wegen des Brunnens, den ihm Abimelechs Knechte mit Gewalt weggenommen hatten. ²⁶Abimelech antwortete: Ich weiß nicht, wer das getan hat. Du hast es mir nicht gemeldet und ich habe auch erst heute davon gehört. ²⁷Da nahm Abraham Schafe und Rinder und gab sie Abimelech; so schlossen beide einen Bund. ²⁸Abraham stellte aber sieben Lämmer der Herde beiseite. ²⁹Da fragte ihn Abimelech: Was sollen die sieben Lämmer da, die du beiseitegestellt hast? ³⁰Die sieben Lämmer, sagte er, sollst du von mir annehmen als Beweis dafür, dass ich diesen Brunnen gegraben habe. ³¹Darum gab er dem Ort den Namen Beerscheba – Siebenbrunn oder Schwurbrunn –; denn dort leisteten beide einen Schwur. ³²Sie schlossen also zu Beerscheba einen Bund. Dann machten sich Abimelech und sein Feldherr Pichol auf und kehrten ins Philisterland zurück. ³³Abraham aber pflanzte eine Tamariske in Beerscheba und rief dort den HERRN an unter dem Namen: Gott, der Ewige. ³⁴Darauf hielt sich Abraham längere Zeit als Fremder im Philisterland auf.

Die Erprobung Abrahams
22 ¹Nach diesen Ereignissen stellte Gott Abraham auf die Probe. Er sprach zu ihm: Abraham! Er sagte: Hier bin ich. ²Er sprach: Nimm deinen Sohn, deinen einzigen, den du liebst, Isaak, geh in das Land Morija und bring ihn dort auf einem der Berge, den ich dir nenne, als Brandopfer dar! ³Frühmorgens stand Abraham auf, sattelte seinen Esel, nahm zwei seiner Jungknechte mit sich und seinen Sohn Isaak, spaltete Holz zum Brandopfer und machte sich auf den Weg zu dem Ort, den ihm Gott genannt hatte. ⁴Als Abraham am dritten Tag seine Augen erhob, sah er den Ort von Weitem. ⁵Da sagte Abraham zu seinen Jungknechten: Bleibt mit dem Esel hier! Ich aber und der Knabe, wir wollen dorthin gehen und uns niederwerfen; dann wollen wir zu euch zurückkehren.

⁶Abraham nahm das Holz für das Brandopfer und lud es seinem Sohn Isaak auf. Er selbst nahm das Feuer und das Messer in die Hand. So gingen beide miteinander. ⁷Da sprach Isaak zu seinem Vater Abraham. Er sagte: Mein Vater! Er antwortete: Hier bin ich, mein Sohn! Dann sagte Isaak: Hier ist Feuer und Holz. Wo aber ist das Lamm für das Brandopfer? ⁸Abraham sagte: Gott wird sich das Lamm für das Brandopfer aussehen, mein Sohn. Und beide gingen miteinander weiter. ⁹Als sie an den Ort kamen, den ihm Gott genannt hatte, baute Abraham dort den Altar, schichtete das Holz auf, band seinen Sohn Isaak und legte ihn auf den Altar, oben auf das Holz.

¹⁰Abraham streckte seine Hand aus und nahm das Messer, um seinen Sohn zu schlachten. ¹¹Da rief ihm der Engel des Herrn vom Himmel her zu und sagte: Abraham, Abraham! Er antwortete: Hier bin ich. ¹²Er sprach: Streck deine Hand nicht gegen den Knaben aus und tu ihm nichts zuleide! Denn jetzt weiß ich, dass du Gott fürchtest; du hast mir deinen Sohn, deinen einzigen, nicht vorenthalten. ¹³Abraham erhob seine Augen, sah hin und siehe, ein Widder hatte sich hinter ihm mit seinen Hörnern im Gestrüpp verfangen. Abraham ging hin, nahm den Widder und brachte ihn statt seines Sohnes als Brandopfer dar. ¹⁴Abraham gab jenem Ort den Namen: Der Herr sieht, wie man noch heute sagt: Auf dem Berg lässt sich der Herr sehen.

¹⁵Der Engel des Herrn rief Abraham zum zweiten Mal vom Himmel her zu ¹⁶und sprach: Ich habe bei mir geschworen – Spruch des Herrn: Weil du das getan hast und deinen Sohn, deinen einzigen, mir nicht vorenthalten hast, ¹⁷will ich dir Segen schenken in Fülle und deine Nachkommen überaus zahlreich machen wie die Sterne am Himmel und den Sand am Meeresstrand. Deine Nachkommen werden das Tor ihrer Feinde einnehmen. ¹⁸Segnen werden sich mit deinen Nachkommen alle Völker der Erde, weil du auf meine Stimme gehört hast. ¹⁹Darauf kehrte Abraham zu seinen Jungknechten zurück. Sie machten sich auf und gingen miteinander nach Beerscheba. Abraham blieb in Beerscheba wohnen.

…

Geht's noch?
Endlich ist mit Isaak der lang versprochene Sohn geboren, da soll Abraham ihn töten.
Ist das Selbstaufgabe?

Rebekka und Isaak

24 ¹Abraham war alt und hochbetagt; der Herr hatte Abraham in allem gesegnet. ²Da sagte Abraham zu seinem Knecht, dem Ältesten seines Hauses, der alles verwaltete, was ihm gehörte: Leg deine Hand unter meine Hüfte! ³Ich will dir einen Eid beim Herrn, dem Gott des Himmels und der Erde, abnehmen, dass du für meinen Sohn keine Frau von den Töchtern der Kanaaniter nimmst, in deren Mitte ich wohne. ⁴Du sollst vielmehr in mein Land und zu meiner Verwandtschaft gehen und eine Frau für meinen Sohn Isaak holen. ⁵Der Knecht entgegnete ihm: Vielleicht will aber die Frau mir gar nicht hierher in dieses Land folgen. Soll ich dann deinen Sohn in das Land zurückbringen, aus dem du ausgewandert bist? ⁶Hüte dich, antwortete ihm Abraham, meinen Sohn dorthin zurückzubringen! ⁷Der Herr, der Gott des Himmels, der mich aus dem Haus meines Vaters und aus dem Land meiner Verwandtschaft herausgenommen hat, der zu mir gesagt und mir geschworen hat: Deinen Nachkommen gebe ich dieses Land!, er wird seinen Engel vor dir hersenden und so wirst du von dort eine Frau für meinen Sohn mitbringen. ⁸Wenn dir aber die Frau nicht folgen will, dann bist du von dem Eid, den du mir geleistet hast, entbunden. Aber meinen Sohn darfst du auf keinen Fall dorthin zurückbringen. ⁹Da legte der Knecht seine Hand unter die Hüfte seines Herrn Abraham und leistete ihm einen Eid darauf.

¹⁰Der Knecht nahm zehn von den Kamelen seines Herrn und machte sich mit allerlei kostbaren Sachen aus dem Besitz seines Herrn auf die Reise. Er brach auf und zog nach Mesopotamien in die Stadt Nahors. ¹¹Vor der Stadt ließ er die Kamele am Brunnen lagern. Es war gegen Abend, um die

Zeit, da die Frauen herauskommen, um Wasser zu schöpfen. ¹²Er sagte: HERR, Gott meines Herrn Abraham, lass mich heute Glück haben und erweise meinem Herrn Abraham Huld! ¹³Siehe, ich stehe an der Quelle und die Töchter der Stadtbewohner werden herauskommen, um Wasser zu schöpfen. ¹⁴Das Mädchen, zu dem ich dann sage: Reich mir doch deinen Krug zum Trinken! und das antwortet: Trink nur, auch deine Kamele will ich tränken!, sie soll es sein, die du für deinen Knecht Isaak bestimmt hast. Daran werde ich erkennen, dass du meinem Herrn Huld erweist.

¹⁵Kaum hatte er aufgehört zu sprechen, siehe, da kam auch schon Rebekka heraus. Sie war dem Betuël geboren worden, dem Sohn der Milka, der Frau des Nahor, des Bruders Abrahams. Sie trug ihren Krug auf ihrer Schulter. ¹⁶Das Mädchen sah sehr schön aus, eine Jungfrau, die noch kein Mann erkannt hatte. Sie stieg zur Quelle hinab, füllte ihren Krug und kam herauf. ¹⁷Da lief der Knecht auf sie zu und sagte: Lass mich ein wenig Wasser aus deinem Krug trinken! ¹⁸Trink nur, mein Herr!, antwortete sie, ließ geschwind den Krug auf ihre Hand herab und gab ihm zu trinken. ¹⁹Nachdem sie ihm zu trinken gegeben hatte, sagte sie: Auch für deine Kamele will ich schöpfen, bis sie sich satt getrunken haben. ²⁰Geschwind leerte sie ihren Krug an der Tränke und lief noch einmal an den Brunnen zum Schöpfen. So schöpfte sie für alle Kamele. ²¹Der Mann schaute ihr schweigend zu, um zu erkennen, ob der HERR seinen Weg gelingen ließe oder nicht. ²²Als die Kamele sich satt getrunken hatten, nahm der Mann einen goldenen Nasenring, einen halben Schekel schwer, und zwei goldene Spangen für ihre Handgelenke, zehn Goldschekel schwer. ²³Und er sagte: Wessen Tochter bist du? Sag mir doch, ob im Haus deines Vaters für uns Platz zum Übernachten ist! ²⁴Sie antwortete ihm: Ich bin die Tochter Betuëls, des Sohnes der Milka und des Nahor. ²⁵Weiter sagte sie zu ihm: Stroh und Futter haben wir reichlich, auch Platz zum Übernachten. ²⁶Da verneigte sich der Mann, warf sich vor dem HERRN nieder ²⁷und sagte: Gepriesen sei der HERR, der Gott meines Herrn Abraham, der meinem Herrn Huld und Treue nicht verweigert hat. Mich hat der HERR geradewegs zum Haus der Brüder meines Herrn geführt.

²⁸Das Mädchen lief weg und erzählte im Haus seiner Mutter, was vorgefallen war. ²⁹Rebekka hatte einen Bruder namens Laban. Laban eilte zu dem Mann hinaus an die Quelle. ³⁰Als er nämlich den Nasenring und an den Handgelenken seiner Schwester die Spangen sah und als er die Worte seiner Schwester Rebekka hörte, wie sie sagte: So und so hat der Mann zu mir geredet, begab er sich zu dem Mann und siehe, der stand bei den Kamelen an der Quelle. ³¹Laban sagte zu ihm: Komm, du Gesegneter des HERRN! Warum stehst du hier draußen? Ich habe das Haus aufgeräumt und für die Kamele Platz gemacht. ³²Da ging der Mann mit ins Haus. Man schirrte die Kamele ab und gab ihnen Stroh und Futter. Für ihn und die Männer in seiner Begleitung brachte man Wasser zum Füßewaschen.

³³Als man ihm zu essen vorsetzte, sagte er: Ich esse nicht, bevor ich nicht mein Anliegen vorgebracht habe. Sie antworteten: Rede! ³⁴Da berichtete er: Ein Knecht Abrahams bin ich. ³⁵Der HERR hat meinen Herrn reichlich gesegnet, sodass er zu großem Vermögen gekommen ist. Er hat ihm Schafe und Rinder, Silber und Gold, Knechte

und Mägde, Kamele und Esel gegeben. ³⁶Sara, die Frau meines Herrn, hat meinem Herrn noch in ihrem Alter einen Sohn geboren. Ihm hat er alles übergeben, was ihm gehört. ³⁷Mein Herr hat mir den Eid abgenommen: Du darfst für meinen Sohn keine Frau von den Töchtern der Kanaaniter nehmen, in deren Land ich wohne. ³⁸Reise vielmehr zum Haus meines Vaters und zu meiner Sippe und hol eine Frau für meinen Sohn! ³⁹Ich entgegnete meinem Herrn: Vielleicht will aber die Frau nicht mitkommen. ⁴⁰Darauf antwortete er mir: Der Herr, vor dem ich meinen Weg gegangen bin, wird dir seinen Engel mitschicken und deine Reise gelingen lassen. Du wirst schon eine Frau für meinen Sohn mitbringen aus meiner Sippe, aus dem Haus meines Vaters. ⁴¹Von dem Eid, den du mir geleistet hast, sollst du dann entbunden sein, wenn du zu meiner Sippe kommst und sie dir keine Frau geben. In diesem Fall bist du von dem Eid, den du mir geleistet hast, entbunden. ⁴²So kam ich heute an die Quelle und sagte: Herr, Gott meines Herrn Abraham, lass doch meinen Weg gelingen, auf dem ich mich befinde. ⁴³Siehe, ich stehe nun an der Quelle. Kommt ein Mädchen aus der Stadt heraus, um Wasser zu schöpfen, dann will ich sagen: Gib mir doch aus deinem Krug ein wenig Wasser zu trinken! ⁴⁴Sagt sie zu mir: Trink nur! Auch für deine Kamele will ich schöpfen!, so soll es die Frau sein, die der Herr für den Sohn meines Herrn bestimmt hat. ⁴⁵Kaum hatte ich so zu mir gesagt, kam auch schon Rebekka mit dem Krug auf der Schulter heraus, stieg zur Quelle hinunter und schöpfte. Ich redete sie an: Gib mir doch zu trinken! ⁴⁶Da setzte sie geschwind ihren Krug ab und sagte: Trink nur! Auch deine Kamele will ich tränken. Ich trank und sie gab auch den Kamelen zu trinken. ⁴⁷Als ich sie fragte: Wessen Tochter bist du?, antwortete sie: Die Tochter Betuëls, des Sohnes Nahors, den ihm Milka gebar. Da legte ich ihr den Ring an die Nase und die Spangen an ihre Handgelenke. ⁴⁸Ich verneigte mich, warf mich vor dem Herrn nieder und pries den Herrn, den Gott meines Herrn Abraham, der mich in Treue hierher geführt hat, um die Tochter des Bruders meines Herrn für dessen Sohn zu holen. ⁴⁹Jetzt aber sagt mir, ob ihr geneigt seid, meinem Herrn Huld und Treue zu erweisen. Wenn nicht, so gebt mir ebenfalls Bescheid, damit ich mich dann anderswohin wende.

⁵⁰Daraufhin antworteten Laban und Betuël und sagten: Die Sache ist vom Herrn ausgegangen. Wir können dir dazu nichts sagen, weder Böses noch Gutes. ⁵¹Siehe, Rebekka steht vor dir. Nimm sie und geh! Sie soll die Frau des Sohnes deines Herrn werden, wie der Herr es gefügt hat. ⁵²Als der Knecht Abrahams ihre Antwort hörte, warf er sich vor dem Herrn zur Erde nieder. ⁵³Dann holte der Knecht Sachen aus Silber und Gold und Kleider hervor und schenkte sie Rebekka. Auch ihrem Bruder und ihrer Mutter überreichte er kostbare Geschenke. ⁵⁴Er und die Männer seiner Begleitung aßen und tranken und blieben über Nacht. Als sie am Morgen aufstanden, sagte der Knecht: Entlasst mich jetzt zu meinem Herrn! ⁵⁵Der Bruder Rebekkas und ihre Mutter antworteten: Das Mädchen soll noch einige Tage bei uns bleiben, etwa zehn Tage, dann mag sie sich auf die Reise begeben. ⁵⁶Haltet mich nicht zurück, antwortete er ihnen, da der Herr meinen Weg gelingen ließ! So entlasst mich denn, dass ich zu meinem Herrn gehe! ⁵⁷Sie entgegneten: Wir wollen das Mädchen rufen und es selbst fragen. ⁵⁸Sie riefen Rebekka und

fragten sie: Willst du mit diesem Mann ziehen? Ja, antwortete sie. ⁵⁹Da ließen sie ihre Schwester Rebekka und ihre Amme mit dem Knecht Abrahams und seinen Leuten ziehen. ⁶⁰Sie segneten Rebekka und sagten zu ihr:
Du, unsere Schwester, werde Mutter von tausendmal Zehntausend! / Deine Nachkommen sollen das Tor ihrer Feinde einnehmen.
⁶¹Rebekka brach mit ihren Mägden auf. Sie bestiegen die Kamele und folgten dem Mann. Der Knecht nahm Rebekka mit und trat die Rückreise an. ⁶²Isaak war von einem Gang zum Brunnen Lahai-Roï gekommen. Er wohnte im Land des Negeb. ⁶³Isaak ging hinaus, um sich beim Anbruch des Abends auf dem Feld zu beschäftigen. Er erhob seine Augen und schaute hin, siehe, da kamen Kamele daher. ⁶⁴Auch Rebekka erhob ihre Augen und sah Isaak. Sie ließ sich vom Kamel herunter ⁶⁵und fragte den Knecht: Wer ist der Mann dort, der uns auf dem Feld entgegenkommt? Der Knecht erwiderte: Das ist mein Herr. Da nahm sie den Schleier und verhüllte sich. ⁶⁶Der Knecht erzählte Isaak alles, was er ausgerichtet hatte. ⁶⁷Isaak führte Rebekka in das Zelt seiner Mutter Sara. Er nahm sie zu sich und sie wurde seine Frau. Isaak gewann sie lieb und tröstete sich so über den Verlust seiner Mutter.

…

Esaus und Jakobs Geburt

25 ¹⁹Und das ist die Geschlechterfolge Isaaks, des Sohnes von Abraham: Abraham zeugte Isaak. ²⁰Isaak war vierzig Jahre alt, als er sich Rebekka zur Frau nahm. Sie war die Tochter des Aramäers Betuël aus Paddan-Aram, eine Schwester des Aramäers Laban. ²¹Isaak betete zum HERRN für seine Frau, denn sie war kinderlos geblieben, und der HERR ließ sich von ihm erbitten. Als seine Frau Rebekka schwanger war, ²²stießen die Söhne einander im Mutterleib. Da sagte sie: Wenn das so ist, was soll dann aus mir werden? Sie ging, um den HERRN zu befragen. ²³Der HERR gab diese Antwort:
Zwei Völker sind in deinem Leib, / zwei Stämme trennen sich schon in deinem Schoß. / Ein Stamm ist dem andern überlegen, / der ältere muss dem jüngeren dienen.
²⁴Als die Zeit ihrer Niederkunft gekommen war, siehe, da waren Zwillinge in ihrem Schoß. ²⁵Der Erste, der hervorkam, war rötlich, über und über mit Haaren bedeckt wie mit einem Mantel. Sie gaben ihm den Namen Esau. ²⁶Darauf kam sein Bruder hervor; seine Hand hielt die Ferse Esaus fest. Man gab ihm den Namen Jakob, Fersenhalter. Isaak war sechzig Jahre alt, als sie geboren wurden.

Der Verkauf des Erstgeburtsrechtes

²⁷Die Knaben wuchsen heran. Esau wurde ein Mann, der sich auf die Jagd verstand, ein Mann des freien Feldes. Jakob war ein Mann ohne Fehl und blieb bei den Zelten. ²⁸Isaak liebte Esau; denn er aß gern Wildbret. Rebekka aber liebte Jakob.
²⁹Einst kochte Jakob ein Gericht. Da kam Esau vom Feld; er war erschöpft. ³⁰Esau sagte zu Jakob: Lass mich doch schnell essen von dem Roten, von dem Roten da, denn ich bin erschöpft! Deshalb gab man ihm den Namen Edom, Roter. ³¹Jakob aber sagte: Verkauf mir zuvor dein Erstgeburtsrecht! ³²Esau sagte: Siehe, ich sterbe vor Hunger. Was soll mir da das Erstgeburtsrecht? ³³Jakob aber sagte: Schwöre mir zuvor! Da schwor er ihm und verkaufte sein Erstgeburtsrecht an Jakob. ³⁴Darauf gab Jakob dem Esau Brot und das

Linsengericht; er aß und trank, stand auf und ging seines Weges. Vom Erstgeburtsrecht aber hielt Esau nichts.

…

26 ³⁴Als Esau vierzig Jahre alt war, nahm er Judit, die Tochter des Hetiters Beeri, und Basemat, die Tochter des Hetiters Elon, zu Frauen. ³⁵Sie wurden für Isaak und Rebekka Anlass zu bitterem Gram.

Der Erstgeburtssegen

27 ¹Als Isaak alt geworden und seine Augen zu schwach waren, um noch etwas zu sehen, rief er seinen älteren Sohn Esau und sagte zu ihm: Mein Sohn! Er antwortete: Hier bin ich. ²Da sagte Isaak: Sieh! Ich bin alt geworden. Ich weiß nicht, wann ich sterbe. ³Nimm jetzt dein Jagdgerät, deinen Köcher und deinen Bogen, geh aufs Feld und jag mir ein Wild! ⁴Bereite mir dann ein leckeres Mahl, wie ich es gern mag, und bring es mir! Dann will ich essen, damit meine Lebenskraft dich segne, bevor ich sterbe.

⁵Rebekka hatte gehört, was Isaak seinem Sohn Esau gesagt hatte. Als Esau zur Jagd aufs Feld gegangen war, um ein Wild zu jagen und herbeizuschaffen, ⁶sagte Rebekka zu ihrem Sohn Jakob: Siehe, ich habe gehört, wie dein Vater zu deinem Bruder Esau gesagt hat: ⁷Bring mir ein Wild und bereite mir ein leckeres Mahl! Dann will ich essen und dich vor dem HERRN segnen, bevor ich sterbe. ⁸Jetzt aber, mein Sohn, hör genau zu, was ich dir auftrage: ⁹Geh zur Herde und bring mir von dort zwei schöne Ziegenböckchen! Ich will damit ein leckeres Mahl für deinen Vater zubereiten, wie er es gern mag. ¹⁰Bring es deinem Vater! Dann wird er essen, damit er dich vor seinem Tod segnet. ¹¹Jakob antwortete seiner Mutter Rebekka: Sieh, mein Bruder Esau ist behaart und ich habe eine glatte Haut. ¹²Vielleicht betastet mich mein Vater; dann wäre ich in seinen Augen wie einer, der sich über ihn lustig macht, und ich brächte Fluch über mich statt Segen. ¹³Seine Mutter entgegnete: Dein Fluch komme auf mich, mein Sohn. Hör auf mich, geh und hol mir die Böckchen! ¹⁴Da ging er hin, holte sie und brachte sie seiner Mutter. Sie bereitete ein leckeres Mahl zu, wie es sein Vater gern mochte. ¹⁵Dann holte Rebekka die kostbaren Gewänder ihres älteren Sohnes Esau, die bei ihr im Haus waren, und zog sie ihrem jüngeren Sohn Jakob an. ¹⁶Die Felle der Ziegenböckchen legte sie um seine Hände und um seinen glatten Hals. ¹⁷Dann gab sie das leckere Essen und das Brot, das sie zubereitet hatte, ihrem Sohn Jakob in die Hand.

¹⁸Er ging zu seinem Vater hinein und sagte: Mein Vater! Er antwortete: Hier bin ich! Wer bist du, mein Sohn? ¹⁹Jakob entgegnete seinem Vater: Ich bin Esau, dein Erstgeborener. Ich habe getan, wie du mir gesagt hast. Setz dich auf, iss von meinem Wildbret, damit deine Lebenskraft mich segne! ²⁰Da sagte Isaak zu seinem Sohn: Wie hast du nur so schnell etwas finden können, mein Sohn? Er antwortete: Der HERR, dein Gott, hat es mir entgegenlaufen lassen. ²¹Da sagte Isaak zu Jakob: Komm näher heran! Ich will dich betasten, mein Sohn, ob du wirklich mein Sohn Esau bist oder nicht. ²²Jakob trat zu seinem Vater Isaak hin. Isaak betastete ihn und sagte: Die Stimme ist zwar Jakobs Stimme, die Hände aber sind Esaus Hände. ²³Er erkannte ihn nicht, denn Jakobs Hände waren behaart wie die seines Bruders Esau, und so segnete er ihn. ²⁴Er fragte: Bist du es, mein Sohn Esau? Er sagte: Ich bin es. ²⁵Da sagte Isaak:

Bring es mir! Ich will von dem Wildbret meines Sohnes essen, damit dich meine Lebenskraft segne. Jakob brachte es ihm und Isaak aß. Dann reichte er ihm auch Wein und Isaak trank. ²⁶Nun sagte sein Vater Isaak zu ihm: Komm näher und küss mich, mein Sohn! ²⁷Er trat näher und küsste ihn. Isaak roch den Duft seiner Gewänder, er segnete ihn und sagte:
Siehe, mein Sohn duftet wie das Feld, / das der Herr gesegnet hat.
²⁸Gott gebe dir vom Tau des Himmels, / vom Fett der Erde, viel Korn und Most. ²⁹Völker sollen dir dienen, / Nationen sich vor dir niederwerfen. / Sei Herr über deine Brüder. / Die Söhne deiner Mutter sollen dir huldigen. / Verflucht, wer dich verflucht. / Gesegnet, wer dich segnet.
³⁰Als Isaak Jakob gesegnet hatte und Jakob gerade von seinem Vater Isaak weggegangen war, kam sein Bruder Esau von der Jagd. ³¹Auch er bereitete ein leckeres Mahl, brachte es seinem Vater und sagte zu ihm: Mein Vater richte sich auf und esse von dem Wildbret seines Sohnes, damit deine Lebenskraft mich dann segne! ³²Da fragte ihn sein Vater Isaak: Wer bist du? Er antwortete: Ich bin dein Sohn Esau, dein Erstgeborener. ³³Vor Schrecken überkam ihn ein heftiges Zittern und er fragte: Wer war es denn, der das Wild gejagt und es mir gebracht hat? Ich habe von allem gegessen, bevor du gekommen bist, und ich habe ihn gesegnet; gesegnet wird er auch bleiben. ³⁴Als Esau die Worte seines Vaters hörte, schrie er heftig auf, aufs Äußerste verbittert, und sagte zu seinem Vater: Segne auch mich, Vater! ³⁵Er entgegnete: Dein Bruder ist mit List gekommen und hat dir deinen Segen weggenommen. ³⁶Da sagte Esau: Hat man ihm nicht den Namen Jakob – Betrüger – gegeben? Er hat mich jetzt schon zweimal betrogen: Mein Erstgeburtsrecht hat er mir genommen, jetzt nimmt er mir auch noch den Segen. Dann sagte er: Hast du mir keinen Segen aufgehoben? ³⁷Isaak antwortete und sagte zu Esau:
Siehe, ich habe ihn zum Herrn über dich gemacht und alle seine Brüder habe ich ihm als Knechte gegeben. Auch mit Korn und Most habe ich ihn versorgt. Was kann ich da noch für dich tun, mein Sohn? ³⁸Da sagte Esau zu seinem Vater: Hattest du denn nur einen einzigen Segen, mein Vater? Segne auch mich, Vater! Und Esau erhob seine Stimme und weinte. ³⁹Sein Vater Isaak antwortete ihm und sagte ihm:
Siehe, fern vom Fett der Erde musst du wohnen, / fern vom Tau des Himmels droben.
⁴⁰Von deinem Schwert wirst du leben. / Deinem Bruder wirst du dienen. / Doch reißt du dich los, so schüttelst du ab / sein Joch von deinem Nacken. ⁴¹Esau war dem Jakob Feind wegen des Segens, mit dem ihn sein Vater gesegnet hatte, und Esau sagte in seinem Herzen: Es werden die Tage der Trauer um meinen Vater kommen; dann werde ich meinen Bruder Jakob töten. ⁴²Als man Rebekka hinterbrachte, was ihr ältester Sohn Esau gesagt hatte, ließ sie Jakob, ihren jüngeren Sohn, rufen und sagte zu ihm: Siehe, dein Bruder Esau will sich an dir rächen und dich töten. ⁴³Nun aber, mein Sohn, hör auf mich! Mach dich auf und flieh zu meinem Bruder Laban nach Haran! ⁴⁴Bleib einige Zeit bei ihm, bis sich der Groll deines Bruders gelegt hat! ⁴⁵Wenn der Zorn deines Bruders von dir abgelassen und er ver-

> *Ein Familienanwalt nach deiner Vorstellung hätte bei den Erzeltern jede Menge Arbeit gehabt.*

gessen hat, was du ihm angetan hast, werde ich dich von dort holen lassen. Warum soll ich euch beide an einem Tag verlieren?

Jakobs Aufbruch und Esaus Frauen

⁴⁶Zu Isaak sagte Rebekka: Mir ist mein Leben verleidet wegen der Hetiterinnen. Wenn Jakob eine Frau von diesen Hetiterinnen, den Töchtern des Landes, nimmt, was liegt mir dann noch am Leben?

28 ¹Isaak rief Jakob, segnete ihn und befahl ihm: Nimm keine Kanaaniterin zur Frau! ²Mach dich auf, geh nach Paddan-Aram, zum Haus Betuëls, des Vaters deiner Mutter! Hol dir von dort eine Frau, eine von den Töchtern Labans, des Bruders deiner Mutter! ³El-Schaddai wird dich segnen, er wird dich fruchtbar machen und vermehren: Zu einer Schar von Völkern wirst du werden. ⁴Er wird dir den Segen Abrahams geben, dir und deinen Nachkommen bei dir, damit du das Land in Besitz nimmst, in dem du als Fremder lebst, das aber Gott Abraham gegeben hat. ⁵Isaak entließ Jakob und er zog nach Paddan-Aram zu Laban, dem Sohn des Aramäers Betuël, dem Bruder Rebekkas, der Mutter Jakobs und Esaus.

⁶Esau sah, dass Isaak Jakob segnete und nach Paddan-Aram schickte, damit er sich von dort eine Frau holt. Als er ihn segnete, gebot er ihm: Du sollst dir keine Kanaaniterin zur Frau nehmen! ⁷Jakob hörte auf seinen Vater und seine Mutter und ging nach Paddan-Aram. ⁸Als Esau sah, dass die Kanaaniterinnen seinem Vater Isaak nicht gefielen, ⁹ging Esau zu Ismael und nahm zu seinen Frauen noch Mahalat als Frau hinzu, die Schwester Nebajots, die Tochter Ismaels, des Sohnes Abrahams.

Jakob in Bet-El

¹⁰Jakob zog aus Beerscheba weg und ging nach Haran. ¹¹Er kam an einen bestimmten Ort und übernachtete dort, denn die Sonne war untergegangen. Er nahm einen von den Steinen dieses Ortes, legte ihn unter seinen Kopf und schlief dort ein. ¹²Da hatte er einen Traum: Siehe, eine Treppe stand auf der Erde, ihre Spitze reichte bis zum Himmel. Und siehe: Auf ihr stiegen Engel Gottes auf und nieder. ¹³Und siehe, der HERR stand vor ihm und sprach: Ich bin der HERR, der Gott deines Vaters Abraham und der Gott Isaaks. Das Land, auf dem du liegst, will ich dir und deinen Nachkommen geben. ¹⁴Deine Nachkommen werden zahlreich sein wie der Staub auf der Erde. Du wirst dich nach Westen und Osten, nach Norden und Süden ausbreiten und durch dich und deine Nachkommen werden alle Sippen der Erde Segen erlangen. ¹⁵Siehe, ich bin mit dir, ich behüte dich, wohin du auch gehst, und bringe dich zurück in dieses Land. Denn ich verlasse dich nicht, bis ich vollbringe, was ich dir versprochen habe. ¹⁶Jakob erwachte aus seinem Schlaf und sagte: Wirklich, der HERR ist an diesem Ort und ich wusste es nicht. ¹⁷Er fürchtete sich und sagte: Wie ehrfurchtgebietend ist doch dieser Ort! Er ist nichts anderes als das Haus Gottes und das Tor des Himmels. ¹⁸Jakob stand früh am Morgen auf, nahm den Stein, den er unter seinen Kopf gelegt hatte, stellte ihn als Steinmal auf und goss Öl darauf. ¹⁹Dann gab er dem Ort den Namen Bet-El – Haus Gottes –. Früher hieß die Stadt Lus. ²⁰Jakob machte das Gelübde: Wenn Gott mit mir ist und mich auf diesem Weg, den ich gehe, behütet, wenn er mir Brot zum Essen und Kleider zum Anziehen gibt, ²¹wenn ich wohlbehalten heimkehre in das Haus meines Vaters, dann

wird der HERR für mich Gott sein ²²und dieser Stein, den ich als Steinmal aufgestellt habe, soll ein Gotteshaus werden. Von allem, was du mir gibst, will ich dir gewiss den zehnten Teil geben.

…

Die Geschenke für Esau

32 ²Auch Jakob zog seines Weges. Da begegneten ihm Engel Gottes. ³Als Jakob sie erblickte, sagte er: Das ist das Lager Gottes. Dem Ort gab er darum den Namen Mahanajim – Lager –.

⁴Jakob sandte Boten vor sich her zu seinem Bruder Esau in das Land Seïr, in das Gebiet von Edom. ⁵Er trug ihnen auf: Ihr sollt Esau, meinem Herrn, sagen: So sagt dein Knecht Jakob: Bei Laban habe ich mich aufgehalten und bin bis jetzt geblieben. ⁶Ich habe Stiere, Esel, Schafe und Ziegen sowie Knechte und Mägde bekommen. Ich schicke nun meinem Herrn eine Nachricht, um dein Wohlwollen zu finden. ⁷Die Boten kehrten zu Jakob zurück und berichteten: Als wir zu deinem Bruder Esau kamen, war auch er schon unterwegs zu dir. Vierhundert Mann hat er bei sich. ⁸Jakob fürchtete sich sehr und Angst ergriff ihn. Er teilte seine Leute, die Schafe und Ziegen, Rinder und Kamele auf zwei Lager auf ⁹und sagte: Wenn Esau zu dem einen Lager kommt und es niedermacht, dann kann das andere Lager entkommen. ¹⁰Und Jakob sagte: Du Gott meines Vaters Abraham und Gott meines Vaters Isaak, HERR, du hast mir gesagt: Kehr in dein Land und zu deiner Verwandtschaft zurück; ich werde es dir gut gehen lassen. ¹¹Ich bin zu gering für all die Hulderweise und alle Treue, die du deinem Knecht erwiesen hast. Denn nur mit einem Stab habe ich den Jordan dort überschritten und jetzt sind aus mir zwei Lager geworden. ¹²Entreiß mich doch der Hand meines Bruders, der Hand Esaus! Denn ich fürchte, dass er kommt und mich erschlägt, die Mutter mit den Kindern. ¹³Du hast doch gesagt: Ich will es dir sehr gut gehen lassen und will deine Nachkommen zahlreich machen wie den Sand am Meer, den man wegen der Menge nicht zählen kann.

¹⁴Er brachte dort jene Nacht zu. Dann stellte er von allem, was er gerade zur Hand hatte, ein Geschenk für seinen Bruder Esau zusammen: ¹⁵zweihundert Ziegen und zwanzig Böcke, zweihundert Mutterschafe und zwanzig Widder, ¹⁶dreißig säugende Kamele mit ihren Jungen, vierzig Kühe und zehn Stiere, zwanzig Eselinnen und zehn Esel. ¹⁷Er übergab sie, jede Herde für sich, seinen Knechten und sagte zu ihnen: Zieht mir voraus und haltet zwischen den Herden Abstand! ¹⁸Dem ersten trug er auf: Wenn mein Bruder Esau dich trifft und dich fragt: Zu wem gehörst du, wohin gehst du und wem gehören diese da vor dir?, ¹⁹dann sag: Deinem Knecht Jakob. Ein Geschenk ist es, gesandt an meinen Herrn, an Esau. Und siehe, er selbst kommt hinter uns her. ²⁰Auch dem zweiten und dritten, allen, die hinter den einzelnen Herden schritten, trug er auf: Redet ebenso mit Esau, wenn ihr ihn trefft! ²¹Sagt: Siehe, dein Knecht Jakob kommt schon hinter uns her. Denn Jakob sagte sich: Ich werde sein Angesicht besänftigen mit dem Geschenk, das vor meinem Angesicht hergeht. Danach werde ich sein Angesicht anschauen und vielleicht wird er dann mein Angesicht aufheben. ²²Das Geschenk zog ihm also voraus, er aber brachte jene Nacht im Lager zu.

Jakobs Kampf am Jabbok

²³In derselben Nacht stand er auf, nahm seine beiden Frauen, seine beiden Mägde sowie seine elf Kinder und durchschritt die Furt des Jabbok. ²⁴Er nahm sie und ließ sie den Fluss überqueren. Dann schaffte er alles hinüber, was ihm sonst noch gehörte. ²⁵Als er allein zurückgeblieben war, rang mit ihm ein Mann, bis die Morgenröte aufstieg. ²⁶Als der Mann sah, dass er ihn nicht besiegen konnte, berührte er sein Hüftgelenk. Jakobs Hüftgelenk renkte sich aus, als er mit ihm rang. ²⁷Er sagte: Lass mich los; denn die Morgenröte ist aufgestiegen. Er entgegnete: Ich lasse dich nicht los, wenn du mich nicht segnest. ²⁸Er fragte ihn: Wie ist dein Name? Jakob, antwortete er. ²⁹Er sagte: Nicht mehr Jakob wird man dich nennen, sondern Israel – Gottesstreiter –; denn mit Gott und Menschen hast du gestritten und gesiegt. ³⁰Nun fragte Jakob: Nenne mir doch deinen Namen! Er entgegnete: Was fragst du mich nach meinem Namen? Dann segnete er ihn dort. ³¹Jakob gab dem Ort den Namen Peniël – Gottes Angesicht – und sagte: Ich habe Gott von Angesicht zu Angesicht gesehen und bin doch mit dem Leben davongekommen.

³²Die Sonne schien bereits auf ihn, als er durch Penuël zog; er hinkte an seiner Hüfte. ³³Darum essen die Israeliten den Muskelstrang über dem Hüftgelenk nicht bis auf den heutigen Tag; denn er hat Jakobs Hüftgelenk, den Hüftmuskel berührt.

Die Begegnung mit Esau

33 ¹Jakob erhob seine Augen und sah: Und siehe, Esau kam so mit ihm vierhundert Mann. Da verteilte er die Kinder auf Lea und Rahel und auf die beiden Mägde. ²Die Mägde und deren Kinder stellte er vorn hin, dahinter Lea und ihre Kinder und zuletzt Rahel und Josef. ³Er selbst ging vor ihnen her und warf sich siebenmal zur Erde nieder, bis er nahe an seinen Bruder herangekommen war. ⁴Esau lief ihm entgegen, umarmte ihn und fiel ihm um den Hals; er küsste ihn und sie weinten. ⁵Dann erhob Esau seine Augen und sah die Frauen mit den Kindern. Er fragte: Wer sind die dort bei dir? Die Kinder, erwiderte er, die Gott deinem Knecht aus Wohlwollen geschenkt hat.

⁶Die Mägde und ihre Kinder kamen näher und warfen sich nieder. ⁷Dann kamen auch Lea und ihre Kinder und warfen sich nieder, danach kamen Josef und Rahel und warfen sich nieder. ⁸Da fragte Esau: Was willst du mit dem ganzen Lager dort, auf das ich gestoßen bin? Jakob erwiderte: Ich wollte die Gnade meines Herrn finden. ⁹Darauf sagte Esau: Ich habe selber genug, Bruder. Dir gehöre, was dein ist. ¹⁰Nicht doch, entgegnete Jakob, wenn ich Gnade in deinen Augen gefunden habe, dann nimm mein Geschenk aus meiner Hand an! Denn dafür habe ich dein Angesicht gesehen, wie man das Angesicht Gottes sieht, und du bist mir wohlwollend begegnet. ¹¹Nimm doch mein Begrüßungsgeschenk an, das man dir überbracht hat! Denn Gott hat mir Gnade erwiesen und ich habe alles, was ich brauche. Er drängte ihn, bis er annahm.

¹²Darauf machte Esau den Vorschlag: Brechen wir auf und ziehen wir weiter! Ich will an deiner Seite ziehen. ¹³Jakob entgegnete ihm: Mein Herr weiß, dass die Kinder noch schwach sind; auch habe ich für säugende Schafe und Rinder zu sorgen. Treibt man sie auch nur einen einzigen Tag rasch an, so stirbt das ganze Vieh. ¹⁴Mein Herr ziehe doch seinem Knecht voraus. Ich aber will mich dem gemächlichen

Gang der Viehherden vor mir und dem Schritt der Kinder anpassen, bis ich zu meinem Herrn nach Seïr komme. ¹⁵Darauf sagte Esau: Ich will dir einige von meinen Leuten zuweisen. Wozu?, erwiderte Jakob, ich finde ja das Wohlwollen meines Herrn.

¹⁶Esau kehrte an jenem Tag auf seinem Weg nach Seïr zurück. ¹⁷Jakob brach nach Sukkot auf. Er baute sich ein Haus und für sein Vieh errichtete er Hütten. Darum gab er dem Ort den Namen Sukkot. ¹⁸Jakob gelangte, als er aus Paddan-Aram kam, wohlbehalten bis zur Stadt Sichem in Kanaan und schlug vor der Stadt sein Lager auf. ¹⁹Das Grundstück, auf dem er sein Zelt aufspannte, erwarb er von den Söhnen Hamors, des Vaters von Sichem, für hundert Kesita. ²⁰Dort errichtete er einen Altar und nannte ihn: El, Gott Israels.

…

Die Rückkehr nach Bet-El

35 ¹Gott sprach zu Jakob: Steh auf, zieh nach Bet-El hinauf und lass dich dort nieder! Errichte dort einen Altar dem Gott, der dir auf der Flucht vor deinem Bruder Esau erschienen ist! ²Dann sagte Jakob zu seinem Haus und zu allen, die bei ihm waren: Entfernt die fremden Götter aus eurer Mitte, reinigt euch und wechselt eure Kleider! ³Wir wollen uns aufmachen und nach Bet-El hinaufziehen. Dort will ich einen Altar für den Gott errichten, der mich am Tag meiner Bedrängnis erhört hat und der auf dem Weg, den ich gegangen bin, mit mir war. ⁴Sie übergaben Jakob alle fremden Götter, die sie in ihren Händen hatten, und die Ringe an ihren Ohren. Jakob vergrub sie unter der Terebinthe bei Sichem. ⁵Dann brachen sie auf. Da überkam ein Gottesschrecken die Städte ringsum und sie verfolgten die Söhne Jakobs nicht. ⁶Jakob kam nach Lus, das im Land Kanaan liegt und jetzt Bet-El heißt, er und alles Volk, das bei ihm war.

⁷Er baute dort einen Altar und nannte die Stätte Gott von Bet-El; denn auf der Flucht vor seinem Bruder hatte Gott sich ihm dort offenbart.

⁸Debora, die Amme Rebekkas, starb. Man begrub sie unterhalb von Bet-El unter der Eiche. Er gab ihr den Namen Träneneiche.

⁹Gott erschien Jakob noch einmal, als er aus Paddan-Aram kam, und segnete ihn. ¹⁰Gott sprach zu ihm: Dein Name ist Jakob. Dein Name soll jedoch nicht mehr Jakob lauten, sondern Israel soll dein Name sein. Er gab ihm also den Namen Israel. ¹¹Und Gott sprach zu ihm: Ich bin El-Schaddai. Sei fruchtbar und vermehre dich! Ein Volk, eine Schar von Völkern soll aus dir werden, Könige sollen aus deinen Lenden hervorgehen. ¹²Das Land, das ich Abraham und Isaak gegeben habe, will ich dir geben und auch deinen Nachkommen will ich es geben. ¹³An dem Ort, an dem er mit ihm geredet hatte, fuhr Gott von ihm empor.

¹⁴Jakob richtete an dem Ort, wo Gott mit ihm geredet hatte, ein Steinmal, einen Gedenkstein, auf. Darüber schüttete er ein Trankopfer und goss Öl darauf. ¹⁵Jakob gab dem Ort, an dem Gott mit ihm geredet hatte, den Namen Bet-El.

Benjamins Geburt und Rahels Tod

¹⁶Sie brachen von Bet-El auf. Es war nur noch eine kurze Strecke bis Efrata, als Rahel gebar. Sie hatte eine schwere Geburt. ¹⁷Da sie eine so schwere Geburt hatte, sagte ihr die Hebamme: Fürchte dich nicht, auch diesmal hast du einen Sohn. ¹⁸Während die Lebenskraft sie verließ – denn sie lag im

Sterben –, gab sie ihm den Namen Ben-Oni – Sohn meiner Not –; sein Vater aber nannte ihn Benjamin – Sohn der Rechten –. ¹⁹Als Rahel gestorben war, begrub man sie an der Straße nach Efrata, das jetzt Betlehem heißt. ²⁰Jakob errichtete ein Steinmal über ihrem Grab. Das ist bis heute das Grabmal Rahels.

Die Söhne Jakobs und Isaaks Tod
²¹Israel brach auf und schlug sein Zelt jenseits von Migdal-Eder auf. ²²Während Israel in jenem Land wohnte, ging Ruben hin und schlief mit Bilha, der Nebenfrau seines Vaters. Israel hörte davon. Jakob hatte zwölf Söhne. ²³Die Söhne Leas waren: Ruben, der Erstgeborene Jakobs, und Simeon, Levi, Juda, Issachar und Sebulon. ²⁴Die Söhne Rahels waren: Josef und Benjamin. ²⁵Die Söhne Bilhas, der Magd Rahels, waren: Dan und Naftali. ²⁶Die Söhne Silpas, der Magd Leas, waren: Gad und Ascher. Das waren die Söhne Jakobs, die ihm in Paddan-Aram geboren wurden.
²⁷Jakob kam zu seinem Vater Isaak nach Mamre, nach Kirjat-Arba, das jetzt Hebron heißt, wo sich Abraham und Isaak als Fremde aufgehalten hatten. ²⁸Isaak wurde hundertachtzig Jahre alt, ²⁹dann verschied er. Er starb und wurde mit seinen Vorfahren vereint, betagt und satt an Jahren. Seine Söhne Esau und Jakob begruben ihn.

…

Josefs Verkauf nach Ägypten
37 ¹Jakob ließ sich in dem Land nieder, in dem sich sein Vater als Fremder aufgehalten hatte, in Kanaan. ²Das ist die Geschlechterfolge Jakobs: Als Josef siebzehn Jahre zählte, weidete er mit seinen Brüdern die Schafe und Ziegen. Er war Hirtenjunge bei den Söhnen Bilhas und Silpas, den Frauen seines Vaters. Josef hinterbrachte ihrem Vater ihre üble Nachrede. ³Israel liebte Josef mehr als alle seine Söhne, weil er ihm in hohem Alter geboren worden war. Er ließ ihm einen bunten Rock machen. ⁴Als seine Brüder sahen, dass ihr Vater ihn mehr liebte als alle seine Brüder, hassten sie ihn und konnten mit ihm kein friedliches Wort mehr reden.
⁵Einst hatte Josef einen Traum. Als er ihn seinen Brüdern erzählte, hassten sie ihn noch mehr. ⁶Er sagte zu ihnen: Hört euch doch diesen Traum an, den ich geträumt habe. ⁷Siehe, wir banden Garben mitten auf dem Feld. Und siehe, meine Garbe richtete sich auf und blieb auch stehen. Siehe, eure Garben umringten sie und warfen sich vor meiner Garbe nieder. ⁸Da sagten seine Brüder zu ihm: Willst du etwa König über uns werden oder über uns herrschen? Und sie hassten ihn noch mehr wegen seiner Träume und seiner Worte.
⁹Er hatte noch einen anderen Traum. Er erzählte ihn seinen Brüdern und sagte: Siehe, ich träumte noch einmal: Und siehe, die Sonne, der Mond und elf Sterne warfen sich vor mir nieder. ¹⁰Als er davon seinem Vater und seinen Brüdern erzählte, schalt ihn sein Vater und sagte zu ihm: Was soll der Traum, den du da geträumt hast? Sollen wir etwa, ich, deine Mutter und deine Brüder, kommen und uns vor dir zur Erde niederwerfen? ¹¹Seine Brüder waren eifersüchtig auf ihn, sein Vater aber bewahrte die Sache.
¹²Als seine Brüder fortgezogen waren, um die Schafe und Ziegen ihres Vaters bei Sichem zu weiden, ¹³sagte Israel zu Josef: Weiden nicht deine Brüder bei Sichem? Geh, ich will dich zu ihnen schicken. Er antwortete: Hier bin ich. ¹⁴Da sagte der Vater zu ihm: Geh doch

hin und sieh, wie es deinen Brüdern und den Schafen und Ziegen geht, und berichte mir! So schickte er ihn aus dem Tal von Hebron fort und Josef kam nach Sichem.

¹⁵Ein Mann traf ihn und siehe, Josef irrte auf dem Feld umher; der Mann fragte ihn: Was suchst du? ¹⁶Josef antwortete: Meine Brüder suche ich. Sag mir doch, wo sie das Vieh weiden! ¹⁷Der Mann antwortete: Sie sind von hier weitergezogen. Ich habe nämlich gehört, wie sie sagten: Gehen wir nach Dotan. Da ging Josef seinen Brüdern nach und fand sie in Dotan.

¹⁸Sie sahen ihn von Weitem. Bevor er jedoch nahe an sie herangekommen war, fassten sie den Plan, ihn umzubringen. ¹⁹Sie sagten zueinander: Siehe, da kommt ja dieser Träumer. ²⁰Jetzt aber auf, erschlagen wir ihn und werfen wir ihn in eine der Zisternen. Sagen wir, ein wildes Tier habe ihn gefressen. Dann werden wir ja sehen, was aus seinen Träumen wird.

²¹Ruben hörte das und wollte ihn aus ihrer Hand retten. Er sagte: Begehen wir doch keinen Mord. ²²Und Ruben sagte zu ihnen: Vergießt kein Blut! Werft ihn in die Zisterne da in der Steppe, aber legt nicht Hand an ihn! Das sagte er, um ihn aus ihrer Hand zu retten und zu seinem Vater zurückzubringen.

²³Als Josef bei seinen Brüdern angekommen war, zogen sie ihm seinen bunten Rock aus, den Ärmelrock, den er anhatte, ²⁴packten ihn und warfen ihn in die Zisterne. Die Zisterne war leer; es war kein Wasser darin.

²⁵Sie saßen beim Essen und erhoben ihre Augen und sahen, siehe, eine Karawane von Ismaelitern aus Gilead kam. Ihre Kamele waren mit Tragakant, Mastix und Ladanum beladen. Sie waren unterwegs nach Ägypten. ²⁶Da sagte Juda seinen Brüdern: Was haben wir davon, wenn wir unseren Bruder erschlagen und sein Blut zudecken? ²⁷Kommt, verkaufen wir ihn den Ismaelitern. Wir wollen aber nicht Hand an ihn legen, denn er ist doch unser Bruder und unser Fleisch. Seine Brüder hörten auf ihn.

²⁸Midianitische Kaufleute kamen vorbei. Da zogen sie Josef aus der Zisterne herauf und verkauften ihn für zwanzig Silberstücke an die Ismaeliter. Sie brachten Josef nach Ägypten.

²⁹Ruben kam zur Zisterne zurück und siehe, Josef war nicht mehr dort. Er zerriss seine Kleider, ³⁰kehrte zu seinen Brüdern zurück und sagte: Der Kleine ist ja nicht mehr da. Und ich, wohin soll ich nun gehen? ³¹Da nahmen sie Josefs Gewand, schlachteten einen Ziegenbock und tauchten das Gewand in das Blut. ³²Dann schickten sie den bunten Rock zu ihrem Vater und ließen ihm sagen: Das haben wir gefunden. Sieh doch genau nach, ob das der Rock deines Sohnes ist oder nicht! ³³Als er ihn genau angesehen hatte, sagte er: Der Rock meines Sohnes! Ein wildes Tier hat ihn gefressen. Zerfetzt ist Josef, zerfetzt. ³⁴Jakob zerriss seine Kleider, legte ein Trauergewand an und trauerte um seinen Sohn viele Tage. ³⁵Alle seine Söhne und Töchter machten sich auf, um ihn zu trösten. Er aber ließ sich nicht trösten und sagte: Ich will voller Trauer zu meinem Sohn in die Unterwelt hinabsteigen. So beweinte ihn sein Vater. ³⁶Die Midianiter aber verkauften Josef nach Ägypten an Potifar, einen Hofbeamten des Pharao, den Obersten der Leibwache.

Bibelstellen
Gen
12,1–20; 15,1–19,29;
20,1–22,19; 24,1–67;
25,19–34; 26,34–28,22;
32,2–33,20; 35,1–29;
37,1–36

Wie das Meer sich immer wieder teilt

Geschlagen und beraubt.
Zermalmt von der feindlichen Übermacht.
Ausgeplündert.
Fremdbestimmt.

Da ist kein König mehr in Israel. Unser Land existiert nicht mehr, wir sind eine Provinz des Assyrischen Imperiums. Was nützen uns nun die Verheißungen? Was nützen die Brücken, die wir geschlagen haben? Wo sind denn jetzt unsere Heimat, unsere Identität, wo ist unsere Zukunft?

Doch da gibt es in unserem Gedächtnis diese ferne Erinnerung an einen mächtigen Akt der Befreiung. Hat Gott nicht schon einmal alle Fesseln gesprengt und uns aus der Knechtschaft befreit?

Du kannst fragen, ob es historisch überhaupt plausibel sei, dass vor langer Zeit eine Gruppe von Hebräern in Ägypten gelebt hat. Dass es einen Mann namens Mose jemals gegeben hat, dem im brennenden Dornbusch der Gott seiner Väter begegnet ist. Mit jener schlichten Selbstvorstellung: „Ich bin, der ich bin." Und dass ein ganzes Volkes mitten durch das Meer hindurch aus der Knechtschaft ausgezogen sein kann.

Du kannst dich aber stattdessen auch fragen, ob du an die Freiheit glaubst. Glaubst du, dass der Mensch frei geboren ist? Dass kein Mensch je das Recht hat, einen anderen zu knechten und in Ketten zu legen? Glaubst du, dass der Gott, der uns Menschen als freie Wesen geschaffen hat, selbst ein Befreier ist?

Das Gefühl von Befreiung ist eines der stärksten überhaupt. Ganz sicher hast du selbst schon Momente der Befreiung erlebt. Momente, in denen eine Last von dir abfällt, in denen plötzlich die Ängste weichen, sich Türen öffnen – ja, der ganze Horizont. Den Moment, der sich so anfühlt, als würde sich wahrlich vor dir das Meer teilen und du könntest auf trockenem Boden hindurch gehen?

Hast du vielleicht schon einmal eine leichte Gänsehaut bekommen, draußen im Dunkel, am Feuer vor deiner Kirche, in dem Augenblick, in dem die Osterkerze entzündet wird? Sie ist wie die Feuersäule, die uns durch das Meer vorangegangen ist. Darum wird in jeder Osternacht ein Teil jener Geschichte vorgelesen, die wir hier nun aufschreiben.

Dass wir sie aufschreiben, ist mehr als bloße Erinnerung. Auch wenn du die Geschichte liest oder wenn du sie in der Osternacht hörst, dann ist das mehr als nur ein Erinnern. Freiheit können wir nicht als Vergangenes denken. Echte Freiheit ist immer Gegenwart, sie ist immer lebendig.

Aus der Geschichte, die wir niederschreiben, wird sich das Pessachfest entwickeln, das wir jedes Jahr feiern, durch die Jahrtausende hindurch. Wir feiern es so, als würde sich unser Auszug aus Ägypten gerade in diesem Augenblick ereignen. Genau so wird Jesus dieses Fest feiern. Er selbst wird die Befreiung sein. Und in jeder Eucharistiefeier wiederholt sie sich.

Vielleicht gehst du nach der Messe nach Hause und fühlst dich genauso unfrei wie zuvor. Musst immer noch genauso viel für die Schule lernen wie vorher, bist immer noch genauso sauer auf deine beste Freundin und hast immer noch genauso Angst vor

dem nächsten Zahnarztbesuch. Der Klimawandel ist immer noch nicht gestoppt, die Kriege auf der Welt gehen einfach weiter. Auch während du in der Kirche warst, sind in Afrika Kinder verhungert. Und der böse Tumor, der deinem Opa zusetzt, ist trotz all deiner verzweifelten Gebete nicht kleiner geworden.

Befreiung? Vielleicht ja doch. Vielleicht sind deine Wut und deine Angst doch nicht mehr so groß wie vorher. Vielleicht lässt dich deine Begegnung mit Gott in der Eucharistie ein kleines bisschen die Perspektive wechseln, Dinge anders betrachten. Das Wichtige vom Unwichtigen unterscheiden, neuen Mut schöpfen. Vor allem deshalb, weil du nicht allein bist. Weil du zu einer Gemeinde oder zu einer Gruppe gehörst, die dich trägt und stärkt.

Freiheit ist Gemeinschaft. Klar, Alleinsein kann schön sein. Aber auf Dauer führt Einsamkeit in die Isolation. Richtig frei sind wir da, wo wir einander Freiheit schenken, gemeinsam Freiräume finden und zusammen frei sind. Vielleicht ja sogar mit den Ägyptern?

Bei unserem Auszug durch das Schilfmeer mussten sie jämmerlich ertrinken. Wir sahen sie tot am Strand liegen und jubelten. Aber Gott, da dürfen wir sicher sein, hat den Tod der Ägypter nicht bejubelt. Gott träumt vielmehr von einer Welt, in der so etwas nicht mehr geschieht. Wo niemand mehr fliehen muss, weil es keine Verfolgung mehr gibt. Es ist unser Auftrag, an einer solchen Welt mitzuarbeiten. Und in dieser Hoffnung schreiben wir nun unsere Geschichte auf, damit du sie weitertragen kannst.

Aus dem Buch Exodus

Jakobs Nachkommen in Ägypten

1 [1]Das sind die Namen der Söhne Israels, die nach Ägypten gekommen waren – mit Jakob waren sie gekommen, jeder mit seiner Familie: [2]Ruben, Simeon, Levi, Juda, [3]Issachar, Sebulon, Benjamin, [4]Dan, Naftali, Gad und Ascher. [5]Es waren siebzig Personen; sie alle stammten von Jakob ab. Josef aber war bereits in Ägypten.

[6]Josef, alle seine Brüder und seine Zeitgenossen waren gestorben. [7]Aber die Söhne Israels waren fruchtbar, sodass das Land von ihnen wimmelte. Sie vermehrten sich und wurden überaus stark; sie bevölkerten das Land.

[8]In Ägypten kam ein neuer König an die Macht, der Josef nicht gekannt hatte. [9]Er sagte zu seinem Volk: Seht nur, das Volk der Israeliten ist größer und stärker als wir. [10]Gebt Acht! Wir müssen überlegen, was wir gegen es tun können, damit es sich nicht weiter vermehrt. Wenn ein Krieg ausbricht, könnte es sich unseren Feinden anschließen, gegen uns kämpfen und aus dem Lande hinaufziehen. [11]Da setzte man Fronvögte über es ein, um es durch schwere Arbeit unter Druck zu setzen. Es musste für den Pharao die Städte Pitom und Ramses als Vorratslager bauen. [12]Je mehr man es aber unter Druck hielt, umso stärker vermehrte es sich und breitete sich aus. Da packte sie das Grauen vor den Israeliten. [13]Die Ägypter gingen hart gegen die Israeliten vor und machten sie zu Sklaven. [14]Sie machten ihnen das Leben schwer durch harte Arbeit mit Lehm und Ziegeln und durch alle möglichen Arbeiten auf den Feldern. So wurden die Israeliten zu harter Sklavenarbeit gezwungen.

[15]Zu den hebräischen Hebammen – die eine hieß Schifra, die andere Pua – sagte der König von Ägypten: [16]Wenn ihr den Hebräerinnen Geburtshilfe leistet, dann achtet auf das Geschlecht! Ist es ein Knabe, so lasst ihn sterben! Ist es ein Mädchen, dann kann es am Leben bleiben. [17]Die Hebammen aber fürchteten Gott und taten nicht, was ihnen der König von Ägypten gesagt hatte, sondern ließen die Kinder am Leben. [18]Da rief der König von Ägypten die Hebammen zu sich und sagte zu ihnen: Warum tut ihr das und lasst die Kinder am Leben? [19]Die Hebammen antworteten dem Pharao: Die hebräischen Frauen sind nicht wie die ägyptischen, denn sie sind voller Leben. Bevor die Hebamme zu ihnen kommt, haben sie schon geboren. [20]Gott verhalf den Hebammen zu Glück; das Volk aber vermehrte sich und wurde sehr stark. [21]Weil die Hebammen Gott fürchteten, gab er ihnen Nachkommen. [22]Daher gab der Pharao seinem ganzen Volk den Befehl: Alle Knaben, die den Hebräern geboren werden, werft in den Nil! Die Mädchen dürft ihr alle am Leben lassen.

Rettung, Jugend und Flucht des Mose

2 [1]Ein Mann aus dem Hause Levi ging hin und nahm eine Frau aus dem gleichen Stamm. [2]Die Frau wurde schwanger und gebar einen Sohn. Weil sie sah, dass er schön war, verbarg sie ihn drei Monate lang. [3]Als sie ihn nicht mehr verborgen halten konnte, nahm sie ein Binsenkästchen, dichtete es mit Pech und Teer ab, legte das Kind hinein und setzte es am Nilufer im Schilf aus. [4]Seine Schwester blieb in der Nähe stehen, um zu sehen, was mit ihm geschehen würde.

[5]Die Tochter des Pharao kam herab, um im Nil zu baden. Ihre Dienerinnen gingen unterdessen am Nilufer auf

und ab. Auf einmal sah sie im Schilf das Kästchen und ließ es durch ihre Magd holen. ⁶Als sie es öffnete und hineinsah, lag ein weinendes Kind darin. Sie hatte Mitleid mit ihm und sie sagte: Das ist ein Hebräerkind. ⁷Da sagte seine Schwester zur Tochter des Pharao: Soll ich zu den Hebräerinnen gehen und dir eine Amme rufen, damit sie dir das Kind stillt? ⁸Die Tochter des Pharao antwortete ihr: Ja, geh! Das Mädchen ging und rief die Mutter des Knaben herbei. ⁹Die Tochter des Pharao sagte zu ihr: Nimm das Kind mit und still es mir! Ich werde dich dafür entlohnen. Die Frau nahm das Kind zu sich und stillte es. ¹⁰Als der Knabe größer geworden war, brachte sie ihn der Tochter des Pharao. Diese nahm ihn als Sohn an, nannte ihn Mose und sagte: Ich habe ihn aus dem Wasser gezogen. ¹¹Die Jahre vergingen und Mose wuchs heran. Eines Tages ging er zu seinen Brüdern hinaus und schaute ihnen bei der Fronarbeit zu. Da sah er, wie ein Ägypter einen Hebräer schlug, einen seiner Stammesbrüder. ¹²Mose sah sich nach allen Seiten um, und als er sah, dass sonst niemand da war, erschlug er den Ägypter und verscharrte ihn im Sand. ¹³Als er am nächsten Tag wieder hinausging, sah er zwei Hebräer miteinander streiten. Er sagte zu dem, der im Unrecht war: Warum schlägst du deinen Stammesgenossen? ¹⁴Der Mann erwiderte: Wer hat dich zum Aufseher und Schiedsrichter über uns bestellt? Meinst du, du könntest mich umbringen, wie du den Ägypter umgebracht hast? Da bekam Mose Angst und sagte: Die Sache ist also bekannt geworden.

Zuflucht in Midian

¹⁵Der Pharao hörte von diesem Vorfall und wollte Mose töten; Mose aber entkam ihm. Er wollte in Midian bleiben und setzte sich an einen Brunnen. ¹⁶Der Priester von Midian hatte sieben Töchter. Sie kamen zum Wasserschöpfen und wollten die Tröge füllen, um die Schafe und Ziegen ihres Vaters zu tränken. ¹⁷Doch die Hirten kamen und wollten sie verdrängen. Da stand Mose auf, kam ihnen zu Hilfe und tränkte ihre Schafe und Ziegen. ¹⁸Als sie zu ihrem Vater Reguël zurückkehrten, fragte er: Warum seid ihr heute so schnell wieder da? ¹⁹Sie erzählten: Ein Ägypter hat uns aus der Hand der Hirten gerettet; er hat uns sogar Wasser geschöpft und das Vieh getränkt. ²⁰Da sagte er zu seinen Töchtern: Wo ist er? Warum habt ihr ihn dort gelassen? Holt ihn und ladet ihn zum Essen ein! ²¹Mose entschloss sich, bei dem Mann zu bleiben, und dieser gab Mose seine Tochter Zippora zur Frau. ²²Als sie einen Sohn gebar, nannte er ihn Gerschom und sagte: Gast bin ich in fremdem Land.

Gott und Israels Unterdrückung

²³Nach vielen Jahren starb der König von Ägypten. Die Israeliten stöhnten noch unter der Sklavenarbeit; sie klagten und ihr Hilferuf stieg aus ihrem Sklavendasein zu Gott empor. ²⁴Gott hörte ihr Stöhnen und Gott gedachte seines Bundes mit Abraham, Isaak und Jakob. ²⁵Gott blickte auf die Israeliten. Gott hatte es wahrgenommen.

Wenigstens Gott erinnert sich immer wieder an die Versprechen gegenüber den Erzeltern. Sonst „hätten wir schon fertig".

Moses Berufung

3 ¹Mose weidete die Schafe und Ziegen seines Schwiegervaters Jitro, des Priesters von Midian. Eines Tages trieb er das Vieh über die Steppe hinaus und kam zum Gottesberg Horeb. ²Dort erschien ihm der Engel

des HERRN in einer Feuerflamme mitten aus dem Dornbusch. Er schaute hin: Der Dornbusch brannte im Feuer, aber der Dornbusch wurde nicht verzehrt. ³Mose sagte: Ich will dorthin gehen und mir die außergewöhnliche Erscheinung ansehen. Warum verbrennt denn der Dornbusch nicht? ⁴Als der HERR sah, dass Mose näher kam, um sich das anzusehen, rief Gott ihm mitten aus dem Dornbusch zu: Mose, Mose! Er antwortete: Hier bin ich. ⁵Er sagte: Komm nicht näher heran! Leg deine Schuhe ab; denn der Ort, wo du stehst, ist heiliger Boden. ⁶Dann fuhr er fort: Ich bin der Gott deines Vaters, der Gott Abrahams, der Gott Isaaks und der Gott Jakobs. Da verhüllte Mose sein Gesicht; denn er fürchtete sich, Gott anzuschauen.
⁷Der HERR sprach: Ich habe das Elend meines Volkes in Ägypten gesehen und ihre laute Klage über ihre Antreiber habe ich gehört. Ich kenne sein Leid. ⁸Ich bin herabgestiegen, um es der Hand der Ägypter zu entreißen und aus jenem Land hinaufzuführen in ein schönes, weites Land, in ein Land, in dem Milch und Honig fließen, in das Gebiet der Kanaaniter, Hetiter, Amoriter, Perisiter, Hiwiter und Jebusiter. ⁹Jetzt ist die laute Klage der Israeliten zu mir gedrungen und ich habe auch gesehen, wie die Ägypter sie unterdrücken. ¹⁰Und jetzt geh! Ich sende dich zum Pharao. Führe mein Volk, die Israeliten, aus Ägypten heraus! ¹¹Mose antwortete Gott: Wer bin ich, dass ich zum Pharao gehen und die Israeliten aus Ägypten herausführen könnte? ¹²Er aber sagte: Ich bin mit dir; ich habe dich gesandt und als Zeichen dafür soll dir dienen: Wenn du das Volk aus Ägypten herausgeführt hast, werdet ihr Gott an diesem Berg dienen. ¹³Da sagte Mose zu Gott: Gut, ich werde also zu den Israeliten kommen und ihnen sagen: Der Gott eurer Väter hat mich zu euch gesandt. Da werden sie mich fragen: Wie heißt er? Was soll ich ihnen sagen? ¹⁴Da antwortete Gott dem Mose: Ich bin, der ich bin. Und er fuhr fort: So sollst du zu den Israeliten sagen: Der Ich-bin hat mich zu euch gesandt. ¹⁵Weiter sprach Gott zu Mose: So sag zu den Israeliten: Der HERR, der Gott eurer Väter, der Gott Abrahams, der Gott Isaaks und der Gott Jakobs, hat mich zu euch gesandt. Das ist mein Name für immer und so wird man mich anrufen von Geschlecht zu Geschlecht. ¹⁶Geh, versammle die Ältesten Israels und sag ihnen: Der HERR, der Gott eurer Väter, der Gott Abrahams, Isaaks und Jakobs, ist mir erschienen und hat mir gesagt: Ich habe sorgsam auf euch geachtet und habe gesehen, was man euch in Ägypten antut. ¹⁷Da habe ich gesagt: Ich will euch aus dem Elend Ägyptens hinaufführen in das Land der Kanaaniter, Hetiter, Amoriter, Perisiter, Hiwiter und Jebusiter, in ein Land, in dem Milch und Honig fließen. ¹⁸Wenn sie auf dich hören, so geh mit den Ältesten Israels zum König von Ägypten; sagt ihm: Der HERR, der Gott der Hebräer, ist uns begegnet. Und jetzt wollen wir drei Tagesmärsche weit in die Wüste ziehen und dem HERRN, unserem Gott, Schlachtopfer darbringen. ¹⁹Ich weiß, dass euch der König von Ägypten nicht ziehen lässt, es sei denn, er würde von starker Hand dazu gezwungen. ²⁰Erst wenn ich meine Hand ausstrecke und Ägypten niederschlage mit allen meinen Wundern, die ich in seiner Mitte vollbringe, wird er euch ziehen lassen. ²¹Dann werde ich diesem Volk Gunst in den Augen der Ägypter ver-

> *Eine harte Nuss wird geknackt! Was JHWH sich einfallen lässt, um Mose zu berufen, ist beeindruckend.*

schaffen, und wenn ihr wegzieht, werdet ihr nicht mit leeren Händen gehen. ²²Jede Frau mag von ihrer Nachbarin oder Hausgenossin silberne und goldene Geräte und Kleider erbitten. Legt sie euren Söhnen und Töchtern an und plündert so die Ägypter aus!

4 ¹Mose antwortete: Was aber, wenn sie mir nicht glauben und nicht auf mich hören, sondern sagen: Der Herr ist dir nicht erschienen? ²Der Herr entgegnete ihm: Was hast du da in der Hand? Er antwortete: einen Stab. ³Da sagte er: Wirf ihn auf die Erde! Er warf ihn auf die Erde. Da wurde er zu einer Schlange, und Mose wich vor ihr zurück. ⁴Der Herr aber sprach zu Mose: Streck deine Hand aus und fasse sie am Schwanz! Er streckte seine Hand aus und packte sie. Da wurde sie in seiner Hand wieder zu einem Stab. ⁵So sollen sie glauben, dass dir der Herr erschienen ist, der Gott ihrer Väter, der Gott Abrahams, der Gott Isaaks und der Gott Jakobs.

⁶Weiter sprach der Herr zu ihm: Leg deine Hand in deinen Gewandbausch! Er legte seine Hand hinein. Als er sie herauszog, war seine Hand von Aussatz weiß wie Schnee. ⁷Darauf sagte er: Leg deine Hand noch einmal in deinen Gewandbausch! Er legte seine Hand noch einmal hinein. Als er sie wieder herauszog, siehe, da war sie wieder unversehrt. ⁸Wenn sie dir nicht glauben und sich durch das erste Zeichen nicht überzeugen lassen, werden sie auf das zweite Zeichen hin glauben. ⁹Glauben sie aber selbst nach diesen beiden Zeichen nicht und hören nicht auf dich, dann nimm etwas Nilwasser und schütt es auf trockenen Boden! Das Wasser, das du aus dem Nil geholt hast, wird auf dem Boden zu Blut werden.

¹⁰Doch Mose sagte zum Herrn: Aber bitte, Herr, ich bin keiner, der gut reden kann, weder gestern noch vorgestern, noch seitdem du mit deinem Knecht sprichst. Mein Mund und meine Zunge sind nämlich schwerfällig. ¹¹Der Herr entgegnete ihm: Wer hat dem Menschen den Mund gegeben und wer macht taub oder stumm, sehend oder blind? Doch wohl ich, der Herr! ¹²Geh also! Ich bin mit deinem Mund und weise dich an, was du reden sollst. ¹³Doch Mose antwortete: Aber bitte, Herr, sende doch, wen du senden willst!

¹⁴Da entbrannte der Zorn des Herrn über Mose und er sprach: Hast du nicht noch einen Bruder, den Leviten Aaron? Ich weiß, er kann reden; außerdem bricht er gerade auf und wird dir begegnen. Wenn er dich sieht, wird er sich von Herzen freuen. ¹⁵Sprich mit ihm und leg ihm die Worte in den Mund! Ich aber werde mit deinem und seinem Mund sein, ich werde euch anweisen, was ihr tun sollt, ¹⁶und er wird für dich zum Volk reden. Er wird für dich der Mund sein und du wirst für ihn Gott sein. ¹⁷Diesen Stab nimm in deine Hand! Mit ihm wirst du die Zeichen vollbringen.

Moses Rückkehr nach Ägypten

¹⁸Darauf kehrte Mose zu seinem Schwiegervater Jitro zurück. Er sagte zu ihm: Ich will zu meinen Brüdern nach Ägypten zurückkehren. Ich will sehen, ob sie noch am Leben sind. Jitro antwortete Mose: Geh in Frieden! ¹⁹Der Herr sprach zu Mose in Midian: Mach dich auf und kehr nach Ägypten zurück; denn alle, die dir nach dem Leben getrachtet haben, sind tot. ²⁰Da holte Mose seine Frau und seine Söhne, setzte sie auf einen Esel und trat den Rückweg nach Ägypten an. Den Gottesstab hielt Mose in der Hand.

…

Israels Glaube an Moses Berufung

[27] Der HERR sprach zu Aaron: Geh hinaus in die Wüste, Mose entgegen! Da ging er. Am Gottesberg traf er ihn und küsste ihn. [28] Mose erzählte Aaron von dem Auftrag, mit dem der HERR ihn gesandt hatte, und von allen Zeichen, zu denen er ihn ermächtigt hatte. [29] Mose und Aaron gingen und versammelten alle Ältesten der Israeliten. [30] Aaron wiederholte vor ihnen alle Worte, die der HERR zu Mose gesprochen hatte, und er vollbrachte die Zeichen vor den Augen des Volkes. [31] Da glaubte das Volk, und als sie hörten, dass der HERR sich der Israeliten angenommen und ihr Elend gesehen habe, verneigten sie sich und warfen sich vor ihm nieder.

Erfolglose Verhandlungen mit dem Pharao

5 [1] Danach gingen Mose und Aaron zum Pharao und sagten: So spricht der HERR, der Gott Israels: Lass mein Volk ziehen, damit sie mir in der Wüste ein Fest feiern können! [2] Der Pharao erwiderte: Wer ist der HERR, dass ich auf ihn hören und Israel ziehen lassen sollte? Ich kenne den HERRN nicht und denke auch nicht daran, Israel ziehen zu lassen. [3] Da sagten sie: Der Gott der Hebräer ist uns begegnet und jetzt wollen wir drei Tagesmärsche weit in die Wüste ziehen und dem HERRN, unserem Gott, Schlachtopfer darbringen, damit er uns nicht mit Pest oder Schwert straft. [4] Der König von Ägypten entgegnete ihnen: Warum, Mose und Aaron, wollt ihr die Leute zum Nichtstun verleiten? Fort mit euch, tut euren Frondienst! [5] Der Pharao fuhr fort: So viele Leute sind jetzt im Land und ihr wollt sie vom Frondienst abhalten? [6] Am selben Tag noch gab der Pharao den Antreibern der Leute und den Listenführern die Anweisung: [7] Gebt den Leuten nicht mehr, wie bisher, Stroh zum Ziegelmachen! Sie sollen selber gehen und sich Stroh besorgen. [8] Legt ihnen aber das gleiche Soll an Ziegeln auf, das sie bisher erfüllen mussten! Lasst ihnen davon nichts nach! Denn sie sind faul und deshalb schreien sie: Wir wollen gehen und unserem Gott Schlachtopfer darbringen. [9] Erschwert man den Leuten die Arbeit, dann sind sie beschäftigt und kümmern sich nicht um leeres Geschwätz. [10] Da gingen die Antreiber der Leute und die Listenführer zu den Leuten und sagten: So spricht der Pharao: Ich gebe euch kein Stroh mehr. [11] Geht selbst und besorgt euch Stroh, wo ihr es findet! Von eurem Arbeitssoll aber wird euch nichts erlassen. [12] Die Leute verteilten sich also über ganz Ägypten, um sich Stroh zu besorgen. [13] Die Antreiber drängten und sagten: Ihr müsst euer tägliches Soll erfüllen wie bisher, als euch noch Stroh geliefert wurde. [14] Die Antreiber des Pharao schlugen die israelitischen Listenführer, die sie eingesetzt hatten, und sagten: Warum habt ihr heute nicht wie neulich noch das festgesetzte Soll an Ziegeln erfüllt? [15] Da gingen die israelitischen Listenführer zum Pharao und erhoben vor ihm Klage: Warum tust du deinen Sklaven das an? [16] Man gibt deinen Sklaven kein Stroh, aber man sagt uns: Macht Ziegel! Schau, man hat deine Sklaven geschlagen; die Schuld aber liegt bei deinen Leuten. [17] Er entgegnete: Faul seid ihr, faul. Nur deshalb sagt ihr: Wir wollen gehen und dem HERRN Schlachtopfer darbringen. [18] Jetzt aber fort mit euch und tut eure Arbeit! Stroh bekommt ihr nicht, aber euer Soll an Ziegeln müsst ihr erfüllen. [19] Da sahen sich die israelitischen Listenführer in einer üblen Lage, weil man ihnen sagte: Nichts von eurem täglichen Soll an Ziegeln wird euch erlassen.

[20] Als sie vom Pharao kamen, stießen

sie auf Mose und Aaron, die ihnen entgegenkamen. ²¹Die Listenführer sagten zu ihnen: Der HERR soll euch erscheinen und euch richten; denn ihr habt uns beim Pharao und seinen Dienern in Verruf gebracht und ihnen ein Schwert in die Hand gegeben, mit dem sie uns umbringen können. ²²Da wandte sich Mose an den HERRN und sagte: Mein Herr, wozu behandelst du dieses Volk so schlecht? Wozu hast du mich denn gesandt? ²³Seit ich zum Pharao gegangen bin, um in deinem Namen zu reden, behandelt er dieses Volk noch schlechter, aber du hast dein Volk nicht gerettet.

6 ¹Der HERR antwortete Mose: Jetzt wirst du sehen, was ich dem Pharao antue. Denn von starker Hand gezwungen, wird er sie ziehen lassen, ja, von starker Hand gezwungen, wird er sie sogar aus seinem Land ausweisen.

Selbstoffenbarung Gottes als Erlöser

²Gott redete mit Mose und sprach zu ihm: Ich bin der HERR. ³Ich bin Abraham, Isaak und Jakob als El-Schaddai erschienen, aber unter meinem Namen HERR habe ich mich ihnen nicht zu erkennen gegeben. ⁴Auch habe ich einen Bund mit ihnen aufgerichtet und habe versprochen, ihnen das Land Kanaan zu geben, das Land, in dem sie als Fremde lebten. ⁵Ferner habe ich gehört, wie die Israeliten darüber stöhnen, dass die Ägypter sie wie Sklaven behandeln. Da habe ich meines Bundes gedacht ⁶und deshalb sag zu den Israeliten: Ich bin der HERR. Ich führe euch aus dem Frondienst für die Ägypter heraus und rette euch aus der Sklaverei. Ich erlöse euch mit hoch erhobenem Arm und durch gewaltige Entscheide. ⁷Ich nehme euch mir zum Volk und werde euch Gott sein. Und ihr sollt wissen, dass ich der HERR bin, euer Gott, der euch aus dem Frondienst Ägyptens herausführt. ⁸Ich führe euch in das Land, das ich Abraham, Isaak und Jakob unter Eid versprochen habe. Ich übergebe es euch als Eigentum, ich, der HERR. ⁹So redete Mose zu den Israeliten. Sie aber hörten nicht auf Mose, weil sie vor harter Arbeit verzagten. ¹⁰Da sprach der HERR zu Mose: ¹¹Geh, sag dem Pharao, dem König von Ägypten, er solle die Israeliten aus seinem Land fortziehen lassen! ¹²Mose erwiderte dem HERRN: Wenn schon die Israeliten nicht auf mich hörten, wie sollte mich dann der Pharao anhören, zumal ich ungeschickt im Reden bin?

¹³So redete der HERR mit Mose und mit Aaron. Er gab ihnen den Auftrag, zu den Israeliten und zum Pharao, dem König von Ägypten, zu gehen und die Israeliten aus Ägypten herauszuführen.

Die Nachkommen Rubens, Simeons und Levis

¹⁴Das waren die Oberhäupter ihrer Großfamilien: Die Söhne Rubens, des Erstgeborenen Israels: Henoch, Pallu, Hezron und Karmi; das waren die Sippenverbände Rubens.

¹⁵Die Söhne Simeons: Jemuël, Jamin, Ohad, Jachin, Zohar und Schaul, der Sohn der Kanaaniterin; das waren die Sippenverbände Simeons.

¹⁶Das waren die Namen der Söhne Levis nach ihrer Geschlechterfolge: Gerschon, Kehat und Merari. Die Lebenszeit Levis betrug hundertsiebenunddreißig Jahre. ¹⁷Die Söhne Gerschons: Libni und Schimi, nach ihren Sippenverbänden. ¹⁸Die Söhne Kehats: Amram, Jizhar, Hebron und Usiël. Die Lebenszeit Kehats betrug hundertdreiunddreißig Jahre. ¹⁹Die Söhne Meraris: Machli und Muschi; das waren die Sippenverbände der Leviten nach ihrer Geschlechterfolge. ²⁰Am-

ram nahm seine Tante Jochebed zur Frau. Sie gebar ihm Aaron und Mose. Die Lebenszeit Amrams betrug hundertsiebenunddreißig Jahre. ²¹Die Söhne Jizhars: Korach, Nefeg und Sichri. ²²Die Söhne Usiëls: Mischaël, Elizafan und Sitri. ²³Aaron nahm Elischeba, die Tochter Amminadabs, die Schwester Nachschons, zur Frau. Sie gebar ihm Nadab, Abihu, Eleasar und Itamar. ²⁴Die Söhne Korachs: Assir, Elkana und Abiasaf. Das waren die Sippenverbände der Korachiter. ²⁵Eleasar, der Sohn Aarons, nahm eine Tochter Putiëls zur Frau. Sie gebar ihm Pinhas. Das waren die Oberhäupter der levitischen Großfamilien nach ihren Sippenverbänden. ²⁶Das waren also Aaron und Mose, zu denen der Herr gesagt hatte: Führt die Israeliten aus dem Land Ägypten, ihre Scharen unter eurem Befehl! ²⁷Die beiden waren es, die mit dem Pharao, dem König von Ägypten, reden sollten, um die Israeliten aus Ägypten herauszuführen, Mose und Aaron.

Ankündigung der ägyptischen Plagen

²⁸Damals, als der Herr mit Mose in Ägypten redete, ²⁹sagte der Herr zu Mose: Ich bin der Herr. Sag dem Pharao, dem König von Ägypten, alles, was ich dir auftrage. ³⁰Mose aber antwortete dem Herrn: Ich bin doch ungeschickt im Reden; wie soll der Pharao auf mich hören?

7 ¹Der Herr sprach zu Mose: Hiermit mache ich dich für den Pharao zum Gott; dein Bruder Aaron soll dein Prophet sein. ²Du sollst alles sagen, was ich dir auftrage; dein Bruder Aaron soll es dem Pharao sagen und der Pharao muss die Israeliten aus seinem Land fortziehen lassen. ³Ich aber will das Herz des Pharao verhärten und dann werde ich meine Zeichen und Wunder im Land Ägypten häufen. ⁴Der Pharao wird nicht auf euch hören. Deshalb werde ich meine Hand auf Ägypten legen und mit gewaltigen Entscheiden meine Scharen, mein Volk, die Israeliten, aus Ägypten führen. ⁵Erst wenn ich meine Hand gegen die Ägypter ausstrecke, werden sie erkennen, dass ich der Herr bin, und dann werde ich die Israeliten aus ihrer Mitte herausführen. ⁶Mose und Aaron taten, was ihnen der Herr aufgetragen hatte. So machten sie es. ⁷Mose war achtzig Jahre und Aaron dreiundachtzig Jahre alt, als sie mit dem Pharao verhandelten.

Erstes Zeichen – Schlangenstab

⁸Der Herr sprach zu Mose und Aaron: ⁹Wenn der Pharao zu euch sagt: Tut doch ein Wunder zu eurer Beglaubigung!, dann sag zu Aaron: Nimm deinen Stab und wirf ihn vor den Pharao hin! Er wird zu einer Schlange werden. ¹⁰Als Mose und Aaron zum Pharao kamen, taten sie, was ihnen der Herr aufgetragen hatte: Aaron warf seinen Stab vor den Pharao und seine Diener hin und er wurde zu einer Schlange. ¹¹Da rief auch der Pharao Weise und Beschwörungspriester und sie, die Wahrsager der Ägypter, taten mit Hilfe ihrer Zauberkunst das Gleiche: ¹²Jeder warf seinen Stab hin und die Stäbe wurden zu Schlangen. Doch Aarons Stab verschlang ihre Stäbe. ¹³Das Herz des Pharao aber blieb hart und er hörte nicht auf sie. So hatte es der Herr vorausgesagt.

Zweites Zeichen – Blutwasser

¹⁴Der Herr sprach zu Mose: Das Herz des Pharao ist ungerührt und er ist nicht bereit, das Volk ziehen zu lassen. ¹⁵Geh morgen früh zum Pharao, wenn er zum Wasser hinuntergeht, und tritt am Nilufer vor ihn hin! Den Stab, der sich in eine Schlange verwandelt hat,

nimm mit! ¹⁶Sag zu ihm: Der Herr, der Gott der Hebräer, hat mich zu dir gesandt und lässt dir sagen: Lass mein Volk ziehen, damit sie mir in der Wüste dienen können! Bis jetzt hast du nicht hören wollen. ¹⁷So spricht der Herr: Daran sollst du erkennen, dass ich der Herr bin: Mit dem Stab in meiner Hand schlage ich auf das Wasser im Nil und es wird sich in Blut verwandeln. ¹⁸Die Fische im Nil werden sterben und der Nil wird stinken, sodass sich die Ägypter davor ekeln, Nilwasser zu trinken. ¹⁹Dann sprach der Herr zu Mose: Sag Aaron: Nimm deinen Stab und streck deine Hand über die Gewässer Ägyptens aus, über ihre Flüsse und Nilarme, über ihre Sümpfe und alle Wasserstellen; sie sollen zu Blut werden. Blut soll es geben in ganz Ägypten, in den Gefäßen aus Holz und Stein. ²⁰Mose und Aaron taten, was ihnen der Herr aufgetragen hatte. Er erhob den Stab und schlug vor den Augen des Pharao und seiner Höflinge auf das Wasser im Nil. Da verwandelte sich alles Nilwasser in Blut. ²¹Die Fische im Nil starben und der Nil stank, sodass die Ägypter kein Nilwasser mehr trinken konnten. Das Blut gab es im ganzen Land Ägypten. ²²Doch die Wahrsager der Ägypter taten mit Hilfe ihrer Zauberkunst das Gleiche. Das Herz des Pharao blieb hart und er hörte nicht auf sie. So hatte es der Herr vorausgesagt. ²³Der Pharao kehrte nach Hause zurück und nahm die Sache nicht ernst. ²⁴Alle Ägypter gruben in der Umgebung des Nil nach Trinkwasser, denn das Nilwasser konnten sie nicht trinken. ²⁵So vergingen sieben Tage, nachdem der Herr den Nil geschlagen hatte.

Drittes Zeichen – Frösche

²⁶Dann sprach der Herr zu Mose: Geh zum Pharao und sag ihm: So spricht der Herr: Lass mein Volk ziehen, damit sie mir dienen können! ²⁷Weigerst du dich, sie ziehen zu lassen, so bringe ich eine Froschplage über dein ganzes Gebiet. ²⁸Der Nil wird von Fröschen wimmeln; sie werden heraufkommen und in dein Haus eindringen, in dein Schlafgemach, auf dein Bett werden sie kommen, in die Häuser deiner Diener und deines Volkes, in deine Backöfen und Backschüsseln. ²⁹Über dich, dein Volk und alle deine Diener werden die Frösche kommen.

8 ¹Der Herr sprach zu Mose: Sag zu Aaron: Streck deine Hand mit dem Stab aus über die Flüsse, über die Nilarme und die Sümpfe und lass die Frösche über das Land Ägypten kommen! ²Aaron streckte seine Hand über die Gewässer Ägyptens aus. Da stiegen die Frösche herauf und bedeckten das Land Ägypten. ³Doch die Wahrsager taten mit Hilfe ihrer Zauberkunst das Gleiche und ließen die Frösche über das Land Ägypten kommen. ⁴Der Pharao rief Mose und Aaron zu sich und sagte: Betet zum Herrn, er möge mich und mein Volk von den Fröschen befreien. Dann will ich das Volk ziehen lassen und sie können dem Herrn Schlachtopfer darbringen. ⁵Da sagte Mose zum Pharao: Verfüg über mich! Wann soll ich für dich, deine Diener und dein Volk um Beseitigung der Frösche von dir und aus deinen Häusern beten? Nur im Nil sollen sie erhalten bleiben. ⁶Er sagte: Morgen. Mose antwortete: Wie du willst; du sollst erkennen, dass keiner dem Herrn, unserem Gott, gleichkommt. ⁷Die Frösche werden von dir und deinen Häusern, von deinen Dienern und deinem Volk weichen; nur im Nil werden sie bleiben. ⁸Als Mose und Aaron vom Pharao weggegangen waren, schrie Mose zum Herrn um Befreiung von der Froschplage, die er über den Pharao gebracht hatte. ⁹Der Herr erfüllte

JHWH macht es spannend und gibt dem Pharao das Gefühl, der Stärkere zu sein. Doch er lässt ihn immer weiter auflaufen.

Mose die Bitte und die Frösche in den Häusern, in den Höfen und auf den Feldern starben. ¹⁰Man sammelte sie zu riesigen Haufen und das ganze Land stank davon. ¹¹Als der Pharao sah, dass die Not vorbei war, verschloss er sein Herz wieder und hörte nicht auf sie. So hatte es der HERR vorausgesagt.

Viertes Zeichen – Stechmücken

¹²Darauf sprach der HERR zu Mose: Sag zu Aaron: Streck deinen Stab aus und schlag damit auf den Staub der Erde! Im ganzen Land Ägypten sollen daraus Stechmücken werden. ¹³Sie taten es. Aaron streckte die Hand aus und schlug mit seinem Stab auf den Staub der Erde. Da wurden Stechmücken daraus, die sich auf Mensch und Vieh setzten. Aller Staub der Erde wurde zu Stechmücken im ganzen Land Ägypten. ¹⁴Die Wahrsager versuchten mit Hilfe ihrer Zauberkunst ebenfalls Stechmücken hervorzubringen, konnten es aber nicht. Die Stechmücken saßen auf Mensch und Vieh. ¹⁵Da sagten die Wahrsager zum Pharao: Das ist der Finger Gottes. Doch das Herz des Pharao blieb hart und er hörte nicht auf sie. So hatte es der HERR vorausgesagt.

Fünftes Zeichen – Ungeziefer

¹⁶Darauf sprach der HERR zu Mose: Steh früh auf, tritt vor den Pharao, wenn er zum Wasser hinuntergeht, und sag zu ihm: So spricht der HERR: Lass mein Volk ziehen, damit sie mir dienen können! ¹⁷Denn wenn du mein Volk nicht ziehen lässt, lasse ich Ungeziefer auf dich los, auf deine Diener, dein Volk und deine Häuser. Die Häuser in Ägypten werden voll Ungeziefer sein; es wird sogar den Boden, auf dem sie stehen, bedecken. ¹⁸Das Land Goschen aber, in dem mein Volk lebt, will ich an jenem Tag auszeichnen: Dort wird es kein Ungeziefer geben. Daran wirst du erkennen, dass ich, der HERR, mitten im Land bin. ¹⁹Ich mache einen Unterschied zwischen meinem und deinem Volk. Morgen wird das Zeichen geschehen. ²⁰Und so tat es der HERR. Ungeziefer kam in Massen über das Haus des Pharao, über das Haus seiner Diener und über das ganze Land Ägypten. Das Land erlitt durch das Ungeziefer schweren Schaden. ²¹Da ließ der Pharao Mose und Aaron rufen und sagte: Geht, bringt eurem Gott hier im Land Schlachtopfer dar! ²²Doch Mose erwiderte: Das können wir nicht. Denn wir müssen dem HERRN, unserem Gott, Schlachtopfer darbringen, die bei den Ägyptern Anstoß erregen. Wenn wir vor ihren Augen Schlachtopfer darbringen, die bei ihnen Anstoß erregen, werden sie uns dann nicht steinigen? ²³Wir wollen drei Tagesmärsche weit in die Wüste ziehen und dem HERRN, unserem Gott, Schlachtopfer darbringen, wie er es uns gesagt hat. ²⁴Der Pharao antwortete: Ich lasse euch ziehen. Bringt also dem HERRN, eurem Gott, in der Wüste Schlachtopfer dar! Aber zu weit dürft ihr euch nicht entfernen. Betet auch für mich! ²⁵Darauf sagte Mose: Gut, ich gehe von dir fort und bete zum HERRN. Dann wird morgen das Ungeziefer vom Pharao, von seinen Dienern und seinem Volk ablassen. Nur darf der Pharao nicht wieder wortbrüchig werden und das Volk daran hindern, wegzuziehen und dem HERRN zu opfern. ²⁶Mose verließ den Pharao und betete zum HERRN. ²⁷Der HERR erfüllte Mose die Bitte und befreite den Pharao, seine Diener und sein Volk von dem Ungeziefer; nichts blieb übrig. ²⁸Der Pharao aber ver-

schloss sein Herz auch diesmal und ließ das Volk nicht ziehen.

Sechstes Zeichen – Viehseuche

9 ¹Wieder sprach der HERR zu Mose: Geh zum Pharao und sag zu ihm: So spricht der HERR, der Gott der Hebräer: Lass mein Volk ziehen, damit sie mir dienen können! ²Wenn du dich weigerst, sie ziehen zu lassen, und sie immer noch festhältst, ³wird die Hand des HERRN dein Vieh auf dem Feld, die Pferde und Esel, die Kamele und Rinder, die Schafe und Ziegen, überfallen und über sie eine sehr schwere Seuche bringen. ⁴Aber der HERR wird einen Unterschied zwischen dem Vieh Israels und dem Vieh der Ägypter machen; nichts von dem, was den Israeliten gehört, wird eingehen. ⁵Auch den Zeitpunkt hat der HERR schon festgesetzt: Morgen wird der HERR das im Lande tun. ⁶Am folgenden Tag tat es der HERR. Alles Vieh der Ägypter ging ein, vom Vieh der Israeliten aber ging kein einziges Stück ein. ⁷Der Pharao erkundigte sich, und wirklich: Vom Vieh Israels war kein einziges Stück eingegangen. Doch der Pharao verschloss sein Herz und ließ das Volk nicht ziehen.

Siebtes Zeichen – Geschwüre

⁸Da sprach der HERR zu Mose und Aaron: Holt euch eine Hand voll Ofenruß und Mose soll ihn vor den Augen des Pharao in die Höhe werfen. ⁹Er wird als Staub auf das ganze Land Ägypten niedergehen und an Mensch und Vieh Geschwüre mit aufplatzenden Blasen hervorrufen, im ganzen Land Ägypten. ¹⁰Sie holten den Ofenruß, traten vor den Pharao und Mose warf ihn in die Höhe. Da bildeten sich an Mensch und Vieh Geschwüre mit aufplatzenden Blasen. ¹¹Die Wahrsager konnten wegen der Geschwüre Mose nicht gegenübertreten, sie waren wie alle Ägypter von Geschwüren befallen. ¹²Aber der HERR verhärtete das Herz des Pharao, sodass er nicht auf sie hörte. So hatte es der HERR dem Mose vorausgesagt.

Achtes Zeichen – Hagel

¹³Darauf sprach der HERR zu Mose: Steh früh am Morgen auf, tritt vor den Pharao hin und sag zu ihm: So spricht der HERR, der Gott der Hebräer: Lass mein Volk ziehen, damit sie mir dienen können! ¹⁴Denn diesmal will ich alle meine Plagen loslassen auf dich, deine Diener und dein Volk. Daran wirst du erkennen, dass mir keiner im ganzen Land gleichkommt. ¹⁵Denn schon jetzt hätte ich meine Hand ausstrecken und dich und dein Volk mit der Pest schlagen können und du wärst vom Erdboden verschwunden. ¹⁶Ich habe dich aber am Leben gelassen, um dir meine Macht zu zeigen und meinen Namen auf der ganzen Erde bekannt zu machen. ¹⁷Solange du dich über mein Volk anmaßend erhebst und sie nicht ziehen lässt, ¹⁸lasse ich morgen um diese Zeit ein sehr schweres Hagelwetter niedergehen, wie es in Ägypten seit seiner Gründung bis auf den heutigen Tag noch keines gegeben hat. ¹⁹Und nun schick Leute aus, bring dein Vieh in Sicherheit und alles, was dir auf dem Feld gehört! Auf alle Menschen und auf das Vieh, das auf dem Feld bleibt und nicht unter Dach gebracht wird, geht der Hagel nieder und erschlägt sie. ²⁰Wer sich von den Dienern des Pharao vor der Drohung des HERRN fürchtete, ließ seine Knechte und sein Vieh unter Dach bringen. ²¹Wer aber das Wort des HERRN nicht ernst nahm, ließ seine Knechte und sein Vieh auf dem Feld. ²²Und der HERR sprach zu Mose: Streck deine Hand zum Himmel empor! Dann wird Hagel auf das ganze Land Ägyp-

ten niedergehen, auf Mensch und Vieh und auf alle Feldpflanzen im Land Ägypten. ²³Mose streckte seinen Stab zum Himmel empor und der Herr ließ es donnern und hageln. Blitze fuhren auf die Erde herab und der Herr ließ Hagel über das Land Ägypten niedergehen. ²⁴Schwerer Hagel prasselte herab und in den sehr schweren Hagel hinein zuckten Blitze. Ähnliches hatte es im ganzen Land Ägypten noch nicht gegeben, seit sie ein Volk geworden waren. ²⁵Der Hagel erschlug im ganzen Land Ägypten alles, was auf dem Feld war. Menschen, Vieh und alle Feldpflanzen erschlug der Hagel und alle Feldbäume zerbrach er. ²⁶Nur im Land Goschen, wo sich die Israeliten aufhielten, hagelte es nicht. ²⁷Da ließ der Pharao Mose und Aaron rufen und sagte zu ihnen: Diesmal bekenne ich mich schuldig. Der Herr ist im Recht; ich aber und mein Volk, wir sind im Unrecht. ²⁸Betet zum Herrn! Der Donner Gottes und der Hagel, das ist zu viel. Ich will euch jetzt ziehen lassen; ihr müsst nicht länger bleiben. ²⁹Mose antwortete ihm: Sobald ich außerhalb der Stadt bin, werde ich meine Hände vor dem Herrn ausbreiten; der Donner wird aufhören und es wird kein Hagel mehr fallen. So wirst du erkennen, dass das Land dem Herrn gehört. ³⁰Du und deine Diener aber, das weiß ich, ihr fürchtet euch noch immer nicht vor Gott, dem Herrn.

³¹Der Flachs und die Gerste waren zerschlagen; denn die Gerste hatte gerade Ähren angesetzt und der Flachs stand in Blüte. ³²Der Weizen und der Spelt wurden nicht zerschlagen, denn sie kommen später heraus. ³³Mose verließ den Pharao, ging vor die Stadt hinaus und breitete seine Hände vor dem Herrn aus. Da hörte der Donner auf und kein Hagel und kein Regen fiel mehr auf die Erde. ³⁴Doch als der Pharao sah, dass Regen, Hagel und Donner aufgehört hatten, blieb er bei seiner Sünde; er und seine Diener verschlossen wieder ihr Herz. ³⁵Das Herz des Pharao blieb hart und er ließ die Israeliten nicht ziehen. So hatte es der Herr durch Mose vorausgesagt.

Neuntes Zeichen – Heuschrecken

10 ¹Der Herr sprach zu Mose: Geh zum Pharao! Ich habe sein Herz und das Herz seiner Diener verschlossen, damit ich diese Zeichen unter ihnen vollbringen konnte ²und damit du deinem Sohn und deinem Enkel erzählen kannst, was ich den Ägyptern angetan und welche Zeichen ich unter ihnen vollbracht habe. Dann werdet ihr erkennen, dass ich der Herr bin.

³Mose und Aaron gingen zum Pharao und sagten: So spricht der Herr, der Gott der Hebräer: Wie lange willst du dich noch weigern, dich mir zu unterwerfen? Lass mein Volk ziehen, damit sie mir dienen können! ⁴Wenn du dich weigerst, mein Volk ziehen zu lassen, so schicke ich morgen Heuschrecken über dein Land. ⁵Sie werden die Oberfläche der Erde bedecken, sodass man den Erdboden nicht mehr sehen kann. Sie werden auch noch das verzehren, was der Hagel verschont hat, und alle Bäume kahl fressen, die auf euren Feldern wachsen. ⁶Deine Häuser, die Häuser aller deiner Diener und die aller Ägypter werden voll davon sein. So etwas haben deine Väter und Vorväter bis heute nicht gesehen, seitdem sie in diesem Land leben. Dann wandte sich Mose um und verließ den Pharao.

⁷Die Diener sagten zum Pharao: Wie lange soll uns dieser Mann noch Unglück bringen? Lass die Leute ziehen, damit sie dem Herrn, ihrem Gott, dienen können! Merkst du denn noch immer nicht, dass Ägypten zugrunde

geht? ⁸Da holte man Mose und Aaron zum Pharao zurück und er sagte zu ihnen: Geht, dient dem Herrn, eurem Gott! Wer von euch will denn mitgehen? ⁹Mose antwortete: Wir gehen mit Jung und Alt, mit unseren Söhnen und Töchtern; auch die Schafe, Ziegen und Rinder nehmen wir mit. Denn wir feiern ein Fest des Herrn. ¹⁰Da sagte er zu ihnen: Dann sei der Herr ebenso wenig mit euch, wie ich euch und eure Kinder ziehen lasse. Seht, ihr habt Böses im Sinn. ¹¹Nein, nur ihr Männer dürft gehen und dem Herrn dienen; denn das habt ihr verlangt. Und man jagte sie vom Pharao weg.

¹²Darauf sprach der Herr zu Mose: Streck deine Hand über das Land Ägypten aus! Dann werden Heuschrecken kommen und über das Land Ägypten herfallen. Sie werden den ganzen Pflanzenwuchs des Landes auffressen, alles, was der Hagel verschont hat. ¹³Da streckte Mose seinen Stab über das Land Ägypten aus und der Herr schickte den Ostwind in das Land, einen ganzen Tag und eine ganze Nacht lang. Als es Morgen wurde, hatte der Ostwind die Heuschrecken ins Land gebracht. ¹⁴Sie fielen über ganz Ägypten her und ließen sich in Schwärmen auf dem Gebiet von Ägypten nieder. Niemals vorher gab es so viele Heuschrecken wie damals, auch wird es nie wieder so viele geben. ¹⁵Sie bedeckten die Oberfläche des ganzen Landes und das Land war schwarz von ihnen. Sie fraßen allen Pflanzenwuchs des Landes und alle Baumfrüchte auf, die der Hagel verschont hatte, und an den Bäumen und Feldpflanzen im ganzen Land Ägypten blieb nichts Grünes. ¹⁶Da ließ der Pharao Mose und Aaron eilligst rufen und sagte zu ihnen: Ich habe gegen den Herrn, euren Gott, gesündigt und auch gegen euch. ¹⁷Nur noch diesmal nehmt meine Sünde von mir und betet zum Herrn, eurem Gott, er möge mich wenigstens noch von dieser tödlichen Gefahr befreien. ¹⁸Mose verließ den Pharao und betete zum Herrn. ¹⁹Der Herr ließ den Wind in einen sehr starken Westwind umschlagen, der die Heuschrecken forttrug und ins Rote Meer warf. Im ganzen Gebiet von Ägypten blieb keine einzige Heuschrecke mehr übrig. ²⁰Der Herr aber verhärtete das Herz des Pharao, sodass er die Israeliten nicht ziehen ließ.

Zehntes Zeichen – Finsternis

²¹Da sprach der Herr zu Mose: Streck deine Hand zum Himmel aus; dann wird eine Finsternis über das Land Ägypten kommen und es wird stockdunkel werden. ²²Mose streckte seine Hand zum Himmel aus und schon breitete sich tiefe Finsternis über das ganze Land Ägypten aus, drei Tage lang. ²³Man konnte einander nicht sehen und sich nicht von der Stelle rühren, drei Tage lang. Wo aber die Israeliten wohnten, blieb es hell. ²⁴Da ließ der Pharao Mose rufen und sagte: Geht und dient dem Herrn! Nur eure Schafe, Ziegen und Rinder sollen bleiben. Eure Kinder dürfen mitziehen. ²⁵Mose erwiderte: Selbst wenn du uns Schlacht- und Brandopfer mitgäbest, damit wir sie dem Herrn, unserem Gott, darbringen, ²⁶müssten unsere Herden doch mitgehen, keine Klaue darf zurückbleiben. Denn aus unseren Herden nehmen wir das Opfer, mit dem wir dem Herrn, unserem Gott, dienen; aber mit welchem Opfertier wir dem Herrn dienen sollen, wissen wir nicht, ehe wir dort angekommen sind. ²⁷Der Herr verhärtete das Herz des Pharao,

> *Das Blatt wendet sich: Was der Pharao unsern Neugeborenen angetan hat, passiert jetzt seinem Volk.*

sodass er sie nicht ziehen lassen wollte. ²⁸Der Pharao sagte zu ihm: Weg von mir! Hüte dich, mir jemals wieder unter die Augen zu treten. Denn an dem Tag, an dem du mir unter die Augen trittst, musst du sterben. ²⁹Da sagte Mose: Gut, dein Wort soll gelten. Ich werde dir nie mehr unter die Augen treten.

Ankündigung der letzten Plage

11 ¹Da sprach der HERR zu Mose: Noch eine Plage schicke ich dem Pharao und seinem Land. Danach wird er euch von hier wegziehen lassen. Und wenn er euch endlich ziehen lässt, wird er euch sogar fortjagen. ²Lass unter dem Volk ausrufen, jeder Mann und jede Frau soll sich von dem Nachbarn Geräte aus Silber und Gold erbitten! ³Der HERR ließ das Volk bei den Ägyptern Gunst finden. Auch Mose genoss im Land Ägypten bei den Dienern des Pharao und beim Volk hohes Ansehen.

⁴Mose sagte: So spricht der HERR: Um Mitternacht will ich mitten durch Ägypten gehen. ⁵Dann wird jeder Erstgeborene im Land Ägypten sterben, vom Erstgeborenen des Pharao, der auf dem Thron sitzt, bis zum Erstgeborenen der Magd an der Handmühle und alle Erstgeburt vom Vieh. ⁶Geschrei wird sich im ganzen Land Ägypten erheben, so groß, wie es keines je gegeben hat oder geben wird. ⁷Doch gegen keinen der Israeliten wird auch nur ein Hund die Zähne fletschen, weder gegen Mensch noch Vieh; denn ihr sollt wissen, dass der HERR zwischen Ägypten und Israel einen Unterschied macht. ⁸Dann werden alle deine Diener hier zu mir herabsteigen, sich vor mir niederwerfen und sagen: Zieht doch fort, du und das ganze Volk, das du anführst. Danach werde ich fortziehen. Er verließ den Pharao, rot vor Zorn.

⁹Der HERR sprach zu Mose: Der Pharao wird nicht auf euch hören; denn ich will viele Wunder im Land Ägypten vollbringen. ¹⁰Mose und Aaron vollbrachten alle diese Wunder vor dem Pharao, aber der HERR verhärtete das Herz des Pharao, sodass er die Israeliten nicht aus seinem Land fortziehen ließ.

Pessach und Auszug aus Ägypten

12 ¹Der HERR sprach zu Mose und Aaron im Land Ägypten: ²Dieser Monat soll die Reihe eurer Monate eröffnen, er soll euch als der Erste unter den Monaten des Jahres gelten.

³Sagt der ganzen Gemeinde Israel: Am Zehnten dieses Monats soll jeder ein Lamm für seine Familie holen, ein Lamm für jedes Haus. ⁴Ist die Hausgemeinschaft für ein Lamm zu klein, so nehme er es zusammen mit dem Nachbarn, der seinem Haus am nächsten wohnt, nach der Anzahl der Personen. Bei der Aufteilung des Lammes müsst ihr berücksichtigen, wie viel der Einzelne essen kann. ⁵Nur ein fehlerfreies, männliches, einjähriges Lamm darf es sein, das Junge eines Schafes oder einer Ziege müsst ihr nehmen. ⁶Ihr sollt es bis zum vierzehnten Tag dieses Monats aufbewahren. In der Abenddämmerung soll die ganze versammelte Gemeinde Israel es schlachten. ⁷Man nehme etwas von dem Blut und bestreiche damit die beiden Türpfosten und den Türsturz an den Häusern, in denen man es essen will. ⁸Noch in der gleichen Nacht soll man das Fleisch essen. Über dem Feuer gebraten und zusammen mit ungesäuertem Brot und Bitterkräutern soll man es essen. ⁹Nichts davon dürft ihr roh oder in Wasser gekocht essen, sondern es muss über dem Feuer gebraten sein: Kopf, Schenkel und Eingeweide. ¹⁰Ihr dürft nichts bis zum Morgen übrig lassen. Wenn aber am Morgen

noch etwas übrig ist, dann verbrennt es im Feuer! ¹¹So aber sollt ihr es essen: eure Hüften gegürtet, Schuhe an euren Füßen und euren Stab in eurer Hand. Esst es hastig! Es ist ein Pessach für den HERRN.

¹²In dieser Nacht gehe ich durch das Land Ägypten und erschlage im Land Ägypten jede Erstgeburt bei Mensch und Vieh. Über alle Götter Ägyptens halte ich Gericht, ich, der HERR. ¹³Das Blut an den Häusern, in denen ihr wohnt, soll für euch ein Zeichen sein. Wenn ich das Blut sehe, werde ich an euch vorübergehen und das vernichtende Unheil wird euch nicht treffen, wenn ich das Land Ägypten schlage.

¹⁴Diesen Tag sollt ihr als Gedenktag begehen. Feiert ihn als Fest für den HERRN! Für eure kommenden Generationen wird es eine ewige Satzung sein, das Fest zu feiern! ¹⁵Sieben Tage lang sollt ihr ungesäuertes Brot essen. Gleich am ersten Tag schafft den Sauerteig aus euren Häusern! Denn jeder, der zwischen dem ersten und dem siebten Tag Gesäuertes isst, soll aus Israel ausgemerzt werden. ¹⁶Am ersten Tag sollt ihr eine heilige Versammlung einberufen und ebenso eine heilige Versammlung am siebten Tag. An diesen beiden Tagen darf man keinerlei Arbeit tun. Nur das, was jeder zum Essen braucht, dürft ihr zubereiten. ¹⁷Haltet das Fest der Ungesäuerten Brote! Denn gerade an diesem Tag habe ich eure Heerscharen aus dem Land Ägypten herausgeführt. Haltet diesen Tag in allen kommenden Generationen! Es ist eine ewige Satzung. ¹⁸Im ersten Monat, vom Abend des vierzehnten Tags bis zum Abend des einundzwanzigsten Tags, esst ungesäuerte Brote! ¹⁹Sieben Tage lang darf sich in euren Häusern kein Sauerteig befinden; denn jeder, der Gesäuertes isst, sei er fremd oder einheimisch, soll aus der Gemeinde Israel ausgemerzt werden. ²⁰Esst also nichts Gesäuertes! Überall, wo ihr wohnt, sollt ihr ungesäuerte Brote essen.

²¹Da rief Mose alle Ältesten Israels zusammen und sagte zu ihnen: Holt Schafe oder Ziegen für eure Sippenverbände herbei und schlachtet das Pessach! ²²Dann nehmt einen Ysopzweig, taucht ihn in die Schüssel mit Blut und streicht etwas von dem Blut in der Schüssel auf den Türsturz und auf die beiden Türpfosten! Bis zum Morgen darf niemand von euch das Haus verlassen. ²³Der HERR geht umher, um die Ägypter mit Unheil zu schlagen. Wenn er das Blut am Türsturz und an den beiden Türpfosten sieht, wird er an der Tür vorübergehen und dem Vernichter nicht erlauben, in eure Häuser einzudringen und euch zu schlagen. ²⁴Bewahrt dies! Es gelte dir und deinen Nachkommen als Gesetz für die Ewigkeit. ²⁵Wenn ihr in das Land kommt, das euch der HERR gibt, wie er gesagt hat, so bewahrt diesen Dienst! ²⁶Und wenn euch eure Söhne fragen: Was bedeutet dieser Dienst für euch?, ²⁷dann sagt: Es ist das Pessach-Opfer für den HERRN, der in Ägypten an den Häusern der Israeliten vorüberging, als er die Ägypter mit Unheil schlug, unsere Häuser aber verschonte.

Das Volk verneigte sich und warf sich nieder. ²⁸Dann gingen die Israeliten und taten, was der HERR Mose und Aaron befohlen hatte. So machten sie es.

²⁹Es war Mitternacht, als der HERR alle Erstgeburt im Land Ägypten erschlug, vom Erstgeborenen des Pharao, der auf dem Thron saß, bis zum Erstgeborenen des Gefangenen im Kerker und alle Erstgeburt beim Vieh. ³⁰Da standen der Pharao, alle seine Diener und alle Ägypter noch in der Nacht auf und großes Wehgeschrei erhob sich bei den Ägyptern; denn es gab kein

Haus, in dem nicht ein Toter war. ³¹Der Pharao ließ Mose und Aaron noch in der Nacht rufen und sagte: Auf, zieht fort aus der Mitte meines Volkes, ihr und auch die Israeliten! Geht und dient dem Herrn, wie ihr gesagt habt! ³²Auch eure Schafe, Ziegen und Rinder nehmt mit, wie ihr gesagt habt. Geht und segnet auch mich! ³³Die Ägypter drängten das Volk, eiligst das Land zu verlassen, denn sie sagten: Sonst kommen wir noch alle um. ³⁴Das Volk nahm den Brotteig ungesäuert mit; sie wickelten ihre Backschüsseln in Kleider ein und luden sie sich auf die Schultern. ³⁵Die Israeliten taten, was Mose gesagt hatte. Sie erbaten von den Ägyptern Geräte aus Silber und Gold und auch Gewänder. ³⁶Der Herr ließ das Volk bei den Ägyptern Gunst finden, sodass sie auf ihre Bitte eingingen. Auf diese Weise plünderten sie die Ägypter aus. ³⁷Die Israeliten brachen von Ramses nach Sukkot auf. Es waren an die sechshunderttausend Mann zu Fuß, nicht gerechnet die Kinder. ³⁸Auch ein großer Haufen anderer Leute zog mit, dazu Schafe, Ziegen und Rinder, eine sehr große Menge Vieh. ³⁹Aus dem Teig, den sie aus Ägypten mitgebracht hatten, backten sie ungesäuerte Brotfladen; denn der Teig war nicht durchsäuert, weil sie aus Ägypten verjagt worden waren und nicht einmal Zeit hatten, für Reiseverpflegung zu sorgen.

⁴⁰Der Aufenthalt der Israeliten in Ägypten dauerte vierhundertdreißig Jahre. ⁴¹Nach Ablauf der vierhundertdreißig Jahre, genau an jenem Tag, zogen alle Scharen des Herrn aus dem Land Ägypten fort. ⁴²Eine Nacht des Wachens war es für den Herrn, als er sie aus dem Land Ägypten herausführte. Als eine Nacht des Wachens für den Herrn gilt sie den Israeliten in allen Generationen.

Pessach, ungesäuerte Brote und Auslösung der Erstgeburt

⁴³Der Herr sprach zu Mose und Aaron: Dies ist die Satzung für das Pessach: Kein Fremder darf davon essen; ⁴⁴aber jeder Sklave, den du für Geld gekauft und beschnitten hast, darf davon essen. ⁴⁵Beisassen und Lohnarbeiter dürfen nicht davon essen. ⁴⁶In einem Haus muss man es essen. Trag nichts vom Fleisch aus dem Haus! Und ihr sollt keinen seiner Knochen zerbrechen. ⁴⁷Die ganze Gemeinde Israel soll es so halten. ⁴⁸Lebt bei dir jemand als Fremder, der das Pessach für den Herrn feiern will, so muss er alle männlichen Angehörigen beschneiden lassen; dann darf er sich am Pessach beteiligen. Er gilt dann wie ein Einheimischer. Doch kein Unbeschnittener darf davon essen. ⁴⁹Für Einheimische und für Fremde, die bei euch leben, gilt die gleiche Weisung.

⁵⁰Alle Israeliten taten, was der Herr Mose und Aaron aufgetragen hatte. So machten sie es. ⁵¹Genau an jenem Tag führte der Herr die Israeliten aus dem Land Ägypten, ihre Scharen unter seinem Befehl.

13 ¹Der Herr sprach zu Mose: ²Erkläre alle Erstgeburt als mir geheiligt! Alles, was bei den Israeliten den Mutterschoß durchbricht, bei Mensch und Vieh, gehört mir.

³Mose sagte zum Volk: Denkt an diesen Tag, an dem ihr aus Ägypten, dem Sklavenhaus, fortgezogen seid; denn mit starker Hand hat euch der Herr von dort herausgeführt. Nichts Gesäuertes soll man essen. ⁴Heute im Monat Abib seid ihr weggezogen. ⁵Wenn dich der Herr in das Land der Kanaaniter, Hetiter, Amoriter, Hiwiter und Jebusiter geführt hat – er hat deinen Vätern mit einem Eid zugesichert, dir das Land zu geben, wo Milch und Honig fließen –, erfülle diesen Dienst in diesem Monat!

⁶Sieben Tage sollst du ungesäuerte Brote essen, am siebten Tag ist ein Fest für den Herrn. ⁷Ungesäuerte Brote soll man sieben Tage lang essen. Nichts Gesäuertes soll man bei dir sehen und kein Sauerteig soll in deinem ganzen Gebiet zu finden sein. ⁸An diesem Tag erzähl deinem Sohn: Das geschieht für das, was der Herr an mir getan hat, als ich aus Ägypten auszog. ⁹Es sei dir ein Zeichen an der Hand und ein Erinnerungsmal zwischen deinen Augen, damit die Weisung des Herrn in deinem Mund sei. Denn mit starker Hand hat dich der Herr aus Ägypten herausgeführt. ¹⁰Bewahre diese Satzung, Jahr für Jahr, zur festgesetzten Zeit! ¹¹Der Herr wird dich in das Land der Kanaaniter bringen und wird es dir geben, wie er dir und deinen Vätern mit einem Eid zugesichert hat. ¹²Dann musst du alles, was den Mutterschoß durchbricht, vor den Herrn bringen; alle männlichen Erstlinge, die dein Vieh wirft, gehören dem Herrn. ¹³Jeden Erstling vom Esel aber löse durch ein Schaf aus! Willst du ihn nicht auslösen, dann brich ihm das Genick! Jeden Erstgeborenen deiner Söhne musst du auslösen. ¹⁴Wenn dich morgen dein Sohn fragt: Was bedeutet das?, dann sag ihm: Mit starker Hand hat uns der Herr aus Ägypten, aus dem Sklavenhaus, herausgeführt. ¹⁵Als der Pharao hart blieb und uns nicht ziehen ließ, erschlug der Herr alle Erstgeborenen im Land Ägypten, bei Mensch und Vieh. Darum opfere ich dem Herrn alle männlichen Tiere, die den Mutterschoß durchbrechen; alle Erstgeborenen meiner Söhne aber löse ich aus. ¹⁶Das sei dir ein Zeichen an deiner Hand und ein Gehänge zwischen deinen Augen auf deiner Stirn; denn mit starker Hand hat uns der Herr aus Ägypten herausgeführt.

Rettung im Roten Meer

¹⁷Als der Pharao das Volk ziehen ließ, führte sie Gott nicht den Weg ins Philisterland, obwohl er der kürzere war. Denn Gott sagte: Die Leute könnten es sonst, wenn sie Krieg erleben, bereuen und nach Ägypten zurückkehren wollen. ¹⁸So ließ sie Gott einen Umweg machen, der durch die Wüste des Roten Meeres führte. Geordnet zogen die Israeliten aus dem Land Ägypten hinauf. ¹⁹Mose nahm die Gebeine Josefs mit; denn dieser hatte die Söhne Israels beschworen: Wenn Gott sich euer annimmt, dann nehmt meine Gebeine von hier mit hinauf! ²⁰Sie brachen von Sukkot auf und schlugen ihr Lager in Etam am Rand der Wüste auf. ²¹Der Herr zog vor ihnen her, bei Tag in einer Wolkensäule, um ihnen den Weg zu zeigen, bei Nacht in einer Feuersäule, um ihnen zu leuchten. So konnten sie Tag und Nacht unterwegs sein. ²²Die Wolkensäule wich bei Tag nicht von der Spitze des Volkes und die Feuersäule nicht bei Nacht.

14 ¹Der Herr sprach zu Mose: ²Sag den Israeliten, sie sollen umkehren und vor Pi-Hahirot zwischen Migdol und dem Meer ihr Lager aufschlagen! Gegenüber von Baal-Zefon sollt ihr am Meer das Lager aufschlagen. ³Dann denkt der Pharao: Die Israeliten haben sich im Land verlaufen, die Wüste hat sie eingeschlossen. ⁴Ich will das Herz des Pharao verhärten, sodass er ihnen nachjagt; dann will ich am Pharao und an seiner ganzen Streitmacht meine Herrlichkeit erweisen und die Ägypter sollen erkennen, dass ich der Herr bin. Und so taten sie es.

⁵Als man dem König von Ägypten meldete, das Volk sei geflohen, änderten der Pharao und seine Diener ihre Meinung über das Volk und sagten: Wie konnten wir nur Israel aus unse-

Was um Himmels willen ist das Besondere an unserm Volk, dass der Pharao so energisch daran hängt?

rem Dienst entlassen! ⁶Er ließ seinen Streitwagen anspannen und nahm sein Kriegsvolk mit. ⁷Sechshundert auserlesene Streitwagen nahm er mit und alle anderen Streitwagen der Ägypter mit Vorkämpfern auf jedem von ihnen. ⁸Der HERR verhärtete das Herz des Pharao, des Königs von Ägypten, sodass er den Israeliten nachjagte, die Israeliten aber zogen aus mit hoch erhobener Hand. ⁹Die Ägypter jagten mit allen Pferden und Streitwagen des Pharao, mit seiner Reiterei und seiner Streitmacht hinter ihnen her und holten sie ein, als sie gerade am Meer lagerten. Es war bei Pi-Hahirot vor Baal-Zefon. ¹⁰Als der Pharao sich näherte, blickten die Israeliten auf und sahen plötzlich die Ägypter von hinten anrücken. Da erschraken die Israeliten sehr und schrien zum HERRN. ¹¹Zu Mose sagten sie: Gab es denn keine Gräber in Ägypten, dass du uns zum Sterben in die Wüste holst? Was hast du uns da angetan, uns aus Ägypten herauszuführen? ¹²Haben wir dir in Ägypten nicht gleich gesagt: Lass uns in Ruhe! Wir wollen Sklaven der Ägypter bleiben; denn es ist für uns immer noch besser, Sklaven der Ägypter zu sein, als in der Wüste zu sterben. ¹³Mose aber sagte zum Volk: Fürchtet euch nicht! Bleibt stehen und schaut zu, wie der HERR euch heute rettet! Wie ihr die Ägypter heute seht, so seht ihr sie niemals wieder. ¹⁴Der HERR kämpft für euch, ihr aber könnt ruhig abwarten. ¹⁵Der HERR sprach zu Mose: Was schreist du zu mir? Sag den Israeliten, sie sollen aufbrechen. ¹⁶Und du heb deinen Stab hoch, streck deine Hand über das Meer und spalte es, damit die Israeliten auf trockenem Boden in das Meer hineinziehen können! ¹⁷Ich aber will das Herz der Ägypter verhärten, damit sie hinter ihnen hineinziehen. So will ich am Pharao und an seiner ganzen Streitmacht, an seinen Streitwagen und Reitern meine Herrlichkeit erweisen. ¹⁸Die Ägypter sollen erkennen, dass ich der HERR bin, wenn ich am Pharao, an seinen Streitwagen und Reitern meine Herrlichkeit erweise.

¹⁹Der Engel Gottes, der den Zug der Israeliten anführte, brach auf und ging nach hinten und die Wolkensäule brach auf und stellte sich hinter sie. ²⁰Sie kam zwischen das Lager der Ägypter und das Lager der Israeliten. Die Wolke war da und Finsternis und Blitze erhellten die Nacht. So kamen sie die ganze Nacht einander nicht näher. ²¹Mose streckte seine Hand über das Meer aus und der HERR trieb die ganze Nacht das Meer durch einen starken Ostwind fort. Er ließ das Meer austrocknen und das Wasser spaltete sich. ²²Die Israeliten zogen auf trockenem Boden ins Meer hinein, während rechts und links von ihnen das Wasser wie eine Mauer stand. ²³Die Ägypter setzten ihnen nach; alle Pferde des Pharao, seine Streitwagen und Reiter zogen hinter ihnen ins Meer hinein. ²⁴Um die Zeit der Morgenwache blickte der HERR aus der Feuer- und Wolkensäule auf das Lager der Ägypter und brachte es in Verwirrung. ²⁵Er hemmte die Räder an ihren Wagen und ließ sie nur schwer vorankommen. Da sagte der Ägypter: Ich muss vor Israel fliehen; denn der HERR kämpft auf ihrer Seite gegen Ägypten.

²⁶Darauf sprach der HERR zu Mose: Streck deine Hand über das Meer, damit das Wasser zurückflutet und den Ägypter, seine Wagen und Reiter zudeckt! ²⁷Mose streckte seine Hand über das Meer und gegen Morgen flutete das Meer an seinen alten Platz

zurück, während die Ägypter auf der Flucht ihm entgegenliefen. So trieb der HERR die Ägypter mitten ins Meer. ²⁸Das Wasser kehrte zurück und bedeckte Wagen und Reiter, die ganze Streitmacht des Pharao, die den Israeliten ins Meer nachgezogen war. Nicht ein Einziger von ihnen blieb übrig.

²⁹Die Israeliten aber waren auf trockenem Boden mitten durch das Meer gezogen, während rechts und links von ihnen das Wasser wie eine Mauer stand. ³⁰So rettete der HERR an jenem Tag Israel aus der Hand der Ägypter. Israel sah die Ägypter tot am Strand liegen. ³¹Als Israel sah, dass der HERR mit mächtiger Hand an den Ägyptern gehandelt hatte, fürchtete das Volk den HERRN. Sie glaubten an den HERRN und an Mose, seinen Knecht.

Moses und Mirjams Siegeslied

15 ¹Damals sang Mose mit den Israeliten dem HERRN dieses Lied; sie sagten:
Ich singe dem HERRN ein Lied, / denn er ist hoch und erhaben. / Ross und Reiter warf er ins Meer.

²Meine Stärke und mein Lied ist der HERR, / er ist mir zur Rettung geworden. / Er ist mein Gott, ihn will ich preisen; / den Gott meines Vaters will ich rühmen.

³Der HERR ist ein Krieger, / HERR ist sein Name.

⁴Pharaos Wagen und seine Streitmacht warf er ins Meer. / Seine besten Vorkämpfer versanken im Roten Meer.

⁵Fluten deckten sie zu, / sie sanken in die Tiefe wie Steine.

⁶Deine Rechte, HERR, ist herrlich an Stärke; / deine Rechte, HERR, zerschmettert den Feind.

⁷In deiner erhabenen Größe / wirfst du die Gegner zu Boden. / Du sendest deinen Zorn; / er frisst sie wie Stoppeln.

⁸Du schnaubtest vor Zorn, / da türmte sich Wasser, / da standen Wogen als Wall, / Fluten erstarrten im Herzen des Meeres.

⁹Da sagte der Feind: Ich jage nach, hole ein. / Ich teile die Beute, ich stille die Gier. / Ich zücke mein Schwert, meine Hand jagt sie davon.

¹⁰Da schnaubtest du Sturm. / Das Meer deckte sie zu. / Sie sanken wie Blei ins tosende Wasser.

¹¹Wer ist wie du unter den Göttern, o HERR? / Wer ist wie du gewaltig und heilig, / gepriesen als furchtbar, Wunder vollbringend?

¹²Du strecktest deine Rechte aus, / da verschlang sie die Erde.

¹³Du lenktest in deiner Güte / das Volk, das du erlöst hast, / du führtest sie machtvoll / zu deiner heiligen Wohnung.

¹⁴Als die Völker das hörten, erzitterten sie, / die Philister packte das Schütteln.

¹⁵Damals erschraken die Stammesführer Edoms, / die Mächtigen von Moab packte das Zittern, / Kanaans Bewohner, sie alle verzagten.

¹⁶Schrecken und Furcht überfiel sie, / sie erstarrten zu Stein vor der Macht deines Arms, / bis hindurchzog, o HERR, dein Volk, / bis hindurchzog das Volk, das du erschufst.

¹⁷Du wirst sie hinbringen / und auf den Berg deines Erbes einpflanzen, / den du, HERR, zu deiner Wohnstätte gemacht hast, um dich niederzulassen, / zu einem Heiligtum, Herr, von deinen Händen gegründet.

¹⁸Der HERR ist König für immer und ewig.

¹⁹Denn als die Rosse des Pharao mit ihren Wagen und ihren Reitern ins Meer zogen, ließ der HERR das Wasser des Meeres auf sie zurückfluten, nachdem die Israeliten auf trockenem Boden mitten durchs Meer gezogen waren.

²⁰Die Prophetin Mirjam, die Schwester

Aarons, nahm die Pauke in die Hand und alle Frauen zogen mit Paukenschlag und Tanz hinter ihr her. ²¹Mirjam sang ihnen vor:
Singt dem HERRN ein Lied, / denn er ist hoch und erhaben! / Ross und Reiter warf er ins Meer.

Süßes Wasser und Manna

²²Mose ließ Israel vom Roten Meer aufbrechen und sie zogen zur Wüste Schur weiter. Drei Tage waren sie in der Wüste unterwegs und fanden kein Wasser. ²³Als sie nach Mara kamen, konnten sie das Wasser von Mara nicht trinken, weil es bitter war. Deshalb nannte man es Mara. ²⁴Da murrte das Volk gegen Mose und sagte: Was sollen wir trinken? ²⁵Er schrie zum HERRN und der HERR zeigte ihm ein Stück Holz. Als er es ins Wasser warf, wurde das Wasser süß. Dort gab er dem Volk Gesetz und Rechtsentscheide und dort stellte er es auf die Probe. ²⁶Er sagte: Wenn du auf die Stimme des HERRN, deines Gottes, hörst und tust, was in seinen Augen recht ist, wenn du seinen Geboten gehorchst und auf alle seine Gesetze achtest, werde ich dir keine der Krankheiten schicken, die ich den Ägyptern geschickt habe. Denn ich bin der HERR, dein Arzt.

²⁷Dann kamen sie nach Elim. Dort gab es zwölf Quellen und siebzig Palmen; dort am Wasser schlugen sie ihr Lager auf.

16 ¹Die ganze Gemeinde der Israeliten brach von Elim auf und kam in die Wüste Sin, die zwischen Elim und dem Sinai liegt. Es war der fünfzehnte Tag des zweiten Monats nach ihrem Auszug aus Ägypten. ²Die ganze Gemeinde der Israeliten murrte in der Wüste gegen Mose und Aaron. ³Die Israeliten sagten zu ihnen: Wären wir doch im Land Ägypten durch die Hand des HERRN gestorben, als wir an den Fleischtöpfen saßen und Brot genug zu essen hatten. Ihr habt uns nur deshalb in diese Wüste geführt, um alle, die hier versammelt sind, an Hunger sterben zu lassen. ⁴Da sprach der HERR zu Mose: Ich will euch Brot vom Himmel regnen lassen. Das Volk soll hinausgehen, um seinen täglichen Bedarf zu sammeln. Ich will es prüfen, ob es nach meiner Weisung lebt oder nicht. ⁵Wenn sie am sechsten Tag feststellen, was sie zusammengebracht haben, wird es doppelt so viel sein, wie sie sonst täglich gesammelt haben.

⁶Da sagten Mose und Aaron zu allen Israeliten: Heute Abend sollt ihr erfahren, dass der HERR euch aus dem Land Ägypten geführt hat, ⁷und morgen werdet ihr die Herrlichkeit des HERRN schauen; denn er hat euer Murren gegen den HERRN gehört. Aber wer sind schon wir, dass ihr gegen uns murrt? ⁸Weiter sagte Mose: Wenn der HERR euch am Abend Fleisch zu essen gibt und euch am Morgen mit Brot sättigt, wenn der HERR also euer Murren hört, mit dem ihr ihn bedrängt, was sind wir dann? Nicht uns galt euer Murren, sondern dem HERRN.

⁹Dann sagte Mose zu Aaron: Sag der ganzen Gemeinde der Israeliten: Tretet hin vor den HERRN; denn er hat euer Murren gehört! ¹⁰Während Aaron zur ganzen Gemeinde der Israeliten sprach, wandten sie sich zur Wüste hin. Da erschien plötzlich in der Wolke die Herrlichkeit des HERRN. ¹¹Der HERR sprach zu Mose: ¹²Ich habe das Murren der Israeliten gehört. Sag ihnen: In der Abenddämmerung werdet ihr Fleisch zu essen haben, am Morgen werdet ihr satt werden von Brot und ihr werdet erkennen, dass ich der HERR, euer Gott, bin.

¹³Am Abend kamen die Wachteln und bedeckten das Lager. Am Morgen lag

eine Schicht von Tau rings um das Lager. ¹⁴Als sich die Tauschicht gehoben hatte, lag auf dem Wüstenboden etwas Feines, Knuspriges, fein wie Reif, auf der Erde. ¹⁵Als das die Israeliten sahen, sagten sie zueinander: Was ist das? Denn sie wussten nicht, was es war. Da sagte Mose zu ihnen: Das ist das Brot, das der HERR euch zu essen gibt. ¹⁶Das ordnet der HERR an: Sammelt davon so viel, wie jeder zum Essen braucht, ein Gomer für jeden, entsprechend der Zahl der Personen in seinem Zelt! ¹⁷Die Israeliten taten es und sammelten ein, der eine viel, der andere wenig. ¹⁸Als sie die Gomer zählten, hatte keiner, der viel gesammelt hatte, zu viel, und keiner, der wenig gesammelt hatte, zu wenig. Jeder hatte so viel gesammelt, wie er zum Essen brauchte. ¹⁹Mose sagte zu ihnen: Davon darf bis zum Morgen niemand etwas übrig lassen. ²⁰Doch sie hörten nicht auf Mose, sondern einige ließen etwas bis zum Morgen übrig. Aber es wurde wurmig und stank. Da geriet Mose in Zorn über sie.

²¹Sie sammelten es Morgen für Morgen, jeder so viel, wie er zum Essen brauchte. Sobald die Sonnenhitze einsetzte, zerging es. ²²Am sechsten Tag sammelten sie die doppelte Menge Brot, zwei Gomer für jeden. Da kamen alle Sippenhäupter der Gemeinde und berichteten es Mose. ²³Er sagte zu ihnen: Es ist so, wie der HERR gesagt hat: Morgen ist Feiertag, heiliger Sabbat für den HERRN. Backt, was ihr backen wollt, und kocht, was ihr kochen wollt, den Rest bewahrt bis morgen früh auf! ²⁴Sie bewahrten es also bis zum Morgen auf, wie es Mose angeordnet hatte, und es faulte nicht, noch wurde es madig. ²⁵Da sagte Mose: Esst es heute, denn heute ist Sabbat für den HERRN. Heute findet ihr draußen nichts. ²⁶Sechs Tage dürft ihr es sammeln, am siebten Tag ist Sabbat; da wird nichts da sein.

²⁷Am siebten Tag gingen trotzdem einige vom Volk hinaus, um zu sammeln, fanden aber nichts. ²⁸Da sprach der HERR zu Mose: Wie lange wollt ihr euch noch weigern, meine Gebote und meine Weisungen zu bewahren? ²⁹Seht: Der HERR hat euch den Sabbat gegeben; daher gibt er auch am sechsten Tag Brot für zwei Tage. Jeder bleibe, wo er ist. Am siebten Tag verlasse niemand seinen Platz. ³⁰Das Volk ruhte also am siebten Tag. ³¹Das Haus Israel nannte das Brot Manna. Es war weiß wie Koriandersamen und schmeckte wie Honigkuchen.

³²Mose sagte: Der HERR ordnet Folgendes an. Ein volles Gomer davon ist für die Generationen nach euch aufzubewahren, damit sie das Brot sehen, das ich euch in der Wüste zu essen gab, als ich euch aus dem Land Ägypten herausführte. ³³Zu Aaron sagte Mose: Nimm ein Gefäß, schütte ein volles Gomer Manna hinein und stell es vor den HERRN! Es soll für die nachkommenden Generationen aufbewahrt werden. ³⁴Wie der HERR dem Mose befohlen hatte, stellte Aaron es vor das Bundeszeugnis, damit es dort aufbewahrt würde. ³⁵Die Israeliten aßen vierzig Jahre lang Manna, bis sie in bewohntes Land kamen. Sie aßen Manna, bis sie die Grenze des Landes Kanaan erreichten. ³⁶Ein Gomer ist der zehnte Teil eines Efa.

Wasser aus dem Felsen

17 ¹Die ganze Gemeinde der Israeliten zog von der Wüste Sin weiter, einen Tagesmarsch nach dem anderen, wie es der HERR jeweils bestimmte. In Refidim schlugen sie ihr Lager auf, aber das Volk hatte kein Wasser zu trinken. ²Da geriet es mit Mose in Streit und sagte: Gebt uns

Wasser zu trinken! Mose antwortete ihnen: Was streitet ihr mit mir? Warum stellt ihr den HERRN auf die Probe? ³Das Volk dürstete dort nach Wasser und murrte gegen Mose. Sie sagten: Wozu hast du uns überhaupt aus Ägypten heraufgeführt, um mich und meine Söhne und mein Vieh vor Durst sterben zu lassen? ⁴Mose schrie zum HERRN: Was soll ich mit diesem Volk anfangen? Es fehlt nur wenig und sie steinigen mich. ⁵Der HERR antwortete Mose: Geh am Volk vorbei und nimm einige von den Ältesten Israels mit; nimm auch den Stab in die Hand, mit dem du auf den Nil geschlagen hast, und geh! ⁶Siehe, dort drüben auf dem Felsen am Horeb werde ich vor dir stehen. Dann schlag an den Felsen! Es wird Wasser herauskommen und das Volk kann trinken. Das tat Mose vor den Augen der Ältesten Israels. ⁷Den Ort nannte er Massa und Meriba, Probe und Streit, weil die Israeliten gehadert und den HERRN auf die Probe gestellt hatten, indem sie sagten: Ist der HERR in unserer Mitte oder nicht?

…

Verheißung: Bund, Heiliges Volk und Königreich von Priestern

19 ¹Im dritten Monat nach dem Auszug der Israeliten aus Ägypten, an diesem Tag, kamen sie in der Wüste Sinai an. ²Sie waren von Refidim aufgebrochen und kamen in die Wüste Sinai. Sie schlugen in der Wüste das Lager auf. Dort lagerte Israel gegenüber dem Berg.
³Mose stieg zu Gott hinauf. Da rief ihm der HERR vom Berg her zu: Das sollst du dem Haus Jakob sagen und den Israeliten verkünden: ⁴Ihr habt gesehen, was ich den Ägyptern angetan habe, wie ich euch auf Adlerflügeln getragen und zu mir gebracht habe. ⁵Jetzt aber, wenn ihr auf meine Stimme hört und meinen Bund haltet, werdet ihr unter allen Völkern mein besonderes Eigentum sein. Mir gehört die ganze Erde, ⁶ihr aber sollt mir als ein Königreich von Priestern und als ein heiliges Volk gehören. Das sind die Worte, die du den Israeliten mitteilen sollst.
⁷Mose ging und rief die Ältesten des Volkes zusammen. Er legte ihnen alles vor, was der HERR ihm aufgetragen hatte. ⁸Das ganze Volk antwortete einstimmig und erklärte: Alles, was der HERR gesagt hat, wollen wir tun. Mose überbrachte dem HERRN die Antwort des Volkes. ⁹Der HERR sprach zu Mose: Ich werde zu dir in einer dichten Wolke kommen; das Volk soll es hören, wenn ich mit dir rede, damit sie auch dir für immer vertrauen. Da berichtete Mose dem HERRN, was das Volk gesagt hatte.

Gotteserscheinung

¹⁰Der HERR sprach zu Mose: Geh zum Volk! Heilige sie heute und morgen! Sie sollen ihre Kleider waschen ¹¹und sich für den dritten Tag bereithalten. Am dritten Tag nämlich wird der HERR vor den Augen des ganzen Volkes auf den Berg Sinai herabsteigen. ¹²Zieh um das Volk eine Grenze und sag: Hütet euch, auf den Berg zu steigen oder auch nur seinen Fuß zu berühren! Jeder, der den Berg berührt, hat den Tod verdient. ¹³Keine Hand soll den Berg berühren. Wer es aber tut, soll gesteinigt oder mit Pfeilen erschossen werden; sei es Tier oder Mensch, es darf nicht am Leben bleiben. Erst wenn das Horn ertönt, dürfen sie auf den Berg steigen.
¹⁴Mose stieg vom Berg zum Volk hinunter und heiligte das Volk. Dann wuschen sie ihre Kleider. ¹⁵Er sagte zum Volk: Haltet euch für den dritten Tag bereit! Berührt keine Frau! ¹⁶Am dritten Tag, im Morgengrauen, begann

es zu donnern und zu blitzen. Schwere Wolken lagen über dem Berg und gewaltiger Hörnerschall erklang. Das ganze Volk im Lager begann zu zittern. ¹⁷Mose führte das Volk aus dem Lager hinaus Gott entgegen. Unten am Berg blieben sie stehen. ¹⁸Der ganze Sinai war in Rauch gehüllt, denn der HERR war im Feuer auf ihn herabgestiegen. Der Rauch stieg vom Berg auf wie Rauch aus einem Schmelzofen. Der ganze Berg bebte gewaltig ¹⁹und der Hörnerschall wurde immer lauter. Mose redete und Gott antwortete ihm mit verstehbarer Stimme.

²⁰Der HERR war auf den Sinai, auf den Gipfel des Berges, herabgestiegen. Er hatte Mose zu sich auf den Gipfel des Berges gerufen und Mose war hinaufgestiegen. ²¹Da sprach der HERR zu Mose: Geh hinunter und schärfe dem Volk ein, sich nicht an den HERRN heranzudrängen, um zu schauen, sonst müssen viele von ihnen umkommen. ²²Auch die Priester, die sich dem HERRN nähern, müssen sich geheiligt haben, damit der HERR in ihre Reihen keine Bresche schlägt. ²³Mose entgegnete dem HERRN: Das Volk kann nicht auf den Sinai steigen. Denn du selbst hast uns eingeschärft: Zieh eine Grenze um den Berg und erklär ihn für heilig! ²⁴Doch der HERR sprach zu ihm: Geh hinunter und komm zusammen mit Aaron wieder herauf! Die Priester aber und das Volk sollen nicht versuchen, hinaufzusteigen und zum HERRN vorzudringen, damit er nicht in ihre Reihen eine Bresche schlägt. ²⁵Da ging Mose zum Volk hinunter und sagte es ihnen.

Die Zehn Gebote

20 ¹Dann sprach Gott alle diese Worte:

²Ich bin der HERR, dein Gott, der dich aus dem Land Ägypten geführt hat, aus dem Sklavenhaus. ³Du sollst neben mir keine anderen Götter haben. ⁴Du sollst dir kein Kultbild machen und keine Gestalt von irgendetwas am Himmel droben, auf der Erde unten oder im Wasser unter der Erde. ⁵Du sollst dich nicht vor ihnen niederwerfen und ihnen nicht dienen. Denn ich bin der HERR, dein Gott, ein eifersüchtiger Gott: Ich suche die Schuld der Väter an den Kindern heim, an der dritten und vierten Generation, bei denen, die mich hassen; ⁶doch ich erweise Tausenden meine Huld bei denen, die mich lieben und meine Gebote bewahren.

⁷Du sollst den Namen des HERRN, deines Gottes, nicht missbrauchen; denn der HERR lässt den nicht ungestraft, der seinen Namen missbraucht.

⁸Gedenke des Sabbats: Halte ihn heilig! ⁹Sechs Tage darfst du schaffen und all deine Arbeit tun. ¹⁰Der siebte Tag ist ein Ruhetag, dem HERRN, deinem Gott, geweiht. An ihm darfst du keine Arbeit tun: du und dein Sohn und deine Tochter, dein Sklave und deine Sklavin und dein Vieh und dein Fremder in deinen Toren. ¹¹Denn in sechs Tagen hat der HERR Himmel, Erde und Meer gemacht und alles, was dazugehört; am siebten Tag ruhte er. Darum hat der HERR den Sabbat gesegnet und ihn geheiligt.

¹²Ehre deinen Vater und deine Mutter, damit du lange lebst in dem Land, das der HERR, dein Gott, dir gibt!

¹³Du sollst nicht töten.

¹⁴Du sollst nicht die Ehe brechen.

¹⁵Du sollst nicht stehlen.

¹⁶Du sollst nicht falsch gegen deinen Nächsten aussagen.

¹⁷Du sollst nicht das Haus deines Nächsten begehren. Du sollst nicht die Frau deines Nächsten begehren, nicht seinen Sklaven oder seine Sklavin, sein Rind oder seinen Esel oder irgendetwas, das deinem Nächsten gehört.

Mose als Mittler

¹⁸Das ganze Volk erlebte, wie es donnerte und blitzte, wie Hörner erklangen und der Berg rauchte. Da bekam das Volk Angst, es zitterte und hielt sich in der Ferne. ¹⁹Sie sagten zu Mose: Rede du mit uns, dann wollen wir hören! Gott soll nicht mit uns reden, sonst sterben wir. ²⁰Da sagte Mose zum Volk: Fürchtet euch nicht! Gott ist gekommen, um euch auf die Probe zu stellen. Die Furcht vor ihm soll über euch kommen, damit ihr nicht sündigt. ²¹Das Volk hielt sich in der Ferne und Mose näherte sich der dunklen Wolke, dort, wo Gott war.

Das Altargesetz

²²Der HERR sprach zu Mose: Sag den Israeliten: Ihr habt gesehen, dass ich vom Himmel her mit euch geredet habe. ²³Ihr sollt euch neben mir nichts machen. Weder Götter aus Silber noch Götter aus Gold sollt ihr euch machen. ²⁴Du sollst mir einen Altar aus Erde machen und darauf deine Brandopfer und Heilsopfer, deine Schafe, Ziegen und Rinder schlachten. An jedem Ort, an dem ich meinem Namen ein Gedächtnis stifte, will ich zu dir kommen und dich segnen. ²⁵Wenn du mir einen Altar aus Steinen machst, so sollst du ihn nicht aus behauenen Quadern bauen. Du entweihst ihn, wenn du mit einem Meißel daran arbeitest. ²⁶Du sollst nicht auf Stufen zu meinem Altar hinaufsteigen, damit deine Blöße dabei nicht zum Vorschein komme.

Bibelstellen
Ex 1,1 – 4,20;
4,27 – 17,7;
19,1 – 20,26

Wie Amos dagegen hält

Wir hätten es wissen müssen.
Einer hat es kommen sehen.
Wir haben nicht auf ihn gehört.
Und als die Assyrer über uns herfielen, da kam jede Reue zu spät.
Hat er nicht genau davon gesprochen, als er uns prophezeite,
wir würden „mit dem Fleischerhaken weggeholt", wir würden
zerstreut werden und durch das Schwert umkommen?

Ja, seine Sprache ist drastisch. So spricht man anscheinend
dort, wo Amos herkommt. Draußen auf den Feldern. Da bezeichnet man die Frauen der Oberschicht auch schon mal als „Baschan-Kühe". Er muss es wissen. Hirte und Schafzüchter, der er war.
Bevor Gott ihn, wie Amos das nannte, „hinter seiner Herde
weggeholt hat". Aus seinem Zorn machte er keinen Hehl. Er war
stinksauer auf die Ungerechtigkeit im Land, er war wütend über
die Unterdrückung der Armen und über die Maßlosigkeit der
Herrschenden, der Königsfamilie, der Landbesitzer. Auch der
Priester.

Wir waren einst ein einfaches Volk, doch inzwischen haben wir
große Städte gebaut. Unter unserem König Jerobeam II. ist das
nördliche Reich richtig aufgeblüht, wir kontrollierten die Handelswege zwischen Assur und Ägypten – und wer den Handel kontrolliert, der profitiert davon. Aber der wachsende Wohlstand kam
leider nur bei wenigen an. Die Menschen auf dem Land verarmten
zusehends, mussten sich verschulden, verloren ihre Existenz.
Weißt du noch, wie wir dir erklärten, dass unser HERR ein Gott von
Schwachen ist und nicht von Mächtigen? Ja? Gut. Wir hingegen
hatten es nämlich zwischendurch vergessen.

Jemanden wie Amos wird man in deinen Tagen vermutlich nicht als Propheten bezeichnen, eher als einen Aktivisten. Er wäre einer von denen, die Baumhäuser bauen, um Wälder zu retten. Oder sich an Bahngleisen festketten. Sand im Getriebe. Ein Hemmschuh in der gut geölten Maschine der Gewinnmaximierung. Und wenn in deiner Zeit einer aufstehen und rufen würde, er hätte die große Urflut gesehen, die den Acker verschlingt, was denkst du dann? Ja, denkst du, der Klimawandel, schlimme Sache. Und wenn dann aber die Polkappen schmelzen und die Meere steigen und ganze Länder zu ersaufen drohen, während andere Teile unter der Dürre vertrocknen; wenn dann in der Folge Millionen Menschen zu dir nach Europa flüchten müssen, während auch in deiner Heimat das Wetter immer öfter durchdreht – würdest du das als Strafe Gottes ansehen? Na ja, sagst du vielleicht, es ist doch wissenschaftlich zu erklären, was da geschieht. Es sind eben die Folgen der von Menschen gemachten Erderwärmung – und nicht irgendein total beleidigter alttestamentlicher Gott.

Hm. Auch unser Unglück wäre wissenschaftlich zu erklären. Schließlich hat die wirtschaftliche Blüte unseres Königreiches – auf Kosten der Armen ergaunert – den Appetit des gefräßigen Assyrischen Reiches überhaupt erst geweckt. Trotzdem empfinden wir das, was geschehen ist, als Strafe Gottes. Im Grunde haben wir uns ja selbst bestraft. Das können wir gar nicht trennen. Durch unsere Ignoranz, unseren ausbeuterischen Lebensstil haben wir uns so weit von Gott entfernt, dass das Unheil unvermeidbar wurde. Denn wenn wir auf Kosten anderer leben und vor ihrem Leid die Augen verschließen, wenn uns egal ist, was in zehn oder zwanzig Jahren sein wird, weil für uns nur die sofortige Befriedigung unserer Bedürfnisse im Hier und Heute zählt, dann ist das ein Leben ohne Gott – ja, gegen Gott und seinen Schöpfungsplan.

Darum schreiben wir die Worte auf, die uns von Amos überliefert sind. Vielleicht lernen wir daraus. Wenn auch nicht gleich, so doch eines Tages. Oder du vielleicht.

Aus dem Buch Amos

1 ¹Die Worte, die Amos, ein Schafhirte aus Tekoa, über Israel geschaut hat, in den Tagen des Usija, des Königs von Juda, und in den Tagen des Jerobeam, des Sohnes des Joasch, des Königs von Israel, zwei Jahre vor dem Erdbeben.

…

Israels Erwählung und Verantwortung

3 ¹Hört dieses Wort, das der Herr gesprochen hat / über euch, ihr Söhne Israels,
über den ganzen Stamm, / den ich aus Ägypten heraufgeführt habe.
²Nur euch habe ich erkannt / unter allen Stämmen der Erde;
darum suche ich euch heim / für alle eure Vergehen.

Gott und die Propheten

³Gehen zwei miteinander, / ohne dass sie sich verabredet haben?
⁴Brüllt der Löwe im Wald / und er hat keine Beute?
Gibt der junge Löwe Laut in seinem Versteck, / ohne dass er einen Fang getan hat?
⁵Fällt ein Vogel zur Erde, / wenn niemand nach ihm geworfen hat?
Springt die Klappfalle vom Boden auf, / wenn sie nichts gefangen hat?
⁶Bläst in der Stadt jemand ins Horn, / ohne dass das Volk erschrickt?
Geschieht ein Unglück in der Stadt, / ohne dass der Herr es bewirkt hat?
⁷Nichts tut Gott, der Herr, / ohne dass er seinen Knechten, den Propheten, / zuvor seinen Ratschluss offenbart hat.
⁸Der Löwe brüllt – wer fürchtet sich nicht? / Gott, der Herr, hat geredet
– wer wird da nicht zum Propheten?

Worte gegen Samaria

⁹Ruft es aus über den Palästen von Aschdod / und über den Palästen in Ägypten!
Sagt: Versammelt euch auf den Bergen von Samaria, / seht das wilde Treiben in ihrer Mitte / und die Unterdrückung in ihrem Innern!
¹⁰Sie kennen die Rechtschaffenheit nicht / – Spruch des Herrn –,
sie häufen Gewalt und Unterdrückung / in ihren Palästen auf.
¹¹Darum – so spricht Gott, der Herr: / Ein Feind wird das Land umzingeln;
er wird deine Macht niederreißen / und deine Paläste werden geplündert.
¹²So spricht der Herr: / Wie ein Hirt aus dem Rachen des Löwen
nur noch zwei Wadenknochen rettet / oder den Zipfel eines Ohres,
so werden Israels Söhne gerettet, / die in Samaria auf ihrem Diwan sitzen / und auf ihren Polstern aus Damast.
¹³Hört und bezeugt es dem Haus Jakob / – Spruch Gottes, des Herrn, des Gottes der Heerscharen:
¹⁴Ja, an dem Tag, an dem ich Israel / für seine Verbrechen heimsuche, / werde ich die Altäre von Bet-El heimsuchen;
die Hörner des Altars werden abgehauen / und fallen zu Boden.
¹⁵Ich zerschlage den Winterpalast und den Sommerpalast, / die Elfenbeinhäuser werden verschwinden
und mit den vielen Häusern ist es zu Ende / – Spruch des Herrn.

4 ¹Hört dieses Wort, / ihr Baschankühe auf dem Berg von Samaria,
die ihr die Schwachen ausbeutet / und die Armen zermalmt
und zu euren Männern sagt: / Schafft herbei, wir wollen saufen!
²Bei seiner Heiligkeit / hat Gott, der Herr, geschworen:
Seht, Tage kommen über euch, / da holt man euch mit Fleischerhaken weg,

> *Amos versucht alles: Er droht, er redet gut zu, er spottet …*

und was dann noch von euch übrig ist, / mit Angelhaken.

³Ihr müsst durch die Breschen der Mauern hinaus, / eine hinter der andern;

man jagt euch dem Hermon zu / – Spruch des HERRN.

Worte gegen den Kult

⁴Kommt nach Bet-El und sündigt, / kommt nach Gilgal und sündigt noch mehr!

Bringt jeden Morgen eure Schlachtopfer herbei, / bringt am dritten Tag euren Zehnten!

⁵Verbrennt als Dankopfer gesäuertes Brot! / Ruft zu freiwilligen Opfern auf, / verkündet es laut, damit man es hört!

Denn so gefällt es euch, ihr Söhne Israels / – Spruch GOTTES, des Herrn.

⁶Ich ließ euch hungern in all euren Städten, / ich gab euch kein Brot mehr in all euren Orten

und dennoch seid ihr nicht umgekehrt zu mir / – Spruch des HERRN.

⁷Ich versagte euch den Regen / drei Monate vor der Ernte.

Über der einen Stadt ließ ich es regnen, / über der anderen nicht;

das eine Feld bekam Regen, / das andere nicht, sodass es verdorrte.

⁸Zwei, drei Städte taumelten zu der einen; / sie wollten Wasser trinken und blieben doch durstig.

Und dennoch seid ihr nicht umgekehrt zu mir / – Spruch des HERRN.

⁹Ich vernichtete euer Getreide durch Rost und Mehltau, / ich verwüstete eure Gärten und Weinberge;

eure Feigenbäume und eure Ölbäume / fraßen die Heuschrecken kahl.

Und dennoch seid ihr nicht umgekehrt zu mir / – Spruch des HERRN.

¹⁰Ich ließ die Pest gegen euch los wie gegen Ägypten, / eure jungen Männer tötete ich mit dem Schwert

und eure Pferde wurden zur Beute; / den Gestank eures Heerlagers ließ ich euch in die Nase steigen.

Und dennoch seid ihr nicht umgekehrt zu mir / – Spruch des HERRN.

¹¹Ich brachte über euch eine Zerstörung / wie die, die Gott über Sodom und Gomorra verhängte;

ihr wart wie ein Holzscheit, / das man aus dem Feuer herausholt.

Und dennoch seid ihr nicht umgekehrt zu mir / – Spruch des HERRN.

¹²Darum will ich dir all das antun, Israel, / und weil ich dir all das antun werde, / mach dich bereit, deinem Gott gegenüberzutreten.

¹³Denn siehe, er formt die Berge, / er erschafft den Wind,

er verkündet den Menschen, was er im Sinn hat; / er macht das Morgenrot und die Finsternis,

er schreitet über die Höhen der Erde dahin / – HERR, Gott der Heerscharen, ist sein Name.

…

Erste Vision: Heuschrecken

7 ¹Dies hat GOTT, der Herr, mich sehen lassen:

Siehe, da war einer, der einen Heuschreckenschwarm formte, als die Spätsaat zu wachsen begann. Und siehe, die Spätsaat folgt auf den Schnitt für den König. ²Sie machten sich daran, alles Grün im Land zu vertilgen. Da rief ich: Herr und GOTT, vergib doch! Wie kann Jakob bestehen? Er ist ja so klein. ³Da hatte der HERR Mitleid: Es wird nicht geschehen – sprach der HERR.

Zweite Vision: Feuerregen

⁴Dies hat GOTT, der Herr, mich sehen lassen: Siehe, da rief jemand einen Angriff mit Feuer herbei, Herr und GOTT,

und es fraß die große Urflut und wollte das Ackerland verschlingen. ⁵Da rief ich: Herr und GOTT, halte doch ein! Wie kann Jakob bestehen? Er ist ja so klein. ⁶Da hatte der HERR Mitleid: Auch das wird nicht geschehen – sprach GOTT, der Herr.

Dritte Vision: der Herr mit dem Zinnschwert

⁷Dies hat er mich sehen lassen: Siehe, der Herr stand auf einer Mauer aus Zinn und in seiner Hand war Zinn. ⁸Und der HERR fragte mich: Was siehst du, Amos? Ich antwortete: Zinn. Da sagte der Herr: Siehe, ich lege Zinn in die Mitte meines Volkes Israel. Ich gehe nicht noch einmal an ihm vorüber. ⁹Isaaks Kulthöhen werden verwüstet und Israels Heiligtümer zerstört; mit dem Schwert erhebe ich mich gegen das Haus Jerobeam.

Amos und Amazja

¹⁰Amazja, der Priester von Bet-El, sandte zu Jerobeam, dem König von Israel, und ließ ihm sagen: Mitten im Haus Israel hat sich Amos gegen dich verschworen; seine Worte sind unerträglich für das Land. ¹¹Denn so sagt Amos: Jerobeam stirbt durch das Schwert und Israel muss in die Verbannung ziehen, fort von seinem Boden. ¹²Zu Amos aber sagte Amazja: Seher, geh, flieh ins Land Juda! Iss dort dein Brot und prophezeie dort! ¹³In Bet-El darfst du nicht mehr prophezeien; denn das hier ist das königliche Heiligtum und der Reichstempel.

¹⁴Amos antwortete Amazja: Ich bin kein Prophet und kein Prophetenschüler, sondern ich bin ein Viehhirte und veredle Maulbeerfeigen. ¹⁵Aber der HERR hat mich hinter meiner Herde weggenommen und zu mir gesagt: Geh und prophezeie meinem Volk Israel! ¹⁶Darum höre jetzt das Wort des HERRN! Du sagst: Prophezeie nicht gegen Israel und geifere nicht gegen das Haus Isaak! ¹⁷Darum – so spricht der HERR: Deine Frau wird zur Hure in der Stadt, deine Söhne und Töchter fallen unter dem Schwert, dein Boden wird mit der Messschnur verteilt, du selbst stirbst auf unreinem Boden und Israel muss in die Verbannung ziehen, fort von seinem Boden.

Vierte Vision: Erntekorb

8 ¹Dies hat GOTT, der Herr, mich sehen lassen: Siehe, ein Korb für die Ernte. ²Er fragte: Was siehst du, Amos? Ich antwortete: Einen Korb für die Ernte.

Da sagte der HERR zu mir: / Gekommen ist das Ende zu meinem Volk Israel. / Ich gehe nicht noch einmal an ihm vorüber.

³Dann heulen die Sängerinnen des Palastes. / An jenem Tag – Spruch GOTTES, des Herrn – gibt es viele Leichen, überall wirft man sie hin. Still!

Strafankündigung

⁴Hört dieses Wort, die ihr die Armen verfolgt / und die Gebeugten im Land unterdrückt!

⁵Ihr sagt: Wann ist das Neumondfest vorbei, dass wir Getreide verkaufen, / und der Sabbat, dass wir den Kornspeicher öffnen können?

Wir wollen das Hohlmaß kleiner und das Silbergewicht größer machen, / wir fälschen die Waage zum Betrug, ⁶um für Geld die Geringen zu kaufen / und den Armen wegen eines Paars Sandalen. / Sogar den Abfall des Getreides machen wir zu Geld.

⁷Beim Stolz Jakobs hat der HERR ge-

> *… er beschreibt eigenartige Visionen. Aber was hilft es? Erst nach dem Unheil kommt das Heil.*

schworen: / Keine ihrer Taten werde ich jemals vergessen.
⁸Sollte deshalb nicht die Erde beben, / sollte nicht alles trauern, was auf ihr wohnt?
Sollte sie sich nicht heben wie der Nil, / aufgewühlt sein und sich wieder senken wie der Strom von Ägypten?
⁹An jenem Tag / – Spruch GOTTES, des Herrn –
lasse ich am Mittag die Sonne untergehen / und breite am helllichten Tag über die Erde Finsternis aus.
¹⁰Ich verwandle eure Feste in Trauer / und all eure Lieder in Totenklage.
Ich lege um alle Hüften das Trauergewand / und schere jeden Kopf kahl.
Ich bringe Trauer über das Land wie die Trauer um den Einzigen / und das Ende davon wird sein wie der bittere Tag.
¹¹Siehe, es kommen Tage / – Spruch GOTTES, des Herrn –,
da schicke ich Hunger ins Land, / nicht Hunger nach Brot,
nicht Durst nach Wasser, / sondern danach, die Worte des HERRN zu hören.
¹²Dann wanken sie von Meer zu Meer, / von Norden nach Osten ziehen sie,
um das Wort des HERRN zu suchen; / doch sie werden es nicht finden.
¹³An jenem Tag werden die schönen jungen Mädchen / und die jungen Männer in Ohnmacht fallen vor Durst,
¹⁴alle, die bei der Schuld von Samaria schwören / und sagen: So wahr dein Gott lebt, Dan!
und: So wahr der Weg nach Beerscheba lebt!, / sie werden zu Boden stürzen und sich nicht mehr erheben.

Fünfte Vision: Zerschlagung des Heiligtums

9 ¹Ich sah den Herrn auf dem Altar stehen. Er sagte: Zerschlag den Knauf der Säule, sodass die Schwellen erbeben, und zerschmettere allen den Kopf! Was dann von ihnen noch übrig ist, töte ich mit dem Schwert. Keiner von ihnen kann entfliehen, keiner entrinnt, keiner entkommt.
²Wenn sie in die Totenwelt einbrechen: / meine Hand packt sie auch dort.
Und wenn sie zum Himmel aufsteigen: / ich hole sie von dort herunter.
³Wenn sie sich auf dem Gipfel des Karmel verstecken: / ich spüre sie dort auf und ergreife sie.
Wenn sie sich vor mir auf dem Grund des Meeres verbergen, / dann gebiete ich dort der Seeschlange, sie zu beißen.
⁴Und wenn sie vor ihren Feinden her in die Gefangenschaft ziehen, / dann befehle ich dort dem Schwert, sie zu töten.
Ich habe meine Augen auf sie gerichtet / zum Bösen und nicht zum Guten.
⁵Und der HERR, der GOTT der Heerscharen, / er berührt die Erde, sodass sie vergeht / und alle trauern, die auf ihr wohnen,
sodass sie sich hebt wie der Nil / und sich senkt wie der Strom von Ägypten.
⁶Er erbaut seine Hallen im Himmel / und gründet sein Gewölbe auf die Erde;
er ruft das Wasser des Meeres und gießt es aus über die Erde / – HERR ist sein Name.

Gericht und Erwählung

⁷Seid ihr nicht wie die Kuschiten für mich, ihr Israeliten? / – Spruch des HERRN.
Habe ich Israel nicht heraufgeführt / aus dem Land Ägypten
und ebenso die Philister aus Kaftor / und Aram aus Kir?
⁸Siehe, die Augen GOTTES, des Herrn, / sind auf das sündige Königreich gerichtet.
Ich lasse es vom Erdboden verschwinden; / doch ich werde das Haus Jakob

nicht völlig vernichten / – Spruch des HERRN.
⁹Ja, seht, ich selbst gebe den Befehl, / ich schüttle das Haus Israel unter alle Völker,
wie man Korn in einem Sieb schüttelt, / ohne dass ein Stein zu Boden fällt.
¹⁰Alle Sünder meines Volkes / sollen durch das Schwert umkommen,
alle, die sagen: Das Unheil erreicht uns nicht, / es holt uns nicht ein.

Heilszusage
¹¹An jenem Tag richte ich die zerfallene Hütte Davids wieder auf / und bessere ihre Risse aus,
ich richte ihre Trümmer auf und stelle alles wieder her / wie in den Tagen der Vorzeit,
¹²damit sie den Rest von Edom unterwerfen / und alle Völker,
über denen mein Name ausgerufen ist / – Spruch des HERRN, der das ausführt.
¹³Seht, es kommen Tage / – Spruch des HERRN –,
da folgt der Pflüger dem Schnitter auf dem Fuß / und der Keltertreter dem Sämann;
da triefen die Berge von Wein / und alle Hügel fließen über.

¹⁴Dann wende ich das Geschick meines Volkes Israel. / Sie bauen die verwüsteten Städte wieder auf und wohnen darin;
sie pflanzen Weinberge und trinken den Wein, / sie legen Gärten an und essen die Früchte.
¹⁵Und ich pflanze sie ein in ihren Boden und nie mehr werden sie ausgerissen aus ihrem Boden, den ich ihnen gegeben habe, spricht der HERR, dein Gott.

Bibelstellen
Am 1,1;
3,1 – 4,13;
7,1 – 9,15

Wie Jesaja die Todschatten verjagt

„An jenen Tagen richte ich die zerfallene Hütte Davids wieder auf …"
Das ist neu.
Ein Hoffnungsschimmer.
Den haben wir ans Ende des Buches über Amos gestellt. Denn anders als manch andere Propheten hat er uns nicht nur das Unheil angedroht. Er hat uns auch eine Zukunftsvision geschenkt. Diese Vision ist noch ganz unkonkret. Wir haben noch keine Ahnung von jenem Kind, das dereinst im Stall von Bethlehem auf die Welt kommen soll, und von dem ihr sagen werdet, dass in ihm der Retter geboren ist. Da ist noch keine genaue Vorstellung von einem „Messias".

Aber immerhin keimt hier der Same einer neuen Perspektive. Diese Perspektive kommt nicht aus dem Nichts, sondern sie wurzelt in der Vergangenheit. Nämlich in der Familie Davids, von dem wir dir berichtet haben. Da ist sie wieder – diese Brücke, die weit in die Geschichte hineinragt und sich zugleich weit in die Zukunft ausstreckt.

Wie aber stellen wir uns diese Hoffnung vor? Wer kann uns mehr darüber sagen?

Wir lernten einen Mann kennen, der Worte von unglaublicher Kraft gesprochen hat. Die Worte haben gewaltige Bilder vor unserem inneren Auge geschaffen – Bilder von solcher Macht, dass sie auch dir bis in deine Tage hinein überliefert sind. Sein Name ist Jesaja. Auch er hat den Untergang des Nordreiches erlebt. Er war Zeuge, wie die Assyrer unsere Hauptstadt Jerusalem belagerten. Er hat den kommenden Untergang klar und deutlich in seinen Visionen gesehen – aber auch, dass der Untergang nicht das Ende ist.

Er hat unsere Hoffnung in einen wundervollen Satz gekleidet: „Das Volk, das im Dunkel lebt, sieht ein helles Licht; über denen, die im Land der Finsternis leben, strahlt ein helles Licht." So jedenfalls hat man für lange Zeit diesen Satz in deine Sprache übersetzt. Doch die neue Übersetzung, die du auf den folgenden Seiten findest, lautet anders, nämlich präziser; näher an dem, was wir in unserer Sprache niedergeschrieben haben. So, wie es schon zuvor der große Philosoph Martin Buber übersetzt hat: Aus dem „Land der Finsternis" wird das „Land der Todschatten". Wie gruselig.

Das Bild passt gut zur Vorstellung heranrückender Armeen. Die Schatten des Todes liegen unmittelbar über den Menschen, die von einer feindlichen Übermacht angegriffen werden. Aber Todschatten können sich auch über unsere Seele legen, unsere Gefühle und Gedanken, einfach so, mitten im Alltag. Das Leben ist voller kleiner Tode – wenn wir einander verletzen, ignorant und egoistisch sind, wenn wir eine Gelegenheit zur Versöhnung sterben lassen. Manchmal legen sich auch einfach nur Schatten auf unser Gemüt, wenn die Tage kürzer und dunkler werden. Es ist ja kein Zufall, dass ihr euer Weihnachtsfest genau dann feiert, wenn in eurer Weltgegend die Sonne am wenigsten zu sehen ist. Und es ist kein Zufall, dass ihr in den Lesungen eurer Gottesdienste gerade im Advent die Texte aus dem Buch Jesaja lest, und dass ihr in euren Adventsliedern seine Worte singt. Von euch aus gesehen liest sich alles so, als habe Jesaja genau auf Jesus von Nazaret hinweisen wollen. Den Retter, den Fürsten des Friedens.

Das klingt gewaltig – und doch auch heimelig an kalten Tagen; man kann sich daran freuen, wie man sich freut, wenn Plätzchen gebacken werden. Aber die Ankündigung des Kindes, das geboren werden soll, ist größer und geht weit über das persönliche Befinden hinaus. „Der Stiefel, der dröhnend daherstampft, (…) wird verbrannt." Das klingt nach Revolution, nach einem Aufstand gegen die Mächtigen. Immerhin: Anders als in der Geschichte unseres Auszuges aus Ägypten sind es nicht mehr die Soldaten, die vernichtet werden, sondern nur noch ihr Schuhwerk, das krachende Accessoire ihrer Stärke.

Die Visionen des Jesaja setzen an die Stelle der stampfenden Heere eine Wanderschaft. Er sah in seiner Eingebung, wie die Völker zum Berg Gottes pilgern. Ein schönes Bild von einer friedlichen Weltgemeinschaft. Gemeinsam unterwegs sein. Eines Tages wird deine Kirche in ihrem großen Konzil dieses Bild aufgreifen und auf sich selbst anwenden. Gemeinsam unterwegs durch die Zeit. Niemand hat das Ziel allein für sich gepachtet und keiner ist längst schon angekommen, während die anderen erst noch dorthin müssen. Ihr alle, ob ihr nun Firmling oder Papst oder Bischof oder Pfarrbriefausträgerin seid, seid Weggefährtinnen und -gefährten auf der Suche.

Für Jesaja nahm die Suche kein Ende. Auch für uns nicht, darum werden wir an diesem Buch noch viele Jahrhunderte weiter schreiben. Und je schlechter es uns gehen wird, desto heller soll das Licht leuchten über denen, die im Land der Todschatten leben müssen.

Aus dem Buch Jesaja

Völkerwallfahrt zum Zion

2 ¹Das Wort, das Jesaja, der Sohn des Amoz, über Juda und Jerusalem geschaut hat.

²Am Ende der Tage wird es geschehen: Der Berg des Hauses des HERRN / steht fest gegründet als höchster der Berge; er überragt alle Hügel. / Zu ihm strömen alle Nationen.

³Viele Völker gehen / und sagen: Auf, wir ziehen hinauf zum Berg des HERRN / und zum Haus des Gottes Jakobs.

Er unterweise uns in seinen Wegen, / auf seinen Pfaden wollen wir gehen.

Denn vom Zion zieht Weisung aus / und das Wort des HERRN von Jerusalem.

⁴Er wird Recht schaffen zwischen den Nationen / und viele Völker zurechtweisen.

Dann werden sie ihre Schwerter zu Pflugscharen umschmieden / und ihre Lanzen zu Winzermessern.

Sie erheben nicht das Schwert, Nation gegen Nation, / und sie erlernen nicht mehr den Krieg.

⁵Haus Jakob, auf, / wir wollen gehen im Licht des HERRN.

Der Tag des Herrn gegen alles Hohe

⁶Ja, du hast dein Volk, das Haus Jakob, verstoßen; / denn sie wurden angefüllt – von Osten her!

Und Wahrsager wie die Philister! / Und an Kindern der Fremden hatten sie zur Genüge.

⁷Sein Land füllte sich mit Silber und Gold, / kein Ende der Schätze.

Sein Land füllte sich mit Pferden, / kein Ende der Wagen.

⁸Sein Land füllte sich mit Götzen. / Vor dem Werk ihrer Hände werfen sie sich nieder, vor dem, / was ihre Finger gemacht hatten.

⁹Der Mensch beugte sich / und der Mann sank hinunter – / vergib ihnen nicht!

¹⁰Geh hinein in den Felsen, / verbirg dich im Staub vor dem Schrecken des HERRN / und vor der Pracht seiner Hoheit!

¹¹Die hochmütigen Blicke der Menschen senkten sich / und gebeugt wird sein der Stolz der Männer. / Aber erhaben wird sein der HERR allein an jenem Tag.

> *Der ZION: ein konkreter Ort? Oder doch so etwas wie UTOPIA? Schön wäre es schon, wenn man die Waffen und Kriegsgeräte recyceln und sinnvoll einsetzen würde.*

¹²Denn ein Tag für den HERRN der Heerscharen: / über alles Hochfahrende und Stolze / und über alles Aufragende – es wird sich senken –,

¹³über alle Zedern des Libanon – / die stolzen und die aufragenden, und über alle Terebinthen des Baschan

¹⁴und über alle stolzen Berge und über alle aufragenden Hügel

¹⁵und über jeden hohen Turm und über jede feste Mauer

¹⁶und über alle Tarschisch-Schiffe / und über alle kostbaren Segler;

¹⁷und gebeugt werden wird der Hochmut der Menschen / und senken wird sich der Stolz der Männer – / aber erhaben wird sein der HERR allein – an jenem Tag.

¹⁸Die Götzen aber schwinden alle dahin.

¹⁹Und sie werden in Felshöhlen und Erdlöcher hineingehen / vor dem Schrecken des HERRN

und vor der Pracht seiner Hoheit, / wenn er aufsteht, um die Erde in Angst zu versetzen.

²⁰An jenem Tag wirft der Mensch seine silbernen und goldenen Götzen, / die er sich gemacht hat, um sich niederzu-

werfen, / den Maulwürfen und Fledermäusen hin;
²¹und man wird in die Spalten und Höhlen der Felsen gehen / vor dem Schrecken des HERRN
und vor der Pracht seiner Hoheit, / wenn er aufsteht, um die Erde in Angst zu versetzen.
²²Lasst ab vom Menschen, / in dessen Nase ein Hauch ist, / denn was gilt er schon?

Gericht über die Amtsträger Jerusalems

3 ¹Denn siehe, Gott, der HERR der Heerscharen, / nimmt von Jerusalem und Juda jede Stütze und Stützung,
jede Unterstützung mit Brot / und jede Unterstützung mit Wasser:
²den Helden und Krieger, / den Richter und den Propheten, / den Wahrsager und den Ältesten,
³den Anführer von Fünfzig, den Angesehenen, den Ratgeber, / den weisen Zauberer und den klugen Beschwörer.
⁴Ich mache junge Burschen zu ihren Anführern / und Mutwillige sollen über sie herrschen.
⁵Dann bedrängt im Volk einer den andern / und jeder seinen Nächsten.
Die Jungen sind frech zu den Alten, / die Geringen zu den Geehrten.
⁶Dann packt einer seinen Bruder im Haus seines Vaters:
Du hast einen Mantel, / sei unser Wortführer / und dieser Trümmerhaufen sei unter deiner Gewalt!
⁷Der aber wird an jenem Tag seine Stimme erheben: / Ich bin doch kein Wundarzt
und in meinem Haus gibt es kein Brot / und keinen Mantel. Macht mich nicht zum Wortführer des Volkes!
⁸Ja, Jerusalem ist gestürzt und Juda gefallen; / denn ihre Worte und ihre Taten richteten sich gegen den HERRN, / um den Augen seiner Herrlichkeit zu trotzen.
⁹Der Ausdruck ihrer Gesichter klagte sie an / und wie Sodom taten sie ihre Sünde kund, verhehlten sie nicht. / Wehe ihnen, denn sie erwiesen sich selbst Böses.
¹⁰Sagt: Der Gerechte, ja glücklich ist er; / denn sie werden die Frucht ihrer Taten essen.
¹¹Wehe dem Frevler, ihm geht es schlecht; / denn was er mit seinen Händen vollbracht hat, wird ihm angetan!
¹²Mein Volk – seine Antreiber waren Ausbeuter / und Frauen beherrschten es.
Mein Volk, die, welche dir Schritte vorgaben, leiteten in die Irre / und den Weg deiner Pfade haben sie verwirrt.
¹³Der HERR hat sich hingestellt zum Rechtsstreit; / er steht da, die Völker zu richten.
¹⁴Der HERR geht ins Gericht / mit den Ältesten seines Volkes und seinen Anführern:
Ihr, ihr habt den Weinberg verwüstet; / das dem Armen Geraubte ist in euren Häusern.
¹⁵Wie kommt ihr dazu, mein Volk zu zerschlagen? / Ihr zermalmt das Gesicht der Armen – / Spruch des Herrn, des GOTTES der Heerscharen.

Gericht über die Töchter Zions

¹⁶Der HERR sprach: Weil die Töchter Zions hochmütig sind, ihre Hälse recken und mit verführerischen Blicken daherkommen, immerzu trippelnd umherlaufen und mit ihren Fußspangen klirren, ¹⁷wird der Herr den Scheitel der Töchter Zions mit Schorf bedecken und der HERR wird ihre Schläfen kahl werden lassen. ¹⁸An jenem Tag wird der Herr den Schmuck wegnehmen: die Fußspangen, die kleinen Sonnen und Monde, ¹⁹die Ohrgehänge und Arm-

kettchen, die Schleier ²⁰und Turbane, die Fußkettchen und die Prachtgürtel, die Riechfläschchen und die Amulette, ²¹die Fingerringe und Nasenringe, ²²die Festkleider und Umhänge, die Umschlagtücher und Täschchen ²³und die Spiegel, die feinen Schleier, die Schals und Kopftücher.

²⁴So wird es sein: Statt Balsam wird Moder sein, / statt eines Gürtels ein Strick, statt kunstvoller Locken eine Glatze,

statt eines Festkleides ein gegürteter Sack, / Brandmal statt Schönheit.

²⁵Deine Männer fallen durchs Schwert, / deine jungen Krieger im Kampf.

²⁶Dann werden ihre Tore klagen und trauern, / vereinsamt sitzt sie am Boden.

4 ¹An jenem Tag klammern sich sieben Frauen an einen einzigen Mann und sagen: Wir wollen unser eigenes Brot essen und uns selber kleiden, nur dein Name sei über uns ausgerufen, nimm die Schande von uns!

Rettung des heiligen Restes

²An jenem Tag wird der Spross des HERRN zur Zierde und zur Herrlichkeit sein und die Frucht des Landes zum Stolz und zum Schmuck für die Entronnenen Israels. ³Dann wird der Rest in Zion, und wer in Jerusalem noch übrig ist, heilig genannt werden, jeder, der zum Leben eingeschrieben ist in Jerusalem. ⁴Wenn der Herr den Kot der Töchter Zions abgewaschen und die Bluttaten Jerusalems aus ihrer Mitte durch den Sturm des Gerichts und den Sturm der Verwüstung weggespült hat, ⁵dann erschafft der HERR über der ganzen Stätte des Berges Zion und über ihren Versammlungen eine Wolke bei Tag und Rauch und eine strahlende Feuerflamme bei Nacht. Denn über der ganzen Herrlichkeit ist eine Decke. ⁶Und eine Hütte wird bei Tag Schatten spenden vor der Hitze und sie dient als Zuflucht und Versteck vor Unwetter und Regen.

Lied vom Weinberg

5 ¹Ich will singen von meinem Freund, / das Lied meines Liebsten von seinem Weinberg.

Mein Freund hatte einen Weinberg / auf einer fruchtbaren Höhe.

²Er grub ihn um und entfernte die Steine / und bepflanzte ihn mit edlen Reben.

Er baute in seiner Mitte einen Turm / und hieb zudem eine Kelter in ihm aus.

Dann hoffte er, / dass der Weinberg Trauben brächte, / doch er brachte nur faule Beeren.

³Und nun, Bewohner Jerusalems und Männer von Juda, / richtet zwischen mir und meinem Weinberg!

⁴Was hätte es für meinen Weinberg noch zu tun gegeben, / das ich ihm nicht getan hätte?

Warum hoffte ich, dass er Trauben brächte? / Und er brachte nur faule Beeren!

⁵Jetzt aber will ich euch kundtun, / was ich mit meinem Weinberg mache:

seine Hecke entfernen, / sodass er abgeweidet wird;

einreißen seine Mauer, / sodass er zertrampelt wird.

⁶Zu Ödland will ich ihn machen. / Nicht werde er beschnitten, / nicht behackt, sodass Dornen und Disteln hochkommen. / Und den Wolken gebiete ich, keinen Regen auf ihn fallen zu lassen.

⁷Denn der Weinberg des HERRN der Heerscharen / ist das Haus Israel,

und die Männer von Juda / sind die Pflanzung seiner Lust.

Er hoffte auf Rechtsspruch – / doch siehe da: Rechtsbruch,

auf Rechtsverleih – / doch siehe da: Hilfegeschrei.

Sechs Weherufe über das sündige Volk

⁸Wehe denen, die Haus an Haus reihen / und Feld an Feld fügen,

bis kein Platz mehr da ist / und ihr allein die Bewohner seid inmitten des Landes.

⁹In meinen Ohren schwur der H‍ERR der Heerscharen: / Wahrhaftig, viele Häuser werden veröden.

So groß und schön sie auch sind: / Sie werden unbewohnt sein.

¹⁰Ein Weinberg von zehn Joch bringt nur ein Bat Wein, / ein Hómer Saatgut bringt nur ein Efa Korn.

¹¹Wehe denen, die früh am Morgen / dem Bier nachjagen

und in der Dämmerung lange aushalten, / wenn der Wein sie erhitzt.

¹²Da sind Leier und Harfe, / Trommel und Flöte und Wein bei ihren Trinkgelagen,

aber auf das Tun des H‍ERRN blicken sie nicht / und das Werk seiner Hände haben sie nicht gesehen.

¹³Darum geht mein Volk in die Verbannung / wegen fehlender Erkenntnis.

Seine Vornehmen sind Hungerleider / und seine Menge verschmachtet vor Durst.

¹⁴Darum hat die Unterwelt ihren Rachen weit aufgerissen / und maßlos sperrt sie ihr Maul auf,

sodass ihre Pracht und ihre Menge hinabfährt, / ihre lärmende Schar und wer darin jubelt.

¹⁵Der Mensch beugte sich, / der Mann sank hinunter / und die Blicke der Hochmütigen senkten sich.

¹⁶Und der H‍ERR der Heerscharen war hocherhaben / im Gericht

und der heilige Gott / erwies sich als heilig in Gerechtigkeit.

¹⁷Dann weiden dort Lämmer wie auf ihrer Trift, / als durchziehende Gäste fressen sie die Trümmer der Fetten.

¹⁸Wehe denen, die Schuld mit Stricken des Trugs herbeiziehen / und Sünde wie mit Wagenseilen.

¹⁹Sie sagen: Er eile, / er beschleunige sein Werk, damit wir sehen;

es nahe und treffe ein der Ratschluss des Heiligen Israels, / damit wir erkennen.

²⁰Wehe denen, die das Böse gut und das Gute böse nennen, / die die Finsternis zum Licht und das Licht zur Finsternis machen, / die das Bittere süß und das Süße bitter machen.

²¹Wehe denen, die in ihren eigenen Augen weise sind / und sich selbst für klug halten.

²²Wehe denen, die Helden sind / im Weintrinken / und Kraftprotze im Mischen von Rauschtrank,

²³die dem Schuldigen gegen Bestechung Recht zusprechen / und Gerechten die Gerechtigkeit vorenthalten.

²⁴Darum: Wie des Feuers Zunge Stoppeln frisst / und wie Heu in der Flamme zusammensinkt,

so wird ihre Wurzel wie Moder sein / und ihre Blüte wie Staub auffliegen.

Denn verworfen haben sie die Weisung des H‍ERRN der Heerscharen und das Wort des Heiligen Israels verschmäht.

Ankündigung der assyrischen Invasion

²⁵Darum ist der Zorn des H‍ERRN gegen sein Volk entbrannt; / er hat seine Hand gegen es ausgestreckt und es geschlagen.

Da erzitterten die Berge / und ihre Leichen lagen wie Unrat inmitten der Gassen.

Bei alldem hat sein Zorn sich nicht abgewandt / und noch bleibt seine Hand ausgestreckt.

²⁶Er stellt ein Feldzeichen auf / für die Nationen in der Ferne,

er pfeift sie herbei vom Ende der Erde / und siehe, eilends, schnell kommen sie heran.

²⁷Kein Müder und kein Strauchelnder ist darunter, / keiner, der schlummert und schläft.

Bei keinem löst sich der Gürtel von seinen Hüften, / noch reißt der Riemen seiner Sandalen.

²⁸Seine Pfeile sind scharf, / all seine Bogen gespannt.

Die Hufe seiner Pferde gleichen dem Kiesel / und seine Räder dem Sturm.

²⁹Sein Gebrüll ist wie das einer Löwin, / wie das Gebrüll von Junglöwen.

Er faucht und packt die Beute, birgt sie / und niemand entreißt sie ihm.

³⁰Und es tobt gegen ihn an jenem Tag / wie das Toben des Meeres.

Blickt man auf die Erde, / siehe: beengende Finsternis / und das Licht ist verfinstert durch Wolkendunkel über ihr.

Berufung des Propheten

6 ¹Im Todesjahr des Königs Usija, da sah ich den Herrn auf einem hohen und erhabenen Thron sitzen und die Säume seines Gewandes füllten den Tempel aus. ²Serafim standen über ihm. Sechs Flügel hatte jeder: Mit zwei Flügeln bedeckte er sein Gesicht, mit zwei bedeckte er seine Füße und mit zwei flog er. ³Und einer rief dem anderen zu und sagte:

Heilig, heilig, heilig ist der Herr der Heerscharen. / Erfüllt ist die ganze Erde von seiner Herrlichkeit.

⁴Und es erbebten die Türzapfen in den Schwellen vor der Stimme des Rufenden und das Haus füllte sich mit Rauch.

⁵Da sagte ich: Weh mir, denn ich bin verloren. Denn ein Mann unreiner Lippen bin ich und mitten in einem Volk unreiner Lippen wohne ich, denn den König, den Herrn der Heerscharen, haben meine Augen gesehen. ⁶Da flog einer der Serafim zu mir und in seiner Hand war eine glühende Kohle, die er mit einer Zange vom Altar genommen hatte. ⁷Er berührte damit meinen Mund und sagte:

Siehe, dies hat deine Lippen berührt, so ist deine Schuld gewichen / und deine Sünde gesühnt.

⁸Da hörte ich die Stimme des Herrn, der sagte: Wen soll ich senden? Wer wird für uns gehen? Ich sagte: Hier bin ich, sende mich! ⁹Da sagte er:

Geh und sag diesem Volk: / Hören sollt ihr, hören, aber nicht verstehen. / Sehen sollt ihr, sehen, aber nicht erkennen.

¹⁰Verfette das Herz dieses Volkes, / mach schwer seine Ohren, / verkleb seine Augen,

damit es mit seinen Augen nicht sieht, / mit seinen Ohren nicht hört,

damit sein Herz nicht zur Einsicht kommt / und es sich nicht bekehrt und sich so Heilung verschafft.

¹¹Da sagte ich: Wie lange, Herr? / Er sagte:

Bis die Städte verödet sind und unbewohnt, / die Häuser menschenleer, / bis das Ackerland zur Wüste verödet ist.

¹²Der Herr wird / die Menschen entfernen, / sodass die Verlassenheit groß ist inmitten des Landes.

¹³Bleibt darin noch ein Zehntel, / so soll es erneut abgeweidet werden,

wie bei einer Eiche oder Terebinthe, / von denen beim Fällen nur ein Stumpf bleibt. Heiliger Same ist sein Stumpf.

Weissagung über den Immanuel

7 ¹In der Zeit, als Ahas, der Sohn Jotams, des Sohnes Usijas, König von Juda war, zogen Rezin, der König von Aram, und Pekach, der Sohn Remaljas, der König von Israel, gegen Jerusalem hinauf in den Krieg; aber man konnte den Krieg gegen es nicht führen. ²Als dem Haus David gemeldet wurde: Aram hat sich auf Efraim niedergelassen!, da zitterte sein Herz und das

Herz seines Volkes, wie die Bäume des Waldes im Wind zittern. ³Der HERR aber sagte zu Jesaja: Geh hinaus, Ahas entgegen, du und dein Sohn Schear-Jaschub, zum Ende der Wasserleitung des oberen Teiches, zur Straße am Walkerfeld. ⁴Sag zu ihm: Hüte dich und verhalte dich still! Fürchte dich nicht und dein Herz sei nicht verzagt wegen dieser beiden rauchenden Holzscheitstummel, wegen des glühenden Zorns Rezins, Arams und des Sohnes Remaljas! ⁵Weil Aram gegen dich Böses plant, Efraim und der Sohn Remaljas, indem sie sagen: ⁶Wir wollen gegen Juda hinaufziehen, ihm Furcht einjagen und es uns gefügig machen; dann wollen wir den Sohn Tabeals als König in seiner Mitte einsetzen. ⁷So spricht GOTT, der Herr:

> Das kommt nicht zustande, / das wird nicht geschehen.
> ⁸Denn das Haupt von Aram ist Damaskus / und das Haupt von Damaskus ist Rezin.
> Noch fünfundsechzig Jahre, dann wird Efraim zerschlagen, / kein Volk mehr sein.
> ⁹Das Haupt von Efraim ist Samaria / und das Haupt von Samaria ist der Sohn Remaljas. / Glaubt ihr nicht, so bleibt ihr nicht.

¹⁰Der HERR sprach weiter zu Ahas und sagte: ¹¹Erbitte dir ein Zeichen vom HERRN, deinem Gott, tief zur Unterwelt oder hoch nach oben hin! ¹²Ahas antwortete: Ich werde um nichts bitten und den HERRN nicht versuchen. ¹³Da sagte er: Hört doch, Haus Davids! Genügt es euch nicht, Menschen zu ermüden, dass ihr auch noch meinen Gott ermüdet? ¹⁴Darum wird der Herr selbst euch ein Zeichen geben: Siehe, die Jungfrau hat empfangen, sie gebiert einen Sohn und wird ihm den Namen Immanuel geben. ¹⁵Er wird Butter und Honig essen bis zu der Zeit, in der er versteht, das Böse zu verwerfen und das Gute zu wählen. ¹⁶Denn noch bevor das Kind versteht, das Böse zu verwerfen und das Gute zu wählen, wird das Land verlassen sein, vor dessen beiden Königen dich das Grauen packt. ¹⁷Der HERR wird Tage kommen lassen über dich, über dein Volk und über das Haus deines Vaters, wie sie nicht gekommen sind seit dem Tag, an dem Efraim sich von Juda abwandte – nämlich den König von Assur!

Die Notzeit der Übriggebliebenen

¹⁸An jenem Tag wird der HERR den Fliegen an den Mündungen des Nil in Ägypten pfeifen und den Bienen im Land Assur ¹⁹und alle kommen und lassen sich nieder in den Schluchten und Felsspalten, in allen Hecken und Dornensträuchern. ²⁰An jenem Tag wird der Herr mit dem jenseits des Eufrat gemieteten Messer, mit dem König von Assur, den Kopf und die Schamhaare kahl scheren; auch den Bart schneidet er ab. ²¹An jenem Tag wird ein Mann eine junge Kuh und zwei Schafe halten. ²²Und wegen der vielen Milch, die sie geben, wird er Butter essen. Denn Butter und Honig wird jeder essen, der im Land übrig geblieben ist. ²³An jenem Tag wird jedes Grundstück, auf dem tausend Weinstöcke im Wert von tausend Silberstücken stehen, den Dornen und Disteln gehören. ²⁴Nur mit Pfeil und Bogen geht man dorthin; denn das ganze Land wird Dornen und Disteln sein. ²⁵Alle Berge, die mit der Hacke behackt werden – dorthin geht man nicht mehr, aus Furcht vor Dornen und Disteln. Es wird zum Tummelplatz für Ochsen und zum Ort, den Schafe zertreten.

…

> *Jesaja wurde zur „theologischen Fundgrube" der Evangelisten.*

9 ¹Das Volk, das in der Finsternis ging, / sah ein helles Licht;
über denen, die im Land des Todesschattens wohnten, / strahlte ein Licht auf.
²Du mehrtest die Nation, / schenktest ihr große Freude.
Man freute sich vor deinem Angesicht, / wie man sich freut bei der Ernte, / wie man jubelt, wenn Beute verteilt wird.
³Denn sein drückendes Joch und den Stab auf seiner Schulter, / den Stock seines Antreibers zerbrachst du wie am Tag von Midian.
⁴Jeder Stiefel, der dröhnend daherstampft, / jeder Mantel, im Blut gewälzt, / wird verbrannt, wird ein Fraß des Feuers.
⁵Denn ein Kind wurde uns geboren, / ein Sohn wurde uns geschenkt.
Die Herrschaft wurde auf seine Schulter gelegt. / Man rief seinen Namen aus: Wunderbarer Ratgeber, Starker Gott, / Vater in Ewigkeit, Fürst des Friedens.
⁶Die große Herrschaft / und der Frieden sind ohne Ende auf dem Thron Davids und in seinem Königreich, / es zu festigen und zu stützen durch Recht und Gerechtigkeit, / von jetzt an bis in Ewigkeit.
Der Eifer des HERRN der Heerscharen / wird das vollbringen.

Gerichtsankündigung über das Nordreich

⁷Ein Wort hat der Herr gegen Jakob gesandt, / es fiel nieder in Israel.
⁸Das ganze Volk sollte erkennen, / Efraim und die Bewohner von Samaria, / die in Anmaßung und Größenwahn sagten:
⁹Ziegelmauern sind gefallen, / jetzt bauen wir mit Quadersteinen auf;
Maulbeerbäume wurden gefällt, / Zedern lassen wir nachwachsen!
¹⁰Da machte der HERR die Gegner Rezins gegen es stark / und stachelte seine Feinde an:
¹¹Aram vom Osten, die Philister vom Westen / und sie fraßen Israel mit gierigem Maul.
Bei alldem hat sich sein Zorn nicht gewendet / und noch ist seine Hand ausgestreckt.
¹²Aber das Volk kehrte nicht um zu dem, der es schlug; / den HERRN der Heerscharen suchten sie nicht.
¹³Da schnitt der HERR Kopf und Schwanz von Israel ab, / Sprosse und Binse an einem Tag.
¹⁴Die Ältesten und Angesehenen, sie sind der Kopf; / der Prophet und Lügenlehrer, er ist der Schwanz.
¹⁵Die diesem Volk die Schritte vorgaben, / leiteten in die Irre, / verwirrt waren, die diese Schritte gingen.
¹⁶Deshalb freut sich der Herr nicht über seine jungen Männer / und über seine Waisen und Witwen erbarmt er sich nicht.
Denn ein jeder ist gottlos und tut Böses / und jeder Mund redet Schändliches.
Bei alldem hat sich sein Zorn nicht gewendet / und noch bleibt seine Hand ausgestreckt.
¹⁷Denn der Frevel brannte wie Feuer, / Dornen und Disteln fraß er.
Er entzündete das Dickicht des Waldes / und es wirbelte in Rauschschwaden auf.
¹⁸Durch den Grimm des HERRN der Heerscharen ist das Land versengt; / das Volk wurde ein Raub der Flammen. / Keiner verschonte den andern:
¹⁹Man schlang zur Rechten und blieb hungrig, / man fraß zur Linken und wurde nicht satt. / Jeder frisst das Fleisch seines eigenen Armes:
²⁰Manasse den Efraim und Efraim den Manasse / und beide zusammen gegen Juda.
Bei alldem hat sich sein Zorn nicht gewendet / und noch bleibt seine Hand ausgestreckt.

Siebter Weheruf: über die ungerechten Richter

10 ¹Wehe denen, die unheilvolle Gesetze erlassen / und unerträgliche Vorschriften machen,

²um die Schwachen vom Gericht fernzuhalten / und den Armen meines Volkes das Recht zu rauben,

damit die Witwen ihre Beute werden / und sie die Waisen ausplündern!

³Was wollt ihr tun am Tag der Heimsuchung und beim Untergang, / wenn er von ferne kommt?

Zu wem wollt ihr fliehen, um Hilfe zu finden, / wo euren Reichtum hinterlassen?

⁴Wer nicht mit den Gefangenen in die Knie gegangen ist, / wird fallen mit den Erschlagenen.

Bei alldem hat sich sein Zorn nicht gewendet / und noch bleibt seine Hand ausgestreckt.

Weheruf und Gerichtsankündigung gegen das stolze Assur

⁵Wehe Assur, dem Stock meines Zorns! / Der Knüppel in ihrer Hand, das ist meine Wut.

⁶Gegen eine gottlose Nation sende ich ihn / und gegen das Volk meines Grimms entbiete ich ihn,

um Beute zu erbeuten und Raub zu rauben, / um es zu zertreten wie Lehm in den Gassen.

⁷Doch Assur stellt es sich nicht so vor, / sein Herz plant es anders,

es hat nur Vernichtung im Sinn, / die Ausrottung nicht weniger Nationen.

⁸Denn es sagt: Sind meine Anführer nicht allesamt Könige? / ⁹Ging es nicht Kalne genauso wie Karkemisch, / Hamat wie Arpad, Samaria wie Damaskus?

¹⁰Wie meine Hand nach den Königreichen der Götzen gelangt hat, / deren Götterbilder die von Jerusalem und Samaria übertrafen,

¹¹werde ich nicht, wie ich an Samaria und seinen Götzen getan habe, / ebenso an Jerusalem und seinen Götterbildern tun?

¹²Aber wenn der Herr sein ganzes Werk auf dem Berg Zion und in Jerusalem vollendet hat, werde ich die Frucht des größenwahnsinnigen Königs von Assur heimsuchen und den hoffärtigen Stolz seiner Blicke. ¹³Denn er hat gesagt:

Das habe ich mit der Kraft meiner Hand / und mit meiner Weisheit getan, / denn ich bin klug.

Und ich beseitige die Grenzen zwischen den Völkern, / ihre Schätze plündere ich / und stoße wie ein Held die Bewohner hinab.

¹⁴Gleich einem Vogelnest hat meine Hand / nach dem Reichtum der Völker gelangt

und wie man verlassene Eier sammelt, / so habe ich die ganze Welt eingesammelt.

Da war keiner, der mit den Flügeln schlug, / keiner, der den Schnabel aufriss und piepste.

¹⁵Prahlt denn die Axt gegenüber dem, der mit ihr hackt, / oder brüstet die Säge sich vor dem, der mit ihr sägt?

Das wäre, wie wenn der Stock den Mann schwingt, der ihn hochhebt, / oder wie wenn der Knüppel den hochhebt, der nicht aus Holz ist.

¹⁶Darum schickt Gott, der Herr der Heerscharen, / gegen seine Fetten die Schwindsucht

und statt seiner Pracht wird ein Brand brennen / wie der Brand eines Feuers.

¹⁷Israels Licht wird zum Feuer / und sein Heiliger wird zur Flamme.

Sie brennt und verzehrt seine Dornen und seine Disteln / an einem einzigen Tag.

¹⁸Und die Herrlichkeit seines Waldes und seines Baumgartens / vernichtet er, von der Seele bis zum Fleisch; / es

wird sein, wie wenn ein Kranker dahinsiecht.

¹⁹Dann wird der Rest von den Bäumen seines Waldes zu zählen sein; / ein Junge kann sie aufschreiben.

Heilsankündigung für den gerretteten Rest Israels

²⁰An jenem Tag wird der Rest Israels – und wer vom Haus Jakob entronnen ist – sich nicht mehr auf den stützen, der ihn schlägt, sondern er stützt sich in Treue auf den HERRN, den Heiligen Israels.

²¹Ein Rest kehrt um zum starken Gott, / der Rest Jakobs.

²²Israel, wenn auch dein Volk so zahlreich ist / wie der Sand am Meer – / nur ein Rest davon kehrt um.

Vernichtung ist beschlossen, / Gerechtigkeit flutet heran.

²³Denn fest beschlossene Vernichtung vollstreckt der Herr, der GOTT der Heerscharen, inmitten der ganzen Erde.

Zions und Jerusalems Rettung vor dem Ansturm Assurs

²⁴Darum – so spricht der Herr, der GOTT der Heerscharen: Fürchte dich nicht, mein Volk, das auf dem Berg Zion wohnt, vor Assur, das dich mit dem Stock schlägt und das seinen Knüppel gegen dich erhebt nach der Art Ägyptens. ²⁵Denn nur noch wenig, kurze Zeit, dann wird die Wut zu Ende sein und mein Zorn macht sie zunichte. ²⁶Dann schwingt der HERR der Heerscharen über ihn die Peitsche, wie er Midian schlug am Rabenfels. Er erhebt seinen Stab über das Meer nach der Art Ägyptens.

²⁷An jenem Tag weicht seine Last von deiner Schulter, / sein Joch von deinem Hals und weggerissen ist das Joch vom Nacken.

²⁸Assur zog von Rimmon herauf, / rückte gegen Aja vor,

marschierte durch Migron / und ließ seinen Tross in Michmas zurück.

²⁹Sie zogen durch die Schlucht: Geba war unser Nachtquartier. / Rama erbebte, Gibea-Saul floh.

³⁰Lass deine Stimme gellen, Tochter Gallim! / Lausche, Lajescha! Anatot, antworte ihr!

³¹Madmena flüchtete, / die Bewohner von Gebim brachten sich in Sicherheit.

³²Heute noch bezieht er Stellung in Nob. / Er schwingt seine Hand gegen den Berg der Tochter Zion, / den Hügel Jerusalems.

³³Siehe, Gott, der HERR der Heerscharen, / schlägt mit schrecklicher Gewalt die Zweige ab.

Die Hochgewachsenen werden gefällt / und die Emporragenden sinken nieder.

³⁴Er rodet das Dickicht des Waldes mit dem Eisen / und der Libanon fällt durch einen Mächtigen.

Geistbegabung und Herrschaft des Sprosses Isais

11 ¹Doch aus dem Baumstumpf Isais wächst ein Reis hervor, / ein junger Trieb aus seinen Wurzeln bringt Frucht.

²Der Geist des HERRN ruht auf ihm: / der Geist der Weisheit und der Einsicht, der Geist des Rates und der Stärke, / der Geist der Erkenntnis und der Furcht des HERRN.

³Und er hat sein Wohlgefallen an der Furcht des HERRN. / Er richtet nicht nach dem Augenschein / und nach dem Hörensagen entscheidet er nicht,

⁴sondern er richtet die Geringen in Gerechtigkeit / und entscheidet für die Armen des Landes, wie es recht ist.

Er schlägt das Land / mit dem Stock seines Mundes

und tötet den Frevler / mit dem Hauch seiner Lippen.

⁵Gerechtigkeit ist der Gürtel um seine

Hüften / und die Treue der Gürtel um seine Lenden.

⁶Der Wolf findet Schutz beim Lamm, / der Panther liegt beim Böcklein.

Kalb und Löwe weiden zusammen, / ein kleiner Junge leitet sie.

⁷Kuh und Bärin nähren sich zusammen, / ihre Jungen liegen beieinander. / Der Löwe frisst Stroh wie das Rind.

⁸Der Säugling spielt vor dem Schlupfloch der Natter / und zur Höhle der Schlange streckt das Kind seine Hand aus.

⁹Man tut nichts Böses / und begeht kein Verbrechen / auf meinem ganzen heiligen Berg;

denn das Land ist erfüllt von der Erkenntnis des HERRN, / so wie die Wasser das Meer bedecken.

Die Sammlung des Rests aus der Zerstreuung

¹⁰An jenem Tag wird es der Spross aus der Wurzel Isais sein, / der dasteht als Feldzeichen für die Völker;

die Nationen werden nach ihm fragen / und seine Ruhe wird herrlich sein.

¹¹An jenem Tag wird der Herr von Neuem seine Hand erheben, / um den übrig gebliebenen Rest seines Volkes zurückzugewinnen,

von Assur und Ägypten, von Patros und Kusch, / von Elam, Schinar und Hamat / und von den Inseln des Meeres.

¹²Er wird ein Feldzeichen für die Nationen aufrichten / und die Versprengten Israels zusammenbringen; / die Zerstreuten Judas wird er von den vier Enden der Erde sammeln.

¹³Dann wird die Eifersucht Efraims weichen / und die Bedränger Judas werden vernichtet.

Efraim wird nicht mehr auf Juda eifersüchtig sein, / und Juda wird Efraim nicht mehr bedrängen.

¹⁴Sie werden auf den Berghang der Philister gen Westen fliegen; / vereint plündern sie die Söhne des Ostens.

Edom und Moab sind im Einflussbereich ihrer Hand, / die Söhne Ammons müssen ihnen gehorchen.

¹⁵Dann wird der HERR die Mereszunge Ägyptens austrocknen / und seine Hand gegen den Strom schwingen mit gewaltigem Sturm.

Er zerschlägt ihn in sieben Bäche / und lässt ihn mit Sandalen betreten.

¹⁶Es wird eine Straße für den Rest seines Volkes geben, / der übrig bleibt von Assur,

eine Straße, wie es sie für Israel gab, / als es aus Ägypten heraufzog.

Danklied der Geretteten vom Zion aus

12 ¹An jenem Tag wirst du sagen: / Ich danke dir, HERR.

Du hast mir gezürnt. / Möge dein Zorn sich wenden, / auf dass du mich tröstest.

²Siehe, Gott ist mein Heil; / ich vertraue und erschrecke nicht.

Denn meine Stärke und mein Lied ist Gott, der HERR. / Er wurde mir zum Heil.

³Ihr werdet Wasser freudig schöpfen / aus den Quellen des Heils.

⁴An jenem Tag werdet ihr sagen: / Dankt dem HERRN! Ruft seinen Namen an!

Macht unter den Völkern seine Taten bekannt, / verkündet: Sein Name ist erhaben!

⁵Singt dem HERRN, / denn Überragendes hat er vollbracht; / bekannt gemacht sei dies auf der ganzen Erde.

⁶Jauchzt und jubelt, ihr Bewohner Zions; / denn groß ist in eurer Mitte der Heilige Israels.

…

Erkrankung Hiskijas

38 ¹In jenen Tagen wurde Hiskija todkrank. Da kam der Prophet Jesaja, der Sohn des Amoz, zu ihm und sagte: So spricht der HERR: Bestell dein Haus, denn du wirst sterben und nicht am Leben bleiben! ²Da drehte sich Hiskija mit dem Gesicht zur Wand und betete zum HERRN ³und sagte: Ach HERR, denk daran, dass ich in Treue und mit ungeteiltem Herzen vor dir gegangen bin und dass ich getan habe, was gut ist in deinen Augen. Und Hiskija weinte laut. ⁴Da erging das Wort des HERRN an Jesaja: ⁵Geh und sprich zu Hiskija: So spricht der HERR, der Gott deines Vaters David: Ich habe dein Gebet gehört, ich habe deine Tränen gesehen. Siehe, ich füge deinen Tagen noch fünfzehn Jahre hinzu. ⁶Aus der Faust des Königs von Assur werde ich dich und diese Stadt retten und ich werde diese Stadt beschützen. ⁷Dies ist für dich das Zeichen vom HERRN, dass der HERR dieses Wort, das er gesprochen hat, ausführen wird: ⁸Siehe, ich lasse den Schatten, der auf den Stufen des Ahas mit der Sonne bereits hinabgestiegen ist, wieder zehn Stufen hinaufsteigen. Da kehrte die Sonne zehn Stufen zurück, auf den Stufen, die sie bereits hinabgestiegen war.

Danklied Hiskijas

⁹Ein Schriftstück von Hiskija, dem König von Juda, als er krank war und seine Krankheit überlebte:
¹⁰Ich sprach: In der Mitte meiner Tage / muss ich hinab zu den Pforten der Unterwelt, / ich bin gefangen für den Rest meiner Jahre.
¹¹Ich sprach: Ich darf den HERRN nicht mehr schauen / im Land der Lebenden, keinen Menschen mehr sehen / bei den Bewohnern der Erde.
¹²Meine Hütte bricht man ab, / man deckt sie über mir ab wie das Zelt eines Hirten.
Wie ein Weber das Tuch habe ich mein Leben zusammengerollt, / vom Faden schneidet er mich ab;
vom Tag bis in die Nacht / gibst du mich preis.
¹³Ich schrie bis zum Morgen. / Wie ein Löwe zerbricht er all meine Knochen.
Vom Tag bis in die Nacht / gibst du mich preis.
¹⁴Wie ein Mauersegler, wie eine Schwalbe, so piepse ich, / ich gurre wie eine Taube.
Meine Augen blicken ermattet nach oben: / Ich bin in Not, Herr. Tritt für mich ein!
¹⁵Was soll ich reden und was wird er zu mir sagen? / Er selbst hat es doch getan!
Ich irre umher all meine Jahre / wegen der Bitternis meiner Seele.
¹⁶Herr, dadurch lebt man / und darin liegt das ganze Leben meines Geistes, / dass du mich stärkst. Gib mir das Leben!
¹⁷Siehe, zum Heil war mir Bitteres, Bitteres. / Du, du aber hast dich nach meiner Seele gesehnt – weg von der Gruft des Nichts. / Denn du hast hinter deinen Rücken geworfen alle meine Sünden.
¹⁸Ja, die Unterwelt dankt dir nicht, / der Tod lobt dich nicht.
Die in die Grube hinabgestiegen sind, / hoffen nicht mehr auf deine Treue.
¹⁹Der Lebende, der Lebende, er ist es, der dir dankt, / wie ich am heutigen Tag. / Ein Vater lässt die Kinder deine Treue erkennen.
²⁰Der HERR ist da, um mich zu retten. / Spielen wir mein Saitenspiel / alle Tage unseres Lebens am Haus des HERRN!

> *Noch schaut's nicht danach aus, aber die Todschatten fangen an, sich über uns zu legen. Es ist die Ruhe vor dem Sturm.*

Auf dem Weg zur Heilung
²¹Darauf sagte Jesaja: Man nehme einen Feigenbrei und streiche ihn auf das Geschwür, damit er am Leben bleibe. ²²Da sagte Hiskija: Was ist das Zeichen, dass ich zum Haus des HERRN hinaufgehen werde?

Gesandtschaft aus Babel und zukünftige Verbannung der Königsfamilie

39 ¹In jener Zeit sandte Merodach-Baladan, der Sohn Baladans, der König von Babel, Briefe und Geschenke an Hiskija. Er hatte gehört, dass dieser krank gewesen und zu Kräften gekommen war. ²Hiskija freute sich darüber und ließ sie sehen sein Schatzhaus, das Silber und das Gold, die Vorräte an Balsam und feinem Öl, sein ganzes Waffenlager und alles, was sich in seinen Schatzkammern befand. Es gab nichts in seinem Haus und in seinem ganzen Herrschaftsbereich, das er sie nicht hätte sehen lassen. ³Da kam der Prophet Jesaja zu König Hiskija und fragte ihn: Was haben diese Männer gesagt? Woher kommen sie zu dir? Hiskija antwortete: Aus einem fernen Land sind sie zu mir gekommen, aus Babel. ⁴Da fragte er: Was haben sie in deinem Haus gesehen? Hiskija antwortete: Sie haben alles gesehen, was in meinem Haus ist. Es gibt nichts in meinen Schatzkammern, das ich sie nicht hätte sehen lassen. ⁵Da sagte Jesaja zu Hiskija: Höre das Wort des HERRN der Heerscharen: ⁶Siehe, Tage kommen, da wird alles, was in deinem Haus ist, alles, was deine Väter bis zum heutigen Tag angesammelt haben, nach Babel getragen werden. Übrig bleiben wird nichts, hat der HERR gesprochen. ⁷Und von deinen Söhnen, die von dir abstammen, die du zeugen wirst, wird man einige nehmen und sie werden Eunuchen sein im Palast des Königs von Babel. ⁸Da sagte Hiskija zu Jesaja: Das Wort des HERRN, das du geredet hast, ist gut. Und er sagte: Ja, beständiger Friede wird in meinen Tagen sein.

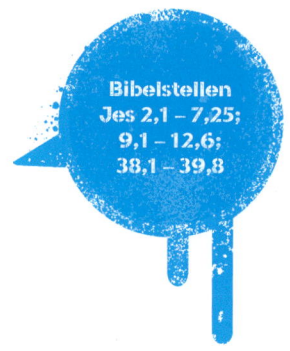

Bibelstellen
Jes 2,1 – 7,25;
9,1 – 12,6;
38,1 – 39,8

Warum überhaupt etwas existiert und nicht nichts

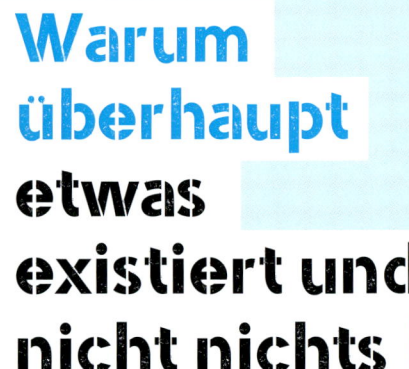

Nochmals willkommen im Land der Todschatten.
Jetzt aber so richtig.

Gibt es das, dass ein ganzes Volk in die Gefangenschaft geführt wird? Nein, eigentlich nicht. Aber es fühlt sich so an. Wenn die Eroberer sich das Land dauerhaft unterwerfen wollen, müssen sie die führenden Köpfe der Gesellschaft beseitigen. Nenne uns meinetwegen die Elite oder die Intellektuellen oder wie immer du willst. Wir sind nicht nur die, die bisher das Land am Laufen hielten, indem wir uns um die Verwaltung kümmerten, um die Religion, um das öffentliche Leben. Wir sind vor allem die, die Lesen und Schreiben können. Wir sind die, die das kulturelle Gedächtnis bewahren. Zu vielen Zeiten und in vielen Kriegen haben die Sieger versucht, das kulturelle Gedächtnis der Besiegten auszulöschen. Selbst noch in deiner Gegenwart wird Derartiges geschehen. Fast schon müssen wir froh sein, dass wir „nur" im Exil sind – und nicht tot.

Vergiss die Assyrer.
Denn nach ihnen kamen die Babylonier.
Noch zu deiner Zeit wird man in der Kunst, in Musik, Literatur oder Film diesen Namen als Synonym für ein zutiefst verkommenes System verwenden. Gut, vielleicht ist Babylon nicht verkommen, es ist im Gegenteil höchst effizient, sonst könnte dieses Reich nicht einen großen Teil unserer bekannten Welt beherrschen. Aber zur Herrschaft gehören eben auch Beherrschte. Unterdrückte. Und das sind wir. Mehr denn je droht unsere Identität verloren zu gehen. Mehr denn je ist fraglich, ob unser Glaube eine Zukunft hat.

Doch wir wollen uns nach dieser Zukunft ausstrecken. Und dazu brauchen wir – schon wieder – gedankliche Brücken. Weit nach vorn und weit zurück. Zurück hinter unsere Erzeltern, zurück hinter Abraham und Sara. So weit zurück, wie es überhaupt nur vorstellbar ist: zurück bis zum Anfang von allem.

Identität – das ist so ein großes Wort, aber es beginnt bei Kleinigkeiten. Bei Alltäglichkeiten; und zwar im Sinne dieses Wortes! Unser Alltag wird nämlich davon bestimmt, dass wir sechs Tage arbeiten und am siebten Tage ruhen. Unsere babylonischen (nennen wir sie mal:) „Gastgeber" kennen keine Siebentage-Woche. Ihr Kalender funktioniert völlig anders als unserer. Wenn wir noch ein paar Jahre oder Jahrzehnte länger in ihrem Land leben müssen, wird unsere Zeiteinteilung in Vergessenheit geraten und mit ihr ein entscheidender Teil unserer Kultur. Vielleicht ist es gar keine schlechte Idee, wenn wir unsere Wocheneinteilung nehmen, um die Erschaffung der Welt darzustellen. Was genau geschehen ist, wissen wir natürlich nicht. Ebenso wenig wie du – zwar kennst du vielleicht die Urknalltheorie und kannst nachlesen, was vermutlich in der ersten Sekunde danach geschah und wie sich das Universum ausdehnte. Aber warum überhaupt etwas existiert und nicht einfach nichts – das kann keine Physik erklären. Will sie auch nicht. Wir aber wollen das schon. Denn es ist unser tiefer Glaube, dass dieses Universum nicht zufällig existiert. Sondern dass da ein Gott ist, der gewollt hat, dass es existiert. Ein Gott, der nicht nur etwas erschaffen hat, sondern der zu seiner Schöpfung auch in Dialog treten will und darum uns Menschen nach seinem eigenen Bild ins Leben ruft.

Natürlich sind wir nicht die ersten, die eine Geschichte vom Ursprung der Welt aufschreiben. Alle Völker und Kulturen um uns herum haben ihre eigenen Schöpfungsmythen. Es sind Geschichten über die Kämpfe von Göttern gegen urtümliche Chaos-Wesen oder einfach gegeneinander. Irgendwann entstehen dann die Menschen und haben den siegreichen Göttern zu dienen.

Unser Verständnis von Schöpfung soll aber anders sein. Denn das, was wir bislang von unserem Gott verstanden haben, hat mit Liebe zu tun und mit Freiheit. Mit Würde. Ja, mit Würde. Wenn in der Politik zu deiner Zeit über das „christliche Menschenbild" gesprochen wird, dann ist unser Text gemeint. Weil wir beschreiben, dass Gott den Menschen als Person erschafft. Als Mann und Frau. Als Wesen, die selbst Verantwortung für diese Schöpfung übernehmen sollen.

Dieses Verantwortung-Übernehmen klappt mal besser und mal schlechter. Wir wissen genau, wie unvollkommen wir Menschen sind – nicht trotz, sondern wegen Gottes Schöpfung. Denn verantwortungsvolle Wesen können wir ja nur dann sein, wenn wir eben nicht immer schon perfekt sind. Sondern wenn wir die volle Freiheit haben, uns auch anders zu entscheiden. „Bin ich der Hüter meines Bruders?", lassen wir Kain fragen, nachdem er den Abel erschlagen hat.

Warum dieser Mord?, wirst du vielleicht rätseln. Warum konnten Adam und Eva nicht die Finger von den verbotenen Früchten lassen? Warum gibt es das Böse in der Welt? Kann Gott nicht das Schlechte einfach vernichten?

Die Erzählung über die Sintflut gibt uns die Ahnung einer Antwort. Das Ende des Bösen wäre wohl das Ende der Menschheit. Gott selbst verspricht uns im Bund mit Noah, dass das keine Option für ihn ist. Wenn wir das Böse überwinden wollen, müssen wir halt selber daran arbeiten. Da hilft es auch nicht, sich aus der Welt zurückzuziehen hinter dicke Mauern. Oder in fantastische Luftschlösser über den Wolken. Denn genau das beschreibt unsere Geschichte über den Turmbau zu Babel.

Dass der HERR uns über die Welt zerstreut hat, mag sich in deinen Augen grausam lesen. Doch wir wollen damit zeigen, dass er uns überall auf der Erde sehen will. Er hat unsere Sprachen „verwirrt", weil er die Vielfalt liebt. Der Garten Eden war keine Monokultur und die Schöpfung ist keine Modelleisenbahn, wo alles auf vorhersehbaren Bahnen geschieht. Die Welt als Schöpfung Gottes ist ein unendlich vielfältiges, kreatives, buntes Durcheinander. Wir gehören dazu und auch die Babylonier gehören dazu und eines Tages wird man uns ziehen und heimkehren lassen in das Land unserer Mütter und Väter.

Der Tag ist vielleicht noch fern. Aber nachdem wir diese Brücken zurück zum Anbeginn geschlagen haben, geht es uns besser und wir können wieder mutiger in die Zukunft gehen. Wir werden aus dem Todschattenland ausbrechen, und das Licht wird über uns strahlen. Und wenn es nicht zu kitschig wäre, müsste hier jetzt ein Regenbogen stehen.

Aus dem Buch Genesis

Die Erschaffung der Welt

1 ¹Im Anfang erschuf Gott Himmel und Erde. ²Die Erde war wüst und wirr und Finsternis lag über der Urflut und Gottes Geist schwebte über dem Wasser.
³Gott sprach: Es werde Licht. Und es wurde Licht. ⁴Gott sah, dass das Licht gut war. Und Gott schied das Licht von der Finsternis. ⁵Und Gott nannte das Licht Tag und die Finsternis nannte er Nacht. Es wurde Abend und es wurde Morgen: erster Tag.
⁶Dann sprach Gott: Es werde ein Gewölbe mitten im Wasser und scheide Wasser von Wasser. ⁷Gott machte das Gewölbe und schied das Wasser unterhalb des Gewölbes vom Wasser oberhalb des Gewölbes. Und so geschah es. ⁸Und Gott nannte das Gewölbe Himmel. Es wurde Abend und es wurde Morgen: zweiter Tag.
⁹Dann sprach Gott: Es sammle sich das Wasser unterhalb des Himmels an einem Ort und das Trockene werde sichtbar. Und so geschah es. ¹⁰Und Gott nannte das Trockene Land und die Ansammlung des Wassers nannte er Meer. Gott sah, dass es gut war. ¹¹Dann sprach Gott: Die Erde lasse junges Grün sprießen, Gewächs, das Samen bildet, Fruchtbäume, die nach ihrer Art Früchte tragen mit Samen darin auf der Erde. Und so geschah es. ¹²Die Erde brachte junges Grün hervor, Gewächs, das Samen nach seiner Art bildet, und Bäume, die Früchte tragen mit Samen darin nach ihrer Art. Gott sah, dass es gut war. ¹³Es wurde Abend und es wurde Morgen: dritter Tag.
¹⁴Dann sprach Gott: Lichter sollen am Himmelsgewölbe sein, um Tag und Nacht zu scheiden. Sie sollen als Zeichen für Festzeiten, für Tage und Jahre dienen. ¹⁵Sie sollen Lichter am Himmelsgewölbe sein, um über die Erde hin zu leuchten. Und so geschah es. ¹⁶Gott machte die beiden großen Lichter, das große zur Herrschaft über den Tag, das kleine zur Herrschaft über die Nacht, und die Sterne.
¹⁷Gott setzte sie an das Himmelsgewölbe, damit sie über die Erde leuchten, ¹⁸über Tag und Nacht herrschen und das Licht von der Finsternis scheiden. Gott sah, dass es gut war. ¹⁹Es wurde Abend und es wurde Morgen: vierter Tag.
²⁰Dann sprach Gott: Das Wasser wimmle von Schwärmen lebendiger Wesen und Vögel sollen über der Erde am Himmelsgewölbe fliegen. ²¹Und Gott erschuf die großen Wassertiere und alle Lebewesen, die sich fortbewegen nach ihrer Art, von denen das Wasser wimmelt, und alle gefiederten Vögel nach ihrer Art. Gott sah, dass es gut war. ²²Gott segnete sie und sprach: Seid fruchtbar und mehrt euch! Füllt das Wasser im Meer und die Vögel sollen sich auf Erden vermehren. ²³Es wurde Abend und es wurde Morgen: fünfter Tag.
²⁴Dann sprach Gott: Die Erde bringe Lebewesen aller Art hervor, von Vieh, von Kriechtieren und von Wildtieren der Erde nach ihrer Art. Und so geschah es. ²⁵Gott machte die Wildtiere der Erde nach ihrer Art, das Vieh nach seiner Art und alle Kriechtiere auf dem Erdboden nach ihrer Art. Gott sah, dass es gut war. ²⁶Dann sprach Gott: Lasst uns Menschen machen als unser Bild, uns ähnlich! Sie sollen walten über die Fische des Meeres, über die Vögel des Himmels, über das Vieh, über die ganze Erde und über alle Kriechtiere, die auf der Erde kriechen. ²⁷Gott erschuf den Menschen als sein Bild, als Bild Gottes erschuf er ihn. Männlich und weiblich erschuf er sie.

²⁸Gott segnete sie und Gott sprach zu ihnen: Seid fruchtbar und mehrt euch, füllt die Erde und unterwerft sie euch und herrscht über die Fische des Meeres, über die Vögel des Himmels und über alle Tiere, die auf der Erde kriechen! ²⁹Dann sprach Gott: Siehe, ich gebe euch alles Gewächs, das Samen bildet auf der ganzen Erde, und alle Bäume, die Früchte tragen mit Samen darin. Euch sollen sie zur Nahrung dienen. ³⁰Allen Tieren der Erde, allen Vögeln des Himmels und allem, was auf der Erde kriecht, das Lebensatem in sich hat, gebe ich alles grüne Gewächs zur Nahrung. Und so geschah es. ³¹Gott sah alles an, was er gemacht hatte: Und siehe, es war sehr gut. Es wurde Abend und es wurde Morgen: der sechste Tag.

2 ¹So wurden Himmel und Erde und ihr ganzes Heer vollendet. ²Am siebten Tag vollendete Gott das Werk, das er gemacht hatte, und er ruhte am siebten Tag, nachdem er sein ganzes Werk gemacht hatte. ³Und Gott segnete den siebten Tag und heiligte ihn; denn an ihm ruhte Gott, nachdem er das ganze Werk erschaffen hatte.

Der Mensch im Garten Eden

⁴Das ist die Geschichte der Entstehung von Himmel und Erde, als sie erschaffen wurden. Zur Zeit, als Gott, der HERR, Erde und Himmel machte, ⁵gab es auf der Erde noch keine Feldsträucher und wuchsen noch keine Feldpflanzen, denn Gott, der HERR, hatte es auf die Erde noch nicht regnen lassen und es gab noch keinen Menschen, der den Erdboden bearbeitete, ⁶aber Feuchtigkeit stieg aus der Erde auf und tränkte die ganze Fläche des Erdbodens. ⁷Da formte Gott, der HERR, den Menschen, Staub vom Erdboden, und blies in seine Nase den Lebensatem. So wurde der Mensch zu einem lebendigen Wesen.

⁸Dann pflanzte Gott, der HERR, in Eden, im Osten, einen Garten und setzte dorthin den Menschen, den er geformt hatte. ⁹Gott, der HERR, ließ aus dem Erdboden allerlei Bäume wachsen, begehrenswert anzusehen und köstlich zu essen, in der Mitte des Gartens aber den Baum des Lebens und den Baum der Erkenntnis von Gut und Böse.

¹⁰Ein Strom entspringt in Eden, der den Garten bewässert; dort teilt er sich und wird zu vier Hauptflüssen. ¹¹Der Name des ersten ist Pischon; er ist es, der das ganze Land Hawila umfließt, wo es Gold gibt. ¹²Das Gold jenes Landes ist gut; dort gibt es Bdelliumharz und Karneolsteine. ¹³Der Name des zweiten Stromes ist Gihon; er ist es, der das ganze Land Kusch umfließt. ¹⁴Der Name des dritten Stromes ist Tigris; er ist es, der östlich an Assur vorbeifließt. Der vierte Strom ist der Eufrat.

¹⁵Gott, der HERR, nahm den Menschen und gab ihm seinen Wohnsitz im Garten von Eden, damit er ihn bearbeite und hüte. ¹⁶Dann gebot Gott, der HERR, dem Menschen: Von allen Bäumen des Gartens darfst du essen, ¹⁷doch vom Baum der Erkenntnis von Gut und Böse darfst du nicht essen; denn am Tag, da du davon isst, wirst du sterben.

¹⁸Dann sprach Gott, der HERR: Es ist nicht gut, dass der Mensch allein ist. Ich will ihm eine Hilfe machen, die ihm ebenbürtig ist.

¹⁹Gott, der HERR, formte aus dem Erdboden alle Tiere des Feldes und alle Vögel des Himmels und führte sie dem Menschen zu, um zu sehen, wie er sie benennen würde. Und wie der Mensch jedes lebendige Wesen

> *Die einen erleben die Welt so, die anderen eben anders. Deswegen findest du hier zwei Erzählungen.*

benannte, so sollte sein Name sein. ²⁰Der Mensch gab Namen allem Vieh, den Vögeln des Himmels und allen Tieren des Feldes. Aber eine Hilfe, die dem Menschen ebenbürtig war, fand er nicht.

²¹Da ließ Gott, der HERR, einen tiefen Schlaf auf den Menschen fallen, sodass er einschlief, nahm eine seiner Rippen und verschloss ihre Stelle mit Fleisch. ²²Gott, der HERR, baute aus der Rippe, die er vom Menschen genommen hatte, eine Frau und führte sie dem Menschen zu. ²³Und der Mensch sprach: Das endlich ist Bein von meinem Bein / und Fleisch von meinem Fleisch. Frau soll sie genannt werden; / denn vom Mann ist sie genommen.

²⁴Darum verlässt der Mann Vater und Mutter und hängt seiner Frau an und sie werden ein Fleisch. ²⁵Beide, der Mensch und seine Frau, waren nackt, aber sie schämten sich nicht voreinander.

Der Fall des Menschen

3 ¹Die Schlange war schlauer als alle Tiere des Feldes, die Gott, der HERR, gemacht hatte. Sie sagte zu der Frau: Hat Gott wirklich gesagt: Ihr dürft von keinem Baum des Gartens essen? ²Die Frau entgegnete der Schlange: Von den Früchten der Bäume im Garten dürfen wir essen; ³nur von den Früchten des Baumes, der in der Mitte des Gartens steht, hat Gott gesagt: Davon dürft ihr nicht essen und daran dürft ihr nicht rühren, sonst werdet ihr sterben.

⁴Darauf sagte die Schlange zur Frau: Nein, ihr werdet nicht sterben. ⁵Gott weiß vielmehr: Sobald ihr davon esst, gehen euch die Augen auf; ihr werdet wie Gott und erkennt Gut und Böse. ⁶Da sah die Frau, dass es köstlich wäre, von dem Baum zu essen, dass der Baum eine Augenweide war und begehrenswert war, um klug zu werden. Sie nahm von seinen Früchten und aß; sie gab auch ihrem Mann, der bei ihr war, und auch er aß.

⁷Da gingen beiden die Augen auf und sie erkannten, dass sie nackt waren. Sie hefteten Feigenblätter zusammen und machten sich einen Schurz. ⁸Als sie an den Schritten hörten, dass sich Gott, der HERR, beim Tagwind im Garten erging, versteckten sich der Mensch und seine Frau vor Gott, dem HERRN, inmitten der Bäume des Gartens. ⁹Aber Gott, der HERR, rief nach dem Menschen und sprach zu ihm: Wo bist du? ¹⁰Er antwortete: Ich habe deine Schritte gehört im Garten; da geriet ich in Furcht, weil ich nackt bin, und versteckte mich. ¹¹Darauf fragte er: Wer hat dir gesagt, dass du nackt bist? Hast du von dem Baum gegessen, von dem ich dir geboten habe, davon nicht zu essen? ¹²Der Mensch antwortete: Die Frau, die du mir beigesellt hast, sie hat mir von dem Baum gegeben. So habe ich gegessen. ¹³Gott, der HERR, sprach zu der Frau: Was hast du getan? Die Frau antwortete: Die Schlange hat mich verführt. So habe ich gegessen.

¹⁴Da sprach Gott, der HERR, zur Schlange: Weil du das getan hast, bist du verflucht / unter allem Vieh und allen Tieren des Feldes. / Auf dem Bauch wirst du kriechen / und Staub fressen alle Tage deines Lebens.

¹⁵Und Feindschaft setze ich zwischen dir und der Frau, / zwischen deinem Nachkommen und ihrem Nachkommen. / Er trifft dich am Kopf / und du triffst ihn an der Ferse.

¹⁶Zur Frau sprach er:
Viel Mühsal bereite ich dir und häufig wirst du schwanger werden. / Unter Schmerzen gebierst du Kinder. / Nach deinem Mann hast du Verlangen / und er wird über dich herrschen.

¹⁷Zum Menschen sprach er: Weil du auf die Stimme deiner Frau gehört

und von dem Baum gegessen hast, von dem ich dir geboten hatte, davon nicht zu essen,
ist der Erdboden deinetwegen verflucht. / Unter Mühsal wirst du von ihm essen alle Tage deines Lebens.

¹⁸Dornen und Disteln lässt er dir wachsen / und die Pflanzen des Feldes wirst du essen.

¹⁹Im Schweiße deines Angesichts / wirst du dein Brot essen, / bis du zum Erdboden zurückkehrst; / denn von ihm bist du genommen, / Staub bist du / und zum Staub kehrst du zurück.

²⁰Der Mensch gab seiner Frau den Namen Eva, Leben, denn sie wurde die Mutter aller Lebendigen. ²¹Gott, der Herr, machte dem Menschen und seiner Frau Gewänder von Fell und bekleidete sie damit.

²²Dann sprach Gott, der Herr: Siehe, der Mensch ist wie einer von uns geworden, dass er Gut und Böse erkennt. Aber jetzt soll er nicht seine Hand ausstrecken, um auch noch vom Baum des Lebens zu nehmen, davon zu essen und ewig zu leben. ²³Da schickte Gott, der Herr, ihn aus dem Garten Eden weg, damit er den Erdboden bearbeite, von dem er genommen war. ²⁴Er vertrieb den Menschen und ließ östlich vom Garten Eden die Kerubim wohnen und das lodernde Flammenschwert, damit sie den Weg zum Baum des Lebens bewachten.

Kain und Abel

4 ¹Der Mensch erkannte Eva, seine Frau; sie wurde schwanger und gebar Kain. Da sagte sie: Ich habe einen Mann vom Herrn erworben. ²Sie gebar ein zweites Mal, nämlich Abel, seinen Bruder. Abel wurde Schafhirt und Kain Ackerbauer.

³Nach einiger Zeit brachte Kain dem Herrn eine Gabe von den Früchten des Erdbodens dar; ⁴auch Abel brachte eine dar von den Erstlingen seiner Herde und von ihrem Fett. Der Herr schaute auf Abel und seine Gabe, ⁵aber auf Kain und seine Gabe schaute er nicht. Da überlief es Kain ganz heiß und sein Blick senkte sich. ⁶Der Herr sprach zu Kain: Warum überläuft es dich heiß und warum senkt sich dein Blick? ⁷Ist es nicht so: Wenn du gut handelst, darfst du aufblicken; wenn du nicht gut handelst, lauert an der Tür die Sünde. Sie hat Verlangen nach dir, doch du sollst über sie herrschen.

⁸Da redete Kain mit Abel, seinem Bruder. Als sie auf dem Feld waren, erhob sich Kain gegen Abel, seinen Bruder, und tötete ihn. ⁹Da sprach der Herr zu Kain: Wo ist Abel, dein Bruder? Er entgegnete: Ich weiß es nicht. Bin ich der Hüter meines Bruders? ¹⁰Der Herr sprach: Was hast du getan? Das Blut deines Bruders erhebt seine Stimme und schreit zu mir vom Erdboden. ¹¹So bist du jetzt verflucht, verbannt vom Erdboden, der seinen Mund aufgesperrt hat, um aus deiner Hand das Blut deines Bruders aufzunehmen. ¹²Wenn du den Erdboden bearbeitest, wird er dir keinen Ertrag mehr bringen. Rastlos und ruhelos wirst du auf der Erde sein. ¹³Kain antwortete dem Herrn: Zu groß ist meine Schuld, als dass ich sie tragen könnte. ¹⁴Siehe, du hast mich heute vom Erdboden vertrieben und ich muss mich vor deinem Angesicht verbergen; rastlos und ruhelos werde ich auf der Erde sein und jeder, der mich findet, wird mich töten. ¹⁵Der Herr aber sprach zu ihm: Darum soll jeder, der Kain tötet, siebenfacher Rache verfallen. Darauf machte der Herr dem Kain ein Zeichen, damit ihn keiner erschlage, der ihn finde. ¹⁶So zog Kain fort, weg vom Herrn, und ließ sich im Land Nod nieder, östlich von Eden.

Die Nachkommen Kains

[17]Kain erkannte seine Frau; sie wurde schwanger und gebar Henoch. Kain wurde der Erbauer einer Stadt und nannte die Stadt nach dem Namen seines Sohnes Henoch. [18]Dem Henoch wurde Irad geboren; Irad zeugte Mehujaël, Mehujaël zeugte Metuschaël und Metuschaël zeugte Lamech.

[19]Lamech nahm sich zwei Frauen; der Name der einen war Ada und der Name der anderen Zilla. [20]Ada gebar Jabal; er wurde der Stammvater derer, die in Zelten wohnen und vom Viehbesitz leben. [21]Der Name seines Bruders war Jubal; er wurde der Stammvater aller Leier- und Flötenspieler. [22]Auch Zilla gebar, und zwar Tubal-Kajin, der die Geräte aller Erz- und Eisenhandwerker schmiedete. Die Schwester Tubal-Kajins war Naama.

[23]Lamech sagte zu seinen Frauen:
Ada und Zilla, hört auf meine Stimme, / ihr Frauen Lamechs, horcht meiner Rede! / Ja, einen Mann erschlage ich für meine Wunde / und ein Kind für meine Strieme.

[24]Wird Kain siebenfach gerächt, / dann Lamech siebenundsiebzigfach.

Set und Enosch

[25]Adam erkannte noch einmal seine Frau. Sie gebar einen Sohn und gab ihm den Namen Set, Setzling. Denn sie sagte: Gott setzte mir einen anderen Nachkommen anstelle Abels, weil Kain ihn getötet hat. [26]Auch dem Set wurde ein Sohn geboren und er gab ihm den Namen Enosch. Damals fing man an, den Namen des HERRN anzurufen.

Von Adam bis Noach

5 [1]Dies ist das Buch der Geschlechterfolge Adams: Am Tag, da Gott den Menschen erschuf, machte er ihn Gott ähnlich. [2]Männlich und weiblich erschuf er sie, er segnete sie und gab ihnen den Namen Mensch an dem Tag, da sie erschaffen wurden.

[3]Adam war hundertdreißig Jahre alt, da zeugte er einen Sohn, der ihm ähnlich war, wie sein Bild, und gab ihm den Namen Set. [4]Nachdem Adam Set gezeugt hatte, lebte er noch achthundert Jahre und er zeugte Söhne und Töchter. [5]Die gesamte Lebenszeit Adams betrug neunhundertdreißig Jahre, dann starb er.

[6]Set war hundertfünf Jahre alt, da zeugte er Enosch. [7]Nachdem Set Enosch gezeugt hatte, lebte er noch achthundertsieben Jahre und zeugte Söhne und Töchter. [8]Die gesamte Lebenszeit Sets betrug neunhundertzwölf Jahre, dann starb er.

[9]Enosch war neunzig Jahre alt, da zeugte er Kenan. [10]Nachdem Enosch Kenan gezeugt hatte, lebte er noch achthundertfünfzehn Jahre und zeugte Söhne und Töchter. [11]Die gesamte Lebenszeit des Enosch betrug neunhundertfünf Jahre, dann starb er.

[12]Kenan war siebzig Jahre alt, da zeugte er Mahalalel. [13]Nachdem Kenan Mahalalel gezeugt hatte, lebte er noch achthundertvierzig Jahre und zeugte Söhne und Töchter. [14]Die gesamte Lebenszeit Kenans betrug neunhundertzehn Jahre, dann starb er.

[15]Mahalalel war fünfundsechzig Jahre alt, da zeugte er Jered. [16]Nachdem Mahalalel Jered gezeugt hatte, lebte er noch achthundertdreißig Jahre und zeugte Söhne und Töchter. [17]Die gesamte Lebenszeit Mahalalels betrug achthundertfünfundneunzig Jahre, dann starb er.

[18]Jered war hundertzweiundsechzig Jahre alt, da zeugte er Henoch. [19]Nachdem Jered Henoch gezeugt hatte, lebte er noch achthundert Jahre und zeugte Söhne und Töchter. [20]Die gesamte Lebenszeit Jereds betrug neunhundertzweiundsechzig Jahre, dann starb er.

²¹Henoch war fünfundsechzig Jahre alt, da zeugte er Metuschelach. ²²Nachdem Henoch Metuschelach gezeugt hatte, ging er mit Gott dreihundert Jahre lang und zeugte Söhne und Töchter. ²³Die gesamte Lebenszeit Henochs betrug dreihundertfünfundsechzig Jahre. ²⁴Henoch ging mit Gott, dann war er nicht mehr da; denn Gott hatte ihn aufgenommen.

²⁵Metuschelach war hundertsiebenundachtzig Jahre alt, da zeugte er Lamech. ²⁶Nachdem Metuschelach Lamech gezeugt hatte, lebte er noch siebenhundertzweiundachtzig Jahre und zeugte Söhne und Töchter. ²⁷Die gesamte Lebenszeit Metuschelachs betrug neunhundertneunundsechzig Jahre, dann starb er.

²⁸Lamech war hundertzweiundachtzig Jahre alt, da zeugte er einen Sohn ²⁹und er gab ihm den Namen Noach – Ruhe –. Dabei sagte er: Er wird uns aufatmen lassen von unserer Arbeit und von der Mühe unserer Hände mit dem Erdboden, den der Herr verflucht hat. ³⁰Nachdem Lamech Noach gezeugt hatte, lebte er noch fünfhundertfünfundneunzig Jahre und zeugte Söhne und Töchter. ³¹Die gesamte Lebenszeit Lamechs betrug siebenhundertsiebenundsiebzig Jahre, dann starb er.

³²Noach zeugte im Alter von fünfhundert Jahren Sem, Ham und Jafet.

…

Die Sintflut

6 ⁵Der Herr sah, dass auf der Erde die Bosheit des Menschen zunahm und dass alles Sinnen und Trachten seines Herzens immer nur böse war. ⁶Da reute es den Herrn, auf der Erde den Menschen gemacht zu haben, und es tat seinem Herzen weh. ⁷Der Herr sagte: Ich will den Menschen, den ich erschaffen habe, vom Erdboden vertilgen, mit ihm auch das Vieh, die Kriechtiere und die Vögel des Himmels, denn es reut mich, sie gemacht zu haben. ⁸Nur Noach fand Gnade in den Augen des Herrn.

⁹Das ist die Geschlechterfolge nach Noach: Noach war ein gerechter, untadeliger Mann unter seinen Zeitgenossen; er ging mit Gott. ¹⁰Noach zeugte drei Söhne: Sem, Ham und Jafet.

¹¹Die Erde aber war vor Gott verdorben, die Erde war voller Gewalttat. ¹²Gott sah sich die Erde an und siehe, sie war verdorben; denn alle Wesen aus Fleisch auf der Erde lebten verdorben.

¹³Da sprach Gott zu Noach: Ich sehe, das Ende aller Wesen aus Fleisch ist gekommen; denn durch sie ist die Erde voller Gewalttat. Siehe, ich will sie zugleich mit der Erde verderben. ¹⁴Mach dir eine Arche aus Goferholz! Statte sie mit Kammern aus und dichte sie innen und außen mit Pech ab! ¹⁵So sollst du sie machen: Dreihundert Ellen lang, fünfzig Ellen breit und dreißig Ellen hoch soll sie sein. ¹⁶Mach der Arche ein Dach und hebe es genau um eine Elle nach oben an! Den Eingang der Arche bring an der Seite an! Richte ein unteres, ein zweites und ein drittes Stockwerk ein! ¹⁷Ich bin es. Siehe, ich will die Flut, das Wasser, über die Erde bringen, um alle Wesen aus Fleisch unter dem Himmel, alles, was Lebensgeist in sich hat, zu verderben. Alles auf Erden soll den Tod finden. ¹⁸Mit dir aber richte ich meinen Bund auf. Geh in die Arche, du, deine Söhne, deine Frau und die Frauen deiner Söhne! ¹⁹Von allem, was lebt, von allen Wesen aus Fleisch, führe je zwei in die Arche, damit sie mit dir am Leben bleiben; je ein Männchen und ein Weibchen sollen es sein. ²⁰Von allen Arten der Vögel, von allen Arten des Viehs, von allen Arten der Kriechtiere auf dem Erdboden sollen je zwei zu dir

kommen, damit sie am Leben bleiben. ²¹Nimm dir von allem Essbaren mit und leg dir einen Vorrat an! Dir und ihnen soll es zur Nahrung dienen. ²²Noach tat alles genauso, wie ihm Gott geboten hatte.

7 ¹Der HERR sprach zu Noach: Geh in die Arche, du und dein ganzes Haus, denn ich habe gesehen, dass du in dieser Generation ein Gerechter vor mir bist! ²Von allen reinen Tieren nimm dir je sieben Paare mit, Männchen und Weibchen, und von allen unreinen Tieren je ein Paar, Männchen und Weibchen, ³auch von den Vögeln des Himmels jeweils sieben, männlich und weiblich, um Nachwuchs auf der ganzen Erde am Leben zu erhalten! ⁴Denn noch sieben Tage dauert es, dann lasse ich es vierzig Tage und vierzig Nächte lang auf die Erde regnen und tilge vom Erdboden alle Wesen, die ich gemacht habe. ⁵Noach tat alles genauso, wie ihm der HERR geboten hatte. ⁶Noach war sechshundert Jahre alt, als die Flut, das Wasser, über die Erde kam.

⁷Noach ging also mit seinen Söhnen, seiner Frau und den Frauen seiner Söhne in die Arche, bevor das Wasser der Flut kam. ⁸Von den reinen und unreinen Tieren, von den Vögeln und allem, was sich auf dem Erdboden regt, ⁹kamen immer zwei zu Noach in die Arche, männlich und weiblich, wie Gott es Noach geboten hatte. ¹⁰Als die sieben Tage vorbei waren, kam das Wasser der Flut über die Erde. ¹¹Im sechshundertsten Lebensjahr Noachs, am siebzehnten Tag des zweiten Monats, an diesem Tag brachen alle Quellen der gewaltigen Urflut auf und die Schleusen des Himmels öffneten sich. ¹²Der Regen ergoss sich vierzig Tage und vierzig Nächte lang auf die Erde.

¹³Genau an jenem Tag waren Noach, die Söhne Noachs, Sem, Ham und Jafet, Noachs Frau und mit ihnen die drei Frauen seiner Söhne in die Arche gegangen, ¹⁴sie und alle Arten der Tiere, alle Arten des Viehs und alle Arten der Kriechtiere, die sich auf der Erde regen, und alle Arten der Vögel, alles Gefiederte und alles Flügel Schlagende. ¹⁵Sie waren zu Noach in die Arche gekommen, immer zwei von allen Wesen aus Fleisch, in denen Lebensgeist ist. ¹⁶Und die kamen, waren männlich und weiblich; von allen Wesen aus Fleisch kamen sie, wie Gott ihm geboten hatte. Dann schloss der HERR hinter ihm zu.

¹⁷Die Flut auf der Erde dauerte vierzig Tage. Das Wasser stieg und hob die Arche immer höher über die Erde. ¹⁸Das Wasser schwoll an und stieg immer mehr auf der Erde, die Arche aber trieb auf dem Wasser dahin. ¹⁹Das Wasser war auf der Erde gewaltig angeschwollen und bedeckte alle hohen Berge, die es unter dem ganzen Himmel gibt. ²⁰Das Wasser war fünfzehn Ellen über die Berge hinaus angeschwollen und hatte sie zugedeckt. ²¹Da fanden alle Wesen aus Fleisch, die sich auf der Erde geregt hatten, den Tod, Vögel, Vieh und sonstige Tiere, alles, wovon die Erde gewimmelt hatte, und auch alle Menschen. ²²Alles, was auf der Erde durch die Nase Lebensgeist atmet, und alles, was auf dem Trockenen lebt, starb. ²³Gott vertilgte also alle Wesen auf dem Erdboden, vom Menschen bis zum Vieh, bis zu den Kriechtieren und die Vögel des Himmels; sie alle wurden von der Erde vertilgt. Übrig blieb nur Noach und was mit ihm in der Arche war. ²⁴Das Wasser aber schwoll hundertfünfzig Tage lang auf der Erde an.

8 ¹Da gedachte Gott des Noach sowie aller Tiere und allen Viehs, die bei ihm in der Arche waren. Gott ließ einen Wind über die Erde wehen und das Wasser sank. ²Die Quellen der Urflut und die Schleusen des Himmels wurden geschlossen; der Regen hörte auf, vom Himmel zu fallen, ³und das Wasser verlief sich allmählich von der Erde. So nahm das Wasser nach hundertfünfzig Tagen ab. ⁴Am siebzehnten Tag des siebten Monats setzte die Arche auf dem Gebirge Ararat auf. ⁵Das Wasser nahm immer mehr ab, bis zum zehnten Monat. Am ersten Tag des zehnten Monats wurden die Berggipfel sichtbar.

⁶Nach vierzig Tagen öffnete Noach das Fenster der Arche, das er gemacht hatte, ⁷und ließ einen Raben hinaus. Der flog aus und ein, bis das Wasser auf der Erde vertrocknet war. ⁸Dann ließ er eine Taube hinaus, um zu sehen, ob das Wasser auf dem Erdboden abgenommen habe. ⁹Die Taube fand nichts, wo sie ihre Füße ruhen lassen konnte, und kehrte zu ihm in die Arche zurück, weil über der ganzen Erde noch Wasser stand. Er streckte seine Hand aus und nahm sie wieder zu sich in die Arche. ¹⁰Dann wartete er noch weitere sieben Tage und ließ wieder die Taube aus der Arche. ¹¹Gegen Abend kam die Taube zu ihm zurück und siehe: In ihrem Schnabel hatte sie einen frischen Ölzweig. Da wusste Noach, dass das Wasser auf der Erde abgenommen hatte. ¹²Er wartete noch weitere sieben Tage und ließ die Taube hinaus. Nun kehrte sie nicht mehr zu ihm zurück.

¹³Im sechshundertsten Jahr Noachs, am ersten Tag des ersten Monats, hatte sich das Wasser von der Erde verlaufen. Da entfernte Noach das Dach der Arche, blickte hinaus und siehe: Der Erdboden war trocken. ¹⁴Am siebenundzwanzigsten Tag des zweiten Monats war die Erde trocken. ¹⁵Da sprach Gott zu Noach: ¹⁶Komm heraus aus der Arche, du, deine Frau, deine Söhne und die Frauen deiner Söhne! ¹⁷Bring mit dir alles Lebendige heraus, von allen Wesen aus Fleisch, was da ist an Vögeln, Vieh und allen Kriechtieren, die sich auf der Erde regen! Auf der Erde soll es von ihnen wimmeln; sie sollen fruchtbar sein und sich auf der Erde vermehren. ¹⁸Da kam Noach heraus, er, seine Söhne, seine Frau und die Frauen seiner Söhne. ¹⁹Alle Tiere, alle Kriechtiere und alle Vögel, alles, was sich auf der Erde regt, kamen nach ihren Familien aus der Arche heraus.

²⁰Dann baute Noach dem HERRN einen Altar, nahm von allen reinen Tieren und von allen reinen Vögeln und brachte auf dem Altar Brandopfer dar. ²¹Der HERR roch den beruhigenden Duft und der HERR sprach in seinem Herzen: Ich werde den Erdboden wegen des Menschen nie mehr verfluchen; denn das Trachten des menschlichen Herzens ist böse von Jugend an. Ich werde niemals wieder alles Lebendige schlagen, wie ich es getan habe.

²²Niemals, so lange die Erde besteht, / werden Aussaat und Ernte, / Kälte und Hitze, / Sommer und Winter, / Tag und Nacht aufhören.

9 ¹Dann segnete Gott Noach und seine Söhne und sprach zu ihnen: Seid fruchtbar, mehrt euch und füllt die Erde! ²Furcht und Schrecken vor euch soll sich auf alle Tiere der Erde legen, auf alle Vögel des Himmels, auf alles, was sich auf dem Erdboden regt, und auf alle Fische des Meeres; in eure Hand sind sie gegeben. ³Alles, was sich regt und lebt, soll euch zur Nahrung dienen. Das alles übergebe ich euch wie die grünen Pflanzen. ⁴Nur Fleisch mit seinem Leben, seinem Blut, dürft ihr nicht essen. ⁵Wenn aber euer Blut vergossen wird, fordere ich Rechenschaft für jedes eurer Leben. Von jedem Tier fordere ich Rechenschaft und vom Menschen. Für das

Leben des Menschen fordere ich Rechenschaft von jedem, der es seinem Bruder nimmt.
⁶Wer Blut eines Menschen vergießt, / um dieses Menschen willen wird auch sein Blut vergossen. / Denn als Bild Gottes / hat er den Menschen gemacht.
⁷Ihr aber, seid fruchtbar und mehrt euch; regt euch auf der Erde und mehrt euch auf ihr!
⁸Dann sprach Gott zu Noach und seinen Söhnen, die bei ihm waren: ⁹Ich bin es. Siehe, ich richte meinen Bund auf mit euch und mit euren Nachkommen nach euch ¹⁰und mit allen Lebewesen bei euch, mit den Vögeln, dem Vieh und allen Wildtieren der Erde bei euch, mit allen, die aus der Arche gekommen sind, mit allen Wildtieren der Erde überhaupt. ¹¹Ich richte meinen Bund mit euch auf: Nie wieder sollen alle Wesen aus Fleisch vom Wasser der Flut ausgerottet werden; nie wieder soll eine Flut kommen und die Erde verderben. ¹²Und Gott sprach: Das ist das Zeichen des Bundes, den ich stifte zwischen mir und euch und den lebendigen Wesen bei euch für alle kommenden Generationen: ¹³Meinen Bogen setze ich in die Wolken; er soll das Zeichen des Bundes werden zwischen mir und der Erde. ¹⁴Balle ich Wolken über der Erde zusammen und erscheint der Bogen in den Wolken, ¹⁵dann gedenke ich des Bundes, der besteht zwischen mir und euch und allen Lebewesen, allen Wesen aus Fleisch, und das Wasser wird nie wieder zur Flut werden, die alle Wesen aus Fleisch verdirbt. ¹⁶Steht der Bogen in den Wolken, so werde ich auf ihn sehen und des ewigen Bundes gedenken zwischen Gott und allen lebenden Wesen, allen Wesen aus Fleisch auf der Erde. ¹⁷Und Gott sprach zu Noach: Dies ist das Zeichen des Bundes, den ich zwischen mir und allen Wesen aus Fleisch auf der Erde aufgerichtet habe.

…

Der Tod Noachs
²⁸Noach lebte nach der Flut noch dreihundertfünfzig Jahre. ²⁹Die gesamte Lebenszeit Noachs betrug neunhundertfünfzig Jahre. Dann starb er.

…

Der Turmbau zu Babel
11 ¹Die ganze Erde hatte eine Sprache und ein und dieselben Worte. ²Als sie ostwärts aufbrachen, fanden sie eine Ebene im Land Schinar und siedelten sich dort an. ³Sie sagten zueinander: Auf, formen wir Lehmziegel und brennen wir sie zu Backsteinen. So dienten ihnen gebrannte Ziegel als Steine und Erdpech als Mörtel. ⁴Dann sagten sie: Auf, bauen wir uns eine Stadt und einen Turm mit einer Spitze bis in den Himmel! So wollen wir uns einen Namen machen, damit wir uns nicht über die ganze Erde zerstreuen. ⁵Da stieg der HERR herab, um sich Stadt und Turm anzusehen, die die Menschenkinder bauten. ⁶Und der HERR sprach: Siehe, ein Volk sind sie und eine Sprache haben sie alle. Und das ist erst der Anfang ihres Tuns. Jetzt wird ihnen nichts mehr unerreichbar sein, wenn sie es sich zu tun vornehmen. ⁷Auf, steigen wir hinab und verwirren wir dort ihre Sprache, sodass keiner mehr die Sprache des anderen versteht. ⁸Der HERR zerstreute sie von dort aus über die ganze Erde und sie hörten auf, an der Stadt zu bauen. ⁹Darum gab man der Stadt den Namen Babel, Wirrsal, denn dort hat der HERR die Sprache der ganzen Erde verwirrt und von dort aus hat er die Menschen über die ganze Erde zerstreut.

Bibelstellen
Gen 1,1 – 5,32;
6,5 – 9,17.28;
11,1–9

Warum Recht nicht Heuchelei sein darf

Es ist nicht alles schlecht in Babylon. Wir leben hier in einer vergleichsweise modernen Gesellschaft, von der wir auch manches lernen können. Ganz sicher ist dieses Land kein Rechtsstaat in dem Sinne, was du darunter verstehen wirst. Aber im Unterschied zu vielen anderen Kulturen unserer Zeit kennen die Babylonier verbindliches Recht. Das bedeutet: Es existieren Gesetze. Für jemanden aus deiner Zeit klingt das banal, aber in unserer Zeit gibt es häufig keine Gesetze, die irgendetwas objektiv regeln würden. Stattdessen herrschen jeweils der Wille und die Befehle von Königen. Die Idee des Rechts bedeutet aber, dass bestimmte Überzeugungen unabhängig davon gelten, wer gerade die Regierung innehat und ob es den Herrschenden passt oder nicht. Recht heißt auch, dass Überzeugungen nicht nur für den Augenblick gelten, sondern über den Tag hinaus.

Auch wir hatten schon in der Zeit vor dem Exil begonnen, unsere Überzeugungen aufzuschreiben und verbindliches Recht für unser Volk zu setzen. Und hier in Babylon ließen wir uns dazu inspirieren, wie man ein Gesetzeswerk gliedert und aufbaut. Sie arbeiten hier mit einem Codex des Königs Hammurapi, der mehr als tausend Jahre vor unserer Zeit in diesem Land geherrscht hat. Analog zu diesem Codex werden wir unsere eigene Gesetzessammlung niederschreiben. Wir werden dem Buch einen schlichten Namen geben: „Debarim". Das bedeutet: „Worte". In deiner Zeit wird man es unter den Begriffen „Deuteronomium" und „Das fünfte Buch Mose" kennen.

Denn zurück zu Mose wollen wir eine Brücke schlagen. Zu Moses Begegnung mit dem HERRN im brennenden Dornbusch und mit der Begegnung am Berg Sinai, denn all unser Recht geht darauf zurück, dass der HERR uns aus Ägypten herausgeführt hat. In gewisser Weise stellt dieses Buch das Vermächtnis des Mose dar. Als einzige „Handlung" des Buches erzählen wir, wie Mose sich unmittelbar vor seinem Tod von uns verabschiedet und dabei die wichtigsten Überzeugungen zusammenfasst, die ihn selbst überdauern sollen.

Noch heute singen viele von uns jeden Tag die bewegenden Worte aus dem 6. Kapitel, wir singen: „Sch'ma Jisrael!" – „Höre, Israel! Der HERR, unser Gott, der HERR ist einzig." Und wenn du weiterliest, stößt du auf die Formulierung: „Wenn dich morgen dein Kind fragt: Warum achtet ihr auf die Eidesbestimmungen und die Gesetze und die Rechtsentscheide, auf die der HERR, unser Gott, euch verpflichtet hat?, dann sollst du deinem Kind antworten: Wir waren Sklaven des Pharao in Ägypten und der HERR hat uns mit starker Hand aus Ägypten geführt."

Für uns sind Vergangenheit, Gegenwart und Zukunft im Gesetz des Mose untrennbar verschmolzen. Sein Gesetz, seine Bücher, die wir die Tora nennen, bestimmen unser Leben. Aber das ist nach unserem Verständnis nichts, was der HERR, unser Gott uns aufgezwungen hat. Vielmehr hat er einen Bund mit uns geschlossen. Und für diesen Bund hat der HERR keine große Nation ausgewählt, keinen mächtigen Staat, sondern unser kleines Volk Israel. Er und wir – wir haben uns aneinander gebunden. Aber weil das so abstrakt klingt, ist es gut, einen konkreten Ort zu haben, wo dieser Bund gefeiert und gefestigt wird: unser Heiligtum. Mose und seine Leute haben es durch die Wüste getragen, David hat es nach Jerusalem gebracht und Salomon dafür den Tempel errichtet. Gott und Volk und Heiligtum gehören ebenso eng zusammen wie das Gestern, Heute und Morgen. Vielleicht betonen wir das deshalb so stark, weil wir hier soweit fort von zu Hause sind …

Es geht also, du ahnst es schon, auch hier wieder um eine Frage von Identität. Aber auch um mehr, es geht um die praktische Gestaltung des Alltags. Nicht zuletzt um Gerechtigkeit. Denn das Gesetz ist für uns auch die Richtschnur dafür, wie Menschen in einer Gesellschaft fair und sozial zusammenleben können.

Falls du einmal das ganze Buch lesen magst und nicht nur die Ausschnitte daraus, die du auf den kommenden Seiten findest, begegnen dir Speisevorschriften und Regelungen für Kult und Gottesdienst, es begegnen dir Vorgaben für den Umgang mit Armen und Benachteiligten oder auch Richtlinien für Gerichtsverhandlungen. Und auch diese Dinge sind miteinander verwoben, selbst wenn sie scheinbar nichts miteinander zu tun haben. Der Kult, die Riten, das Gebet sind nicht zu trennen vom zwischenmenschlichen Verhalten, vom sozialen Engagement, wie du es nennen würdest. Kurz gesagt: Wie wir mit Gott umgehen und wie wir mit anderen Menschen umgehen, das sind zwei Seiten derselben Medaille. Du erlebst es gerade auch in deiner Kirche immer wieder.

Wer das Gesetz predigt und formal die Riten einhält, dabei aber zugleich anderen Menschen mit Ungerechtigkeit und Mitleidlosigkeit begegnet, betreibt nichts als pure Heuchelei. Jesus von Nazaret wird das später einmal haargenau auf den Punkt bringen, wenn er mit den Pharisäern streitet. Nicht, um das Gesetz aufzuheben, so wird er sagen, sondern, um es zu erfüllen. Und das wird bis in deine Zeit hinein gelten: So fromm und gläubig du sein magst – ohne deinen liebenden Blick für die Menschen um dich herum, ohne deine Empathie, ohne deinen aktiven Einsatz für eine bessere Welt bliebe das alles nur Götzendienst.

Aus dem Buch Deuteronomium

6 ⁴Höre, Israel! Der HERR, unser Gott, der HERR ist einzig. ⁵Darum sollst du den HERRN, deinen Gott, lieben mit ganzem Herzen, mit ganzer Seele und mit ganzer Kraft.

⁶Und diese Worte, auf die ich dich heute verpflichte, sollen auf deinem Herzen geschrieben stehen. ⁷Du sollst sie deinen Kindern wiederholen. Du sollst sie sprechen, wenn du zu Hause sitzt und wenn du auf der Straße gehst, wenn du dich schlafen legst und wenn du aufstehst. ⁸Du sollst sie als Zeichen um das Handgelenk binden. Sie sollen zum Schmuck auf deiner Stirn werden. ⁹Du sollst sie auf die Türpfosten deines Hauses und in deine Stadttore schreiben.

¹⁰Und wenn der HERR, dein Gott, dich in das Land geführt hat, von dem du weißt: er hat deinen Vätern Abraham, Isaak und Jakob geschworen, es dir zu geben – große und schöne Städte, die du nicht gebaut hast, ¹¹mit allen Gütern gefüllte Häuser, die du nicht gefüllt hast, ausgehauene Zisternen, die du nicht ausgehauen hast, Weinberge und Ölbäume, die du nicht gepflanzt hast –, wenn du dann isst und satt wirst: ¹²nimm dich in Acht, dass du nicht den HERRN vergisst, der dich aus Ägypten, dem Sklavenhaus, geführt hat! ¹³Den HERRN, deinen Gott, sollst du fürchten; ihm sollst du dienen, bei seinem Namen sollst du schwören. ¹⁴Ihr sollt nicht anderen Göttern nachfolgen, keinem Gott eines Volkes, das in eurer Nachbarschaft wohnt. ¹⁵Denn der HERR, dein Gott, ist als eifersüchtiger Gott in deiner Mitte. Der Zorn des HERRN, deines Gottes, könnte gegen dich entbrennen, er könnte dich im ganzen Land vernichten. ¹⁶Ihr sollt den HERRN, euren Gott, nicht auf die Probe stellen, wie ihr ihn bei Massa auf die Probe gestellt habt.

¹⁷Ihr sollt die Gebote des HERRN, eures Gottes, genau bewahren, seine Eidesbestimmungen und Gesetze, auf die er dich verpflichtet hat. ¹⁸Du sollst tun, was in seinen Augen richtig und gut ist. Dann wird es dir gut gehen und du kannst in das prächtige Land, das der HERR deinen Vätern mit einem Schwur versprochen hat, hineinziehen und es in Besitz nehmen. ¹⁹Der HERR wird alle deine Feinde vor dir herjagen, wie er es zugesagt hat.

²⁰Wenn dich morgen dein Kind fragt: Warum achtet ihr auf die Eidesbestimmungen und die Gesetze und die Rechtsentscheide, auf die der HERR, unser Gott, euch verpflichtet hat?, ²¹dann sollst du deinem Kind antworten: Wir waren Sklaven des Pharao in Ägypten und der HERR hat uns mit starker Hand aus Ägypten geführt. ²²Der HERR hat vor unseren Augen gewaltige, unheilvolle Zeichen und Wunder an Ägypten, am Pharao und an seinem ganzen Haus getan, ²³uns aber hat er dort herausgeführt, um uns in das Land, das er unseren Vätern mit einem Schwur versprochen hatte, hineinzuführen und es uns zu geben. ²⁴Der HERR hat uns verpflichtet, alle diese Gesetze zu halten und den HERRN, unseren Gott, zu fürchten, damit es uns alle Tage gut geht und er für unser Leben aufkommt wie am heutigen Tag. ²⁵Nur dann werden wir vor Gott im Recht sein, wenn wir darauf achten, dieses ganze Gebot vor dem HERRN, unserem Gott, so zu halten, wie er es uns zur Pflicht gemacht hat.

…

> *Hast du deine Eltern oder Großeltern schon einmal gefragt, …*

7

⁶Denn du bist ein Volk, das dem HERRN, deinem Gott, heilig ist. Dich hat der HERR, dein Gott, ausgewählt, damit du unter allen Völkern, die auf der Erde leben, das Volk wirst, das ihm persönlich gehört. ⁷Nicht weil ihr zahlreicher als die anderen Völker wäret, hat euch der HERR ins Herz geschlossen und ausgewählt; ihr seid das kleinste unter allen Völkern. ⁸Weil der HERR euch liebt und weil er auf den Schwur achtet, den er euren Vätern geleistet hat, deshalb hat der HERR euch mit starker Hand herausgeführt und dich aus dem Sklavenhaus freigekauft, aus der Hand des Pharao, des Königs von Ägypten. ⁹Daran sollst du erkennen: Der HERR, dein Gott, ist der Gott; er ist der treue Gott; noch nach tausend Generationen bewahrt er den Bund und erweist denen seine Huld, die ihn lieben und seine Gebote bewahren. ¹⁰Denen aber, die ihn hassen, vergilt er ins Angesicht und tilgt einen jeden aus; er zögert nicht, wenn er ihn hasst, sondern vergilt ihm ins Angesicht. ¹¹Deshalb sollst du das Gebot bewahren und die Gesetze und die Rechtsentscheide, auf die ich dich heute verpflichte, und du sollst sie halten.

…

> …, was ihnen Gesellschaft und Zusammenleben bedeuten?

Darbringung der Erstlingsfrüchte

26

¹Wenn du in das Land, das der HERR, dein Gott, dir als Erbbesitz gibt, hineinziehst, es in Besitz nimmst und darin wohnst, ²dann sollst du von den ersten Erträgen aller Feldfrüchte, die du in dem Land, das der HERR, dein Gott, dir gibt, eingebracht hast, etwas nehmen und in einen Korb legen. Dann sollst du zu der Stätte ziehen, die der HERR, dein Gott, erwählen wird, indem er dort seinen Namen wohnen lässt. ³Du sollst vor den Priester treten, der dann amtiert, und sollst zu ihm sagen: Heute bestätige ich vor dem HERRN, deinem Gott, dass ich in das Land gekommen bin, von dem ich weiß: Er hat unseren Vätern geschworen, es uns zu geben. ⁴Dann soll der Priester den Korb aus deiner Hand entgegennehmen und ihn vor den Altar des HERRN, deines Gottes, stellen. ⁵Du aber sollst vor dem HERRN, deinem Gott, folgendes Bekenntnis ablegen: Mein Vater war ein heimatloser Aramäer. Er zog nach Ägypten, lebte dort als Fremder mit wenigen Leuten und wurde dort zu einem großen, mächtigen und zahlreichen Volk. ⁶Die Ägypter behandelten uns schlecht, machten uns rechtlos und legten uns harte Fronarbeit auf. ⁷Wir schrien zum HERRN, dem Gott unserer Väter, und der HERR hörte unser Schreien und sah unsere Rechtlosigkeit, unsere Arbeitslast und unsere Bedrängnis. ⁸Der HERR führte uns mit starker Hand und hoch erhobenem Arm, unter großem Schrecken, unter Zeichen und Wundern aus Ägypten, ⁹er brachte uns an diese Stätte und gab uns dieses Land, ein Land, wo Milch und Honig fließen. ¹⁰Und siehe, nun bringe ich hier die ersten Erträge von den Früchten des Landes, das du mir gegeben hast, HERR.

Wenn du den Korb vor den HERRN, deinen Gott, gestellt hast, sollst du dich vor dem HERRN, deinem Gott, niederwerfen. ¹¹Dann sollst du fröhlich sein und dich freuen über alles Gute, das der HERR, dein Gott, dir und deiner Familie gegeben hat: du, die Leviten und die Fremden in deiner Mitte.

…

Partner und Inhalt des Bundes

29 ⁹Ihr habt euch heute alle vor dem HERRN, eurem Gott, aufgestellt: eure Anführer, Oberhäupter, Ältesten und Listenführer, alle Männer Israels, ¹⁰eure Kinder und Greise, eure Frauen und auch die Fremden in deinem Lager, vom Holzarbeiter bis zum Wasserträger. ¹¹Du schreitest jetzt zwischen den Zeichen des Bundes mit dem HERRN, deinem Gott, hindurch, den Zeichen der Selbstverwünschung. Der HERR, dein Gott, schließt heute mit dir diesen Bund, ¹²um dich heute als sein Volk einzusetzen und dein Gott zu werden, wie er es dir zugesagt und deinen Vätern Abraham, Isaak und Jakob geschworen hat. ¹³Nicht mit euch allein schließe ich diesen Bund und setze diese Verwünschung in Kraft, ¹⁴sondern ich schließe ihn mit denen, die heute hier bei uns vor dem HERRN, unserem Gott, stehen, und mit denen, die heute nicht hier bei uns sind. den HERRN, euren Gott, fürchten und darauf achten, dass sie alle Bestimmungen dieser Weisung halten! ¹³Vor allem ihre Kinder, die das alles noch nicht kennen, sollen zuhören und lernen, den HERRN, euren Gott, zu fürchten. Das sollt ihr so lange tun, wie ihr in dem Land lebt, in das ihr jetzt über den Jordan hinüberzieht, um es in Besitz zu nehmen.

…

Verlesung des Gesetzes im Sabbatjahr

31 ⁹Mose schrieb diese Weisung auf und übergab sie den Priestern, den Nachkommen Levis, die die Lade des Bundes des HERRN trugen, und allen Ältesten Israels. ¹⁰Mose gebot ihnen: In jedem siebten Jahr, in einer der Festzeiten des Brachjahres, beim Laubhüttenfest, ¹¹wenn ganz Israel zusammenkommt, um an der Stätte, die der HERR erwählen wird, vor dem Angesicht des HERRN, deines Gottes, zu erscheinen, sollst du diese Weisung vor ganz Israel laut vortragen. ¹²Versammle das Volk – die Männer und Frauen, Kinder und Greise, dazu die Fremden, die in deinen Stadtbereichen Wohnrecht haben –, damit sie zuhören und auswendig lernen und

Bibelstellen
Dtn 6,4–25;
7,6–11; 26,1–11;
29,9–14;
31,9–13

Warum wir uns Goldene Kälber gossen

In dem Bemühen, den HERRN, unseren Gott immer besser kennenzulernen, kommen wir Schritt für Schritt voran. In einer Zeit, da unser Exil zu Ende geht, greifen wir eine Begebenheit auf, die zur Erzählung unseres Auszugs aus Ägypten gehört. Wir weben sie hinein in den Text, den du schon kennst. Denn uns ist aufgefallen, dass diese Begebenheit unseren Gott von einer Seite zeigt, die wir so noch nicht beleuchtet haben. Darum ist es uns wichtig, die Erzählung festzuhalten. Es ist die Erzählung von einem radikalen Vertrauensbruch. Sie handelt von Enttäuschung, Wut und Versöhnung; es ist die Geschichte vom Goldenen Kalb.

O Gott, ist das schwer: nicht zu sehen und trotzdem zu glauben! Wie gern hätten wir „etwas in der Hand", etwas Konkretes, Fassbares, das dem Glauben eine klare Gestalt gibt. So wie später der Apostel Thomas mit seinen eigenen Fingern die Wunden Jesu berühren möchte, um wieder Vertrauen zu haben.

Damals, nach unserem Auszug aus Ägypten, war Mose auf dem Berg verschwunden und niemand konnte sagen, was er da trieb und wann er zurückkäme oder ob überhaupt. Da entstand die Idee, goldenen Schmuck einzuschmelzen und daraus ein Kalb zu gießen. Das konnte man berühren, man konnte es verehren, um es herum tanzen. Doch unseren Bund mit dem HERRN, den Mose just in diesem Augenblick erst geschlossen hatte, der war sogleich zerbrochen.

Gottes Zorn war riesengroß – und auch Mose tobte, als er herabstieg und sah, was wir getan hatten. Trotzdem musste er noch einmal hinauf und sich bei Gott für uns einsetzen. Du wirst lesen, wie Mose mit Gott in Verhandlung tritt. Fast wie auf Augenhöhe begegnet er dem HERRN. Es gibt nicht viele Geschichten, die Gott so menschlich zeigen. Schließlich wird der Bund erneuert und das Volk bekommt eine zweite Chance. Wie schon so oft zuvor. Und auch so oft danach. Erinnerst du dich an Elija?

Doch kann von Harmonie keine Rede sein. Wenn du den Text liest, wirst du über Verse stolpern, in denen Mose in seinem Zorn die Tötung vieler Menschen anordnet. Natürlich kannst du versuchen, die Stelle sehr abstrakt auszulegen: Gottesferne ist für einen gläubigen Menschen eine todesähnliche Erfahrung; und wer derart den Bund mit Gott bricht, wie es mit dem Goldenen Kalb geschah, der nimmt sich letztlich selbst aus dem Leben heraus.

Hm. Das ist schön formuliert und klingt versöhnlich. Andererseits ist es vielleicht unaufrichtig, die schwierigen und manchmal auch verstörenden Passagen unserer Geschichte mit Gott vorschnell glattzubügeln. Denn so, wie wir unseren Gott trotz aller Annäherungsversuche niemals wirklich werden erfassen können, wird auch für dich manches an dem, was wir schreiben, letztlich offen bleiben.

Umso eingängiger ist aber das Bild des Goldenen Kalbs. Umtanzen nicht auch in deiner Zeit die Menschen ihre Goldenen Kälber: ihre Konsumprodukte, ihren Status, ihre mit Fotofiltern weichgezeichneten Social-Media-Profilbilder? Huldigen sie nicht den allwissenden Algorithmen? Bis ihre Kälber zwar nicht im Feuer enden, dafür sie selbst aber im Burn-out? Du musst ja nicht gleich alles zu Staub zerstampfen. Manchmal reicht es, die Dinge einfach vom Sockel runterzuholen.

Aus dem Buch Exodus

Das Goldene Kalb

32 ¹Als das Volk sah, dass Mose noch immer nicht vom Berg herabkam, versammelte es sich um Aaron und sagte zu ihm: Komm, mach uns Götter, die vor uns herziehen. Denn dieser Mose, der Mann, der uns aus dem Land Ägypten heraufgeführt hat – wir wissen nicht, was mit ihm geschehen ist. ²Aaron antwortete: Nehmt euren Frauen, Söhnen und Töchtern die goldenen Ringe ab, die sie an den Ohren tragen, und bringt sie her! ³Da nahm das ganze Volk die goldenen Ohrringe ab und brachte sie zu Aaron. ⁴Er nahm sie aus ihrer Hand. Und er bearbeitete sie mit einem Werkzeug und machte daraus ein gegossenes Kalb. Da sagten sie: Das sind deine Götter, Israel, die dich aus dem Land Ägypten heraufgeführt haben. ⁵Als Aaron das sah, baute er vor ihm einen Altar und rief aus: Morgen ist ein Fest für den HERRN. ⁶Früh am Morgen standen sie auf, brachten Brandopfer dar und führten Tiere für das Heilsopfer herbei. Das Volk setzte sich zum Essen und Trinken und stand auf, um sich zu vergnügen.

⁷Da sprach der HERR zu Mose: Geh, steig hinunter, denn dein Volk, das du aus dem Land Ägypten heraufgeführt hast, läuft ins Verderben. ⁸Schnell sind sie von dem Weg abgewichen, den ich ihnen vorgeschrieben habe. Sie haben sich ein gegossenes Kalb gemacht, sich vor ihm niedergeworfen und ihm Opfer geschlachtet, wobei sie sagten: Das sind deine Götter, Israel, die dich aus dem Land Ägypten heraufgeführt haben. ⁹Weiter sprach der HERR zu Mose: Ich habe dieses Volk gesehen und siehe, es ist ein hartnäckiges Volk. ¹⁰Jetzt lass mich, damit mein Zorn gegen sie entbrennt und sie verzehrt! Dich aber will ich zu einem großen Volk machen. ¹¹Mose aber besänftigte den HERRN, seinen Gott, indem er sagte: Wozu, HERR, soll dein Zorn gegen dein Volk entbrennen, das du mit großer Macht und starker Hand aus dem Land Ägypten herausgeführt hast. ¹²Wozu sollen die Ägypter sagen können: In böser Absicht hat er sie herausgeführt, um sie im Gebirge umzubringen und sie vom Erdboden verschwinden zu lassen? Lass ab von deinem glühenden Zorn und lass dich das Unheil reuen, das du deinem Volk antun wolltest! ¹³Denk an deine Knechte, an Abraham, Isaak und Israel, denen du selbst geschworen und gesagt hast: Ich will eure Nachkommen zahlreich machen wie die Sterne am Himmel, und: Dieses ganze Land, von dem ich gesprochen habe, will ich euren Nachkommen geben und sie sollen es für immer besitzen. ¹⁴Da ließ sich der HERR das Unheil reuen, das er seinem Volk angedroht hatte.

¹⁵Mose kehrte um und stieg den Berg hinab, die zwei Tafeln des Bundeszeugnisses in der Hand, die Tafeln, die auf beiden Seiten beschrieben waren. Auf der einen wie auf der andern Seite waren sie beschrieben. ¹⁶Die Tafeln hatte Gott selbst gemacht und die Schrift, die auf den Tafeln eingegraben war, war Gottes Schrift.

¹⁷Josua hörte das Lärmen und die Schreie des Volkes und sagte zu Mose: Horch, Kriegslärm ist im Lager. ¹⁸Mose antwortete: Nicht Geschrei der Starken, nicht Geschrei der Schwachen, Geschrei höre ich! ¹⁹Als er dem Lager näher kam und das Kalb und die Tänze sah, entbrannte der Zorn des Mose. Er schleuderte die Tafeln fort und zerschmetterte sie am Fuß des Berges.

> *„In flagranti" erwischt zu werden, ist sehr unangenehm …*

²⁰Dann packte er das Kalb, das sie gemacht hatten, verbrannte es im Feuer und zerstampfte es zu Staub. Den Staub streute er in Wasser und gab es den Israeliten zu trinken.

²¹Zu Aaron sagte Mose: Was hat dir dieses Volk getan, dass du ihm eine so große Schuld aufgeladen hast? ²²Aaron erwiderte: Mein Herr möge sich doch nicht vom Zorn hinreißen lassen. Du kennst das Volk, es ist böse. ²³Sie haben zu mir gesagt: Mach uns Götter, die uns vorangehen! Denn dieser Mose, der Mann, der uns aus dem Land Ägypten heraufgeführt hat – wir wissen nicht, was mit ihm geschehen ist. ²⁴Da habe ich zu ihnen gesagt: Wer Goldschmuck trägt, soll ihn ablegen. Sie haben es mir übergeben, ich habe es ins Feuer geworfen und herausgekommen ist dieses Kalb. ²⁵Mose sah, wie verwildert das Volk war. Denn Aaron hatte es verwildern lassen, zur Schadenfreude ihrer Widersacher.

²⁶Mose trat in das Lagertor und sagte: Wer für den HERRN ist, her zu mir! Da sammelten sich alle Leviten um ihn. ²⁷Er sagte zu ihnen: So spricht der HERR, der Gott Israels: Jeder lege sein Schwert an. Zieht durch das Lager von Tor zu Tor! Jeder erschlage seinen Bruder, seinen Freund, seinen Nachbarn. ²⁸Die Leviten taten, was Mose gesagt hatte. Vom Volk fielen an jenem Tag gegen dreitausend Mann. ²⁹Dann sagte Mose: Füllt heute eure Hände für den HERRN! Denn jeder ist gegen seinen Sohn und seinen Bruder vorgegangen, damit Segen auf euch komme.

Mose, der Fürbitter

³⁰Am folgenden Morgen sprach Mose zum Volk: Ihr habt eine große Sünde begangen. Jetzt will ich zum HERRN hinaufsteigen; vielleicht kann ich für eure Sünde Sühne erwirken. ³¹Mose kehrte zum HERRN zurück und sagte: Ach, dieses Volk hat eine große Sünde begangen. Götter aus Gold haben sie sich gemacht. ³²Jetzt nimm ihre Sünde von ihnen! Wenn nicht, dann streich mich aus dem Buch, das du geschrieben hast. ³³Der HERR antwortete Mose: Nur wer gegen mich gesündigt hat, den streiche ich aus meinem Buch. ³⁴Aber jetzt geh, führe das Volk, wohin ich dir gesagt habe! Siehe, mein Engel wird vor dir hergehen. Am Tag meiner Heimsuchung werde ich ihre Sünde an ihnen heimsuchen. ³⁵Der HERR schlug das Volk dafür, dass sie das Kalb gemacht hatten, das Aaron gemacht hatte.

33 ¹Der HERR sprach zu Mose: Geh, zieh hinauf von hier, du und das Volk, das du aus dem Land Ägypten heraufgeführt hast, in das Land, von dem ich Abraham, Isaak und Jakob geschworen habe: Deinen Nachkommen werde ich es geben. ²Ich sende einen Engel, der dir vorangeht, und ich vertreibe die Kanaaniter, Amoriter, Hetiter, Perisiter, Hiwiter und Jebusiter. ³In ein Land, in dem Milch und Honig fließen, wirst du kommen. Ich selbst ziehe nicht in deiner Mitte hinauf, damit ich dich unterwegs nicht vertilge, denn du bist ein hartnäckiges Volk. ⁴Als das Volk diese Drohung hörte, trauerten sie und keiner legte seinen Schmuck an. ⁵Da sprach der HERR zu Mose: Sag zu den Israeliten: Ihr seid ein hartnäckiges Volk. Wenn ich auch nur einen einzigen Augenblick mit dir zöge, müsste ich dir ein Ende machen. Jetzt aber leg deinen Schmuck ab! Dann will ich sehen, was ich mit dir tun kann. ⁶Da legten die Israeliten ihren Schmuck ab, vom Berg Horeb an.

⁷Mose nahm jeweils das Zelt und schlug es für sich außerhalb des Lagers auf, in einiger Entfernung vom Lager. Er nannte es Offenbarungszelt. Wenn einer den HERRN aufsuchen wollte, ging

er zum Offenbarungszelt vor das Lager hinaus. ⁸Wenn Mose zum Zelt hinausging, erhob sich das ganze Volk. Jeder trat vor sein Zelt und sie schauten Mose nach, bis er in das Zelt eintrat. ⁹Sobald Mose das Zelt betrat, ließ sich die Wolkensäule herab und blieb am Zelteingang stehen. Dann redete der Herr mit Mose. ¹⁰Wenn das ganze Volk die Wolkensäule am Zelteingang stehen sah, erhoben sich alle und warfen sich vor ihren Zelten zu Boden, jeder am Eingang seines Zeltes. ¹¹Der Herr und Mose redeten miteinander von Angesicht zu Angesicht, wie einer mit seinem Freund spricht. Mose ging ins Lager zurück, während sein Diener Josua, der Sohn Nuns, ein junger Mann, nicht vom Zelt wich.

¹²Mose sagte zum Herrn: Siehe, du hast zwar zu mir gesagt: Führ dieses Volk hinauf! Du hast mich aber nicht wissen lassen, wen du mit mir sendest. Du hast doch gesagt: Ich habe dich mit Namen erkannt und du hast Gnade in meinen Augen gefunden. ¹³Wenn ich wirklich Gnade in deinen Augen gefunden habe, so lass mich doch deine Wege erkennen, dass ich dich kenne und Gnade in deinen Augen finde, und siehe, diese Nation ist dein Volk! ¹⁴Da sagte er: Mein Angesicht wird mitgehen, bis ich dir Ruhe verschafft habe. ¹⁵Da entgegnete er ihm: Wenn dein Angesicht nicht mitginge, dann führe uns nicht von hier hinauf! ¹⁶Woran soll man erkennen, dass ich Gnade in deinen Augen gefunden habe, ich und dein Volk? Doch wohl daran, dass du mit uns ziehst. Und dann werden wir, ich und dein Volk, vor allen Völkern auf der Erde ausgezeichnet werden. ¹⁷Der Herr erwiderte Mose: Auch das, was du jetzt verlangt hast, will ich tun; denn du hast Gnade in meinen Augen gefunden und ich kenne dich mit Namen.

¹⁸Dann sagte er: Lass mich doch deine Herrlichkeit schauen! ¹⁹Da sagte er: Ich will meine ganze Güte vor dir vorüberziehen lassen und den Namen des Herrn vor dir ausrufen. Ich bin gnädig, wem ich gnädig bin, und ich bin barmherzig, wem ich barmherzig bin. ²⁰Weiter sprach er: Du kannst mein Angesicht nicht schauen; denn kein Mensch kann mich schauen und am Leben bleiben. ²¹Dann sprach der Herr: Siehe, da ist ein Ort bei mir, stell dich da auf den Felsen! ²²Wenn meine Herrlichkeit vorüberzieht, stelle ich dich in den Felsspalt und halte meine Hand über dich, bis ich vorüber bin. ²³Dann ziehe ich meine Hand zurück und du wirst meinen Rücken sehen. Mein Angesicht kann niemand schauen.

34 ¹Weiter sprach der Herr zu Mose: Hau dir zwei steinerne Tafeln zurecht wie die ersten! Ich werde darauf die Worte schreiben, die auf den ersten Tafeln standen, die du zerschmettert hast. ²Halte dich für morgen früh bereit! Steig am Morgen auf den Sinai und dort auf dem Gipfel des Berges stell dich vor mich hin! ³Niemand soll mit dir hinaufsteigen; auch soll sich kein Mensch auf dem ganzen Berg sehen lassen und kein Schaf oder Rind soll am Abhang des Berges weiden.

Vergebung und Bundeserneuerung

⁴Da hieb Mose zwei Tafeln aus Stein zurecht wie die ersten. Früh am Morgen stand er auf und ging auf den Sinai hinauf, wie es ihm der Herr aufgetragen hatte. Die beiden steinernen Tafeln nahm er mit. ⁵Der Herr aber stieg in der Wolke herab und stellte sich dort neben ihn hin. Er rief den Namen des Herrn aus. ⁶Der Herr ging vor seinem Angesicht vorüber und rief: Der Herr ist der Herr, ein barmherziger und gnädiger Gott, langmütig und

> *Das „Fremdgehen" mit dem Goldenen Kalb hätte beinahe alles kaputt gemacht. Aber dank Mose …*

reich an Huld und Treue: ⁷Er bewahrt tausend Generationen Huld, nimmt Schuld, Frevel und Sünde weg, aber er spricht nicht einfach frei, er sucht die Schuld der Väter bei den Söhnen und Enkeln heim, bis zur dritten und vierten Generation.

⁸Sofort verneigte sich Mose bis zur Erde und warf sich zu Boden. ⁹Er sagte: Wenn ich Gnade in deinen Augen gefunden habe, mein Herr, dann ziehe doch, mein Herr, in unserer Mitte! Weil es ein hartnäckiges Volk ist, musst du uns unsere Schuld und Sünde vergeben und uns dein Eigentum sein lassen! ¹⁰Da sprach der Herr: Hiermit schließe ich einen Bund: Vor deinem ganzen Volk werde ich Wunder wirken, wie sie auf der ganzen Erde und unter allen Völkern nie geschehen sind. Das ganze Volk, in dessen Mitte du bist, wird die Taten des Herrn sehen; denn was ich mit dir vorhabe, wird Furcht erregen. ¹¹Bewahre, was ich dir heute auftrage! Siehe, ich vertreibe die Amoriter, Kanaaniter, Hetiter, Perisiter, Hiwiter und Jebusiter vor dir.

¹²Du hüte dich aber, mit den Bewohnern des Landes, in das du kommst, einen Bund zu schließen; sie könnten dir sonst zu einer Falle in deiner Mitte werden. ¹³Ihre Altäre sollt ihr vielmehr niederreißen, ihre Steinmale zerschlagen, ihre Kultpfähle umhauen.

¹⁴Du darfst dich nicht vor einem andern Gott niederwerfen. Denn der Herr, der Eifersüchtige ist sein Name, ein eifersüchtiger Gott ist er.

¹⁵Hüte dich, einen Bund mit den Bewohnern des Landes zu schließen! Sonst werden sie dich einladen, wenn sie mit ihren Göttern Unzucht treiben und ihren Göttern Schlachtopfer darbringen, und du wirst von ihren Schlachtopfern essen. ¹⁶Du wirst von ihren Töchtern für deine Söhne Frauen nehmen; sie werden mit ihren Göttern Unzucht treiben und auch deine Söhne zur Unzucht mit ihren Göttern verführen.

¹⁷Du sollst dir keine Götter aus Metall gießen.

¹⁸Du sollst das Fest der Ungesäuerten Brote halten. Im Monat Abib sollst du zur festgesetzten Zeit sieben Tage lang ungesäuertes Brot essen, wie ich es dir geboten habe. Denn im Monat Abib bist du aus Ägypten ausgezogen.

¹⁹Das Erste, was den Mutterschoß durchbricht, jeder männliche Erstling beim Vieh, bei deinen Rindern und Schafen, gehört mir. ²⁰Den Erstling vom Esel aber sollst du durch ein Schaf auslösen. Willst du ihn nicht auslösen, dann brich ihm das Genick! Jeden Erstgeborenen deiner Söhne musst du auslösen.

Man soll vor mir nicht mit leeren Händen erscheinen.

²¹Sechs Tage darfst du arbeiten, am siebten Tag sollst du ruhen; zur Zeit des Pflügens und des Erntens sollst du ruhen.

²²Das Wochenfest sollst du für dich feiern mit den Erstlingsfrüchten von der Weizenernte und das Fest der Lese an der Jahreswende.

²³Dreimal im Jahr sollen alle deine Männer vor dem Antlitz des Herrn erscheinen, vor dem Herrn, Israels Gott. ²⁴Wenn ich die Völker vor dir vertrieben und deine Grenzen weiter vorgeschoben habe, wird niemand in dein Land einfallen, während du dreimal im Jahr hinaufziehst, um vor dem Herrn, deinem Gott, zu erscheinen.

²⁵Beim Schlachten sollst du das Blut meines Opfers nicht über gesäuertes Brot fließen lassen, und vom Schlachttier des Pessachfestes darf nichts bis zum Morgen liegen bleiben.

²⁶Von den Erstlingsfrüchten deines

Ackers sollst du die besten in das Haus des HERRN, deines Gottes, bringen.
Das Junge einer Ziege sollst du nicht in der Milch seiner Mutter kochen.
²⁷Dann sprach der HERR zu Mose: Schreibe dir diese Worte auf! Denn diesen Worten gemäß schließe ich hiermit einen Bund mit dir und mit Israel.
²⁸Mose blieb dort beim HERRN vierzig Tage und vierzig Nächte. Er aß kein Brot und trank kein Wasser. Er schrieb auf die Tafeln die Worte des Bundes, die zehn Worte. ²⁹Als Mose vom Sinai herunterstieg, hatte er die beiden Tafeln des Bundeszeugnisses in der Hand.
Während Mose vom Berg herunterstieg, wusste er nicht, dass die Haut seines Gesichtes strahlte, weil er mit ihm geredet hatte. ³⁰Aaron und alle Israeliten sahen Mose und siehe: Die Haut seines Gesichtes strahlte und sie fürchteten sich, in seine Nähe zu kommen. ³¹Erst als Mose sie rief, kamen Aaron und alle Sippenhäupter der Gemeinde zu ihm zurück und Mose redete mit ihnen. ³²Dann kamen alle Israeliten herbei und er trug ihnen alles auf, was der HERR zu ihm auf dem Berg Sinai gesprochen hatte. ³³Als Mose aufhörte, mit ihnen zu reden, legte er über sein Gesicht einen Schleier. ³⁴Wenn Mose zum HERRN hineinging, um mit ihm zu reden, nahm er den Schleier ab, bis er wieder herauskam. Wenn er herauskam, trug er den Israeliten alles vor, was ihm aufgetragen worden war. ³⁵Wenn die Israeliten das Gesicht des Mose sahen, wie die Haut seines Gesichtes strahlte, legte er den Schleier über sein Gesicht, bis er wieder hineinging, um mit ihm zu reden.

Bibelstelle
Ex 32,1 – 34,35

Wie Gott uns im Alltag heiligt

Und wir weben weiter an unseren Texten. Denn da ist noch so viel, was wir unbedingt festhalten wollen. Vor allem, was die Art und Weise unseres Zusammenlebens als Gesellschaft betrifft. Während der langen Jahre des Exils ging es uns vor allem darum, unsere Identität als Gemeinschaft zu bewahren. Doch auch für die Zeit nach unserer Rückkehr brauchen wir Regeln. Das, was wir hier aufschreiben, wirst du wohl seltsam finden. Vielleicht sogar pedantisch oder bestenfalls verschroben. Was wir hier in unsere Texte über Mose und das Gesetz einflechten, wird sich lesen wie penible, nicht enden wollende Listen darüber, wer unter welchen Umständen mit wem schlafen darf beziehungsweise gerade eben nicht. Was wir essen, wie wir unser Haar tragen und so weiter.

Es mag dich außerdem empören, dass bei Zuwiderhandlung dieser Vorschriften ständig mit dem Tode gedroht wird. Wobei offen bleibt, ob hier nun der Tod im Sinne einer Hinrichtung gemeint ist oder eher so etwas wie ein „sozialer Tod", ein Ausstoßen aus der Gemeinschaft. Egal, magst du denken, beides ist ja grausam in deinen Augen und nicht zu rechtfertigen.

Wir können es uns an dieser Stelle einfach machen und sagen: Wir leben eben in einer Gesellschaft, die weit über zweitausend Jahre von deiner Zeit trennen. Aus deiner Sicht sind wir ein kleines, altorientalisches Volk, das eben seine eigenen Sitten und Gebräuche und Moralvorstellungen hat. Aber dabei wollen wir nicht stehen bleiben. Denn wir schreiben ja nicht bloß für jetzt und hier und heute. Sonst müssten diese Worte schon vor langer Zeit vergessen worden sein und würden nicht für dich in diesem

Buch gedruckt. Nein, es geht uns nicht nur um die ganz konkreten, wunderlich detaillierten Regelungen; es geht um die Grundhaltung dahinter.

„Seid heilig, denn ich, der HERR, euer Gott, bin heilig." Das ist vielleicht der zentrale Satz. Hier finden wir das Motiv wieder, das schon in der Schöpfungsgeschichte wichtig ist: dass der Mensch nach Gottes Ebenbild geschaffen ist. Das Gebot der Heiligkeit entspricht dem, was du in deiner Zeit die Menschenwürde nennst. Unbedingte Würde und gegenseitiger Respekt markieren die Grundhaltung, die uns hier leitet. Und du wirst Verse finden, die genau dem entsprechen, was für dich in deiner Zeit zur Wahrung der Menschenwürde gehört: die Nächstenliebe. Die Fremdenliebe. Du kannst sogar Vorgaben zum fairen Handel entdecken, wenn es um Waagen und Gewichtssteine geht.

Andere Passagen stehen für dich vielleicht genau dazu im Widerspruch. In deiner Zeit wird es ein anderes Verhältnis zur Homosexualität geben. In deiner Zeit wird man sich an Hexenprozesse der Frühen Neuzeit erinnern und darum die Verse über „Totenbeschwörer und Wahrsager" mit anderen Augen lesen.

Das alles zeigt aber: Es wäre unsinnig, einzelne Bestimmungen herauszureißen und in deiner Zeit wörtlich zu nehmen, andere hingegen zu übergehen, etwa die Speisevorschrift, nichts mit Blut zu essen. Wer zum Beispiel mit Verweis auf die Schrift Homosexualität verdammt und sich ansonsten gern mal eine Blutwurst schmecken lässt, greift in diesem Sinne zu kurz. Vielmehr wäre es deine Aufgabe, dich in deinem eigenen Alltag zu fragen, wo du Heiligkeit verwirklichen kannst. Wo du der Würde deiner Mitmenschen mit Respekt begegnest. Denn darin liegt die Heiligkeit – nicht im Sein, sondern im Tun. Darin, wie du deinen Mitmenschen begegnest. Es gibt keine Heiligkeit ohne Gerechtigkeit.

Dass wir in vielen Versen die Begegnung mit den Mitmenschen auf die Sexualität beziehen, kann schnell als besonders veraltet und unverständlich gelten. Andererseits: überlege selbst. Es gibt kaum Formen von Beziehungen, in der wir Menschen derart verletzlich sind. Die sich ständig wiederholende Forderung, „die Scham nicht zu entblößen", kann auch in deiner Zeit zum Widerhaken werden, in der nackte Haut ein Werbeträger ist, in der du in den sozialen Medien mit überfordernden Schönheitsidealen getriezt wirst und in der Pornografie ein milliardenschwerer Wirtschaftszweig ist. In der es leichter als je zuvor möglich ist, sich einen anderen Menschen zum schlichten Objekt zu machen.
Vor allem aber das Entsetzen über sexuelle Gewalt in der Kirche kann dich dafür sensibel machen, wie wichtig es ist, dass Menschen gegenseitig ihre Grenzen wahren und einhalten. Gerade dort, wo ein Machtgefälle herrscht.

Gott will unsere Heiligkeit.
Das meint auch: Gott will, dass wir heil sind.
Unverletzt.
Ein zeitloser Anspruch.

Aus dem Buch Levitikus

Bestimmungen zu Ehe, Geschlechtsverkehr und Blutschande

18 ¹Der HERR sprach zu Mose: ²Rede zu den Israeliten und sag zu ihnen: Ich bin der HERR, euer Gott. ³Ihr sollt nicht tun, was man in Ägypten tut, wo ihr gewohnt habt; ihr sollt nicht tun, was man in Kanaan tut, wohin ich euch führe. Ihre Satzungen sollt ihr nicht befolgen. ⁴Meine Rechtsentscheide sollt ihr einhalten und meine Satzungen sollt ihr bewahren und befolgen. Ich bin der HERR, euer Gott. ⁵Ihr sollt meine Satzungen und meine Rechtsentscheide bewahren. Wer sie einhält, wird durch sie leben. Ich bin der HERR.

⁶Niemand von euch darf sich einer Blutsverwandten nähern, um ihre Scham zu entblößen. Ich bin der HERR. ⁷Die Scham deines Vaters, nämlich die Scham deiner Mutter, darfst du nicht entblößen. Sie ist deine Mutter, du darfst ihre Scham nicht entblößen. ⁸Die Scham der Frau deines Vaters darfst du nicht entblößen; sie ist die Scham deines Vaters. ⁹Die Scham deiner Schwester, einer Tochter deines Vaters oder einer Tochter deiner Mutter, darfst du nicht entblößen, sei sie im Haus oder außerhalb geboren. ¹⁰Die Scham einer Tochter deines Sohnes oder einer Tochter deiner Tochter darfst du nicht entblößen; denn ihre Scham ist deine eigene Scham. ¹¹Die Scham der Tochter einer Frau deines Vaters darfst du nicht entblößen. Sie ist eine Blutsverwandte väterlicherseits; sie ist deine Schwester; du darfst ihre Scham nicht entblößen. ¹²Die Scham einer Schwester deines Vaters darfst du nicht entblößen; denn sie ist mit deinem Vater leiblich verwandt. ¹³Die Scham der Schwester deiner Mutter darfst du nicht entblößen; denn sie ist mit deiner Mutter leiblich verwandt. ¹⁴Die Scham des Bruders deines Vaters darfst du nicht entblößen; du darfst dich seiner Frau nicht nähern; denn sie ist deine Tante. ¹⁵Die Scham deiner Schwiegertochter darfst du nicht entblößen. Sie ist die Frau deines Sohnes; du darfst ihre Scham nicht entblößen. ¹⁶Die Scham der Frau deines Bruders darfst du nicht entblößen; denn sie ist die Scham deines Bruders. ¹⁷Die Scham einer Frau und gleichzeitig die ihrer Tochter darfst du nicht entblößen; weder die Tochter ihres Sohnes noch die Tochter ihrer Tochter darfst du nehmen, um ihre Scham zu entblößen. Sie sind leiblich verwandt, es wäre Blutschande. ¹⁸Du darfst neben einer Frau nicht auch noch deren Schwester heiraten; du würdest sie zur Nebenbuhlerin machen, wenn du zu Lebzeiten der einen die Scham der anderen entblößt.

¹⁹Einer Frau, die wegen ihrer Regel unrein ist, darfst du dich nicht nähern, um ihre Scham zu entblößen. ²⁰Mit der Frau deines Mitbürgers darfst du nicht schlafen; du würdest durch sie unrein. ²¹Von deinen Nachkommen darfst du keinen hingeben, um ihn für Moloch hinübergehen zu lassen. Du darfst den Namen deines Gottes nicht entweihen. Ich bin der HERR. ²²Du darfst nicht mit einem Mann schlafen, wie man mit einer Frau schläft; das wäre ein Gräuel. ²³Keinem Vieh darfst du beiwohnen; du würdest dadurch unrein. Keine Frau darf vor ein Vieh hintreten, um sich mit ihm zu begatten; das wäre eine schandbare Tat.

²⁴Ihr sollt euch nicht durch all das verunreinigen; denn durch all das haben

> *Einer WG fällt das Zusammenleben schwer, wie sehr dann erst einem ganzen Volk.*

sich die Nationen verunreinigt, die ich vor euch vertreibe. ²⁵Das Land wurde unrein, ich habe an ihm seine Schuld heimgesucht und das Land hat seine Bewohner ausgespien. ²⁶Ihr aber sollt auf meine Satzungen und Rechtsentscheide achten und keine dieser Gräueltaten begehen, weder der Einheimische noch der Fremde, der in eurer Mitte lebt. ²⁷Denn all diese Gräueltaten haben die Leute begangen, die vor euch im Land waren, und so wurde das Land unrein. ²⁸Wird es etwa euch, wenn ihr es verunreinigt, nicht ebenso ausspeien, wie es die Nation vor euch ausgespien hat? ²⁹Alle nämlich, die irgendeine dieser Gräueltaten begehen, werden aus der Mitte ihres Volkes ausgemerzt. ³⁰Bewahrt meine Anordnungen, befolgt keine von den gräulichen Satzungen, die man vor euch befolgt hat, und verunreinigt euch nicht durch sie. Ich bin der HERR, euer Gott.

Soziale, liturgische und ethische Einzelbestimmungen

19 ¹Der HERR sprach zu Mose: ²Rede zur ganzen Gemeinde der Israeliten und sag zu ihnen: Seid heilig, denn ich, der HERR, euer Gott, bin heilig. ³Jeder von euch soll Mutter und Vater fürchten und auf meine Sabbate achten; ich bin der HERR, euer Gott. ⁴Ihr sollt euch nicht anderen Göttern zuwenden und euch nicht Götterbilder aus Metall gießen; ich bin der HERR, euer Gott.

⁵Wenn ihr für den HERRN ein Heilsopfer schlachtet, opfert es so, dass ihr Wohlgefallen vor Gott findet. ⁶An dem Tag, an dem ihr es schlachtet, und am folgenden Tag soll es gegessen werden; was davon am dritten Tag noch übrig ist, soll im Feuer verbrannt werden. ⁷Isst man davon am dritten Tag, so ist es verfallen und findet kein Wohlgefallen mehr. ⁸Wer davon isst, muss die Folgen seiner Schuld tragen; denn er hat die Heiligkeit des HERRN entweiht. Diese Person wird aus ihrer Geschlechterfolge ausgemerzt werden.

⁹Wenn ihr die Ernte eures Landes einbringt, sollst du das Feld nicht bis zum äußersten Rand abernten. Du sollst keine Nachlese von deiner Ernte halten. ¹⁰In deinem Weinberg sollst du keine Nachlese halten und die abgefallenen Beeren nicht einsammeln. Du sollst sie dem Armen und dem Fremden überlassen. Ich bin der HERR, euer Gott.

¹¹Ihr sollt nicht stehlen, nicht täuschen und einander nicht betrügen. ¹²Ihr sollt nicht falsch bei meinem Namen schwören; du würdest sonst den Namen deines Gottes entweihen. Ich bin der HERR. ¹³Du sollst deinen Nächsten nicht ausbeuten und ihn nicht um das Seine bringen. Der Lohn des Tagelöhners soll nicht über Nacht bis zum Morgen bei dir bleiben. ¹⁴Du sollst einen Tauben nicht verfluchen und einem Blinden kein Hindernis in den Weg stellen; vielmehr sollst du deinen Gott fürchten. Ich bin der HERR.

¹⁵Ihr sollt beim Rechtsentscheid kein Unrecht begehen. Du sollst weder für einen Geringen noch für einen Großen Partei nehmen; gerecht sollst du deinen Mitbürger richten. ¹⁶Du sollst deinen Mitbürger nicht verleumden und dich nicht hinstellen und das Blut deines Nächsten fordern. Ich bin der HERR. ¹⁷Du sollst in deinem Herzen keinen Hass gegen deinen Bruder tragen. Weise deinen Mitbürger zurecht, so wirst du seinetwegen keine Sünde auf dich laden. ¹⁸An den Kindern deines Volkes sollst du dich nicht rächen und ihnen nichts nachtragen. Du sollst deinen Nächsten lieben wie dich selbst. Ich bin der HERR.

¹⁹Ihr sollt meine Satzungen bewahren: Unter deinem Vieh sollst du nicht zwei Tiere verschiedener Art sich begatten

lassen. Dein Feld sollst du nicht mit zweierlei Arten besäen. Du sollst kein aus zweierlei Fäden gewebtes Kleid anlegen.
²⁰Wohnt ein Mann einer Frau bei, die einem andern Mann als Sklavin zur Nebenfrau bestimmt ist und die weder losgekauft noch freigelassen ist, dann sollen die Ansprüche untersucht werden; sterben sollen sie nicht, da sie nicht freigelassen war. ²¹Er soll als sein Schuldopfer für den Herrn einen Widder zum Eingang des Offenbarungszeltes bringen. ²²Mit diesem Widder soll der Priester für ihn vor dem Herrn von der begangenen Sünde Versöhnung erwirken; so wird ihm die Sünde, die er begangen hat, vergeben.
²³Wenn ihr in das Land kommt und einen Fruchtbaum pflanzt, sollt ihr seine Früchte behandeln, als ob sie seine Vorhaut wären. Drei Jahre lang sollen sie für euch etwas Unbeschnittenes sein. Sie sind nicht zum Essen bestimmt. ²⁴Im vierten Jahr sollen alle Früchte als Festgabe für den Herrn geheiligt sein. ²⁵Erst im fünften Jahr dürft ihr die Früchte essen und den Ertrag für euch ernten. Ich bin der Herr, euer Gott.
²⁶Ihr sollt nichts mit Blut essen. Wahrsagerei und Hellseherei sollt ihr nicht treiben. ²⁷Ihr sollt euer Kopfhaar nicht rundum abschneiden. Du sollst deinen Bart nicht stutzen. ²⁸Für einen Toten dürft ihr keine Einschnitte auf eurem Körper anbringen und ihr dürft euch keine Zeichen einritzen lassen. Ich bin der Herr.
²⁹Entweih nicht deine Tochter, indem du sie als Hure preisgibst, damit das Land nicht der Hurerei verfällt und voller Blutschande wird!
³⁰Ihr sollt auf meine Sabbate achten und mein Heiligtum fürchten. Ich bin der Herr.
³¹Wendet euch nicht an die Totenbeschwörer und sucht nicht die Wahrsager auf; sie verunreinigen euch. Ich bin der Herr, euer Gott.
³²Du sollst vor grauem Haar aufstehen, das Ansehen eines Greises ehren und deinen Gott fürchten. Ich bin der Herr.
³³Wenn bei dir ein Fremder in eurem Land lebt, sollt ihr ihn nicht unterdrücken. ³⁴Der Fremde, der sich bei euch aufhält, soll euch wie ein Einheimischer gelten und du sollst ihn lieben wie dich selbst; denn ihr seid selbst Fremde in Ägypten gewesen. Ich bin der Herr, euer Gott.
³⁵Ihr sollt kein Unrecht begehen beim Rechtsentscheid, mit Längenmaß, Gewicht und Hohlmaß. ³⁶Eure Waagen müssen stimmen, eure Gewichtsteine, euer Efa und euer Hin müssen stimmen. Ich bin der Herr, euer Gott, der euch aus Ägypten geführt hat.

Sanktionen

20¹Der Herr sprach zu Mose: ²Sag zu den Israeliten: Jeder Mann unter den Israeliten oder unter den Fremden in Israel, der eines seiner Kinder dem Moloch gibt, hat den Tod verdient. Die Bürger des Landes sollen ihn steinigen. ³Ich richte mein Angesicht gegen einen solchen und merze ihn aus seinem Volk aus, weil er eines seiner Kinder dem Moloch gegeben, dadurch mein Heiligtum verunreinigt und meinen heiligen Namen entweiht hat. ⁴Falls die Bürger des Landes ihre Augen diesem Mann gegenüber verschließen, wenn er eines seiner Kinder dem Moloch gibt, und ihn nicht töten, ⁵so richte ich mein Angesicht gegen ihn und seine Sippe und merze sie aus der Mitte ihres Volkes aus, ihn und alle, die mit ihm dem Moloch nachhuren.
⁶Gegen einen, der sich an Totenbeschwörer und Wahrsager wendet, um ihnen nachzuhuren, richte ich mein Angesicht und merze ihn aus seinem Volk aus.

⁷Ihr sollt euch heiligen, um heilig zu sein; denn ich bin der HERR, euer Gott. ⁸Ihr sollt meine Satzungen bewahren und sie befolgen. Ich bin der HERR, der euch heiligt.
⁹Jeder, der seinen Vater oder seine Mutter verflucht, hat den Tod verdient. Da er seinen Vater oder seine Mutter verflucht hat, soll sein Blut auf ihn kommen.
¹⁰Ein Mann, der mit der Frau seines Nächsten die Ehe bricht, hat den Tod verdient, der Ehebrecher und die Ehebrecherin. ¹¹Ein Mann, der mit der Frau seines Vaters schläft, hat die Scham seines Vaters entblößt. Beide haben den Tod verdient; ihr Blut kommt auf sie selbst. ¹²Schläft einer mit seiner Schwiegertochter, so haben beide den Tod verdient. Sie haben eine schändliche Tat begangen, ihr Blut kommt auf sie selbst. ¹³Schläft einer mit einem Mann, wie man mit einer Frau schläft, dann haben sie eine Gräueltat begangen; beide haben den Tod verdient; ihr Blut kommt auf sie selbst. ¹⁴Heiratet einer eine Frau und ihre Mutter, so ist das Blutschande. Ihn und die beiden Frauen soll man verbrennen, damit es keine Blutschande unter euch gibt. ¹⁵Ein Mann, der einem Tier beiwohnt, hat den Tod verdient und das Tier sollt ihr töten. ¹⁶Nähert sich eine Frau einem Tier, um sich mit ihm zu begatten, dann sollst du die Frau und das Tier töten. Sie haben den Tod verdient; ihr Blut kommt auf sie selbst. ¹⁷Nimmt einer seine Schwester, eine Tochter seines Vaters oder eine Tochter seiner Mutter und sieht ihre Scham und sie sieht die seine, so ist es eine Schandtat. Sie sollen vor den Augen der Angehörigen ihres Volkes ausgemerzt werden. Er hat die Scham seiner Schwester entblößt; er muss die Folgen seiner Schuld tragen. ¹⁸Ein Mann, der mit einer Frau während ihrer Regel schläft und ihre Scham entblößt, hat ihre Blutquelle aufgedeckt und sie hat ihre Blutquelle entblößt; daher sollen beide aus ihrem Volk ausgemerzt werden. ¹⁹Die Scham der Schwester deiner Mutter oder der Schwester deines Vaters sollst du nicht entblößen; denn wer seine eigene Verwandte entblößt, muss die Folgen seiner Schuld tragen. ²⁰Ein Mann, der mit seiner Tante schläft, hat die Scham seines Onkels entblößt. Sie müssen die Folgen ihrer Sünde tragen; sie sollen kinderlos sterben. ²¹Nimmt einer die Frau seines Bruders, so ist das Befleckung. Er hat die Scham seines Bruders entblößt; sie sollen kinderlos bleiben.

²²Ihr sollt alle meine Satzungen und Rechtsentscheide bewahren und sie befolgen; dann wird euch das Land nicht ausspeien, in das ich euch führe, und ihr werdet dort wohnen können. ²³Ihr sollt euch nicht nach den Satzungen der Nation richten, die ich vor euren Augen vertreibe; denn all diese Dinge haben sie getan, sodass es mich vor ihnen ekelte. ²⁴Daher habe ich euch gesagt: Ihr seid es, die ihren Boden in Besitz nehmen sollen. Ich bin es, der ihn euch zum Besitz geben wird, ein Land, in dem Milch und Honig fließen. Ich bin der HERR, euer Gott, der euch von diesen Völkern unterschieden hat. ²⁵So unterscheidet zwischen reinem und unreinem Vieh, zwischen unreinen und reinen Vögeln! Macht euch nicht selbst abscheulich mit diesen Tieren, diesen Vögeln, mit allem, was auf dem Boden kriecht. Ich habe es für euch als unrein unterschieden. ²⁶Seid mir geheiligt; denn ich, der HERR, bin heilig und ich habe euch von all diesen Völkern unterschieden, damit ihr mir gehört.

Bibelstelle
Lev 18,1 – 19,36;
20,1–26

Wie die Ausländerin Rut unter Gottes Flügel kam

Viel ist bisher von Identität die Rede gewesen. Was haben wir nicht alles unternommen, um uns von den anderen Völkern abzugrenzen und unsere Eigenarten zu bewahren. Vor allem immer dann, wenn wir in Not waren, in der Knechtschaft, in der Fremde. Wir haben dir geschildert, warum das für uns wichtig war. Überlebenswichtig.

Auch in deiner Gegenwart wird viel über Identität gesprochen. Über das „Volk" und über die Frage, wer eigentlich dazugehören darf und wer nicht. Es wird in deiner Zeit Menschen geben, die angeblich eine „Vermischung" der Völker und Kulturen befürchten und Hass und Hetze gegen alle verbreiten, die nach ihrer Meinung eben nicht zu ihrem „Volk" gehören. Das hat nichts mit Identität zu tun, denn Identität muss sich ja aus eigenen Werten speisen und nicht aus der Abwertung der vermeintlich anderen. Außerdem ist es vermutlich ein Unterschied, ob du dich um deine Identität sorgst, weil du zu einer kleinen Minderheit gehörst, oder ob du selbst Teil der Mehrheitsgesellschaft bist.

Was uns betrifft – wir sind nach den Jahren als Fremde und Außenseiter im Exil endlich wieder zurück in unserer Heimat. Dennoch treibt die Sorge um die Identität unseres Volkes manche weiterhin um. Dazu gehört etwa auch das ausdrückliche Verbot für unsere Männer, Frauen aus anderen Ländern zu heiraten. Dabei gibt es eine wunderbare Geschichte über eine ausländische Frau, die bei uns heiratete und heimisch wurde und noch mehr: Sie wurde zur Großmutter unseres Königs David und gehört damit sogar zum Stammbaum Jesu. Ihr Name ist Rut.

Es ist ein guter Zeitpunkt, jetzt ihre Geschichte aufzuschreiben, auch wenn sie in einer ganz anderen Zeit spielt, nämlich in jenen Tagen, als die Richter regierten – du erinnerst dich an Simson? Auf den folgenden Seiten wirst du lesen, wie Noomi einst mit ihrem Mann aus Israel fortging und später zurückkehrte, nachdem ihr Mann und auch ihre Söhne gestorben waren. Mit ihr zieht ihre Schwiegertochter Rut aus Moab. Rut, die Fremde, die Ausländerin. Sie erlebt Dinge, die man in deiner Zeit als Diskriminierung bezeichnen wird und als prekäre Arbeit. Auch die Gefahr sexueller Ausbeutung liegt in der Luft, denn diese fremde junge Frau ist rechtlos und praktisch Freiwild. Sie ist „ganz unten". Sogar im Wortsinne, da ihr nichts weiter übrig bleibt, als gebückt über den Acker zu laufen und Getreideähren aufzusammeln, die bei der Ernte zu Boden gefallen sind.

Du kannst also sehr viele verschiedene Aspekte aus diesem kleinen Buch herauslesen. Es ist eine Geschichte über Zuwanderung; eine Geschichte über zwei starke Frauen, die gemeinsam den Bedingungen einer frauenfeindlichen Umwelt trotzen; nicht zuletzt ist es eine Liebesgeschichte. Eine Geschichte über Hoffnung. So, wie Boas es im Gespräch mit Rut formuliert: „Der HERR, der Gott Israels, zu dem du gekommen bist, um dich unter seinen Flügeln zu bergen, möge dir dein Tun vergelten und dich reich belohnen."

Und auf einer anderen Ebene lernen wir hier noch etwas. Wir haben eine Geschichte aus alter Zeit niedergeschrieben, die man noch in deinen Tagen kennt und aus der im jüdischen Gottesdienst am Fest Schawuot vorgelesen wird, das eng mit deinem Pfingstfest verwandt ist. Denn wer sich für eine menschenfreundliche Gesellschaft einsetzt, braucht nicht nur Regeln und Argumente, sondern eben auch gute Geschichten. Dies hier ist eine.

Das Buch Rut

Rut wird dir nochmal begegnen: im Stammbaum Jesu (Seite 295)

Auswanderung von Betlehem nach Moab

1 ¹Zu der Zeit, als die Richter regierten, kam eine Hungersnot über das Land. Da zog ein Mann mit seiner Frau und seinen beiden Söhnen aus Betlehem in Juda fort, um sich als Fremder im Grünland Moabs niederzulassen. ²Der Mann hieß Elimelech, seine Frau Noomi und seine Söhne hießen Machlon und Kiljon; sie waren Efratiter aus Betlehem in Juda. Als sie im Grünland Moabs ankamen, blieben sie dort. ³Elimelech, der Mann Noomis, starb und sie blieb mit ihren beiden Söhnen zurück. ⁴Diese nahmen sich moabitische Frauen, Orpa und Rut, und so wohnten sie dort etwa zehn Jahre lang. ⁵Dann starben auch Machlon und Kiljon und Noomi blieb allein, ohne ihren Mann und ohne ihre beiden Söhne.

Noomis Heimkehr in Begleitung von Rut

⁶Da brach sie mit ihren Schwiegertöchtern auf, um aus dem Grünland Moabs heimzukehren; denn sie hatte dort gehört, der Herr habe sich seines Volkes angenommen und ihm Brot gegeben. ⁷Sie verließ zusammen mit ihren beiden Schwiegertöchtern den Ort, wo sie sich aufgehalten hatte. Als sie nun auf dem Heimweg in das Land Juda waren, ⁸sagte Noomi zu ihren beiden Schwiegertöchtern: Kehrt doch beide heim zu euren Müttern! Der Herr erweise euch Güte, wie ihr sie den Toten und mir erwiesen habt. ⁹Der Herr lasse jede von euch Geborgenheit finden bei einem Gatten. Damit küsste sie beide zum Abschied; doch Orpa und Rut begannen laut zu weinen ¹⁰und sagten zu ihr: Nein, wir wollen mit dir zu deinem Volk gehen. ¹¹Noomi sagte: Kehrt doch um, meine Töchter! Warum wollt ihr mit mir ziehen? Habe ich etwa in meinem Leib noch Söhne, die eure Männer werden könnten? ¹²Kehrt um, meine Töchter, und geht; denn ich bin zu alt, noch einem Mann zu gehören. Selbst wenn ich dächte, ich habe noch Hoffnung, ja, wenn ich noch diese Nacht einem Mann gehörte und gar Söhne bekäme: ¹³Wolltet ihr warten, bis sie erwachsen sind? Wolltet ihr euch so lange abschließen und ohne einen Mann leben? Nein, meine Töchter! Mir täte es bitter leid um euch; denn mich hat die Hand des Herrn getroffen. ¹⁴Da weinten sie noch lauter. Doch dann gab Orpa ihrer Schwiegermutter den Abschiedskuss, während Rut nicht von ihr ließ. ¹⁵Noomi sagte: Du siehst, deine Schwägerin kehrt heim zu ihrem Volk und zu ihrem Gott. Folge ihr doch! ¹⁶Rut antwortete: Dränge mich nicht, dich zu verlassen und umzukehren! Wohin du gehst, dahin gehe auch ich, und wo du bleibst, da bleibe auch ich. Dein Volk ist mein Volk und dein Gott ist mein Gott. ¹⁷Wo du stirbst, da sterbe auch ich, da will ich begraben sein. Der Herr soll mir dies und das antun – nur der Tod wird mich von dir scheiden. ¹⁸Als sie sah, dass Rut darauf bestand, mit ihr zu gehen, redete sie nicht länger auf sie ein. ¹⁹So zogen sie miteinander bis Betlehem. Als sie in Betlehem ankamen, geriet die ganze Stadt ihretwegen in Bewegung. Die Frauen sagten: Ist das nicht Noomi? ²⁰Doch sie erwiderte: Nennt mich nicht mehr Noomi, Liebliche, sondern Mara, Bittere; denn viel Bitteres hat der Allmächtige mir getan. ²¹Reich bin ich ausgezogen, aber mit leeren Händen hat der Herr mich heimkehren lassen. Warum nennt ihr mich noch Noomi, da doch

der HERR gegen mich gesprochen und der Allmächtige mir Schlimmes angetan hat? ²²So kehrte Noomi mit Rut, ihrer moabitischen Schwiegertochter, aus dem Grünland Moabs heim. Zu Beginn der Gerstenernte kamen sie in Betlehem an.

Sorge für Noomi, Rut auf dem Acker des Boas

2 ¹Noomi hatte einen Verwandten von ihrem Mann her, einen einflussreichen Mann; er war aus dem Geschlecht Elimelechs und hieß Boas. ²Da sagte Rut, die Moabiterin, zu Noomi: Ich möchte aufs Feld gehen und Ähren lesen, wo es mir jemand erlaubt. Sie antwortete ihr: Geh, meine Tochter! ³Rut ging hin und las auf dem Feld hinter den Schnittern her. Dabei war sie auf ein Grundstück des Boas aus dem Geschlecht Elimelechs geraten. ⁴Und nun kam Boas von Betlehem dazu. Er sagte zu den Schnittern: Der HERR sei mit euch! Sie antworteten ihm: Der HERR segne dich. ⁵Boas fragte seinen Knecht, der die Schnitter beaufsichtigte: Wem gehört dieses Mädchen da? ⁶Der Knecht, der die Schnitter beaufsichtigte, antwortete: Es ist eine junge Moabiterin, die mit Noomi aus dem Grünland Moabs gekommen ist. ⁷Sie hat gesagt: Ich möchte gern Ähren lesen und bei den Garben hinter den Schnittern her sammeln. So kam sie und hielt aus vom Morgen bis jetzt und gönnte sich kaum Ruhe.

⁸Boas sagte zu Rut: Höre wohl, meine Tochter, geh auf kein anderes Feld, um zu lesen; entfern dich nicht von hier, sondern halte dich an meine Mägde; ⁹behalte das Feld im Auge, wo sie ernten, und geh hinter ihnen her! Ich habe den Knechten befohlen, dich nicht anzurühren. Hast du Durst, so darfst du zu den Gefäßen gehen und von dem trinken, was die Knechte schöpfen.

¹⁰Sie sank nieder, beugte sich zur Erde und sagte zu ihm: Wie habe ich es verdient, dass du mich so achtest, da ich doch eine Fremde bin? ¹¹Boas antwortete ihr: Mir wurde alles berichtet, was du nach dem Tod deines Mannes für deine Schwiegermutter getan hast, wie du deinen Vater und deine Mutter, dein Land und deine Verwandtschaft verlassen hast und zu einem Volk gegangen bist, das dir zuvor unbekannt war. ¹²Der HERR, der Gott Israels, zu dem du gekommen bist, um dich unter seinen Flügeln zu bergen, möge dir dein Tun vergelten und dich reich belohnen. ¹³Sie sagte: Ich habe Gnade gefunden in deinen Augen, Herr. Du hast mir Mut gemacht und zum Herzen deiner Magd gesprochen und ich bin nicht einmal eine deiner Mägde. ¹⁴Zur Essenszeit sagte Boas zu ihr: Komm hierher und iss von dem Brot, tauch deinen Bissen in die Würztunke! Sie setzte sich neben die Schnitter. Er reichte ihr geröstete Körner und sie aß sich satt und behielt noch übrig. ¹⁵Als sie wieder aufstand zum Ährenlesen, befahl Boas seinen Knechten: Auch wenn sie zwischen den Garben liest, dürft ihr sie nicht schelten. ¹⁶Ihr sollt sogar für sie eigens etwas aus den Bündeln herausziehen und liegen lassen; sie mag es auflesen und ihr dürft sie nicht schelten.

¹⁷So sammelte sie auf dem Feld bis zum Abend. Als sie ausklopfte, was sie aufgelesen hatte, war es etwa ein Efa Gerste. ¹⁸Sie hob es auf, ging in die Stadt und ihre Schwiegermutter sah, was sie aufgelesen hatte. Dann packte sie aus, was sie von ihrer Mahlzeit übrig behalten hatte, und gab es ihr. ¹⁹Ihre Schwiegermutter fragte: Wo hast du heute aufgelesen und gearbeitet? Gesegnet sei, der auf dich Acht hatte. Sie berichtete ihrer Schwiegermutter, bei wem sie gearbeitet hatte,

und sagte: Der Mann, bei dem ich heute gearbeitet habe, heißt Boas. [20]Da sagte Noomi zu ihrer Schwiegertochter: Gesegnet sei er vom Herrn, der seine Güte den Lebenden und Toten nicht entzogen hat. Und sie erzählte ihr: Der Mann ist mit uns verwandt, er ist einer unserer Löser. [21]Die Moabiterin Rut sagte: Er hat noch zu mir gesagt: Halte dich an meine Knechte, bis sie meine Ernte eingebracht haben! [22]Gut, meine Tochter, sagte Noomi zu Rut, ihrer Schwiegertochter, wenn du mit seinen Mägden hinausgehst, dann kann man dich auf einem anderen Feld nicht belästigen. [23]Rut hielt sich beim Ährenlesen an die Mägde des Boas, bis die Gersten- und Weizenernte beendet war. Danach blieb sie bei ihrer Schwiegermutter.

Noomis Ratschlag für Rut

3 [1]Ihre Schwiegermutter Noomi sagte zu ihr: Meine Tochter, ich möchte dafür sorgen, dass du Ruhe findest. [2]Nun ist ja Boas, bei dessen Mägden du warst, ein Verwandter von uns. Heute Abend worfelt er die Gerste auf der Tenne. [3]Wasch dich, salbe dich und zieh dein Obergewand an, dann geh zur Tenne! Zeig dich aber dem Mann nicht, bis er fertig gegessen und getrunken hat. [4]Wenn er sich niederlegt, so merk dir den Ort, wo er sich hinlegt. Geh dann hin, deck den Platz zu seinen Füßen auf und leg dich dorthin! Er wird dir dann sagen, was du tun sollst. [5]Rut antwortete ihr: Alles, was du sagst, will ich tun. [6]Sie ging zur Tenne und tat genauso, wie ihre Schwiegermutter ihr aufgetragen hatte.

Rut auf der Tenne des Boas

[7]Als Boas gegessen und getrunken hatte und es ihm wohl zumute wurde, ging er hin, um sich neben dem Getreidehaufen schlafen zu legen. Nun trat sie leise heran, deckte den Platz zu seinen Füßen auf und legte sich nieder. [8]Um Mitternacht schrak der Mann auf, beugte sich vor und fand eine Frau zu seinen Füßen liegen. [9]Er fragte: Wer bist du? Sie antwortete: Ich bin Rut, deine Magd. Breite doch den Saum deines Gewandes über deine Magd; denn du bist Löser. [10]Da sagte er: Gesegnet bist du vom Herrn, meine Tochter. So zeigst du deine Güte noch schöner als zuvor; denn du bist nicht den jungen Männern, ob arm oder reich, nachgelaufen. [11]Jetzt aber, fürchte dich nicht, meine Tochter! Alles, was du sagst, will ich dir tun; denn jeder im Tor weiß, dass du eine tüchtige Frau bist. [12]Gewiss, ich bin Löser, aber es gibt noch einen Löser, der näher verwandt ist als ich. [13]Bleib über Nacht, und wenn er dich dann am Morgen lösen will, gut, so mag er lösen. Wenn er dich aber nicht lösen will, so werde ich dich lösen, so wahr der Herr lebt. Bleib liegen bis zum Morgen! [14]Sie blieb zu seinen Füßen liegen bis zum Morgen. Doch noch ehe man einander erkennen konnte, stand sie auf. Denn Boas wollte nicht bekannt werden lassen, dass die Frau auf die Tenne gekommen war. [15]Er sagte zu ihr: Reich mir das Tuch, das du umgelegt hast! Sie hielt es hin und er füllte sechs Maß Gerste hinein und lud es ihr auf. Dann ging er zur Stadt. [16]Rut kam nun zu ihrer Schwiegermutter und diese fragte: Wie steht es, meine Tochter? Sie erzählte ihr, wie viel Gutes ihr der Mann erwiesen hatte, [17]und sagte: Diese sechs Maß Gerste hat er mir gegeben; denn er meinte: Du sollst nicht mit leeren Händen zu deiner Schwiegermutter kommen. [18]Noomi antwortete ihr: Warte ab, meine Tochter, bis du erfährst, wie die Sache ausgeht; denn der Mann wird nicht ruhen, ehe er noch heute die Sache erledigt hat.

Verhandlung im Tor

4 ¹Indes war Boas zum Tor gegangen und hatte sich dort niedergelassen. Da ging gerade der Löser vorüber, von dem Boas gesprochen hatte. Er sagte zu ihm: Komm herüber und setz dich hierher! Der kam herüber und setzte sich. ²Dann holte Boas zehn Männer von den Ältesten der Stadt und sagte: Setzt euch hierher! Sie taten es. ³Darauf sagte er zu dem Löser: Das Grundstück, das unserem Verwandten Elimelech gehört, will Noomi, die aus dem Grünland Moabs zurückgekehrt ist, verkaufen. ⁴Ich dachte, ich will dich davon unterrichten und dir sagen: Erwirb es in Gegenwart der hier Sitzenden und in Gegenwart der Ältesten meines Volkes! Wenn du lösen willst, so löse! Willst du aber nicht lösen, so sag es mir, damit ich es weiß; denn außer dir ist niemand zum Lösen da und ich bin nach dir an der Reihe. Jener antwortete: Ich werde lösen. ⁵Boas fuhr fort: Wenn du den Acker aus der Hand der Noomi erwirbst, dann erwirbst du zugleich auch die Moabiterin Rut, die Frau des Verstorbenen, um den Namen des Toten auf seinem Erbe erstehen zu lassen. ⁶Der Löser sagte: Dann kann ich für mich nicht lösen, sonst schädige ich mein eigenes Erbe. Übernimm du mein Löserecht; denn ich kann nicht lösen. ⁷Früher bestand in Israel folgender Brauch: Um ein Löse- oder Tauschgeschäft rechtskräftig zu machen, zog man den Schuh aus und gab ihn seinem Partner. Das galt in Israel als Bestätigung. ⁸Der Löser sagte nun zu Boas: Erwirb es für dich! und zog seinen Schuh aus. ⁹Boas sagte zu den Ältesten und zum ganzen Volk: Ihr seid heute Zeugen, dass ich alles Eigentum Elimelechs sowie das Kiljons und Machlons aus der Hand der Noomi erworben habe. ¹⁰Auch Rut, die Moabiterin, die Frau Machlons, habe ich mir zur Frau erworben, um den Namen des Verstorbenen auf seinem Erbe erstehen zu lassen, damit sein Name unter seinen Verwandten und im Tor seines Ortes nicht erlischt. Ihr seid heute Zeugen. ¹¹Da antwortete das ganze Volk im Tor samt den Ältesten: Wir sind Zeugen. Der HERR mache die Frau, die in dein Haus kommt, wie Rahel und Lea, die zwei, die das Haus Israel aufgebaut haben. Handle tüchtig in Efrata und komm zu Ansehen in Betlehem! ¹²Dein Haus gleiche dem Haus des Perez, den Tamar dem Juda geboren hat, durch die Nachkommenschaft, die der HERR dir aus dieser jungen Frau geben möge.

Ruts Heirat und die Geburt eines Sohnes

¹³So nahm Boas Rut zur Frau und ging zu ihr. Der HERR ließ sie schwanger werden und sie gebar einen Sohn. ¹⁴Da sagten die Frauen zu Noomi: Gepriesen sei der HERR, der es dir heute nicht an einem Löser hat fehlen lassen. Sein Name soll in Israel gerühmt werden. ¹⁵Du wirst jemand haben, der dein Herz erfreut und dich im Alter versorgt; denn deine Schwiegertochter, die dich liebt, hat ihn geboren, sie, die für dich mehr wert ist als sieben Söhne. ¹⁶Noomi nahm das Kind, drückte es an ihre Brust und wurde seine Pflegemutter. ¹⁷Die Nachbarinnen rühmten ihn und sagten: Der Noomi ist ein Sohn geboren. Und sie gaben ihm den Namen Obed. Er ist der Vater Isais, des Vaters Davids.

Davids Stammbaum

¹⁸Das ist die Geschlechterfolge nach Perez: Perez zeugte Hezron, ¹⁹Hezron zeugte Ram, Ram zeugte Amminadab, ²⁰Amminadab zeugte Nachschon, Nachschon zeugte Salmon, ²¹Salmon zeugte Boas, Boas zeugte Obed, ²²Obed zeugte Isai und Isai zeugte David.

Was Jona so wütend macht

Apropos gute Geschichte. Auf den folgenden Seiten begegnest du einer der bekanntesten Figuren der Bibel, dem Propheten Jona. Vielleicht hast du ihn schon als Kind kennengelernt, denn die unschöne Begegnung des Propheten mit dem Wal ist ja besonders anschaulich und einprägsam. Wir treffen hier – wieder einmal – auf eine Person, die von Gott auserwählt worden ist und sich anschließend überhaupt nicht so verhält, wie man es von einem „Auserwählten" erwarten mag. Wie so oft erweist sich auch dieser Held als Anti-Held, bei dem Erfolg und Scheitern eng beieinanderliegen.

Jona selbst will zunächst von seiner Berufung nichts wissen und entschließt sich zur Flucht, doch die endet leider im Bauch eines Meeresungetüms. Dieses Motiv des Verschlungen-Werdens spielt in vielen verschiedenen Mythen unserer Zeit eine gewisse Rolle. So glauben etwa manche Menschen, dass jeden Abend die Sonne von einem großen Fisch verschlungen und am nächsten Morgen wieder ausgespien würde. In deiner Gegenwart wirst du natürlich wissen, was die Sonne nachts macht und auch, dass Wale keine Fische sind. Trotzdem kennst auch du bestimmt das Gefühl, plötzlich verschlungen zu werden – von Einsamkeit oder Angst oder Traurigkeit … das Bild des Jona, gefangen im Bauch des Wals, ist auch deshalb so einprägsam, weil es sich eben von ganz allein erschließt. Auch Jesus wird sich in Andeutung seines eigenen Todes auf „das Zeichen des Jona" beziehen.

Aber dabei bleibt die Geschichte ja nicht stehen. Jona bekommt eine zweite Chance und nimmt sich diesmal seines Auftrages an; er geht nach Ninive und kündigt der Stadt den Untergang an. Auch das ist immer wieder ein starkes Bild: die Großstadt als Sündenpfuhl. Auf dem Lande geht es beschaulich und gesittet zu, in der Stadt hingegen wild und unmoralisch. Spätestens seit Sodom und Gomorra wissen wir, wie Gott mit solchen Orten zu verfahren pflegt. Doch da gibt es zwei Dinge, die höchst erstaunlich sind.

Erstens liegt Ninive nicht in Israel, sondern in Assyrien. Nach unserer bisherigen Auffassung dürfte unser HERR, der Gott Israels, für solche Leute überhaupt nicht zuständig sein. Was kümmert uns, wie irgendwelche Assyrer leben? Doch – wie schon oft gesagt – wir tasten uns immer weiter vor in dem Bemühen, diesen Gott besser kennenzulernen. Und nachdem er so viele Wege mit uns gegangen ist, heraus aus Ägypten und durch die Wüste und bis nach Babylon und zurück, da dämmert uns die Erkenntnis, dass wir diesen Gott nicht exklusiv für uns haben, sondern dass es ihm wirklich um alle Menschen geht, in allen Völkern, auf allen Erdteilen.

Der zweite Aspekt ist sogar noch erstaunlicher. Als Jona der Stadt den Untergang ankündigt, wird er nicht etwa verspottet oder angefeindet; im Gegenteil. Die Menschen in Ninive glauben seinen Worten, sie wenden sich vom Unrecht ab und tun Buße.

In der Fülle unserer Geschichten, die wahrhaftig an allerlei Gemetzel nicht arm sind, ereignet sich hier ein vollkommen unblutiger Wendepunkt. Und Jona? Der Prophet ist stinksauer. Fühlt sich womöglich von Gott vorgeführt, weil er ein Unheil ankündigte, das gar nicht eintritt. Oder er empfindet es schlicht als ungerecht, dass die Menschen von Ninive ihrer Strafe entgehen.

Jona gleicht in seiner absoluten Empörung jenem Bruder des „verlorenen Sohnes", dessen Gleichnis Jesus später einmal erzählen wird. Es ist eine kindliche Empörung – nicht darüber, dass man selbst nicht belohnt würde, sondern darüber, dass die anderen nicht bestraft werden. Darin liegt zugleich ein großes Hoffnungszeichen, denn die Geschichte zeigt wieder einmal, dass Gottes Gerechtigkeit weniger aus Abwägung und klaren Kriterien hervorgeht, sondern vor allem aus Liebe und Erbarmen. Und Liebe verdienen wir uns nicht. Wir bekommen sie einfach so. Und können sie, wenn wir wollen, auch einfach so weiterschenken.

Das Buch Jona

Jonas Berufung

1 ¹Das Wort des HERRN erging an Jona, den Sohn Amittais: ²Mach dich auf den Weg und geh nach Ninive, der großen Stadt, und rufe über sie aus, dass ihre Schlechtigkeit zu mir heraufgedrungen ist.

Jonas Flucht

³Jona machte sich auf den Weg; doch er wollte nach Tarschisch fliehen, weit weg vom HERRN. Er ging also nach Jafo hinab und fand dort ein Schiff, das nach Tarschisch fuhr. Er bezahlte das Fahrgeld und ging an Bord, um nach Tarschisch mitzufahren, weit weg vom HERRN.

⁴Der HERR aber warf einen großen Wind auf das Meer und es entstand ein gewaltiger Seesturm und das Schiff drohte auseinanderzubrechen. ⁵Da gerieten die Seeleute in Furcht und jeder schrie zu seinem Gott um Hilfe. Sie warfen sogar die Ladung ins Meer, damit das Schiff leichter wurde. Jona war in den untersten Raum des Schiffes hinabgestiegen, hatte sich hingelegt und schlief fest. ⁶Der Kapitän ging zu ihm und sagte: Wie kannst du schlafen? Steh auf, ruf deinen Gott an; vielleicht denkt dieser Gott an uns, sodass wir nicht untergehen.

⁷Dann sagten sie zueinander: Kommt, wir wollen das Los werfen, um zu erfahren, wer an diesem unserem Unheil schuld ist. Sie warfen das Los und es fiel auf Jona. ⁸Da fragten sie ihn: Sag uns doch, weshalb dieses Unheil über uns gekommen ist. Was treibst du für ein Gewerbe und woher kommst du, was ist dein Land und aus welchem Volk bist du? ⁹Er antwortete ihnen: Ich bin ein Hebräer und verehre den HERRN, den Gott des Himmels, der das Meer und das Festland gemacht hat. ¹⁰Da gerieten die Männer in große Furcht und sagten zu ihm: Was hast du da getan? Denn die Männer erkannten, dass er vor dem HERRN auf der Flucht war, wie er es ihnen mitgeteilt hatte. ¹¹Und sie sagten zu ihm: Was sollen wir mit dir machen, damit das Meer sich beruhigt und uns verschont? Denn das Meer wurde immer stürmischer. ¹²Jona antwortete ihnen: Nehmt mich und werft mich ins Meer, damit das Meer sich beruhigt und euch verschont! Denn ich weiß, dass dieser gewaltige Sturm durch meine Schuld über euch gekommen ist. ¹³Die Männer aber ruderten mit aller Kraft, um wieder an Land zu kommen; doch sie richteten nichts aus, denn das Meer stürmte immer heftiger gegen sie an. ¹⁴Da riefen sie zum HERRN: Ach HERR, lass uns nicht untergehen wegen dieses Mannes und rechne uns, was wir jetzt tun, nicht als Vergehen an unschuldigem Blut an! Fürwahr, wie du wolltest, HERR, so hast du gehandelt. ¹⁵Dann nahmen sie Jona und warfen ihn ins Meer und das Meer hörte auf zu toben. ¹⁶Da gerieten die Männer in große Furcht vor dem HERRN und sie schlachteten für den HERRN ein Opfer und machten ihm Gelübde.

Jonas Rettung

2 ¹Der HERR aber schickte einen großen Fisch, dass er Jona verschlinge. Jona war drei Tage und drei Nächte im Bauch des Fisches. ²Da betete Jona zum HERRN, seinem Gott,

> *Auf und davon! – Das scheint manchmal die beste Lösung. Aber aus manchen Geschichten kommt man nicht raus, ob man will oder nicht. Und am Ende wird's doch ganz anders. Weil Gott so anders ist.*

aus dem Inneren des Fisches heraus:
³In meiner Not rief ich zum Herrn / und er erhörte mich.

Aus dem Leib der Unterwelt schrie ich um Hilfe / und du hörtest meine Stimme.
⁴Du hast mich in die Tiefe geworfen, in das Herz der Meere; / mich umschlossen die Fluten,

all deine Wellen und Wogen / schlugen über mir zusammen.
⁵Ich sagte: Ich bin verstoßen / aus deiner Nähe.

Wie kann ich jemals wiedersehen / deinen heiligen Tempel?
⁶Das Wasser reichte mir bis an die Kehle, / die Urflut umschloss mich;

Schilfgras umschlang meinen Kopf. / ⁷Bis zu den Wurzeln der Berge

bin ich hinabgestiegen in das Land, / dessen Riegel hinter mir geschlossen waren auf ewig.

Doch du holtest mich lebendig aus dem Grab herauf, / Herr, mein Gott.
⁸Als meine Seele in mir verzagte, / gedachte ich des Herrn

und mein Gebet drang zu dir, / zu deinem heiligen Tempel.
⁹Die nichtige Götzen verehren, / verlassen den, der ihnen Gutes tut.
¹⁰Ich aber will dir opfern / und laut dein Lob verkünden.

Was ich gelobt habe, will ich erfüllen. / Vom Herrn kommt die Rettung.
¹¹Da befahl der Herr dem Fisch und dieser spie den Jona an Land.

Jonas Verkündigung und der Glaube der Niniviten

3 ¹Das Wort des Herrn erging zum zweiten Mal an Jona: ²Mach dich auf den Weg und geh nach Ninive, der großen Stadt, und rufe ihr all das zu, was ich dir sagen werde!
³Jona machte sich auf den Weg und ging nach Ninive, wie der Herr es ihm befohlen hatte. Ninive war eine große Stadt vor Gott; man brauchte drei Tage, um sie zu durchqueren.
⁴Jona begann, in die Stadt hineinzugehen; er ging einen Tag lang und rief: Noch vierzig Tage und Ninive ist zerstört!
⁵Und die Leute von Ninive glaubten Gott. Sie riefen ein Fasten aus und alle, Groß und Klein, zogen Bußgewänder an. ⁶Als die Nachricht davon den König von Ninive erreichte, stand er von seinem Thron auf, legte seinen Königsmantel ab, hüllte sich in ein Bußgewand und setzte sich in die Asche. ⁷Er ließ in Ninive ausrufen: Befehl des Königs und seiner Großen: Alle Menschen und Tiere, Rinder, Schafe und Ziegen, sollen nichts essen, nicht weiden und kein Wasser trinken. ⁸Sie sollen sich in Bußgewänder hüllen, Menschen und Tiere. Sie sollen mit aller Kraft zu Gott rufen und jeder soll umkehren von seinem bösen Weg und von der Gewalt, die an seinen Händen klebt. ⁹Wer weiß, vielleicht reut es Gott wieder und er lässt ab von seinem glühenden Zorn, sodass wir nicht zugrunde gehen. ¹⁰Und Gott sah ihr Verhalten; er sah, dass sie umkehrten und sich von ihren bösen Taten abwandten. Da reute Gott das Unheil, das er ihnen angedroht hatte, und er tat es nicht.

Jonas Groll und Gottes Erbarmen

4 ¹Das missfiel Jona ganz und gar und er wurde zornig. ²Er betete zum Herrn und sagte: Ach Herr, habe ich das nicht schon gesagt, als ich noch daheim war? Eben darum wollte ich ja nach Tarschisch fliehen; denn ich wusste, dass du ein gnädiger und barmherziger Gott bist, langmütig und reich an Huld und dass deine Drohungen dich reuen. ³Darum, Herr, nimm doch nun mein Leben von mir! Denn es ist besser für mich zu sterben als zu leben. ⁴Da erwiderte der Herr: Ist es recht von dir, zornig zu sein?

⁵Da verließ Jona die Stadt und setzte sich östlich vor der Stadt nieder. Er machte sich dort ein Laubdach und setzte sich in seinen Schatten, um abzuwarten, was mit der Stadt geschah. ⁶Da ließ Gott, der HERR, einen Rizinusstrauch über Jona emporwachsen, der seinem Kopf Schatten geben und seinen Ärger vertreiben sollte. Jona freute sich sehr über den Rizinusstrauch. ⁷Als aber am nächsten Tag die Morgenröte heraufzog, schickte Gott einen Wurm, der den Rizinusstrauch annagte, sodass er verdorrte. ⁸Und als die Sonne aufging, schickte Gott einen heißen Ostwind. Die Sonne stach Jona auf den Kopf, sodass er fast ohnmächtig wurde. Da wünschte er zu sterben und sagte: Es ist besser für mich zu sterben als zu leben. ⁹Gott aber sagte zu Jona: Ist es recht von dir, wegen des Rizinusstrauches zornig zu sein? Er antwortete: Ja, es ist recht, dass ich zornig bin und mir den Tod wünsche. ¹⁰Darauf sagte der HERR: Du hast Mitleid mit einem Rizinusstrauch, für den du nicht gearbeitet und den du nicht großgezogen hast. Über Nacht war er da, über Nacht ist er eingegangen. ¹¹Soll ich da nicht Mitleid haben mit Ninive, der großen Stadt, in der mehr als hundertzwanzigtausend Menschen leben, die zwischen rechts und links nicht unterscheiden können – und außerdem so viel Vieh?

Wie wir unsere Gottsuche singen

Unsere Zeit in Babylon liegt inzwischen lange hinter uns. Wir sahen schon viele Staaten, Großmächte, vermeintliche „Weltreiche" aufsteigen und untergehen. So viel haben wir in all diesen Jahrhunderten schon geschrieben, doch immer noch existieren viele Überlieferungen bloß in Teilen oder werden im mündlichen Erzählen von Generation zu Generation weitergegeben. Mehr und mehr sind wir damit beschäftigt, das Vorhandene zu sichern, zu sortieren, zu verfeinern. Bald schon werden einige von uns damit beginnen, unsere Texte ins Griechische zu übertragen – Griechisch ist gerade ziemlich angesagt, es entwickelt sich zu einer Art Weltsprache und du hast ja schon gesehen, dass wir inzwischen unseren Gott gar nicht mehr exklusiv für uns beanspruchen, sondern glauben, dass er zu allen Menschen spricht. Durch all die Texte, die wir schon niedergeschrieben haben, und die noch folgen werden.

Welche Vielfalt wir da haben! Es gibt ja nicht nur Mose und sein Gesetz, nicht nur die Bücher über unsere Propheten und die Geschichte unseres Volkes, es gibt auch unzählige andere Schriften über „Gott und die Welt". Texte voller Weisheit, voller Poesie, voll von wunderschönen wie auch bittertraurigen Erfahrungen der Menschen mit Gott. Viele dieser Texte sind eigentlich Lieder oder Gebete. Manche sind steinalt, wir haben sie schon mit unserem König David gesungen, voll Freude und Inbrunst. Andere stimmten wir mit Tränen in den Augen an, während wir in Babylon gefangen waren. Lieder für den Gottesdienet, Lieder für große Feiern und Lieder, die man vielleicht lieber für sich allein singt oder still darüber meditiert.

Dazu spielen wir oft ein Instrument, das dem gleicht, was du in deiner Zeit als Zither kennst oder das dich an eine Harfe erinnern würde. Spätere Übersetzungen werden das Instrument als „Psalter" bezeichnen. Davon leitet sich der Name ab, unter dem du wiederum unseren Liedern sicher schon begegnet bist: die Psalmen.

Irgendwann werden wir 150 dieser Psalmen zusammengetragen und festgehalten haben. Eine Auswahl daraus findest du auf den folgenden Seiten. Du kannst sie dir wie einen gesungenen Weg der Suche nach Gott vorstellen. Der erste Psalm tastet sich quasi an eine Kreuzung vor und beschreibt den Versuch, die richtige Abzweigung zu finden: nicht „nach dem Rat der Frevler" zu gehen, sondern auf dem „Weg der Gerechten". Dieser Weg führt über viele Höhen hinweg und durch viele Tiefen hindurch und endet mit Psalm 150 in einem großen „Halleluja!". Doch dieser Weg ist nicht gerade, sondern gewunden, und was auf diesem Weg passiert, ist das pralle Leben. Manche Verse jauchzen vor Glück, andere klammern sich an vage Hoffnungen; manche feiern die Liebe und das Leben, während aus anderen die schiere Verzweiflung spricht, auch Zorn, bisweilen sogar Hass. Allen gemeinsam ist das Vertrauen darauf, dass nichts existiert, was wir nicht vor Gott tragen könnten. Nichts ist uns zu banal oder zu schmutzig oder schlicht zu selbstverständlich, um Gott damit zu behelligen. Hoffnung, Zweifel und Sehnsucht der Menschheit verbinden sich zu einem Gesang, der zu deiner Lebenszeit bereits über dreitausend Jahre anhält und nicht endet. Einmal mehr helfen uns diese Worte dabei, unsere Brücken zu schlagen. Zurück in die fernen Tage unserer ersten Könige, denn sehr viele Psalmen werden David zugeschrieben. Und in die Zukunft hinein, denn die Psalmen werden für die Spiritualität vieler Menschen eine große Rolle spielen. Auch für Jesus von Nazaret – selbst noch im Sterben am Kreuz.

Du hörst Psalmen auf Hochzeiten und Beerdigungen, du begegnest ihnen manchmal unerkannt als Zitate in Romanen, Filmen, Songs, auf Abreißkalendern … Manche sind zu schön, um sie nur im religiösen Kontext zu verwenden. Andere wiederum hörst du nie im Gottesdienst, sie werden fast schamhaft versteckt, weil ihr Inhalt grausam und verstörend ist. Trotzdem haben wir sie nicht „zensiert", denn dass Menschen nicht nur Liebe empfinden können, sondern auch Hass, ist eben eine Tatsache. Weil aber der Weg der Psalmen keine Sackgasse ist, können wir auch im Hass niemals stehen bleiben. Wenn wir gerade auch unsere allerschlechtesten Gefühle nehmen und Gott damit – ja: konfrontieren, dann liegt darin immer schon die Möglichkeit, dass Gott den Hass verwandelt und sich neue Wege für uns öffnen.

Vor allem aber spüren wir ein starkes Gefühl der Verbundenheit bei dem Wissen, dass diese Worte schon vor uns gebetet und gesungen worden sind, und dass sie auch nach uns gesungen und gebetet werden über die Grenzen von Raum und Zeit hinweg.

Aus den Psalmen

Weisung zur Wahl des rechten Weges

1 ¹Selig der Mann, der nicht nach dem Rat der Frevler geht, /
nicht auf dem Weg der Sünder steht, *
nicht im Kreis der Spötter sitzt,
²sondern sein Gefallen hat an der Weisung des H{{\sc err}}n, *
bei Tag und bei Nacht über seine Weisung nachsinnt.
³Er ist wie ein Baum, *
gepflanzt an Bächen voll Wasser,
der zur rechten Zeit seine Frucht bringt *
und dessen Blätter nicht welken.
Alles, was er tut, *
es wird ihm gelingen.
⁴Nicht so die Frevler: *
Sie sind wie Spreu, die der Wind verweht.
⁵Darum werden die Frevler im Gericht nicht bestehen *
noch die Sünder in der Gemeinde der Gerechten.
⁶Denn der H{{\sc err}} kennt den Weg der Gerechten, *
der Weg der Frevler aber verliert sich.

Der Herr und sein Gesalbter

2 ¹Warum toben die Völker, *
warum ersinnen die Nationen nichtige Pläne?
²Die Könige der Erde stehen auf, /
die Großen tun sich zusammen *
gegen den H{{\sc err}}n und seinen Gesalbten.
³Lasst uns ihre Fesseln zerreißen *
und von uns werfen ihre Stricke!
⁴Er, der im Himmel thront, lacht, *
der H{{\sc err}} verspottet sie.
⁵Dann spricht er in seinem Zorn zu ihnen, *
in seinem Grimm wird er sie erschrecken:
⁶Ich selber habe meinen König eingesetzt *
auf Zion, meinem heiligen Berg.
⁷Den Beschluss des H{{\sc err}}n will ich kundtun. /
Er sprach zu mir: Mein Sohn bist du. *
Ich selber habe dich heute gezeugt.
⁸Fordere von mir und ich gebe dir die Völker zum Erbe *
und zum Eigentum die Enden der Erde.
⁹Du wirst sie zerschlagen mit eisernem Stab, *
wie Krüge aus Ton wirst du sie zertrümmern.
¹⁰Nun denn, ihr Könige, kommt zur Einsicht, *
lasst euch warnen, ihr Richter der Erde!
¹¹Mit Furcht dient dem H{{\sc err}}n, *
jubelt ihm zu mit Beben,

¹²küsst den Sohn, /
damit er nicht zürnt *
und euer Weg sich nicht verliert,
denn wenig nur und sein Zorn ist entbrannt. *
Selig alle, die bei ihm sich bergen!

Bittgebet in Todesnot in der Nacht
6 ¹Für den Chormeister. Mit Saitenspiel nach der Achten. Ein Psalm Davids.
²Herr, strafe mich nicht in deinem Zorn *
und züchtige mich nicht in deinem Grimm!
³Sei mir gnädig, Herr, denn ich welke dahin; *
heile mich, Herr, denn meine Glieder erstarren vor Schrecken!
⁴Meine Seele ist tief erschrocken. *
Du aber, Herr – wie lange noch?
⁵Herr, wende dich mir zu und errette mich, *
um deiner Güte willen bring mir Hilfe!
⁶Denn im Tod gibt es kein Gedenken an dich. *
Wer wird dich in der Totenwelt preisen?
⁷Ich bin erschöpft vom Seufzen, /
jede Nacht benetze ich weinend mein Bett, *
ich überschwemme mein Lager mit Tränen.
⁸Mein Auge ist getrübt vor Kummer, *
ist matt geworden wegen all meiner Gegner.
⁹All ihr Übeltäter, weicht zurück von mir, *
denn der Herr hat mein lautes Weinen gehört!
¹⁰Gehört hat der Herr mein Flehen, *
der Herr nimmt mein Beten an.
¹¹In Scham und tiefen Schrecken geraten all meine Feinde, *
sie müssen sich wenden, werden plötzlich beschämt.

> *Die einen lieben Gedichte, andre können nichts damit anfangen. Auch unsre Sprachbilder können gewöhnungsbedürftig sein.*

Die Herrlichkeit des Schöpfers – die Würde des Menschen
8 ¹Für den Chormeister. Nach dem Kelterlied. Ein Psalm Davids.
²Herr, unser Herr, /
wie gewaltig ist dein Name auf der ganzen Erde, *
der du deine Hoheit gebreitet hast über den Himmel.
³Aus dem Mund der Kinder und Säuglinge hast du ein Bollwerk errichtet /
wegen deiner Gegner, *
um zum Einhalten zu bringen Feind und Rächer.
⁴Seh ich deine Himmel, die Werke deiner Finger, *
Mond und Sterne, die du befestigt:
⁵Was ist der Mensch, dass du seiner gedenkst, *
des Menschen Kind, dass du dich seiner annimmst?
⁶Du hast ihn nur wenig geringer gemacht als Gott, *
du hast ihn gekrönt mit Pracht und Herrlichkeit.
⁷Du hast ihn als Herrscher eingesetzt über die Werke deiner Hände, *
alles hast du gelegt unter seine Füße:
⁸Schafe und Rinder, sie alle *

und auch die wilden Tiere,
⁹die Vögel des Himmels und die Fische im Meer, *
was auf den Pfaden der Meere dahinzieht.
¹⁰Herr, unser Herr, *
wie gewaltig ist dein Name auf der ganzen Erde!

Gottverlassenheit und Rettung des todgeweihten Armen

22 ¹Für den Chormeister. Nach der Weise Hinde der Morgenröte. Ein Psalm Davids.
²Mein Gott, mein Gott, warum hast du mich verlassen, *
bleibst fern meiner Rettung, den Worten meines Schreiens?
³Mein Gott, ich rufe bei Tag, doch du gibst keine Antwort; *
und bei Nacht, doch ich finde keine Ruhe.
⁴Aber du bist heilig, *
du thronst über dem Lobpreis Israels.
⁵Dir haben unsere Väter vertraut, *
sie haben vertraut und du hast sie gerettet.
⁶Zu dir riefen sie und wurden befreit, *
dir vertrauten sie und wurden nicht zuschanden.
⁷Ich aber bin ein Wurm und kein Mensch, *
der Leute Spott, vom Volk verachtet.
⁸Alle, die mich sehen, verlachen mich, *
verziehen die Lippen, schütteln den Kopf:
⁹Wälze die Last auf den Herrn! Er soll ihn befreien, *
er reiße ihn heraus, wenn er an ihm Gefallen hat!
¹⁰Du bist es, der mich aus dem Schoß meiner Mutter zog, *
der mich anvertraut der Brust meiner Mutter.
¹¹Von Geburt an bin ich geworfen auf dich, *
vom Mutterleib an bist du mein Gott.
¹²Sei mir nicht fern, denn die Not ist nahe *
und kein Helfer ist da!
¹³Viele Stiere haben mich umgeben, *
Büffel von Baschan mich umringt.
¹⁴Aufgesperrt haben sie gegen mich ihren Rachen, *
wie ein reißender, brüllender Löwe.
¹⁵Hingeschüttet bin ich wie Wasser, *
gelöst haben sich all meine Glieder,
mein Herz ist geworden wie Wachs, *
in meinen Eingeweiden zerflossen.
¹⁶Meine Kraft ist vertrocknet wie eine Scherbe, /
die Zunge klebt mir am Gaumen, *
du legst mich in den Staub des Todes.
¹⁷Denn Hunde haben mich umlagert, /
eine Rotte von Bösen hat mich umkreist. *
Sie haben mir Hände und Füße durchbohrt.
¹⁸Ich kann all meine Knochen zählen; *
sie gaffen und starren mich an.

¹⁹Sie verteilen unter sich meine Kleider *
und werfen das Los um mein Gewand.
²⁰Du aber, Herr, halte dich nicht fern! *
Du, meine Stärke, eile mir zu Hilfe!
²¹Entreiß mein Leben dem Schwert, *
aus der Gewalt der Hunde mein einziges Gut!
²²Rette mich vor dem Rachen des Löwen *
und vor den Hörnern der Büffel! – /
Du hast mir Antwort gegeben.
²³Ich will deinen Namen meinen Brüdern verkünden, *
inmitten der Versammlung dich loben.
²⁴Die ihr den Herrn fürchtet, lobt ihn; /
all ihr Nachkommen Jakobs, rühmt ihn; *
erschauert vor ihm, all ihr Nachkommen Israels!
²⁵Denn er hat nicht verachtet, *
nicht verabscheut des Elenden Elend.
Er hat sein Angesicht nicht verborgen vor ihm; *
er hat gehört, als er zu ihm schrie.
²⁶Von dir kommt mein Lobpreis in großer Versammlung, *
ich erfülle mein Gelübde vor denen, die ihn fürchten.
²⁷Die Armen sollen essen und sich sättigen; /
den Herrn sollen loben, die ihn suchen. *
Aufleben soll euer Herz für immer.
²⁸Alle Enden der Erde sollen daran denken /
und sich zum Herrn bekehren: *
Vor dir sollen sich niederwerfen alle Stämme der Nationen.
²⁹Denn dem Herrn gehört das Königtum; *
er herrscht über die Nationen.
³⁰Es aßen und warfen sich nieder alle Mächtigen der Erde. *
Alle, die in den Staub gesunken sind, sollen vor ihm sich beugen.
Und wer sein Leben nicht bewahrt hat, *
³¹Nachkommen werden ihm dienen.
Vom Herrn wird man dem Geschlecht erzählen, das kommen wird. /
³²Seine Heilstat verkündet man einem Volk, das noch geboren wird: *
Ja, er hat es getan.

Der gute Hirte

23 ¹Ein Psalm Davids.
Der Herr ist mein Hirt, *
nichts wird mir fehlen.
²Er lässt mich lagern auf grünen Auen *
und führt mich zum Ruheplatz am Wasser.
³Meine Lebenskraft bringt er zurück. /
Er führt mich auf Pfaden der Gerechtigkeit, *
getreu seinem Namen.
⁴Auch wenn ich gehe im finsteren Tal, *
ich fürchte kein Unheil;

denn du bist bei mir, *
dein Stock und dein Stab, sie trösten mich.
⁵Du deckst mir den Tisch *
vor den Augen meiner Feinde.
Du hast mein Haupt mit Öl gesalbt, *
übervoll ist mein Becher.
⁶Ja, Güte und Huld werden mir folgen mein Leben lang /
und heimkehren werde ich ins Haus des HERRN *
für lange Zeiten.

Bitte um Vergebung und Neuschaffung

51 ¹Für den Chormeister. Ein Psalm Davids.
²Als der Prophet Natan zu ihm kam, nachdem er zu Batseba gegangen war.
³Gott, sei mir gnädig nach deiner Huld, *
tilge meine Frevel nach deinem reichen Erbarmen!
⁴Wasch meine Schuld von mir ab *
und mach mich rein von meiner Sünde!
⁵Denn ich erkenne meine bösen Taten, *
meine Sünde steht mir immer vor Augen.
⁶Gegen dich allein habe ich gesündigt, *
ich habe getan, was böse ist in deinen Augen.
So behältst du recht mit deinem Urteilsspruch, *
lauter stehst du da als Richter.
⁷Siehe, in Schuld bin ich geboren *
und in Sünde hat mich meine Mutter empfangen.
⁸Siehe, an Treue im Innersten hast du Gefallen, *
im Verborgenen lehrst du mich Weisheit.
⁹Entsündige mich mit Ysop, dann werde ich rein; *
wasche mich und ich werde weißer als Schnee!
¹⁰Lass mich Entzücken und Freude hören! *
Jubeln sollen die Glieder, die du zerschlagen hast.
¹¹Verbirg dein Angesicht vor meinen Sünden, *
tilge alle Schuld, mit der ich beladen bin!
¹²Erschaffe mir, Gott, ein reines Herz *
und einen festen Geist erneuere in meinem Innern!
¹³Verwirf mich nicht vor deinem Angesicht, *
deinen heiligen Geist nimm nicht von mir!
¹⁴Gib mir wieder die Freude deines Heils, *
rüste mich aus mit dem Geist der Großmut!
¹⁵Ich will die Frevler deine Wege lehren *
und die Sünder kehren um zu dir.
¹⁶Befreie mich von Blutschuld, Gott, du Gott meines Heils, *
dann wird meine Zunge jubeln über deine Gerechtigkeit!
¹⁷Herr, öffne meine Lippen, *
damit mein Mund dein Lob verkünde!
¹⁸Schlachtopfer willst du nicht, ich würde sie geben, *

an Brandopfern hast du kein Gefallen.
¹⁹Schlachtopfer für Gott ist ein zerbrochener Geist, *
ein zerbrochenes und zerschlagenes Herz wirst du, Gott, nicht verschmähen.
²⁰Nach deinem Wohlgefallen tu Gutes an Zion, *
erbaue wieder die Mauern Jerusalems!
²¹An Schlachtopfern der Gerechtigkeit, /
an Brandopfern und an Ganzopfern hast du Gefallen, *
dann wird man auf deinem Altar Stiere opfern.

Der Hüter Israels
121 ¹Ein Lied für die Wallfahrt.
Ich erhebe meine Augen zu den Bergen: *
Woher kommt mir Hilfe?
²Meine Hilfe kommt vom HERRN, *
der Himmel und Erde erschaffen hat.
³Er lässt deinen Fuß nicht wanken; *
dein Hüter schlummert nicht ein.
⁴Siehe, er schlummert nicht ein und schläft nicht, *
der Hüter Israels.
⁵Der HERR ist dein Hüter, *
der HERR gibt dir Schatten zu deiner Rechten.
⁶Bei Tag wird dir die Sonne nicht schaden *
noch der Mond in der Nacht.
⁷Der HERR behütet dich vor allem Bösen, *
er behütet dein Leben.
⁸Der HERR behütet dein Gehen und dein Kommen *
von nun an bis in Ewigkeit.

Lied zur Wallfahrt nach Jerusalem
122 ¹Ein Wallfahrtslied. Von David.
Ich freute mich, als man mir sagte: *
Zum Haus des HERRN wollen wir gehen.
²Schon stehen unsere Füße in deinen Toren, Jerusalem: *
³Jerusalem, als Stadt erbaut, die fest in sich gefügt ist.
⁴Dorthin zogen die Stämme hinauf, die Stämme des HERRN, /
wie es Gebot ist für Israel, *
den Namen des HERRN zu preisen.
⁵Denn dort standen Throne für das Gericht, *
die Throne des Hauses David.
⁶Erbittet Frieden für Jerusalem! *
Geborgen seien, die dich lieben.
⁷Friede sei in deinen Mauern, *
Geborgenheit in deinen Häusern!
⁸Wegen meiner Brüder und meiner Freunde *
will ich sagen: In dir sei Friede.
⁹Wegen des Hauses des HERRN, unseres Gottes, *
will ich dir Glück erflehen.

Hilferuf aus tiefer Not

130 ¹Ein Wallfahrtslied.
Aus den Tiefen rufe ich, HERR, zu dir:
²Mein Herr, höre doch meine Stimme! *
Lass deine Ohren achten auf mein Flehen um Gnade.
³Würdest du, HERR, die Sünden beachten, *
mein Herr, wer könnte bestehn?
⁴Doch bei dir ist Vergebung, *
damit man in Ehrfurcht dir dient.
⁵Ich hoffe auf den HERRN, es hofft meine Seele, *
ich warte auf sein Wort.
⁶Meine Seele wartet auf meinen Herrn /
mehr als Wächter auf den Morgen, *
ja, mehr als Wächter auf den Morgen.
⁷Israel, warte auf den HERRN, /
denn beim HERRN ist die Huld, *
bei ihm ist Erlösung in Fülle.
⁸Ja, er wird Israel erlösen *
aus all seinen Sünden.

Leben in Gottes Allgegenwart

139 ¹Für den Chormeister. Von David. Ein Psalm.
HERR, du hast mich erforscht und kennst mich. /
²Ob ich sitze oder stehe, du kennst es. *
Du durchschaust meine Gedanken von fern.
³Ob ich gehe oder ruhe, du hast es gemessen. *
Du bist vertraut mit all meinen Wegen.
⁴Ja, noch nicht ist das Wort auf meiner Zunge, *
siehe, HERR, da hast du es schon völlig erkannt.
⁵Von hinten und von vorn hast du mich umschlossen, *
hast auf mich deine Hand gelegt.
⁶Zu wunderbar ist für mich dieses Wissen, *
zu hoch, ich kann es nicht begreifen.
⁷Wohin kann ich gehen vor deinem Geist, *
wohin vor deinem Angesicht fliehen?
⁸Wenn ich hinaufstiege zum Himmel – dort bist du; *
wenn ich mich lagerte in der Unterwelt – siehe, da bist du.
⁹Nähme ich die Flügel des Morgenrots, *
ließe ich mich nieder am Ende des Meeres,
¹⁰auch dort würde deine Hand mich leiten *
und deine Rechte mich ergreifen.
¹¹Würde ich sagen: Finsternis soll mich verschlingen *
und das Licht um mich soll Nacht sein!
¹²Auch die Finsternis ist nicht finster vor dir, /
die Nacht leuchtet wie der Tag, *
wie das Licht wird die Finsternis.
¹³Du selbst hast mein Innerstes geschaffen, *

hast mich gewoben im Schoß meiner Mutter.
¹⁴Ich danke dir, dass ich so staunenswert und wunderbar gestaltet bin. *
Ich weiß es genau: Wunderbar sind deine Werke.
¹⁵Dir waren meine Glieder nicht verborgen, /
als ich gemacht wurde im Verborgenen, *
gewirkt in den Tiefen der Erde.
¹⁶Als ich noch gestaltlos war, *
sahen mich bereits deine Augen.
In deinem Buch sind sie alle verzeichnet: die Tage, *
die schon geformt waren, als noch keiner von ihnen da war.
¹⁷Wie kostbar sind mir deine Gedanken, Gott! *
Wie gewaltig ist ihre Summe!
¹⁸Wollte ich sie zählen, sie sind zahlreicher als der Sand. *
Ich erwache und noch immer bin ich bei dir.
¹⁹Wolltest du, Gott, doch den Frevler töten! *
Ihr blutgierigen Menschen, weicht von mir!
²⁰Sie nennen dich in böser Absicht, *
deine Feinde missbrauchen deinen Namen.
²¹Sollen mir nicht verhasst sein, HERR, die dich hassen, *
soll ich die nicht verabscheuen, die sich gegen dich erheben?
²²Ganz und gar sind sie mir verhasst, *
auch mir wurden sie zu Feinden.
²³Erforsche mich, Gott, und erkenne mein Herz, *
prüfe mich und erkenne meine Gedanken!
²⁴Sieh doch, ob ich auf dem Weg der Götzen bin, *
leite mich auf dem Weg der Ewigkeit!

Preislied auf Gott, den Helfer der Armen
146 ¹Halleluja!
Lobe den HERRN, meine Seele! /
²Ich will den HERRN loben in meinem Leben, *
meinem Gott singen und spielen, solange ich da bin.
³Vertraut nicht auf Fürsten, *
nicht auf den Menschen, durch den es keine Rettung gibt!
⁴Schwindet sein Lebensgeist, kehrt er zurück zur Erde, *
an jenem Tag sind seine Pläne zunichte.
⁵Selig, wer den Gott Jakobs als Hilfe hat, *
wer seine Hoffnung auf den HERRN, seinen Gott, setzt.
⁶Er ist es, der Himmel und Erde erschafft, /
das Meer und alles, was in ihm ist. *
Er hält die Treue auf ewig.
⁷Recht schafft er den Unterdrückten, /
Brot gibt er den Hungernden, *
der HERR befreit die Gefangenen.
⁸Der HERR öffnet die Augen der Blinden, /
der HERR richtet auf die Gebeugten, *
der HERR liebt die Gerechten.

> *Uns war und ist nicht immer zum Loben zumute. Grad dann aber tut's gut, sich an das Schöne zu erinnern.*

⁹Der Herr beschützt die Fremden, /
er hilft auf den Waisen und Witwen, *
doch den Weg der Frevler krümmt er.
¹⁰Der Herr ist König auf ewig, *
dein Gott, Zion, durch alle Geschlechter.
Halleluja!

Bekenntnis zu Gott, dem Erhalter der Welt und Israels

147 ¹Halleluja!
Ja, gut ist es, unserem Gott zu singen und zu spielen, *
ja, schön und geziemend ist Lobgesang.
²Der Herr baut Jerusalem auf, *
er sammelt die Versprengten Israels.
³Er heilt, die gebrochenen Herzens sind, *
er verbindet ihre Wunden.
⁴Er bestimmt die Zahl der Sterne *
und ruft sie alle mit Namen.
⁵Groß ist unser Herr und gewaltig an Kraft, *
seine Einsicht ist ohne Grenzen.
⁶Der Herr hilft auf den Gebeugten, *
er drückt die Frevler zu Boden.
⁷Stimmt dem Herrn ein Danklied an, *
spielt unserem Gott mit der Leier!
⁸Er bedeckt den Himmel mit Wolken, /
er spendet der Erde Regen, *
er lässt Gras auf den Bergen sprießen.
⁹Er gibt dem Vieh seine Nahrung, *
den jungen Raben, die schreien.
¹⁰Er hat keine Freude an der Stärke des Rosses, *
er hat keinen Gefallen an der Kraft des Helden.
¹¹Gefallen hat der Herr an denen, die ihn fürchten, *
an denen, die auf seine Liebe warten.
¹²Jerusalem, rühme den Herrn! *
Lobe deinen Gott, Zion!
¹³Denn er hat die Riegel deiner Tore festgemacht, *
die Kinder in deiner Mitte gesegnet.
¹⁴Er verschafft deinen Grenzen Frieden, *
er sättigt dich mit bestem Weizen.
¹⁵Er sendet seinen Spruch zur Erde, *
in Eile läuft sein Wort dahin.
¹⁶Er gibt Schnee wie Wolle, *
Reif streut er aus wie Asche.
¹⁷Eis wirft er herab wie Brocken, *
vor seinem Frost – wer kann da bestehen?
¹⁸Er sendet sein Wort und lässt sie schmelzen, *
er lässt seinen Wind wehen – da rieseln die Wasser.
¹⁹Er verkündet Jakob sein Wort, *

Israel seine Gesetze und seine Entscheide.
²⁰An keinem anderen Volk hat er so gehandelt, *
sie kennen sein Recht nicht.
Halleluja!

Lobpreis auf den Herrn, den König des Kosmos

148 ¹Halleluja!
Lobt den HERRN vom Himmel her, *
lobt ihn in den Höhen:
²Lobt ihn, all seine Engel, *
lobt ihn, all seine Heerscharen,
³lobt ihn, Sonne und Mond, *
lobt ihn, all ihr leuchtenden Sterne,
⁴lobt ihn, ihr Himmel der Himmel, *
ihr Wasser über dem Himmel!
⁵Loben sollen sie den Namen des HERRN; *
denn er gebot und sie waren erschaffen.
⁶Er stellte sie hin für immer und ewig, *
ein Gesetz gab er – und nie vergeht es.
⁷Lobt den HERRN von der Erde her: *
ihr Ungeheuer des Meeres und alle Tiefen,
⁸Feuer und Hagel, Schnee und Nebel, *
du Sturmwind, der sein Wort vollzieht,
⁹ihr Berge und all ihr Hügel, *
ihr Fruchtbäume und alle Zedern,
¹⁰ihr Tiere alle, wilde und zahme, *
ihr Kriechtiere und ihr gefiederten Vögel,
¹¹ihr Könige der Erde und alle Völker, *
ihr Fürsten und alle Richter der Erde,
¹²ihr jungen Männer und auch ihr jungen Frauen, *
ihr Alten mit den Jungen!
¹³Loben sollen sie den Namen des HERRN, /
denn sein Name allein ist erhaben, *
seine Hoheit strahlt über Erde und Himmel.
¹⁴Er hat erhöht die Macht seines Volks, /
zum Lob für all seine Frommen, *
für die Kinder Israels, das Volk, das ihm nahe ist.
Halleluja!

Das neue Lied von der Königsherrschaft Gottes durch Israel

149 ¹Halleluja!
Singt dem HERRN ein neues Lied, *
sein Lob in der Versammlung der Frommen!
²Israel soll sich freuen über seinen Schöpfer, *
die Kinder Zions sollen jubeln über ihren König.
³Seinen Namen sollen sie loben mit Reigentanz, *
mit Trommel und Leier ihm spielen.

⁴Denn der HERR hat an seinem Volk Gefallen, *
er krönt die Gebeugten mit Rettung.
⁵In Herrlichkeit sollen die Frommen frohlocken, *
sie sollen jauchzen auf ihren Lagern,
⁶Hochgesänge auf Gott in ihrer Kehle, *
ein zweischneidiges Schwert in ihren Händen,
⁷um unter den Nationen Vergeltung zu üben, *
Strafgericht bei den Völkern,
⁸um ihre Könige mit Fesseln zu binden, *
ihre Fürsten mit eisernen Ketten,
⁹um Gericht über sie zu halten, wie geschrieben steht. *
Lichtglanz ist das all seinen Frommen.
Halleluja!

Das große Halleluja

150 ¹Halleluja!
Lobt Gott in seinem Heiligtum, *
lobt ihn in seiner mächtigen Feste!
²Lobt ihn wegen seiner machtvollen Taten, *
lobt ihn nach der Fülle seiner Größe!
³Lobt ihn mit dem Schall des Widderhorns, *
lobt ihn mit Harfe und Leier!
⁴Lobt ihn mit Trommel und Reigentanz, *
lobt ihn mit Saiten und Flöte!
⁵Lobt ihn mit tönenden Zimbeln, /
lobt ihn mit schallenden Zimbeln! *
⁶Alles, was atmet, lobe den HERRN.
Halleluja!

Bibelstellen
Pss 1 – 2;
6; 8; 22 – 23;
51; 121 – 122;
130; 139;
146 – 150

Wie Schulammit sich gegen die Unterwelt wendet

Wo wir gerade bei großen Gefühlen sind: Wir verfügen über einen kostbaren Schatz wundervoller Liebeslyrik. Manche dieser Gedichte und Gesänge sind Jahrhunderte alt, ihre Motive knüpfen an die Bilderwelten von Ägypten und Mesopotamien an. Andere entstammen der Königszeit, in der vor allem im Südreich Juda viele bedeutende literarische Werke entstanden sind. Auch die Dichtung unserer griechischen Zeitgenossen ist inspirierend. Wir wollen diese prächtige Fülle in einer Komposition zusammenfassen als „Lied der Lieder", die man in deiner Bibel als „Hoheslied" bezeichnen wird. Was läge näher, als sie dem – in unserer Erinnerung – prächtigsten all unserer Könige zuzuschreiben, nämlich Salomon?

Das Hohelied liest sich wie das Gespräch zweier Liebender, die einander suchen und finden und anhimmeln. Es ist voller Zärtlichkeit, ja sogar Erotik. Was dazu führen wird, dass Menschen immer wieder ganz verschiedene Ansätze zum Verständnis dieses Textes finden werden. Du kannst es ganz wörtlich lesen als explizite Liebeslyrik voll opulenter Bilder, voll Sehnsucht und leidenschaftlichem Verlangen. Oder im übertragenen Sinne als Bild für die Liebe zwischen Gott und den Menschen. Gerade die christliche Auslegung versteht die Beziehung zwischen Jesus als Bräutigam und der Kirche als seiner Braut wie eine Liebesgeschichte und bezieht darauf auch das Hohelied. Vielleicht ist es aber gar nicht notwendig, diese beiden Sichtweisen so scharf voneinander zu trennen.

Denn auch Leib und Seele kannst du ja nicht voneinander trennen, beides gehört zusammen. Auch die Liebe Gottes ist auf gewisse Art körperlich – auf den Punkt gebracht in dem Satz, der einmal im Johannesevangelium stehen wird: „Das Wort ist Fleisch geworden." Liebe mit Haut und Haaren. Denn Liebe ist kein abstraktes Prinzip, keine Philosophie, sondern sie geschieht konkret, radikal, voll und ganz. Und so, wie die Liebe Gottes etwas zutiefst Menschliches hat, so wirkt umgekehrt auch in der Liebe zwischen zwei Menschen immer etwas Göttliches. Und weil die Liebe so umfassend ist, schließt sie auch das Abgründige mit ein. „Stark wie der Tod ist die Liebe, die Leidenschaft ist hart wie die Unterwelt", heißt es im Hohelied.

Es ist der Glaube, dass die Liebe alles überleben kann. Im Glückstaumel spielt dieser Gedanke vielleicht keine Rolle. Aber wie wertvoll die Liebe wirklich ist, zeigt sich dort, wo sie fehlt. Das Hohelied feiert die schöne Schulammit, die sich im Tanz dreht und dreht. Viele Jahrhunderte später begegnet sie dir als Frau mit „aschenem Haar" im Gedicht „Die Todesfuge" von Paul Celan. Die Tänzerin des Hohelieds ist hier zum Sinnbild der Millionen von Menschen geworden, die in den Gaskammern ermordet und deren Leiber in den Krematorien zu Staub verbrannt worden sind. Im Angesicht solcher Abgründe scheint es dann doch fraglich. Ist die Liebe wirklich so stark wie der Tod? Kann die Leidenschaft wirklich der Unterwelt standhalten? Was meinst du?

Wir werden darauf zurückkommen …

Das Hohelied

1 ¹Das Hohelied Salomos.

Gegenseitige Liebe und Sehnsucht
²Mit Küssen seines Mundes küsse er mich. / Süßer als Wein ist deine Liebe.
³Köstlich ist der Duft deiner Salben, / dein Name hingegossenes Salböl; / darum lieben dich die jungen Frauen.
⁴Zieh mich her hinter dir! Lass uns eilen! / Der König führt mich in seine Gemächer.
Jauchzen lasst uns, deiner uns freuen, / deine Liebe höher rühmen als Wein. / Dich liebt man zu Recht.
⁵Schwarz bin ich, doch schön, / ihr Töchter Jerusalems,
wie die Zelte von Kedar, / wie Salomos Decken.
⁶Schaut mich nicht so an, / weil ich so schwarz bin! / Die Sonne hat mich verbrannt.
Meiner Mutter Söhne waren mir böse, / ließen mich Weinberge hüten; / meinen eigenen Weinberg habe ich nicht gehütet.
⁷Du, den meine Seele liebt, / sag mir: Wo weidest du die Herde? / Wo lagerst du am Mittag?
Wozu soll ich wie eine Verhüllte sein / bei den Herden deiner Gefährten?
⁸Wenn du das nicht weißt, / du schönste der Frauen,
dann folge den Spuren der Schafe, / dann weide deine Zicklein dort, / wo die Hirten lagern!
⁹Mit einer Stute an Pharaos Wagen / vergleiche ich dich, meine Freundin.
¹⁰Schön sind deine Wangen zwischen den Kettchen, / dein Hals in den Perlenschnüren.
¹¹Machen wir dir noch goldene Kettchen, / kleine Silberkugeln daran!
¹²Bis dorthin, wo der König an seiner Tafel liegt, / gibt meine Narde ihren Duft.
¹³Ein Beutel Myrrhe ist mir mein Geliebter, / der zwischen meinen Brüsten ruht.
¹⁴Eine Hennablüte ist mein Geliebter mir / aus den Weinbergen von En-Gedi.
¹⁵Siehe, schön bist du, meine Freundin, / siehe, du bist schön. / Deine Augen sind Tauben.
¹⁶Schön bist du, mein Geliebter, verlockend. / Frisches Grün ist unser Lager,
¹⁷Zedern sind die Balken unseres Hauses, / Zypressen die Wände.

2 ¹Ich bin eine Blume des Scharon, / eine Lilie der Täler.
²Wie eine Lilie unter Disteln, / so ist meine Freundin unter den Töchtern.
³Wie ein Apfelbaum unter den Bäumen des Waldes, / so ist mein Geliebter unter den Söhnen.
In seinem Schatten begehre ich zu sitzen. / Wie süß schmeckt seine Frucht meinem Gaumen!
⁴In das Weinhaus hat er mich geführt. / Sein Zeichen über mir heißt Liebe.
⁵Stärkt mich mit Traubenkuchen, / erquickt mich mit Äpfeln; / denn ich bin krank vor Liebe.
⁶Seine Linke liegt unter meinem Kopf, / seine Rechte umfängt mich.
⁷Bei den Gazellen und Hinden der Flur / beschwöre ich euch, Jerusalems Töchter:
Stört die Liebe nicht auf, / weckt sie nicht, / bis es ihr selbst gefällt!

Einladung des Geliebten an die Geliebte
⁸Horch! Mein Geliebter! / Sieh da, er kommt. Er springt über die Berge, / hüpft über die Hügel.
⁹Der Gazelle gleicht mein Geliebter, / dem jungen Hirsch.
Sieh da, / er steht hinter unserer Mauer, er blickt durch die Fenster, / späht durch die Gitter.
¹⁰Mein Geliebter hebt an und spricht zu mir: / Steh auf, meine Freundin, /

meine Schöne, so komm doch!
¹¹Denn vorbei ist der Winter, / verrauscht der Regen.
¹²Die Blumen erscheinen im Land, / die Zeit zum Singen ist da.
Die Stimme der Turteltaube / ist zu hören in unserem Land.
¹³Am Feigenbaum reifen die ersten Früchte, / die blühenden Reben duften.
Steh auf, meine Freundin, / meine Schöne, so komm doch!
¹⁴Meine Taube in den Felsklüften, / im Versteck der Klippe,
dein Gesicht lass mich sehen, / deine Stimme hören!
Denn süß ist deine Stimme, / lieblich dein Gesicht.
¹⁵Fangt uns die Füchse, / die kleinen Füchse!
Sie verwüsten die Weinberge, / unsre blühenden Weinberge.
¹⁶Mein Geliebter ist mein / und ich bin sein; er weidet in den Lilien.
¹⁷Wenn der Tag verweht / und die Schatten fliehen,
wende dich, mein Geliebter, / der Gazelle gleich
oder dem jungen Hirsch / auf den Betarbergen.

Traum der Frau

3 ¹Des Nachts auf meinem Lager suchte ich ihn, / den meine Seele liebt. / Ich suchte ihn und fand ihn nicht.
²Aufstehen will ich, die Stadt durchstreifen, / die Gassen und Plätze, ihn suchen, den meine Seele liebt.
Ich suchte ihn und fand ihn nicht.
³Mich fanden die Wächter / bei ihrer Runde durch die Stadt.
Habt ihr ihn gesehen, / den meine Seele liebt?
⁴Kaum war ich an ihnen vorüber, / fand ich ihn, den meine Seele liebt.
Ich packte ihn, ließ ihn nicht mehr los, / bis ich ihn ins Haus meiner Mutter brachte, / in die Kammer derer, die mich geboren hat.
⁵Bei den Gazellen und Hinden der Flur / beschwöre ich euch, Jerusalems Töchter:
Stört die Liebe nicht auf, / weckt sie nicht, / bis es ihr selbst gefällt!

Begegnung der Liebenden

⁶Wer ist sie, / die heraufsteigt aus der Wüste / in Säulen von Rauch,
umwölkt von Myrrhe und Weihrauch, / von allen Wohlgerüchen des Händlers?
⁷Sieh da, Salomos Sänfte!
Sechzig Helden geleiten sie / von Israels Helden,
⁸alle vertraut mit dem Schwert, / geschult für den Kampf.
Jeder trägt sein Schwert an der Hüfte / gegen die Schrecken der Nacht.
⁹Einen Tragsessel ließ sich König Salomo zimmern / aus Holz vom Libanon.
¹⁰Seine Pfosten hat er aus Silber gemacht, / seine Lehne aus Gold, seinen Sitz aus Purpur, / sein Inneres ausgekleidet mit Liebe von den Töchtern Jerusalems.
¹¹Kommt heraus und schaut, ihr Töchter Zions, / König Salomo mit der Krone!
Damit hat ihn seine Mutter gekrönt / am Tag seiner Hochzeit, / am Tag seiner Herzensfreude.

4 ¹Siehe, schön bist du, meine Freundin, / siehe, du bist schön.
Hinter dem Schleier / deine Augen wie Tauben.
Dein Haar gleicht einer Herde von Ziegen, / die herabzieht von Gileads Bergen.
²Deine Zähne sind wie eine Herde / frisch geschorener Schafe, / die aus der Schwemme steigen,

> *Hättest du gedacht, dass wir diesen Text in die Bibel mitaufnehmen? Wir verstehen Liebe und Erotik als Gottes Geschenk.*

die alle Zwillinge haben, der Jungen beraubt ist keines von ihnen.
³Wie ein purpurrotes Band sind deine Lippen / und dein Mund ist reizend.
Dem Riss eines Granatapfels gleicht deine Wange / hinter deinem Schleier.
⁴Wie der Turm Davids ist dein Hals, / in Schichten von Steinen erbaut;
tausend Schilde hängen daran, / lauter Waffen von Helden.
⁵Deine Brüste sind wie zwei Kitzlein, / die Zwillinge einer Gazelle, / die unter Lilien weiden.
⁶Wenn der Tag verweht und die Schatten fliehen, / will ich zum Myrrhenberg gehen, / zum Weihrauchhügel.
⁷Alles an dir ist schön, meine Freundin, / kein Makel haftet dir an.
⁸Mit mir vom Libanon, Braut, / mit mir kommst du vom Libanon,
vom Gipfel des Amana steigst du herab, / vom Gipfel des Senir und des Hermon,
von den Lagern der Löwen, / von den Bergen der Panther.
⁹Verzaubert hast du mich, / meine Schwester Braut;
verzaubert mit einem Blick deiner Augen, / mit einer Perle deiner Halskette.
¹⁰Wie schön ist deine Liebe, / meine Schwester Braut,
wie viel süßer ist deine Liebe als Wein, / der Duft deiner Salben köstlicher als alle Balsamdüfte.
¹¹Honigseim tropft von deinen Lippen, Braut, / Honig und Milch sind unter deiner Zunge.
Der Duft deiner Kleider ist wie der Duft des Libanon.
¹²Ein verschlossener Garten ist meine Schwester Braut, / ein verschlossener Born, / ein versiegelter Quell.
¹³An deinen Wasserrinnen – / ein Granatapfelhain mit köstlichen Früchten, / Hennadolden samt Nardenblüten,
¹⁴Narde, Krokus, Gewürzrohr und Zimt, / alle Weihrauchbäume,
Myrrhe und Aloe, / allerbester Balsam.
¹⁵Die Quelle des Gartens bist du, / ein Brunnen lebendigen Wassers, / das vom Libanon fließt.
¹⁶Nordwind, erwache! Südwind, herbei! / Durchweht meinen Garten, / lasst strömen die Balsamdüfte!
Mein Geliebter komme in seinen Garten / und esse von seinen köstlichen Früchten!

5 ¹Ich komme in meinen Garten, meine Schwester Braut, / ich pflücke meine Myrrhe samt meinem Balsam,
ich esse meine Wabe samt meinem Honig, / ich trinke meinen Wein samt meiner Milch.
Esst, Freunde, trinkt, / berauscht euch an der Liebe!

Verpasste Begegnung

²Ich schlief, doch mein Herz war wach. / Horch, mein Geliebter klopft:
Öffne mir, meine Schwester, meine Freundin, / meine Taube, meine Makellose,
denn mein Haupt ist voll Tau, / aus meinen Locken tropft die Nacht!
³Ich habe mein Kleid schon abgelegt – / soll ich es wieder anziehen?
Meine Füße habe ich gewaschen – / soll ich sie wieder beschmutzen?
⁴Mein Geliebter streckte die Hand durch die Luke; / da bebte mein Herz ihm entgegen.
⁵Ich stand auf, meinem Geliebten zu öffnen. / Da tropften meine Hände von Myrrhe, meine Finger von ausfließender Myrrhe an den Griffen des Riegels.
⁶Ich öffnete meinem Geliebten: / Doch mein Geliebter war weg, verschwunden. / Meine Seele war außer sich, als er zu mir sprach.
Ich suchte ihn und fand ihn nicht. / Ich

> **Du kannst mit manchen Vergleichen nichts anfangen? Lass sie mal wirken.**

rief ihn und er antwortete mir nicht.
⁷Da fanden mich die Wächter bei ihrer Runde durch die Stadt; / sie schlugen, sie verletzten mich.
Meinen Mantel entrissen sie mir, / die Wächter der Mauern.
⁸Ich beschwöre euch, Töchter Jerusalems: / Wenn ihr meinen Geliebten findet, was sollt ihr ihm sagen? / Dass ich krank bin vor Liebe!

Gegenseitige Bewunderung

⁹Was hat dein Geliebter den andern voraus, / du schönste der Frauen?
Was hat dein Geliebter den andern voraus, / dass du uns so beschwörst?
¹⁰Mein Geliebter ist weiß und rot, / ausgezeichnet vor Tausenden.
¹¹Sein Haupt ist reines Gold, / seine Locken sind Rispen, rabenschwarz.
¹²Seine Augen sind wie Tauben an Wasserbächen, / gebadet in Milch, sitzend am Wasser.
¹³Seine Wangen sind wie Balsambeete, / darin Gewürzkräuter sprießen,
seine Lippen wie Lilien; / sie tropfen von flüssiger Myrrhe.
¹⁴Seine Hände sind Rollen aus Gold, / mit Steinen aus Tarschisch besetzt.
Sein Leib ist eine Platte aus Elfenbein, / mit Saphiren bedeckt.
¹⁵Seine Schenkel sind Säulen aus Marmor, / auf Sockel von Feingold gestellt.
Seine Gestalt ist wie der Libanon, / erlesen wie Zedern.
¹⁶Sein Gaumen ist Süße, / alles ist Wonne an ihm.
Das ist mein Geliebter, / ja, das ist mein Freund, / ihr Töchter Jerusalems.

6 ¹Wohin ist dein Geliebter gegangen, / du schönste der Frauen?
Wohin wandte sich dein Geliebter? / Wir wollen ihn suchen mit dir.
²Mein Geliebter ging in seinen Garten hinab / zu den Balsambeeten,
um in den Gärten zu weiden, / um Lilien zu pflücken.
³Ich gehöre meinem Geliebten / und mein Geliebter gehört mir, / der unter Lilien weidet.
⁴Schön bist du, meine Freundin, wie Tirza, / lieblich wie Jerusalem, / furchterregend wie Heerscharen.
⁵Wende deine Augen von mir, / denn sie verwirren mich.
Dein Haar gleicht einer Herde von Ziegen, / die herabziehen vom Gilead.
⁶Deine Zähne sind wie eine Herde von Mutterschafen, / die aus der Schwemme steigen,
die alle Zwillinge haben, / der Jungen beraubt ist keines von ihnen.
⁷Dem Riss eines Granatapfels gleicht deine Wange / hinter deinem Schleier.
⁸Sechzig Königinnen sind es, / achtzig Nebenfrauen / und junge Frauen ohne Zahl,
⁹doch einzig ist meine Taube, meine Makellose, / die Einzige ihrer Mutter, / strahlend rein für jene, die sie gebar.
Töchter sehen sie / und preisen sie glücklich, / Königinnen und Nebenfrauen rühmen sie.
¹⁰Wer ist, die da erscheint wie das Morgenrot, / wie der Mond so schön, strahlend rein wie die Sonne, / furchterregend wie Heerscharen?
¹¹In den Nussgarten stieg ich hinab, / um nach den Trieben am Bach zu sehen,
um zu sehen, ob der Weinstock treibt, / ob die Granatbäume blühen.
¹²Da entführte mich meine Seele, / ich weiß nicht wie, / zu den Wagen Amminadibs.

7 ¹Wende dich, wende dich, Schulammit!
Wende dich, wende dich, / damit wir dich anschauen!
Was wollt ihr Schulammit anschauen / wie beim Tanz der beiden Lager?
²Wie schön sind deine Füße in den Sandalen, / du Fürstentochter!
Deiner Hüften Rund ist wie Geschmei-

de, / gefertigt von Künstlerhand.
³Dein Nabel ist eine runde Schale, / Würzwein mangle ihm nicht.
Dein Leib ist ein Weizenhügel, / mit Lilien umstellt.
⁴Deine Brüste sind wie zwei Kitzlein, / Zwillinge einer Gazelle.
⁵Dein Hals ist wie ein Turm aus Elfenbein. / Deine Augen sind die Teiche zu Heschbon / beim Tor von Bat-Rabbim.
Deine Nase ist wie der Libanonturm, / der gegen Damaskus schaut.
⁶Dein Haupt auf dir ist wie der Karmel; / wie Purpur sind deine Haare; / ein König liegt in den Locken gefangen.
⁷Wie schön bist du und wie reizend, / Liebe, Tochter aller Wonnen!
⁸Wie eine Palme ist dein Wuchs; / deine Brüste sind wie Trauben.
⁹Ich sage: Ersteigen will ich die Palme, / ich greife nach ihren Rispen.
Wie Trauben am Weinstock seien mir deine Brüste, / wie Apfelduft sei der Duft deines Atems
¹⁰und dein Gaumen wie guter Wein, / der meinem Freund glatt hinuntergeht, / der die Lippen der Schlafenden netzt.
¹¹Ich gehöre meinem Geliebten / und ihn verlangt nach mir.

Einladung der Geliebten an den Geliebten

¹²Komm, mein Geliebter, wandern wir auf das Feld, / schlafen wir in den Dörfern!
¹³Früh wollen wir dann zu den Weinbergen gehen / und sehen,
ob der Weinstock treibt, ob die Rebenblüte sich öffnet, / ob die Granatbäume blühen. / Dort schenke ich dir meine Liebe.
¹⁴Die Liebesäpfel duften; / an unsren Türen warten alle köstlichen Früchte, frische und solche vom Vorjahr; / für dich hab ich sie aufgehoben, mein Geliebter.

8 ¹Ach, wärst du doch mein Bruder, / genährt an den Brüsten meiner Mutter.
Träfe ich dich draußen, / ich würde dich küssen / und niemand dürfte mich deshalb verachten.
²Führen wollte ich dich, / in das Haus meiner Mutter dich bringen, / die mich erzogen hat.
Würzwein gäbe ich dir zu trinken, / von meinem Granatapfelmost.
³Seine Linke liegt unter meinem Kopf, / seine Rechte umfängt mich.
⁴Ich beschwöre euch, Jerusalems Töchter: / Was stört ihr die Liebe auf, / warum weckt ihr sie, ehe ihr selbst es gefällt?

Gegenseitige Liebe und Sehnsucht

⁵Wer ist sie, / die aus der Wüste heraufsteigt, / auf ihren Geliebten gestützt?
Unter dem Apfelbaum habe ich dich geweckt, / dort, wo deine Mutter dich empfing, / wo deine Gebärerin in Wehen lag.
⁶Leg mich wie ein Siegel auf dein Herz, / wie ein Siegel auf deinen Arm,
denn stark wie der Tod ist die Liebe, / die Leidenschaft ist hart wie die Unterwelt!
Ihre Gluten sind Feuergluten, / gewaltige Flammen.
⁷Mächtige Wasser können die Liebe nicht löschen, / auch Ströme schwemmen sie nicht hinweg.
Böte einer für die Liebe den ganzen Reichtum seines Hauses, / nur verachten würde man ihn.
⁸Wir haben eine kleine Schwester, / noch ohne Brüste.
Was tun wir mit unsrer Schwester am Tag, / da jemand um sie wirbt?
⁹Ist sie eine Mauer, / bauen wir silberne Zinnen auf ihr.
Ist sie eine Tür, / versperren wir sie mit einem Zedernbrett.
¹⁰Ich bin eine Mauer / und meine Brüste

sind wie Türme.
Da hab ich in seinen Augen / Frieden gefunden.
¹¹Salomo besaß einen Weinberg in Baal-Hamon; / den Weinberg übergab er Hütern.
Für seine Frucht wird jeder / tausend Silberstücke bezahlen.
¹²Mein eigener Weinberg liegt vor mir. / Die tausend lass ich dir, Salomo, / und zweihundert noch denen, / die seine Frucht hüten.
¹³Die du in den Gärten weilst, / auf deine Stimme lauschen die Freunde; / lass sie mich hören!
¹⁴Flieh mein Geliebter, / der Gazelle gleich, dem jungen Hirsch / auf den Balsambergen!

Welche Fragen bleiben werden

„Flieh, mein Geliebter!"
Welch wunderschön widersprüchliches Ende des Hohelieds. „Flieh, mein Geliebter!" Das ist im Grunde das, was im nun folgenden Buch der am Boden zerstörte Ijob von seiner Frau zu hören bekommt, als sie ihm offen und schonungslos sagt: „Hältst du immer noch fest an deiner Frömmigkeit? Segne Gott und stirb!"

Den Stoff des Buches Ijob kennen wir schon lange. Sein Thema ist wohl so alt wie die Menschheit selbst: Woher kommt das Leid?

Wir sind nicht die Ersten, die darüber nachgrübeln. Schon vor unserer Zeit entstanden mesopotamische, babylonische, ägyptische Texte, die grundloses, unverschuldetes Leiden beschreiben und nach möglichen Erklärungen suchen. Dass wir dem Buch über Ijob jetzt seine endgültige Gestalt geben, mag wiederum mit der griechischen Literatur zu tun haben, die wir inzwischen kennengelernt haben und deren Art der Dialoge uns beeindruckt. Es kommen die unterschiedlichsten Personen zu Wort, vertreten ihren Standpunkt und beleuchten ganz verschiedene Sichtweisen. Ähnlich wie in der griechischen Tragödie tauchen zwischendurch Boten auf und berichten von schlimmen Geschehnissen. Noch in deinen Tagen wird man darum den Begriff „Hiobsbotschaft" kennen. Und es wird viel diskutiert in diesem Buch. Gott diskutiert mit Satan über die Frage, ob der fromme Ijob nur deshalb ein gerechtes Leben führt, weil er von Gott Belohnung erhofft und andererseits Strafe fürchtet.

Und nachdem Gott einwilligt, Ijobs Glauben auf die Probe zu stellen; nachdem er den armen Ijob in schreckliches Elend stürzen lässt, tauchen Freunde auf und diskutieren mit ihm, ob ihn all das schreckliche Leid vielleicht ja zu Recht heimsucht, weil er eben doch – irgendwie, irgendwo – gesündigt habe. Doch Ijob begehrt auf. Zwar bleibt er, anders als Satan es sich vorgestellt hat, ein frommer und gottesfürchtiger Mann. Doch gerade deshalb wagt er es, Gott anzuklagen. Und tatsächlich, nach langem Schweigen lässt Gott sich auf eine Debatte ein. Leider bekommt Ijob auf seine bohrenden Fragen keine befriedigende Antwort. Der HERR bringt keine Argumente vor, warum er zuließ, dass Ijob all seine Kinder verlor, all seines Reichtums beraubt und schließlich schwerstkrank wurde. Trotzdem erkennt Ijob, dass er von diesem Gott als Gesprächspartner ernst genommen wird. Dass Gott sich der Diskussion stellt. Darin scheint für Ijob eine Erkenntnis zu liegen, die ihn versöhnt, die sein Schicksal wendet und ganz am Ende zu neuem Glück führt. Es geht, anders als in der griechischen Tragödie, nicht völlig tragisch aus.

Und ohnehin war es ja nur die äußere Form, die uns hier inspirierte. Der innere Anlass ist ein ganz anderer: Er ist drängender, verstörender. Erinnerst du dich daran, wie wir vor langer Zeit die Geschichte Simsons aufgeschrieben haben? Damals haben wir jenes Muster entdeckt, dass die Gelehrten deiner Gegenwart den Tun-Ergehen-Zusammenhang nennen: Wann immer wir uns von Gott abwenden, folgen Katastrophen, Kriege, Unglücksfälle. Und wann immer wir umkehren und Buße tun, sendet Gott einen neuen Retter, eine neue Retterin und alles wendet sich zum Guten.

Und von vorn.
Und so weiter.

Dieses Muster zieht sich durch die Geschichte Israels mit seinen Königen, durch die Verkündigung der Propheten, zieht sich vom Sinai, wo wir ums Goldene Kalb tanzten, bis nach Babylon, wo wir so lange festsaßen. Doch je mehr wir über unsere eigene Geschichte zurückblicken, je offener wir unsere eigene Gegenwart betrachten, desto mehr müssen wir feststellen: So einfach ist das nicht. Wir können eben nicht alles erklären. Nein. Sehr vieles können wir rein gar nicht erklären. Paradox, oder?

Wir sind hier angetreten, beginnend mit dem ersten Text dieses Buches, um Gott unseren HERRN kennenzulernen. Ihm immer näherzukommen, seine Gegenwart auszuhalten, und ein tieferes Verständnis zu gewinnen. Aber jetzt haben wir eine Stelle erreicht, an der sich dieses Verstehen ins Gegenteil verkehrt. Denn je mehr wir zu verstehen glauben, desto mehr wird uns klar, wie wenig wir in Wahrheit verstehen. Warum lässt Gott das Leiden zu? Er sagt es einfach nicht. Alle Fragen bleiben offen.

Trotzdem kannst du in diesem Offen-Bleiben Gottes Nähe erfahren. Die Stimme aus dem brennenden Dornbusch hat nicht gesagt: „Ich bin der, der alles erklärt." Oder: „Ich bin der, der das Böse von dir fernhält." Nein.
Bloß: „Ich bin, der ich bin."
Nicht mehr.
Aber auch nicht weniger.
Darum glauben wir fest daran, dass dieser „Ich-bin", dieser HERR sich eines Tages konkret mitteilen wird in einem Menschen. Und dann werden sich unsere Wege trennen. Einige von uns werden noch in deinen Tagen auf den Messias hoffen und seine Ankunft erwarten. Andere von uns werden Jesus von Nazaret als denjenigen entdecken, in dem Gott selbst Mensch geworden ist.

Die Trennung wird wehtun, es wird Trauer geben, Unverständnis, Hass, Mord und Grauen. Aber auch Versöhnung. Wir werden Geschwister bleiben und uns dieses Erbe teilen, das du hier in Händen hältst. Das, was wir für dich aufgeschrieben haben. Damit du dir diese Geschichte zu eigen machst und sie auf deine Weise weitererzählst.

Aus dem Buch Ijob

Ijobs Rechtschaffenheit

1 ¹Im Lande Uz lebte ein Mann mit Namen Ijob. Dieser Mann war untadelig und rechtschaffen; er fürchtete Gott und mied das Böse. ²Sieben Söhne und drei Töchter wurden ihm geboren. ³Er besaß siebentausend Stück Kleinvieh, dreitausend Kamele, fünfhundert Joch Rinder und fünfhundert Eselinnen, dazu zahlreiches Gesinde. An Ansehen übertraf dieser Mann alle Bewohner des Ostens. ⁴Seine Söhne aber pflegten Gastmähler zu halten, ein jeder an seinem Tag in seinem Haus. Sie schickten hin und luden ihre drei Schwestern ein, mit ihnen zu essen und zu trinken. ⁵Wenn die Tage des Gastmahls vorbei waren, schickte Ijob hin und entsühnte sie. Früh am Morgen stand er auf und brachte so viele Brandopfer dar, wie er Kinder hatte. Denn Ijob sagte sich: Vielleicht haben meine Kinder gesündigt und Gott gesegnet in ihrem Herzen. So tat Ijob alle Tage.

Erste Bewährungsprobe: Verlust des Reichtums

⁶Nun geschah es eines Tages, da kamen die Gottessöhne, um vor den HERRN hinzutreten; unter ihnen kam auch der Satan. ⁷Der HERR sprach zum Satan: Woher kommst du? Der Satan antwortete dem HERRN und sprach: Die Erde habe ich durchstreift, hin und her. ⁸Der HERR sprach zum Satan: Hast du auf meinen Knecht Ijob geachtet? Seinesgleichen gibt es nicht auf der Erde: ein Mann untadelig und rechtschaffen, er fürchtet Gott und meidet das Böse. ⁹Der Satan antwortete dem HERRN und sagte: Geschieht es ohne Grund, dass Ijob Gott fürchtet? ¹⁰Bist du es nicht, der ihn, sein Haus und all das Seine ringsum beschützt? Das Tun seiner Hände hast du gesegnet; sein Besitz hat sich weit ausgebreitet im Land. ¹¹Aber streck nur deine Hand gegen ihn aus und rühr an all das, was sein ist; wahrhaftig, er wird dich ins Angesicht segnen.

¹²Der HERR sprach zum Satan: Gut, all sein Besitz ist in deiner Hand, nur gegen ihn selbst streck deine Hand nicht aus! Darauf ging der Satan weg vom Angesicht des HERRN.

¹³Nun geschah es eines Tages, dass seine Söhne und Töchter im Haus ihres erstgeborenen Bruders aßen und Wein tranken. ¹⁴Da kam ein Bote zu Ijob und meldete: Die Rinder waren beim Pflügen und die Eselinnen weideten daneben. ¹⁵Da fielen Sabäer ein, nahmen sie weg und erschlugen die Knechte mit scharfem Schwert. Ich ganz allein bin entronnen, um es dir zu berichten. ¹⁶Noch ist dieser am Reden, da kommt schon ein anderer und sagt: Feuer Gottes fiel vom Himmel, schlug brennend ein in die Schafe und Knechte und verzehrte sie. Ich ganz allein bin entronnen, um es dir zu berichten. ¹⁷Noch ist dieser am Reden, da kommt schon ein anderer und sagt: Die Chaldäer stellten drei Rotten auf, fielen über die Kamele her, nahmen sie weg und erschlugen die Knechte mit scharfem Schwert. Ich ganz allein bin entronnen, um es dir zu berichten. ¹⁸Noch ist dieser am Reden, da kommt schon ein anderer und sagt: Deine Söhne und Töchter aßen und tranken Wein im Haus ihres erstgeborenen Bruders. ¹⁹Da kam ein gewaltiger Wind über die Wüste und packte das Haus an allen vier Ecken; es stürzte über die jungen Leute und sie starben. Ich ganz allein bin entronnen, um es dir zu berichten. ²⁰Da stand Ijob auf, zerriss sein Gewand, schor sich das Haupt, fiel auf die Erde, betete an ²¹und sprach:

Nackt kam ich hervor aus dem Schoß meiner Mutter; / nackt kehre ich dahin zurück. / Der HERR hat gegeben, der HERR hat genommen; / gelobt sei der Name des HERRN.
²²Bei alldem sündigte Ijob nicht und gab Gott keinen Anstoß.

Zweite Bewährungsprobe: Verlust der Gesundheit

2 ¹Nun geschah es eines Tages, da kamen die Gottessöhne, um vor den HERRN hinzutreten; unter ihnen kam auch der Satan, um vor den HERRN hinzutreten. ²Da sprach der HERR zum Satan: Woher kommst du? Der Satan antwortete dem HERRN: Die Erde habe ich durchstreift, hin und her. ³Der HERR sprach zum Satan: Hast du auf meinen Knecht Ijob geachtet? Seinesgleichen gibt es nicht auf der Erde: ein Mann untadelig und rechtschaffen; er fürchtet Gott und meidet das Böse. Noch immer hält er fest an seiner Frömmigkeit, obwohl du mich gegen ihn aufgereizt hast, ihn ohne Grund zu verderben. ⁴Der Satan antwortete dem HERRN und sagte: Haut um Haut! Alles, was der Mensch besitzt, gibt er hin für sein Leben. ⁵Doch streck deine Hand aus und rühr an sein Gebein und Fleisch; wahrhaftig, er wird dich ins Angesicht segnen. ⁶Da sprach der HERR zum Satan: Gut, er ist in deiner Hand. Nur schone sein Leben! ⁷Der Satan ging weg vom Angesicht Gottes und schlug Ijob mit bösartigem Geschwür von der Fußsohle bis zum Scheitel. ⁸Da nahm er sich eine Tonscherbe, um sich damit zu schaben, während er mitten in der Asche saß. ⁹Seine Frau sagte zu ihm: Hältst du immer noch fest an deiner Frömmigkeit? Segne Gott und stirb! ¹⁰Er aber sprach zu ihr: Wie eine Törin redet, so redest du. Nehmen wir das Gute an von Gott, sollen wir dann nicht auch das Böse annehmen? Bei alldem sündigte Ijob nicht mit seinen Lippen.

Besuch der Freunde

¹¹Die drei Freunde Ijobs hörten von all dem Bösen, das über ihn gekommen war. Und sie kamen, jeder aus seiner Heimat: Elifas aus Teman, Bildad aus Schuach und Zofar aus Naama. Sie vereinbarten hinzugehen, um ihm ihre Teilnahme zu bezeigen und um ihn zu trösten.

¹²Als sie von fern aufblickten, erkannten sie ihn nicht; sie schrien auf und weinten. Jeder zerriss sein Gewand; sie streuten Asche über ihr Haupt gegen den Himmel. ¹³Sie saßen bei ihm auf der Erde sieben Tage und sieben Nächte und keiner sprach ein Wort zu ihm. Denn sie sahen, dass der Schmerz sehr groß war.

Last des Lebens

3 ¹Danach tat Ijob seinen Mund auf und verfluchte seinen Tag.
²Ijob ergriff das Wort und sprach:
³Ausgelöscht sei der Tag, an dem ich geboren bin, / die Nacht, die sprach: Ein Knabe ist empfangen.
⁴Jener Tag werde Finsternis, / nie frage Gott von oben nach ihm, / nicht leuchte über ihm des Tages Licht.
⁵Einfordern sollen ihn Finsternis und Todesschatten, / Gewölk über ihn sich lagern, / Verfinsterung am Tag mache ihn schrecklich.
⁶Jene Nacht, das Dunkel raffe sie hinweg, / sie reihe sich nicht in die Tage des Jahres, / sie gehe nicht ein in die Zahl der Monde.
⁷Ja, diese Nacht sei unfruchtbar, / kein Jubel komme auf in ihr.

> *Schon fies: Du weißt, warum Ijob leidet. Wir wissen's auch. Nur er nicht. Kein Wunder, dass viele an Gott verzweifeln.*

⁸Verwünschen sollen sie die Verflucher der Tage, / die es verstehen, den Levíatan zu wecken.

⁹Verfinstert seien ihrer Dämmerung Sterne; sie harre auf Licht, jedoch umsonst; / die Lider der Morgenröte schaue sie nicht.

¹⁰Denn sie hat die Pforten / an meiner Mutter Leib nicht verschlossen, / nicht das Leid verborgen vor meinen Augen.

¹¹Warum starb ich nicht vom Mutterschoß weg, / kam ich aus dem Mutterleib und verschied nicht gleich?

¹²Weshalb nur kamen Knie mir entgegen, / wozu Brüste, dass ich daran trank?

¹³Still läge ich jetzt und könnte rasten, / entschlafen wäre ich und hätte Ruhe,

¹⁴bei Königen, bei Ratsherren im Land, / die Grabkammern für sich erbauten,

¹⁵oder bei Fürsten, reich an Gold, / die ihre Häuser mit Silber gefüllt.

¹⁶Wie die verscharrte Fehlgeburt wäre ich nicht mehr, / Kindern gleich, die das Licht nie geschaut.

¹⁷Dort hören Frevler auf zu toben, / dort ruhen aus, deren Kraft erschöpft ist.

¹⁸Auch Gefangene sind frei von Sorgen, / hören nicht mehr die Stimme des Treibers.

¹⁹Klein und Groß ist dort beisammen, / der Sklave ist frei von seinem Herrn.

²⁰Warum schenkt er dem Elenden Licht / und Leben denen, die verbittert sind?

²¹Sie warten auf den Tod, doch er kommt nicht, / sie suchen ihn mehr als verborgene Schätze.

²²Sie würden sich freuen und jubeln, / sie würden frohlocken, fänden sie ein Grab.

²³Wozu Licht für den Mann auf verborgenem Weg, / den Gott von allen Seiten einschließt?

²⁴Bevor ich noch esse, kommt mir das Seufzen, / wie Wasser strömen meine Klagen hin.

²⁵Was mich erschreckte, das hat mich getroffen, / wovor mir bangte, das kam über mich.

²⁶Noch hatte ich nicht Frieden, nicht Rast, nicht Ruhe, / da kam neues Ungemach heran.

…

Ijobs angebliche Freveltaten

22 ¹Da antwortete Elifas von Teman und sprach:

²Kann denn der Mensch Gott nützen? / Nein, sich selber nützt der Kluge.

³Ist es dem Allmächtigen von Wert, / dass du gerecht bist, / ist es für ihn Gewinn, wenn du unsträfliche Wege gehst?

⁴Wegen deiner Gottesfurcht sollte er dich strafen, / vor Gericht mit dir gehen?

⁵Ist nicht groß deine Bosheit, / ohne Ende dein Verschulden?

⁶Du pfändest ohne Grund deine Brüder, / ziehst Nackten ihre Kleider aus.

⁷Den Durstigen tränkst du nicht mit Wasser, / dem Hungernden versagst du das Brot.

⁸Dem Mann der Faust gehört das Land, / der Günstling darf darin wohnen.

⁹Witwen hast du weggeschickt mit leeren Händen, / der Verwaisten Arme zerschlagen.

¹⁰Deswegen liegen Fallstricke rings um dich her / und jäher Schrecken ängstigt dich

¹¹oder Finsternis, worin du nicht siehst, / und Wasserflut, die dich bedeckt.

Allwissender Gott

¹²Ist Gott nicht wie der Himmel hoch? / Schau, wie die höchsten Sterne ragen.

¹³Und da sagst du: Was weiß denn Gott? / Richtet er denn durch das dunkle Gewölk?

¹⁴Wolken umhüllen ihn, sodass er nicht sieht, / am Himmelskreis geht er einher.

¹⁵Willst du dem Pfad der Vorzeit folgen, / den die Männer des Unheils zogen,
¹⁶die vor der Zeit dahingerafft wurden, / über deren Grund sich ein Strom ergoss,
¹⁷die zu Gott sagten: Weiche von uns! / und: Was kann uns der Allmächtige tun?
¹⁸Und doch, er hat ihre Häuser mit Gütern gefüllt. / Der Plan der Frevler ist mir fern.
¹⁹Die Gerechten werden es sehen und sich freuen, / der Unschuldige wird sie verspotten:
²⁰Wahrhaftig, vernichtet sind unsere Gegner, / ihren Rest hat das Feuer verzehrt.

Mahnung zu Umkehr und Demut

²¹Werde sein Freund und halte Frieden! / Nur dadurch kommt das Gute dir zu.
²²Nimm doch Weisung an aus seinem Mund, / leg dir seine Worte ins Herz:
²³Kehrst du zum Allmächtigen um, / so wirst du aufgerichtet. Hältst Unrecht deinem Zelt du fern,
²⁴wirfst in den Staub das Edelgold, / zum Flussgestein das Feingold,
²⁵dann wird der Allmächtige dein Edelgold / und erlesenes Silber für dich sein.
²⁶Dann wirst du am Allmächtigen dich erfreuen / und zu Gott dein Angesicht erheben.
²⁷Flehst du ihn an, so hört er dich / und du wirst deine Gelübde erfüllen.
²⁸Was du beschließt, trifft ein, / Licht strahlt über deinen Wegen auf.
²⁹Wer hochmütig redet, den erniedrigt man, / doch hilft er dem, der die Augen senkt.
³⁰Er rettet den, der schuldlos ist; / durch deiner Hände Reinheit wird er gerettet.

Ruf nach Gott, dem Richter

23 ¹Da antwortete Ijob und sprach:
²Auch heute ist meine Klage Widerspruch; / schwer lastet seine Hand auf meinem Seufzen.
³Wüsste ich doch, wie ich ihn finden könnte, / gelangen könnte zu seiner Stätte.
⁴Ich wollte vor ihm den Rechtsfall ausbreiten, / meinen Mund mit Beweisen füllen.
⁵Ich möchte wissen, mit welchen Worten er mir Antwort gibt, / möchte erfahren, was er mir zu sagen hat.
⁶Würde er in der Fülle der Macht mit mir streiten? / Nein, gerade er wird auf mich achten!
⁷Dort würde ein Redlicher mit ihm rechten / und ich käme für immer frei von meinem Richter.
⁸Seht, gehe ich nach Osten, so ist er nicht da, / nach Westen, so bemerke ich ihn nicht,
⁹nach Norden, sein Tun erblicke ich nicht; / biege ich nach Süden, sehe ich ihn nicht.
¹⁰Doch er kennt den Weg, den ich gehe; / prüfte er mich, ich ginge wie Gold hervor.
¹¹Mein Fuß hielt fest an seiner Spur, / seinen Weg hielt ich ein und bog nicht ab.
¹²Das Gebot seiner Lippen gab ich nicht auf; / seines Mundes Worte barg ich in meinem Inneren.
¹³Doch er bleibt der Eine, wer stimmt ihn um? / Wonach seine Seele verlangte, das machte er.
¹⁴Ja, er vollendet, was er mir bestimmt hat; / und Ähnliches hat er noch viel im Sinn.
¹⁵Darum erschrecke ich vor seinem Angesicht; / denke ich daran, gerate ich in Angst vor ihm.
¹⁶Gott macht mein Herz verzagt, / der Allmächtige versetzt mich in Schrecken.
¹⁷Denn bin ich nicht von Finsternis um-

schlossen, / bedeckt nicht Dunkel mein Angesicht?

Übermut der Frevler und ihr Untergang

24 ¹Warum hat der Allmächtige keine Fristen bestimmt? / Warum schauen, die ihn kennen, seine Gerichtstage nicht?
²Jene verrücken die Grenzen, / rauben Herden und führen sie zur Weide.
³Den Esel der Waisen treiben sie fort, / pfänden das Rind der Witwe.
⁴Vom Weg drängen sie die Armen, / es verbergen sich alle Gebeugten des Landes.
⁵Seht, wie Wildesel in der Steppe / ziehen sie zu ihrer Arbeit aus;
die Steppe suchen sie nach Nahrung ab, / nach Brot für sich und ihre Kinder.
⁶Auf dem Feld schneiden sie des Nachts, / halten im Weinberg des Frevlers Nachlese.
⁷Nackt verbringen sie die Nacht, ohne Kleider, / haben keine Decke in der Kälte.
⁸Vom Regen der Berge sind sie durchnässt, / klammern sich ohne Schutz an den Fels.
⁹Von der Mutterbrust reißen sie die Waisen, / den Säugling des Armen nehmen sie zum Pfand.
¹⁰Nackt müssen sie gehen, ohne Kleid, / hungernd tragen sie Garben.
¹¹Zwischen Mauern pressen sie Öl, / treten die Kelter und müssen doch dürsten.
¹²In der Stadt stöhnen Menschen, / die Seelen der Erschlagenen schreien laut. / Doch Gott nimmt keinen Anstoß.
¹³Sie sind die Rebellen gegen das Licht; / sie nehmen seine Wege nicht wahr, / bleiben nicht auf seinen Pfaden.
¹⁴Ist kein Licht, erhebt sich der Mörder, / tötet Elende und Arme; / in der Nacht gleicht er dem Dieb.
¹⁵Auch des Ehebrechers Auge achtet auf Dämmerung. / Kein Auge, sagt er, soll mich erspähen!, / eine Hülle legt er aufs Gesicht.
¹⁶Im Finstern bricht er ein in die Häuser; / tagsüber verstecken sie sich; / sie wollen nichts wissen vom Licht.
¹⁷Denn gleich dem Morgen ist für sie der Todesschatten. / Ja, mit den Schrecken des Todesschattens ist er wohl vertraut.
¹⁸Leicht ist er auf der Oberfläche des Wassers; / verflucht ist ihr Anteil auf Erden; / nicht wendet er den Weg den Weinbergen zu.
¹⁹Dürre und Hitze raffen das Schneewasser weg, / die Unterwelt die Sünder.
²⁰Der Mutterschoß vergisst ihn, / Gewürm labt sich an ihm;
nie mehr wird an ihn gedacht, / der Frevel wird gebrochen wie ein Baum.
²¹Er tut Böses der Unfruchtbaren, der Kinderlosen, / keiner Witwe erweist er Gutes.
²²Die Starken rafft er hinweg in seiner Kraft; / steht er auf, ist niemand seines Lebens sicher.
²³Er gibt ihm Sicherheit, dass er gestützt wird; / doch seine Augen überwachen ihren Weg.
²⁴Sie kommen hoch für kurze Zeit, dann ist es aus. / Sie werden umgebogen, alle mit der Faust gepackt / und wie Ährenspitzen abgeschnitten.
²⁵Ist es nicht so? Wer straft mich Lügen / und bringt meine Rede zum Schweigen?

Sündhaftigkeit aller Menschen

25 ¹Da antwortete Bildad von Schuach und sprach:
²Herrschaft und Schrecken sind bei ihm, / der Frieden schafft in seinen Höhen.
³Kann man seine Scharen zählen / und über wem erhebt sich nicht sein Licht?
⁴Wie wäre ein Mensch gerecht vor

Gott, / wie wäre rein der vom Weib Geborene?

⁵Siehe, selbst der Mond glänzt nicht hell, / die Sterne sind nicht rein in seinen Augen,

⁶geschweige denn der Mensch, die Made, / der Menschensohn, der Wurm.

Leere Worte ohne Wahrheit

26 ¹Da antwortete Ijob und sprach: ²Wie hilfst du doch dem Schwachen auf, / stehst du bei dem kraftlosen Arm!

³Wie gut rätst du dem, der nicht weise ist, / tust ihm Wissen in Fülle kund!

⁴Wem trägst du die Reden vor / und wessen Atem geht von dir aus?

Größe der Allmacht Gottes

⁵Die Totengeister zittern drunten, / die Wasser mit ihren Bewohnern.

⁶Nackt liegt die Unterwelt vor ihm, / keine Hülle deckt den Abgrund.

⁷Er spannt über dem Leeren den Norden, / hängt die Erde auf am Nichts.

⁸Er bindet das Wasser in sein Gewölk; / doch birst darunter die Wolke nicht.

⁹Er verschließt den Anblick seines Throns / und breitet darüber sein Gewölk.

¹⁰Eine Grenze zieht er rund um die Wasser / bis an den Rand von Licht und Finsternis.

¹¹Die Säulen des Himmels erzittern, / sie erschrecken vor seinem Drohen.

¹²Durch seine Kraft stellt still er das Meer, / durch seine Klugheit zerschmettert er Rahab.

¹³Durch seinen Hauch wird heiter der Himmel, / seine Hand durchbohrt die flüchtige Schlange.

¹⁴Seht, das sind nur die Säume seines Waltens; / wie ein Flüstern ist das Wort, / das wir von ihm hören. Doch das Donnern seiner Macht, / wer kann es begreifen?

Unschuldsbeteuerung vor den Freunden

27 ¹Dann setzte Ijob seine Rede fort und sprach:

²So wahr Gott lebt, der mir mein Recht entzog, / der Allmächtige, der meine Seele quälte:

³Solange noch Atem in mir ist / und Gottes Hauch in meiner Nase,

⁴soll Unrecht nicht von meinen Lippen kommen / noch meine Zunge Falsches reden.

⁵Fern sei es mir, euch Recht zu geben, / ich gebe, bis ich sterbe, meine Unschuld nicht preis.

⁶An meinem Rechtsein halte ich fest und lasse es nicht; / mein Herz schilt keinen meiner Tage.

Untergang der Frevler

⁷Mein Feind sei wie ein Frevler, / mein Gegner wie ein Bösewicht.

⁸Denn was ist des Ruchlosen Hoffen, / wenn er dahingeht, / wenn Gott das Leben von ihm nimmt?

⁹Wird Gott sein Schreien hören, / wenn über ihn die Drangsal kommt?

¹⁰Kann er sich des Allmächtigen erfreuen / und Gott anrufen zu jeder Zeit?

¹¹Ich will euch belehren über Gottes Tun, / nicht verhehlen, was der Allmächtige plant.

¹²Seht, ihr habt es alle selbst gesehen. / Warum führt ihr nichtige Reden?

¹³Das ist des Frevlers Anteil bei Gott, / der Gewalttätigen Erbe, / das sie vom Allmächtigen empfangen:

¹⁴Werden zahlreich seine Söhne, / fürs Schwert sind sie bestimmt; / nie werden seine Kinder satt an Brot.

¹⁵Was übrig bleibt, wird durch den Tod

> *Das, was Ijobs Freunde zu ihm sagen, ist ja nicht falsch. Aber ihr „Katechismus-Wissen" hat einen großen Nachteil ...*

begraben / und seine Witwen weinen nicht.

¹⁶Häuft er auch Silber auf wie Staub / und beschafft er sich Kleider wie Lehm:

¹⁷Er schafft sie zwar an, / doch anziehen wird sie der Gerechte, / das Silber wird der Schuldlose erben.

¹⁸Er baut wie die Motte sein Haus / und wie die Hütte, die der Wächter aufstellt.

¹⁹Reich legt er sich schlafen, nichts ist ihm genommen. / Macht er die Augen auf, ist nichts mehr da.

²⁰Schrecken holt ihn ein wie eine Wasserflut, / der Sturmwind trägt ihn fort bei Nacht.

²¹Der Ostwind hebt ihn hoch, er muss dahin, / er weht ihn weg von seinem Ort.

²²Er stürzt sich auf ihn schonungslos, / seiner Gewalt will er entfliehen.

²³Man klatscht über ihn in die Hände / und pfeift ihn aus an seinem Ort.

> *Es berührt Ijob nicht! Es hat nichts mit seiner Lebenserfahrung zu tun.*
> *Das macht JHWHs Reaktion in 42,8 so interessant.*

Gottesfurcht als Weg zur Weisheit

28

¹Wohl gibt es einen Fundort für das Silber, / eine Stätte für das Gold, wo man es läutert.

²Eisen holt man aus der Erde, / aus Gestein wird Kupfer geschmolzen.

³Er setzt dem Finstern eine Grenze, / er forscht hinein bis in das Letzte, bis ins düstere, dunkle Gestein.

⁴Er gräbt einen Stollen, wo niemand wohnt und an sie denkt; / ohne Halt für den Fuß hängen sie, / fern von Menschen schweben sie.

⁵Die Erde, daraus das Brotkorn hervorgeht, / wird in den Tiefen wie mit Feuer umgewühlt.

⁶Fundort des Saphirs ist ihr Gestein / und Goldstaub findet sich darin.

⁷Kein Raubvogel kennt den Weg dorthin; / kein Falkenauge hat ihn je erspäht.

⁸Das stolze Wild betritt ihn nicht, / kein Löwe schreitet über ihn.

⁹An harte Kiesel legt er seine Hand, / von Grund auf wühlt er Berge um.

¹⁰In Felsen haut er Stollen ein / und lauter Kostbarkeiten erblickt sein Auge.

¹¹Sickerbäche dämmt er ein, / Verborgenes bringt er ans Licht.

¹²Die Weisheit aber, wo ist sie zu finden / und wo ist der Ort der Einsicht?

¹³Kein Mensch kennt die Schicht, in der sie liegt; / sie findet sich nicht in der Lebenden Land.

¹⁴Die Urflut sagt: Bei mir ist sie nicht. / Der Ozean sagt: Bei mir weilt sie nicht.

¹⁵Man kann nicht Feingold für sie geben, / nicht Silber als Preis für sie wägen.

¹⁶Nicht wiegt sie Gold aus Ofir auf, / kein kostbarer Karneol, kein Saphir.

¹⁷Gold und Glas stehen ihr nicht gleich, / kein Tausch für sie ist Goldgerät,

¹⁸nicht zu reden von Korallen und Kristall; / weit über Perlen geht der Weisheit Besitz.

¹⁹Der Topas von Kusch kommt ihr nicht gleich / und reinstes Gold wiegt sie nicht auf.

²⁰Die Weisheit aber, wo kommt sie her / und wo ist der Ort der Einsicht?

²¹Verhüllt ist sie vor aller Lebenden Auge, / verborgen vor den Vögeln des Himmels.

²²Abgrund und Tod sagen: / Unser Ohr vernahm von ihr nur ein Raunen.

²³Gott ist es, der den Weg zu ihr weiß, / er ist es, der ihren Ort kennt.

²⁴Denn er blickt bis hin zu den Enden der Erde; / was unter dem All des Himmels ist, sieht er.

²⁵Als er dem Wind sein Gewicht schuf / und die Wasser nach Maß bestimmte,

²⁶als er dem Regen das Gesetz schuf / und einen Weg dem Donnergewölk,

²⁷damals hat er sie gesehen und ge-

zählt, / sie festgestellt und erforscht.

²⁸Zum Menschen aber sprach er: / Sieh, die Furcht des Herrn, das ist Weisheit, / das Meiden des Bösen ist Einsicht.

…

Frage und Herausforderung

38 ¹Da antwortete der HERR dem Ijob aus dem Wettersturm und sprach:

²Wer ist es, der den Ratschluss verdunkelt / mit Gerede ohne Einsicht?

³Auf, gürte deine Lenden wie ein Mann: / Ich will dich fragen, du belehre mich!

Schöpfung und ihre Ordnung

⁴Wo warst du, als ich die Erde gegründet? / Sag es denn, wenn du Bescheid weißt!

⁵Wer setzte ihre Maße? Du weißt es ja. / Wer hat die Messschnur über sie gespannt?

⁶Wohin sind ihre Pfeiler eingesenkt? / Oder wer hat ihren Eckstein gelegt,

⁷als alle Morgensterne jauchzten, / als jubelten alle Gottessöhne?

⁸Wer verschloss das Meer mit Toren, / als schäumend es dem Mutterschoß entquoll,

⁹als Wolken ich zum Kleid ihm machte, / ihm zur Windel dunklen Dunst,

¹⁰als ich ihm ausbrach meine Grenze, / ihm Tor und Riegel setzte

¹¹und sprach: Bis hierher darfst du und nicht weiter, / hier muss sich legen deiner Wogen Stolz?

¹²Hast du je in deinem Leben dem Morgen geboten, / der Morgenröte ihren Ort bestimmt,

¹³dass es der Erde Säume fasse / und die Frevler von ihr abgeschüttelt werden?

¹⁴Sie wandelt sich wie Siegelton, / steht da wie ein Gewand.

¹⁵Den Frevlern wird ihr Licht entzogen, / zerschmettert der erhobene Arm.

¹⁶Bist du zu den Quellen des Meeres gekommen, / hast du des Urgrunds Tiefe durchwandert?

¹⁷Haben dir sich die Tore des Todes geöffnet, / hast du die Tore des Todesschattens geschaut?

¹⁸Hast du der Erde Weiten überblickt? / Sag es, wenn du das alles weißt!

¹⁹Wo ist der Weg zur Wohnstatt des Lichts? / Die Finsternis, wo hat sie ihren Ort,

²⁰das du sie einführst in ihren Bereich, / die Pfade zu ihrem Haus kennst?

²¹Du weißt es ja; du wurdest damals ja geboren / und deiner Tage Zahl ist groß!

²²Bist du zu den Kammern des Schnees gekommen, / hast du die Kammern des Hagels gesehen,

²³den ich für Zeiten der Drangsal aufgespart, / für den Tag des Kampfes und der Schlacht?

²⁴Wo ist der Weg dorthin, wo das Licht sich verteilt, / der Ostwind sich über die Erde zerstreut?

²⁵Wer grub der Regenflut eine Rinne, / einen Weg für das Donnergewölk,

²⁶um Regen zu senden auf unbewohntes Land, / auf die Steppe, darin niemand wohnt,

²⁷um zu sättigen die Wildnis und Öde / und frisches Gras sprossen zu lassen?

²⁸Hat der Regen einen Vater / oder wer zeugte die Tropfen des Taus?

²⁹Aus wessen Schoß ging das Eis hervor, / des Himmels Reif, wer hat ihn geboren?

³⁰Wie unter einem Stein verbergen sich die Wasser / und wird fest die Fläche der Flut.

³¹Knüpfst du die Bande des Siebengestirns / oder löst du des Orions Fesseln?

³²Führst du heraus Sterne des Tierkreises zu seiner Zeit, / lenkst du die Löwin samt ihren Jungen?

³³Kennst du die Satzungen des Him-

mels, / setzt du auf der Erde seine Herrschaft durch?

³⁴Erhebst du zu den Wolken deine Stimme, / dass dich die Woge des Wassers bedeckt?

³⁵Entsendest du die Blitze, dass sie eilen / und dir sagen: Wir sind da?

³⁶Wer verlieh dem Ibis Weisheit / oder wer gab Einsicht dem Hahn?

³⁷Wer zählt in Weisheit die Wolken / und die Schläuche des Himmels, wer schüttet sie aus,

³⁸wenn der Erdboden hart wird, als sei er gegossen, / und Erdschollen zusammenkleben?

Gott als Herr der Tiere

³⁹Erjagst du Beute für die Löwin, / stillst du den Hunger der jungen Löwen,

⁴⁰wenn sie sich in Höhlen ducken, / im Dickicht auf der Lauer liegen?

⁴¹Wer bereitet dem Raben seine Nahrung, / wenn seine Jungen schreien zu Gott und umherirren ohne Futter?

39

¹Kennst du der Steinböcke Wurfzeit, / überwachst du das Werfen der Hirsche?

²Zählst du die Monde, die tragend sie füllen, / kennst du die Zeit ihres Wurfs?

³Sie kauern sich, werfen ihre Jungen, / werden los ihre Wehen.

⁴Ihre Jungen erstarken, wachsen im Freien, / laufen hinaus und kehren nicht zu ihnen zurück.

⁵Wer hat den Wildesel freigelassen, / des wilden Esels Fesseln, wer schloss sie auf?

⁶Ich gab ihm zur Behausung die Steppe, / zu seiner Wohnung die salzige Trift.

⁷Er verlacht das Lärmen der Stadt, / hört nicht des Treibers Geschrei.

⁸Die Berge sucht er nach Weide ab, / jeglichem Grün spürt er nach.

⁹Wird dir der Wildstier dienen wollen, / bleibt er an deiner Krippe zur Nacht?

¹⁰Hältst du am Seil ihn in der Furche, / pflügt er die Täler hinter dir her?

¹¹Traust du ihm, weil er so stark ist? / Überlässt du ihm deine Arbeit?

¹²Glaubst du ihm, dass er wiederkommt / und deine Saat auf die Tenne bringt?

¹³Fröhlich schlägt die Straußenhenne mit den Flügeln. / Ist ihre Schwinge so / wie die des Storches und Falken?

¹⁴Nein, sie gibt der Erde ihre Eier preis, / lässt sie erwärmen im Sand,

¹⁵vergisst, dass sie ein Fuß zerdrücken, / das Wild des Feldes sie zertreten kann.

¹⁶Sie behandelt ihre Jungen hart wie Fremde; / war umsonst ihre Mühe, es erschreckt sie nicht.

¹⁷Denn Gott ließ sie Weisheit vergessen, / gab ihr an Einsicht keinen Teil.

¹⁸Im Augenblick aber, da sie hochschnellt, / verlacht sie Ross und Reiter.

¹⁹Gabst du dem Ross die Heldenstärke, / kleidest du mit einer Mähne seinen Hals?

²⁰Lässt du wie die Heuschrecke es springen? / Furchtbar ist sein stolzes Wiehern.

²¹Es scharrt im Tal und freut sich seiner Kraft, / es zieht aus, den Waffen entgegen.

²²Es spottet der Furcht und hat keine Angst / und kehrt nicht um vor dem Schwert.

²³Über ihm klirrt der Köcher, / blitzen Speer und Sichelschwert.

²⁴Mit Donnerbeben wirbelt es den Staub auf, / steht nicht still beim Klang des Horns.

²⁵Sooft das Horn ertönt, wiehert es hui / und wittert den Kampf schon von Weitem, / der Anführer Lärm und das Geschrei.

²⁶Kommt es von deiner Einsicht, / dass der Falke sich aufschwingt / und nach Süden seine Flügel ausbreitet?

²⁷Fliegt auf dein Geheiß der Geier empor / und baut seinen Horst in der Höhe?

²⁸Auf Felsen wohnt und nächtigt er, /

auf der Felsenzacke und an steiler Wand.
²⁹Von dort erspäht er die Beute, / seine Augen schauen ins Weite.
³⁰Nach Blut gieren seine Jungen; / wo Erschlagene sind, ist er zur Stelle.

Schluss der Rede

40 ¹Da antwortete der HERR dem Ijob und sprach:
²Mit dem Allmächtigen will der Tadler rechten? / Wer Gott anklagt, der antworte nun!

Ijobs Antwort

³Da antwortete Ijob dem HERRN und sprach:
⁴Siehe, ich bin zu gering. Was kann ich dir erwidern? / Ich lege meine Hand auf meinen Mund.
⁵Einmal habe ich geredet, doch ich werde nicht antworten; / ein zweites Mal, doch ich fahre nicht fort!

Zweite Rede des Herrn

⁶Da antwortete der HERR dem Ijob aus dem Wettersturm und sprach:
⁷Auf, gürte deine Lenden wie ein Mann! / Ich will dich fragen, du belehre mich!

Problem der Gerechtigkeit

⁸Willst du wirklich mein Recht brechen, / mich schuldig sprechen, damit du Recht behältst?
⁹Hast du denn einen Arm wie Gott, / dröhnst du wie er mit Donnerstimme?
¹⁰Schmücke dich doch mit Hoheit und Majestät / und kleide dich in Prunk und Pracht!
¹¹Lass die Fluten deines Zornes sich ergießen, / schau an jeden Stolzen, demütige ihn!
¹²Schau an jeden Stolzen, zwing ihn nieder! / Zertritt die Frevler auf der Stelle!
¹³Verbirg sie insgesamt im Staub, / schließ ihre Gesichter im Verborgenen ein!
¹⁴Dann werde auch ich dich preisen, / weil deine Rechte den Sieg dir verschaffte.

Gottes Kampf gegen das Böse

¹⁵Sieh doch das Nilpferd, das ich wie dich erschuf. / Gras frisst es wie ein Rind.
¹⁶Sieh doch die Kraft in seinen Lenden / und die Stärke in den Muskeln seines Leibes!
¹⁷Aufgerichtet wie eine Zeder ist sein Schwanz, / straff sind verflochten seiner Schenkel Sehnen.
¹⁸Seine Knochen sind Röhren aus Bronze, / wie Eisenstangen sein Gebein.
¹⁹Es ist der Anfang der Wege Gottes; / der es gemacht hat, gab ihm sein Schwert.
²⁰Doch die Berge tragen ihm Futter zu / und alle Tiere des Feldes spielen dort.
²¹Es lagert unter Lotusbüschen, / im Versteck von Schilf und Sumpf.
²²Lotusbüsche spenden ihm Schatten, / die Pappeln am Fluss umgeben es.
²³Wenn auch der Fluss anschwillt, es zittert nicht, / es bleibt ruhig, wenn auch die Flut ihm ins Maul dringt.
²⁴Kann man an den Augen es fassen, / mit Haken ihm die Nase durchbohren?
²⁵Kannst du das Krokodil am Angelhaken ziehen, / mit der Leine seine Zunge niederdrücken?
²⁶Legst du ein Binsenseil ihm in die Nase, / durchbohrst du mit einem Haken seine Backe?
²⁷Fleht es dich groß um Gnade an? / Richtet es zärtliche Worte an dich?
²⁸Schließt es einen Bund mit dir, / dass du es nehmen kannst zum Knecht für immer?
²⁹Kannst du mit ihm wie mit einem Vogel spielen, / bindest du es für deine Mädchen an?
³⁰Feilschen darum die Jagdgenossen, /

verteilen sie es stückweise unter die Händler?

³¹Kannst du seine Haut mit Spießen spicken, / mit einer Fischharpune seinen Kopf?

³²Leg nur einmal deine Hand daran! / Denk an den Kampf! Du tust es nie mehr.

41

¹Sieh, das Hoffen darauf wird enttäuscht; / sein bloßer Anblick bringt zu Fall.

²So kühn ist keiner, es zu reizen; / wer könnte mir wohl trotzen?

³Wer ist mir je entgegengetreten, dass ich ihm etwas zurückgeben müsste? / Alles unter dem Himmel ist mein.

⁴Ich will nicht schweigen von seinen Gliedern, / von seiner Kraft und Größe, von seiner gefälligen Gestalt.

⁵Wer hat die Hülle seines Kleides aufgedeckt, / wer ist eingedrungen in seinen Doppelpanzer?

⁶Wer hat die Tore seines Gesichts geöffnet? / Rings um seine Zähne lagert Schrecken.

⁷Sein schützender Panzer ist sein Stolz, / verschlossen mit Siegel aus Kieselstein.

⁸Einer reiht sich an den andern, / kein Lufthauch dringt zwischen ihnen durch.

⁹Fest haftet jeder an dem andern, / sie sind verklammert, lösen sich nicht.

¹⁰Sein Niesen lässt Licht aufleuchten; / seine Augen sind wie die Lider der Morgenröte.

¹¹Aus seinem Maul fahren brennende Fackeln, / feurige Funken schießen hervor.

¹²Rauch dampft aus seinen Nüstern / wie aus kochendem, heißem Topf.

¹³Sein Atem entflammt glühende Kohlen, / eine Flamme schlägt aus seinem Maul hervor.

¹⁴Stärke wohnt in seinem Nacken, / vor ihm tanzt die bange Furcht.

¹⁵Straff liegt seines Wanstes Fleisch, / wie angegossen, unbewegt.

¹⁶Sein Herz ist fest wie Stein, / fest wie der untere Mühlstein.

¹⁷Erhebt es sich, erschrecken selbst die Göttlichen; / vor Schrecken wissen sie nicht aus noch ein.

¹⁸Trifft man es, kein Schwert hält stand, / nicht Lanze noch Geschoss und Pfeil.

¹⁹Eisen achtet es wie Stroh, / Bronze wie morsch gewordenes Holz.

²⁰Kein Bogenpfeil wird es verjagen, / in Stoppeln verwandeln sich ihm / die Steine der Schleuder.

²¹Wie Stoppeln dünkt ihm die Keule, / es lacht nur über das Gerassel des Sichelschwerts.

²²Sein Unteres sind Scherbenspitzen; / einen Dreschschlitten zieht es über den Schlamm.

²³Die Tiefe lässt es brodeln wie den Kessel, / macht das Meer zu einem Salbentopf.

²⁴Es hinterlässt eine leuchtende Spur; / man meint, die Flut sei graues Haar.

²⁵Auf Erden gibt es seinesgleichen nicht, / gemacht, um sich nie zu fürchten.

²⁶Alles Hohe blickt es an, / König ist es über alle Stolzen.

Ijobs Erkenntnis

42

¹Da antwortete Ijob dem HERRN und sprach:

²Ich habe erkannt, dass du alles vermagst. / Kein Vorhaben ist dir verwehrt.

³Wer ist es, der ohne Einsicht den Rat verdunkelt? – / Fürwahr, ich habe geredet, ohne zu verstehen, über Dinge, / die zu wunderbar für mich und unbegreiflich sind.

⁴Hör doch, ich will nun reden, / ich will dich fragen, du belehre mich!

⁵Vom Hörensagen nur hatte ich von dir gehört, / jetzt aber hat mein Auge dich geschaut.

⁶Darum widerrufe ich. / Ich bereue in Staub und Asche.

Ijobs Rechtfertigung durch Gott

⁷Als der HERR diese Worte zu Ijob gesprochen hatte, sagte der HERR zu Elifas von Teman: Mein Zorn ist entbrannt gegen dich und deine beiden Freunde, denn ihr habt nicht recht von mir geredet wie mein Knecht Ijob. ⁸So nehmt nun sieben Jungstiere und sieben Widder, geht hin zu meinem Knecht Ijob und bringt ein Brandopfer für euch dar! Mein Knecht Ijob aber soll für euch Fürbitte einlegen, denn auf ihn nehme ich Rücksicht, sodass ich euch nichts Schlimmes antue, denn ihr habt nicht recht von mir geredet wie mein Knecht Ijob. ⁹Da gingen Elifas von Teman, Bildad von Schuach und Zofar von Naama hin und taten, was der HERR ihnen gesagt hatte. Und der HERR nahm Rücksicht auf Ijob.

Ijobs neues Glück

¹⁰Der HERR wendete das Geschick Ijobs, als er für seinen Freund Fürbitte einlegte, und der HERR mehrte den Besitz Ijobs auf das Doppelte.

¹¹Da kamen zu ihm alle seine Brüder, alle seine Schwestern und alle seine früheren Bekannten und speisten mit ihm in seinem Haus. Sie bezeigten ihm ihr Mitleid und trösteten ihn wegen all des Unglücks, das der HERR über ihn gebracht hatte. Ein jeder schenkte ihm eine Kesita und einen goldenen Ring.

¹²Der HERR aber segnete die spätere Lebenszeit Ijobs mehr als seine frühere. Er besaß vierzehntausend Schafe, sechstausend Kamele, tausend Joch Rinder und tausend Eselinnen. ¹³Auch bekam er sieben Söhne und drei Töchter.

¹⁴Die erste nannte er Jemima, Turteltaube, die zweite Kezia, Zimtblüte, und die dritte Keren-Happuch, Schminkhörnchen. ¹⁵Man fand im ganzen Land keine schöneren Frauen als die Töchter Ijobs. Ihr Vater gab ihnen Erbbesitz unter ihren Brüdern. ¹⁶Ijob lebte danach noch hundertvierzig Jahre und er sah seine Kinder und Kindeskinder, vier Generationen. ¹⁷Dann starb Ijob, hochbetagt und satt an Lebenstagen.

Bibelstellen
Ijob 1,1 – 3,26;
22,1 – 28,28;
38,1 – 42,17

NEUES TESTAMENT

Die Jesusgeschichte muss auf Tour gehen

Bevor wir das erste Wort geschrieben haben, saßen wir lange vor einem leeren Blatt. Wir fanden es sehr schwer, das, was uns damals beschäftigt hat, so zu beschreiben, dass du es heute verstehen kannst. Immerhin liegen fast 2000 Jahre zwischen uns und dir.

Wir sind die zweite Generation. Wir leben im Jahr 50 nach Christus. NACH Christus. Jesus Christus, auf den wir uns berufen, ist schon seit über 15 Jahren tot. Die erste Generation – Menschen also, die Jesus leibhaftig begegnet sind – ist älter geworden, zieht an andere Orte, viele Zeitzeuginnen und Zeitzeugen sind auch schon gestorben. Wir fragen uns: Stirbt die Idee, stirbt die Geschichte gemeinsam mit den Augenzeugen? Ist Jesus nur eine verblassende Erinnerung?
Unsere Herausforderung ist es, die Erlebnisse und Erkenntnisse aus der Vergangenheit so zu erzählen, dass die Menschen der Gegenwart sie verstehen. Mehr noch: Wir wollen sie so erzählen, dass die Menschen der Gegenwart die Bedeutung der Vergangenheit für sich erkennen. Oder dass sie eine neue Bedeutung bekommen. Das war im Jahr 50 nach Christus schon genauso schwierig wie im Jahr 2020. Im Ernst.

Jesus ist gestorben. Sogar umgebracht worden. An einem Kreuz aufgehängt. Das war wohl die schlimmste Demütigung für einen freien Menschen. Also stellt sich schon hier die Frage: Wofür soll das gut sein? Der Mann ist doch ein Opfer, gescheitert mit allem Drum und Dran. Und alle, die ihm gefolgt sind, waren Idioten. Sagen manche. Aber einigen Menschen der ersten Generation ist er anschließend begegnet. Nach seinem Tod, Auferstehung war das Zauberwort. Eine Chiffre dafür, dass das Leben mit Jesus weitergeht. Nur halt anders.

Auferstehung. Damit stand und fiel alles. War die Jesusgeschichte bloß eine nette Episode der Menschheitsgeschichte? Wir finden: Nein – diese Geschichte hat eine Bedeutung weit über die erste Generation hinaus. Wie meinen wir das?

Kennst du die Musik der Beatles? Deine Eltern kennen sie bestimmt, und deine Großeltern standen vielleicht bei einem Beatles-Konzert vor der Bühne. In den 1960er-Jahren. Okay, wir sind jetzt nicht so die Musikexperten, aber: Die Art, wie die Beatles Musik verstanden, geschrieben und weiterentwickelt haben, hatte Folgen für so ziemlich jede Art von Musik, die danach komponiert wurde. Sie hat alle Musikerinnen und Musiker nach ihnen beeinflusst. Bis heute. Du verstehst, was wir sagen wollen? Die Beatles bleiben prägend. Ihre Musik, ihr Stil lebt weiter. Auch wenn es diese Band schon lange nicht mehr gibt.
Warum ist das so gekommen?
Weil etwas an ihrer Musik andere Musikerinnen und Musiker inspiriert hat. Weil für sie etwas in der Musik so wichtig war, dass sie merkten: Das wird die Zeit überdauern. Der Sound. Der Drive. Die Art, Gitarre und Basslinien einzusetzen. Der Lebensstil der Bandmitglieder. Der Geist von Freiheit und Autonomie.
All das. Die Art, wie die Beatles Musik gemacht haben, kannst du jedenfalls in der Musik von heute immer noch hören. Wenn du genau hinhörst. Das gleiche könnten wir jetzt auch über andere Musikerinnen und Musiker sagen. Die Rolling Stones. Oasis. The Smiths.

So ähnlich ist es auch mit Jesus. Er war gestorben, und die Menschen, die ihn erlebt hatten, fragten sich: Gibt es etwas in der Geschichte mit Jesus, das für alle Zeiten wichtig bleibt? Für immer wertvoll, gültig, einzigartig ist? Und jetzt kommt Paulus ins Spiel. Der hat den Brief geschrieben, um den es nun geht. Paulus war für uns sehr wichtig. Als Motivator. Als Stratege. Und er hatte eines kapiert: Die Geschichte von Jesus hat eine Bedeutung, die kulturelle und zeitliche Schranken überwindet. Und zwar alle und für immer. Auf das Beispiel mit den Beatles übertragen heißt das: Es gab jemanden, der erkannt hatte, dass die Songs viel zu gut sind, um nur in den Clubs in Liverpool gespielt zu werden, wo die Beatles herkommen. Sie sind so bedeutsam, dass die ganze Welt sie hören muss. Sie müssen auf Tour gehen. Und wenn andere Bands die Songs nachspielen und variieren, haben wir nichts dagegen. Im Gegenteil.

Paulus hatte verstanden, dass die Menschen in der zweiten Generation sozusagen Influencer werden mussten. Sie sollten Einfluss nehmen. Netzwerke schaffen. Sich unter die Kulturen in der Umgebung mischen. Grenzen sprengen. Sich Gehör verschaffen. Das hatte Paulus im Kopf. Da dachte er sehr modern. Und um das zu erreichen, musste Paulus das Instrumentarium der Kulturen nutzen, in denen er sich bewegte. Wäre Paulus in deiner Welt zu Hause gewesen, dann hätte er keine Briefe geschrieben, sondern Videos gedreht oder Instagram-Storys gemacht, fotografiert, gefilmt und hochgeladen. Er würde heute denken: „Ich brauche Klicks und Follower. Möglichst viele."
Gabs aber bei uns halt noch nicht. Kein Instagram, aber Briefe. Mit der Hand geschrieben. Briefe gehörten damals ganz selbstverständlich zur Kultur. Jeder, der schreiben und lesen konnte, schrieb und las selbst Briefe. Viele wurden abgeschrieben und weitergegeben. Briefe waren keine unpersönlichen Blablabla-Sachtexte. Sie hatten einen bestimmten Absender und einen bestimmten Adressaten. Sie hatten also einen persönlichen Charakter. Paulus schreibt quasi an dich persönlich, der du in deiner Gemeinde lebst und zu Hause bist. Zum Beispiel hier bei uns in der „Gemeinde von Korinth".

Paulus hatte also kapiert: Die Jesus-Geschichte muss auf Tour gehen. Sie muss in anderen Kulturen mit deren kulturellen Ausdrucksformen und Traditionen erzählt werden. Wenn die Jesusgeschichte eine universelle Bedeutung hat, muss sie zeitliche und kulturelle Grenzen überschreiten. Sie muss raus aus der rein jüdischen Kultur. Und zwar ruckzuck.
Wie hat er das gemacht? Indem Paulus, der ja von Hause aus schon ein weltgewandter Grenzgänger zwischen den Kulturen war, anfing zu reisen. Und wenn er an einen interessanten Ort

kam, stellte er dort irgendwo sozusagen die Musikbox mit der Jesusgeschichte auf. Und dann gründete er neue „Bands". Die die Jesusgeschichte selber spielten, mit ihren Instrumenten. Er gründete kleine Gemeinden.
Das waren Gemeinden an bestimmten festen Orten, die sich bei jemandem zu Hause trafen. Kirche verstand Paulus also noch sehr, sehr lokal. Ganz anders als ihr heute. Gemeinden, die eine jüdische Tradition hatten, organisierten sich wie Synagogengemeinden. Gemeinden, die eine nichtjüdische, also „heidenchristliche" Grundlage hatten, organisierten sich wie antike weltliche Vereine. Zwei total unterschiedliche Varianten derselben Musik quasi.

Du ahnst schon, worauf wir hinauswollen: Es geht bei uns in Korinth um Identitätsfragen. Übrigens nicht nur hier. Dieses Thema wird dir noch sehr oft begegnen, wenn du hier weiterliest. Wer sind wir eigentlich? Was macht uns aus? Was ist unser Alleinstellungsmerkmal? Was haben nur wir? Was macht uns für andere interessant? Und wie, in welcher Kultur, drückt sich das am besten aus?
Die einen sagten: „Möglichst nah an der jüdischen Kultur! Denn Jesus war ja Jude. Also müssen unsere Anhänger, vor allem auch die neuen, die jüdische Kultur übernehmen – mit allem Drum und Dran: Sabbatruhe, Beschneidungsvorschriften, kosherem Essen und so weiter."
Die anderen sagten: „Um Gottes willen! Warum sollen Menschen, die die Jesusgeschichte noch gar nicht kennen und mit der jüdischen Kultur noch nie in Berührung kamen, erst in die jüdische Religion und Kultur eintauchen, damit sie dann als Jesusnachfolger wieder auftauchen? Was für eine Logik ist das denn?"

Identität. Ein schwieriges Feld. Was gehört dazu? Jeder von euch hat einen Personalausweis. Eine Identity Card. Mit persönlichen Angaben, die einen Teil deiner Identität ausmachen: Farbe der Augen. Körpergröße. Okay. Aber was bildet die Identität einer Gruppe? Einer Gesellschaft? Wie gut muss beispielsweise jemand die deutsche Sprache sprechen, um ein deutscher Staatsbürger zu sein? Welches kulturelle Erbe gehört unbedingt dazu? Goethe

oder Bushido? Bibi und Tina oder Mozart und Bach? Muss Mesut Özil die Nationalhymne singen, damit er von Deutschen als Deutscher akzeptiert wird? Ist eine Lehrerin bei euch noch eine deutsche Beamtin, wenn sie im Unterricht ein Kopftuch trägt? Nicht so leicht zu beantworten.
Paulus dachte sich: „Ich muss mal aufschreiben, was zu unserer Identität gehört. Immer wieder fragen die Menschen in den Gemeinden, was uns ausmacht. Und zwar unabhängig davon, in welchem Land oder in welcher Kultur sie leben. Völlig egal, ob sie nun Judenchristen oder Heidenchristen sind." Paulus ahnte: Wenn wir wissen und uns darüber verständigen, was unser Glaube ist, kann seine kulturelle Ausdrucksform sehr weit sein.

All das findest du in dem Brief hier. Zum Beispiel im Kapitel 15, das für uns und unsere Identität am wichtigsten ist und das von der Auferstehung der Toten erzählt:
„Christus ist für unsere Sünden gestorben, gemäß der Schrift, und ist begraben worden. Er ist am dritten Tag auferweckt worden, gemäß der Schrift, und erschien dem Kephas, dann den Zwölf. Danach erschien er mehr als fünfhundert Brüdern zugleich; die meisten von ihnen sind noch am Leben, einige sind entschlafen. Danach erschien er dem Jakobus, dann allen Aposteln. Zuletzt erschien er auch mir, gleichsam der Missgeburt."
Das gilt. Für immer und alle Zeiten.
Oder im Kapitel 11: Die Liebe ist das Herz von allem. Oder. Oder.

Für uns war wichtig, dass Paulus das mal aufgeschrieben und rumgeschickt hat. Denn wir standen mit den Folgen der Jesusgeschichte ja noch ganz am Anfang. Wir waren ja erst die zweite Generation. Und du kannst dir vorstellen, dass am Anfang noch vieles im Fluss ist. Unterschiedliche Menschen mit verschiedenen persönlichen und kulturellen Hintergründen haben sich für die Jesusgeschichte interessiert und kamen mit ihr in Kontakt. Und unterschiedliche Menschen finden halt Unterschiedliches wichtig und unwichtig. Freaks und Esoteriker. Eiferer und Lässige. Heimatlose und kulturell Eingebundene. Intellektuelle, Philosophen, Lehrer und Kaufleute. Puh. Kein einfaches Ding.

Gerade in einer Stadt wie Korinth. Korinth kannst du dir vorstellen wie eine moderne Großstadt bei euch. Wirklich. Alle möglichen Typen leben hier. Alle möglichen Berufe gibt es hier. Wir sind Handelsstadt. Wirtschaftsstadt. Eine Stadt mit einem riesigen Gefälle zwischen Arm und Reich. Eine Stadt mit einem unglaublich schlechten Ruf. Kulturen vermischen sich. Subkulturen gibt es zuhauf. Prostitution ist bei uns ein Riesenproblem. Zig Religionen existieren nebeneinander. Vermischen sich. Und die Gläubigen sind bei uns kein bisschen folgsamer, braver oder gar frommer als bei euch.

Was wird bei uns diskutiert und gestritten! Zum Beispiel: Ist die Ehe besser oder soll man lieber nicht heiraten? Lohnt sich das noch, wenn Jesus eh bald wiederkommt? Wie feiern wir richtig Gottesdienst? Und welche Rolle haben Frauen im Gottesdienst? Wie sollen wir Auferstehung verstehen? Können wir überhaupt an die Auferstehung glauben? Ist das nicht Hokuspokus? Was machen wir mit den sozialen Unterschieden? Akzeptieren oder protestieren?

Das erstaunliche ist: Bei uns war es im Prinzip genau so, wie es bei euch heute ist. Diversität und Pluralität, wo du hinschaust. Und: Es gibt höchstens ein Prozent Jesusnachfolger bei uns in Korinth. Klar, bei euch sind es mehr. Aber wie lange noch? Und schaut mal nach Rostock, Jena oder Berlin! Da seid ihr längst in der Minderheit.

Bevor wir das erste Wort geschrieben haben, saßen wir also lange vor einem leeren Blatt und fragten uns: Wie um Himmels willen wird aus einer Geschichte von ein paar Verängstigten mit einem Gescheiterten an der Spitze eine Religion, die für Menschen und Kulturen für immer und alle Zeiten wichtig ist? In Korinth, Nairobi, Graz oder Frankfurt? Das hat uns umgetrieben. Darüber haben wir uns den Kopf zerbrochen. Es hätte auch schiefgehen können.
Es stand Spitz auf Knopf.
Wir hätten fast nicht gedacht, dass wir das schaffen.

Aus dem ersten Brief an die Korinther

15 ¹Ich erinnere euch, Brüder und Schwestern, an das Evangelium, das ich euch verkündet habe. Ihr habt es angenommen; es ist der Grund, auf dem ihr steht. ²Durch dieses Evangelium werdet ihr gerettet werden, wenn ihr festhaltet an dem Wort, das ich euch verkündet habe, es sei denn, ihr hättet den Glauben unüberlegt angenommen.

³Denn vor allem habe ich euch überliefert, was auch ich empfangen habe: Christus ist für unsere Sünden gestorben, / gemäß der Schrift,

⁴und ist begraben worden. / Er ist am dritten Tag auferweckt worden, / gemäß der Schrift,

⁵und erschien dem Kephas, dann den Zwölf.

⁶Danach erschien er mehr als fünfhundert Brüdern zugleich; die meisten von ihnen sind noch am Leben, einige sind entschlafen. ⁷Danach erschien er dem Jakobus, dann allen Aposteln. ⁸Zuletzt erschien er auch mir, gleichsam der Missgeburt. ⁹Denn ich bin der Geringste von den Aposteln; ich bin nicht wert, Apostel genannt zu werden, weil ich die Kirche Gottes verfolgt habe. ¹⁰Doch durch Gottes Gnade bin ich, was ich bin, und sein gnädiges Handeln an mir ist nicht ohne Wirkung geblieben. Mehr als sie alle habe ich mich abgemüht – nicht ich, sondern die Gnade Gottes zusammen mit mir. ¹¹Ob nun ich verkünde oder die anderen: Das ist unsere Botschaft und das ist der Glaube, den ihr angenommen habt.

¹²Wenn aber verkündet wird, dass Christus von den Toten auferweckt worden ist, wie können dann einige von euch sagen: Eine Auferstehung der Toten gibt es nicht? ¹³Wenn es keine Auferstehung der Toten gibt, ist auch Christus nicht auferweckt worden. ¹⁴Ist aber Christus nicht auferweckt worden, dann ist unsere Verkündigung leer, leer auch euer Glaube. ¹⁵Wir werden dann auch als falsche Zeugen Gottes entlarvt, weil wir im Widerspruch zu Gott das Zeugnis abgelegt haben: Er hat Christus auferweckt. Er hat ihn eben nicht auferweckt, wenn Tote nicht auferweckt werden. ¹⁶Denn wenn Tote nicht auferweckt werden, ist auch Christus nicht auferweckt worden. ¹⁷Wenn aber Christus nicht auferweckt worden ist, dann ist euer Glaube nutzlos und ihr seid immer noch in euren Sünden; ¹⁸und auch die in Christus Entschlafenen sind dann verloren. ¹⁹Wenn wir allein für dieses Leben unsere Hoffnung auf Christus gesetzt haben, sind wir erbärmlicher daran als alle anderen Menschen.

²⁰Nun aber ist Christus von den Toten auferweckt worden als der Erste der Entschlafenen. ²¹Da nämlich durch einen Menschen der Tod gekommen ist, kommt durch einen Menschen auch die Auferstehung der Toten. ²²Denn wie in Adam alle sterben, so werden in Christus alle lebendig gemacht werden. ²³Es gibt aber eine bestimmte Reihenfolge: Erster ist Christus; dann folgen, wenn Christus kommt, alle, die zu ihm gehören. ²⁴Danach kommt das Ende, wenn er jede Macht, Gewalt und Kraft entmachtet hat und seine Herrschaft Gott, dem Vater, übergibt. ²⁵Denn er muss herrschen, bis Gott ihm alle Feinde unter seine Füße gelegt hat. ²⁶Der letzte Feind, der entmachtet wird, ist der Tod. ²⁷Denn: Alles hat er seinen Füßen unterworfen. Wenn es aber heißt, alles sei unterworfen, ist offenbar der ausgenommen, der ihm alles unterwirft. ²⁸Wenn ihm dann alles unterworfen ist,

wird auch er, der Sohn, sich dem unterwerfen, der ihm alles unterworfen hat, damit Gott alles in allem sei.
²⁹Wie kämen sonst einige dazu, sich für die Toten taufen zu lassen? Wenn Tote gar nicht auferweckt werden, warum lässt man sich dann taufen für sie? ³⁰Warum setzen dann auch wir uns stündlich der Gefahr aus? ³¹Täglich sehe ich dem Tod ins Auge, so wahr ihr, Brüder und Schwestern, mein Ruhm seid, den ich in Christus Jesus, unserem Herrn, habe. ³²Wenn ich in Ephesus nur nach Menschenart mit wilden Tieren gekämpft hätte, was würde es mir nützen? Wenn Tote nicht auferweckt werden, dann lasst uns essen und trinken; denn morgen sterben wir. ³³Lasst euch nicht irreführen! Schlechter Umgang verdirbt gute Sitten. ³⁴Werdet nüchtern, wie es sich gehört, und sündigt nicht! Einige Leute wissen nichts von Gott; ich sage das, damit ihr euch schämt.

³⁵Nun könnte einer fragen: Wie werden die Toten auferweckt, was für einen Leib werden sie haben? ³⁶Du Tor! Auch das, was du säst, wird nicht lebendig, wenn es nicht stirbt. ³⁷Und was du säst, ist noch nicht der Leib, der entstehen wird; es ist nur ein nacktes Samenkorn, zum Beispiel ein Weizenkorn oder ein anderes. ³⁸Gott gibt ihm den Leib, den er vorgesehen hat, und zwar jedem Samen einen eigenen Leib. ³⁹Nicht alles Fleisch ist dasselbe: Das Fleisch der Menschen ist anders als das des Viehs, das Fleisch der Vögel ist anders als das der Fische. ⁴⁰Auch gibt es Himmelskörper und irdische Körper. Die Schönheit der Himmelskörper ist anders als die der irdischen Körper. ⁴¹Der Glanz der Sonne ist anders als der Glanz des Mondes, anders als der Glanz der Sterne; denn auch die Gestirne unterscheiden sich durch ihren Glanz.
⁴²So ist es auch mit der Auferstehung der Toten. Was gesät wird, ist verweslich, was auferweckt wird, unverweslich. ⁴³Was gesät wird, ist armselig, was auferweckt wird, herrlich. Was gesät wird, ist schwach, was auferweckt wird, ist stark. ⁴⁴Gesät wird ein irdischer Leib, auferweckt ein überirdischer Leib. Wenn es einen irdischen Leib gibt, gibt es auch einen überirdischen. ⁴⁵So steht es auch in der Schrift: Adam, der erste Mensch, wurde ein irdisches Lebewesen. Der letzte Adam wurde lebendig machender Geist. ⁴⁶Aber zuerst kommt nicht das Überirdische; zuerst kommt das Irdische, dann das Überirdische. ⁴⁷Der erste Mensch stammt von der Erde und ist Erde; der zweite Mensch stammt vom Himmel. ⁴⁸Wie der von der Erde irdisch war, so sind es auch seine Nachfahren. Und wie der vom Himmel himmlisch ist, so sind es auch seine Nachfahren. ⁴⁹Wie wir nach dem Bild des Irdischen gestaltet wurden, so werden wir auch nach dem Bild des Himmlischen gestaltet werden.

⁵⁰Damit will ich sagen, Brüder und Schwestern: Fleisch und Blut können das Reich Gottes nicht erben; das Verwesliche erbt nicht das Unverwesliche. ⁵¹Seht, ich enthülle euch ein Geheimnis: Wir werden nicht alle entschlafen, aber wir werden alle verwandelt werden – ⁵²plötzlich, in einem Augenblick, beim letzten Posaunenschall. Die Posaune wird erschallen, die Toten werden als Unverwesliche auferweckt, wir aber werden verwandelt werden. ⁵³Denn dieses Verwesliche muss sich mit Unverweslichkeit bekleiden und dieses Sterbliche mit Unsterblichkeit. ⁵⁴Wenn sich aber dieses Verwesliche

> *Das mit der Auferstehung für alle ist echt kompliziert.*

mit Unverweslichkeit bekleidet und dieses Sterbliche mit Unsterblichkeit, dann erfüllt sich das Wort der Schrift: Verschlungen ist der Tod vom Sieg:
⁵⁵Tod, wo ist dein Sieg? / Tod, wo ist dein Stachel?
⁵⁶Der Stachel des Todes aber ist die Sünde, die Kraft der Sünde ist das Gesetz. ⁵⁷Gott aber sei Dank, der uns den Sieg geschenkt hat durch unseren Herrn Jesus Christus. ⁵⁸Daher, meine geliebten Brüder und Schwestern, seid standhaft und unerschütterlich, seid stets voll Eifer im Werk des Herrn und denkt daran, dass im Herrn eure Mühe nicht vergeblich ist!

16 ¹Was die Geldsammlung für die Heiligen angeht, sollt auch ihr euch an das halten, was ich für die Gemeinden Galatiens angeordnet habe. ²Jeder soll immer am ersten Tag der Woche etwas zurücklegen und so zusammensparen, was er kann. Dann sind keine Sammlungen mehr nötig, wenn ich komme. ³Nach meiner Ankunft werde ich eure Vertrauensleute mit Briefen nach Jerusalem schicken, damit sie eure Liebesgabe überbringen. ⁴Ist es der Mühe wert, dass ich selbst hinreise, dann sollen sie mit mir reisen.

⁵Ich werde zu euch kommen, wenn ich durch Mazedonien gereist bin. In Mazedonien will ich nämlich nicht bleiben, ⁶aber, wenn es möglich ist, bei euch, vielleicht sogar den ganzen Winter. Wenn ich dann weiterreise, könnt ihr mich für die Weiterreise ausrüsten. ⁷Ich möchte euch diesmal nicht nur auf der Durchreise sehen; ich hoffe, einige Zeit bei euch bleiben zu können, wenn der Herr es zulässt. ⁸In Ephesus will ich bis Pfingsten bleiben. ⁹Denn weit und wirksam ist mir hier eine Tür geöffnet worden; doch auch an Gegnern fehlt es nicht.

¹⁰Wenn Timotheus kommt, achtet darauf, dass ihr ihn nicht entmutigt; denn er arbeitet im Dienst des Herrn wie ich. ¹¹Keiner soll ihn gering schätzen. Verabschiedet ihn dann in Frieden, damit er zu mir zurückkehrt; ich warte auf ihn mit den Brüdern.
¹²Was den Bruder Apollos angeht, so habe ich ihn dringend gebeten, er möge mit den Brüdern zu euch reisen, aber er wollte auf keinen Fall jetzt kommen. Er wird aber kommen, wenn er eine günstige Gelegenheit findet.

¹³Seid wachsam, steht fest im Glauben, seid mutig, seid stark! ¹⁴Alles, was ihr tut, geschehe in Liebe.
¹⁵Ich habe noch eine Bitte, Brüder und Schwestern. Ihr kennt das Haus des Stephanas: Sie sind die erste Frucht Achaias und haben sich in den Dienst für die Heiligen gestellt. ¹⁶Solchen ordnet euch unter, ebenso jedem, der mitarbeitet und sich abmüht! ¹⁷Es freut mich, dass Stephanas, Fortunatus und Achaikus zu mir gekommen sind; sie sind mir ein Ersatz für euch, da ihr nicht hier sein könnt. ¹⁸Sie haben meinen und euren Geist erquickt. Erweist ihnen Anerkennung!
¹⁹Es grüßen euch die Gemeinden in der Provinz Asien. Aquila und Prisca und ihre Hausgemeinde senden euch viele Grüße im Herrn. ²⁰Es grüßen euch alle Brüder. Grüßt einander mit dem heiligen Kuss!
²¹Den Gruß schreibe ich, Paulus, eigenhändig.
²²Wer den Herrn nicht liebt, sei verflucht! Maránа thá – Unser Herr, komm!
²³Die Gnade Jesu, des Herrn, sei mit euch!
²⁴Meine Liebe ist mit euch allen in Christus Jesus.

**Bibelstelle
1 Kor 15 – 16**

Vom Tellerwäscher zum Teilhaber

Wir müssen über Beziehungen sprechen. Darüber, wie Menschen miteinander leben. Zu Hause. In der Familie. In der Gesellschaft. Oder wie sie miteinander Geschäfte machen.

Wir schreiben etwa das Jahr 55. Und wir leben im Römischen Reich in seltsamen Verhältnissen. Wir sind voneinander abhängig. Nicht durch Zufall. Wir haben bewusst Abhängigkeiten geschaffen. Wir nennen das Klientel- oder Patronatswesen. Das ist so eine Art Verantwortungsverhältnis zwischen zwei Menschen. Der eine ist der Starke aus der oberen Gesellschaftsschicht, der Patron: finanzkräftig, politisch und gesellschaftlich einflussreich. Der andere ist der Schwache, der Klient, zum Beispiel aus einer unteren Schicht. Oder jemand mit wenig Geld und Einfluss.

Das Patronatswesen findest du im ganzen Römischen Reich. Die komplette Gesellschaft besteht aus lauter Patronen und Klienten. Wie ein riesiges Netz. Der Oberpatron ist der Kaiser. Seine direkten Klienten sind die lokalen Herrscher. Und auch die haben wieder Klienten. Genauso wie adelige Bürger. Oder Händler. Ein Klient ist gezwungen, sich seinem Patron unterzuordnen. Zum Beispiel, weil er kein eigenes Einkommen hat. Oder weil er ein freigelassener Sklave ist. Es gibt viele Gründe. Der Patron kümmert sich um seinen Klienten. Zum Beispiel bei Rechtstreitigkeiten. Als Gegenleistung bekommt er kein Geld, sondern Treue und Respekt des Klienten.

Beziehungen im Römischen Reich sind also ganz anders als bei euch. In eurer Gesellschaft gehen Menschen Beziehungen aus freien Stücken ein: aus Freundschaft, Zuneigung oder auch aus politischen und geschäftlichen Gründen – jedoch vollkommen

freiwillig. Beziehungen im Römischen Reich sind immer irgendwie berechnend. Das musst du wissen, um unseren Brief zu verstehen. Wir erzählen die Geschichte von Philemon und Onesimus. Philemon ist der Patron. Und Onesimus ist sein Sklave. Sklaven stehen ganz am Ende der Abhängigkeitskette – noch unterhalb des untersten Klienten. Erst wenn ein Sklave in die Freiheit entlassen wird oder sich freigekauft hat, dann kann er zum Klienten aufsteigen.
Dann ist er ein bisschen frei. Aber erst dann.
Onesimus ist von Philemon abgehauen und bei Paulus im Gefängnis wieder aufgetaucht. Philemon ist dadurch ein materieller Schaden entstanden. Ein guter Sklave ist nämlich ein hübsches Sümmchen wert. Wie ein Mercedes oder ein Porsche.

Der Vergleich klingt hart, ist aber durchaus berechtigt: Sklavinnen und Sklaven werden als Sachen betrachtet, als Waren. Bei uns ist es total normal, mit ihnen zu handeln. Sklavenbesitzer können sogar den Namen des Sklaven ändern. Das tun sie manchmal, damit sie keine eigene Geschichte, keine Biographie, keine Identität entwickeln. Oft kommt es vor, dass die Sklaven auch einfach durchnummeriert werden. Individualität und Autonomie, wie ihr sie kennt: Fehlanzeige.

Dabei leben Sklavinnen und Sklaven in höchst unterschiedlichen Verhältnissen. Ein Sklave kann unter extremer Gefährdung von Leib und Leben in einem Bergwerk arbeiten, während ein anderer gut ausgebildet als Sekretär seines Herrn tätig ist. Wenn ein Sklave oder eine Sklavin durchbrennt, machen sich professionelle Suchkommandos auf den Weg. Haben sie keinen Erfolg, entsteht dem Besitzer großer wirtschaftlicher Schaden. Finden sie den Entlaufenen, ist der Verlust zwar geringer, aber dennoch da: sein Weiterverkaufswert sinkt nämlich, weil Fluchtversuche in die Verkaufspapiere eingetragen werden. Sklavenhandel bei uns ist ein bisschen so wie Gebrauchtwagenhandel bei euch. Ein Sklave, der mal abgehauen ist, ist wie ein Unfallwagen mit ner Beule bei euch. So ein Makel muss im Kaufvertrag stehen, sonst gibt es Ärger. Schadensersatzforderungen und so weiter.

Aber zurück zu Onesimus. Der ist jetzt bei Paulus im Gefängnis. Philemon und Paulus kennen sich von früher, denn durch Paulus wurde Philemon Christ und damit Teil der christlichen Gemeinde. Insofern besteht auch zwischen Paulus und Philemon ein Abhängigkeitsverhältnis, Paulus hat bei Philemon sozusagen noch einen gut.

Du merkst: Verhältnisse zwischen Menschen sind bei uns im Römischen Reich im Grunde Netzwerke gegenseitigen Gebens und Nehmens. Jeder steht bei jedem irgendwie in der Kreide. Jeder ist jedem irgendwie noch irgendwas schuldig. Und wir als Christinnen und Christen leben ja nicht außerhalb der politischen und gesellschaftlichen Realität. Sondern mittendrin.

Im Knast bei Paulus wird Onesimus zum Mitbruder. Zum Jesusnachfolger. Und so kommt Paulus auf den Gedanken, Philemon könnte Onesimus in den Dienst der gemeinsamen Sache nehmen: Onesimus könnte doch helfen, das Evangelium zu verkünden. Mit dieser genialen Idee schickt Paulus Onesimus zurück zu seinem Eigentümer. Bloß: Philemon muss noch davon überzeugt werden, dass die Idee wirklich genial ist. Tja.

Damit fangen die Probleme so richtig an: Denn Abhängigkeitsverhältnisse soll es bei uns eigentlich nicht geben. Der, der das Evangelium verkündet, der ist ein Bruder und kein abhängiger Sklave mehr. Findet Paulus. Alles andere wäre irgendwie schräg. Es heißt doch: „Bei euch ist es nicht so wie bei den anderen. Wenn es um Machtverhältnisse geht." Christliches Grundprinzip. Also schickt Paulus Onesimus als einen Bruder zu Philemon zurück. Und das, findet Paulus, muss auch im normalen Leben deutlich werden. Deshalb fordert Paulus etwas, was im Römischen Reich ganz und gar ungehörig, ja gefährlich ist: Philemon soll Onesimus zu seinem Teilhaber machen. Was für eine Karriere! Vom Sklaven zum Chef! Hammer. Der, der als Sklave abgehauen ist, nach römischem Recht also schwere Schuld auf sich geladen und zudem noch erheblich an Wert verloren hat, soll als Geschäftspartner, als gleichberechtigter Teilhaber wieder zurückkommen? Ja, gibts denn keine Ordnung mehr?

Ja, doch! Aber halt eine neue Ordnung. Denn: Für einen Jesusnachfolger ist es schlicht undenkbar, dass ein anderer Jesusnachfolger sein Sklave ist. Im Gegenteil: Er ist Mitbruder, hat die gleiche Würde. Er steht auf derselben Stufe. Auf Augenhöhe. Patronatsverhältnisse, okay, die gibt es auch unter Jesusnachfolgern. Aber Sklaverei ist nicht mehr denkbar. Findet Paulus. Und er ist bereit, Philemon eine Entschädigung für den Wertverlust zu zahlen. Einerseits. Andererseits ermuntert er ihn augenzwinkernd, auf dieses Angebot zu verzichten.

Wohlgemerkt: Paulus lehnt die Sklaverei nicht grundsätzlich ab und verteufelt sie auch nicht. Klar ist aber: Zwischen Christinnen und Christen, in unseren Gemeinden und Gemeinschaften ist sie eigentlich unmöglich. Du merkst: Wir bringen einen neuen Blick auf die gesellschaftlichen Verhältnisse mit. Für den römischen Staat ist er nicht ungefährlich. Es könnte ja sein, dass das, was die Jesusnachfolger voller Überzeugung leben, plötzlich auch für andere Bürgerinnen und Bürger im Römischen Reich interessant wird. Dass sie anfangen darüber nachzugrübeln, ob Menschen alle gleich sind. Dass alle die gleiche Würde haben sollten, so wie es ja schon in der Schöpfungsgeschichte im Alten Testament steht. Ihr merkt: Da steckt ganz schöner Sprengstoff drin.

Jetzt sagt ihr vielleicht: „Abhängigkeiten? Die gibt es bei uns nicht. Wir haben das Grundgesetz. Jeder und jede ist vor dem Gesetz gleich, steht da drin. Und dass die Würde des Menschen unantastbar ist. Solche Grundrechte gab es damals halt noch nicht. Aber heute. Und sie dürfen nie, nie, niemals angetastet werden, das geht gar nicht. Deshalb gibt es bei uns ja auch keine Sklaven mehr. Bleibt mir also weg mit so nem ollen Brief!"

Dann fragen wir euch: Was ist aber mit Gülay, die alle zwei Wochen eure Wohnung putzt? Okay, dein Vater kocht ihr Kaffee, wenn sie kommt. Er ist nett zu ihr und stellt ihr Kekse hin. Aber er bezahlt sie schwarz, oder? Nen Zehner bar auf die Hand pro Stunde, vorbei an der Steuer und den sozialen Sicherungssystemen. Angeblich, weil sie es selbst so will. Kann man nichts

machen. Hoffentlich fällt sie nie von der Leiter. Denn dagegen sind Schwarzarbeiter nicht versichert. Naja, dann muss Gülay halt sagen, ihr sei das zu Hause passiert. Kein Problem?
Klares Abhängigkeitsverhältnis.

Oder was ist mit dem neuen Handy? Schon mal was von Seltenen Erden gehört und wie sie ans Tageslicht gebracht werden? Von Kindern in Kenia, die kaum eine Spitzhacke halten können, nicht zur Schule gehen und für einen Hungerlohn Gesundheit und Leben riskieren. Ehrlich gesagt leben unsere Sklaven und Klienten besser als sie. Augenhöhe? Unabhängigkeit? Hm.

Du bist stolz auf deine Unabhängigkeit. Zu Recht. Deine Eltern und Großeltern und Urgroßeltern haben auch für deine Unabhängigkeit und Selbständigkeit gekämpft. Für die Unabhängigkeit aller Menschen. In deinem, in eurem Land.
Herzlichen Glückwunsch.

Wir haben aber schon vor fast 2000 Jahren versucht, in unseren Gemeinden damit anzufangen. Das ist nicht nichts. Wir haben getan, was wir damals tun konnten.
Menschen, die Jesus nachfolgen, dürfen einander niemals abhängig machen.

        Damals nicht. Und heute schon gar nicht.

Der Brief an Philemon

¹Paulus, Gefangener Christi Jesu, und Timotheus, der Bruder, an Philemon, unseren Geliebten und Mitarbeiter, ²und Apphia, die Schwester, und Archippus, unseren Mitstreiter, und die Gemeinde in deinem Haus. ³Gnade sei mit euch und Friede von Gott, unserem Vater, und dem Herrn Jesus Christus!

⁴Ich danke meinem Gott jedes Mal, wenn ich bei meinen Gebeten deiner gedenke. ⁵Denn ich höre von deinem Glauben an Jesus, den Herrn, und von deiner Liebe zu ihm und zu allen Heiligen. ⁶Ich bete, dass unser gemeinsamer Glaube in dir wirkt und du all das Gute in uns erkennst, das auf Christus gerichtet ist. ⁷Denn viel Freude und Trost hatte ich an deiner Liebe, weil durch dich, Bruder, das Innerste der Heiligen erquickt worden ist.

⁸Obwohl ich durch Christus volle Freiheit habe, dir zu befehlen, was du tun sollst, ⁹ziehe ich es um der Liebe willen vor, dich zu bitten. Ich, Paulus, ein alter Mann, jetzt auch Gefangener Christi Jesu, ¹⁰ich bitte dich für mein Kind Onesimus, dem ich im Gefängnis zum Vater geworden bin. ¹¹Einst war er dir unnütz, jetzt aber ist er dir und mir recht nützlich. ¹²Ich schicke ihn zu dir zurück, ihn, das bedeutet mein Innerstes. ¹³Ich wollte ihn bei mir behalten, damit er mir an deiner Stelle dient in den Fesseln des Evangeliums. ¹⁴Aber ohne deine Zustimmung wollte ich nichts tun. Deine gute Tat soll nicht erzwungen, sondern freiwillig sein. ¹⁵Denn vielleicht wurde er deshalb eine Weile von dir getrennt, damit du ihn für ewig zurückerhältst, ¹⁶nicht mehr als Sklaven, sondern als weit mehr: als geliebten Bruder. Das ist er jedenfalls für mich, um wie viel mehr dann für dich, als Mensch und auch vor dem Herrn. ¹⁷Wenn du also mit mir Gemeinschaft hast, nimm ihn auf wie mich! ¹⁸Wenn er dich aber geschädigt hat oder dir etwas schuldet, setz das auf meine Rechnung! ¹⁹Ich, Paulus, schreibe mit eigener Hand: Ich werde es erstatten – ohne jetzt davon zu reden, dass auch du dich selbst mir schuldest. ²⁰Ja, Bruder, um des Herrn willen möchte ich von dir einen Nutzen haben. Erquicke mein Innerstes in Christus!

²¹Im Vertrauen auf deinen Gehorsam habe ich dir geschrieben; ich weiß, dass du noch mehr tun wirst, als ich gesagt habe. ²²Bereite zugleich eine Unterkunft für mich vor! Denn ich hoffe, dass ich euch durch eure Gebete wiedergeschenkt werde. ²³Es grüßen dich Epaphras, mein Mitgefangener in Christus Jesus, ²⁴Markus, Aristarch, Demas und Lukas, meine Mitarbeiter. ²⁵Die Gnade Jesu Christi, des Herrn, sei mit eurem Geist!

Die Jesusgeschichte kommt nach Europa

Wahrscheinlich denkst du ja über alles Mögliche nach, aber nicht so oft über die Kirche. Können wir verstehen. Aber wenn du es versuchen würdest: An was würdest du dann denken? Riesige, dunkle, kühle Bauwerke? Alte Männer vielleicht. Und eine merkwürdige Sprache, die dir nichts sagt. Der Papst. Auch so ein Ding von gestern. Aus der Zeit gefallen. Omas und Opas. Uninteressant. Unendliche Weiten. Nicht von dieser Welt.
Gähn.

Aber das war nicht immer so. Am Anfang war es in der Kirche wirklich … aufregend. Wuselig. Chaotisch. Neu. Frisch. Unüberschaubar, ja, das auch. Denn es gab viele unterschiedliche Gruppen und Grüppchen, Cliquen, Zirkel und Fraktionen und Gemeinden. Sie entstanden parallel, grenzten sich voneinander ab, verschwanden, entstanden neu. Sie stritten und argumentierten und forderten und verwarfen. Und die einen wussten es besser als die anderen. Sie alle fragten sich: Wie geht Kirche richtig? Und was geht gar nicht? Wer gehört dazu? Und wer nicht?
Die Kirche am Anfang hat nichts mit der sehr straffen Struktur der katholischen Kirche von heute zu tun. Die Kirche am Anfang ist dynamisch, chaotisch, streitend, fürsorgend und lokal organisiert gewesen.

Das ist normal bei Ideen, die neu entstehen und nicht nur Hirngespinste oder Schwärmereien von Sonderlingen bleiben. Sondern die konkret werden sollen. Eine Bedeutung für das Leben der Menschen kriegen sollen. Universell. Möglichst überall. Für alle Menschen und für alle Zeiten.

Vielleicht können wir das mit einem Vergleich noch besser erklären: Eine der Parteien mit der jüngsten Geschichte in Deutschland sind „Die Grünen". Gegründet wurden sie 1980, aber sie haben nicht direkt als Partei angefangen – also straff organisiert mit Vorstand und einem Chef an der Spitze. Der Start war ganz bunt, ganz chaotisch. Los gings gegen Ende der 1970er-Jahre mit örtlichen Bürgerinitiativen, also kleinen selbstorganisierten zum Teil auch lokalen Zusammenschlüssen. Sie waren zum Beispiel gegen den Durchgangsverkehr im Ort und für mehr Fahrradwege. Gegen Atomkraft und für Abrüstung. Gegen das Waldsterben. Für Umweltschutz. Der Anfang der Grünen war ein bunter Mix aus Leuten mit den unterschiedlichsten Vorstellungen: Sozialisten, Kommunisten, Marktliberale, Befürworter von „Totalopposition", Anhänger der parlamentarischen Demokratie, Anhänger der direkten Demokratie, Konservative, Anthroposophen, Christen, Atheisten, Pazifisten … Junge, Junge, ein bunter Haufen. Alle verband der gemeinsame Kampf für den Erhalt der Natur. Wie, in welcher Form und in welchen Strukturen das geschehen sollte – da hatten viele Gruppen völlig unterschiedliche Ideen.

So ähnlich ist das am Anfang auch mit uns. Die neu gegründeten Grünen verbindet der gemeinsame Kampf um den Erhalt der Natur. Die ersten Jesusnachfolger verbindet der Glaube an Jesus Christus. In welchen Formen und Strukturen sich das ausdrücken soll? Tja, da gibt es viele Meinungen, Vorschläge und Visionen. Und noch ein Vergleich: Als die Grünen 1983 zum ersten Mal in den deutschen Bundestag gewählt worden sind, da waren die Parteien, die schon lange dort vertreten waren, irritiert und beunruhigt. Weil die Grünen ganz andere Haltungen und Werte mitgebracht haben: Trennung von Amt und Mandat, Quotierung der Geschlechter, Missachtung der Kleiderordnung – und Blumentöpfe auf den Pulten.
Offensichtlich aber haben die Grünen damit ein Bedürfnis vieler Wählerinnen und Wähler getroffen. Sie waren anders. Unkonventionell. Das hatte es noch nicht gegeben. Nun hatten sie Mandate, saßen im Parlament und bekamen Einfluss. Ob das den anderen Parteien nun passte oder nicht.

Zurück in unsere Zeit.
Wir leben in Philippi. Das ist eine Stadt in Mazedonien, also in Europa. Die Jesusgeschichte hat Asiens Grenzen überschritten und stößt nun bei uns – zum ersten Mal – auf eine völlig andere, eben europäische Kultur. In Philippi leben ungefähr 15.000 Menschen. Vor allem römische Veteranen, also Ex-Soldaten. Die ganze Stadt ist römisch geprägt. Die Stadtverwaltung, die Politik, die Religion, die Sprache. Überall wird Latein gesprochen.

Da kommt Paulus und gründet um das Jahr 49 die erste Gemeinde in Philippi. Keine zwanzig Jahre nach dem Tod Jesu. Eine Religion mit jüdischen Wurzeln in einer Stadt, die durch und durch geprägt ist von der römischen Kultur. Eine neue, fremde, ungewöhnliche, unerhörte Bewegung, die im Entstehen ist, die noch gar keine fertig ausgeprägte kulturelle Tradition hat – ein wuseliger bunter Haufen trifft auf eine etablierte, staatstragende Kultur. So ähnlich wie bei euch, als im Jahr 1983 die Grünen im Bundestag auf die CDU traf.

Jetzt könnte man ja sagen: „Na und!? Was machen schon ein paar Freaks unter 15.000 Römern?" Naja, eine ganze Menge. Wir haben uns in der Gemeinde nämlich ziemlich flott eine Struktur gegeben. Wir haben Ämter geschaffen. Wir halten mit anderen Gemeinden Kontakt, auch wenn sie weiter weg sind. Wir besuchen einander. Wir schaffen Standards in finanziellen und materiellen Fragen. Wir denken nicht nur nach über Mission, wir missionieren tatsächlich. Wir wollen, dass sich andere für uns interessieren. Denn: Wir wachsen. Und wir wollen andere dadurch für uns interessieren, indem wir zeigen, dass wir anders sind als die anderen: Frauen bekommen bei uns Leitungsämter. Bei den Römern unvorstellbar. Genauso wie unser Glaube an einen einzigen Gott für sie eine ziemlich sonderbare Vorstellung ist.
Wir sind wer. Und wir zeigen das. Also bleiben wir nicht unbemerkt. Die einen finden das interessant und werden neugierig. Die anderen werden misstrauisch. Vor allem das römische Establishment. Das, was wir „frohe Botschaft" Jesu nennen, verstehen die Römer als eine Konkurrenz zur „frohen Botschaft" ihres Kaisers.

Sie denken: „Moment mal! Durch das, was die da treiben, wird die religiöse und politische Macht des Kaisers relativiert. Denn sie sagen: ‚Die Römer mit ihrem Staat sind uns egal. Die politischen Verhältnisse, das Klientelwesen – ach, das ist alles zufällig, vorübergehend, letztlich schnurz. Für unsere Identität nicht wichtig.' Sie sagen: ‚Was wollen wir mit einem römischen Bürgerrecht? Unser Bürgerrecht ist im Himmel.'"

Das ist also unsere Situation: Wir, die Neuen, Fremden sind mit der offiziellen religiös-politischen Ideologie der Kaiserzeit zusammengekracht. Bums. Hey, Römer, das was für euch und eure Identität wichtig ist, das interessiert uns nicht! Das ist politischer Sprengstoff.

1978 in Deutschland: Aus einem Haufen schwärmerischer chaotischer Aktivisten erwachsen langsam die Umrisse einer neuen Partei. Sie werden sich 1980 als „Die Grünen" gründen. Sie sind ganz anders als CDU und SPD und FDP. Und die etablierten Parteien sind not amused. Um 49 in Philippi: Aus einer bunten Truppe schwärmerischer Idealisten schälen sich die ersten Umrisse einer neuen Religion. Die ganz anders ist als das, was die Römer kennen. Und das beunruhigt sie sehr.

Der Brief an die Philipper

Und jetzt: Gute Nachrichten aus dem Knast.

1 ¹Paulus und Timotheus, Knechte Christi Jesu, an alle Heiligen in Christus Jesus, die in Philippi sind, mit ihren Vorstehern und Helfern. ²Gnade sei mit euch und Friede von Gott, unserem Vater, und dem Herrn Jesus Christus!

Dank und Fürbitte
³Ich danke meinem Gott jedes Mal, so oft ich eurer gedenke; ⁴immer, wenn ich für euch alle bete, bete ich mit Freude. ⁵Ich danke für eure Gemeinschaft im Dienst am Evangelium vom ersten Tag an bis jetzt. ⁶Ich vertraue darauf, dass er, der bei euch das gute Werk begonnen hat, es auch vollenden wird bis zum Tag Christi Jesu. ⁷Es ist nur recht, dass ich so über euch alle denke, weil ich euch ins Herz geschlossen habe. Denn ihr alle habt Anteil an der Gnade, die mir durch meine Gefangenschaft und die Verteidigung und Bekräftigung des Evangeliums gewährt ist. ⁸Denn Gott ist mein Zeuge, wie ich mich nach euch allen sehne im Erbarmen Christi Jesu. ⁹Und ich bete darum, dass eure Liebe immer noch reicher an Einsicht und Verständnis wird, ¹⁰damit ihr beurteilen könnt, worauf es ankommt. Dann werdet ihr rein und ohne Tadel sein für den Tag Christi, ¹¹erfüllt mit der Frucht der Gerechtigkeit, die durch Jesus Christus kommt, zur Ehre und zum Lob Gottes.

Paulus, Verkünder der Frohen Botschaft
¹²Ich will aber, dass ihr wisst, Brüder und Schwestern, dass alles, was mir zugestoßen ist, die Verbreitung des Evangeliums gefördert hat. ¹³Denn im ganzen Prätorium und bei allen Übrigen ist offenbar geworden, dass ich meine Fesseln um Christi willen trage, ¹⁴und die meisten der Brüder sind durch meine Gefangenschaft zuversichtlich geworden im Glauben an den Herrn und wagen umso kühner, das Wort furchtlos zu sagen. ¹⁵Einige verkünden Christus zwar aus Neid und Streitsucht, andere aber in guter Absicht. ¹⁶Die einen verkünden Christus aus Liebe, weil sie wissen, dass ich zur Verteidigung des Evangeliums bestimmt bin, ¹⁷die andern aus Streitsucht, nicht in redlicher Gesinnung; womit sie meinen Fesseln weitere Bedrängnis hinzufügen möchten. ¹⁸Aber was liegt daran? Auf jede Weise, ob vorgetäuscht oder in Wahrheit, wird Christus verkündet und darüber freue ich mich. Doch ich werde mich auch weiterhin freuen; ¹⁹denn ich weiß: Das wird zu meiner Rettung führen durch euer Gebet und durch die Hilfe des Geistes Jesu Christi. ²⁰Denn ich erwarte und hoffe, dass ich in keiner Hinsicht beschämt werde, dass vielmehr Christus in aller Öffentlichkeit – wie immer, so auch jetzt – verherrlicht werden wird in meinem Leibe, ob ich lebe oder sterbe. ²¹Denn für mich ist Christus das Leben und Sterben Gewinn. ²²Wenn ich aber weiterleben soll, bedeutet das für mich fruchtbares Wirken. Was soll ich wählen? Ich weiß es nicht. ²³Bedrängt werde ich von beiden Seiten: Ich habe das Verlangen, aufzubrechen und bei Christus zu sein – um wie viel besser wäre das! ²⁴Aber euretwegen ist es notwendiger, dass ich am Leben bleibe. ²⁵Im Vertrauen darauf weiß ich, dass ich bleiben und bei euch allen verbleiben werde, um euch im Glauben zu fördern und zu erfreuen, ²⁶damit ihr euch in Christus Jesus umso mehr meiner rühmen könnt, wenn ich wieder zu euch komme.

Aufruf zur Eintracht

[27] Vor allem: Lebt als Gemeinde so, wie es dem Evangelium Christi entspricht! Ob ich komme und euch sehe oder ob ich fern bin, ich möchte hören, dass ihr in dem einen Geist feststeht, einmütig für den Glauben an das Evangelium kämpft [28] und euch in keinem Fall von euren Gegnern einschüchtern lasst. Das wird für sie ein Zeichen dafür sein, dass sie verloren sind und ihr gerettet werdet, ein Zeichen, das von Gott kommt. [29] Denn euch wurde die Gnade zuteil, für Christus da zu sein, also nicht nur an ihn zu glauben, sondern auch seinetwegen zu leiden. [30] Denn ihr habt den gleichen Kampf zu bestehen, den ihr früher an mir gesehen habt und von dem ihr auch jetzt hört.

[2,1] Wenn es also eine Ermahnung in Christus gibt, einen Zuspruch aus Liebe, eine Gemeinschaft des Geistes, ein Erbarmen und Mitgefühl, [2] dann macht meine Freude vollkommen, dass ihr eines Sinnes seid, einander in Liebe verbunden, einmütig, einträchtig, [3] dass ihr nichts aus Streitsucht und nichts aus Prahlerei tut. Sondern in Demut schätze einer den andern höher ein als sich selbst. [4] Jeder achte nicht nur auf das eigene Wohl, sondern auch auf das der anderen.

Die Erniedrigung und Erhöhung Christi

[5] Seid untereinander so gesinnt, wie es dem Leben in Christus Jesus entspricht:
[6] Er war Gott gleich, / hielt aber nicht daran fest, Gott gleich zu sein,
[7] sondern er entäußerte sich / und wurde wie ein Sklave / und den Menschen gleich. / Sein Leben war das eines Menschen;
[8] er erniedrigte sich / und war gehorsam bis zum Tod, / bis zum Tod am Kreuz.
[9] Darum hat ihn Gott über alle erhöht / und ihm den Namen verliehen, / der größer ist als alle Namen,
[10] damit alle im Himmel, auf der Erde und unter der Erde ihr Knie beugen / vor dem Namen Jesu
[11] und jeder Mund bekennt: / Jesus Christus ist der Herr / zur Ehre Gottes, des Vaters.

Die Sorge des Apostels um das Heil der Gemeinde

[12] Darum, meine Geliebten, – ihr wart ja immer gehorsam, nicht nur in meiner Gegenwart, sondern noch viel mehr jetzt in meiner Abwesenheit –: Wirkt mit Furcht und Zittern euer Heil! [13] Denn Gott ist es, der in euch das Wollen und das Vollbringen bewirkt zu seinem Wohlgefallen. [14] Tut alles ohne Murren und Bedenken, [15] damit ihr rein und ohne Tadel seid, Kinder Gottes ohne Makel mitten in einer verkehrten und verwirrten Generation, unter der ihr als Lichter in der Welt leuchtet! [16] Haltet fest am Wort des Lebens, mir zum Ruhm für den Tag Christi, damit ich nicht vergeblich gelaufen bin oder mich umsonst abgemüht habe! [17] Doch wenn auch mein Leben dargebracht wird zusammen mit dem Opfer und Gottesdienst eures Glaubens, freue ich mich und freue mich mit euch allen. [18] Ebenso freut auch ihr euch und freut euch mit mir!

Die Pläne des Apostels

[19] Ich hoffe aber in Jesus, dem Herrn, Timotheus bald zu euch schicken zu können, damit auch ich ermutigt werde, wenn ich erfahre, wie es um euch steht. [20] Denn ich habe keinen Gleichgesinnten, der so aufrichtig um eure Sache besorgt ist; [21] denn alle suchen ihren Vorteil, nicht, was Jesu Christi ist. [22] Ihr wisst ja, wie er sich bewährt hat: Wie ein Kind dem Vater – so hat er mit mir zusammen dem Evangelium gedient. [23] Diesen also hoffe ich

schicken zu können, sobald ich meine Lage übersehe. ²⁴Doch ich habe die Zuversicht im Herrn, dass auch ich bald kommen kann.

²⁵Ich hielt es aber für notwendig, Epaphroditus, meinen Bruder, Mitarbeiter und Mitstreiter, euren Abgesandten und Helfer in meiner Not, zu euch zu schicken. ²⁶Denn er sehnte sich nach euch allen und war beunruhigt, weil ihr hörtet, dass er krank geworden sei. ²⁷Und er war tatsächlich so krank, dass er dem Tod nahe war. Aber Gott hatte Erbarmen mit ihm, und nicht nur mit ihm, sondern auch mit mir, damit ich nicht vom Kummer überwältigt würde. ²⁸Umso mehr beeile ich mich, ihn zu schicken, damit ihr euch wieder freut, wenn ihr ihn seht, und auch ich weniger Kummer habe. ²⁹Nehmt ihn also im Herrn mit aller Freude auf und haltet Menschen wie ihn in Ehren, ³⁰denn wegen des Werkes Christi kam er dem Tod nahe! Er hat sein Leben aufs Spiel gesetzt, um zu vollenden, was an eurem Dienst für mich noch gefehlt hat.

Warnung vor falschen Lehrern

3 ¹Im Übrigen, meine Brüder und Schwestern, freut euch im Herrn! Euch dasselbe zu schreiben, wird mir nicht lästig, euch aber macht es sicher. ²Gebt Acht auf die Hunde, gebt Acht auf die üblen Arbeiter, gebt Acht auf die Verschnittenen! ³Denn die Beschnittenen sind wir, die wir im Geist Gottes dienen und uns in Christus Jesus rühmen und nicht auf irdische Vorzüge vertrauen, ⁴obwohl ich mein Vertrauen auch auf irdische Vorzüge setzen könnte. Wenn ein anderer meint, er könne auf irdische Vorzüge vertrauen, so könnte ich es noch mehr. ⁵Ich wurde am achten Tag beschnitten, bin aus Israels Geschlecht, vom Stamm Benjamin, ein Hebräer von Hebräern, nach dem Gesetz ein Pharisäer; ⁶ich verfolgte voll Eifer die Kirche und war untadelig gemessen an der Gerechtigkeit, die im Gesetz gefordert ist.

Der Berufungsweg des Apostels

⁷Doch was mir ein Gewinn war, das habe ich um Christi willen für Verlust gehalten. ⁸Ja noch mehr: Ich halte dafür, dass alles Verlust ist, weil die Erkenntnis Christi Jesu, meines Herrn, alles überragt. Seinetwegen habe ich alles aufgegeben und halte es für Unrat, um Christus zu gewinnen ⁹und in ihm erfunden zu werden. Nicht meine Gerechtigkeit will ich haben, die aus dem Gesetz hervorgeht, sondern jene, die durch den Glauben an Christus kommt, die Gerechtigkeit, die Gott schenkt aufgrund des Glaubens. ¹⁰Christus will ich erkennen und die Macht seiner Auferstehung und die Gemeinschaft mit seinen Leiden, indem ich seinem Tod gleich gestaltet werde. ¹¹So hoffe ich, auch zur Auferstehung von den Toten zu gelangen.

¹²Nicht dass ich es schon erreicht hätte oder dass ich schon vollendet wäre. Aber ich strebe danach, es zu ergreifen, weil auch ich von Christus Jesus ergriffen worden bin. ¹³Brüder und Schwestern, ich bilde mir nicht ein, dass ich es schon ergriffen hätte. Eines aber tue ich: Ich vergesse, was hinter mir liegt, und strecke mich nach dem aus, was vor mir ist. ¹⁴Das Ziel vor Augen, jage ich nach dem Siegespreis: der himmlischen Berufung Gottes in Christus Jesus.

Heimat im Himmel

¹⁵Das also wollen wir bedenken, wir Vollkommenen. Und wenn ihr anders über etwas denkt, wird Gott euch auch das offenbaren. ¹⁶Nur müssen wir festhalten, was wir erreicht haben. ¹⁷Ahmt auch ihr mich nach, Brüder und Schwestern, und achtet auf jene,

die nach dem Vorbild leben, das ihr an uns habt! ¹⁸Denn viele – von denen ich oft zu euch gesprochen habe, doch jetzt unter Tränen spreche – leben als Feinde des Kreuzes Christi. ¹⁹Ihr Ende ist Verderben, ihr Gott der Bauch und ihre Ehre besteht in ihrer Schande; Irdisches haben sie im Sinn. ²⁰Denn unsere Heimat ist im Himmel. Von dorther erwarten wir auch Jesus Christus, den Herrn, als Retter, ²¹der unseren armseligen Leib verwandeln wird in die Gestalt seines verherrlichten Leibes, in der Kraft, mit der er sich auch alles unterwerfen kann.

Christliche Grundhaltungen

4 ¹Darum, meine geliebten Brüder und Schwestern, nach denen ich mich sehne, meine Freude und mein Ehrenkranz, steht fest im Herrn, Geliebte! ²Ich ermahne Evodia und ich ermahne Syntyche, einmütig zu sein im Herrn. ³Ja, ich bitte auch dich, treuer Gefährte, nimm dich ihrer an! Sie haben mit mir für das Evangelium gekämpft, zusammen mit Klemens und meinen anderen Mitarbeitern. Ihre Namen stehen im Buch des Lebens.

⁴Freut euch im Herrn zu jeder Zeit! Noch einmal sage ich: Freut euch! ⁵Eure Güte werde allen Menschen bekannt. Der Herr ist nahe. ⁶Sorgt euch um nichts, sondern bringt in jeder Lage betend und flehend eure Bitten mit Dank vor Gott! ⁷Und der Friede Gottes, der alles Verstehen übersteigt, wird eure Herzen und eure Gedanken in Christus Jesus bewahren. ⁸Im Übrigen, Brüder und Schwestern: Was immer wahrhaft, edel, recht, was lauter, liebenswert, ansprechend ist, was Tugend heißt und lobenswert ist, darauf seid bedacht! ⁹Und was ihr gelernt und angenommen, gehört und an mir gesehen habt, das tut! Und der Gott des Friedens wird mit euch sein.

Dank des Apostels

¹⁰Ich habe mich im Herrn besonders gefreut, dass ihr eure Sorge für mich wieder einmal entfalten konntet. Ihr hattet schon daran gedacht, aber es fehlte euch die Gelegenheit dazu. ¹¹Ich sage das nicht, weil ich Mangel leide; denn ich habe gelernt, mich in jeder Lage zurechtzufinden: ¹²Ich weiß Entbehrungen zu ertragen, ich kann im Überfluss leben. In jedes und alles bin ich eingeweiht: in Sattsein und Hungern, Überfluss und Entbehrung. ¹³Alles vermag ich durch den, der mich stärkt. ¹⁴Doch ihr habt recht daran getan, an meiner Bedrängnis Anteil zu nehmen. ¹⁵Ihr wisst selbst, ihr Philipper, dass ich beim Beginn der Verkündigung des Evangeliums, als ich aus Mazedonien aufbrach, mit keiner Gemeinde durch Geben und Nehmen verbunden war außer mit euch ¹⁶und dass ihr mir auch in Thessalonich und auch sonst das eine und andere Mal etwas geschickt habt, um mir zu helfen. ¹⁷Es geht mir nicht um die Gabe, es geht mir um den Gewinn, der euch mit Zinsen gutgeschrieben wird. ¹⁸Ich habe alles empfangen und habe Überfluss; ich lebe in Fülle. Mir fehlt nichts mehr, seit ich von Epaphroditus eure Gaben erhielt, einen Wohlgeruch, eine angenehme Opfergabe, die Gott gefällt. ¹⁹Mein Gott aber wird euch durch Christus Jesus alles, was ihr nötig habt, aus dem Reichtum seiner Herrlichkeit schenken. ²⁰Unserem Gott und Vater aber sei die Ehre in alle Ewigkeit! Amen.

Grüße und Segenswunsch

²¹Grüßt jeden Heiligen in Christus Jesus! Es grüßen euch die Brüder, die bei mir sind. ²²Es grüßen euch alle Heiligen, besonders aber die aus dem Haus des Kaisers. ²³Die Gnade Jesu Christi, des Herrn, sei mit eurem Geist!

Krach. Bumm. Peng.

Eines müssen wir am Anfang klarstellen: Krach gab es auch schon bei uns. Vielleicht hältst du das nicht für möglich und denkst: „Die Christen, das waren doch bestimmt so Love-and-peace-Typen. Du sollst deinen Nächsten lieben, und so. Sogar deinen Feind. Du sollst das Gute im anderen sehen. Niemals das Negative. Alles teilen. Immer einer Meinung sein. Happiness." Tja, das war nie so. Krach und Streit, Palaver und Auseinandersetzung, tagelange Diskussionen gabs bei uns von Anfang an. Für uns ist das normal. Schwierig, ermüdend, nervig mitunter – aber normal. Wir kennen das nicht anders. Und Streit mit Argumenten ist ja auch nichts Schlechtes. Denn es geht ja um viel. Eine neue Religion ist schließlich im Entstehen. Und in einer Religion geht es immer darum, wie Menschen zu Gott finden. Das ist keine Kleinigkeit.

Vielleicht denkst du jetzt: „Deswegen kann ich ja gerade mit Religion und Kirche nicht so viel anfangen. Denn es geht immer um die nervige Frage: Wer hat Recht? Die Katholiken oder die Protestanten? Die Baptisten? Die Freikirchen? Soll doch jeder glauben, was und wie er will." Darin steckt natürlich viel Wahres. Die Wege zu Gott sind vielfältig, und das ist auch okay so. Kann übrigens in so einer ausdifferenzierten Gesellschaft, die sich ständig verändert, gar nicht anders sein.

Wir sind jetzt etwa im Jahr 56. Die erste Generation ist dabei abzutreten. Eine neue Generation etabliert sich. Die Jesusbewegung ist in Europa angekommen und muss mit einer völlig fremden Kultur klarkommen. Die Kräfteverhältnisse sind extrem ungleich. Wir sind in der Minderheit. Wir leben weiter in kleinen Gruppen und Gemeinden. Inzwischen auch in Galatien, einem Landstrich in der heutigen Türkei. Deren Einwohnern hat Paulus ebenfalls einen Brief geschrieben. Um den geht es jetzt.

Wenn ich sage „wir", dann meine ich Heidenchristen. Also Menschen, die nicht als Juden in die Gemeinden gekommen sind. Wir, die Heidenchristen, haben von der jüdischen Kultur keine Ahnung. Uns sind Juden zwar nicht völlig fremd, weil wir Juden kennen. Wir kommen aber von außen, von woanders. Aber wir sind neugierig auf diesen Jesus.
Nun geht es um die Fragen: Reicht diese Neugier aus, um zu Jesus zu gehören? Reicht sie schon aus, um Teil einer christlichen Gemeinde zu werden? „Ja, klar", sagt Paulus. „Auf keinen Fall!", sagen zum Beispiel Petrus oder Jakobus, die Vertreter der judenchristlichen Gemeinden in Jerusalem.
Wie siehst du das: Wann gehörst du dazu? Wann bist du ein Christ? Und wann bist du draußen, gehörst du eben nicht dazu? Merkst du, wie brisant das Thema ist? Es geht um alles oder nichts. Es geht um die frohe Botschaft. Es geht darum, wie sie lebendig wird und Kreise zieht, Menschen anzieht und begeistert. Sollen Neugier, Offenheit und Freiheit das Klima bestimmen? Oder Regularien, Enge und Gängelei? Werden die Christen ein exklusiver Klub? Oder eine inklusive und offene Bewegung, die ins Neue hinein denkt?

So hat Paulus die Alternativen skizziert. Und das Nachdenken über diese Alternativen hat ihn rasend gemacht. Denn wofür sein Herz schlägt, das ist ja klar. Paulus ist ja die Neugier in Person. Ein Kosmopolit seiner Zeit. Für ihn ist es unlogisch, dass die Menschen zunächst Juden werden müssen, bevor sie Christen werden können (wie die strengen Judenchristen es verlangen). Das würde ja bedeuten, dass sie zunächst alle Gesetze und Regeln der Juden kennen und beachten müssen: Speisegesetze, Reinigungsgesetze, auch die Regel, nicht mit unreinen Menschen zusammen am Tisch zu sitzen – was für Judenchristen im Hinblick auf das Abendmahl mit Heidenchristen besonders heikel ist, wie du dir denken kannst. Insbesondere, weil wir beim Herrenmahl nicht bloß Brotstücke essen, sondern richtig.
Paulus hat nichts gegen Juden und findet ihre Religion nicht blöd. Im Gegenteil. Er war ja selbst Jude. Paulus hat aber zwei Dinge kapiert: Die Jesusbewegung muss sich inkulturieren. Also in die

Kultur hineinbegeben, die Christen auf ihren Missionsreisen vorfinden. Die Stärke des Christentums liegt gerade darin, dass es genau dazu in der Lage ist. Es braucht die Regeln nicht mehr. Nicht weil sie schlecht wären, sondern weil der Glaube an Jesus Christus – an den, der gestorben und auferstanden ist – ausreicht. Was brauchst du mehr als einen, der dich nicht verlässt, wenn es dir so dreckig geht, wie es dir dreckiger nicht gehen kann? Am Ende deines Lebens, wenn du dich fragst, ob alles Sinn gemacht hat. Ob du getragen wirst oder ob alles für die Katz war.

Was hat Paulus kapiert? Gottesglaube geht nicht nur durch Regelerfüllung, sondern vor allem durch Erfahrungen von Freiheit. Deutlich wird das zum Beispiel in dieser Passage des Briefes: „Es gibt nicht mehr Juden und Griechen, nicht Sklaven und Freie, nicht männlich und weiblich; denn ihr alle seid einer in Christus Jesus."

Denkt an Philemon und den Ex-Sklaven Onesimus zurück. Du bist frei, der oder die zu sein, der du bist. In Christus seid ihr alle verbunden. Das ist die einzige Regel, die gilt. Und zwar immer und überall. Wir wählen die Freiheit, weil Gott uns frei macht, wenn wir Jesus begegnen. Genau so hat es Paulus erlebt. Weil Paulus das so wichtig ist, schlägt er Krach, und zwar ernsthaft. Krach. Bumm. Peng. Wenn du diesen Brief gleich liest, wirst du merken, wie scharf er im Ton ist. Vor allem auch gegenüber den Judenchristen. „Ihr macht es euch einfach", sagt er. „Ihr denkt, wenn ihr religiöse Regeln beachtet, seid ihr auf der richtigen Seite."

Klar: Freiheit ist auch anstrengend, manchmal sogar gefährlich. Das erleben heidenchristliche Gemeinden wie wir jeden Tag. Die Juden hingegen leben im Römischen Reich unter dem Schutz der „religio licita". Das bedeutet, dass sie staatlicherseits als Religion anerkannt sind und gewissen Schutz genießen. Cool für Menschen, die dabei sind, Christen zu werden und damit schon genug inneren Stress haben. So drohen wenigstens von da keine Probleme. Außerdem findet Paulus das Verhalten der Judenchristen heuchlerisch. Ein Beispiel: Petrus, der Judenchrist, kommt mit anderen nach Antiochien in eine Gemeinde von Heidenchristen. Und wie selbstverständlich setzt er sich an ihren Tisch, was andere eher kritisch sehen. Als aber dann die anderen Judenchristen nachkommen, steht er auf und distanziert sich wieder von seinen Gastgebern, den Heidenchristen. Wie also, sagt Paulus wütend, kannst du von den Heidenchristen ein Verhalten erwarten – nämlich die Gesetze und Regeln der Judenchristen anzunehmen –, wenn du selbst nicht danach lebst?

Okay, wir setzen also auf die Freiheitserfahrungen. Trotz aller Probleme, die das eben auch macht. Freiheit ist kompliziert. Warum kann Paulus alles auf diese Karte setzen? Weil er davon überzeugt ist, dass Gott ein Geschenk ist. Punkt. Paulus' Botschaft ist: Gott kannst du dir nicht selbst machen, nicht selbst herstellen, nicht selbst zu Diensten machen. Gott, der ganz anders ist, als du dir das vorstellen kannst, der ganz frei ist – er schenkt den Menschen das Heil. Das ist mit dem Leben und Sterben von Jesus Christus doch klar geworden. Er ist gestorben. Ermordet worden. Aber der Tod hat nicht gewonnen, sondern das Leben. Guck doch hin! Keine noch so gut gemeinte Regel oder Vorschrift kann diese Heilserfahrung toppen. Es ist total okay, dass die Judenchristen an ihrem Weg der Gotteserkenntnis festhalten. Aber für andere kulturfremde Menschen, die zum Glauben kommen, ist er nicht mehr unbedingt nötig. Und weiter gedacht: Du kannst Gott nicht bestechen, kaufen oder durch gute Taten auf deine Seite ziehen. Er ist bereits da und wird immer da sein. Ende der Durchsage.

Warum ist Paulus sich dessen so sicher? Weil er sagt – etwas nebulös –, dass er es persönlich erlebt hat: dass Jesus Christus frei macht. In seinem Bekehrungserlebnis, als er in Damaskus quasi über die eigenen Füße fällt. Vom Christenhasser zum Christenfreund wird. Die Geschichte kannst du in der Apostelgeschichte lesen, einem anderen Buch der Bibel. Und Paulus leidet fast körperlich darunter, dass andere Menschen das nicht kapieren. „Was ist daran so schwer?", fragt er sich. Und Paulus wünscht, dass quasi jeder irgendwann mal wie er über die eigenen Füße fällt. Dann würde es ihm auch deutlich, keine Frage.

Wenn wir in deine Welt blicken, dann fällt uns auf, wie aktuell und aufregend dieser Text ist. Du merkst heute, wie schwer es Menschen fällt, zu diskutieren, Argumente auszutauschen und Kompromisse zu schließen. Die Welt ist voll von Fake News und unwahren Behauptungen. Fakten scheinen hingegen wenig Beachtung zu finden. Oder derjenige, der am lautesten schreit, bestimmt allzu oft die Tagesordnung. Der Text hingegen wirbt für Diskussionskultur. Dafür, dass sich Streit lohnt. Dafür, dass Menschen sich treffen, reden, zuhören und entscheiden. Auch für die Kirche scheint dies ja verblüffenderweise ein grundlegendes, aber leider allzu oft vergessenes Prinzip zu sein: Discuss!

Und: Es gibt nicht nur einen Weg zu Gott. Nicht nur den der Judenchristen. Sondern auch den beschneidungsfreien von Paulus. Warum können sie nicht einfach nebeneinander existieren? Der Brief wirbt auch dafür, dass sich die frohe Botschaft Jesu immer wieder in neuen Kulturen ausdrücken muss. Weil die frohe Botschaft über die jeweilige Kultur hinausweist. Sie muss es sogar, damit sie durch die Zeiten überhaupt verstanden wird. Das ist wichtig. Denn für dich heißt das: Sie hat einen Platz in der Jugendkultur, in der digitalen Kultur, in der Popkultur. Sie findet immer wieder neue Sprachen, Codes und Ästhetiken, um Menschen zu erreichen und die Welt zum Staunen zu bringen. Und das ist okay so, auch wenn das nicht alle Menschen, die in der Kirche Verantwortung haben, immer direkt kapieren.

Und schließlich ist der Text ein pulsierendes, anregendes Bekenntnis für Freiheit und Autonomie. Es ist nicht die Institution, die Gottesbegegnung exklusiv ermöglicht, verwaltet und zuteilt wie eine schlechte Studentenmensa, in der jeden Tag das Stammessen durch die Ausgabeluke geschoben wird. Immer gleich. Links der Reis, rechts das Frikassee. Und in der Mitte ne Salatgarnitur. Es ist die Begegnung mit Jesus, die frei macht. Face to face. Die Begegnung, in der dich Gott in die Freiheit lockt wie einen, der unerwartet über die eigenen Füße fällt. Und der nun selbst gehen darf, wohin er will. Wohin du willst.

Aus dem Brief an die Galater

Anschrift und Gruß

1 ¹Paulus, zum Apostel berufen, nicht von Menschen oder durch einen Menschen, sondern durch Jesus Christus und durch Gott, den Vater, der ihn von den Toten auferweckt hat, ²und alle Brüder, die bei mir sind, an die Gemeinden in Galatien: ³Gnade sei mit euch und Friede von Gott, unserem Vater, und dem Herrn Jesus Christus, ⁴der sich für unsere Sünden hingegeben hat, um uns aus der gegenwärtigen bösen Welt zu befreien, nach dem Willen unseres Gottes und Vaters. ⁵Ihm sei Ehre in alle Ewigkeit. Amen.

Der Anlass des Briefes

⁶Ich bin erstaunt, dass ihr euch so schnell von dem abwendet, der euch durch die Gnade Christi berufen hat, und dass ihr euch einem anderen Evangelium zuwendet. ⁷Es gibt kein anderes Evangelium, es gibt nur einige Leute, die euch verwirren und die das Evangelium Christi verfälschen wollen. ⁸Jedoch, auch wenn wir selbst oder ein Engel vom Himmel euch ein anderes Evangelium verkündeten als das, das wir verkündet haben – er sei verflucht. ⁹Was ich gesagt habe, das sage ich noch einmal: Wer euch ein anderes Evangelium verkündet im Widerspruch zu dem, das wir verkündet haben – er sei verflucht.

Die Berufung zum Apostel

¹⁰Geht es mir denn um die Zustimmung der Menschen oder geht es mir um Gott? Suche ich etwa Menschen zu gefallen? Wollte ich noch den Menschen gefallen, dann wäre ich kein Knecht Christi. ¹¹Ich erkläre euch, Brüder und Schwestern: Das Evangelium, das ich verkündet habe, stammt nicht von Menschen; ¹²ich habe es ja nicht von einem Menschen übernommen oder gelernt, sondern durch eine Offenbarung Jesu Christi empfangen. ¹³Ihr habt doch von meinem früheren Lebenswandel im Judentum gehört und wisst, wie maßlos ich die Kirche Gottes verfolgte und zu vernichten suchte. ¹⁴Im Judentum machte ich größere Fortschritte als die meisten Altersgenossen in meinem Volk und mit dem größten Eifer setzte ich mich für die Überlieferungen meiner Väter ein. ¹⁵Als es aber Gott gefiel, der mich schon im Mutterleib auserwählt und durch seine Gnade berufen hat, ¹⁶in mir seinen Sohn zu offenbaren, damit ich ihn unter den Völkern verkünde, da zog ich nicht Fleisch und Blut zu Rate; ¹⁷ich ging auch nicht sogleich nach Jerusalem hinauf zu denen, die vor mir Apostel waren, sondern zog nach Arabien und kehrte dann wieder nach Damaskus zurück. ¹⁸Drei Jahre später ging ich nach Jerusalem hinauf, um Kephas kennenzulernen, und blieb fünfzehn Tage bei ihm. ¹⁹Von den anderen Aposteln sah ich keinen, nur Jakobus, den Bruder des Herrn. ²⁰Was ich euch hier schreibe – siehe, bei Gott, ich lüge nicht. ²¹Danach ging ich in das Gebiet von Syrien und Kilikien. ²²Den Gemeinden Christi in Judäa aber blieb ich persönlich unbekannt, ²³sie hörten nur: Er, der uns einst verfolgte, verkündet jetzt den Glauben, den er früher vernichten wollte. ²⁴Und sie lobten Gott um meinetwillen.

Das Apostelkonzil in Jerusalem

2 ¹Vierzehn Jahre später ging ich wieder nach Jerusalem hinauf, zu-

> *Schon früh geht es um Identität. Paulus zeigt den Jesusnachfolgern zwei Alternativen: Exklusiver Club oder offene Bewegung?*

sammen mit Barnabas; ich nahm auch Titus mit. ²Ich ging hinauf aufgrund einer Offenbarung, legte der Gemeinde und im Besonderen den Angesehenen das Evangelium vor, das ich unter den Völkern verkünde; ich wollte sicher sein, dass ich nicht ins Leere laufe oder gelaufen bin. ³Doch nicht einmal mein Begleiter Titus, der Grieche ist, wurde gezwungen, sich beschneiden zu lassen. ⁴Denn was die falschen Brüder betrifft, jene Eindringlinge, die sich eingeschlichen hatten, um die Freiheit, die wir in Christus Jesus haben, auszuspähen und uns zu versklaven, ⁵so haben wir uns ihnen keinen Augenblick unterworfen und ihnen nicht nachgegeben, damit euch die Wahrheit des Evangeliums erhalten bleibe. ⁶Aber auch von denen, die Ansehen genießen – was sie früher waren, kümmert mich nicht, Gott schaut nicht auf die Person –, auch von den Angesehenen wurde mir nichts auferlegt. ⁷Im Gegenteil, sie sahen, dass mir das Evangelium für die Unbeschnittenen anvertraut ist wie dem Petrus für die Beschnittenen – ⁸denn Gott, der Petrus die Kraft zum Apostendienst unter den Beschnittenen gegeben hat, gab sie mir zum Dienst unter den Völkern – ⁹und sie erkannten die Gnade, die mir verliehen ist. Deshalb gaben Jakobus, Kephas und Johannes, die als die Säulen Ansehen genießen, mir und Barnabas die Hand zum Zeichen der Gemeinschaft: Wir sollten zu den Heiden gehen, sie zu den Beschnittenen. ¹⁰Nur sollten wir an die Armen denken; und das zu tun, habe ich mich eifrig bemüht.

Dieses Treffen ist enorm wichtig. Daher erzählt der Remix seine Geschichte nochmal. Bloß völlig anders und mit völlig anderen Ergebnissen … Die Story steht auf S. 348.

Der Zwischenfall in Antiochia

¹¹Als Kephas aber nach Antiochia gekommen war, habe ich ihm ins Angesicht widerstanden, weil er sich ins Unrecht gesetzt hatte. ¹²Bevor nämlich einige von Jakobus eintrafen, hatte er mit den Heiden zusammen gegessen. Nach ihrer Ankunft aber zog er sich zurück und sonderte sich ab, weil er die aus der Beschneidung fürchtete. ¹³Und mit ihm heuchelten die anderen Juden, sodass auch Barnabas durch ihre Heuchelei mitgerissen wurde. ¹⁴Als ich aber sah, dass sie nicht geradlinig auf die Wahrheit des Evangeliums zugingen, sagte ich zu Kephas in Gegenwart aller: Wenn du als Jude nach Art der Heiden und nicht nach Art der Juden lebst, wie kannst du dann die Heiden zwingen, wie Juden zu leben? ¹⁵Wir, die wir von Geburt Juden sind und nicht Sünder aus den Heiden, ¹⁶wissen, dass der Mensch nicht aus Werken des Gesetzes gerecht wird, sondern aus dem Glauben an Jesus Christus; so sind auch wir zum Glauben an Christus Jesus gelangt, damit wir gerecht werden durch den Glauben an Christus und nicht durch Werke des Gesetzes; denn durch Werke des Gesetzes wird kein Fleisch gerecht. ¹⁷Wenn nun auch wir, die wir in Christus gerecht zu werden suchen, als Sünder erfunden werden, ist dann Christus etwa Diener der Sünde? Keineswegs! ¹⁸Denn wenn ich das, was ich niedergerissen habe, wieder aufbaue, dann stelle ich mich selbst als Übertreter hin. ¹⁹Denn ich bin durch das Gesetz dem Gesetz gestorben, damit ich für Gott lebe. Ich bin mit Christus gekreuzigt worden. ²⁰Nicht mehr ich lebe, sondern Christus lebt in mir. Was ich nun im Fleische lebe, lebe ich im Glauben an den Sohn Gottes, der mich geliebt und sich für mich hingegeben hat. ²¹Ich missachte die Gnade

Gottes in keiner Weise; denn käme die Gerechtigkeit durch das Gesetz, so wäre Christus vergeblich gestorben.

Aufruf an die Galater

3 ¹Ihr unvernünftigen Galater, wer hat euch verblendet? Ist euch Jesus Christus nicht deutlich als der Gekreuzigte vor Augen gestellt worden? ²Dies eine möchte ich von euch erfahren: Habt ihr den Geist durch die Werke des Gesetzes oder durch das Hören der Glaubensbotschaft empfangen? ³Seid ihr so unvernünftig? Im Geist habt ihr angefangen und jetzt wollt ihr im Fleisch enden? ⁴Habt ihr denn so Großes vergeblich erfahren? Wenn es denn vergeblich war! ⁵Warum gibt euch denn Gott den Geist und bewirkt Machttaten unter euch? Aus Werken des Gesetzes oder aus dem Hören der Glaubensbotschaft?

...

Freiheit oder Knechtschaft

5 ¹Zur Freiheit hat uns Christus befreit. Steht daher fest und lasst euch nicht wieder ein Joch der Knechtschaft auflegen! ²Siehe, ich, Paulus, sage euch: Wenn ihr euch beschneiden lasst, wird Christus euch nichts nützen. ³Ich bezeuge wiederum jedem Menschen, der sich beschneiden lässt: Er ist verpflichtet, das ganze Gesetz zu halten. ⁴Ihr, die ihr durch das Gesetz gerecht werden wollt, seid von Christus getrennt; ihr seid aus der Gnade herausgefallen. ⁵Denn wir erwarten im Geist aus dem Glauben die Hoffnung der Gerechtigkeit. ⁶Denn in Christus Jesus vermag weder die Beschneidung noch die Unbeschnittenheit etwas, sondern der Glaube, der durch die Liebe wirkt. ⁷Ihr lieft gut. Wer hat euch gehindert, weiter der Wahrheit zu folgen? ⁸Was man auch gesagt hat, um euch zu überreden: Es kommt nicht von dem, der euch beruft. ⁹Ein wenig Sauerteig durchsäuert den ganzen Teig. ¹⁰Ich vertraue auf euch im Herrn, dass ihr nicht anders denken werdet. Wer euch verwirrt, wird das Urteil zu tragen haben, wer es auch sei. ¹¹Ich aber, Brüder und Schwestern, wenn ich noch die Beschneidung verkündete – warum werde ich dann verfolgt? Damit wäre ja das Ärgernis des Kreuzes beseitigt. ¹²Diese Leute, die Unruhe bei euch stiften, sollen sich doch gleich entmannen lassen.

Das vom Geist geleitete Leben

¹³Denn ihr seid zur Freiheit berufen, Brüder und Schwestern. Nur nehmt die Freiheit nicht zum Vorwand für das Fleisch, sondern dient einander in Liebe! ¹⁴Denn das ganze Gesetz ist in dem einen Wort erfüllt: Du sollst deinen Nächsten lieben wie dich selbst! ¹⁵Wenn ihr aber einander beißt und fresst, dann gebt Acht, dass ihr nicht einer vom anderen verschlungen werdet! ¹⁶Ich sage aber: Wandelt im Geist, dann werdet ihr das Begehren des Fleisches nicht erfüllen! ¹⁷Denn das Fleisch begehrt gegen den Geist, der Geist gegen das Fleisch, denn diese sind einander entgegengesetzt, damit ihr nicht tut, was ihr wollt. ¹⁸Wenn ihr euch aber vom Geist führen lasst, dann steht ihr nicht unter dem Gesetz. ¹⁹Die Werke des Fleisches sind deutlich erkennbar: Unzucht, Unreinheit, Ausschweifung, ²⁰Götzendienst, Zauberei, Feindschaften, Streit, Eifersucht, Jähzorn, Eigennutz, Spaltungen, Parteiungen, ²¹Neid, maßloses Trinken und Essen und Ähnliches mehr. Ich sage euch voraus, wie ich es früher vorausgesagt habe: Wer so etwas tut, wird das Reich Gottes nicht erben. ²²Die Frucht des Geistes aber ist Liebe, Freude, Friede, Langmut, Freundlichkeit,

Güte, Treue, ²³Sanftmut und Enthaltsamkeit; gegen all das ist das Gesetz nicht. ²⁴Die zu Christus Jesus gehören, haben das Fleisch und damit ihre Leidenschaften und Begierden gekreuzigt. ²⁵Wenn wir im Geist leben, lasst uns auch im Geist wandeln!

Das Gesetz Christi

²⁶Lasst uns nicht prahlen, nicht einander herausfordern und einander nicht beneiden!

6 ¹Brüder und Schwestern, wenn ein Mensch sich zu einer Verfehlung hinreißen lässt, so sollt ihr, die ihr vom Geist erfüllt seid, ihn im Geist der Sanftmut zurechtweisen. Doch gib Acht, dass du nicht selbst in Versuchung gerätst! ²Einer trage des anderen Last; so werdet ihr das Gesetz Christi erfüllen. ³Denn wer sich einbildet, etwas zu sein, obwohl er nichts ist, betrügt sich selbst. ⁴Jeder prüfe sein eigenes Werk. Dann wird er sich nur im Blick auf sich selbst rühmen können, nicht aber im Vergleich mit anderen. ⁵Denn jeder wird seine eigene Bürde zu tragen haben.

⁶Wer im Wort des Evangeliums unterwiesen wird, lasse den, der ihn unterweist, an allen Gütern teilhaben. ⁷Täuscht euch nicht: Gott lässt seiner nicht spotten; denn was der Mensch sät, wird er auch ernten. ⁸Denn wer auf sein eigenes Fleisch sät, wird vom Fleisch Verderben ernten; wer aber auf den Geist sät, wird vom Geist ewiges Leben ernten. ⁹Lasst uns nicht müde werden, das Gute zu tun; denn wenn wir darin nicht nachlassen, werden wir ernten, sobald die Zeit dafür gekommen ist. ¹⁰Deshalb lasst uns, solange wir Zeit haben, allen Menschen Gutes tun, besonders aber den Glaubensgenossen!

Schlusswort und Segenswunsch

¹¹Seht, mit welch großen Buchstaben ich euch schreibe, mit eigener Hand. ¹²Jene Leute, die im Fleisch nach Anerkennung streben, nötigen euch nur deshalb zur Beschneidung, damit sie wegen des Kreuzes Christi nicht verfolgt werden. ¹³Denn obwohl sie beschnitten sind, halten sie selbst das Gesetz nicht; dennoch dringen sie auf eure Beschneidung, damit sie sich eures Fleisches rühmen können. ¹⁴Ich aber will mich allein des Kreuzes Jesu Christi, unseres Herrn, rühmen, durch das mir die Welt gekreuzigt ist und ich der Welt. ¹⁵Denn es gilt weder die Beschneidung etwas noch das Unbeschnittensein, sondern: neue Schöpfung. ¹⁶Friede und Erbarmen komme über alle, die diesem Grundsatz folgen, und über das Israel Gottes.

¹⁷In Zukunft soll mir niemand mehr solche Schwierigkeiten bereiten. Denn ich trage die Leidenszeichen Jesu an meinem Leib.

¹⁸Die Gnade Jesu Christi, unseres Herrn, sei mit eurem Geist, meine Brüder und Schwestern! Amen.

Bibelstellen
Gal 1,1 – 3,5;
5,1 – 6,18

Schneeschuh-Spuren

Das Jahr 70 ist da. Und mit ihm die Krise.
Wir sind Christinnen und Christen der übernächsten Generation nach Jesus. Die Augenzeugen, die Jesus noch persönlich erlebt haben, sind mittlerweile gestorben. Wir sind eine Gemeinschaft – oder besser: viele verstreute Gemeinschaften, die miteinander diskutieren: Wie gehen wir miteinander um? Akzeptieren wir Unterschiede? In unseren Gemeinden? Zum Beispiel, dass Menschen, die an uns interessiert sind und aus anderen kulturellen Hintergründen – aus Griechenland, aus dem Römischen Reich – zu uns kommen, nicht beschnitten werden müssen, wie es bei den Juden vorgeschrieben ist? Ist also Verschiedenheit denkbar? Diversität? Vielleicht bist du überrascht, dass wir damals schon über ähnliche Fragen nachgedacht haben wie ihr. Darf es Verschiedenheit geben? Darf sich der eine Glaube an Gott verschieden ausdrücken? In verschiedenen Gemeinschaften mit verschiedenen kulturellen Prägungen?

Außerdem haben wir gedacht, dass Jesus bald wiederkommt. Und „bald" bedeutet: nicht erst irgendwann. Womöglich kommt er schon heute oder morgen zurück und sitzt über die Welt zu Gericht. Aber so lange wir auch gewartet haben: Nichts ist passiert. Und die Welt um uns herum spielt verrückt. In den Synagogen können wir uns nicht mehr treffen. Jüdische Gemeinden sehen, wie judenchristliche Gemeinden wachsen. Sie betrachteten uns als Konkurrenten. Doch weil wir – also die judenchristlichen Gemeinden – vor die Tür gesetzt worden sind, werden wir nicht mehr vom römischen Staat anerkannt. Wir werden verfolgt und unterdrückt. Dann ist da noch der römisch-jüdische Krieg. Gewalt, wo wir hingucken. Und dann noch der allergrößte Hammer, das Trauma, der Horror: Der jüdische Tempel, das zentrale Heiligtum der Juden, liegt in Trümmern. In Schutt und Asche. Von den Römern zerstört. Kannst du dir sowas in deiner Welt vorstellen? Was wäre vergleichbar?

Vielleicht so etwas: Stell dir vor, Deutschland wäre besetzt. Nicht mehr die Deutschen hätten das Sagen, sondern die Belgier oder die Schotten, die Wikinger oder Grönländer – ganz egal. Stell dir vor, die Besatzungsmacht hätte für eure Religion kein Verständnis. Sie kommt einfach nach Köln und legt den Dom in Schutt und Asche. Sie macht den nicht zu, macht kein Kaufhaus daraus oder ein Hotel oder ein Museum. Sondern reißt ihn ab. Planiert die Domplatte. Nur eine Wand der Schatzkammer bleibt stehen. Alles andere ist weg, getilgt, futsch. So in etwa musst du dir das vorstellen. Was wäre da los? Oder stell dir Rom vor. Petersdom, Petersplatz, Sixtinische Kapelle – alles abgerissen. Jahrhundertelange Geschichte, Petrusgrab, Papstgräber, die Kunst Leonardo da Vincis, vatikanisches Archiv und vatikanische Bibliothek – alles restlos weg und entsorgt. Rom sähe ganz anders aus. Vom alten Rom gäbe es nur noch Postkarten und Fotos. Und die Erinnerung an andere, vergangene Zeiten.

Wir haben uns also gefragt: Wie kann eine Gemeinschaft noch als Gemeinschaft weiter bestehen, wenn Erinnerungsorte fehlen? Wenn Gemeinschaften verstreut leben? Wenn Gewalt den Alltag beherrscht? Und gedacht: Vielleicht müssen wir unsere Geschichte mal aufschreiben. Quasi sowas wie „Die Familiengeschichte der Christinnen und Christen".
Familiengeschichten haben aber die Eigenart, dass niemals nur Geschichten erzählt werden, sondern in den Geschichten erzählt wird, wie die Familie sich selbst versteht. Es geht also weniger – eigentlich nie – um Tatsachenberichte. Chroniken. Etwa: Zuerst passierte das und das, danach das und als drittes dies. Sondern es geht beim Erzählen der Geschichten darum, Gemeinschaft, Familien- oder Gruppenidentität herzustellen. Die Geschichte wird so erzählt, wie sie zur Familie passt. So überliefert, dass sie die Familie stärkt. Attraktiv macht. Die Familie. Oder den Club. Den Abiturjahrgang. Den Karnevalsverein.

Wer sind wir also? Was schweißt uns zusammen? Was hat uns stark gemacht? Wann wurden wir eine Clique? Wie und warum? Grundlage der Familien-, Cliquen- oder Vereinsgeschichten sind lose Sammlungen von Anekdoten, die sich zu einzelnen Erzählfäden verbinden. Aber wie waren die Geschichten noch mal? Hat Onkel Egon seinen Mercedes im Teich versenkt, bevor oder nachdem seine Nichte Hetty die Mehltüte im Flügel von Oma Margret ausgekippt hat? Hm.

Hat Markus – oder doch Matthias – während der Abiklausuren im Französisch-LK die Brille von Dr. Gräfe nach der großen oder vor der kleinen Pause versteckt, damit alle weiter pfuschen konnten? Oder war es Jenny, wie Gregor steif und fest behauptet? Einzelheiten und chronologische Zusammenhänge kennt oft keiner mehr. Und je nachdem, wer die Erzählfäden und Episoden zusammenfügt, kommen völlig unterschiedliche Geschichten zustande. In einem Gedanken treffen sich aber alle: Wir sind schon ein toller Haufen!

Meistens bleiben diese Geschichten ungeschrieben. Klar: Wenn sie wieder und wieder mündlich erzählt werden, können sie flexibel angepasst werden. Wenn sich zum Beispiel die Gruppenstruktur ändert. Die Identität der Familie, der Gruppe, des Vereins oder der Clique bleibt im Fluss. Dann wird aus Markus Matthias. Und später Jenny. Die einen werden betont, aufpoliert, verklärt – die anderen verschwiegen. Unter den Tisch fallen gelassen.

Dieser flexible Umgang mit der Geschichte ändert sich, wenn die Geschichten dann doch irgendwann mal aufgeschrieben werden. Die Vielschichtigkeit und Unmittelbarkeit, die lose Episodennetzwerke haben, gehen verloren. Jemand klappt den Laptop auf und fängt einfach an zu tippen. Wählt einen Anfang und eine – seine – Perspektive. Und oft gibt es Krach darüber, wie die Geschichte richtig erzählt werden muss. Was und wer dazugehört, was und wer nicht so wichtig ist. Aber wenn das Buch geschrieben ist, dann steht die Geschichte zwischen zwei Deckeln fest im Regal. Änderungen sind nun sehr schwierig. Deswegen werden

Familiengeschichten oder auch Firmengeschichten meistens mit großem Abstand erzählt, wenn die Betroffenen nicht mehr leben und sich gegen das Geschriebene nicht mehr wehren können. Das Aufschreiben einer Familiengeschichte braucht meist einen Anlass, zum Beispiel die goldene Hochzeit von Opa und Oma. Und in der Regel vergehen 50 Jahre, bis eine Familie sich für ihre Geschichte interessiert und mit dem Schreiben beginnt.

Unser Anlass: Die Krise ist da. Davon haben wir oben ja schon erzählt. Und weil wir finden, dass diese Krise so grundlegend und ernst ist, weil die Identität und der Zusammenhalt unserer Gemeinschaft auf dem Spiel stehen, haben wir die Jesusgeschichte zum ersten Mal aufgeschrieben. Wir haben gemerkt, dass es wichtig ist, die Episoden und Anekdoten, die über Jesus kursieren, endlich zusammenzufassen und zu reflektieren. Denn wir fragen uns, 40 Jahre nach Jesu Tod: Wer ist dieser Jesus für uns? Was wollte er? Was genau ist seine Botschaft und warum ist sie für uns und die Menschen, die um uns herum leben, wichtig? Geht die Botschaft weiter? Auch ohne den physischen Jesus? Wie kann das funktionieren? Warum musste er sterben? Macht das Sinn? Wie können wir die Geschichte seines Leidens und seiner Ermordung so erzählen, dass sie eine Hoffnungsgeschichte ist?
Daher haben wir die Jesusgeschichte nicht nur zum ersten Mal erzählt, sondern wir haben sie auch von hinten nach vorne erzählt. Hinten steht nämlich die Geschichte der Frauen, die vom Grab Jesu fliehen und niemandem etwas davon erzählen. Weil sie Schiss haben. Und die Geschichte ist von uns nun so komponiert worden, dass die Zuhörerinnen und Zuhörer denken: „Das darf doch so nicht enden! Es muss doch weitergehen!" Wir suchen also Verbündete. Damit es weitergeht. Weil es weitergehen muss.

Als wir mit dem Aufschreiben begonnen haben, hat uns geholfen, dass die Geschichte vom Leiden und Sterben Jesu schon ganz lange mündlich weitererzählt worden ist. Eine richtig runde Geschichte ist das. Im Gegensatz zu den anderen Teilen, die in Galiläa spielen und eher unverbunden, episodenhaft sind. Unsere Geschichte verstehen die Leserinnen und Leser, die Hörerinnen und Hörer zudem besser, wenn sie die jüdische Kultur, insbesondere das Alte Testament gut kennen. Immer wieder beziehen wir uns auf Jesaja. Vielleicht der wichtigste Prophet aus dem Alten Testament für uns. Um die Frage zu klären, wer Jesus für uns und die nächste Generation ist, diskutieren wir ganz offen: Ist er der Prophet Elija, der zurückgekommen ist? Oder ein ganz neuer Prophet? Ein neuer Mose? Ein von einem Dämon Besessener? Der Bote der Gottesherrschaft, der die Endzeit einläutet? Der König der Juden? Ein politischer Rebell?

Wir finden: Man versteht Jesus am besten als gesalbten Gottessohn, der die Ankunft des Gottesreiches verkündet. So wie bei Jesaja. Gesalbter Gottessohn? Was bedeutet das?

Also: Unser Text erzählt zum ersten Mal die Jesusgeschichte als eine zusammenhängende Geschichte. Wir erzählen sie nicht als Unterhaltungsgeschichte, sondern als Geschichte mit einer Botschaft, einer frohen Botschaft. Evangelium heißt das auf Griechisch. Denn sie erzählt, dass das Reich Gottes mit Jesus schon angefangen hat. Das Gute, Frohe daran: Du kannst es sehen und erleben, wenn du siehst, liest oder hörst, wie Jesus gelebt und gewirkt hat. Das Reich Gottes hat angefangen: Schon hier und jetzt, mitten in der Gewalt, der Zerstreuung, den Trümmern des Tempels ist die Liebe Gottes spürbar. In dem Menschen Jesus, den wir als Gesalbten Gottes betrachten. Das bedeutet: Er ist als Mensch so sehr ein Teil Gottes, wie es halt nur er sein kann. Gesalbter Gottes, das ist ein Bild, mit dem wir probieren, zu beschreiben, was wir meinen: Jesus verkörpert etwas vom Heil Gottes. Er hat etwas davon abbekommen. Etwas Salbe sozusagen.

Es ist ein Text über einen einfachen Menschen, der eine besondere Erfahrung gemacht hat und versucht, diese nicht für sich zu behalten, sondern weiterzugeben. Dabei wird er dauernd an seine Grenzen geführt – physisch und psychisch. Ganz normal, das kennst du ja auch. Jesus braucht eine Menge Zeit zum Nachdenken, Ruhe und Zeit mit Gott, um alles zu verarbeiten und an

dem, was er erlebt hat, zu wachsen. Auf seinem Weg meidet er Städte, und wenn er mit seinen Kritikern spricht, ist er keineswegs der rhetorische und intellektuelle Überflieger. Mitunter ist er eher hilflos. Fast schon kommunikationsgestört. Aber er ist überzeugt von dem, was er erlebt und erfahren hat.
Als gesalbter Gottessohn spurt er den Weg für die, die hinterher gehen.

    Unser Text handelt von einem Normalo, der Gottes Spur legt. Damit andere Normalos – wie wir und du – ihr folgen können. Das läuft wie beim Schneeschuh-Wandern. Da muss ja auch erst einer vorlaufen und mit den großen Schneeschuhen die Spur in den Schnee trampeln. Dann kannst du hinterher gehen. Auch wenn dir der Weg durch den Schnee völlig unbekannt ist. Verstehst du? Unser Text soll Menschen locken, dem Versprechen zu vertrauen, dass Gottes Reich trotz all dem Mist in der Welt schon angefangen hat. Der Schneeschuhspur zu trauen. In ihr zu gehen. Dadurch gut zu leben. Hoffnung zu haben. Jesus zeigt, wie das Leben in dieser vertrauensvollen Beziehung zu Gott aussieht. Diesen Jesus begleiten die Hörerinnen und Hörer, die Leserinnen und Leser durch den Text. Sie erfahren von seinen Versuchen, diese Zusage, die du kaum für möglich hältst, immer wieder zu machen. Von seinen Versuchen, zu lehren, die Menschen zu erreichen, die geheilt werden wollen. Von seinem Rückzug, wenn es zu viel wird. Seinen Begegnungen mit Heiden, also mit Menschen, denen der Glaube an Gott fremd ist und schwerfällt. Und gerade in diesen Begegnungen wird deutlich: Es ist genug Zeit, genug Brot, genug Heil da. Für alle Menschen.
Für die Schneeschuh-Wanderer aller Zeiten.
Für uns und für dich.

Aus dem Evangelium nach Markus

Das Auftreten des Täufers

1 ¹Anfang des Evangeliums von Jesus Christus, Gottes Sohn. ²Wie geschrieben steht beim Propheten Jesaja – Siehe, ich sende meinen Boten vor dir her, der deinen Weg bahnen wird. ³Stimme eines Rufers in der Wüste: Bereitet den Weg des Herrn! Macht gerade seine Straßen! –, ⁴so trat Johannes der Täufer in der Wüste auf und verkündete eine Taufe der Umkehr zur Vergebung der Sünden. ⁵Ganz Judäa und alle Einwohner Jerusalems zogen zu ihm hinaus; sie bekannten ihre Sünden und ließen sich im Jordan von ihm taufen. ⁶Johannes trug ein Gewand aus Kamelhaaren und einen ledernen Gürtel um seine Hüften und er lebte von Heuschrecken und wildem Honig. ⁷Er verkündete: Nach mir kommt einer, der ist stärker als ich; ich bin es nicht wert, mich zu bücken und ihm die Riemen der Sandalen zu lösen. ⁸Ich habe euch mit Wasser getauft, er aber wird euch mit dem Heiligen Geist taufen.

Die Taufe Jesu

⁹Und es geschah in jenen Tagen, da kam Jesus aus Nazaret in Galiläa und ließ sich von Johannes im Jordan taufen. ¹⁰Und sogleich, als er aus dem Wasser stieg, sah er, dass der Himmel aufriss und der Geist wie eine Taube auf ihn herabkam. ¹¹Und eine Stimme aus dem Himmel sprach: Du bist mein geliebter Sohn, an dir habe ich Wohlgefallen gefunden.

Die Versuchung Jesu

¹²Und sogleich trieb der Geist Jesus in die Wüste. ¹³Jesus blieb vierzig Tage in der Wüste und wurde vom Satan in Versuchung geführt. Er lebte bei den wilden Tieren und die Engel dienten ihm.

Die Ansage des Evangeliums

¹⁴Nachdem Johannes ausgeliefert worden war, ging Jesus nach Galiläa; er verkündete das Evangelium Gottes ¹⁵und sprach: Die Zeit ist erfüllt, das Reich Gottes ist nahe. Kehrt um und glaubt an das Evangelium!

Die ersten Jünger

¹⁶Als Jesus am See von Galiläa entlangging, sah er Simon und Andreas, den Bruder des Simon, die auf dem See ihre Netze auswarfen; sie waren nämlich Fischer. ¹⁷Da sagte er zu ihnen: Kommt her, mir nach! Ich werde euch zu Menschenfischern machen. ¹⁸Und sogleich ließen sie ihre Netze liegen und folgten ihm nach. ¹⁹Als er ein Stück weiterging, sah er Jakobus, den Sohn des Zebedäus, und seinen Bruder Johannes; sie waren im Boot und richteten ihre Netze her. ²⁰Sogleich rief er sie und sie ließen ihren Vater Zebedäus mit seinen Tagelöhnern im Boot zurück und folgten Jesus nach.

Die neue Lehre in der Synagoge

²¹Sie kamen nach Kafarnaum. Am folgenden Sabbat ging er in die Synagoge und lehrte. ²²Und die Menschen waren voll Staunen über seine Lehre; denn er lehrte sie wie einer, der Vollmacht hat, nicht wie die Schriftgelehrten. ²³In ihrer Synagoge war ein Mensch, der von einem unreinen Geist besessen war. Der begann zu schreien: ²⁴Was haben wir mit dir zu tun, Jesus von Nazaret? Bist du gekommen, um uns ins Verderben zu stürzen? Ich weiß, wer du bist: der Heilige Gottes. ²⁵Da drohte ihm Jesus: Schweig und verlass ihn! ²⁶Der unreine Geist zerrte den Mann hin und her und verließ ihn mit lautem Ge-

schrei. ²⁷Da erschraken alle und einer fragte den andern: Was ist das? Eine neue Lehre mit Vollmacht: Sogar die unreinen Geister gehorchen seinem Befehl. ²⁸Und sein Ruf verbreitete sich rasch im ganzen Gebiet von Galiläa.

Die Heilung der Schwiegermutter des Petrus

²⁹Sie verließen sogleich die Synagoge und gingen zusammen mit Jakobus und Johannes in das Haus des Simon und Andreas. ³⁰Die Schwiegermutter des Simon lag mit Fieber im Bett. Sie sprachen sogleich mit Jesus über sie ³¹und er ging zu ihr, fasste sie an der Hand und richtete sie auf. Da wich das Fieber von ihr und sie diente ihnen.

Die ganze Stadt vor der Tür

³²Am Abend, als die Sonne untergegangen war, brachte man alle Kranken und Besessenen zu Jesus. ³³Die ganze Stadt war vor der Haustür versammelt ³⁴und er heilte viele, die an allen möglichen Krankheiten litten, und trieb viele Dämonen aus. Und er verbot den Dämonen zu sagen, dass sie wussten, wer er war.

Der Rückzug Jesu, die Suche der Jünger und der Aufbruch

³⁵In aller Frühe, als es noch dunkel war, stand er auf und ging an einen einsamen Ort, um zu beten. ³⁶Simon und seine Begleiter eilten ihm nach, ³⁷und als sie ihn fanden, sagten sie zu ihm: Alle suchen dich. ³⁸Er antwortete: Lasst uns anderswohin gehen, in die benachbarten Dörfer, damit ich auch dort verkünde; denn dazu bin ich gekommen. ³⁹Und er zog durch ganz Galiläa, verkündete in ihren Synagogen und trieb die Dämonen aus.

Die Heilung eines Aussätzigen

⁴⁰Ein Aussätziger kam zu Jesus und bat ihn um Hilfe; er fiel vor ihm auf die Knie und sagte: Wenn du willst, kannst du mich rein machen. ⁴¹Jesus hatte Mitleid mit ihm; er streckte die Hand aus, berührte ihn und sagte: Ich will – werde rein! ⁴²Sogleich verschwand der Aussatz und der Mann war rein. ⁴³Jesus schickte ihn weg, wies ihn streng an ⁴⁴und sagte zu ihm: Sieh, dass du niemandem etwas sagst, sondern geh, zeig dich dem Priester und bring für deine Reinigung dar, was Mose festgesetzt hat – ihnen zum Zeugnis. ⁴⁵Der Mann aber ging weg und verkündete bei jeder Gelegenheit, was geschehen war; er verbreitete die Geschichte, sodass sich Jesus in keiner Stadt mehr zeigen konnte; er hielt sich nur noch an einsamen Orten auf. Dennoch kamen die Leute von überallher zu ihm.

Die Heilung eines Gelähmten

2 ¹Als er nach einigen Tagen wieder nach Kafarnaum hineinging, wurde bekannt, dass er im Hause war. ²Und es versammelten sich so viele Menschen, dass nicht einmal mehr vor der Tür Platz war; und er verkündete ihnen das Wort. ³Da brachte man einen Gelähmten zu ihm, von vier Männern getragen. ⁴Weil sie ihn aber wegen der vielen Leute nicht bis zu Jesus bringen konnten, deckten sie dort, wo Jesus war, das Dach ab, schlugen die Decke durch und ließen den Gelähmten auf seiner Liege durch die Öffnung hinab. ⁵Als Jesus ihren Glauben sah, sagte er zu dem Gelähmten: Mein Sohn, deine Sünden sind dir vergeben! ⁶Einige Schriftgelehrte aber, die dort saßen, dachten in ihrem Herzen: ⁷Wie kann dieser Mensch so reden?

> *Vom Hörensagen zum Schreiben. Zum ersten Mal wird die Geschichte von der Begegnung mit Jesus und seiner Botschaft aufgeschrieben. Nun haben die Jesusnachfolger was zum Festhalten.*

Er lästert Gott. Wer kann Sünden vergeben außer dem einen Gott? ⁸Jesus erkannte sogleich in seinem Geist, dass sie so bei sich dachten, und sagte zu ihnen: Was für Gedanken habt ihr in euren Herzen? ⁹Was ist leichter, zu dem Gelähmten zu sagen: Deine Sünden sind dir vergeben! oder zu sagen: Steh auf, nimm deine Liege und geh umher? ¹⁰Damit ihr aber erkennt, dass der Menschensohn die Vollmacht hat, auf der Erde Sünden zu vergeben – sagte er zu dem Gelähmten: ¹¹Ich sage dir: Steh auf, nimm deine Liege und geh nach Hause! ¹²Er stand sofort auf, nahm seine Liege und ging vor aller Augen weg. Da gerieten alle in Staunen; sie priesen Gott und sagten: So etwas haben wir noch nie gesehen.

Nachfolge und Mahl

¹³Jesus ging wieder hinaus an den See. Da kamen Scharen von Menschen zu ihm und er lehrte sie. ¹⁴Als er weiterging, sah er Levi, den Sohn des Alphäus, am Zoll sitzen und sagte zu ihm: Folge mir nach! Da stand Levi auf und folgte ihm nach. ¹⁵Und als Jesus in dessen Haus zu Tisch war, da waren viele Zöllner und Sünder zusammen mit ihm und seinen Jüngern zu Tisch; es waren nämlich viele, die ihm nachfolgten. ¹⁶Als die Schriftgelehrten der Pharisäer sahen, dass er mit Zöllnern und Sündern aß, sagten sie zu seinen Jüngern: Wie kann er zusammen mit Zöllnern und Sündern essen? ¹⁷Jesus hörte es und sagte zu ihnen: Nicht die Gesunden bedürfen des Arztes, sondern die Kranken. Ich bin nicht gekommen, um Gerechte zu rufen, sondern Sünder.

Fasten und Feiern

¹⁸Da die Jünger des Johannes und die Pharisäer zu fasten pflegten, kamen Leute zu Jesus und sagten: Warum fasten deine Jünger nicht, während die Jünger des Johannes und die Jünger der Pharisäer fasten? ¹⁹Jesus antwortete ihnen: Können denn die Hochzeitsgäste fasten, solange der Bräutigam bei ihnen ist? Solange der Bräutigam bei ihnen ist, können sie nicht fasten. ²⁰Es werden aber Tage kommen, da wird ihnen der Bräutigam weggenommen sein; dann werden sie fasten, an jenem Tag. ²¹Niemand näht ein Stück neuen Stoff auf ein altes Gewand; denn der neue Stoff reißt vom alten Gewand ab und es entsteht ein noch größerer Riss. ²²Auch füllt niemand jungen Wein in alte Schläuche. Sonst zerreißt der Wein die Schläuche; der Wein ist verloren und die Schläuche sind unbrauchbar. Junger Wein gehört in neue Schläuche.

Sabbat und religiöses Gesetz

²³An einem Sabbat ging er durch die Kornfelder und unterwegs rissen seine Jünger Ähren ab. ²⁴Da sagten die Pharisäer zu ihm: Sieh dir an, was sie tun! Das ist doch am Sabbat nicht erlaubt. ²⁵Er antwortete: Habt ihr nie gelesen, was David getan hat, als er und seine Begleiter hungrig waren und nichts zu essen hatten, ²⁶wie er zur Zeit des Hohepriesters Abjatar in das Haus Gottes ging und die Schaubrote aß, die außer den Priestern niemand essen darf, und auch seinen Begleitern davon gab? ²⁷Und Jesus sagte zu ihnen: Der Sabbat wurde für den Menschen gemacht, nicht der Mensch für den Sabbat. ²⁸Deshalb ist der Menschensohn Herr auch über den Sabbat.

Sabbat, Heilung und Tötungsplan

3 ¹Als er wieder in die Synagoge ging, war dort ein Mann mit einer verdorrten Hand. ²Und sie gaben Acht, ob Jesus ihn am Sabbat heilen werde; sie suchten nämlich einen Grund zur Anklage gegen ihn. ³Da sagte er zu dem Mann mit der verdorrten Hand: Steh auf und stell dich in die Mitte! ⁴Und zu den anderen sagte er: Was ist am Sabbat erlaubt – Gutes zu tun oder Böses, ein Leben zu retten oder es zu vernichten? Sie aber schwiegen. ⁵Und er sah sie der Reihe nach an, voll Zorn und Trauer über ihr verstocktes Herz, und sagte zu dem Mann: Streck deine Hand aus! Er streckte sie aus und seine Hand wurde wiederhergestellt. ⁶Da gingen die Pharisäer hinaus und fassten zusammen mit den Anhängern des Herodes den Beschluss, Jesus umzubringen.

Der Andrang der Menschen
⁷Jesus zog sich mit seinen Jüngern an den See zurück. Viele Menschen aus Galiläa aber folgten ihm nach. Auch aus Judäa, ⁸aus Jerusalem und Idumäa, aus dem Gebiet jenseits des Jordan und aus der Gegend von Tyrus und Sidon kamen Scharen von Menschen zu ihm, als sie hörten, was er tat. ⁹Da sagte er zu seinen Jüngern, sie sollten ein Boot für ihn bereithalten, damit er von der Menge nicht erdrückt werde. ¹⁰Denn er heilte viele, sodass alle, die ein Leiden hatten, sich an ihn herandrängten, um ihn zu berühren. ¹¹Wenn die von unreinen Geistern Besessenen ihn sahen, fielen sie vor ihm nieder und schrien: Du bist der Sohn Gottes! ¹²Er aber gebot ihnen, dass sie ihn nicht bekannt machen sollten.

Die Wahl der Zwölf
¹³Jesus stieg auf einen Berg und rief die zu sich, die er selbst wollte, und sie kamen zu ihm. ¹⁴Und er setzte zwölf ein, damit sie mit ihm seien und damit er sie aussende, zu verkünden ¹⁵und mit Vollmacht Dämonen auszutreiben. ¹⁶Die Zwölf, die er einsetzte, waren: Petrus – diesen Beinamen gab er dem Simon –, ¹⁷Jakobus, der Sohn des Zebedäus, und Johannes, der Bruder des Jakobus – ihnen gab er den Beinamen Boanerges, das heißt Donnersöhne –, ¹⁸dazu Andreas, Philippus, Bartholomäus, Matthäus, Thomas, Jakobus, der Sohn des Alphäus, Thaddäus, Simon Kananäus ¹⁹und Judas Iskariot, der ihn dann ausgeliefert hat.

Jesus und seine Angehörigen
²⁰Jesus ging in ein Haus und wieder kamen so viele Menschen zusammen, dass sie nicht einmal mehr essen konnten. ²¹Als seine Angehörigen davon hörten, machten sie sich auf den Weg, um ihn mit Gewalt zurückzuholen; denn sie sagten: Er ist von Sinnen.

Verteidigungsrede Jesu
²²Die Schriftgelehrten, die von Jerusalem herabgekommen waren, sagten: Er ist von Beelzebul besessen; mit Hilfe des Herrschers der Dämonen treibt er die Dämonen aus. ²³Da rief er sie zu sich und belehrte sie in Gleichnissen: Wie kann der Satan den Satan austreiben? ²⁴Wenn ein Reich in sich gespalten ist, kann es keinen Bestand haben. ²⁵Wenn eine Familie in sich gespalten ist, kann sie keinen Bestand haben. ²⁶Und wenn sich der Satan gegen sich selbst erhebt und gespalten ist, kann er keinen Bestand haben, sondern es ist um ihn geschehen. ²⁷Es kann aber auch keiner in das Haus des Starken eindringen und ihm den Hausrat rauben, wenn er nicht zuerst den Starken fesselt; erst dann kann er sein Haus plündern. ²⁸Amen, ich sage euch: Alle Vergehen und Lästerungen werden den Menschen vergeben werden, so viel sie auch lästern mögen; ²⁹wer aber den Heiligen Geist lästert, der findet in Ewigkeit keine Vergebung, sondern seine Sünde wird ewig an ihm haften. ³⁰Sie hatten nämlich gesagt: Er hat einen unreinen Geist.

Über die wahre Familie Jesu

³¹Da kamen seine Mutter und seine Brüder; sie blieben draußen stehen und ließen ihn herausrufen. ³²Es saßen viele Leute um ihn herum und man sagte zu ihm: Siehe, deine Mutter und deine Brüder stehen draußen und suchen dich. ³³Er erwiderte: Wer ist meine Mutter und wer sind meine Brüder? ³⁴Und er blickte auf die Menschen, die im Kreis um ihn herumsaßen, und sagte: Das hier sind meine Mutter und meine Brüder. ³⁵Wer den Willen Gottes tut, der ist für mich Bruder und Schwester und Mutter.

Das Gleichnis vom Sämann

4 ¹Und wieder begann er, am Ufer des Sees zu lehren, und sehr viele Menschen versammelten sich um ihn. Er stieg deshalb in ein Boot auf dem See und setzte sich; die Leute aber standen am Ufer. ²Und er sprach lange zu ihnen und lehrte sie in Gleichnissen. Bei dieser Belehrung sagte er zu ihnen: ³Hört! Siehe, ein Sämann ging hinaus, um zu säen. ⁴Als er säte, fiel ein Teil auf den Weg und die Vögel kamen und fraßen es. ⁵Ein anderer Teil fiel auf felsigen Boden, wo es nur wenig Erde gab, und ging sofort auf, weil das Erdreich nicht tief war; ⁶als aber die Sonne hochstieg, wurde die Saat versengt und verdorrte, weil sie keine Wurzeln hatte. ⁷Wieder ein anderer Teil fiel in die Dornen und die Dornen wuchsen und erstickten die Saat und sie brachte keine Frucht. ⁸Ein anderer Teil schließlich fiel auf guten Boden und brachte Frucht; die Saat ging auf und wuchs empor und trug dreißigfach, sechzigfach und hundertfach. ⁹Und Jesus sprach: Wer Ohren hat zum Hören, der höre!

Das Geheimnis der Gottesherrschaft

¹⁰Als er mit seinen Begleitern und den Zwölf allein war, fragten sie ihn nach dem Sinn seiner Gleichnisse. ¹¹Da sagte er zu ihnen: Euch ist das Geheimnis des Reiches Gottes gegeben; für die aber, die draußen sind, geschieht alles in Gleichnissen; ¹²denn sehen sollen sie, sehen, aber nicht erkennen; hören sollen sie, hören, aber nicht verstehen, damit sie sich nicht bekehren und ihnen nicht vergeben wird.

Die Deutung des Gleichnisses vom Sämann

¹³Und er sagte zu ihnen: Wenn ihr schon dieses Gleichnis nicht versteht, wie wollt ihr dann all die anderen Gleichnisse verstehen? ¹⁴Der Sämann sät das Wort. ¹⁵Auf den Weg fällt das Wort bei denen, die es zwar hören, aber sofort kommt der Satan und nimmt das Wort weg, das in sie gesät wurde. ¹⁶Ähnlich ist es bei den Menschen, bei denen das Wort auf felsigen Boden fällt: Sobald sie es hören, nehmen sie es freudig auf; ¹⁷aber sie haben keine Wurzeln, sondern sind unbeständig, und wenn sie dann um des Wortes willen bedrängt oder verfolgt werden, kommen sie sofort zu Fall. ¹⁸Bei anderen fällt das Wort in die Dornen: Sie hören es zwar, ¹⁹aber die Sorgen der Welt, der trügerische Reichtum und die Gier nach all den anderen Dingen machen sich breit und ersticken es und es bleibt ohne Frucht. ²⁰Auf guten Boden ist das Wort bei denen gesät, die es hören und aufnehmen und Frucht bringen, dreißigfach, sechzigfach und hundertfach.

Vom rechten Hören

²¹Er sagte zu ihnen: Zündet man etwa eine Leuchte an und stellt sie unter den Scheffel oder

Die kryptische Sprache in 4,12 kommt übrigens von Jesaja. Und ist hier neu gesampelt. Das Original steht auf Seite 111.

unter das Bett? Stellt man sie nicht auf den Leuchter? ²²Denn es gibt nichts Verborgenes, das nicht bekannt werden soll, und nichts Geheimes, das nicht an den Tag kommen soll. ²³Wenn einer Ohren hat zum Hören, so höre er! ²⁴Weiter sagte er: Achtet auf das, was ihr hört! Nach dem Maß, mit dem ihr messt und zuteilt, wird euch zugeteilt werden, ja, es wird euch noch mehr gegeben. ²⁵Denn wer hat, dem wird gegeben; wer aber nicht hat, dem wird auch noch weggenommen, was er hat.

Das Gleichnis vom Wachsen der Saat

²⁶Er sagte: Mit dem Reich Gottes ist es so, wie wenn ein Mann Samen auf seinen Acker sät; ²⁷dann schläft er und steht wieder auf, es wird Nacht und wird Tag, der Samen keimt und wächst und der Mann weiß nicht, wie. ²⁸Die Erde bringt von selbst ihre Frucht, zuerst den Halm, dann die Ähre, dann das volle Korn in der Ähre. ²⁹Sobald aber die Frucht reif ist, legt er die Sichel an; denn die Zeit der Ernte ist da.

Das Gleichnis vom Senfkorn

³⁰Er sagte: Womit sollen wir das Reich Gottes vergleichen, mit welchem Gleichnis sollen wir es beschreiben? ³¹Es gleicht einem Senfkorn. Dieses ist das kleinste von allen Samenkörnern, die man in die Erde sät. ³²Ist es aber gesät, dann geht es auf und wird größer als alle anderen Gewächse und treibt große Zweige, sodass in seinem Schatten die Vögel des Himmels nisten können.

Abschlusskommentar

³³Durch viele solche Gleichnisse verkündete er ihnen das Wort, so wie sie es aufnehmen konnten. ³⁴Er redete nur in Gleichnissen zu ihnen; seinen Jüngern aber erklärte er alles, wenn er mit ihnen allein war.

Der Sturm auf dem See

³⁵Am Abend dieses Tages sagte er zu ihnen: Wir wollen ans andere Ufer hinüberfahren. ³⁶Sie schickten die Leute fort und fuhren mit ihm in dem Boot, in dem er saß, weg; und andere Boote begleiteten ihn. ³⁷Plötzlich erhob sich ein heftiger Wirbelsturm und die Wellen schlugen in das Boot, sodass es sich mit Wasser zu füllen begann. ³⁸Er aber lag hinten im Boot auf einem Kissen und schlief. Sie weckten ihn und riefen: Meister, kümmert es dich nicht, dass wir zugrunde gehen? ³⁹Da stand er auf, drohte dem Wind und sagte zu dem See: Schweig, sei still! Und der Wind legte sich und es trat völlige Stille ein. ⁴⁰Er sagte zu ihnen: Warum habt ihr solche Angst? Habt ihr noch keinen Glauben? ⁴¹Da ergriff sie große Furcht und sie sagten zueinander: Wer ist denn dieser, dass ihm sogar der Wind und das Meer gehorchen?

Die Heilung des Besessenen von Gerasa

5 ¹Sie kamen an das andere Ufer des Sees, in das Gebiet von Gerasa. ²Als er aus dem Boot stieg, lief ihm ein Mensch entgegen, der von einem unreinen Geist besessen war. ³Er hauste in den Grabstätten. Nicht einmal mit einer Kette konnte man ihn bändigen. ⁴Schon oft hatte man ihn mit Fußfesseln und Ketten gebunden, aber er hatte die Ketten zerrissen und die Fußfesseln durchgescheuert; niemand konnte ihn bezwingen. ⁵Bei Tag und Nacht schrie er unaufhörlich in den Grabstätten und auf den Bergen und schlug sich mit Steinen. ⁶Als er Jesus von Weitem sah, lief er zu ihm hin, warf sich vor ihm nieder ⁷und schrie laut: Was habe ich mit dir zu tun,

Jesus, Sohn des höchsten Gottes? Ich beschwöre dich bei Gott, quäle mich nicht! [8]Jesus hatte nämlich zu ihm gesagt: Verlass diesen Menschen, du unreiner Geist! [9]Jesus fragte ihn: Wie heißt du? Er antwortete: Mein Name ist Legion; denn wir sind viele. [10]Und er flehte Jesus an, sie nicht aus diesem Gebiet fortzuschicken. [11]Nun weidete dort an einem Berghang gerade eine große Schweineherde. [12]Da baten ihn die Dämonen: Schick uns in die Schweine! [13]Jesus erlaubte es ihnen. Darauf verließen die unreinen Geister den Menschen und fuhren in die Schweine und die Herde stürmte den Abhang hinab in den See. Es waren etwa zweitausend Tiere und alle ertranken. [14]Die Hirten flohen und erzählten es in der Stadt und in den Dörfern. Darauf eilten die Leute herbei, um zu sehen, was geschehen war. [15]Sie kamen zu Jesus und sahen bei ihm den Mann, der von der Legion Dämonen besessen gewesen war, bekleidet und bei Verstand. Da fürchteten sie sich. [16]Die es gesehen hatten, berichteten ihnen, wie es mit dem Besessenen und den Schweinen geschehen war. [17]Darauf baten die Leute Jesus, ihr Gebiet zu verlassen. [18]Als er ins Boot stieg, bat ihn der Mann, der zuvor von den Dämonen besessen war, dass er bei ihm sein dürfe. [19]Aber Jesus erlaubte es ihm nicht, sondern sagte: Geh nach Hause und berichte deiner Familie alles, was der Herr für dich getan und wie er Erbarmen mit dir gehabt hat! [20]Da ging der Mann weg und verkündete in der ganzen Dekapolis, was Jesus für ihn getan hatte, und alle staunten.

Die Auferweckung der Tochter eines Synagogenvorstehers und die Heilung einer kranken Frau

[21]Jesus fuhr wieder ans andere Ufer hinüber und eine große Menschenmenge versammelte sich um ihn. Während er noch am See war, [22]kam einer der Synagogenvorsteher namens Jaïrus zu ihm. Als er Jesus sah, fiel er ihm zu Füßen [23]und flehte ihn um Hilfe an; er sagte: Meine Tochter liegt im Sterben. Komm und leg ihr die Hände auf, damit sie geheilt wird und am Leben bleibt! [24]Da ging Jesus mit ihm. Viele Menschen folgten ihm und drängten sich um ihn.

[25]Darunter war eine Frau, die schon zwölf Jahre an Blutfluss litt. [26]Sie war von vielen Ärzten behandelt worden und hatte dabei sehr zu leiden; ihr ganzes Vermögen hatte sie ausgegeben, aber es hatte ihr nichts genutzt, sondern ihr Zustand war immer schlimmer geworden. [27]Sie hatte von Jesus gehört. Nun drängte sie sich in der Menge von hinten heran und berührte sein Gewand. [28]Denn sie sagte sich: Wenn ich auch nur sein Gewand berühre, werde ich geheilt. [29]Und sofort versiegte die Quelle des Blutes und sie spürte in ihrem Leib, dass sie von ihrem Leiden geheilt war. [30]Im selben Augenblick fühlte Jesus, dass eine Kraft von ihm ausströmte, und er wandte sich in dem Gedränge um und fragte: Wer hat mein Gewand berührt? [31]Seine Jünger sagten zu ihm: Du siehst doch, wie sich die Leute um dich drängen, und da fragst du: Wer hat mich berührt? [32]Er blickte umher, um zu sehen, wer es getan hatte. [33]Da kam die Frau, zitternd vor Furcht, weil sie wusste, was mit ihr geschehen war; sie fiel vor ihm nieder und sagte ihm die ganze Wahrheit. [34]Er aber sagte zu ihr: Meine Tochter, dein Glaube hat dich gerettet. Geh in Frieden! Du sollst von deinem Leiden geheilt sein.

[35]Während Jesus noch redete, kamen Leute, die zum Haus des Synagogenvorstehers gehörten, und sagten:

Deine Tochter ist gestorben. Warum bemühst du den Meister noch länger? ³⁶Jesus, der diese Worte gehört hatte, sagte zu dem Synagogenvorsteher: Fürchte dich nicht! Glaube nur! ³⁷Und er ließ keinen mitkommen außer Petrus, Jakobus und Johannes, den Bruder des Jakobus. ³⁸Sie gingen zum Haus des Synagogenvorstehers. Als Jesus den Tumult sah und wie sie heftig weinten und klagten, ³⁹trat er ein und sagte zu ihnen: Warum schreit und weint ihr? Das Kind ist nicht gestorben, es schläft nur. ⁴⁰Da lachten sie ihn aus. Er aber warf alle hinaus und nahm den Vater des Kindes und die Mutter und die, die mit ihm waren, und ging in den Raum, in dem das Kind lag. ⁴¹Er fasste das Kind an der Hand und sagte zu ihm: Talita kum!, das heißt übersetzt: Mädchen, ich sage dir, steh auf! ⁴²Sofort stand das Mädchen auf und ging umher. Es war zwölf Jahre alt. Die Leute waren ganz fassungslos vor Entsetzen. ⁴³Doch er schärfte ihnen ein, niemand dürfe etwas davon erfahren; dann sagte er, man solle dem Mädchen etwas zu essen geben.

Die Ablehnung Jesu in seiner Heimat

6 ¹Von dort brach Jesus auf und kam in seine Heimatstadt; seine Jünger folgten ihm nach. ²Am Sabbat lehrte er in der Synagoge. Und die vielen Menschen, die ihm zuhörten, gerieten außer sich vor Staunen und sagten: Woher hat er das alles? Was ist das für eine Weisheit, die ihm gegeben ist! Und was sind das für Machttaten, die durch ihn geschehen! ³Ist das nicht der Zimmermann, der Sohn der Maria und der Bruder von Jakobus, Joses, Judas und Simon? Leben nicht seine Schwestern hier unter uns? Und sie nahmen Anstoß an ihm. ⁴Da sagte Jesus zu ihnen: Nirgends ist ein Prophet ohne Ansehen außer in seiner Heimat, bei seinen Verwandten und in seiner Familie. ⁵Und er konnte dort keine Machttat tun; nur einigen Kranken legte er die Hände auf und heilte sie. ⁶Und er wunderte sich über ihren Unglauben.

Die Aussendung der zwölf Jünger

Jesus zog durch die benachbarten Dörfer und lehrte. ⁷Er rief die Zwölf zu sich und sandte sie aus, jeweils zwei zusammen. Er gab ihnen Vollmacht über die unreinen Geister ⁸und er gebot ihnen, außer einem Wanderstab nichts auf den Weg mitzunehmen, kein Brot, keine Vorratstasche, kein Geld im Gürtel, ⁹kein zweites Hemd und an den Füßen nur Sandalen. ¹⁰Und er sagte zu ihnen: Bleibt in dem Haus, in dem ihr einkehrt, bis ihr den Ort wieder verlasst! ¹¹Wenn man euch aber in einem Ort nicht aufnimmt und euch nicht hören will, dann geht weiter und schüttelt den Staub von euren Füßen, ihnen zum Zeugnis. ¹²Und sie zogen aus und verkündeten die Umkehr. ¹³Sie trieben viele Dämonen aus und salbten viele Kranke mit Öl und heilten sie.

Die Enthauptung des Täufers

¹⁴Der König Herodes hörte von Jesus; denn sein Name war bekannt geworden und man sagte: Johannes der Täufer ist von den Toten auferstanden; deshalb wirken solche Kräfte in ihm. ¹⁵Andere sagten: Er ist Elija. Wieder andere: Er ist ein Prophet, wie einer von den alten Propheten. ¹⁶Als aber Herodes von ihm hörte, sagte er: Johannes, den ich enthaupten ließ, ist auferstanden.

¹⁷Herodes hatte nämlich Johannes festnehmen und ins Gefängnis werfen lassen. Schuld daran war Herodias, die Frau seines Bruders Philippus, die er geheiratet hatte. ¹⁸Denn Johannes

hatte zu Herodes gesagt: Es ist dir nicht erlaubt, die Frau deines Bruders zur Frau zu haben. ¹⁹Herodias verzieh ihm das nicht und wollte ihn töten lassen. Sie konnte es aber nicht durchsetzen, ²⁰denn Herodes fürchtete sich vor Johannes, weil er wusste, dass dieser ein gerechter und heiliger Mann war. Darum schützte er ihn. Wenn er ihm zuhörte, geriet er in große Verlegenheit und doch hörte er ihm gern zu. ²¹Eines Tages ergab sich für Herodias eine günstige Gelegenheit. An seinem Geburtstag lud Herodes seine Hofbeamten und Offiziere zusammen mit den vornehmsten Bürgern von Galiläa zu einem Festmahl ein. ²²Da kam die Tochter der Herodias und tanzte und sie gefiel dem Herodes und seinen Gästen so sehr, dass der König zu dem Mädchen sagte: Verlange von mir, was du willst; ich werde es dir geben. ²³Er schwor ihr sogar: Was du auch von mir verlangst, ich will es dir geben, und wenn es die Hälfte meines Reiches wäre. ²⁴Sie ging hinaus und fragte ihre Mutter: Was soll ich verlangen? Herodias antwortete: Den Kopf Johannes' des Täufers. ²⁵Da lief das Mädchen zum König hinein und verlangte: Ich will, dass du mir sofort auf einer Schale den Kopf Johannes' des Täufers bringen lässt. ²⁶Da wurde der König sehr traurig, aber wegen der Eide und der Gäste wollte er ihren Wunsch nicht ablehnen. ²⁷Deshalb befahl er einem Scharfrichter, sofort ins Gefängnis zu gehen und den Kopf des Täufers herzubringen. Der Scharfrichter ging und enthauptete Johannes. ²⁸Dann brachte er den Kopf auf einer Schale, gab ihn dem Mädchen und das Mädchen gab ihn seiner Mutter. ²⁹Als die Jünger des Johannes das hörten, kamen sie, holten seinen Leichnam und legten ihn in ein Grab.

Die Rückkehr der Jünger und die Speisung der Fünftausend

³⁰Die Apostel versammelten sich wieder bei Jesus und berichteten ihm alles, was sie getan und gelehrt hatten. ³¹Da sagte er zu ihnen: Kommt mit an einen einsamen Ort, wo wir allein sind, und ruht ein wenig aus! Denn sie fanden nicht einmal Zeit zum Essen, so zahlreich waren die Leute, die kamen und gingen. ³²Sie fuhren also mit dem Boot in eine einsame Gegend, um allein zu sein. ³³Aber man sah sie abfahren und viele erfuhren davon; sie liefen zu Fuß aus allen Städten dorthin und kamen noch vor ihnen an. ³⁴Als er ausstieg, sah er die vielen Menschen und hatte Mitleid mit ihnen; denn sie waren wie Schafe, die keinen Hirten haben. Und er lehrte sie lange.

³⁵Gegen Abend kamen seine Jünger zu ihm und sagten: Der Ort ist abgelegen und es ist schon spät. ³⁶Schick sie weg, damit sie in die umliegenden Gehöfte und Dörfer gehen und sich etwas zu essen kaufen können! ³⁷Er erwiderte: Gebt ihr ihnen zu essen! Sie sagten zu ihm: Sollen wir weggehen, für zweihundert Denare Brot kaufen und es ihnen zu essen geben? ³⁸Er sagte zu ihnen: Wie viele Brote habt ihr? Geht und seht nach! Sie sahen nach und berichteten: Fünf Brote und außerdem zwei Fische. ³⁹Dann befahl er ihnen, sie sollten sich in Mahlgemeinschaften im grünen Gras lagern. ⁴⁰Und sie ließen sich in Gruppen zu hundert und zu fünfzig nieder. ⁴¹Darauf nahm er die fünf Brote und die zwei Fische, blickte zum Himmel auf, sprach den Lobpreis, brach die Brote und gab sie den Jüngern, damit sie diese an die Leute austeilten. Auch die zwei Fische ließ er unter allen verteilen. ⁴²Und alle aßen und wurden satt. ⁴³Und sie hoben Brocken auf, zwölf Körbe voll, und Reste von den Fischen. ⁴⁴Es wa-

ren fünftausend Männer, die von den Broten gegessen hatten.

Die Offenbarung des Gottessohnes auf dem Wasser

⁴⁵Gleich darauf drängte er seine Jünger, ins Boot zu steigen und ans andere Ufer nach Betsaida vorauszufahren. Er selbst wollte inzwischen die Leute nach Hause schicken. ⁴⁶Nachdem er sich von ihnen verabschiedet hatte, ging er auf einen Berg, um zu beten. ⁴⁷Als es Abend wurde, war das Boot mitten auf dem See, er aber war allein an Land. ⁴⁸Und er sah, wie sie sich beim Rudern abmühten, denn sie hatten Gegenwind. In der vierten Nachtwache kam er zu ihnen; er ging auf dem See, wollte aber an ihnen vorübergehen. ⁴⁹Als sie ihn über den See gehen sahen, meinten sie, es sei ein Gespenst, und schrien auf. ⁵⁰Alle sahen ihn und erschraken. Doch er begann mit ihnen zu reden und sagte: Habt Vertrauen, ich bin es; fürchtet euch nicht! ⁵¹Dann stieg er zu ihnen ins Boot und der Wind legte sich. Sie aber waren bestürzt und fassungslos. ⁵²Denn sie waren nicht zur Einsicht gekommen, als das mit den Broten geschah; ihr Herz war verstockt.

Heilungen in Gennesaret

⁵³Sie fuhren auf das Ufer zu, kamen nach Gennesaret und legten dort an. ⁵⁴Als sie aus dem Boot stiegen, erkannte man ihn sogleich. ⁵⁵Die Menschen eilten durch die ganze Gegend und brachten die Kranken auf Liegen zu ihm, sobald sie hörten, wo er war. ⁵⁶Und immer, wenn er in ein Dorf oder eine Stadt oder zu einem Gehöft kam, trug man die Kranken auf die Straße hinaus und bat ihn, er möge sie wenigstens den Saum seines Gewandes berühren lassen. Und alle, die ihn berührten, wurden geheilt.

Lehrgespräch über die Reinheit

7 ¹Die Pharisäer und einige Schriftgelehrte, die aus Jerusalem gekommen waren, versammelten sich bei Jesus. ²Sie sahen, dass einige seiner Jünger ihr Brot mit unreinen, das heißt mit ungewaschenen Händen aßen. ³Die Pharisäer essen nämlich wie alle Juden nur, wenn sie vorher mit einer Handvoll Wasser die Hände gewaschen haben; so halten sie an der Überlieferung der Alten fest. ⁴Auch wenn sie vom Markt kommen, essen sie nicht, ohne sich vorher zu waschen. Noch viele andere überlieferte Vorschriften halten sie ein, wie das Abspülen von Bechern, Krügen und Kesseln. ⁵Die Pharisäer und die Schriftgelehrten fragten ihn also: Warum halten sich deine Jünger nicht an die Überlieferung der Alten, sondern essen ihr Brot mit unreinen Händen? ⁶Er antwortete ihnen: Der Prophet Jesaja hatte Recht mit dem, was er über euch Heuchler sagte, wie geschrieben steht: Dieses Volk ehrt mich mit den Lippen, sein Herz aber ist weit weg von mir. ⁷Vergeblich verehren sie mich; was sie lehren, sind Satzungen von Menschen. ⁸Ihr gebt Gottes Gebot preis und haltet euch an die Überlieferung der Menschen. ⁹Und weiter sagte Jesus: Sehr geschickt setzt ihr Gottes Gebot außer Kraft, um eure eigene Überlieferung aufzurichten. ¹⁰Denn Mose hat gesagt: Ehre deinen Vater und deine Mutter! und: Wer Vater oder Mutter schmäht, soll mit dem Tod bestraft werden. ¹¹Ihr aber lehrt: Wenn einer zu seinem Vater oder seiner Mutter sagt: Korbán – das heißt: Weihgeschenk sei, was du von mir als Unterstützung erhalten soll-

> *Von wegen „reine Hände". Jesus öffnet die Tür des exklusiven Clubs für eine offene Bewegung.*

test –, ¹²dann lasst ihr ihn nichts mehr für Vater oder Mutter tun. ¹³So setzt ihr durch eure eigene Überlieferung Gottes Wort außer Kraft. Und ähnlich handelt ihr in vielen Fällen.
¹⁴Dann rief er die Leute wieder zu sich und sagte: Hört mir alle zu und begreift, was ich sage! ¹⁵Nichts, was von außen in den Menschen hineinkommt, kann ihn unrein machen, sondern was aus dem Menschen herauskommt, das macht ihn unrein. ¹⁷Er verließ die Menge und ging in ein Haus. Da fragten ihn seine Jünger nach dem Sinn dieses rätselhaften Wortes.
¹⁸Er antwortete ihnen: Begreift auch ihr nicht? Versteht ihr nicht, dass das, was von außen in den Menschen hineinkommt, ihn nicht unrein machen kann? ¹⁹Denn es gelangt ja nicht in sein Herz, sondern in den Magen und wird wieder ausgeschieden. Damit erklärte Jesus alle Speisen für rein. ²⁰Weiter sagte er: Was aus dem Menschen herauskommt, das macht ihn unrein. ²¹Denn von innen, aus dem Herzen der Menschen, kommen die bösen Gedanken, Unzucht, Diebstahl, Mord, ²²Ehebruch, Habgier, Bosheit, Hinterlist, Ausschweifung, Neid, Lästerung, Hochmut und Unvernunft. ²³All dieses Böse kommt von innen und macht den Menschen unrein.

Der Glaube der heidnischen Frau

²⁴Jesus brach auf und zog von dort in das Gebiet von Tyrus. Er ging in ein Haus, wollte aber, dass niemand davon erfuhr; doch es konnte nicht verborgen bleiben. ²⁵Eine Frau, deren Tochter von einem unreinen Geist besessen war, hörte von ihm; sie kam sogleich herbei und fiel ihm zu Füßen. ²⁶Die Frau, von Geburt Syrophönizierin, war eine Heidin. Sie bat ihn, aus ihrer Tochter den Dämon auszutreiben. ²⁷Da sagte er zu ihr: Lasst zuerst die Kinder satt werden; denn es ist nicht recht, das Brot den Kindern wegzunehmen und den kleinen Hunden vorzuwerfen. ²⁸Sie erwiderte ihm: Herr! Aber auch die kleinen Hunde unter dem Tisch essen von den Brotkrumen der Kinder. ²⁹Er antwortete ihr: Weil du das gesagt hast, sage ich dir: Geh nach Hause, der Dämon hat deine Tochter verlassen! ³⁰Und als sie nach Hause kam, fand sie das Kind auf dem Bett liegen und sah, dass der Dämon es verlassen hatte.

Die Heilung eines Taubstummen

³¹Jesus verließ das Gebiet von Tyrus wieder und kam über Sidon an den See von Galiläa, mitten in das Gebiet der Dekapolis. ³²Da brachten sie zu ihm einen, der taub war und stammelte, und baten ihn, er möge ihm die Hand auflegen. ³³Er nahm ihn beiseite, von der Menge weg, legte ihm die Finger in die Ohren und berührte dann die Zunge des Mannes mit Speichel; ³⁴danach blickte er zum Himmel auf, seufzte und sagte zu ihm: Effata!, das heißt: Öffne dich! ³⁵Sogleich öffneten sich seine Ohren, seine Zunge wurde von ihrer Fessel befreit und er konnte richtig reden. ³⁶Jesus verbot ihnen, jemandem davon zu erzählen. Doch je mehr er es ihnen verbot, desto mehr verkündeten sie es. ³⁷Sie staunten über alle Maßen und sagten: Er hat alles gut gemacht; er macht, dass die Tauben hören und die Stummen sprechen.

Die Speisung der Viertausend

8 ¹In jenen Tagen waren wieder einmal viele Menschen um Jesus versammelt. Da sie nichts zu essen hatten, rief er die Jünger zu sich und sagte: ²Ich habe Mitleid mit diesen Menschen; sie sind schon drei Tage bei mir und haben nichts mehr zu essen. ³Wenn ich sie hungrig nach Hause schicke, werden sie auf dem Weg zusammenbrechen; denn einige von ihnen sind von weither gekommen. ⁴Seine Jünger antworteten ihm: Woher könnte jemand diese hier in der Wüste mit Broten sättigen? ⁵Er fragte sie: Wie viele Brote habt ihr? Sie antworteten: Sieben. ⁶Da forderte er die Leute auf, sich auf den Boden zu setzen. Dann nahm er die sieben Brote, sprach das Dankgebet, brach die Brote und gab sie seinen Jüngern zum Verteilen; und die Jünger teilten sie an die Leute aus. ⁷Sie hatten auch noch ein paar Fische bei sich. Jesus segnete sie und ließ auch sie austeilen. ⁸Die Leute aßen und wurden satt. Und sie hoben die Überreste der Brotstücke auf, sieben Körbe voll. ⁹Es waren etwa viertausend Menschen beisammen. Danach schickte er sie nach Hause.

Die Zeichenforderung der Gegner Jesu

¹⁰Gleich darauf stieg er mit seinen Jüngern ins Boot und fuhr in das Gebiet von Dalmanuta. ¹¹Da kamen die Pharisäer und begannen ein Streitgespräch mit ihm; sie forderten von ihm ein Zeichen vom Himmel, um ihn zu versuchen. ¹²Da seufzte er im Geist auf und sagte: Was fordert diese Generation ein Zeichen? Amen, ich sage euch: Dieser Generation wird niemals ein Zeichen gegeben werden. ¹³Und er verließ sie, stieg in das Boot und fuhr ans andere Ufer.

Die blinden Jünger

¹⁴Die Jünger hatten vergessen, Brote mitzunehmen; nur ein einziges hatten sie im Boot dabei. ¹⁵Und er warnte sie: Gebt Acht, hütet euch vor dem Sauerteig der Pharisäer und dem Sauerteig des Herodes! ¹⁶Sie aber machten sich Gedanken, weil sie keine Brote bei sich hatten. ¹⁷Als er das merkte, sagte er zu ihnen: Was macht ihr euch darüber Gedanken, dass ihr keine Brote habt? Begreift und versteht ihr immer noch nicht? Ist denn euer Herz verstockt? ¹⁸Habt ihr denn keine Augen, um zu sehen, und keine Ohren, um zu hören? Erinnert ihr euch nicht: ¹⁹Als ich die fünf Brote für die Fünftausend brach, wie viele Körbe voll Brotstücke habt ihr da aufgehoben? Sie antworteten ihm: Zwölf. ²⁰Und als ich die sieben Brote für die Viertausend brach, wie viele Körbe voll habt ihr da aufgehoben? Sie antworteten: Sieben. ²¹Da sagte er zu ihnen: Versteht ihr immer noch nicht?

Die Heilung eines Blinden bei Betsaida

²²Sie kamen nach Betsaida. Da brachte man einen Blinden zu Jesus und bat ihn, er möge ihn berühren. ²³Er nahm den Blinden bei der Hand, führte ihn vor das Dorf hinaus, bestrich seine Augen mit Speichel, legte ihm die Hände auf und fragte ihn: Siehst du etwas? ²⁴Der Mann blickte auf und sagte: Ich sehe Menschen; denn ich sehe etwas, das wie Bäume aussieht und umhergeht. ²⁵Da legte er ihm nochmals die Hände auf die Augen; nun sah der Mann deutlich. Er war wiederhergestellt und konnte alles ganz genau sehen. ²⁶Jesus schickte ihn nach Hause und sagte: Geh aber nicht in das Dorf hinein!

Das Christusbekenntnis des Petrus und die erste Ankündigung von Leiden und Auferstehung Jesu

²⁷Jesus ging mit seinen Jüngern in die Dörfer bei Cäsarea Philippi. Auf dem Weg fragte er die Jünger: Für wen halten mich die Menschen? ²⁸Sie sagten zu ihm: Einige für Johannes den Täufer, andere für Elija, wieder andere für sonst einen von den Propheten. ²⁹Da

fragte er sie: Ihr aber, für wen haltet ihr mich? Simon Petrus antwortete ihm: Du bist der Christus! [30]Doch er gebot ihnen, niemandem etwas über ihn zu sagen. [31]Dann begann er, sie darüber zu belehren: Der Menschensohn muss vieles erleiden und von den Ältesten, den Hohepriestern und den Schriftgelehrten verworfen werden; er muss getötet werden und nach drei Tagen auferstehen. [32]Und er redete mit Freimut darüber. Da nahm ihn Petrus beiseite und begann, ihn zurechtzuweisen. [33]Jesus aber wandte sich um, sah seine Jünger an und wies Petrus mit den Worten zurecht: Tritt hinter mich, du Satan! Denn du hast nicht das im Sinn, was Gott will, sondern was die Menschen wollen.

Nachfolge und Selbstverleugnung

[34]Er rief die Volksmenge und seine Jünger zu sich und sagte: Wenn einer hinter mir hergehen will, verleugne er sich selbst, nehme sein Kreuz auf sich und folge mir nach. [35]Denn wer sein Leben retten will, wird es verlieren; wer aber sein Leben um meinetwillen und um des Evangeliums willen verliert, wird es retten. [36]Was nützt es einem Menschen, wenn er die ganze Welt gewinnt, dabei aber sein Leben einbüßt? [37]Um welchen Preis könnte ein Mensch sein Leben zurückkaufen? [38]Denn wer sich vor dieser treulosen und sündigen Generation meiner und meiner Worte schämt, dessen wird sich auch der Menschensohn schämen, wenn er mit den heiligen Engeln in der Herrlichkeit seines Vaters kommt.

9 [1]Und er sagte zu ihnen: Amen, ich sage euch: Von denen, die hier stehen, werden einige den Tod nicht schmecken, bis sie gesehen haben, dass das Reich Gottes in Macht gekommen ist.

Die Verklärung Jesu

[2]Sechs Tage danach nahm Jesus Petrus, Jakobus und Johannes beiseite und führte sie auf einen hohen Berg, aber nur sie allein. Und er wurde vor ihnen verwandelt; [3]seine Kleider wurden strahlend weiß, so weiß, wie sie auf Erden kein Bleicher machen kann. [4]Da erschien ihnen Elija und mit ihm Mose und sie redeten mit Jesus. [5]Petrus sagte zu Jesus: Rabbi, es ist gut, dass wir hier sind. Wir wollen drei Hütten bauen, eine für dich, eine für Mose und eine für Elija. [6]Er wusste nämlich nicht, was er sagen sollte; denn sie waren vor Furcht ganz benommen. [7]Da kam eine Wolke und überschattete sie und es erscholl eine Stimme aus der Wolke: Dieser ist mein geliebter Sohn; auf ihn sollt ihr hören. [8]Als sie dann um sich blickten, sahen sie auf einmal niemanden mehr bei sich außer Jesus.

Über die Wiederkunft des Elija

[9]Während sie den Berg hinabstiegen, gebot er ihnen, niemandem zu erzählen, was sie gesehen hatten, bis der Menschensohn von den Toten auferstanden sei. [10]Dieses Wort beschäftigte sie und sie fragten einander, was das sei: von den Toten auferstehen. [11]Da fragten sie ihn: Warum sagen die Schriftgelehrten, zuerst müsse Elija kommen? [12]Er antwortete: Ja, Elija kommt zuerst und stellt alles wieder her. Aber warum heißt es dann vom Menschensohn in der Schrift, er werde viel leiden müssen und verachtet werden? [13]Ich sage euch: Elija ist schon gekommen, doch sie haben mit ihm gemacht, was sie wollten, wie es in der Schrift steht.

Die erfolglosen Jünger

[14]Als sie zu den anderen Jüngern zurückkamen, sahen sie eine große Men-

schenmenge um sie versammelt und Schriftgelehrte, die mit ihnen stritten. ¹⁵Sobald die Leute Jesus sahen, liefen sie in großer Erregung auf ihn zu und begrüßten ihn. ¹⁶Er fragte sie: Warum streitet ihr mit ihnen? ¹⁷Einer aus der Menge antwortete ihm: Meister, ich habe meinen Sohn zu dir gebracht. Er ist von einem stummen Geist besessen; ¹⁸immer wenn der Geist ihn überfällt, wirft er ihn zu Boden und meinem Sohn tritt Schaum vor den Mund, er knirscht mit den Zähnen und wird starr. Ich habe schon deine Jünger gebeten, den Geist auszutreiben, aber sie hatten nicht die Kraft dazu. ¹⁹Da sagte er zu ihnen: O du ungläubige Generation! Wie lange muss ich noch bei euch sein? Wie lange muss ich euch noch ertragen? Bringt ihn zu mir! ²⁰Und man führte ihn herbei. Sobald der Geist Jesus sah, zerrte er den Jungen hin und her, sodass er hinfiel und sich mit Schaum vor dem Mund auf dem Boden wälzte. ²¹Jesus fragte den Vater: Wie lange hat er das schon? Der Vater antwortete: Von Kind auf; ²²oft hat er ihn sogar ins Feuer oder ins Wasser geworfen, um ihn umzubringen. Doch wenn du kannst, hilf uns; hab Mitleid mit uns! ²³Jesus sagte zu ihm: Wenn du kannst? Alles kann, wer glaubt. ²⁴Da rief der Vater des Knaben: Ich glaube; hilf meinem Unglauben! ²⁵Als Jesus sah, dass die Leute zusammenliefen, drohte er dem unreinen Geist und sagte: Ich befehle dir, du stummer und tauber Geist: Verlass ihn und kehr nicht mehr in ihn zurück! ²⁶Da zerrte der Geist den Knaben hin und her und verließ ihn mit lautem Geschrei. Er lag da wie tot, sodass alle Leute sagten: Er ist gestorben. ²⁷Jesus aber fasste ihn an der Hand und richtete ihn auf und er erhob sich.
²⁸Jesus trat in das Haus und seine Jünger fragten ihn, als sie allein waren: Warum konnten denn wir den Dämon nicht austreiben? ²⁹Er antwortete ihnen: Diese Art kann nur durch Gebet ausgetrieben werden.

Die zweite Ankündigung von Leiden, Tod und Auferstehung Jesu

³⁰Sie gingen von dort weg und zogen durch Galiläa. Er wollte aber nicht, dass jemand davon erfuhr; ³¹denn er belehrte seine Jünger und sagte zu ihnen: Der Menschensohn wird in die Hände von Menschen ausgeliefert und sie werden ihn töten; doch drei Tage nach seinem Tod wird er auferstehen. ³²Aber sie verstanden das Wort nicht, fürchteten sich jedoch, ihn zu fragen.

Der Rangstreit der Jünger

³³Sie kamen nach Kafarnaum. Als er dann im Haus war, fragte er sie: Worüber habt ihr auf dem Weg gesprochen? ³⁴Sie schwiegen, denn sie hatten auf dem Weg miteinander darüber gesprochen, wer der Größte sei. ³⁵Da setzte er sich, rief die Zwölf und sagte zu ihnen: Wer der Erste sein will, soll der Letzte von allen und der Diener aller sein. ³⁶Und er stellte ein Kind in ihre Mitte, nahm es in seine Arme und sagte zu ihnen: ³⁷Wer ein solches Kind in meinem Namen aufnimmt, der nimmt mich auf; und wer mich aufnimmt, der nimmt nicht nur mich auf, sondern den, der mich gesandt hat.

Der fremde Wundertäter

³⁸Da sagte Johannes zu ihm: Meister, wir haben gesehen, wie jemand in deinem Namen Dämonen austrieb; und wir versuchten, ihn daran zu hindern, weil er uns nicht nachfolgt. ³⁹Jesus erwiderte: Hindert ihn nicht! Keiner, der in meinem Namen eine Machttat vollbringt, kann so leicht schlecht von mir reden. ⁴⁰Denn wer nicht gegen uns ist, der ist für uns.

Warnung vor der Verführung zum Bösen

⁴¹Wer euch auch nur einen Becher Wasser zu trinken gibt, weil ihr zu Christus gehört – Amen, ich sage euch: Er wird gewiss nicht um seinen Lohn kommen. ⁴²Wer einem von diesen Kleinen, die an mich glauben, Ärgernis gibt, für den wäre es besser, wenn er mit einem Mühlstein um den Hals ins Meer geworfen würde. ⁴³Wenn dir deine Hand Ärgernis gibt, dann hau sie ab; es ist besser für dich, verstümmelt in das Leben zu gelangen, als mit zwei Händen in die Hölle zu kommen, in das nie erlöschende Feuer. ⁴⁵Und wenn dir dein Fuß Ärgernis gibt, dann hau ihn ab; es ist besser für dich, lahm in das Leben zu gelangen, als mit zwei Füßen in die Hölle geworfen zu werden. [46] ⁴⁷Und wenn dir dein Auge Ärgernis gibt, dann reiß es aus; es ist besser für dich, einäugig in das Reich Gottes zu kommen, als mit zwei Augen in die Hölle geworfen zu werden, ⁴⁸wo ihr Wurm nicht stirbt und das Feuer nicht erlischt. ⁴⁹Denn jeder wird mit Feuer gesalzen werden. ⁵⁰Das Salz ist etwas Gutes. Wenn das Salz die Kraft zum Salzen verliert, womit wollt ihr ihm seine Würze wiedergeben? Habt Salz in euch und haltet Frieden untereinander!

> *Keine Angst, es geht nicht um Selbstverstümmelung. Bloß darum, sich konsequent auf das Richtige zu konzentrieren.*

Aufbruch nach Judäa

10¹Von dort brach Jesus auf und kam nach Judäa und in das Gebiet jenseits des Jordan. Wieder versammelten sich viele Leute bei ihm und er lehrte sie, wie er es gewohnt war.

Über die Ehe und Ehescheidung

²Da kamen Pharisäer zu ihm und fragten: Ist es einem Mann erlaubt, seine Frau aus der Ehe zu entlassen? Damit wollten sie ihn versuchen. ³Er antwortete ihnen: Was hat euch Mose vorgeschrieben? ⁴Sie sagten: Mose hat gestattet, eine Scheidungsurkunde auszustellen und die Frau aus der Ehe zu entlassen. ⁵Jesus entgegnete ihnen: Nur weil ihr so hartherzig seid, hat er euch dieses Gebot gegeben. ⁶Am Anfang der Schöpfung aber hat Gott sie männlich und weiblich erschaffen. ⁷Darum wird der Mann Vater und Mutter verlassen ⁸und die zwei werden ein Fleisch sein. Sie sind also nicht mehr zwei, sondern ein Fleisch. ⁹Was aber Gott verbunden hat, das darf der Mensch nicht trennen. ¹⁰Zu Hause befragten ihn die Jünger noch einmal darüber. ¹¹Er antwortete ihnen: Wer seine Frau aus der Ehe entlässt und eine andere heiratet, begeht ihr gegenüber Ehebruch. ¹²Und wenn sie ihren Mann aus der Ehe entlässt und einen anderen heiratet, begeht sie Ehebruch.

Die Segnung der Kinder

¹³Da brachte man Kinder zu ihm, damit er sie berühre. Die Jünger aber wiesen die Leute zurecht. ¹⁴Als Jesus das sah, wurde er unwillig und sagte zu ihnen: Lasst die Kinder zu mir kommen; hindert sie nicht daran! Denn solchen wie ihnen gehört das Reich Gottes. ¹⁵Amen, ich sage euch: Wer das Reich Gottes nicht so annimmt wie ein Kind, der wird nicht hineinkommen. ¹⁶Und er nahm die Kinder in seine Arme; dann legte er ihnen die Hände auf und segnete sie.

Reichtum und Nachfolge

¹⁷Als sich Jesus wieder auf den Weg machte, lief ein Mann auf ihn zu, fiel vor ihm auf die Knie und fragte ihn:

Guter Meister, was muss ich tun, um das ewige Leben zu erben? ¹⁸Jesus antwortete: Warum nennst du mich gut? Niemand ist gut außer der eine Gott. ¹⁹Du kennst doch die Gebote: Du sollst nicht töten, du sollst nicht die Ehe brechen, du sollst nicht stehlen, du sollst nicht falsch aussagen, du sollst keinen Raub begehen; ehre deinen Vater und deine Mutter! ²⁰Er erwiderte ihm: Meister, alle diese Gebote habe ich von Jugend an befolgt. ²¹Da sah ihn Jesus an, umarmte ihn und sagte: Eines fehlt dir noch: Geh, verkaufe, was du hast, gib es den Armen und du wirst einen Schatz im Himmel haben; dann komm und folge mir nach! ²²Der Mann aber war betrübt, als er das hörte, und ging traurig weg; denn er hatte ein großes Vermögen. ²³Da sah Jesus seine Jünger an und sagte zu ihnen: Wie schwer ist es für Menschen, die viel besitzen, in das Reich Gottes zu kommen!

²⁴Die Jünger waren über seine Worte bestürzt. Jesus aber sagte noch einmal zu ihnen: Meine Kinder, wie schwer ist es, in das Reich Gottes zu kommen! ²⁵Leichter geht ein Kamel durch ein Nadelöhr, als dass ein Reicher in das Reich Gottes gelangt. ²⁶Sie aber gerieten über alle Maßen außer sich vor Schrecken und sagten zueinander: Wer kann dann noch gerettet werden? ²⁷Jesus sah sie an und sagte: Für Menschen ist das unmöglich, aber nicht für Gott; denn für Gott ist alles möglich. ²⁸Da sagte Petrus zu ihm: Siehe, wir haben alles verlassen und sind dir nachgefolgt.

²⁹Jesus antwortete: Amen, ich sage euch: Jeder, der um meinetwillen und um des Evangeliums willen Haus oder Brüder, Schwestern, Mutter, Vater, Kinder oder Äcker verlassen hat, ³⁰wird das Hundertfache dafür empfangen. Jetzt in dieser Zeit wird er Häuser und Brüder, Schwestern und Mütter, Kinder und Äcker erhalten, wenn auch unter Verfolgungen, und in der kommenden Welt das ewige Leben. ³¹Viele Erste werden Letzte sein und die Letzten Erste.

Die dritte Ankündigung von Leiden und Auferstehung Jesu

³²Während sie auf dem Weg hinauf nach Jerusalem waren, ging Jesus voraus. Die Leute wunderten sich über ihn, die ihm nachfolgten aber hatten Angst. Da versammelte er die Zwölf wieder um sich und kündigte ihnen an, was ihm bevorstand. ³³Er sagte: Siehe, wir gehen nach Jerusalem hinauf; und der Menschensohn wird den Hohepriestern und den Schriftgelehrten ausgeliefert; sie werden ihn zum Tod verurteilen und den Heiden ausliefern; ³⁴sie werden ihn verspotten, anspucken, geißeln und töten. Und nach drei Tagen wird er auferstehen.

Vom Dienen und Herrschen

³⁵Da traten Jakobus und Johannes, die Söhne des Zebedäus, zu ihm und sagten: Meister, wir möchten, dass du uns eine Bitte erfüllst. ³⁶Er antwortete: Was soll ich für euch tun? ³⁷Sie sagten zu ihm: Lass in deiner Herrlichkeit einen von uns rechts und den andern links neben dir sitzen! ³⁸Jesus erwiderte: Ihr wisst nicht, um was ihr bittet. Könnt ihr den Kelch trinken, den ich trinke, oder die Taufe auf euch nehmen, mit der ich getauft werde? ³⁹Sie antworteten: Wir können es. Da sagte Jesus zu ihnen: Ihr werdet den Kelch trinken, den ich trinke, und die Taufe empfangen, mit der ich getauft werde. ⁴⁰Doch den Platz zu meiner Rechten und zu meiner Linken habe nicht ich zu vergeben; dort werden die sitzen, für die es bestimmt ist. ⁴¹Als die zehn anderen Jünger das hörten, wurden sie sehr

ärgerlich über Jakobus und Johannes. ⁴²Da rief Jesus sie zu sich und sagte: Ihr wisst, dass die, die als Herrscher gelten, ihre Völker unterdrücken und ihre Großen ihre Macht gegen sie gebrauchen. ⁴³Bei euch aber soll es nicht so sein, sondern wer bei euch groß sein will, der soll euer Diener sein, ⁴⁴und wer bei euch der Erste sein will, soll der Sklave aller sein. ⁴⁵Denn auch der Menschensohn ist nicht gekommen, um sich dienen zu lassen, sondern um zu dienen und sein Leben hinzugeben als Lösegeld für viele.

Die Heilung eines Blinden bei Jericho

⁴⁶Sie kamen nach Jericho. Als er mit seinen Jüngern und einer großen Menschenmenge Jericho wieder verließ, saß am Weg ein blinder Bettler, Bartimäus, der Sohn des Timäus. ⁴⁷Sobald er hörte, dass es Jesus von Nazaret war, rief er laut: Sohn Davids, Jesus, hab Erbarmen mit mir! ⁴⁸Viele befahlen ihm zu schweigen. Er aber schrie noch viel lauter: Sohn Davids, hab Erbarmen mit mir! ⁴⁹Jesus blieb stehen und sagte: Ruft ihn her! Sie riefen den Blinden und sagten zu ihm: Hab nur Mut, steh auf, er ruft dich. ⁵⁰Da warf er seinen Mantel weg, sprang auf und lief auf Jesus zu. ⁵¹Und Jesus fragte ihn: Was willst du, dass ich dir tue? Der Blinde antwortete: Rabbuni, ich möchte sehen können. ⁵²Da sagte Jesus zu ihm: Geh! Dein Glaube hat dich gerettet. Im gleichen Augenblick konnte er sehen und er folgte Jesus auf seinem Weg nach.

Der Einzug in Jerusalem

11 ¹Als sie in die Nähe von Jerusalem kamen, nach Betfage und Betanien am Ölberg, schickte er zwei seiner Jünger aus. ²Er sagte zu ihnen: Geht in das Dorf, das vor euch liegt; gleich wenn ihr hineinkommt, werdet ihr ein Fohlen angebunden finden, auf dem noch nie ein Mensch gesessen hat. Bindet es los und bringt es her! ³Und wenn jemand zu euch sagt: Was tut ihr da?, dann antwortet: Der Herr braucht es; er lässt es bald wieder zurückbringen. ⁴Da machten sie sich auf den Weg und fanden außen an einer Tür an der Straße ein Fohlen angebunden und sie banden es los. ⁵Einige, die dabeistanden, sagten zu ihnen: Wie kommt ihr dazu, das Fohlen loszubinden? ⁶Sie gaben ihnen zur Antwort, was Jesus gesagt hatte, und man ließ sie gewähren. ⁷Sie brachten das Fohlen zu Jesus, legten ihre Kleider auf das Tier und er setzte sich darauf. ⁸Und viele breiteten ihre Kleider auf den Weg aus, andere aber Büschel, die sie von den Feldern abgerissen hatten. ⁹Die Leute, die vor ihm hergingen und die ihm nachfolgten, riefen: Hosanna! Gesegnet sei er, der kommt im Namen des Herrn! ¹⁰Gesegnet sei das Reich unseres Vaters David, das nun kommt. Hosanna in der Höhe! ¹¹Und er zog nach Jerusalem hinein, in den Tempel; nachdem er sich alles angesehen hatte, ging er spät am Abend mit den Zwölf nach Betanien hinaus.

Die Verfluchung des Feigenbaums

¹²Als sie am nächsten Tag Betanien verließen, hatte er Hunger. ¹³Da sah er von Weitem einen Feigenbaum mit Blättern und ging hin, um nach Früchten zu suchen. Aber er fand nichts als Blätter; denn es war nicht die Zeit der Feigenernte. ¹⁴Da sagte er zu ihm: In Ewigkeit soll niemand mehr eine Frucht von dir essen. Und seine Jünger hörten es.

Die Reinigung des Tempels

¹⁵Dann kamen sie nach Jerusalem. Jesus ging in den Tempel und begann,

die Händler und Käufer aus dem Tempel hinauszutreiben; er stieß die Tische der Geldwechsler und die Stände der Taubenhändler um ¹⁶und ließ nicht zu, dass jemand irgendetwas durch den Tempelbezirk trug. ¹⁷Er belehrte sie und sagte: Heißt es nicht in der Schrift: Mein Haus soll ein Haus des Gebetes für alle Völker genannt werden? Ihr aber habt daraus eine Räuberhöhle gemacht. ¹⁸Die Hohepriester und die Schriftgelehrten hörten davon und suchten nach einer Möglichkeit, ihn umzubringen. Denn sie fürchteten ihn, weil das Volk außer sich war vor Staunen über seine Lehre. ¹⁹Als es Abend wurde, verließ Jesus mit seinen Jüngern die Stadt.

Der verdorrte Feigenbaum und der Glaube

²⁰Als sie am nächsten Morgen an dem Feigenbaum vorbeikamen, sahen sie, dass er bis zu den Wurzeln verdorrt war. ²¹Da erinnerte sich Petrus und sagte zu Jesus: Rabbi, sieh doch, der Feigenbaum, den du verflucht hast, ist verdorrt. ²²Jesus sagte zu ihnen: Habt Glauben an Gott! ²³Amen, ich sage euch: Wenn jemand zu diesem Berg sagt: Heb dich empor und stürz dich ins Meer! und wenn er in seinem Herzen nicht zweifelt, sondern glaubt, dass geschieht, was er sagt, dann wird es geschehen. ²⁴Darum sage ich euch: Alles, worum ihr betet und bittet – glaubt nur, dass ihr es schon erhalten habt, dann wird es euch zuteil. ²⁵Und wenn ihr beten wollt und ihr habt einem anderen etwas vorzuwerfen, dann vergebt ihm, damit auch euer Vater im Himmel euch eure Verfehlungen vergibt.

Die Frage nach der Vollmacht Jesu

²⁷Sie kamen wieder nach Jerusalem. Als er im Tempel umherging, kamen die Hohepriester, die Schriftgelehrten und die Ältesten zu ihm ²⁸und fragten ihn: In welcher Vollmacht tust du das? Wer hat dir diese Vollmacht gegeben, das zu tun? ²⁹Jesus sagte zu ihnen: Ich will euch eine Frage stellen. Antwortet mir, dann werde ich euch sagen, in welcher Vollmacht ich das tue. ³⁰Stammte die Taufe des Johannes vom Himmel oder von den Menschen? Antwortet mir! ³¹Da überlegten sie und sagten zueinander: Wenn wir antworten: Vom Himmel, so wird er sagen: Warum habt ihr ihm dann nicht geglaubt? ³²Sollen wir also antworten: Von den Menschen? Sie fürchteten sich aber vor den Leuten; denn alle hielten Johannes wirklich für einen Propheten. ³³Darum antworteten sie Jesus: Wir wissen es nicht. Jesus erwiderte: Dann sage auch ich euch nicht, in welcher Vollmacht ich das tue.

Das Gleichnis von den Winzern

12 ¹Jesus begann zu ihnen in Gleichnissen zu reden: Ein Mann legte einen Weinberg an, zog ringsherum einen Zaun, hob eine Kelter aus und baute einen Turm. Dann verpachtete er den Weinberg an Winzer und reiste in ein anderes Land. ²Als nun die Zeit dafür gekommen war, schickte er einen Knecht zu den Winzern, um bei ihnen seinen Anteil an den Früchten des Weinbergs holen zu lassen. ³Sie aber packten und prügelten ihn und jagten ihn mit leeren Händen fort. ⁴Darauf schickte er einen anderen Knecht zu ihnen; und ihn schlugen sie auf den Kopf und entehrten ihn. ⁵Als er einen dritten schickte, brachten sie ihn um. Ähnlich ging es vielen anderen; die einen wurden geprügelt, die andern umgebracht. ⁶Schließlich blieb ihm nur noch einer: sein geliebter Sohn. Ihn sandte er als Letzten zu ihnen, denn er dachte: Vor meinem Sohn werden sie Achtung haben. ⁷Die Winzer aber sagten zueinander: Das ist der Erbe. Auf, wir wollen ihn umbringen, dann gehört sein Erbe uns. ⁸Und sie packten ihn und brachten ihn um und warfen ihn aus dem Weinberg hinaus. ⁹Was wird nun der Besitzer des Weinbergs tun? Er wird kommen und die Winzer vernichten und den Weinberg anderen geben. ¹⁰Habt ihr nicht das Schriftwort gelesen: Der Stein, den die Bauleute verworfen haben, er ist zum Eckstein geworden; ¹¹vom Herrn ist das geschehen und es ist wunderbar in unseren Augen? ¹²Daraufhin hätten sie Jesus gern verhaften lassen; aber sie fürchteten die Menge. Denn sie hatten gemerkt, dass er mit diesem Gleichnis sie meinte. Da ließen sie ihn stehen und gingen weg.

Die Frage nach der kaiserlichen Steuer

¹³Einige Pharisäer und einige Anhänger des Herodes wurden zu Jesus geschickt, um ihn mit einer Frage in eine Falle zu locken. ¹⁴Sie kamen zu ihm und sagten: Meister, wir wissen, dass du die Wahrheit sagst und auf niemanden Rücksicht nimmst; denn du siehst nicht auf die Person, sondern lehrst wahrhaftig den Weg Gottes. Ist es erlaubt, dem Kaiser Steuer zu zahlen, oder nicht? Sollen wir sie zahlen oder nicht zahlen? ¹⁵Er aber durchschaute ihre Heuchelei und sagte zu ihnen: Warum versucht ihr mich? Bringt mir einen Denar, ich will ihn sehen. ¹⁶Man brachte ihm einen. Er fragte sie: Wessen Bild und Aufschrift ist das? Sie antworteten ihm: Des Kaisers. ¹⁷Da sagte Jesus zu ihnen: So gebt dem Kaiser, was dem Kaiser gehört, und Gott, was Gott gehört! Und sie waren sehr erstaunt über ihn.

Die Frage nach der Auferstehung der Toten

¹⁸Von den Sadduzäern, die behaupten, es gebe keine Auferstehung, kamen einige zu Jesus und fragten ihn: ¹⁹Meister, Mose hat uns vorgeschrieben: Wenn ein Mann, der einen Bruder hat, stirbt und eine Frau hinterlässt, aber kein Kind, dann soll sein Bruder die Frau nehmen und seinem Bruder Nachkommen verschaffen. ²⁰Es lebten einmal sieben Brüder. Der erste nahm sich eine Frau, und als er starb, hinterließ er keine Nachkommen. ²¹Da nahm sie der zweite; auch er starb, ohne Nachkommen zu hinterlassen, und ebenso der dritte. ²²Keiner der sieben hatte Nachkommen. Als letzte von allen starb die Frau. ²³Wessen Frau wird sie nun bei der Auferstehung sein? Alle sieben haben sie doch zur Frau gehabt. ²⁴Jesus sagte zu ihnen: Ihr irrt euch, ihr kennt weder die Schrift noch die Macht Gottes. ²⁵Wenn nämlich die Menschen von den Toten auferstehen, heiraten sie nicht, noch lassen sie sich heiraten, sondern sind wie Engel im Himmel. ²⁶Dass aber die Toten auferstehen, habt ihr das nicht im Buch des Mose gelesen, in der Geschichte vom Dornbusch, in der Gott zu Mose spricht: Ich bin der Gott Abrahams, der Gott Isaaks und der Gott Jakobs? ²⁷Er ist kein Gott von Toten, sondern von Lebenden. Ihr irrt euch sehr.

Die Frage nach dem wichtigsten Gebot

²⁸Ein Schriftgelehrter hatte ihrem Streit zugehört; und da er bemerkt hatte, wie treffend Jesus ihnen antwortete, ging er zu ihm hin und fragte ihn: Welches Gebot ist das erste von allen? ²⁹Jesus antwortete: Das erste ist: Höre, Israel, der Herr, unser Gott, ist der einzige Herr. ³⁰Darum sollst du den Herrn, deinen Gott, lieben mit

ganzem Herzen und ganzer Seele, mit deinem ganzen Denken und mit deiner ganzen Kraft. ³¹Als zweites kommt hinzu: Du sollst deinen Nächsten lieben wie dich selbst. Kein anderes Gebot ist größer als diese beiden. ³²Da sagte der Schriftgelehrte zu ihm: Sehr gut, Meister! Ganz richtig hast du gesagt: Er allein ist der Herr und es gibt keinen anderen außer ihm ³³und ihn mit ganzem Herzen, ganzem Verstand und ganzer Kraft zu lieben und den Nächsten zu lieben wie sich selbst, ist weit mehr als alle Brandopfer und anderen Opfer. ³⁴Jesus sah, dass er mit Verständnis geantwortet hatte, und sagte zu ihm: Du bist nicht fern vom Reich Gottes. Und keiner wagte mehr, Jesus eine Frage zu stellen.

Die Frage nach dem Davidssohn

³⁵Als Jesus im Tempel lehrte, sagte er: Wie können die Schriftgelehrten behaupten, der Christus sei der Sohn Davids? ³⁶Denn David hat, vom Heiligen Geist erfüllt, selbst gesagt: Der Herr sprach zu meinem Herrn: Setze dich mir zur Rechten, bis ich dir deine Feinde unter die Füße lege! ³⁷David selbst also nennt ihn Herr. Wie kann er dann sein Sohn sein?

Polemik gegen die Schriftgelehrten

Es war eine große Menschenmenge versammelt und hörte ihm mit Freude zu. ³⁸Er lehrte sie und sagte: Nehmt euch in Acht vor den Schriftgelehrten! Sie gehen gern in langen Gewändern umher, lieben es, wenn man sie auf den Marktplätzen grüßt, ³⁹und sie wollen in der Synagoge die Ehrensitze und bei jedem Festmahl die Ehrenplätze haben. ⁴⁰Sie fressen die Häuser der Witwen auf und verrichten in ihrer Scheinheiligkeit lange Gebete. Umso härter wird das Urteil sein, das sie erwartet.

Die vorbildliche Witwe

⁴¹Als Jesus einmal dem Opferkasten gegenübersaß, sah er zu, wie die Leute Geld in den Kasten warfen. Viele Reiche kamen und gaben viel. ⁴²Da kam auch eine arme Witwe und warf zwei kleine Münzen hinein. ⁴³Er rief seine Jünger zu sich und sagte: Amen, ich sage euch: Diese arme Witwe hat mehr in den Opferkasten hineingeworfen als alle andern. ⁴⁴Denn sie alle haben nur etwas von ihrem Überfluss hineingeworfen; diese Frau aber, die kaum das Nötigste zum Leben hat, sie hat alles hergegeben, was sie besaß, ihren ganzen Lebensunterhalt.

Die Ankündigung der Zerstörung des Tempels

13 ¹Als Jesus den Tempel verließ, sagte einer von seinen Jüngern zu ihm: Meister, sieh, was für Steine und was für Bauten! ²Jesus sagte zu ihm: Siehst du diese großen Bauten? Kein Stein wird hier auf dem andern bleiben, der nicht niedergerissen wird.

Der Anfang der endzeitlichen Not

³Und als er auf dem Ölberg saß, dem Tempel gegenüber, fragten ihn Petrus, Jakobus, Johannes und Andreas, die mit ihm allein waren: ⁴Sag uns, wann wird das geschehen und was ist das Zeichen, dass dies alles sich vollenden soll? ⁵Jesus sagte zu ihnen: Gebt Acht, dass euch niemand irreführt! ⁶Viele werden unter meinem Namen auftreten und sagen: Ich bin es! Und sie werden viele irreführen. ⁷Wenn ihr von Kriegen hört und von Kriegsgerüchten, lasst euch nicht erschrecken! Das muss geschehen. Es ist aber noch nicht das Ende. ⁸Denn Volk wird sich gegen Volk und Reich gegen Reich erheben. Und an vielen Orten wird es Erdbeben und Hungersnöte geben. Doch das ist erst der Anfang der Wehen. ⁹Ihr aber,

gebt Acht auf euch selbst: Man wird euch um meinetwillen an die Gerichte ausliefern, in den Synagogen misshandeln und vor Statthalter und Könige stellen – ihnen zum Zeugnis. [10]Allen Völkern muss zuerst das Evangelium verkündet werden. [11]Und wenn man euch abführt und ausliefert, macht euch nicht im Voraus Sorgen, was ihr reden sollt; sondern was euch in jener Stunde eingegeben wird, das sagt! Denn nicht ihr werdet dann reden, sondern der Heilige Geist. [12]Brüder werden einander dem Tod ausliefern und Väter ihre Kinder und die Kinder werden sich gegen ihre Eltern auflehnen und sie in den Tod schicken. [13]Und ihr werdet um meines Namens willen von allen gehasst werden; wer aber bis zum Ende standhaft bleibt, der wird gerettet werden.

Vom Höhepunkt der Not

[14]Wenn ihr aber den Gräuel der Verwüstung an dem Ort seht, wo er nicht stehen darf – der Leser begreife –, dann sollen die Bewohner von Judäa in die Berge fliehen; [15]wer gerade auf dem Dach ist, soll nicht hinabsteigen und hineingehen, um etwas aus seinem Haus zu holen; [16]und wer auf dem Feld ist, soll nicht zurückkehren, um seinen Mantel zu holen. [17]Weh aber den Frauen, die in jenen Tagen schwanger sind oder ein Kind stillen! [18]Betet darum, dass es nicht im Winter geschieht! [19]Denn jene Tage werden eine Drangsal sein, wie es sie nie gegeben hat, von Anfang der Schöpfung, die Gott geschaffen hat, bis heute, und wie es auch keine mehr geben wird. [20]Und wenn der Herr die Tage nicht verkürzt hätte, dann würde kein Mensch gerettet; aber um seiner Auserwählten willen hat er die Tage verkürzt. [21]Wenn dann jemand zu euch sagt: Seht, hier ist der Christus! oder: Seht, dort ist er!, so glaubt es nicht! [22]Denn es wird mancher falsche Christus und mancher falsche Prophet auftreten und sie werden Zeichen und Wunder wirken, um, wenn möglich, die Auserwählten irrezuführen. [23]Ihr aber, gebt Acht! Ich habe euch alles vorausgesagt.

Das Kommen des Menschensohnes

[24]Aber in jenen Tagen, nach jener Drangsal, wird die Sonne verfinstert werden und der Mond wird nicht mehr scheinen; [25]die Sterne werden vom Himmel fallen und die Kräfte des Himmels werden erschüttert werden. [26]Dann wird man den Menschensohn in Wolken kommen sehen, mit großer Kraft und Herrlichkeit. [27]Und er wird die Engel aussenden und die von ihm Auserwählten aus allen vier Windrichtungen zusammenführen, vom Ende der Erde bis zum Ende des Himmels.

Der nahe, aber unbekannte Zeitpunkt

[28]Lernt etwas aus dem Vergleich mit dem Feigenbaum! Sobald seine Zweige saftig werden und Blätter treiben, erkennt ihr, dass der Sommer nahe ist. [29]So erkennt auch ihr, wenn ihr das geschehen seht, dass er nahe vor der Tür ist. [30]Amen, ich sage euch: Diese Generation wird nicht vergehen, bis das alles geschieht. [31]Himmel und Erde werden vergehen, aber meine Worte werden nicht vergehen. [32]Doch jenen Tag und jene Stunde kennt niemand, auch nicht die Engel im Himmel, nicht einmal der Sohn, sondern nur der Vater.

Aufforderung zur Wachsamkeit

[33]Gebt Acht und bleibt wach! Denn ihr wisst nicht, wann die Zeit da ist. [34]Es ist wie mit einem Mann, der sein Haus verließ, um auf Reisen zu gehen: Er

übertrug die Vollmacht seinen Knechten, jedem eine bestimmte Aufgabe; dem Türhüter befahl er, wachsam zu sein. ³⁵Seid also wachsam! Denn ihr wisst nicht, wann der Hausherr kommt, ob am Abend oder um Mitternacht, ob beim Hahnenschrei oder erst am Morgen. ³⁶Er soll euch, wenn er plötzlich kommt, nicht schlafend antreffen. ³⁷Was ich aber euch sage, das sage ich allen: Seid wachsam!

Der Todesbeschluss der Hohepriester und Schriftgelehrten

14 ¹Es war zwei Tage vor dem Pascha und dem Fest der Ungesäuerten Brote. Die Hohepriester und die Schriftgelehrten suchten nach einer Möglichkeit, Jesus mit List in ihre Gewalt zu bringen, um ihn zu töten. ²Sie sagten aber: Ja nicht am Fest, damit es im Volk keinen Aufruhr gibt!

Die Salbung Jesu im Haus Simons des Aussätzigen

³Als Jesus in Betanien im Haus Simons des Aussätzigen zu Tisch war, kam eine Frau mit einem Alabastergefäß voll echtem, kostbarem Nardenöl, zerbrach es und goss das Öl über sein Haupt. ⁴Einige aber wurden unwillig und sagten zueinander: Wozu diese Verschwendung? ⁵Man hätte das Öl um mehr als dreihundert Denare verkaufen und das Geld den Armen geben können. Und sie fuhren die Frau heftig an. ⁶Jesus aber sagte: Hört auf! Warum lasst ihr sie nicht in Ruhe? Sie hat ein gutes Werk an mir getan. ⁷Denn die Armen habt ihr immer bei euch und ihr könnt ihnen Gutes tun, so oft ihr wollt; mich aber habt ihr nicht immer. ⁸Sie hat getan, was sie konnte. Sie hat im Voraus meinen Leib für das Begräbnis gesalbt. ⁹Amen, ich sage euch: Auf der ganzen Welt, wo das Evangelium verkündet wird, wird man auch erzählen, was sie getan hat, zu ihrem Gedächtnis.

Einer der Zwölf als Überläufer

¹⁰Judas Iskariot, einer der Zwölf, ging zu den Hohepriestern. Er wollte Jesus an sie ausliefern. ¹¹Als sie das hörten, freuten sie sich und versprachen, ihm Geld dafür zu geben. Von da an suchte er nach einer günstigen Gelegenheit, ihn auszuliefern.

Die Vorbereitung des Paschamahls

¹²Am ersten Tag des Festes der Ungesäuerten Brote, an dem man das Paschalamm zu schlachten pflegte, sagten die Jünger zu Jesus: Wo sollen wir das Paschamahl für dich vorbereiten? ¹³Da schickte er zwei seiner Jünger voraus und sagte zu ihnen: Geht in die Stadt; dort wird euch ein Mensch begegnen, der einen Wasserkrug trägt. Folgt ihm, ¹⁴bis er in ein Haus hineingeht; dann sagt zu dem Herrn des Hauses: Der Meister lässt dich fragen: Wo ist der Raum, in dem ich mit meinen Jüngern das Paschalamm essen kann? ¹⁵Und der Hausherr wird euch einen großen Raum im Obergeschoss zeigen, der schon für das Festmahl hergerichtet und mit Polstern ausgestattet ist. Dort bereitet alles für uns vor! ¹⁶Die Jünger machten sich auf den Weg und kamen in die Stadt. Sie fanden alles so, wie er es ihnen gesagt hatte, und bereiteten das Paschamahl vor.

Das Mahl

¹⁷Als es Abend wurde, kam Jesus mit den Zwölf. ¹⁸Während sie nun zu Tisch waren und aßen, sagte Jesus: Amen, ich sage euch: Einer von euch wird mich ausliefern, einer, der mit mir isst. ¹⁹Da wurden sie traurig und einer nach dem andern fragte ihn: Doch nicht etwa ich? ²⁰Er sagte zu ihnen: Einer

von euch Zwölf, der mit mir in dieselbe Schüssel eintunkt. ²¹Der Menschensohn muss zwar seinen Weg gehen, wie die Schrift über ihn sagt. Doch weh dem Menschen, durch den der Menschensohn ausgeliefert wird! Für ihn wäre es besser, wenn er nie geboren wäre.

²²Während des Mahls nahm er das Brot und sprach den Lobpreis; dann brach er das Brot, reichte es ihnen und sagte: Nehmt, das ist mein Leib. ²³Dann nahm er den Kelch, sprach das Dankgebet, gab ihn den Jüngern und sie tranken alle daraus. ²⁴Und er sagte zu ihnen: Das ist mein Blut des Bundes, das für viele vergossen wird. ²⁵Amen, ich sage euch: Ich werde nicht mehr von der Frucht des Weinstocks trinken bis zu dem Tag, an dem ich von Neuem davon trinke im Reich Gottes.

Die Ankündigung der Verleugnung

²⁶Nach dem Lobgesang gingen sie zum Ölberg hinaus. ²⁷Da sagte Jesus zu ihnen: Ihr werdet alle Anstoß nehmen; denn in der Schrift steht: Ich werde den Hirten erschlagen, dann werden sich die Schafe zerstreuen. ²⁸Aber nach meiner Auferstehung werde ich euch nach Galiläa vorausgehen. ²⁹Da sagte Petrus zu ihm: Auch wenn alle Anstoß nehmen – ich nicht! ³⁰Jesus sagte ihm: Amen, ich sage dir: Heute, in dieser Nacht, ehe der Hahn zweimal kräht, wirst du mich dreimal verleugnen. ³¹Petrus aber beteuerte: Und wenn ich mit dir sterben müsste – ich werde dich nie verleugnen. Das Gleiche sagten auch alle anderen.

Das Gebet in Getsemani

³²Sie kamen zu einem Grundstück, das Getsemani heißt, und er sagte zu seinen Jüngern: Setzt euch hier, während ich bete! ³³Und er nahm Petrus, Jakobus und Johannes mit sich. Da ergriff ihn Furcht und Angst ³⁴und er sagte zu ihnen: Meine Seele ist zu Tode betrübt. Bleibt hier und wacht! ³⁵Und er ging ein Stück weiter, warf sich auf die Erde nieder und betete, dass die Stunde, wenn möglich, an ihm vorübergehe. ³⁶Er sprach: Abba, Vater, alles ist dir möglich. Nimm diesen Kelch von mir! Aber nicht, was ich will, sondern was du willst. ³⁷Und er ging zurück und fand sie schlafend. Da sagte er zu Petrus: Simon, du schläfst? Konntest du nicht einmal eine Stunde wach bleiben? ³⁸Wacht und betet, damit ihr nicht in Versuchung geratet! Der Geist ist willig, aber das Fleisch ist schwach. ³⁹Und er ging wieder weg und betete mit den gleichen Worten. ⁴⁰Als er zurückkam, fand er sie wieder schlafend, denn die Augen waren ihnen zugefallen; und sie wussten nicht, was sie ihm antworten sollten. ⁴¹Und er kam zum dritten Mal und sagte zu ihnen: Schlaft ihr immer noch und ruht euch aus? Es ist genug. Die Stunde ist gekommen; siehe, jetzt wird der Menschensohn in die Hände der Sünder ausgeliefert. ⁴²Steht auf, wir wollen gehen! Siehe, der mich ausliefert, ist da.

Die Gefangennahme

⁴³Noch während er redete, kam Judas, einer der Zwölf, mit einer Schar von Männern, die mit Schwertern und Knüppeln bewaffnet waren; sie waren von den Hohepriestern, den Schriftgelehrten und den Ältesten geschickt worden. ⁴⁴Der ihn auslieferte, hatte mit ihnen ein Zeichen vereinbart und gesagt: Der, den ich küssen werde, der ist es. Nehmt ihn fest, führt ihn sicher ab! ⁴⁵Und als er kam, ging er sogleich auf Jesus zu und sagte: Rabbi! Und er küsste ihn. ⁴⁶Da legten sie Hand an ihn und nahmen ihn fest. ⁴⁷Einer von denen, die dabeistanden, zog

das Schwert, schlug auf den Diener des Hohepriesters ein und hieb ihm das Ohr ab. ⁴⁸Da sagte Jesus zu ihnen: Wie gegen einen Räuber seid ihr mit Schwertern und Knüppeln ausgezogen, um mich festzunehmen. ⁴⁹Tag für Tag war ich bei euch im Tempel und lehrte und ihr habt mich nicht verhaftet; aber so mussten die Schriften erfüllt werden. ⁵⁰Da verließen ihn alle und flohen. ⁵¹Ein junger Mann aber, der nur mit einem leinenen Tuch bekleidet war, wollte ihm nachfolgen. Da packten sie ihn; ⁵²er aber ließ das Tuch fallen und lief nackt davon.

Das Bekenntnis Jesu und die Verleugnung des Petrus

⁵³Darauf führten sie Jesus zum Hohepriester und es versammelten sich alle Hohepriester und Ältesten und Schriftgelehrten. ⁵⁴Petrus aber war Jesus von Weitem bis in den Hof des Hohepriesters gefolgt; nun saß er dort bei den Dienern und wärmte sich am Feuer.

⁵⁵Die Hohepriester und der ganze Hohe Rat bemühten sich um Zeugenaussagen gegen Jesus, um ihn zum Tod verurteilen zu können; sie fanden aber nichts. ⁵⁶Viele machten zwar falsche Aussagen gegen ihn, aber die Aussagen stimmten nicht überein. ⁵⁷Einige der falschen Zeugen, die gegen ihn auftraten, behaupteten: ⁵⁸Wir haben ihn sagen hören: Ich werde diesen von Menschenhand gemachten Tempel niederreißen und in drei Tagen einen anderen aufbauen, der nicht von Menschenhand gemacht ist. ⁵⁹Aber auch in diesem Fall stimmten die Aussagen nicht überein. ⁶⁰Da stand der Hohepriester auf, trat in die Mitte und fragte Jesus: Willst du denn nichts sagen zu dem, was diese Leute gegen dich vorbringen? ⁶¹Er aber schwieg und gab keine Antwort. Da wandte sich der Hohepriester nochmals an ihn und fragte: Bist du der Christus, der Sohn des Hochgelobten? ⁶²Jesus sagte: Ich bin es. Und ihr werdet den Menschensohn zur Rechten der Macht sitzen und mit den Wolken des Himmels kommen sehen. ⁶³Da zerriss der Hohepriester sein Gewand und rief: Wozu brauchen wir noch Zeugen? ⁶⁴Ihr habt die Gotteslästerung gehört. Was ist eure Meinung? Und sie fällten einstimmig das Urteil: Er ist des Todes schuldig. ⁶⁵Und einige spuckten ihn an, verhüllten sein Gesicht, schlugen ihn und riefen: Zeig, dass du ein Prophet bist! Auch die Diener schlugen ihn ins Gesicht.

⁶⁶Als Petrus unten im Hof war, kam eine von den Mägden des Hohepriesters. ⁶⁷Sie sah, wie Petrus sich wärmte, blickte ihn an und sagte: Auch du warst mit diesem Jesus aus Nazaret zusammen. ⁶⁸Doch er leugnete und sagte: Ich weiß nicht und verstehe nicht, wovon du redest. Dann ging er in den Vorhof hinaus. ⁶⁹Als die Magd ihn dort bemerkte, sagte sie zu denen, die dabeistanden, noch einmal: Der gehört zu ihnen. ⁷⁰Er aber leugnete wieder. Wenig später sagten die Leute, die dort standen, von Neuem zu Petrus: Du gehörst wirklich zu ihnen; du bist doch auch ein Galiläer. ⁷¹Da fing er an zu fluchen und zu schwören: Ich kenne diesen Menschen nicht, von dem ihr redet. ⁷²Gleich darauf krähte der Hahn zum zweiten Mal und Petrus erinnerte sich an das Wort, das Jesus zu ihm gesagt hatte: Ehe der Hahn zweimal kräht, wirst du mich dreimal verleugnen. Und er begann zu weinen.

Das Verhör vor Pilatus

15 ¹Gleich in der Frühe fassten die Hohepriester, die Ältesten und die Schriftgelehrten, also der ganze Hohe Rat, über Jesus einen Beschluss. Sie ließen ihn fesseln und abführen

Jesu Botschaft vom Reich Gottes wird bewusst fehlinterpretiert. Er wollte nie König sein. Pilatus fällt drauf rein.

und lieferten ihn Pilatus aus. ²Pilatus fragte ihn: Bist du der König der Juden? Er antwortete ihm: Du sagst es. ³Die Hohepriester brachten viele Anklagen gegen ihn vor. ⁴Da wandte sich Pilatus wieder an ihn und fragte: Willst du denn nichts dazu sagen? Sieh doch, wie viele Anklagen sie gegen dich vorbringen. ⁵Jesus aber gab keine Antwort mehr, sodass Pilatus sich wunderte. ⁶Jeweils zum Fest ließ Pilatus einen Gefangenen frei, den sie sich ausbitten durften. ⁷Damals saß gerade ein Mann namens Barabbas im Gefängnis, zusammen mit anderen Aufrührern, die bei einem Aufstand einen Mord begangen hatten. ⁸Die Volksmenge zog zu Pilatus hinauf und verlangte, ihnen die gleiche Gunst zu gewähren wie sonst. ⁹Pilatus fragte sie: Wollt ihr, dass ich euch den König der Juden freilasse? ¹⁰Er merkte nämlich, dass die Hohepriester Jesus nur aus Neid an ihn ausgeliefert hatten. ¹¹Die Hohepriester aber wiegelten die Menge auf, lieber die Freilassung des Barabbas zu fordern. ¹²Pilatus wandte sich von Neuem an sie und fragte: Was soll ich dann mit dem tun, den ihr den König der Juden nennt? ¹³Da schrien sie: Kreuzige ihn! ¹⁴Pilatus entgegnete: Was hat er denn für ein Verbrechen begangen? Sie aber schrien noch lauter: Kreuzige ihn! ¹⁵Darauf ließ Pilatus, um die Menge zufriedenzustellen, Barabbas frei. Jesus lieferte er, nachdem er ihn hatte geißeln lassen, zur Kreuzigung aus.

Die Verspottung durch die römischen Soldaten

¹⁶Die Soldaten führten ihn ab, in den Hof hinein, der Prätorium heißt, und riefen die ganze Kohorte zusammen. ¹⁷Dann legten sie ihm einen Purpurmantel um und flochten einen Dornenkranz; den setzten sie ihm auf ¹⁸und grüßten ihn: Sei gegrüßt, König der Juden! ¹⁹Sie schlugen ihm mit einem Stock auf den Kopf und spuckten ihn an, beugten die Knie und huldigten ihm. ²⁰Nachdem sie so ihren Spott mit ihm getrieben hatten, nahmen sie ihm den Purpurmantel ab und zogen ihm seine eigenen Kleider wieder an.

Kreuzweg und Kreuzigung

Dann führten sie Jesus hinaus, um ihn zu kreuzigen. ²¹Einen Mann, der gerade vom Feld kam, Simon von Kyrene, den Vater des Alexander und des Rufus, zwangen sie, sein Kreuz zu tragen. ²²Und sie brachten Jesus an einen Ort namens Golgota, das heißt übersetzt: Schädelhöhe. ²³Dort reichten sie ihm Wein, der mit Myrrhe gewürzt war; er aber nahm ihn nicht. ²⁴Dann kreuzigten sie ihn. Sie verteilten seine Kleider, indem sie das Los über sie warfen, wer was bekommen sollte. ²⁵Es war die dritte Stunde, als sie ihn kreuzigten. ²⁶Und eine Aufschrift gab seine Schuld an: Der König der Juden. ²⁷Zusammen mit ihm kreuzigten sie zwei Räuber, den einen rechts von ihm, den andern links. [28]

Die Verspottung Jesu durch die Schaulustigen

²⁹Die Leute, die vorbeikamen, verhöhnten ihn, schüttelten den Kopf und riefen: Ach, du willst den Tempel niederreißen und in drei Tagen wieder aufbauen? ³⁰Rette dich selbst und steig herab vom Kreuz! ³¹Ebenso verhöhnten ihn auch die Hohepriester und die Schriftgelehrten und sagten untereinander: Andere hat er gerettet, sich selbst kann er nicht retten. ³²Der Christus, der König von Israel! Er soll jetzt vom Kreuz herabsteigen, damit wir sehen und glauben. Auch die bei-

den Männer, die mit ihm zusammen gekreuzigt wurden, beschimpften ihn.

Der Tod Jesu

³³Als die sechste Stunde kam, brach eine Finsternis über das ganze Land herein – bis zur neunten Stunde. ³⁴Und in der neunten Stunde schrie Jesus mit lauter Stimme: Eloï, Eloï, lema sabachtani?, das heißt übersetzt: Mein Gott, mein Gott, warum hast du mich verlassen? ³⁵Einige von denen, die dabeistanden und es hörten, sagten: Hört, er ruft nach Elija! ³⁶Einer lief hin, tauchte einen Schwamm in Essig, steckte ihn auf ein Rohr und gab Jesus zu trinken. Dabei sagte er: Lasst, wir wollen sehen, ob Elija kommt und ihn herabnimmt. ³⁷Jesus aber schrie mit lauter Stimme. Dann hauchte er den Geist aus. ³⁸Da riss der Vorhang im Tempel in zwei Teile von oben bis unten. ³⁹Als der Hauptmann, der Jesus gegenüberstand, ihn auf diese Weise sterben sah, sagte er: Wahrhaftig, dieser Mensch war Gottes Sohn. ⁴⁰Auch einige Frauen sahen von Weitem zu, darunter Maria aus Magdala, Maria, die Mutter von Jakobus dem Kleinen und Joses, sowie Salome; ⁴¹sie waren Jesus schon in Galiläa nachgefolgt und hatten ihm gedient. Noch viele andere Frauen waren dabei, die mit ihm nach Jerusalem hinaufgezogen waren.

Das Begräbnis Jesu

⁴²Da es Rüsttag war, der Tag vor dem Sabbat, und es schon Abend wurde, ⁴³ging Josef von Arimathäa, ein vornehmes Mitglied des Hohen Rats, der auch auf das Reich Gottes wartete, zu Pilatus und wagte es, um den Leichnam Jesu zu bitten. ⁴⁴Pilatus war überrascht, als er hörte, dass Jesus schon tot sei. Er ließ den Hauptmann kommen und fragte ihn, ob Jesus bereits gestorben sei. ⁴⁵Als er es vom Hauptmann erfahren hatte, überließ er Josef den Leichnam. ⁴⁶Josef kaufte ein Leinentuch, nahm Jesus vom Kreuz, wickelte ihn in das Tuch und legte ihn in ein Grab, das in einen Felsen gehauen war. Dann wälzte er einen Stein vor den Eingang des Grabes. ⁴⁷Maria aus Magdala aber und Maria, die Mutter des Joses, beobachteten, wohin er gelegt wurde.

Die Frauen am leeren Grab

16 ¹Als der Sabbat vorüber war, kauften Maria aus Magdala, Maria, die Mutter des Jakobus, und Salome wohlriechende Öle, um damit zum Grab zu gehen und Jesus zu salben. ²Am ersten Tag der Woche kamen sie in aller Frühe zum Grab, als eben die Sonne aufging. ³Sie sagten zueinander: Wer könnte uns den Stein vom Eingang des Grabes wegwälzen? ⁴Doch als sie hinblickten, sahen sie, dass der Stein schon weggewälzt war; er war sehr groß. ⁵Sie gingen in das Grab hinein und sahen auf der rechten Seite einen jungen Mann sitzen, der mit einem weißen Gewand bekleidet war; da erschraken sie sehr. ⁶Er aber sagte zu ihnen: Erschreckt nicht! Ihr sucht Jesus von Nazaret, den Gekreuzigten. Er ist auferstanden; er ist nicht hier. Seht, da ist die Stelle, wohin man ihn gelegt hat. ⁷Nun aber geht und sagt seinen Jüngern und dem Petrus: Er geht euch voraus nach Galiläa; dort werdet ihr ihn sehen, wie er es euch gesagt hat. ⁸Da verließen sie das Grab und flohen; denn Schrecken und Entsetzen hatte sie gepackt. Und sie sagten niemandem etwas davon; denn sie fürchteten sich.

Bibelstelle
Mk 1,1 – 16,8

Wer hat's erfunden?

Bist du eigentlich ein Fan von den drei Fragezeichen? Dieser Kinderbuch-Krimiserie? Mit den drei Detektiven Justus Jonas, Peter Shaw und Bob Andrews? Okay, Kinderbücher, aber es gibt ja auch unter Jugendlichen und Erwachsenen einen Haufen Fans dieser Serie. Haben wir gehört.
Die Geschichten spielen in Rocky Beach, einem fiktiven Ort in der Nähe von Los Angeles. Dort haben die drei Detektive ihr Büro auf einem Schrottplatz. In einem Wohnwagen mit Geheimgängen nach draußen, mit Telefon und einer Dunkelkammer. Erfunden hat die Geschichten der amerikanische Journalist und Autor Robert Arthur. Er hatte in den 1960er-Jahren schon viele Mystery-Geschichten für Erwachsene geschrieben und war sich sicher: Wenn einer solche Abenteuergeschichten für Kinder überzeugend und spannend schreiben konnte – dann er. Es gab nur ein Problem: Er war vollkommen unbekannt. Tja, schlechte Voraussetzungen für haufenweise Buchverkäufe.

Da griff er zu einem Trick: Alfred Hitchcock, der berühmte britische Filmregisseur war sein Freund. Der hat ja Filme gemacht, die legendär geworden sind: „Psycho" zum Beispiel oder „Die Vögel". Also kam der clevere Arthur auf die Idee, ihn als Schirmherrn und Herausgeber für die Serie zu gewinnen. Seine Idee war: „Mein literarisches Können plus die Prominenz des besten Regisseurs seiner Zeit – das muss ja ein Erfolg werden!"
Die Rechnung ging auf. Denn irrtümlich wurde eine Zeit lang durch diesen Kniff angenommen, dass Hitchcock der Autor der Bücher sei – und nicht Arthur. In Wirklichkeit hatte dieser lediglich die Erlaubnis erworben, Hitchcocks Namen und Konterfei für die Bücher zu verwenden. Auch das Vorwort Hitchcocks in den ersten Bänden der Reihe stammt nicht von diesem, sondern wurde von Arthur geschrieben. Hitchcock selbst war für die Serie nie als Autor tätig.

Mit diesem Trick begann jedenfalls eine literarische Erfolgsgeschichte, die bis in die Gegenwart andauert. 16,5 Millionen Drei-Fragezeichen-Bücher sind seitdem verkauft worden. Und 45 Millionen Hörspiel-CDs und -Kassetten. Dazu Filme, Computerspiele, Live-Hörspiele auf der Bühne. Das ganze Programm.
Ein Unbekannter schreibt also einen Text. Tut aber so, als hätte nicht er, sondern ein Genie den Text geschrieben. Und das Ding wird ein Riesenerfolg. Darauf muss man erst mal kommen? Nun, in aller Bescheidenheit: Genau darauf sind wir schon fast 2000 Jahre vor Robert Arthur gekommen.

In den 70er- und 80er-Jahren des ersten Jahrhunderts geht es natürlich nicht um Bücher, sondern um Briefe. Paulus war ein Weltmeister im Briefeschreiben. Haben wir weiter oben ja schon erzählt. Er schrieb Briefe, sie wurden mitgenommen, kopiert, an die Gemeinden verteilt. Und Paulus schrieb mit Einfluss, denn er hatte die Autorität des Apostels der ersten Generation. Augenzeugenstatus quasi.

Gut und schön. Aber was passiert, wenn Paulus tot ist? Wie können wir als Gruppe noch Einfluss behalten, wenn der mit dem größten Einfluss nicht mehr lebt? Haben wir uns gefragt. Tja: Wir haben das „Konzept des abwesenden Apostels" erfunden. Und Paulus zu unserem Alfred Hitchcock gemacht. Also einfach weiter Briefe geschrieben und sie so geschrieben, dass man meinen könnte, Paulus himself habe sie geschrieben. Wie den Brief an die Kolosser, um den es jetzt geht. Wir haben die Autorität des Paulus genutzt, um uns weiter Gehör zu verschaffen.

Wenn du so willst, haben wir einen erfundenen Brief an eine nicht mehr existierende Gemeinde geschrieben. Denn Kolossae ist bei einem Erdbeben im Jahre 60 zerstört worden. Wir haben uns eine doppelte Fiktion erlaubt. Quasi eine doppelte Lüge? Wenn du den Brief gleich liest, wirst du merken, dass uns das ziemlich gut gelungen ist. Einerseits. Andererseits ist natürlich klar: Ein Text hat auch immer den Sound des Verfassers. Daher klingt unser Text eben dennoch nach uns, so sehr wir uns auch bemühen, wie

Paulus zu klingen. Wir schaffen es halt nicht so ganz überzeugend. Unser Stil ist nicht so klar strukturiert wie der von Paulus. Wir schreiben assoziativer, in längeren, verschachtelten Sätzen. Manche sagen: langatmiger und blumiger. Wir benutzen andere Vokabeln als er und lassen Worte weg, die Paulus häufig verwendet hat. Wir argumentieren völlig anders als er. Haben andere Themen, beispielsweise spielt die Hoffnung, dass Christus bald wiederkommt, bei uns keine Rolle mehr. Uns ist halt wichtig zu betonen, dass die Erlösung mit der Auferstehung Jesu Christi schon begonnen hat. Wir müssen auf nichts mehr warten. Und wir schreiben von der Kirche. Die einzelnen, unterschiedlichen Ortsgemeinden haben wir gar nicht mehr so im Blick.
Du könntest ja sagen: „Was soll ich mit einer Geschichte anfangen, bei der nicht nur die Autorenschaft gelogen ist, sondern die ganze Story erfunden? Total unglaubwürdig."

Es ist schwer, etwas dagegen zu sagen. Also gilt: Wer zwei Mal lügt, dem glaubt man eher? Eine steile These, schon klar. Aber wir wollen schlicht die Theologie des Paulus weiterentwickeln. Obwohl wir ihn persönlich gar nicht gekannt haben. Wir Autoren haben uns hinter der Expertise und dem Genie des Paulus versteckt – und die Adressaten des Briefes hinter den Kolossern. Beide gibt es nicht mehr. Unser Brief soll wie ein Spiegel der „Paulus-Ära" sein, in dem sich die Menschen unserer Zeit betrachten können.

Wir haben also einen unechten Paulusbrief geschrieben, der aber als echter Paulusbrief gelesen werden möchte. Wir haben uns die Autorität des Paulus zu Nutze gemacht. Denn wir befinden uns in einer ähnlichen Situation wie die, die gerade das Markusevangelium schreiben. Jesu Tod ist 40 Jahre her. Die Generation der Zeitzeugen – Petrus, Paulus und Jakobus – lebt nicht mehr. Sie können wir nicht mehr befragen, wenn uns etwas unklar ist. Aber das Christentum hat sich längst noch nicht so weit gefestigt, dass es einen eindeutigen Rahmen für alles und jedes gibt. Alles ist im Werden. Theologien sind im Werden. Wir ringen um eine christliche Identität, von der christlichen Identität kann noch gar keine Rede sein. Sie ist auch im Werden.

Wir stehen am Anfang einer Tradition. Ihr habt schon eine Tradition, die 2000 Jahre alt ist. Ihr könnt immer wieder zurückblicken und in der Geschichte nachgucken: Ah, so haben es die Generationen vor uns gemacht. Das können wir nicht. Das ist das Problem. Wir haben keine Führungs- und Leitungsfigur mehr, die unsere Fragen beantworten könnte. Wir sind wie Robert Arthur, der mit den drei Fragezeichen eine neue Tradition beginnen will. Und dazu Alfred Hitchcock als Autorität bemüht. Unser Alfred heißt eben nur Paulus.

Wir müssen uns aus dem Nichts neu erfinden. Wir sind auf der Suche nach Orientierung. Wie sollen wir leben? Was sollen wir tun? Was leitet uns? Was übernehmen wir aus dem jüdischen Erbe? Vorschriften? Riten und Traditionen? Welche Werkzeuge zur Lebensgestaltung, welche Denkmodelle kommen neu aus dem paganen, säkularen Umfeld des Hellenismus dazu? Fragen über Fragen.

Sie gehören zum Geburtsschmerz des Christentums dazu. Zum Ringen um eine christliche Identität. Aus der Kulturwissenschaft wisst ihr heute, dass sich meistens erst in der dritten Generation entscheidet, was an Traditionen und Regeln weiter besteht. Dann, wenn die Enkelinnen und Enkel am Ruder sind. Wenn überlegt werden muss, was von der gemeinsam überlieferten Geschichte noch trägt. In der Regel beginnt diese Phase nach vierzig Jahren und ist etwa nach hundert Jahren abgeschlossen. Die Zeit dazwischen ist die spannende, aufregende, schwierige Zeit der Identitätssuche.

Diese Zeit ist jetzt, in den Jahren 70 bis 80.
Jetzt ist noch vieles im Fluss. Selbst wenn die Grundzüge klar sind, ist noch viel Spiel dazwischen. Noch gibt es unterschiedliche Varianten derselben Geschichte. Welche am Ende tragen wird, ist noch offen. Von diesem Spiel ist das ganze Neue Testament voll. Es zeigt den ganzen Prozess der lebendigen und kontroversen und unfassbar anstrengenden Auseinandersetzung um die christliche Identität.

Das Schreiben eines Briefes an eine fiktive Gemeinde mit einem fiktiven Autor nennen wir Pseudepigraphie. Der Kolosserbrief verlagert also einen Konflikt der Gegenwart zurück in die Vergangenheit. In eine Szenerie, in der der gute Paulus noch lebt. Seht, Paulus hat den Konflikt damals so und so gelöst. Durch die Konstruktion einer Tradition werden die Probleme der Gegenwart leichter zu lösen sein. Hoffen wir wenigstens. Und was ist unsere aktuelle Situation, und was sind unsere Probleme?

Wir sind schon Christinnen und Christen und sind es doch noch nicht. Wir haben die Hand schon am Pflug und wollen loslegen – und blicken doch noch zurück. Wir sind die, die dazwischen leben. Zwischen den Zeiten. Kulturen. Welten. Wir müssen uns in einer nichtchristlichen Welt zurechtfinden. Christsein bedeutet eine Änderung unseres Status, die im Alltag deutlich werden soll. Wie soll das klappen?

Möglichst konkret und pragmatisch, finden wir. Weg mit Zorn, Wut, Bosheit, Lästerungen und bescheuertem Reden übereinander. Schluss damit, nur eigene Bedürfnisse zu befriedigen. Mobbing ist Mist. Habsucht bringt es nicht. Denn in unserem Zusammenleben soll sich bereits der Himmel abbilden, also so etwas wie eine ideale Gesellschaft der freien und gleichen Menschen. Allerdings ohne sozialen Umsturz. Wir wollen wie Christen leben, aber in der Welt, wie wir sie um uns herum vorfinden und nicht abseits und abgetrennt von ihr in einer Sonderwelt.

Tatsächlich ist unser Konzept mit dem fiktiven Brief aufgegangen, denn es hat Nachahmer gefunden. Beim Epheserbrief ist das genauso gemacht worden. Auch bei den katholischen Briefen. Diese Methode jedenfalls ist ziemlich genial. Genauso wie die anonymen Evangelien hilft sie uns herauszufinden, wer wir sind. Was kann unser Brief euch heute noch sagen? Im Grunde ist unsere Situation wie eure. Weder ihr noch wir haben Jesus oder die erste Generation getroffen. Dennoch haben wir die frohe Botschaft gehört. Nun muss sie in unserem Leben ganz konkret deutlich werden. Im Grunde hat sich die Situation bei euch aber noch zugespitzt. Ihr lebt in weitgehend voneinander getrennten Milieus. Wenn die Menschen nicht wollen, müssen sie sich nicht begegnen. Müssen sie nichts miteinander zu tun haben. Es gilt die unendliche postmoderne Weite: in Überzeugungen, Werten, Sinnangeboten, religiösen Deutungsmustern. Es gibt nichts, was es nicht gibt. Ihr lebt als Christinnen und Christen nicht mehr in einem vertrauten geschlossenen christlichen Milieu, in dem ein verbindlicher Katalog von Werten und Überzeugungen gilt. Und gemeinsam gelebt wird.

Bei uns wie bei euch geht es um die christliche Identität. Was ist sie? Was soll gelten? Was darf aus dem säkularen Leben mit? Was muss anders werden? Die Kirche verändert sich immer. Bei uns und bei euch. Heute kämpfen Menschen für die Achtung von Homosexuellen in der Kirche. Für die gerechte Beteiligung von Frauen in ihrer Leitung. Die Identität der Kirche wandelt sich. Der Brief will dir sagen: Das war immer schon so. Und es ist nicht schlimm. Denn die persönliche Begegnung mit Jesus Christus verändert doch alles – immer mehr zum Heil.

Und unser Leben, dein Leben ist ein Teil der konkreten, aufregenden, nervigen, gewaltigen, gewaltsamen, abstoßenden, liebenswerten, schwierigen, wunderschönen und vor allem vielfältigen Welt. In ihr begegnest du Gott.
Eine andere gibt es nicht.

Der Brief an die Kolosser

1 ¹Paulus, Apostel Christi Jesu durch den Willen Gottes, und der Bruder Timotheus, ²an die heiligen und gläubigen Brüder in Christus, die in Kolossä sind, Gnade sei mit euch und Friede von Gott, unserm Vater.

Dank für die Gemeinde
³Wir danken Gott, dem Vater unseres Herrn Jesus Christus, allezeit, wenn wir für euch beten. ⁴Denn wir haben von eurem Glauben in Christus Jesus gehört und von der Liebe, die ihr zu allen Heiligen habt ⁵wegen der Hoffnung, die für euch im Himmel bereitliegt. Schon früher habt ihr davon gehört durch das wahre Wort des Evangeliums, ⁶das bei euch anwesend ist. Wie in der ganzen Welt, so trägt es auch bei euch Frucht und wächst seit dem Tag, an dem ihr den Ruf der göttlichen Gnade vernommen und in Wahrheit erkannt habt. ⁷So habt ihr es von Epaphras, unserm geliebten Mitknecht, gelernt. Er ist an unserer Stelle ein treuer Diener Christi ⁸und er hat uns auch von der Liebe berichtet, die der Geist in euch bewirkt hat.

Fürbitte für die Gemeinde
⁹Daher hören wir seit dem Tag, an dem wir davon erfahren haben, nicht auf, für euch zu beten und zu bitten, dass ihr mit der Erkenntnis seines Willens in aller Weisheit und geistlichen Einsicht erfüllt werdet. ¹⁰Denn ihr sollt ein Leben führen, das des Herrn würdig ist und in allem sein Gefallen findet. Ihr sollt Frucht bringen in jeder Art von guten Werken und wachsen in der Erkenntnis Gottes. ¹¹Er gebe euch in der Macht seiner Herrlichkeit viel Kraft, damit ihr in allem Geduld und Ausdauer habt.

Dank für die Erlösung
¹²Dankt dem Vater mit Freude! Er hat euch fähig gemacht, Anteil zu haben am Los der Heiligen, die im Licht sind. ¹³Er hat uns der Macht der Finsternis entrissen und aufgenommen in das Reich seines geliebten Sohnes. ¹⁴Durch ihn haben wir die Erlösung, die Vergebung der Sünden.

Christus, der Erstgeborene und Erlöser des Alls
¹⁵Er ist Bild des unsichtbaren Gottes, / der Erstgeborene der ganzen Schöpfung.
¹⁶Denn in ihm wurde alles erschaffen / im Himmel und auf Erden, / das Sichtbare und das Unsichtbare, / Throne und Herrschaften, Mächte und Gewalten; / alles ist durch ihn und auf ihn hin erschaffen.
¹⁷Er ist vor aller Schöpfung / und in ihm hat alles Bestand.
¹⁸Er ist das Haupt, / der Leib aber ist die Kirche. / Er ist der Ursprung, / der Erstgeborene der Toten; / so hat er in allem den Vorrang.
¹⁹Denn Gott wollte mit seiner ganzen Fülle in ihm wohnen, /
²⁰um durch ihn alles auf ihn hin zu versöhnen. / Alles im Himmel und auf Erden wollte er zu Christus führen, / der Frieden gestiftet hat am Kreuz durch sein Blut.

Aufruf an die Gemeinde
²¹Auch ihr standet ihm einst fremd und feindlich gegenüber; denn euer Sinn trieb euch zu bösen Taten. ²²Jetzt aber hat er euch durch den Tod seines sterblichen Leibes versöhnt, um euch heilig, untadelig und schuldlos vor sich hintreten zu lassen. ²³Doch müsst ihr im Glauben bleiben, fest und in ihm verwurzelt, und ihr dürft euch nicht von der Hoffnung des Evangeliums, das ihr gehört habt, abbringen lassen.

In der ganzen Schöpfung unter dem Himmel wurde es verkündet und ich, Paulus, bin sein Diener geworden.

Diener der Kirche für alle Menschen
[24]Jetzt freue ich mich in den Leiden, die ich für euch ertrage. Ich ergänze in meinem irdischen Leben, was an den Bedrängnissen Christi noch fehlt an seinem Leib, der die Kirche ist. [25]Ihr Diener bin ich geworden gemäß dem Heilsplan Gottes, um an euch das Wort Gottes zu erfüllen. [26]Er ist jenes Geheimnis, das seit ewigen Zeiten und Generationen verborgen war – jetzt aber seinen Heiligen offenbart wurde. [27]Ihnen wollte Gott kundtun, was der Reichtum der Herrlichkeit dieses Geheimnisses unter den Völkern ist: Christus ist unter euch, die Hoffnung auf Herrlichkeit. [28]Ihn verkünden wir; wir ermahnen jeden Menschen und belehren jeden Menschen in aller Weisheit, damit wir jeden Menschen vollkommen darstellen in Christus. [29]Dafür mühe ich mich und kämpfe ich mit Hilfe seiner Kraft, die machtvoll in mir wirkt.

Der Glaube der Gemeinde
2 [1]Ich will euch nämlich wissen lassen, was für einen schweren Kampf ich für euch und die Gläubigen in Laodikia zu bestehen habe, auch für alle anderen, die mich von Angesicht nie gesehen haben. [2]Dadurch sollen sie getröstet werden, verbunden in der Liebe, um die tiefe und reiche Einsicht zu erlangen und das Geheimnis Gottes zu erkennen, das Christus ist. [3]In ihm sind alle Schätze der Weisheit und Erkenntnis verborgen. [4]Das sage ich, damit euch niemand durch Überredungskünste täuscht. [5]Denn wenn ich auch leiblich fern von euch bin, im Geist bin ich doch bei euch. Mit Freude sehe ich, wie fest und geordnet euer Glaube an Christus ist. [6]Ihr habt also Christus Jesus als Herrn angenommen. Darum führt auch, wie es ihm entspricht, euren Lebenswandel! [7]Bleibt in ihm verwurzelt und auf ihn gegründet, gefestigt durch den Glauben, in dem ihr unterrichtet wurdet! Seid voller Dankbarkeit!

Warnung vor Irrlehrern
[8]Gebt Acht, dass euch niemand mit seiner Philosophie und leerem Trug einfängt, die sich nur auf menschliche Überlieferung stützen und sich auf die Elementarmächte der Welt berufen, nicht auf Christus! [9]Denn in ihm wohnt die ganze Fülle der Gottheit leibhaftig. [10]Durch ihn seid auch ihr davon erfüllt; denn er ist das Haupt aller Mächte und Gewalten. [11]In ihm habt ihr eine Beschneidung empfangen, die man nicht mit Händen vornimmt, nämlich die Beschneidung, die Christus gegeben hat. Wer sie empfängt, sagt sich los von seinem vergänglichen Leib. [12]Mit Christus wurdet ihr in der Taufe begraben, mit ihm auch auferweckt, durch den Glauben an die Kraft Gottes, der ihn von den Toten auferweckt hat. [13]Ihr wart tot infolge eurer Sünden und euer Fleisch war unbeschnitten; Gott aber hat euch mit Christus zusammen lebendig gemacht und uns alle Sünden vergeben. [14]Er hat den Schuldschein, der gegen uns sprach, durchgestrichen und seine Forderungen, die uns anklagten, aufgehoben. Er hat ihn dadurch getilgt, dass er ihn an das Kreuz geheftet hat. [15]Die Fürsten und Gewalten hat er entwaffnet und öffentlich zur Schau gestellt; durch Christus hat Gott über sie triumphiert.

[16]Darum soll euch niemand verurteilen wegen Speise und Trank oder wegen eines Festes, ob Neumond oder Sab-

bat. ¹⁷Das alles ist nur ein Schatten von dem, was kommen wird, die Wirklichkeit aber ist Christus. ¹⁸Niemand soll euch den Kampfpreis absprechen, der sich gefällt in Unterwürfigkeit und Verehrung, die er den Engeln erweist, der als Eingeweihter mit Visionen prahlt und sich ohne Grund nach weltlicher Art wichtig macht. ¹⁹Er hält sich nicht an das Haupt, von dem aus der ganze Leib durch Gelenke und Bänder versorgt und zusammengehalten wird und durch Gottes Wirken wächst. ²⁰Wenn ihr mit Christus den Elementarmächten der Welt gestorben seid, warum lasst ihr euch dann, als würdet ihr noch in der Welt leben, vorschreiben: ²¹Berühre das nicht, iss das nicht, fass das nicht an! ²²Das alles wird verbraucht und dadurch vernichtet. Menschliche Satzungen und Lehren sind es. ²³Man sagt zwar, in ihnen liege Weisheit, es sei freiwillige Frömmigkeit und Unterwürfigkeit, den Leib nicht zu schonen. Doch das bringt keine Ehre ein, sondern dient nur zur Befriedigung irdischer Eitelkeit.

Auferweckung der Gläubigen mit Christus

3 ¹Seid ihr nun mit Christus auferweckt, so strebt nach dem, was oben ist, wo Christus zur Rechten Gottes sitzt! ²Richtet euren Sinn auf das, was oben ist, nicht auf das Irdische! ³Denn ihr seid gestorben und euer Leben ist mit Christus verborgen in Gott. ⁴Wenn Christus, unser Leben, offenbar wird, dann werdet auch ihr mit ihm offenbar werden in Herrlichkeit.

Der alte und der neue Mensch

⁵Darum tötet, was irdisch an euch ist: Unzucht, Unreinheit, Leidenschaft, böse Begierde und die Habsucht, die Götzendienst ist! ⁶All das zieht den Zorn Gottes nach sich. ⁷Einst war auch euer Lebenswandel von solchen Dingen bestimmt, ihr habt darin gelebt. ⁸Jetzt aber sollt auch ihr das alles ablegen: Zorn, Wut, Bosheit, Lästerung und schmutzige Rede, die aus eurem Munde kommt. ⁹Belügt einander nicht; denn ihr habt den alten Menschen mit seinen Taten abgelegt ¹⁰und habt den neuen Menschen angezogen, der nach dem Bild seines Schöpfers erneuert wird, um ihn zu erkennen. ¹¹Da gibt es dann nicht mehr Griechen und Juden, Beschnittene und Unbeschnittene, Barbaren, Skythen, Sklaven, Freie, sondern Christus ist alles und in allen. ¹²Bekleidet euch also, als Erwählte Gottes, Heilige und Geliebte, mit innigem Erbarmen, Güte, Demut, Milde, Geduld! ¹³Ertragt einander und vergebt einander, wenn einer dem anderen etwas vorzuwerfen hat! Wie der Herr euch vergeben hat, so vergebt auch ihr! ¹⁴Vor allem bekleidet euch mit der Liebe, die das Band der Vollkommenheit ist! ¹⁵Und der Friede Christi triumphiere in euren Herzen. Dazu seid ihr berufen als Glieder des einen Leibes. Seid dankbar! ¹⁶Das Wort Christi wohne mit seinem ganzen Reichtum bei euch. In aller Weisheit belehrt und ermahnt einander! Singt Gott Psalmen, Hymnen und geistliche Lieder in Dankbarkeit in euren Herzen! ¹⁷Alles, was ihr in Wort oder Werk tut, geschehe im Namen Jesu, des Herrn. Dankt Gott, dem Vater, durch ihn!

Christliche Hausordnung

¹⁸Ihr Frauen, ordnet euch den Männern unter, wie es sich im Herrn geziemt! ¹⁹Ihr Männer, liebt die Frauen und seid nicht erbittert gegen sie! ²⁰Ihr

Die konkrete und ganz pragmatische Botschaft klingt wie Markus: Zieht das einmal als richtig Erkannte konsequent durch!

Kinder, gehorcht euren Eltern in allem, denn das ist dem Herrn wohlgefällig! ²¹Ihr Väter, schüchtert eure Kinder nicht ein, damit sie nicht mutlos werden! ²²Ihr Sklaven, gehorcht in allem euren irdischen Herren, nicht in einem augenfälligen Dienst, um Menschen zu gefallen, sondern in der Aufrichtigkeit des Herzens! Fürchtet den Herrn! ²³Tut eure Arbeit gern, als wäre sie für den Herrn und nicht für Menschen; ²⁴ihr wisst, dass ihr vom Herrn das Erbe als Lohn empfangen werdet. Dient Christus, dem Herrn! ²⁵Denn wer Unrecht tut, wird zurückbekommen, was er an Unrecht getan hat, ohne Ansehen der Person.

4 ¹Ihr Herren, gebt den Sklaven, was recht und billig ist; ihr wisst, dass auch ihr im Himmel einen Herrn habt.

Mahnungen an alle

²Lasst nicht nach im Beten; seid dabei wachsam und dankbar! ³Betet auch für uns, damit Gott uns eine Tür öffnet für das Wort und wir vom Geheimnis Christi sprechen können, um dessentwillen ich im Gefängnis bin; ⁴betet, damit ich es so kundtue, wie davon zu sprechen meine Pflicht ist! ⁵Seid weise im Umgang mit den Außenstehenden, nutzt die Zeit! ⁶Euer Wort sei immer freundlich, doch mit Salz gewürzt, denn ihr müsst jedem in der rechten Weise antworten können.

Persönliche Mitteilungen und Grüße

⁷Was mich betrifft, wird euch Tychikus, der geliebte Bruder und treue Diener und Mitknecht im Herrn, alles berichten. ⁸Ihn habe ich eigens zu euch gesandt, damit ihr alles über uns erfahrt und er eure Herzen ermutige. ⁹Er kommt mit Onesimus, dem treuen und geliebten Bruder, der ja einer von euch ist. Sie werden euch über alles berichten, was hier vor sich geht. ¹⁰Es grüßt euch Aristarch, mein Mitgefangener, und Markus, der Vetter des Barnabas – was ihn betrifft, dazu habt ihr schon Anweisungen erhalten; wenn er zu euch kommt, nehmt ihn auf! – ¹¹Auch Jesus, genannt Justus, grüßt euch. Von den Juden sind sie die Einzigen, die mit mir für das Reich Gottes arbeiten; durch sie bin ich getröstet worden. ¹²Es grüßt euch Epaphras, der Knecht Christi Jesu, einer von euch. Immer kämpft er für euch im Gebet, dass ihr vollkommen werdet und ganz durchdrungen seid vom Willen Gottes. ¹³Ich bezeuge ihm, dass er sich große Mühe gibt um euch und um die Gläubigen in Laodikia und Hiërapolis. ¹⁴Es grüßen euch Lukas, der geliebte Arzt, und Demas. ¹⁵Grüßt die Brüder in Laodikia, auch Nympha und die Gemeinde in ihrem Haus! ¹⁶Und wenn der Brief bei euch vorgelesen worden ist, sorgt dafür, dass er auch in der Gemeinde von Laodikia vorgelesen wird und dass ihr auch den aus Laodikia lest! ¹⁷Sagt dem Archippus: Achte auf den Dienst, den du im Herrn empfangen hast, damit du ihn erfüllst! ¹⁸Den Gruß schreibe ich, Paulus, eigenhändig. Denkt an meine Fesseln! Die Gnade sei mit euch!

Aha-Erlebnisse

Die frohe Botschaft wird zur frohen Lehre

Tut uns leid, aber wir müssen über Lehrer sprechen. Das Wort „Lehrer" stammt aus dem Mittelhochdeutschen und bedeutet: Der, der durch Nachspüren wissend macht. Cool oder? Klingt fast wie ein indianischer Name. Wie „Der mit dem Wolf tanzt".

Wir finden: Der Lehrer als ein Fährtenleger ist ein sehr schönes Bild. Er legt die Spur, die anderen folgen ihr. Voller Neugier. So ein Lehrer wollen wir sein. Wir wollen die, die uns zuhören, bilden. Wir wollen, dass sie Bescheid wissen. Wir wollen die, die unseren Text lesen oder hören, an die Hand nehmen. Wer unseren Text kennengelernt hat, dem sollen keine Fragen offenbleiben. Der soll bestens informiert sein. Sich auskennen.
Dir mag das hin und wieder ein wenig besserwisserisch vorkommen.

Aber das nehmen wir in Kauf. Wir wollen, dass du die großen Zusammenhänge kapierst. Dass die großen Fragen beantwortet sind. Ein- für allemal. Darauf kommt es uns an.

Wir schreiben ungefähr das Jahr 85. Wir arbeiten in Syrien. Wir legen ein Evangelium vor, das in einem klar jüdischen Kontext geschrieben ist. Wir sind eine Gemeinschaft, die sich aus einer Synagogengemeinde heraus entwickelt hat und die sich nun gegenüber der jüdischen Gemeinde abgrenzen muss. Ein eigenes theologisches Profil kann dabei helfen. Es beinhaltet zum einen Kontinuität. Wir halten an der Tora Israels fest. Jesu Sendung ist für uns zunächst auf Israel beschränkt. Deswegen schreiben wir von den verlorenen Schafen des Hauses Israel. Kontinuität. Alles bleibt so, wie es ist. Aber wenn wir darüber nachdenken, wer Jesus ist, dann denken wir an ihn als eine Art neuer Moses.

Alles bleibt – mit einem neuen Akzent. Wir wollen erzählen, wie gut sich Jesus in der Tora, der jüdischen Tradition, auskannte. Also sind nicht nur wir Lehrer, sondern vor allem Jesus. Er ist der Lehrer aller Lehrer. Der Professor, könnte man sagen. Darin zeigt sich seine Autorität. Jesus steht in der Tradition der Tora. Da gab es Propheten, die Großes angekündigt haben. Ihr habt darüber gelesen. Wir finden, dass diese Ankündigungen in Jesus Wirklichkeit geworden sind. Jesus ist der Höhepunkt der guten, heilsamen Geschichte Gottes mit seinem Volk. Daher fangen wir unser Evangelium mit einem Stammbaum an. Gott ist „Immanuel", ein Bild des Alten Testaments. Es bedeutet: Gott ist bei uns vom Anfang der Welt bis zum Ende. Das ist der Spannungsbogen unseres Evangeliums.

In der Lerngemeinschaft, für die wir schreiben, soll die Figur des Petrus eine wichtige Rolle spielen. Wir schildern seine überzeugende Glaubensstärke und seine Vollmacht, aber auch sein Zweifeln und, reden wir nicht drum herum: sein Versagen. Wir schildern ihn gerade wegen seiner Zweifel als ein Vorbild, in dessen zwiespältiger Figur sich Menschen späterer Generationen wiederfinden können.

Wir haben keinen völlig neuen Text geschrieben. Wenn du ihn liest, wirst du merken, dass das Grundgerüst zum Teil wortwörtlich aus dem Markusevangelium stammt. Und wenn du wissen willst, auf was es uns im Gegensatz zu Markus ankommt, dann legst du einfach beide Texte nebeneinander. Du wirst dann ganz schnell die Löcher sehen, die Markus gelassen hat, und die wir schließen. Loch um Loch. Weil wir befürchten, dass ihr ansonsten die Geschichte nicht versteht.

Beispiel: Am Anfang des Markusevangeliums taucht Jesus einfach aus dem Nichts auf. Wer er ist und wo er herkommt, wird nicht erwähnt. Also haben wir einen Stammbaum geschrieben. Er enthält einige Motive der Heilsgeschichte der Tora, in die wir Jesus nun einreihen. Es ist ein bisschen wie bei einem Tafelbild, bei dem der Lehrer total wichtige Begriffe mit gelber Kreide dick unterstreicht, damit es auch wirklich alle kapieren.

Wir sind auch auf den Kniff mit dem Kindsvater Josef gekommen, einem Träumer vor dem Herrn. Ist natürlich eine Reminiszenz an den Träumer Josef aus dem Alten Testament, den seine Brüder wegen exakt seiner Träumerei in den Brunnen geschmissen haben. Und der später Vizekönig in Ägypten wurde. Immer wenn der Kindsvater Josef träumt, kommt anschließend die Erklärung, warum er geträumt hat: Damit klar wird, dass sich das, was in der Tora schon angekündigt wurde, in Jesus erfüllt hat.
Oder wir haben den Erzählfaden mit den drei Magiern eingefügt. Damit schon am Anfang des Textes jeder versteht: Aha, die eigenen Leute haben Jesus nicht erkannt – Fremde, Ahnungslose und Heiden aber schon. Oder den Kindermord des Herodes. Es geht uns nicht darum, zu zeigen, wie grausam die Welt ist. Sondern es ist ein Bild, das das Motiv des stellvertretenden Opfers einführt: Am Anfang wird Jesus auf Kosten der anderen Kinder gerettet – am Ende rettet er die ganze Welt auf seine Kosten. Vermutlich habt ihr heute Schwierigkeiten mit dem Bild des Opfers. Es klingt grausam. Uns hilft es, die überragende Bedeutung Jesu zu verstehen. Überhaupt: Bei uns kriegt Jesus alle Zeit der Welt zum Reden und Erklären. Insgesamt fünf große, seiten-

lange Reden haben wir in die Grunderzählung des Markus eingebaut. Riesige Referate. Durch diese programmatischen Reden bekommt Jesus viel stärker die Gelegenheit, sich selbst darzustellen. Wer er ist. Was er zu sagen hat. Wie ein Lehrer oder ein Professor, der seine Schüler unterrichtet.

Zum Klassiker hat sich natürlich die Bergpredigt entwickelt. Aber auch die Reden davon, wie am Ende der Zeiten alles zu Ende gehen wird. Hier wollen wir die Jesusnachfolger motivieren zu einer Praxis des guten Handelns gegenüber Gott, dem Nächsten und der Gemeinde. Das Endgericht wird zeigen, dass gutes Handeln zum Heil führt. Und deswegen ist es gut, in der Gegenwart damit schon anzufangen.

Wir haben außerdem Gleichnisse Jesu in unseren Text eingebaut. Zum Beispiel das vom unbarmherzigen Gläubiger. Weil die, die Jesus nachgefolgt sind, Gnade, Liebe und Barmherzigkeit erfahren haben, müssen sie diese auch weitergeben. Hier wird deutlich, was auf dem Lehrplan Jesu quasi die dick unterstrichene Überschrift ist: So, wie ich an euch gehandelt habe, müsst ihr untereinander handeln – und gegebenenfalls sogar gegenüber denen, die euch mies behandeln. Aha.

Die wichtigsten Löcher, die wir in der Jesusgeschichte schließen, befinden sich am Ende des Markusevangeliums. Wir erinnern uns: Da hauen die Frauen ab. Das Grab ist leer. Alle haben Schiss. Keiner weiß, ob und wie es weitergeht.
Es ist weiter gegangen. Das wissen wir jetzt. Und deswegen ist unsere Erzählung hier nicht zu Ende. Ein leeres Grab allein erklärt nämlich noch gar nichts. Darauf wollen wir hinaus.

Weiterere Kniffe sind die Erscheinungsgeschichten. In unserem Text fliehen die Frauen nicht voller Angst, sondern eilen mit großer Freude los, um den Jüngern die Neuigkeiten zu erzählen. Auf dem Weg dahin begegnen sie Jesus, der sie in ihrer Freude noch bestärkt. So kommt es bei uns zum Happy End. Das Markusevangelium endete noch mit dem greifbaren Entsetzen aller. Und der

Frage: „Geht es jetzt überhaupt weiter? Und falls ja: wie?" Das ist für uns keine Frage mehr, echt nicht. Achtet mal auf den Schluss unseres Textes:

Die Jünger in der Abendsonne. Auf dem Berg. Und während sich der Himmel ganz langsam in ein sanftes Rot zu färben beginnt, erscheint – hach – Jesus. Auch wenn einige Anwesende noch immer zweifeln (auch die Jünger aus der ersten Reihe sind keine Naturtalente im Glauben und Vertrauen), spricht Jesus ihnen Mut zu und ergreift ein letztes Mal die Rolle des Lehrers beziehungsweise des Professors, der nun auch die anwesenden Jünger zu Lehrern fortbildet: Sie sollen Jesusnachfolger der nächsten Generationen in der Lehre Jesu unterweisen. Zum Guten motivieren. Zusammenhänge vermitteln.
Aha-Erlebnisse.

Wir glauben, dass das wichtig ist für alle, die weder Jesus noch die Jünger persönlich getroffen haben. Die frohe Botschaft muss so eindeutig und klar sein, dass du sie wie einen Lehrplan, wie ein Buch, wie eine Powerpoint-Präsentation unter den Arm klemmen und verlustfrei weitergeben kannst. Auch an den, der von der Jesusgeschichte noch nie etwas gehört hat.

Unser Auftrag lautet also:
Die frohe Botschaft muss zur frohen Lehre werden.

Aus dem Evangelium nach Matthäus

Der Stammbaum Jesu

1 ¹Buch des Ursprungs Jesu Christi, des Sohnes Davids, des Sohnes Abrahams:
²Abraham zeugte den Isaak, / Isaak zeugte den Jakob, / Jakob zeugte den Juda und seine Brüder.
³Juda zeugte den Perez und den Serach mit der Tamar. / Perez zeugte den Hezron, / Hezron zeugte den Aram,
⁴Aram zeugte den Amminadab, / Amminadab zeugte den Nachschon, / Nachschon zeugte den Salmon.
⁵Salmon zeugte den Boas mit der Rahab. / Boas zeugte den Obed mit der Rut. / Obed zeugte den Isai,
⁶Isai zeugte David, den König. / David zeugte den Salomo mit der Frau des Urija.
⁷Salomo zeugte den Rehabeam, / Rehabeam zeugte den Abija, / Abija zeugte den Asa,
⁸Asa zeugte den Joschafat, / Joschafat zeugte den Joram, / Joram zeugte den Usija.
⁹Usija zeugte den Jotam, / Jotam zeugte den Ahas, / Ahas zeugte den Hiskija,
¹⁰Hiskija zeugte den Manasse, / Manasse zeugte den Amos, / Amos zeugte den Joschija.
¹¹Joschija zeugte den Jojachin und seine Brüder; das war zur Zeit der Babylonischen Gefangenschaft.
¹²Nach der Babylonischen Gefangenschaft zeugte Jojachin den Schealtiël, / Schealtiël zeugte den Serubbabel,
¹³Serubbabel zeugte den Abihud, / Abihud zeugte den Eljakim, / Eljakim zeugte den Azor.
¹⁴Azor zeugte den Zadok, / Zadok zeugte den Achim, / Achim zeugte den Eliud,
¹⁵Eliud zeugte den Eleasar, / Eleasar zeugte den Mattan, / Mattan zeugte den Jakob.
¹⁶Jakob zeugte den Josef, den Mann Marias; / von ihr wurde Jesus geboren, / der der Christus genannt wird.
¹⁷Im Ganzen sind es also von Abraham bis David vierzehn Generationen, von David bis zur Babylonischen Gefangenschaft vierzehn Generationen und von der Babylonischen Gefangenschaft bis zu Christus vierzehn Generationen.

Über die Geburt Jesu

¹⁸Mit der Geburt Jesu Christi war es so: Maria, seine Mutter, war mit Josef verlobt; noch bevor sie zusammengekommen waren, zeigte sich, dass sie ein Kind erwartete – durch das Wirken des Heiligen Geistes. ¹⁹Josef, ihr Mann, der gerecht war und sie nicht bloßstellen wollte, beschloss, sich in aller Stille von ihr zu trennen. ²⁰Während er noch darüber nachdachte, siehe, da erschien ihm ein Engel des Herrn im Traum und sagte: Josef, Sohn Davids, fürchte dich nicht, Maria als deine Frau zu dir zu nehmen; denn das Kind, das sie erwartet, ist vom Heiligen Geist. ²¹Sie wird einen Sohn gebären; ihm sollst du den Namen Jesus geben; denn er wird sein Volk von seinen Sünden erlösen. ²²Dies alles ist geschehen, damit sich erfüllte, was der Herr durch den Propheten gesagt hat:
²³Siehe: Die Jungfrau wird empfangen / und einen Sohn gebären, / und sie werden ihm den Namen Immanuel geben, / das heißt übersetzt: Gott mit uns.
²⁴Als Josef erwachte, tat er, was der Engel des Herrn ihm befohlen hat-

> *Interessant am Stammbaum sind die Frauen. Alle Ausländerinnen. Von Tamar (Gen 39), Rahab (Jos 2), Batseba (Seite 21–23) und Rut (Seite 157–160) erzählt das Alte Testament.*

te, und nahm seine Frau zu sich. ²⁵Er erkannte sie aber nicht, bis sie ihren Sohn gebar. Und er gab ihm den Namen Jesus.

Die Huldigung der Sterndeuter

2 ¹Als Jesus zur Zeit des Königs Herodes in Betlehem in Judäa geboren worden war, siehe, da kamen Sterndeuter aus dem Osten nach Jerusalem ²und fragten: Wo ist der neugeborene König der Juden? Wir haben seinen Stern aufgehen sehen und sind gekommen, um ihm zu huldigen. ³Als König Herodes das hörte, erschrak er und mit ihm ganz Jerusalem. ⁴Er ließ alle Hohepriester und Schriftgelehrten des Volkes zusammenkommen und erkundigte sich bei ihnen, wo der Christus geboren werden solle. ⁵Sie antworteten ihm: in Betlehem in Judäa; denn so steht es geschrieben bei dem Propheten:
⁶Du, Betlehem im Gebiet von Juda, / bist keineswegs die unbedeutendste / unter den führenden Städten von Juda; / denn aus dir wird ein Fürst hervorgehen, / der Hirt meines Volkes Israel.
⁷Danach rief Herodes die Sterndeuter heimlich zu sich und ließ sich von ihnen genau sagen, wann der Stern erschienen war. ⁸Dann schickte er sie nach Betlehem und sagte: Geht und forscht sorgfältig nach dem Kind; und wenn ihr es gefunden habt, berichtet mir, damit auch ich hingehe und ihm huldige! ⁹Nach diesen Worten des Königs machten sie sich auf den Weg. Und siehe, der Stern, den sie hatten aufgehen sehen, zog vor ihnen her bis zu dem Ort, wo das Kind war; dort blieb er stehen. ¹⁰Als sie den Stern sahen, wurden sie von sehr großer Freude erfüllt. ¹¹Sie gingen in das Haus und sahen das Kind und Maria, seine Mutter; da fielen sie nieder und huldigten ihm. Dann holten sie ihre Schätze hervor und brachten ihm Gold, Weihrauch und Myrrhe als Gaben dar. ¹²Weil ihnen aber im Traum geboten wurde, nicht zu Herodes zurückzukehren, zogen sie auf einem anderen Weg heim in ihr Land.

Die Flucht nach Ägypten

¹³Als die Sterndeuter wieder gegangen waren, siehe, da erschien dem Josef im Traum ein Engel des Herrn und sagte: Steh auf, nimm das Kind und seine Mutter und flieh nach Ägypten; dort bleibe, bis ich dir etwas anderes auftrage; denn Herodes wird das Kind suchen, um es zu töten. ¹⁴Da stand Josef auf und floh in der Nacht mit dem Kind und dessen Mutter nach Ägypten. ¹⁵Dort blieb er bis zum Tod des Herodes. Denn es sollte sich erfüllen, was der Herr durch den Propheten gesagt hat: Aus Ägypten habe ich meinen Sohn gerufen.

Der Kindermord in Betlehem

¹⁶Als Herodes merkte, dass ihn die Sterndeuter getäuscht hatten, wurde er sehr zornig und er sandte aus und ließ in Betlehem und der ganzen Umgebung alle Knaben bis zum Alter von zwei Jahren töten, genau der Zeit entsprechend, die er von den Sterndeutern erfahren hatte. ¹⁷Damals erfüllte sich, was durch den Propheten Jeremia gesagt worden ist:
¹⁸Ein Geschrei war in Rama zu hören, / lautes Weinen und Klagen: / Rahel weinte um ihre Kinder / und wollte sich nicht trösten lassen, / denn sie waren nicht mehr.

Die Rückkehr aus Ägypten

¹⁹Als Herodes gestorben war, siehe, da erschien dem Josef in Ägypten ein Engel des Herrn im Traum ²⁰und sagte: Steh auf, nimm das Kind und sei-

ne Mutter und zieh in das Land Israel; denn die Leute, die dem Kind nach dem Leben getrachtet haben, sind tot. ²¹Da stand er auf und zog mit dem Kind und dessen Mutter in das Land Israel. ²²Als er aber hörte, dass in Judäa Archelaus an Stelle seines Vaters Herodes regierte, fürchtete er sich, dorthin zu gehen. Und weil er im Traum einen Befehl erhalten hatte, zog er in das Gebiet von Galiläa ²³und ließ sich in einer Stadt namens Nazaret nieder. Denn es sollte sich erfüllen, was durch die Propheten gesagt worden ist: Er wird Nazoräer genannt werden.

…

Einleitung zur Bergpredigt
5 ¹Als Jesus die vielen Menschen sah, stieg er auf den Berg. Er setzte sich und seine Jünger traten zu ihm. ²Und er öffnete seinen Mund, er lehrte sie und sprach:

Die Seligpreisungen
³Selig, die arm sind vor Gott; / denn ihnen gehört das Himmelreich.
⁴Selig die Trauernden; / denn sie werden getröstet werden.
⁵Selig die Sanftmütigen; / denn sie werden das Land erben.
⁶Selig, die hungern und dürsten nach der Gerechtigkeit; / denn sie werden gesättigt werden.
⁷Selig die Barmherzigen; / denn sie werden Erbarmen finden.
⁸Selig, die rein sind im Herzen; / denn sie werden Gott schauen.
⁹Selig, die Frieden stiften; / denn sie werden Kinder Gottes genannt werden.
¹⁰Selig, die verfolgt werden um der Gerechtigkeit willen; / denn ihnen gehört das Himmelreich.
¹¹Selig seid ihr, wenn man euch schmäht und verfolgt und alles Böse über euch redet um meinetwillen. ¹²Freut euch und jubelt: Denn euer Lohn wird groß sein im Himmel. So wurden nämlich schon vor euch die Propheten verfolgt.

Das Doppelbildwort vom Salz und vom Licht
¹³Ihr seid das Salz der Erde. Wenn das Salz seinen Geschmack verliert, womit kann man es wieder salzig machen? Es taugt zu nichts mehr, außer weggeworfen und von den Leuten zertreten zu werden. ¹⁴Ihr seid das Licht der Welt. Eine Stadt, die auf einem Berg liegt, kann nicht verborgen bleiben. ¹⁵Man zündet auch nicht eine Leuchte an und stellt sie unter den Scheffel, sondern auf den Leuchter; dann leuchtet sie allen im Haus. ¹⁶So soll euer Licht vor den Menschen leuchten, damit sie eure guten Taten sehen und euren Vater im Himmel preisen.

Über die Erfüllung der Weisung Gottes
¹⁷Denkt nicht, ich sei gekommen, um das Gesetz und die Propheten aufzuheben! Ich bin nicht gekommen, um aufzuheben, sondern um zu erfüllen. ¹⁸Amen, ich sage euch: Bis Himmel und Erde vergehen, wird kein Jota und kein Häkchen des Gesetzes vergehen, bevor nicht alles geschehen ist. ¹⁹Wer auch nur eines von den kleinsten Geboten aufhebt und die Menschen entsprechend lehrt, der wird im Himmelreich der Kleinste sein. Wer sie aber hält und halten lehrt, der wird groß sein im Himmelreich. ²⁰Darum sage ich euch: Wenn eure Gerechtigkeit nicht weit größer ist als die der Schriftgelehrten und der Pharisäer, werdet ihr nicht in das Himmelreich kommen.

> *Die Bergpredigt funktioniert wie die Zehn Gebote: Erst der Zuspruch: Du bist erlöst! Dann der Anspruch: Handle danach!*

Die neuen Thesen

²¹Ihr habt gehört, dass zu den Alten gesagt worden ist: Du sollst nicht töten; wer aber jemanden tötet, soll dem Gericht verfallen sein. ²²Ich aber sage euch: Jeder, der seinem Bruder auch nur zürnt, soll dem Gericht verfallen sein; und wer zu seinem Bruder sagt: Du Dummkopf!, soll dem Spruch des Hohen Rates verfallen sein; wer aber zu ihm sagt: Du Narr!, soll dem Feuer der Hölle verfallen sein. ²³Wenn du deine Opfergabe zum Altar bringst und dir dabei einfällt, dass dein Bruder etwas gegen dich hat, ²⁴so lass deine Gabe dort vor dem Altar liegen; geh und versöhne dich zuerst mit deinem Bruder, dann komm und opfere deine Gabe! ²⁵Schließ ohne Zögern Frieden mit deinem Gegner, solange du mit ihm noch auf dem Weg zum Gericht bist! Sonst wird dich dein Gegner vor den Richter bringen und der Richter wird dich dem Gerichtsdiener übergeben und du wirst ins Gefängnis geworfen. ²⁶Amen, ich sage dir: Du kommst von dort nicht heraus, bis du den letzten Pfennig bezahlt hast.

²⁷Ihr habt gehört, dass gesagt worden ist: Du sollst nicht die Ehe brechen. ²⁸Ich aber sage euch: Jeder, der eine Frau ansieht, um sie zu begehren, hat in seinem Herzen schon Ehebruch mit ihr begangen. ²⁹Wenn dich dein rechtes Auge zum Bösen verführt, dann reiß es aus und wirf es weg! Denn es ist besser für dich, dass eines deiner Glieder verloren geht, als dass dein ganzer Leib in die Hölle geworfen wird. ³⁰Und wenn dich deine rechte Hand zum Bösen verführt, dann hau sie ab und wirf sie weg! Denn es ist besser für dich, dass eines deiner Glieder verloren geht, als dass dein ganzer Leib in die Hölle kommt. ³¹Ferner ist gesagt worden: Wer seine Frau aus der Ehe entlässt, muss ihr eine Scheidungsurkunde geben. ³²Ich aber sage euch: Wer seine Frau entlässt, obwohl kein Fall von Unzucht vorliegt, liefert sie dem Ehebruch aus; und wer eine Frau heiratet, die aus der Ehe entlassen worden ist, begeht Ehebruch.

³³Ihr habt gehört, dass zu den Alten gesagt worden ist: Du sollst keinen Meineid schwören, und: Du sollst halten, was du dem Herrn geschworen hast. ³⁴Ich aber sage euch: Schwört überhaupt nicht, weder beim Himmel, denn er ist Gottes Thron, ³⁵noch bei der Erde, denn sie ist der Schemel seiner Füße, noch bei Jerusalem, denn es ist die Stadt des großen Königs! ³⁶Auch bei deinem Haupt sollst du nicht schwören; denn du kannst kein einziges Haar weiß oder schwarz machen. ³⁷Eure Rede sei: Ja ja, nein nein; was darüber hinausgeht, stammt vom Bösen.

³⁸Ihr habt gehört, dass gesagt worden ist: Auge um Auge und Zahn um Zahn. ³⁹Ich aber sage euch: Leistet dem, der euch etwas Böses antut, keinen Widerstand, sondern wenn dich einer auf die rechte Wange schlägt, dann halt ihm auch die andere hin! ⁴⁰Und wenn dich einer vor Gericht bringen will, um dir das Hemd wegzunehmen, dann lass ihm auch den Mantel! ⁴¹Und wenn dich einer zwingen will, eine Meile mit ihm zu gehen, dann geh zwei mit ihm! ⁴²Wer dich bittet, dem gib, und wer von dir borgen will, den weise nicht ab!

⁴³Ihr habt gehört, dass gesagt worden ist: Du sollst deinen Nächsten lieben und deinen Feind hassen. ⁴⁴Ich aber sage euch: Liebt eure Feinde und betet für die, die euch verfolgen, ⁴⁵damit ihr Kinder eures Vaters im Himmel werdet; denn er lässt seine Sonne aufgehen über Bösen und Guten und er lässt regnen über Gerechte und Ungerechte. ⁴⁶Wenn ihr nämlich nur die

liebt, die euch lieben, welchen Lohn könnt ihr dafür erwarten? Tun das nicht auch die Zöllner? ⁴⁷Und wenn ihr nur eure Brüder grüßt, was tut ihr damit Besonderes? Tun das nicht auch die Heiden? ⁴⁸Seid also vollkommen, wie euer himmlischer Vater vollkommen ist!

Vom Almosen

6 ¹Hütet euch, eure Gerechtigkeit vor den Menschen zu tun, um von ihnen gesehen zu werden; sonst habt ihr keinen Lohn von eurem Vater im Himmel zu erwarten. ²Wenn du Almosen gibst, posaune es nicht vor dir her, wie es die Heuchler in den Synagogen und auf den Gassen tun, um von den Leuten gelobt zu werden! Amen, ich sage euch: Sie haben ihren Lohn bereits erhalten. ³Wenn du Almosen gibst, soll deine linke Hand nicht wissen, was deine rechte tut, ⁴damit dein Almosen im Verborgenen bleibt; und dein Vater, der auch das Verborgene sieht, wird es dir vergelten.

Vom Beten – Das Vaterunser

⁵Wenn ihr betet, macht es nicht wie die Heuchler! Sie stellen sich beim Gebet gern in die Synagogen und an die Straßenecken, damit sie von den Leuten gesehen werden. Amen, ich sage euch: Sie haben ihren Lohn bereits erhalten. ⁶Du aber, wenn du betest, geh in deine Kammer, schließ die Tür zu; dann bete zu deinem Vater, der im Verborgenen ist! Dein Vater, der auch das Verborgene sieht, wird es dir vergelten. ⁷Wenn ihr betet, sollt ihr nicht plappern wie die Heiden, die meinen, sie werden nur erhört, wenn sie viele Worte machen. ⁸Macht es nicht wie sie; denn euer Vater weiß, was ihr braucht, noch ehe ihr ihn bittet. ⁹So sollt ihr beten:

Unser Vater im Himmel, / geheiligt werde dein Name,
¹⁰dein Reich komme, / dein Wille geschehe / wie im Himmel, so auf der Erde.
¹¹Gib uns heute das Brot, das wir brauchen!
¹²Und erlass uns unsere Schulden, / wie auch wir sie unseren Schuldnern erlassen haben!
¹³Und führe uns nicht in Versuchung, / sondern rette uns vor dem Bösen!
¹⁴Denn wenn ihr den Menschen ihre Verfehlungen vergebt, dann wird euer himmlischer Vater auch euch vergeben. ¹⁵Wenn ihr aber den Menschen nicht vergebt, dann wird euch euer Vater eure Verfehlungen auch nicht vergeben.

Vom Fasten

¹⁶Wenn ihr fastet, macht kein finsteres Gesicht wie die Heuchler! Sie geben sich ein trübseliges Aussehen, damit die Leute merken, dass sie fasten. Amen, ich sage euch: Sie haben ihren Lohn bereits erhalten. ¹⁷Du aber, wenn du fastest, salbe dein Haupt und wasche dein Gesicht, ¹⁸damit die Leute nicht merken, dass du fastest, sondern nur dein Vater, der im Verborgenen ist; und dein Vater, der das Verborgene sieht, wird es dir vergelten.

Von der rechten Sorge

¹⁹Sammelt euch nicht Schätze hier auf der Erde, wo Motte und Wurm sie zerstören und wo Diebe einbrechen und sie stehlen, ²⁰sondern sammelt euch Schätze im Himmel, wo weder Motte noch Wurm sie zerstören und keine Diebe einbrechen und sie stehlen! ²¹Denn wo dein Schatz ist, da ist auch dein Herz. ²²Die Leuchte des Leibes ist das Auge. Wenn dein Auge gesund ist, dann wird dein ganzer Leib hell sein. ²³Wenn aber dein Auge krank ist, dann wird dein ganzer Leib

finster sein. Wenn nun das Licht in dir Finsternis ist, wie groß muss dann die Finsternis sein! ²⁴Niemand kann zwei Herren dienen; er wird entweder den einen hassen und den andern lieben oder er wird zu dem einen halten und den andern verachten. Ihr könnt nicht Gott dienen und dem Mammon. ²⁵Deswegen sage ich euch: Sorgt euch nicht um euer Leben, was ihr essen oder trinken sollt, noch um euren Leib, was ihr anziehen sollt! Ist nicht das Leben mehr als die Nahrung und der Leib mehr als die Kleidung? ²⁶Seht euch die Vögel des Himmels an: Sie säen nicht, sie ernten nicht und sammeln keine Vorräte in Scheunen; euer himmlischer Vater ernährt sie. Seid ihr nicht viel mehr wert als sie? ²⁷Wer von euch kann mit all seiner Sorge sein Leben auch nur um eine kleine Spanne verlängern? ²⁸Und was sorgt ihr euch um eure Kleidung? Lernt von den Lilien des Feldes, wie sie wachsen: Sie arbeiten nicht und spinnen nicht. ²⁹Doch ich sage euch: Selbst Salomo war in all seiner Pracht nicht gekleidet wie eine von ihnen. ³⁰Wenn aber Gott schon das Gras so kleidet, das heute auf dem Feld steht und morgen in den Ofen geworfen wird, wie viel mehr dann euch, ihr Kleingläubigen! ³¹Macht euch also keine Sorgen und fragt nicht: Was sollen wir essen? Was sollen wir trinken? Was sollen wir anziehen? ³²Denn nach all dem streben die Heiden. Euer himmlischer Vater weiß, dass ihr das alles braucht. ³³Sucht aber zuerst sein Reich und seine Gerechtigkeit; dann wird euch alles andere dazugegeben. ³⁴Sorgt euch also nicht um morgen; denn der morgige Tag wird für sich selbst sorgen. Jeder Tag hat genug an seiner eigenen Plage.

Glauben = Vertrauen, nicht Fürwahrhalten.

Kleingläubige = Wenigvertrauer.

Vom Richten

7 ¹Richtet nicht, damit ihr nicht gerichtet werdet! ²Denn wie ihr richtet, so werdet ihr gerichtet werden und nach dem Maß, mit dem ihr messt, werdet ihr gemessen werden. ³Warum siehst du den Splitter im Auge deines Bruders, aber den Balken in deinem Auge bemerkst du nicht? ⁴Oder wie kannst du zu deinem Bruder sagen: Lass mich den Splitter aus deinem Auge herausziehen! – und siehe, in deinem Auge steckt ein Balken! ⁵Du Heuchler! Zieh zuerst den Balken aus deinem Auge, dann kannst du zusehen, den Splitter aus dem Auge deines Bruders herauszuziehen!

Von der Entweihung des Heiligen

⁶Gebt das Heilige nicht den Hunden und werft eure Perlen nicht den Schweinen vor, denn sie könnten sie mit ihren Füßen zertreten und sich umwenden und euch zerreißen!

Vom Vertrauen beim Beten

⁷Bittet und es wird euch gegeben; sucht und ihr werdet finden; klopft an und es wird euch geöffnet! ⁸Denn wer bittet, der empfängt; wer sucht, der findet; und wer anklopft, dem wird geöffnet. ⁹Oder ist einer unter euch, der seinem Sohn einen Stein gibt, wenn er um Brot bittet, ¹⁰oder eine Schlange, wenn er um einen Fisch bittet? ¹¹Wenn nun ihr, die ihr böse seid, euren Kindern gute Gaben zu geben wisst, wie viel mehr wird euer Vater im Himmel denen Gutes geben, die ihn bitten.

Zusammenfassung von Gesetz und Propheten: Die Goldene Regel

¹²Alles, was ihr wollt, dass euch die Menschen tun, das tut auch ihnen! Darin besteht das Gesetz und die Propheten.

Von den zwei Wegen

¹³Geht durch das enge Tor! Denn weit ist das Tor und breit der Weg, der ins Verderben führt, und es sind viele, die auf ihm gehen. ¹⁴Wie eng ist das Tor und wie schmal der Weg, der zum Leben führt, und es sind wenige, die ihn finden.

Von den falschen Propheten

¹⁵Hütet euch vor den falschen Propheten; sie kommen zu euch in Schafskleidern, im Inneren aber sind sie reißende Wölfe. ¹⁶An ihren Früchten werdet ihr sie erkennen. Erntet man etwa von Dornen Trauben oder von Disteln Feigen? ¹⁷Jeder gute Baum bringt gute Früchte hervor, ein schlechter Baum aber schlechte. ¹⁸Ein guter Baum kann keine schlechten Früchte hervorbringen und ein schlechter Baum keine guten. ¹⁹Jeder Baum, der keine guten Früchte hervorbringt, wird umgehauen und ins Feuer geworfen. ²⁰An ihren Früchten also werdet ihr sie erkennen.

Vom Erfüllen des Willens des Vaters

²¹Nicht jeder, der zu mir sagt: Herr! Herr!, wird in das Himmelreich kommen, sondern, wer den Willen meines Vaters im Himmel tut. ²²Viele werden an jenem Tag zu mir sagen: Herr, Herr, sind wir nicht in deinem Namen als Propheten aufgetreten und haben wir nicht in deinem Namen Dämonen ausgetrieben und haben wir nicht in deinem Namen viele Machttaten gewirkt? ²³Dann werde ich ihnen antworten: Ich kenne euch nicht. Weg von mir, ihr Gesetzlosen!

Bildwort vom klugen und törichten Hausbau

²⁴Jeder, der diese meine Worte hört und danach handelt, ist wie ein kluger Mann, der sein Haus auf Fels baute. ²⁵Als ein Wolkenbruch kam und die Wassermassen heranfluteten, als die Stürme tobten und an dem Haus rüttelten, da stürzte es nicht ein; denn es war auf Fels gebaut. ²⁶Und jeder, der diese meine Worte hört und nicht danach handelt, ist ein Tor, der sein Haus auf Sand baute. ²⁷Als ein Wolkenbruch kam und die Wassermassen heranfluteten, als die Stürme tobten und an dem Haus rüttelten, da stürzte es ein und wurde völlig zerstört.

Reaktion auf die Rede Jesu

²⁸Und es geschah, als Jesus diese Rede beendet hatte, war die Menge voll Staunen über seine Lehre; ²⁹denn er lehrte sie wie einer, der Vollmacht hat, und nicht wie ihre Schriftgelehrten.

…

Der Rangstreit der Jünger

18 ¹In jener Stunde kamen die Jünger zu Jesus und fragten: Wer ist denn im Himmelreich der Größte? ²Da rief er ein Kind herbei, stellte es in ihre Mitte ³und sagte: Amen, ich sage euch: Wenn ihr nicht umkehrt und werdet wie die Kinder, werdet ihr nicht in das Himmelreich hineinkommen. ⁴Wer sich so klein macht wie dieses Kind, der ist im Himmelreich der Größte. ⁵Und wer ein solches Kind in meinem Namen aufnimmt, der nimmt mich auf.

Das Gleichnis vom verlorenen Schaf

¹²Was meint ihr? Wenn jemand hundert Schafe hat und eines von ihnen sich verirrt, lässt er dann nicht die neunundneunzig auf den Bergen zurück, geht hin und sucht das verirrte? ¹³Und wenn er es findet – Amen, ich sage euch: Er freut sich über dieses eine mehr als über die neunundneun-

zig, die sich nicht verirrt haben. ¹⁴So will auch euer himmlischer Vater nicht, dass einer von diesen Kleinen verloren geht.

Die brüderliche Zurechtweisung
¹⁵Wenn dein Bruder gegen dich sündigt, dann geh und weise ihn unter vier Augen zurecht! Hört er auf dich, so hast du deinen Bruder zurückgewonnen. ¹⁶Hört er aber nicht auf dich, dann nimm einen oder zwei mit dir, damit die ganze Sache durch die Aussage von zwei oder drei Zeugen entschieden werde. ¹⁷Hört er auch auf sie nicht, dann sag es der Gemeinde! Hört er aber auch auf die Gemeinde nicht, dann sei er für dich wie ein Heide oder ein Zöllner. ¹⁸Amen, ich sage euch: Alles, was ihr auf Erden binden werdet, das wird auch im Himmel gebunden sein, und alles, was ihr auf Erden lösen werdet, das wird auch im Himmel gelöst sein. ¹⁹Weiter sage ich euch: Was auch immer zwei von euch auf Erden einmütig erbitten, werden sie von meinem himmlischen Vater erhalten. ²⁰Denn wo zwei oder drei in meinem Namen versammelt sind, da bin ich mitten unter ihnen.

Über die Pflicht zur Vergebung
²¹Da trat Petrus zu ihm und fragte: Herr, wie oft muss ich meinem Bruder vergeben, wenn er gegen mich sündigt? Bis zu siebenmal? ²²Jesus sagte zu ihm: Ich sage dir nicht: Bis zu siebenmal, sondern bis zu siebzigmal siebenmal. ²³Mit dem Himmelreich ist es deshalb wie mit einem König, der beschloss, von seinen Knechten Rechenschaft zu verlangen. ²⁴Als er nun mit der Abrechnung begann, brachte man einen zu ihm, der ihm zehntausend Talente schuldig war. ²⁵Weil er aber das Geld nicht zurückzahlen konnte, befahl der Herr, ihn mit Frau und Kindern und allem, was er besaß, zu verkaufen und so die Schuld zu begleichen. ²⁶Da fiel der Knecht vor ihm auf die Knie und bat: Hab Geduld mit mir! Ich werde dir alles zurückzahlen. ²⁷Der Herr des Knechtes hatte Mitleid, ließ ihn gehen und schenkte ihm die Schuld. ²⁸Als nun der Knecht hinausging, traf er einen Mitknecht, der ihm hundert Denare schuldig war. Er packte ihn, würgte ihn und sagte: Bezahl, was du schuldig bist! ²⁹Da fiel der Mitknecht vor ihm nieder und flehte: Hab Geduld mit mir! Ich werde es dir zurückzahlen. ³⁰Er aber wollte nicht, sondern ging weg und ließ ihn ins Gefängnis werfen, bis er die Schuld bezahlt habe. ³¹Als die Mitknechte das sahen, waren sie sehr betrübt; sie gingen zu ihrem Herrn und berichteten ihm alles, was geschehen war. ³²Da ließ ihn sein Herr rufen und sagte zu ihm: Du elender Knecht! Deine ganze Schuld habe ich dir erlassen, weil du mich angefleht hast. ³³Hättest nicht auch du mit deinem Mitknecht Erbarmen haben müssen, so wie ich mit dir Erbarmen hatte? ³⁴Und in seinem Zorn übergab ihn der Herr den Peinigern, bis er die ganze Schuld bezahlt habe. ³⁵Ebenso wird mein himmlischer Vater euch behandeln, wenn nicht jeder seinem Bruder von Herzen vergibt.

…

Die Frauen am leeren Grab
28 ¹Nach dem Sabbat, beim Anbruch des ersten Tages der Woche, kamen Maria aus Magdala und die andere Maria, um nach dem Grab zu sehen. ²Und siehe, es geschah ein gewaltiges Erdbeben; denn ein Engel des Herrn kam vom Himmel herab, trat an das Grab, wälzte den Stein weg und setzte sich darauf. ³Sein Aussehen war wie ein Blitz und sein Gewand

weiß wie Schnee. ⁴Aus Furcht vor ihm erbebten die Wächter und waren wie tot. ⁵Der Engel aber sagte zu den Frauen: Fürchtet euch nicht! Ich weiß, ihr sucht Jesus, den Gekreuzigten. ⁶Er ist nicht hier; denn er ist auferstanden, wie er gesagt hat. Kommt her und seht euch den Ort an, wo er lag! ⁷Dann geht schnell zu seinen Jüngern und sagt ihnen: Er ist von den Toten auferstanden und siehe, er geht euch voraus nach Galiläa, dort werdet ihr ihn sehen. Siehe, ich habe es euch gesagt. ⁸Sogleich verließen sie das Grab voll Furcht und großer Freude und sie eilten zu seinen Jüngern, um ihnen die Botschaft zu verkünden.

Die Erscheinung des Auferstandenen vor den Frauen

⁹Und siehe, Jesus kam ihnen entgegen und sagte: Seid gegrüßt! Sie gingen auf ihn zu, warfen sich vor ihm nieder und umfassten seine Füße. ¹⁰Da sagte Jesus zu ihnen: Fürchtet euch nicht! Geht und sagt meinen Brüdern, sie sollen nach Galiläa gehen und dort werden sie mich sehen.

Der Betrug der Hohepriester

¹¹Noch während die Frauen unterwegs waren, siehe, da kamen einige von den Wächtern in die Stadt und berichteten den Hohepriestern alles, was geschehen war. ¹²Diese fassten gemeinsam mit den Ältesten den Beschluss, die Soldaten zu bestechen. Sie gaben ihnen viel Geld ¹³und sagten: Erzählt den Leuten: Seine Jünger sind bei Nacht gekommen und haben ihn gestohlen, während wir schliefen. ¹⁴Falls der Statthalter davon hört, werden wir ihn beschwichtigen und dafür sorgen, dass ihr nichts zu befürchten habt. ¹⁵Die Soldaten nahmen das Geld und machten alles so, wie man es ihnen gesagt hatte. Und dieses Gerücht verbreitete sich bei den Juden bis heute.

Der Auftrag des Auferstandenen

¹⁶Die elf Jünger gingen nach Galiläa auf den Berg, den Jesus ihnen genannt hatte. ¹⁷Und als sie Jesus sahen, fielen sie vor ihm nieder, einige aber hatten Zweifel. ¹⁸Da trat Jesus auf sie zu und sagte zu ihnen: Mir ist alle Vollmacht gegeben im Himmel und auf der Erde. ¹⁹Darum geht und macht alle Völker zu meinen Jüngern; tauft sie auf den Namen des Vaters und des Sohnes und des Heiligen Geistes ²⁰und lehrt sie, alles zu befolgen, was ich euch geboten habe. Und siehe, ich bin mit euch alle Tage bis zum Ende der Welt.

Bibelstellen
Mt 1 – 2; 5 – 7;
18,1 – 5.12 – 35;
28

Eine knappe Vier reicht uns nicht

Was macht dich unverwechselbar? Was unterscheidet dich von allen anderen Menschen? Was macht dich zu dem, der du bist? Oder zu der, die du bist? Nur du. Was macht dich einmalig?

Erster Ansatz ist vielleicht dein Ausweis. Da ist dein Foto drauf. Dein Nachname. Dein Vorname. Dein Geburtsdatum. Die Stadt, in der du geboren bist. Augenfarbe und Größe. Das sind schon mal wichtige Merkmale deiner Identität. Und weiter? Du hörst gern deutschen Rap. Spielst Hockey. Schreibst Gedichte. Sprichst super Spanisch. Du hast aufgehört Fleisch zu essen, weil du dich für ökologische Zusammenhänge interessierst. Du bist gut in Mathe, liebst Zahlen, Formeln und Gleichungen.
So weit, so gut.

Deine Großeltern sind aus dem Iran nach Deutschland geflüchtet. Dein Opa war Arzt. Nach der Islamischen Revolution 1979 haben sie mit ihren Kindern das Land verlassen. Dein Opa konnte in Deutschland weiter als Mediziner arbeiten. Deine Oma hat sich um die Kinder gekümmert. Die Kinder, unter anderem deine Mutter, sind in Bochum in die Schule gegangen. Im Ruhrgebiet trafen die Großeltern auf eine größere Gruppe Exil-Iraner. Sie halfen ihnen beim Eingewöhnen in die neue Gesellschaft. Wohnungssuche. Sprachkurs. Bahai-Gemeinde. Das war toll für deine Familie. Deine Mutter fand schnell Freundinnen. Sie kamen zu euch zu Besuch. Gemeinsam habt ihr um den Tisch herumgesessen, die iranischen Nachbarn und die neuen deutschen Freundinnen und Freunde. Oft gab es Tschelo Kabab, das iranische Nationalgericht. Lecker.

Heute bist du 16 geworden und hast deinen Personalausweis abgeholt. Du betrachtest ihn nachdenklich. Staatsangehörigkeit: deutsch. Steht da. Für dich ist das selbstverständlich. Du fühlst dich sehr deutsch. Dein Ruhrpott-Akzent ist unverkennbar. Und doch ist dir die iranische Kultur heilig. Die Treffen mit deinen Cousins und Cousinen, deren Familien ebenfalls nach Deutschland gekommen sind. Dann gibt es Chorescht-e Fesendschan oder auch mal Gormeh Sabzi, einen grünen Eintopf. Und dazu Tee. Oder lieber ein Craft-Bier?
Was macht eure Familie, eure Gruppe einmalig? Welche Traditionen der iranischen Kultur würdet ihr niemals aufgeben? Warum nicht? Und was habt ihr von der Kultur, in die eure Großeltern eingewandert sind, übernommen und integriert? Was fiel leicht? Was schwer? Gab es No-Gos?

Während wir dies schreiben, sind wir wieder mal erstaunt, welche Bedeutung das Thema Identität auch im Neuen Testament spielt. Wie ein roter Faden zieht es sich durch. Immer geht es um die persönliche Identität: Was macht einen Christen zu einem Christen? Und: Was macht uns als Gruppe von Christinnen und Christen einmalig? Was unterscheidet uns von allen anderen? Was können wir von der Mehrheitsgesellschaft übernehmen? Und was dürfen wir niemals preisgeben? Diese Fragen sind für uns elementar. Wir diskutieren sie, andauernd. Anstrengend ist das. Aber notwendig.

Wir leben irgendwo im Großraum Syrien. Irgendwann im letzten Viertel des ersten Jahrhunderts. Innerhalb der hellenistisch-römischen Kultur sind wir eine Minderheit. Denn wir entstammen der judenchristlichen Kultur. Wir sind liberale Judenchristen. Wir haben uns bemüht, diese uns fremde Kultur kennenzulernen. Das hat geklappt. Wir sprechen ausgezeichnet Griechisch und können uns bestens ausdrücken. Wir sind Bildungsbürger im besten Sinn. Dennoch bleibt ein Fremdheitsgefühl. Wir spüren, dass wir anders sind als die anderen. Die griechische Sprache hilft da nichts. Und die Menschen um uns herum machen auch keinen Hehl daraus, dass wir anders sind:

„Ihr mit euren komischen Riten und Gebräuchen!", sagen sie. Manche sind richtig feindselig und ausgrenzend. Das ist nicht einfach für uns.
Vor allem für die von uns, die es im fremden Land zu etwas gebracht haben. Zum Beispiel Landbesitzer und Händler. Mehr und mehr haben auch Menschen aus höher gestellten Schichten Gefallen am Christentum gefunden. Sie verfügen über wirtschaftliche Macht und gesellschaftlichen Einfluss. Einerseits. Andererseits werden gerade sie von der Mehrheitsgesellschaft ausgegrenzt. „Macht keine Geschäfte mit denen!", sagen sie zu ihren Leuten. Das ist demütigend, demotivierend und geschäftsschädigend.

So fragen sich einige von uns, besonders die Reichen und die Christen aus der höheren Schicht: „Wäre es vielleicht besser, sich anzupassen? Sollten wir die gesellschaftliche Werteordnung der Mehrheitsgesellschaft anerkennen?" Das bedeutet aber beispielsweise, die Armen weniger zu unterstützen, wie das bei uns üblich ist. In der Mehrheitsgesellschaft aber nicht. Daher beginnen manchen Reichen von uns, die Armen und sozial Schwachen auf die Nerven zu gehen.

Was für uns Christen eigentlich eine Selbstverständlichkeit ist, nämlich die Solidarität mit den Armen und Schwachen, droht uns verloren zu gehen. Du siehst: Schwupps, schon sind wir wieder bei Identitätsfragen. Gehört es zur Identität der Christinnen und Christen, sich unter allen Umständen um die Armen zu kümmern? Wir meinen: Na, klar. Unbedingt! Aber: Wir merken, in welchen Konflikten unsere Leute leben müssen. Wir spüren ihre Ängste und Verunsicherungen. Wir wollen sie nicht im Stich lassen. Und um Einfluss auf sie zu bekommen, haben wir nach dem bewährten Influencer-Trick gegriffen: Wir haben einen Brief geschrieben.

Damit der Brief auch von denen gelesen wird, die ihn lesen sollen, haben wir ihn ganz frech mit Jakobus unterschrieben. Jakobus war ja nicht irgendwer. Er war der Bruder Jesu, Chef der Gemeinde von Jerusalem, somit einer der Stars der ersten Stunde.

Ein Vorbild der Extraklasse. Eine Ikone. Bekam später den Beinamen „der Gerechte". Jakobus war also eine erstklassige Wahl als Absender eines Mahnbriefs, der zu ethischem Verhalten anhalten soll. Ja, das haben wir richtig gut gemacht.

Weil wir uns vor allem in der jüdischen Weisheitsliteratur auskennen, benutzen wir für unsere Botschaft ihre Bilder, um klar zu machen, worum es geht. Der wahre Reichtum besteht nicht im Anhäufen von Geld. Dafür spitzen wir die Feder: „Euer Reichtum verfault, und eure Kleider werden von Motten zerfressen, euer Gold und Silber verrostet." Der wahre Reichtum besteht halt in einem christlichen Leben. Vor Gott zählen eben andere Werte: Sich selbst nicht zu wichtig zu nehmen, Reichtum nicht absolut zu setzen, Gott die Ehre zu geben, was bedeutet, ihm Platz im eigenen Leben zu überlassen. Solidarisch zu sein. Füreinander zu beten, vor allem, wenn jemand krank ist. Not zu sehen, hinzugehen und zu lindern.

Wir schreiben das, weil wir versuchen möchten, denjenigen von uns, die es in der Mehrheitsgesellschaft zu etwas gebracht haben, Orientierung zu geben. Wir sagen ihnen: „Ihr habt unglaubliche wirtschaftliche Möglichkeiten. Ihr könnt Einfluss bekommen, wenn ihr wollt. Aber manchmal ist es weise, auf diesen Einfluss zu verzichten, wenn der Preis dafür wäre, den Kontakt zu Gott zu verlieren."

Du merkst vielleicht: Uns geht es nicht um ein abstraktes Gedankenexperiment. Der Glaube als ein allgemeines schöngeistiges Theoriegebilde – das ist sinnlos, finden wir. Uns geht es um das alltägliche Leben in all seinen unterschiedlichen Facetten. Gesundheit und Krankheit. Gute und schlechte Tage. Und wie sich dieser Alltag mit dem Glauben verbindet. Also das, was wir an jedem Tag unseres Lebens konkret erleben, tun, entscheiden. Der Glaube muss sich mit dem Alltag verbinden. Er muss im Alltag sichtbar und wirksam sein. Werke und gutes Verhalten gehören zum Glauben dazu, finden wir. Wir schreiben: „Wenn ihr jedoch das königliche Gesetz gemäß der Schrift erfüllt: Du sollst deinen

Nächsten lieben wie dich selbst – dann handelt ihr recht." Zur christlichen Identität gehört, ordentlich mit den Armen umzugehen. Punkt. Wir müssen das so betonen, weil sich bei manchen von uns eine laxe Haltung eingeschlichen hat. Wenn wir doch die Erlösung durch Tod und Auferstehung Jesu bereits im Sack haben – warum sollen wir uns noch anstrengen?
Eine knappe Vier reicht doch zum „Bestehen".

Unsere Situation ist vergleichbar mit der Situation der Israeliten, als sie damals im babylonischen Exil waren. Fern der Heimat ist es wahrscheinlich normal, dass sich Menschen und Gruppen stärker mit ihrer Identität auseinandersetzen. Ob nun Israeliten in Babylon, Judenchristen irgendwo in Syrien oder iranische Bahai heute bei euch in Bochum. Wer bin ich? Wer sind wir? Welche Identitätsmarker haben wir? Welche können wir vernachlässigen? Welche müssen wir stärken? Immer sind es die gleichen Fragen. Uns ist es wichtig, beides miteinander in Einklang zu bringen und dabei keinesfalls Kernbestände unserer christlichen Identität aufzugeben.

Und es bleiben auch eure, deine Fragen. Überall wo Christinnen und Christen versuchen, christlich zu leben. In den unendlichen Weiten der Postmoderne. „Was gehört dauerhaft zu unserer Identität?", fragen sich Christinnen und Christen im totalitären und anti-religiösen China. Und auch die in der Klimaschutzgruppe junger Christinnen und Christen im Hambacher Forst. Im Bund katholischer Unternehmerinnen und Unternehmer. In der evangelischen Kinderhospizinitiative. Im muslimisch geprägten Duisburg-Marxloh. Oder deine christlichen Freunde, die mit dir gerade deinen 16. Geburtstag feiern.
Irgendwo in Bochum. Oder irgendwo an einem anderen spannenden Ort auf der Welt.

Der Brief des Jakobus

1 ¹Jakobus, Knecht Gottes und des Herrn Jesus Christus, grüßt die zwölf Stämme in der Diaspora.

Die Vielgestaltigkeit der Versuchungen

²Nehmt es voll Freude auf, meine Brüder und Schwestern, wenn ihr in mancherlei Versuchungen geratet! ³Ihr wisst, dass die Prüfung eures Glaubens Geduld bewirkt. ⁴Die Geduld aber soll zu einem vollkommenen Werk führen, damit ihr vollkommen und untadelig seid und es euch an nichts fehlt. ⁵Fehlt es aber einem von euch an Weisheit, dann soll er sie von Gott erbitten; Gott wird sie ihm geben, denn er gibt allen gern und macht niemandem einen Vorwurf. ⁶Wer bittet, soll aber im Glauben bitten und nicht zweifeln; denn wer zweifelt, gleicht einer Meereswoge, die vom Wind hin und her getrieben wird. ⁷Ein solcher Mensch bilde sich nicht ein, dass er vom Herrn etwas erhalten wird: ⁸Er ist ein Mann mit zwei Seelen, unbeständig auf all seinen Wegen.

⁹Der Bruder, der in niederem Stand lebt, rühme sich seiner hohen Würde, ¹⁰der Reiche aber seiner Niedrigkeit; denn er wird dahinschwinden wie die Blume im Gras. ¹¹Denn die Sonne geht auf mit ihrer Hitze und versengt das Gras; die Blume verwelkt und ihre Pracht vergeht. So wird auch der Reiche vergehen in allem, was er unternimmt.

¹²Selig der Mann, der in der Versuchung standhält. Denn wenn er sich bewährt, wird er den Kranz des Lebens erhalten, der denen verheißen ist, die Gott lieben. ¹³Keiner, der in Versuchung gerät, soll sagen: Ich werde von Gott in Versuchung geführt. Denn Gott lässt sich nicht zum Bösen versuchen, er führt aber auch selbst niemanden in Versuchung. ¹⁴Vielmehr wird jeder von seiner eigenen Begierde in Versuchung geführt, die ihn lockt und fängt. ¹⁵Wenn die Begierde dann schwanger geworden ist, bringt sie die Sünde zur Welt; ist die Sünde reif geworden, bringt sie den Tod hervor.

¹⁶Lasst euch nicht irreführen, meine geliebten Brüder und Schwestern: ¹⁷Jede gute Gabe und jedes vollkommene Geschenk kommt von oben herab, vom Vater der Gestirne, bei dem es keine Veränderung oder Verfinsterung gibt. ¹⁸Aus freiem Willen hat er uns durch das Wort der Wahrheit geboren, damit wir eine Erstlingsfrucht seiner Schöpfung seien.

Gottes Wort hören und tun

¹⁹Wisset, meine geliebten Brüder und Schwestern: Jeder Mensch sei schnell zum Hören, langsam zum Reden, langsam zum Zorn; ²⁰denn der Zorn eines Mannes schafft keine Gerechtigkeit vor Gott. ²¹Darum legt alles Schmutzige und die viele Bosheit ab und nehmt in Sanftmut das Wort an, das in euch eingepflanzt worden ist und die Macht hat, euch zu retten!

²²Werdet aber Täter des Wortes und nicht nur Hörer, sonst betrügt ihr euch selbst! ²³Wer nur Hörer des Wortes ist und nicht danach handelt, gleicht einem Menschen, der sein eigenes Gesicht im Spiegel betrachtet: ²⁴Er betrachtet sich, geht weg und schon hat er vergessen, wie er aussah. ²⁵Wer sich aber in das vollkommene Gesetz der Freiheit vertieft und an ihm festhält, wer es nicht nur hört und es wieder vergisst, sondern zum Täter des Werkes geworden ist, wird selig sein in seinem Tun.

²⁶Wenn einer meint, er diene Gott, aber seine Zunge nicht im Zaum hält,

sondern sein Herz betrügt, dessen Gottesdienst ist wertlos. ²⁷Ein reiner und makelloser Gottesdienst ist es vor Gott, dem Vater: für Waisen und Witwen in ihrer Not zu sorgen und sich unbefleckt von der Welt zu bewahren.

Verhalten gegenüber Reichen und Armen

2 ¹Meine Brüder und Schwestern, haltet den Glauben an unseren Herrn Jesus Christus, den Herrn der Herrlichkeit, frei von jedem Ansehen der Person! ²Wenn in eure Versammlung ein Mann mit goldenen Ringen und prächtiger Kleidung kommt und zugleich kommt ein Armer in schmutziger Kleidung ³und ihr blickt auf den Mann in der prächtigen Kleidung und sagt: Setz du dich hier auf den guten Platz! und zu dem Armen sagt ihr: Du stell dich oder setz dich dort zu meinen Füßen! – ⁴macht ihr dann nicht untereinander Unterschiede und seid Richter mit bösen Gedanken? ⁵Hört, meine geliebten Brüder und Schwestern! Hat nicht Gott die Armen in der Welt zu Reichen im Glauben und Erben des Reiches erwählt, das er denen verheißen hat, die ihn lieben? ⁶Ihr aber habt den Armen entehrt. Sind es nicht die Reichen, die euch unterdrücken und euch vor die Gerichte schleppen? ⁷Sind nicht sie es, die den guten Namen lästern, der über euch ausgerufen worden ist? ⁸Wenn ihr jedoch das königliche Gesetz gemäß der Schrift erfüllt: Du sollst deinen Nächsten lieben wie dich selbst!, dann handelt ihr recht. ⁹Wenn ihr aber nach dem Ansehen der Person handelt, begeht ihr eine Sünde und werdet vom Gesetz überführt, dass ihr es übertreten habt. ¹⁰Denn wer das ganze Gesetz hält, aber gegen ein einziges Gebot verstößt, der hat sich gegen alle verfehlt. ¹¹Denn der gesagt hat: Du sollst nicht die Ehe brechen!, hat auch gesagt: Du sollst nicht töten! Wenn du nun nicht die Ehe brichst, aber tötest, bist du ein Übertreter des Gesetzes geworden. ¹²Darum redet und handelt wie solche, die nach dem Gesetz der Freiheit gerichtet werden! ¹³Denn das Gericht ist erbarmungslos gegen den, der nicht mit Erbarmen gehandelt hat. Erbarmen triumphiert über das Gericht.

Glaube und Tat

¹⁴Was nützt es, meine Brüder und Schwestern, wenn einer sagt, er habe Glauben, aber es fehlen die Werke? Kann etwa der Glaube ihn retten? ¹⁵Wenn ein Bruder oder eine Schwester ohne Kleidung sind und ohne das tägliche Brot ¹⁶und einer von euch zu ihnen sagt: Geht in Frieden, wärmt und sättigt euch!, ihr gebt ihnen aber nicht, was sie zum Leben brauchen – was nützt das? ¹⁷So ist auch der Glaube für sich allein tot, wenn er nicht Werke vorzuweisen hat. ¹⁸Aber es könnte einer sagen: Du hast Glauben und ich kann Werke vorweisen; zeige mir deinen Glauben ohne die Werke und ich zeige dir aus meinen Werken den Glauben. ¹⁹Du glaubst: Es gibt nur einen Gott. Damit hast du Recht; das glauben auch die Dämonen und sie zittern. ²⁰Willst du also einsehen, du törichter Mensch, dass der Glaube ohne Werke nutzlos ist? ²¹Abraham, unser Vater, wurde er nicht aus den Werken als gerecht anerkannt, als er seinen Sohn Isaak auf den Opferaltar legte? ²²Du siehst, dass der Glaube mit seinen Werken zusammenwirkte und dass der Glaube aus den Werken zur Vollendung kam. ²³So hat sich das Wort der Schrift erfüllt:

> *Eine knappe Vier reicht nicht: Nicht auf der Überzeugung ausruhn, sondern auch was tun.*

Abraham glaubte Gott und das wurde ihm als Gerechtigkeit angerechnet und er wurde Freund Gottes genannt. [24]Ihr seht, dass der Mensch aus Werken gerechtfertigt wird und nicht aus Glauben allein. [25]Wurde nicht ebenso auch die Dirne Rahab durch ihre Werke als gerecht anerkannt, weil sie die Boten bei sich aufnahm und dann auf einem anderen Weg entkommen ließ? [26]Denn wie der Körper ohne den Geist tot ist, so ist auch der Glaube ohne Werke tot.

Die Macht der Zunge

3 [1]Nicht viele von euch sollen Lehrer werden, meine Brüder und Schwestern. Ihr wisst, dass wir im Gericht strenger beurteilt werden. [2]Denn wir alle verfehlen uns in vielen Dingen. Wer sich in seinen Worten nicht verfehlt, ist ein vollkommener Mann und kann auch seinen Körper völlig im Zaum halten. [3]Wenn wir den Pferden den Zaum anlegen, damit sie uns gehorchen, lenken wir damit das ganze Tier. [4]Siehe, auch die Schiffe: Sie sind groß und werden von starken Winden getrieben und doch lenkt sie der Steuermann mit einem sehr kleinen Steuer, wohin er will. [5]So ist auch die Zunge nur ein kleines Körperglied und rühmt sich großer Dinge. Und siehe, wie klein kann ein Feuer sein, das einen großen Wald in Brand steckt. [6]Auch die Zunge ist ein Feuer, eine Welt voll Ungerechtigkeit. Die Zunge ist es, die den ganzen Menschen verdirbt und das Rad des Lebens in Brand setzt; sie selbst aber wird von der Hölle in Brand gesetzt. [7]Denn jede Art von Tieren, auf dem Land und in der Luft, was am Boden kriecht und was im Meer schwimmt, lässt sich zähmen und ist vom Menschen auch gezähmt worden; [8]doch die Zunge kann kein Mensch zähmen, dieses ruhelose Übel, voll von tödlichem Gift. [9]Mit ihr preisen wir den Herrn und Vater und mit ihr verfluchen wir die Menschen, die nach dem Bilde Gottes geschaffen sind. [10]Aus ein und demselben Mund kommen Segen und Fluch. Meine Brüder und Schwestern, so darf es nicht sein. [11]Lässt etwa eine Quelle aus derselben Öffnung süßes und bitteres Wasser hervorsprudeln? [12]Kann denn, meine Brüder und Schwestern, ein Feigenbaum Oliven tragen oder ein Weinstock Feigen? So kann auch eine salzige Quelle kein Süßwasser hervorbringen.

Die Weisheit von oben

[13]Wer von euch ist weise und verständig? Er soll in weiser Bescheidenheit die Taten eines rechtschaffenen Lebens vorweisen. [14]Wenn ihr aber bittere Eifersucht und Streitsucht in eurem Herzen tragt, dann prahlt nicht und verfälscht nicht die Wahrheit! [15]Das ist nicht die Weisheit, die von oben kommt, sondern eine irdische, weltliche, teuflische Weisheit. [16]Wo nämlich Eifersucht und Streit herrschen, da gibt es Unordnung und böse Taten jeder Art. [17]Doch die Weisheit von oben ist erstens heilig, sodann friedfertig, freundlich, gehorsam, reich an Erbarmen und guten Früchten, sie ist unparteiisch, sie heuchelt nicht. [18]Die Frucht der Gerechtigkeit wird in Frieden für die gesät, die Frieden schaffen.

Warnung vor Zwietracht und vor Freundschaft mit der Welt

4 [1]Woher kommen Kriege bei euch, woher Streitigkeiten? Etwa nicht von den Leidenschaften, die in euren Gliedern streiten? [2]Ihr begehrt und erhaltet doch nichts. Ihr mordet und seid eifersüchtig und könnt dennoch nichts erreichen. Ihr streitet und führt Krieg. Ihr erhaltet nichts, weil ihr nicht bittet. ³Ihr bittet und empfangt doch nichts, weil ihr in böser Absicht bittet, um es in euren Leidenschaften zu verschwenden. ⁴Ihr Ehebrecher, wisst ihr nicht, dass Freundschaft mit der Welt Feindschaft mit Gott ist? Wer also ein Freund der Welt sein will, der wird zum Feind Gottes. ⁵Oder meint ihr, die Schrift sage ohne Grund: Eifersüchtig verlangt er nach dem Geist, den er in uns wohnen ließ? ⁶Doch er gibt noch größere Gnade; darum heißt es auch: Gott tritt den Stolzen entgegen, den Demütigen aber schenkt er Gnade. ⁷Ordnet euch also Gott unter, leistet dem Teufel Widerstand und er wird vor euch fliehen. ⁸Naht euch Gott, dann wird er sich euch nahen! Reinigt die Hände, ihr Sünder, läutert eure Herzen, ihr Menschen mit zwei Seelen! ⁹Klagt, trauert und weint! Euer Lachen verwandle sich in Trauer und eure Freude in Betrübnis. ¹⁰Demütigt euch vor dem Herrn und er wird euch erhöhen!

¹¹Verleumdet einander nicht, Brüder und Schwestern! Wer seinen Bruder oder seine Schwester verleumdet oder verurteilt, verleumdet das Gesetz und verurteilt das Gesetz; wenn du aber das Gesetz verurteilst, handelst du nicht nach dem Gesetz, sondern bist sein Richter. ¹²Nur einer ist der Gesetzgeber und Richter: er, der die Macht hat, zu retten und zu verderben. Wer aber bist du, dass du über deinen Nächsten richtest?

Warnung vor Selbstsicherheit

¹³Ihr aber, die ihr sagt: Heute oder morgen werden wir in diese oder jene Stadt reisen, dort werden wir ein Jahr bleiben, Handel treiben und Gewinne machen – ¹⁴ihr wisst doch nicht, was morgen mit eurem Leben sein wird. Rauch seid ihr, den man eine Weile sieht; dann verschwindet er. ¹⁵Ihr solltet lieber sagen: Wenn der Herr will, werden wir noch leben und dies oder jenes tun. ¹⁶Nun aber rühmt ihr euch voll Übermut. Solches Rühmen ist schlecht. ¹⁷Wer also das Gute tun kann und es nicht tut, der sündigt.

Warnung an die hartherzigen Reichen

5 ¹Ihr aber, ihr Reichen, weint nur und klagt über das Elend, das über euch kommen wird! ²Euer Reichtum verfault und eure Kleider sind von Motten zerfressen, ³euer Gold und Silber verrostet. Ihr Rost wird als Zeuge gegen euch auftreten und euer Fleisch fressen wie Feuer. Noch in den letzten Tagen habt ihr Schätze gesammelt. ⁴Siehe, der Lohn der Arbeiter, die eure Felder abgemäht haben, der Lohn, den ihr ihnen vorenthalten habt, schreit zum Himmel; die Klagerufe derer, die eure Ernte eingebracht haben, sind bis zu den Ohren des Herrn Zebaoth gedrungen. ⁵Ihr habt auf Erden geschwelgt und geprasst und noch am Schlachttag habt ihr eure Herzen gemästet. ⁶Verurteilt und umgebracht habt ihr den Gerechten, er aber leistete euch keinen Widerstand.

Mahnung zur Geduld

⁷Darum, Brüder und Schwestern, haltet geduldig aus bis zur Ankunft des Herrn! Siehe, auch der Bauer wartet auf die kostbare Frucht der Erde, er wartet geduldig auf sie, bis Frühregen oder Spätregen fällt. ⁸Ebenso geduldig sollt auch ihr sein; macht eure Herzen stark, denn die Ankunft des Herrn steht nahe bevor. ⁹Klagt nicht übereinander, Brüder und Schwestern, damit ihr nicht gerichtet werdet! Seht, der Richter steht schon vor der Tür. ¹⁰Brüder und Schwestern, im Leiden und in der Geduld nehmt euch die Propheten zum Vorbild, die im Namen des Herrn

gesprochen haben! ¹¹Siehe, wir preisen selig, die geduldig alles ertragen haben. Ihr habt von der Ausdauer des Ijob gehört und das Ende gesehen, das der Herr herbeigeführt hat. Denn der Herr ist voll Erbarmen und Mitleid.

Verbot des Schwörens

¹²Vor allem aber, meine Brüder und Schwestern, schwört nicht, weder beim Himmel noch bei der Erde noch irgendeinen anderen Eid! Euer Ja soll ein Ja sein und euer Nein ein Nein, damit ihr nicht dem Gericht verfallt.

Von der Macht des Gebetes

¹³Ist einer von euch bedrückt? Dann soll er beten. Ist jemand guten Mutes? Dann soll er ein Loblied singen. ¹⁴Ist einer unter euch krank, dann rufe er die Ältesten der Gemeinde zu sich; sie sollen Gebete über ihn sprechen und ihn im Namen des Herrn mit Öl salben. ¹⁵Das gläubige Gebet wird den Kranken retten und der Herr wird ihn aufrichten; und wenn er Sünden begangen hat, werden sie ihm vergeben. ¹⁶Darum bekennt einander eure Sünden und betet füreinander, damit ihr geheilt werdet! Viel vermag das inständige Gebet eines Gerechten. ¹⁷Elija war ein Mensch wie wir; er betete inständig, es solle nicht regnen, und es regnete drei Jahre und sechs Monate nicht auf der Erde. ¹⁸Und wiederum betete er; da gab der Himmel Regen und die Erde brachte ihre Früchte hervor.

Verantwortung für den verirrten Bruder

¹⁹Meine Brüder und Schwestern, wenn einer unter euch von der Wahrheit abirrt und jemand ihn zur Umkehr bewegt, ²⁰dann soll er wissen: Wer einen Sünder, der auf einem Irrweg ist, zur Umkehr bewegt, rettet ihn vor dem Tod und deckt viele Sünden zu.

Reichtum ist keine Schande

Remixen: Du kennst das aus der Musik. Songs werden geremixt, indem ihre Tonspuren neu abgemischt und zusammengestellt werden. So entstehen Alternativen zu den ursprünglichen Stücken. Zum Beispiel eine „Dancefloor-Version" mit besonderen rhythmischen Akzenten. Oder ein fürs Radiopublikum auf die perfekte Länge von 3:30 Minuten getrimmtes „Radio-Edit". Oder eine extralange „Extended Version". Dabei greifen Künstler bisweilen sehr radikal ins vorhandene Material ein. Bis du den Song fast nicht mehr erkennst. Dabei entstehen auch Remixe, die gezielt auf bestimmte Musikclubs und ihr Publikum zugeschnitten werden. Oft tauschen Musiker ihre Musikstücke miteinander aus und prägen ein fremdes Stück mit ihrem eigenen Stil. Das ist okay. Dem jeweiligen Remixer wird im Vertrauen auf sein Können meist völlig freie Hand gelassen.

Warum wir darüber reden? Nun, wir haben etwas Ähnliches gemacht. Wir haben einen Jesus-Remix fabriziert.
Das war dringend nötig. Weil wir mit dem Stück in eine andere Location umgezogen sind. In einen ganz anderen Club sozusagen. Und da passte das Stück, das wir kannten, einfach nicht mehr. Es brauchte einen anderen Beat. Einen anderen Sound.
Du merkst das schon am Anfang des Stücks, in den ersten Zeilen. Wir haben da eine Person erfunden: Theophilus. Freund Gottes heißt das übersetzt. Den gibt es zwar wirklich. Aber er steht auch als Chiffre stellvertretend für die Menschen, die wir mit dem Remix erreichen wollen.

Wir haben nicht alles neu geschrieben, sondern die Evangelien, die wir kannten, geremixt. Sondern das, was bisweilen wie der „Sektenjargon" einer kleinen Splittergruppe klingt, „aufgepimpt".

Damit eine völlig neue Zielgruppe die Geschichte kapiert. Damit sie versteht, dass auch sie mit der frohen Botschaft gemeint ist. Unser Remix ist nämlich für eine breite christliche Öffentlichkeit bestimmt. Für gehobene Schichten. Für die Gebildeten. Die Erfolgreichen. Die Influencer und Meinungsführer. Auch für die mit dem dicken Portemonnaie. Für all die Theophils dieser Welt. All die neuen Freunde Gottes.

Du wirst das sehr schnell merken, wenn du beim Lesen des Evangeliums darauf achtest, welche Personen in unserem Remix neu reingemixt oder, naja, gepimpt sind. Zum Beispiel der Zöllner Levi, den Jesus von seinem Zollhäuschen wegruft. Wenn du bei uns eine Zollstation ersteigern willst, brauchst du viel Geld, um die Lizenz zum Zollkassieren kaufen zu können. Und nur reiche Leute schaffen es, die Summe aufzubringen, die sie bar zahlen müssen. Zollpächter kannst du nicht auf Kredit werden.

Oder schau dir den reichen Hauptmann von Kafarnaum an. Ein reicher Heide mit Sympathien für die jüdische Religion, ein Mäzen, einer, der sich in der Rolle des Wohltäters gefällt. In unserem Remix ist er nicht nur reich, sondern auch einflussreich. Wenngleich es uns gerade hier auch darauf ankommt zu zeigen, dass sich selbst ein Reicher nicht alles kaufen kann. Sondern in der Krise – wie ein armer Mensch – lernen muss, sich Gott anzuvertrauen.

Oder nehmen wir die Frauen, die Jesus auf seiner Tour begleiten. Johanna, die Frau des Verwalters des Herodes, Susanna, Maria Magdalena und all die anderen. Sie sind nicht arm. Sie unterstützen Jesus mit ihrem Besitz. Mit ihrem eigenen. Nicht mit dem Besitz ihrer Ehemänner. Sie unterstützen Jesus, weil sie es können: weil sie finanziell unabhängig sind und nicht selbst hilfsbedürftig.

An einer Stelle in unserem Remix treiben wir es auf die Spitze. Wir begeben uns in die Welt der Hochfinanz, in die Welt der Reichsten unter den Reichen. Wir haben einen Mann hineingemixt, der im Großhandel sein Geld verdient (und wenn wir Großhandel schreiben, dann meinen wir das auch so: Er betreibt Handel im sehr großen Stil). Den Ökonomen oder Verwalter des Großhändlers. Und die Schuldner. Sie schulden dem Großhändler exorbitante Werte. So viele Schulden könnte ein Kleinbauer gar nicht anhäufen, selbst wenn er sich Mühe gäbe.

Unser Remix ist aber auch nicht für die Ohren von Kleinbauern bestimmt. Sondern für die Oberschicht. Für all die gemachten, freien Männer und Frauen ohne Geldsorgen. Warum ist uns das so wichtig? Wir wollen auch den Menschen mit viel Geld und Einfluss einen Weg aufzeigen, wie sie Jesus hinterher gehen können. Wir wollen, dass das Christentum auch für sie attraktiv ist. Denn am Ende des ersten Jahrhunderts leben viele Christinnen und Christen in soliden Verhältnissen. Und immer mehr Menschen, denen es wirtschaftlich gut geht und die über großes soziales Ansehen verfügen, kommen mit dem Christentum in Kontakt. Das Christentum beginnt, sich zu verbürgerlichen.

Können Reichtum, Macht, Ansehen und Einfluss bei der Nachfolge hinderlich sein? Wir finden: Jein. Ja, wenn Besitz zur Besessenheit wird und die Menschen den Blick für die anderen um sie herum verlieren. Dann macht Besitz asozial. Nein, wenn der, der über eine solide finanzielle Basis verfügt, diese Mittel nutzt, um den Armen unter die Arme zu greifen. Mit Almosen. Dann hat Besitz eine soziale Funktion.

Es kommt halt darauf an, was man mit seinem Besitz macht. Wir finden: Die Distanz zum Besitz muss nicht äußerlich sein. Das heißt: Ein Reicher muss nicht unbedingt alles verschenken und arm werden. Seine Distanz zum Reichtum kann auch eine innerliche sein. Bisweilen ist das womöglich die klügere christliche Haltung. Finden wir. Solange Reichtum, Macht, Ansehen und Einfluss nicht Herz und Hirn bestimmen. Und vernebeln. Wie bei Gollum in „Der Herr der Ringe", der geradezu besessen ist von seinem „Schatz".

Das ist die Grenze. Christen dürfen reich sein. Kein Problem. Wenn sie aber in ihrem Reichtum die Armen verachten, wenn sie nicht mehr teilen, wenn sie alles für sich behalten wollen, wenn sie nicht großzügig, freigebig und barmherzig handeln, dann fangen die Probleme an. Den Nächsten liegen zu lassen und seine Not zu ignorieren, weil man reich ist – das geht gar nicht.
Und so haben wir uns erlaubt, in unserem Remix von einem Jesus zu erzählen, der um die Armen besorgt ist, aber nicht selbst arm ist. Wir können es uns sogar leisten, die Familie Jesu aufzupimpen. Jesus ist ein armer Zimmermannssohn? Nö. Im Gegenteil. Seine Familie ist wohlhabend genug, um jedes Jahr zum Passahfest nach Jerusalem reisen zu können. Unsere Absicht ist dir bestimmt klar: Du kannst dich mit einer Figur einer Geschichte besser identifizieren, wenn sie aus deiner eigenen Schicht kommt. Kurz gesagt: Wir brauchten für die Verkündigung der frohen Botschaft an unsere Zielgruppe einen Jesus, der sozial bessergestellt ist als der, den wir im Markusevangelium entdeckt haben. Damit er all die Theophilusse bei uns erreicht.

Na klar, wir haben die Armen durchaus im Blick, aber sie sind nicht die Zielgruppe unserer Verkündigung. Für sie ist unser Remix gar nicht bestimmt. Sondern für die Reichen. Sie nehmen wir in unseren Geschichten mit zu den Armen. Gewissermaßen. Dort angekommen lernen sie am Beispiel Jesu, wie sie mit ihnen umgehen sollen. Dadurch bekommen sie einen anderen Blick auf die Armen. Und auf sich selbst. Und auf ihren Reichtum. Damit er ihnen eben nicht das Hirn vernebelt. Sondern damit die Reichen und Mächtigen lernen, dass ihr eigenes Wohlergehen erst dann anfängt, wenn sie selbst von ihrem Wohlstand abgeben. Insofern: Wohltätigkeit beseitigt die Armut. Nicht Gleichmacherei. Unser Remix plädiert nicht für eine Art von Sozialismus. Wir finden: Wenn sich die Reichen der Armen annehmen sollen, braucht es verlässliche Strukturen. Ohne Geld und Besitz kann es keine Barmherzigkeit geben. Unsere Gemeinden werden reicher. Wir bekommen mehr Einfluss. Also können und müssen wir auch die Armenversorgung nun in größerem Stil organisieren.

Vielleicht merkst du, wie aktuell unsere Überlegungen auch für deine Zeit sind. Denn ihr diskutiert gerade dieselben Fragen. Deine Kirche ist unglaublich reich. Und es gibt Menschen, die finden, sie ist zu reich. Sie sagen: Der Reichtum vernebelt die Botschaft Jesu. Der Reichtum lässt keinen Platz für Gott. Die Kirche muss Strukturen abbauen. Sie beschäftigt zu viele Mitarbeiterinnen und Mitarbeiter, die selbst gar nicht mehr gläubig sind und zur Kirche gehen. Wir sagen: Vorsicht! Der Mensch, der sich in der Herberge professionell um den Mann kümmert, den der barmherzige Samariter verletzt in der Wüste gefunden hat – er hätte der erste professionelle Sozialarbeiter sein können. Wir sagen: Die christlichen Kirchen müssen fachlich und effektiv arbeiten können.

Wir sagen in unserem Remix: Reichtum ist keine Schande. Einfluss auch nicht. Macht schon gar nicht. Wenn sie der Gemeinschaft und dem Heil der Menschen dienen.

Aus dem Evangelium nach Lukas

1 ¹Schon viele haben es unternommen, eine Erzählung über die Ereignisse abzufassen, die sich unter uns erfüllt haben. ²Dabei hielten sie sich an die Überlieferung derer, die von Anfang an Augenzeugen und Diener des Wortes waren. ³Nun habe auch ich mich entschlossen, nachdem ich allem von Beginn an sorgfältig nachgegangen bin, es für dich, hochverehrter Theophilus, der Reihe nach aufzuschreiben. ⁴So kannst du dich von der Zuverlässigkeit der Lehre überzeugen, in der du unterwiesen wurdest.

Die Ankündigung der Geburt Johannes' des Täufers

⁵Es gab in den Tagen des Herodes, des Königs von Judäa, einen Priester namens Zacharias, der zur Abteilung des Abija gehörte. Seine Frau stammte aus dem Geschlecht Aarons; ihr Name war Elisabet. ⁶Beide lebten gerecht vor Gott und wandelten untadelig nach allen Geboten und Vorschriften des Herrn. ⁷Sie hatten keine Kinder, denn Elisabet war unfruchtbar und beide waren schon in vorgerücktem Alter. ⁸Es geschah aber, als seine Abteilung wieder an der Reihe war und er den priesterlichen Dienst vor Gott verrichtete, ⁹da traf ihn, wie nach der Priesterordnung üblich, das Los, in den Tempel des Herrn hineinzugehen und das Rauchopfer darzubringen. ¹⁰Während er nun zur festgelegten Zeit das Rauchopfer darbrachte, stand das ganze Volk draußen und betete. ¹¹Da erschien dem Zacharias ein Engel des Herrn; er stand auf der rechten Seite des Rauchopferaltars. ¹²Als Zacharias ihn sah, erschrak er und es befiel ihn Furcht. ¹³Der Engel aber sagte zu ihm: Fürchte dich nicht, Zacharias! Dein Gebet ist erhört worden. Deine Frau Elisabet wird dir einen Sohn gebären; dem sollst du den Namen Johannes geben. ¹⁴Du wirst dich freuen und jubeln und viele werden sich über seine Geburt freuen. ¹⁵Denn er wird groß sein vor dem Herrn. Wein und berauschende Getränke wird er nicht trinken und schon vom Mutterleib an wird er vom Heiligen Geist erfüllt sein. ¹⁶Viele Kinder Israels wird er zum Herrn, ihrem Gott, hinwenden. ¹⁷Er wird ihm mit dem Geist und mit der Kraft des Elija vorangehen, um die Herzen der Väter den Kindern zuzuwenden und die Ungehorsamen zu gerechter Gesinnung zu führen und so das Volk für den Herrn bereit zu machen. ¹⁸Zacharias sagte zu dem Engel: Woran soll ich das erkennen? Denn ich bin ein alter Mann und auch meine Frau ist in vorgerücktem Alter. ¹⁹Der Engel erwiderte ihm: Ich bin Gabriel, der vor Gott steht, und ich bin gesandt worden, um mit dir zu reden und dir diese frohe Botschaft zu bringen. ²⁰Und siehe, du sollst stumm sein und nicht mehr reden können bis zu dem Tag, an dem dies geschieht, weil du meinen Worten nicht geglaubt hast, die in Erfüllung gehen, wenn die Zeit dafür da ist. ²¹Inzwischen wartete das Volk auf Zacharias und wunderte sich, dass er so lange im Tempel blieb. ²²Als er dann herauskam, konnte er nicht mit ihnen sprechen. Da merkten sie, dass er im Tempel eine Erscheinung gehabt hatte. Er gab ihnen nur Zeichen und blieb stumm. ²³Als die Tage seines Dienstes zu Ende waren, kehrte er nach Hause zurück. ²⁴Bald darauf wurde seine Frau Elisabet schwanger

> *Gabriel heißt übrigens „Gott ist mein Held". Lukas führt neue Helden ein: u.a. einen Oberzöllner und eine Sünderin.*

und lebte fünf Monate lang zurückgezogen. Sie sagte: ²⁵Der Herr hat mir geholfen; er hat in diesen Tagen gnädig auf mich geschaut und mich von der Schmach befreit, mit der ich unter den Menschen beladen war.

Die Ankündigung der Geburt Jesu

²⁶Im sechsten Monat wurde der Engel Gabriel von Gott in eine Stadt in Galiläa namens Nazaret ²⁷zu einer Jungfrau gesandt. Sie war mit einem Mann namens Josef verlobt, der aus dem Haus David stammte. Der Name der Jungfrau war Maria. ²⁸Der Engel trat bei ihr ein und sagte: Sei gegrüßt, du Begnadete, der Herr ist mit dir. ²⁹Sie erschrak über die Anrede und überlegte, was dieser Gruß zu bedeuten habe. ³⁰Da sagte der Engel zu ihr: Fürchte dich nicht, Maria; denn du hast bei Gott Gnade gefunden. ³¹Siehe, du wirst schwanger werden und einen Sohn wirst du gebären; dem sollst du den Namen Jesus geben. ³²Er wird groß sein und Sohn des Höchsten genannt werden. Gott, der Herr, wird ihm den Thron seines Vaters David geben. ³³Er wird über das Haus Jakob in Ewigkeit herrschen und seine Herrschaft wird kein Ende haben. ³⁴Maria sagte zu dem Engel: Wie soll das geschehen, da ich keinen Mann erkenne? ³⁵Der Engel antwortete ihr: Der Heilige Geist wird über dich kommen und Kraft des Höchsten wird dich überschatten. Deshalb wird auch das Kind heilig und Sohn Gottes genannt werden. ³⁶Siehe, auch Elisabet, deine Verwandte, hat noch in ihrem Alter einen Sohn empfangen; obwohl sie als unfruchtbar gilt, ist sie schon im sechsten Monat. ³⁷Denn für Gott ist nichts unmöglich. ³⁸Da sagte Maria: Siehe, ich bin die Magd des Herrn; mir geschehe, wie du es gesagt hast. Danach verließ sie der Engel.

Die Begegnung zwischen Maria und Elisabet

³⁹In diesen Tagen machte sich Maria auf den Weg und eilte in eine Stadt im Bergland von Judäa. ⁴⁰Sie ging in das Haus des Zacharias und begrüßte Elisabet. ⁴¹Und es geschah, als Elisabet den Gruß Marias hörte, hüpfte das Kind in ihrem Leib. Da wurde Elisabet vom Heiligen Geist erfüllt ⁴²und rief mit lauter Stimme: Gesegnet bist du unter den Frauen und gesegnet ist die Frucht deines Leibes. ⁴³Wer bin ich, dass die Mutter meines Herrn zu mir kommt? ⁴⁴Denn siehe, in dem Augenblick, als ich deinen Gruß hörte, hüpfte das Kind vor Freude in meinem Leib. ⁴⁵Und selig, die geglaubt hat, dass sich erfüllt, was der Herr ihr sagen ließ. ⁴⁶Da sagte Maria:

Meine Seele preist die Größe des Herrn / ⁴⁷und mein Geist jubelt über Gott, meinen Retter.

⁴⁸Denn auf die Niedrigkeit seiner Magd hat er geschaut. / Siehe, von nun an preisen mich selig alle Geschlechter.

⁴⁹Denn der Mächtige hat Großes an mir getan / und sein Name ist heilig.

⁵⁰Er erbarmt sich von Geschlecht zu Geschlecht / über alle, die ihn fürchten.

⁵¹Er vollbringt mit seinem Arm machtvolle Taten: / Er zerstreut, die im Herzen voll Hochmut sind;

⁵²er stürzt die Mächtigen vom Thron / und erhöht die Niedrigen.

⁵³Die Hungernden beschenkt er mit seinen Gaben / und lässt die Reichen leer ausgehen.

⁵⁴Er nimmt sich seines Knechtes Israel an / und denkt an sein Erbarmen,

⁵⁵das er unsern Vätern verheißen hat, / Abraham und seinen Nachkommen auf ewig.

⁵⁶Und Maria blieb etwa drei Monate bei ihr; dann kehrte sie nach Hause zurück.

Die Geburt des Täufers

⁵⁷Für Elisabet aber erfüllte sich die Zeit, dass sie gebären sollte, und sie brachte einen Sohn zur Welt. ⁵⁸Ihre Nachbarn und Verwandten hörten, welch großes Erbarmen der Herr ihr erwiesen hatte, und freuten sich mit ihr. ⁵⁹Und es geschah: Am achten Tag kamen sie zur Beschneidung des Kindes und sie wollten ihm den Namen seines Vaters Zacharias geben. ⁶⁰Seine Mutter aber widersprach und sagte: Nein, sondern er soll Johannes heißen. ⁶¹Sie antworteten ihr: Es gibt doch niemanden in deiner Verwandtschaft, der so heißt. ⁶²Da fragten sie seinen Vater durch Zeichen, welchen Namen das Kind haben solle. ⁶³Er verlangte ein Schreibtäfelchen und schrieb darauf: Johannes ist sein Name. Und alle staunten. ⁶⁴Im gleichen Augenblick konnte er Mund und Zunge wieder gebrauchen und er redete und pries Gott. ⁶⁵Und alle ihre Nachbarn gerieten in Furcht und man sprach von all diesen Dingen im ganzen Bergland von Judäa. ⁶⁶Alle, die davon hörten, nahmen es sich zu Herzen und sagten: Was wird wohl aus diesem Kind werden? Denn die Hand des Herrn war mit ihm.

⁶⁷Sein Vater Zacharias wurde vom Heiligen Geist erfüllt und begann prophetisch zu reden:

⁶⁸Gepriesen sei der Herr, der Gott Israels! / Denn er hat sein Volk besucht und ihm Erlösung geschaffen;

⁶⁹er hat uns einen starken Retter erweckt / im Hause seines Knechtes David.

⁷⁰So hat er verheißen von alters her / durch den Mund seiner heiligen Propheten.

⁷¹Er hat uns errettet vor unseren Feinden / und aus der Hand aller, die uns hassen;

⁷²er hat das Erbarmen mit den Vätern an uns vollendet / und an seinen heiligen Bund gedacht,

⁷³an den Eid, den er unserm Vater Abraham geschworen hat;

⁷⁴er hat uns geschenkt, dass wir, aus Feindeshand befreit, / ihm furchtlos dienen

⁷⁵in Heiligkeit und Gerechtigkeit vor seinem Angesicht all unsre Tage.

⁷⁶Und du, Kind, wirst Prophet des Höchsten heißen; / denn du wirst dem Herrn vorangehen und ihm den Weg bereiten.

⁷⁷Du wirst sein Volk mit der Erfahrung des Heils beschenken / in der Vergebung seiner Sünden.

⁷⁸Durch die barmherzige Liebe unseres Gottes / wird uns besuchen das aufstrahlende Licht aus der Höhe,

⁷⁹um allen zu leuchten, / die in Finsternis sitzen und im Schatten des Todes, / und unsre Schritte zu lenken auf den Weg des Friedens.

⁸⁰Das Kind wuchs heran und wurde stark im Geist. Und es lebte in der Wüste bis zu dem Tag, an dem es seinen Auftrag für Israel erhielt.

Die Geburt Jesu

2 ¹Es geschah aber in jenen Tagen, dass Kaiser Augustus den Befehl erließ, den ganzen Erdkreis in Steuerlisten einzutragen. ²Diese Aufzeichnung war die erste; damals war Quirinius Statthalter von Syrien. ³Da ging jeder in seine Stadt, um sich eintragen zu lassen. ⁴So zog auch Josef von der Stadt Nazaret in Galiläa hinauf nach Judäa in die Stadt Davids, die Betlehem heißt; denn er war aus dem Haus und Geschlecht Davids. ⁵Er wollte sich eintragen lassen mit Maria, seiner Verlobten, die ein Kind erwartete. ⁶Es geschah, als sie dort waren, da erfüllten sich die Tage, dass sie gebären sollte, ⁷und sie gebar ihren Sohn, den Erstgeborenen. Sie wickelte ihn in Windeln und legte ihn in eine Krippe, weil in der Herberge kein Platz für sie war. [8]In dieser Gegend lagerten Hirten auf freiem Feld und hielten Nachtwache bei ihrer Herde. [9]Da trat ein Engel des Herrn zu ihnen und die Herrlichkeit des Herrn umstrahlte sie und sie fürchteten sich sehr. [10]Der Engel sagte zu ihnen: Fürchtet euch nicht, denn siehe, ich verkünde euch eine große Freude, die dem ganzen Volk zuteilwerden soll: [11]Heute ist euch in der Stadt Davids der Retter geboren; er ist der Christus, der Herr. [12]Und das soll euch als Zeichen dienen: Ihr werdet ein Kind finden, das, in Windeln gewickelt, in einer Krippe liegt. [13]Und plötzlich war bei dem Engel ein großes himmlisches Heer, das Gott lobte und sprach:

[14]Ehre sei Gott in der Höhe / und Friede auf Erden / den Menschen seines Wohlgefallens.

[15]Und es geschah, als die Engel von ihnen in den Himmel zurückgekehrt waren, sagten die Hirten zueinander: Lasst uns nach Betlehem gehen, um das Ereignis zu sehen, das uns der Herr kundgetan hat! [16]So eilten sie hin und fanden Maria und Josef und das Kind, das in der Krippe lag. [17]Als sie es sahen, erzählten sie von dem Wort, das ihnen über dieses Kind gesagt worden war. [18]Und alle, die es hörten, staunten über das, was ihnen von den Hirten erzählt wurde. [19]Maria aber bewahrte alle diese Worte und erwog sie in ihrem Herzen. [20]Die Hirten kehrten zurück, rühmten Gott und priesen ihn für alles, was sie gehört und gesehen hatten, so wie es ihnen gesagt worden war.

[21]Als acht Tage vorüber waren und das Kind beschnitten werden sollte, gab man ihm den Namen Jesus, den der Engel genannt hatte, bevor das Kind im Mutterleib empfangen war.

Vorbereitung aufs Heldenleben: Jesus mit 12 im Tempel. Eine Pubertätsgeschichte.

Das Zeugnis des Simeon und der Hanna

[22]Als sich für sie die Tage der vom Gesetz des Mose vorgeschriebenen Reinigung erfüllt hatten, brachten sie das Kind nach Jerusalem hinauf, um es dem Herrn darzustellen, [23]wie im Gesetz des Herrn geschrieben ist: Jede männliche Erstgeburt soll dem Herrn heilig genannt werden. [24]Auch wollten sie ihr Opfer darbringen, wie es das Gesetz des Herrn vorschreibt: ein Paar Turteltauben oder zwei junge Tauben. [25]Und siehe, in Jerusalem lebte ein Mann namens Simeon. Dieser Mann war gerecht und fromm und wartete auf den Trost Israels und der Heilige Geist ruhte auf ihm. [26]Vom Heiligen Geist war ihm offenbart worden, er werde den Tod nicht schauen, ehe er den Christus des Herrn gesehen habe. [27]Er wurde vom Geist in den Tempel geführt; und als die Eltern das Kind Jesus hereinbrachten, um mit ihm zu tun, was nach dem Gesetz üblich war, [28]nahm Simeon das Kind in seine Arme und pries Gott mit den Worten:
[29]Nun lässt du, Herr, deinen Knecht, / wie du gesagt hast, in Frieden scheiden.
[30]Denn meine Augen haben das Heil gesehen, / [31]das du vor allen Völkern bereitet hast,
[32]ein Licht, das die Heiden erleuchtet, / und Herrlichkeit für dein Volk Israel.
[33]Sein Vater und seine Mutter staunten über die Worte, die über Jesus gesagt wurden. [34]Und Simeon segnete sie und sagte zu Maria, der Mutter Jesu: Siehe, dieser ist dazu bestimmt, dass in Israel viele zu Fall kommen und aufgerichtet werden, und er wird ein Zeichen sein, dem widersprochen wird, – [35]und deine Seele wird ein Schwert durchdringen. So sollen die Gedanken vieler Herzen offenbar werden. [36]Damals lebte auch Hanna,

eine Prophetin, eine Tochter Penuëls, aus dem Stamm Ascher. Sie war schon hochbetagt. Als junges Mädchen hatte sie geheiratet und sieben Jahre mit ihrem Mann gelebt; ³⁷nun war sie eine Witwe von vierundachtzig Jahren. Sie hielt sich ständig im Tempel auf und diente Gott Tag und Nacht mit Fasten und Beten. ³⁸Zu derselben Stunde trat sie hinzu, pries Gott und sprach über das Kind zu allen, die auf die Erlösung Jerusalems warteten. ³⁹Als seine Eltern alles getan hatten, was das Gesetz des Herrn vorschreibt, kehrten sie nach Galiläa in ihre Stadt Nazaret zurück. ⁴⁰Das Kind wuchs heran und wurde stark, erfüllt mit Weisheit und Gottes Gnade ruhte auf ihm.

Der zwölfjährige Jesus im Tempel

⁴¹Die Eltern Jesu gingen jedes Jahr zum Paschafest nach Jerusalem. ⁴²Als er zwölf Jahre alt geworden war, zogen sie wieder hinauf, wie es dem Festbrauch entsprach. ⁴³Nachdem die Festtage zu Ende waren, machten sie sich auf den Heimweg. Der Knabe Jesus aber blieb in Jerusalem, ohne dass seine Eltern es merkten. ⁴⁴Sie meinten, er sei in der Pilgergruppe, und reisten eine Tagesstrecke weit; dann suchten sie ihn bei den Verwandten und Bekannten. ⁴⁵Als sie ihn nicht fanden, kehrten sie nach Jerusalem zurück und suchten nach ihm. ⁴⁶Da geschah es, nach drei Tagen fanden sie ihn im Tempel; er saß mitten unter den Lehrern, hörte ihnen zu und stellte Fragen. ⁴⁷Alle, die ihn hörten, waren erstaunt über sein Verständnis und über seine Antworten. ⁴⁸Als seine Eltern ihn sahen, waren sie voll Staunen und seine Mutter sagte zu ihm: Kind, warum hast du uns das angetan? Siehe, dein Vater und ich haben dich mit Schmerzen gesucht. ⁴⁹Da sagte er zu ihnen: Warum habt ihr mich gesucht? Wusstet ihr nicht, dass ich in dem sein muss, was meinem Vater gehört? ⁵⁰Doch sie verstanden das Wort nicht, das er zu ihnen gesagt hatte. ⁵¹Dann kehrte er mit ihnen nach Nazaret zurück und war ihnen gehorsam. Seine Mutter bewahrte all die Worte in ihrem Herzen. ⁵²Jesus aber wuchs heran und seine Weisheit nahm zu und er fand Gefallen bei Gott und den Menschen.

…

Erstes Auftreten in Galiläa

4 ¹⁴Jesus kehrte, erfüllt von der Kraft des Geistes, nach Galiläa zurück. Und die Kunde von ihm verbreitete sich in der ganzen Gegend. ¹⁵Er lehrte in den Synagogen und wurde von allen gepriesen.

Die Antrittsrede in Nazaret

¹⁶So kam er auch nach Nazaret, wo er aufgewachsen war, und ging, wie gewohnt, am Sabbat in die Synagoge. Als er aufstand, um vorzulesen, ¹⁷reichte man ihm die Buchrolle des Propheten Jesaja. Er öffnete sie und fand die Stelle, wo geschrieben steht:
¹⁸Der Geist des Herrn ruht auf mir; / denn er hat mich gesalbt.
Er hat mich gesandt, / damit ich den Armen eine frohe Botschaft bringe;
damit ich den Gefangenen die Entlassung verkünde / und den Blinden das Augenlicht;
damit ich die Zerschlagenen in Freiheit setze ¹⁹und ein Gnadenjahr des Herrn ausrufe.
²⁰Dann schloss er die Buchrolle, gab sie dem Synagogendiener und setzte sich. Die Augen aller in der Synagoge waren auf ihn gerichtet. ²¹Da begann er, ihnen darzulegen: Heute hat sich das Schriftwort, das ihr eben gehört habt, erfüllt. ²²Alle stimmten ihm zu; sie staunten über die Worte der Gnade,

die aus seinem Mund hervorgingen, und sagten: Ist das nicht Josefs Sohn? ²³Da entgegnete er ihnen: Sicher werdet ihr mir das Sprichwort vorhalten: Arzt, heile dich selbst! Wenn du in Kafarnaum so große Dinge getan hast, wie wir gehört haben, dann tu sie auch hier in deiner Heimat! ²⁴Und er setzte hinzu: Amen, ich sage euch: Kein Prophet wird in seiner Heimat anerkannt. ²⁵Wahrhaftig, das sage ich euch: In Israel gab es viele Witwen in den Tagen des Elija, als der Himmel für drei Jahre und sechs Monate verschlossen war und eine große Hungersnot über das ganze Land kam. ²⁶Aber zu keiner von ihnen wurde Elija gesandt, nur zu einer Witwe in Sarepta bei Sidon. ²⁷Und viele Aussätzige gab es in Israel zur Zeit des Propheten Elischa. Aber keiner von ihnen wurde geheilt, nur der Syrer Naaman. ²⁸Als die Leute in der Synagoge das hörten, gerieten sie alle in Wut. ²⁹Sie sprangen auf und trieben Jesus zur Stadt hinaus; sie brachten ihn an den Abhang des Berges, auf dem ihre Stadt erbaut war, und wollten ihn hinabstürzen. ³⁰Er aber schritt mitten durch sie hindurch und ging weg.

Heilungen in Kafarnaum

³¹Jesus ging hinab nach Kafarnaum, einer Stadt in Galiläa, und lehrte die Menschen am Sabbat. ³²Sie waren außer sich vor Staunen über seine Lehre, denn er redete mit Vollmacht. ³³In der Synagoge war ein Mensch, der von einem Dämon, einem unreinen Geist, besessen war. Der schrie mit lauter Stimme: ³⁴He, du, was haben wir mit dir zu tun, Jesus von Nazaret? Bist du gekommen, um uns ins Verderben zu stürzen? Ich weiß, wer du bist: der Heilige Gottes! ³⁵Da drohte ihm Jesus: Schweig und verlass ihn! Der Dämon warf den Mann in ihre Mitte und verließ ihn, ohne ihm zu schaden. ³⁶Da waren alle erschrocken und einer fragte den andern: Was ist das für ein Wort? Mit Vollmacht und Kraft befiehlt er den unreinen Geistern und sie fliehen. ³⁷Und sein Ruf verbreitete sich in der ganzen Gegend.

³⁸Jesus stand auf, verließ die Synagoge und ging in das Haus des Simon. Die Schwiegermutter des Simon aber hatte hohes Fieber und sie baten ihn für sie. ³⁹Er beugte sich über sie und gebot dem Fieber. Da wich es von ihr und sie stand sofort auf und diente ihnen.

⁴⁰Als die Sonne unterging, brachten die Leute ihre Kranken, die alle möglichen Gebrechen hatten, zu Jesus. Er legte jedem von ihnen die Hände auf und heilte sie. ⁴¹Von vielen fuhren auch Dämonen aus und schrien: Du bist der Sohn Gottes! Da drohte er ihnen und ließ sie nicht reden; denn sie wussten, dass er der Christus war.

Aufbruch zur weiteren Verkündigung der Gottesherrschaft

⁴²Bei Tagesanbruch verließ er die Stadt und ging an einen einsamen Ort. Aber die Menschen suchten ihn; und sie kamen zu ihm hin und wollten ihn festhalten, damit er nicht von ihnen wegginge. ⁴³Er sagte zu ihnen: Ich muss auch den anderen Städten das Evangelium vom Reich Gottes verkünden; denn dazu bin ich gesandt worden. ⁴⁴Und er verkündete in den Synagogen Judäas.

Der wunderbare Fischfang und die ersten Jünger

5 ¹Es geschah aber: Als die Volksmenge Jesus bedrängte und das Wort Gottes hören wollte, da stand er am See Gennesaret ²und sah zwei Boote am See liegen. Die Fischer waren aus ihnen ausgestiegen und wuschen ihre Netze. ³Jesus stieg in eines der Boote, das dem Simon gehörte, und bat ihn, ein Stück weit vom Land wegzufahren. Dann setzte er sich und lehrte das Volk vom Boot aus. [4]Als er seine Rede beendet hatte, sagte er zu Simon: Fahr hinaus, wo es tief ist, und werft eure Netze zum Fang aus! [5]Simon antwortete ihm: Meister, wir haben die ganze Nacht gearbeitet und nichts gefangen. Doch auf dein Wort hin werde ich die Netze auswerfen. [6]Das taten sie und sie fingen eine große Menge Fische; ihre Netze aber drohten zu reißen. [7]Und sie gaben ihren Gefährten im anderen Boot ein Zeichen, sie sollten kommen und ihnen helfen. Sie kamen und füllten beide Boote, sodass sie fast versanken. [8]Als Simon Petrus das sah, fiel er Jesus zu Füßen und sagte: Geh weg von mir; denn ich bin ein sündiger Mensch, Herr! [9]Denn Schrecken hatte ihn und alle seine Begleiter ergriffen über den Fang der Fische, den sie gemacht hatten; [10]ebenso auch Jakobus und Johannes, die Söhne des Zebedäus, die mit Simon zusammenarbeiteten. Da sagte Jesus zu Simon: Fürchte dich nicht! Von jetzt an wirst du Menschen fangen. [11]Und sie zogen die Boote an Land, verließen alles und folgten ihm nach.

…

Der Andrang der Menschen

6 [17]Jesus stieg mit ihnen den Berg hinab. In der Ebene blieb er mit einer großen Schar seiner Jünger stehen und viele Menschen aus ganz Judäa und Jerusalem und dem Küstengebiet von Tyrus und Sidon [18]waren gekommen, um ihn zu hören und von ihren Krankheiten geheilt zu werden. Und die von unreinen Geistern Geplagten wurden geheilt. [19]Alle Leute versuchten, ihn zu berühren; denn es ging eine Kraft von ihm aus, die alle heilte.

Seligpreisungen und Weherufe

[20]Er richtete seine Augen auf seine Jünger und sagte:
Selig, ihr Armen, denn euch gehört das Reich Gottes.
[21]Selig, die ihr jetzt hungert, denn ihr werdet gesättigt werden. / Selig, die ihr jetzt weint, denn ihr werdet lachen. [22]Selig seid ihr, wenn euch die Menschen hassen und wenn sie euch ausstoßen und schmähen und euren Namen in Verruf bringen um des Menschensohnes willen. [23]Freut euch und jauchzt an jenem Tag; denn siehe, euer Lohn im Himmel wird groß sein. Denn ebenso haben es ihre Väter mit den Propheten gemacht.

[24]Doch weh euch, ihr Reichen; denn ihr habt euren Trost schon empfangen. [25]Weh euch, die ihr jetzt satt seid; denn ihr werdet hungern. Weh, die ihr jetzt lacht; denn ihr werdet klagen und weinen.

[26]Weh, wenn euch alle Menschen loben. Denn ebenso haben es ihre Väter mit den falschen Propheten gemacht.

Liebe zu den Feinden und Verzicht auf Verurteilung

[27]Euch aber, die ihr zuhört, sage ich: Liebt eure Feinde; tut denen Gutes, die euch hassen! [28]Segnet die, die euch verfluchen; betet für die, die euch beschimpfen! [29]Dem, der dich auf die eine Wange schlägt, halt auch die andere hin und dem, der dir den Mantel wegnimmt, lass auch das Hemd! [30]Gib jedem, der dich bittet; und wenn dir jemand das Deine wegnimmt, verlang es nicht zurück! [31]Und wie ihr wollt, dass euch die Menschen tun sollen, das tut auch ihr ihnen! [32]Wenn ihr die liebt, die euch lieben, welchen Dank erwartet ihr dafür? Denn auch die Sünder lieben die, von denen sie geliebt werden. [33]Und wenn ihr denen Gutes tut, die euch Gutes tun, welchen Dank

erwartet ihr dafür? Das tun auch die Sünder. ³⁴Und wenn ihr denen Geld leiht, von denen ihr es zurückzubekommen hofft, welchen Dank erwartet ihr dafür? Auch die Sünder leihen Sündern, um das Gleiche zurückzubekommen. ³⁵Doch ihr sollt eure Feinde lieben und Gutes tun und leihen, wo ihr nichts zurückerhoffen könnt. Dann wird euer Lohn groß sein und ihr werdet Söhne des Höchsten sein; denn auch er ist gütig gegen die Undankbaren und Bösen. ³⁶Seid barmherzig, wie auch euer Vater barmherzig ist!

³⁷Richtet nicht, dann werdet auch ihr nicht gerichtet werden! Verurteilt nicht, dann werdet auch ihr nicht verurteilt werden! Erlasst einander die Schuld, dann wird auch euch die Schuld erlassen werden! ³⁸Gebt, dann wird auch euch gegeben werden! Ein gutes, volles, gehäuftes, überfließendes Maß wird man euch in den Schoß legen; denn nach dem Maß, mit dem ihr messt, wird auch euch zugemessen werden.

Falsche und wahre Frömmigkeit

³⁹Er sprach aber auch in Gleichnissen zu ihnen: Kann etwa ein Blinder einen Blinden führen? Werden nicht beide in eine Grube fallen? ⁴⁰Ein Jünger steht nicht über dem Meister; jeder aber, der alles gelernt hat, wird wie sein Meister sein. ⁴¹Warum siehst du den Splitter im Auge deines Bruders, aber den Balken in deinem eigenen Auge bemerkst du nicht? ⁴²Wie kannst du zu deinem Bruder sagen: Bruder, lass mich den Splitter aus deinem Auge herausziehen!, während du selbst den Balken in deinem Auge nicht siehst? Du Heuchler! Zieh zuerst den Balken aus deinem Auge; dann kannst du zusehen, den Splitter aus dem Auge deines Bruders herauszuziehen.

⁴³Es gibt keinen guten Baum, der schlechte Früchte bringt, noch einen schlechten Baum, der gute Früchte bringt. ⁴⁴Denn jeden Baum erkennt man an seinen Früchten: Von den Disteln pflückt man keine Feigen und vom Dornstrauch erntet man keine Trauben. ⁴⁵Der gute Mensch bringt aus dem guten Schatz seines Herzens das Gute hervor und der böse Mensch bringt aus dem bösen das Böse hervor. Denn wovon das Herz überfließt, davon spricht sein Mund. ⁴⁶Was sagt ihr zu mir: Herr! Herr! und tut nicht, was ich sage?

Bildwort vom klugen und törichten Hausbau

⁴⁷Ich will euch zeigen, wem ein Mensch gleicht, der zu mir kommt und meine Worte hört und danach handelt. ⁴⁸Er gleicht einem Mann, der ein Haus baute und dabei die Erde tief aushob und das Fundament auf einen Felsen stellte. Als ein Hochwasser kam und die Flutwelle gegen jenes Haus prallte, konnte sie es nicht erschüttern, weil es gut gebaut war. ⁴⁹Wer aber hört und nicht danach handelt, gleicht einem Mann, der ein Haus ohne Fundament auf die Erde baute. Die Flutwelle prallte dagegen und sofort stürzte es ein; und der Einsturz jenes Hauses war gewaltig.

Der Hauptmann von Kafarnaum

7 ¹Nachdem Jesus alle seine Worte dem Volk zu Gehör gebracht hatte, ging er nach Kafarnaum. ²Ein Hauptmann hatte einen Diener, den er sehr schätzte, der war krank und lag im Sterben. ³Als der Hauptmann aber von Jesus hörte, schickte er jüdische Älteste zu ihm mit der Bitte, zu kommen und seinen Diener zu retten. ⁴Sie gingen zu Jesus und baten ihn inständig. Sie sagten: Er verdient es, dass du seine Bitte erfüllst; ⁵denn er liebt unser Volk und hat uns die Synagoge gebaut. ⁶Da ging Jesus mit ihnen. Als er nicht mehr weit von dem Haus entfernt war, schickte der Hauptmann Freunde und ließ ihm sagen: Herr, bemüh dich nicht! Denn ich bin es nicht wert, dass du unter mein Dach einkehrst. ⁷Deshalb habe ich mich selbst auch nicht für würdig gehalten, zu dir zu kommen. Aber sprich nur ein Wort, dann wird mein Diener gesund. ⁸Denn auch ich muss Befehlen gehorchen und ich habe selbst Soldaten unter mir; sage ich nun zu einem: Geh!, so geht er, und zu einem andern: Komm!, so kommt er, und zu meinem Diener: Tu das!, so tut er es. ⁹Jesus war erstaunt über ihn, als er das hörte. Und er wandte sich um und sagte zu den Leuten, die ihm folgten: Ich sage euch: Einen solchen Glauben habe ich in Israel nicht gefunden. ¹⁰Und als jene, die der Hauptmann geschickt hatte, in das Haus zurückkehrten, stellten sie fest, dass der Diener gesund war.

Die Erweckung eines jungen Mannes in Naïn

¹¹Und es geschah danach, dass er in eine Stadt namens Naïn kam; seine Jünger und eine große Volksmenge folgten ihm. ¹²Als er in die Nähe des Stadttors kam, siehe, da trug man einen Toten heraus. Es war der einzige Sohn seiner Mutter, einer Witwe. Und viele Leute aus der Stadt begleiteten sie. ¹³Als der Herr die Frau sah, hatte er Mitleid mit ihr und sagte zu ihr: Weine nicht! ¹⁴Und er trat heran und berührte die Bahre. Die Träger blieben stehen und er sagte: Jüngling, ich sage dir: Steh auf! ¹⁵Da setzte sich der Tote auf und begann zu sprechen und Jesus gab ihn seiner Mutter zurück. ¹⁶Alle wurden von Furcht ergriffen; sie priesen Gott und sagten: Ein großer Prophet ist unter uns erweckt worden: Gott hat sein Volk heimgesucht. ¹⁷Und diese Kunde über ihn verbreitete sich überall in Judäa und im ganzen Gebiet ringsum.

…

Der Pharisäer und die Sünderin

³⁶Einer der Pharisäer hatte ihn zum Essen eingeladen. Und er ging in das Haus des Pharisäers und begab sich zu Tisch. ³⁷Und siehe, eine Frau, die in der Stadt lebte, eine Sünderin, erfuhr, dass er im Haus des Pharisäers zu Tisch war; da kam sie mit einem Alabastergefäß voll wohlriechendem Öl ³⁸und trat von hinten an ihn heran zu seinen Füßen. Dabei weinte sie und begann mit ihren Tränen seine Füße zu benetzen. Sie trocknete seine Füße mit den Haaren ihres Hauptes, küsste sie und salbte sie mit dem Öl. ³⁹Als der Pharisäer, der ihn eingeladen hatte, das sah, sagte er zu sich selbst: Wenn dieser wirklich ein Prophet wäre, müsste er wissen, was das für eine Frau ist, die ihn berührt: dass sie eine Sünderin ist. ⁴⁰Da antwortete ihm Jesus und sagte: Simon, ich möchte dir etwas sagen. Er erwiderte: Sprich, Meister! ⁴¹Ein Geldverleiher hatte zwei Schuldner; der eine war ihm fünfhundert Denare schuldig, der andere fünfzig. ⁴²Als sie ihre Schulden nicht bezahlen konnten, schenkte er sie beiden. Wer von ihnen wird ihn nun mehr lieben? ⁴³Simon antwortete: Ich nehme an, der, dem er mehr geschenkt hat. Jesus sagte zu ihm: Du hast recht geurteilt. ⁴⁴Dann wandte er sich der Frau zu und sagte zu Simon: Siehst du diese Frau? Als ich in dein Haus kam, hast du mir kein Wasser für die Füße gegeben; sie aber hat meine Füße mit ihren Tränen benetzt und sie mit ihren Haaren abgetrocknet. ⁴⁵Du hast mir keinen Kuss gegeben;

sie aber hat, seit ich hier bin, unaufhörlich meine Füße geküsst. ⁴⁶Du hast mir nicht das Haupt mit Öl gesalbt; sie aber hat mit Balsam meine Füße gesalbt. ⁴⁷Deshalb sage ich dir: Ihr sind ihre vielen Sünden vergeben, weil sie viel geliebt hat. Wem aber nur wenig vergeben wird, der liebt wenig. ⁴⁸Dann sagte er zu ihr: Deine Sünden sind dir vergeben. ⁴⁹Da begannen die anderen Gäste bei sich selbst zu sagen: Wer ist das, dass er sogar Sünden vergibt? ⁵⁰Er aber sagte zu der Frau: Dein Glaube hat dich gerettet. Geh in Frieden!

…

14 ¹Und es geschah: Jesus kam an einem Sabbat in das Haus eines führenden Pharisäers zum Essen. Da beobachtete man ihn genau. ⁷Als er bemerkte, wie sich die Gäste die Ehrenplätze aussuchten, erzählte er ihnen ein Gleichnis. Er sagte zu ihnen: ⁸Wenn du von jemandem zu einer Hochzeit eingeladen bist, nimm nicht den Ehrenplatz ein! Denn es könnte ein anderer von ihm eingeladen sein, der vornehmer ist als du, ⁹und dann würde der Gastgeber, der dich und ihn eingeladen hat, kommen und zu dir sagen: Mach diesem hier Platz! Du aber wärst beschämt und müsstest den untersten Platz einnehmen. ¹⁰Vielmehr, wenn du eingeladen bist, geh hin und nimm den untersten Platz ein, damit dein Gastgeber zu dir kommt und sagt: Mein Freund, rück weiter hinauf! Das wird für dich eine Ehre sein vor allen anderen Gästen. ¹¹Denn wer sich selbst erhöht, wird erniedrigt, und wer sich selbst erniedrigt, wird erhöht werden.

Von den rechten Gästen
¹²Dann sagte er zu dem Gastgeber: Wenn du mittags oder abends ein Essen gibst, lade nicht deine Freunde oder deine Brüder, deine Verwandten oder reiche Nachbarn ein; sonst laden auch sie dich wieder ein und dir ist es vergolten. ¹³Nein, wenn du ein Essen gibst, dann lade Arme, Krüppel, Lahme und Blinde ein. ¹⁴Du wirst selig sein, denn sie haben nichts, um es dir zu vergelten; es wird dir vergolten werden bei der Auferstehung der Gerechten.

Das Gleichnis vom Festmahl
¹⁵Als einer der Gäste das hörte, sagte er zu Jesus: Selig, wer im Reich Gottes am Mahl teilnehmen darf. ¹⁶Jesus sagte zu ihm: Ein Mann veranstaltete ein großes Festmahl und lud viele dazu ein. ¹⁷Zur Stunde des Festmahls schickte er seinen Diener aus und ließ denen, die er eingeladen hatte, sagen: Kommt, alles ist bereit! ¹⁸Aber alle fingen an, einer nach dem anderen, sich zu entschuldigen. Der erste ließ ihm sagen: Ich habe einen Acker gekauft und muss dringend gehen und ihn besichtigen. Bitte, entschuldige mich! ¹⁹Ein anderer sagte: Ich habe fünf Ochsengespanne gekauft und bin auf dem Weg, um sie zu prüfen. Bitte, entschuldige mich! ²⁰Wieder ein anderer sagte: Ich habe geheiratet und kann deshalb nicht kommen. ²¹Der Diener kehrte zurück und berichtete dies seinem Herrn. Da wurde der Hausherr zornig und sagte zu seinem Diener: Geh schnell hinaus auf die Straßen und Gassen der Stadt und hol die Armen und die Krüppel, die Blinden und die Lahmen hierher! ²²Und der Diener meldete: Herr, dein Auftrag ist ausgeführt; und es ist immer noch Platz. ²³Da sagte der Herr zu dem Diener: Geh zu den Wegen und Zäunen und nötige die Leute hereinzukommen, damit mein Haus voll wird. ²⁴Denn ich sage euch: Keiner von denen, die eingeladen waren, wird an meinem Mahl teilnehmen.

Die Forderungen der Nachfolge

²⁵Viele Menschen begleiteten ihn; da wandte er sich an sie und sagte: ²⁶Wenn jemand zu mir kommt und nicht Vater und Mutter, Frau und Kinder, Brüder und Schwestern, ja sogar sein Leben gering achtet, dann kann er nicht mein Jünger sein. ²⁷Wer nicht sein Kreuz trägt und hinter mir hergeht, der kann nicht mein Jünger sein. ²⁸Denn wenn einer von euch einen Turm bauen will, setzt er sich dann nicht zuerst hin und berechnet die Kosten, ob seine Mittel für das ganze Vorhaben ausreichen? ²⁹Sonst könnte es geschehen, dass er das Fundament gelegt hat, dann aber den Bau nicht fertigstellen kann. Und alle, die es sehen, würden ihn verspotten ³⁰und sagen: Der da hat einen Bau begonnen und konnte ihn nicht zu Ende führen. ³¹Oder wenn ein König gegen einen anderen in den Krieg zieht, setzt er sich dann nicht zuerst hin und überlegt, ob er sich mit seinen zehntausend Mann dem entgegenstellen kann, der mit zwanzigtausend gegen ihn anrückt? ³²Kann er es nicht, dann schickt er eine Gesandtschaft, solange der andere noch weit weg ist, und bittet um Frieden. ³³Ebenso kann keiner von euch mein Jünger sein, wenn er nicht auf seinen ganzen Besitz verzichtet.

³⁴Das Salz ist etwas Gutes. Wenn aber das Salz seinen Geschmack verliert, womit kann man ihm die Würze wiedergeben? ³⁵Es taugt weder für den Acker noch für den Misthaufen, man wirft es weg. Wer Ohren hat zu hören, der höre!

Das Doppelgleichnis vom verlorenen Schaf und von der verlorenen Drachme

15 ¹Alle Zöllner und Sünder kamen zu ihm, um ihn zu hören. ²Die Pharisäer und die Schriftgelehrten empörten sich darüber und sagten: Dieser nimmt Sünder auf und isst mit ihnen. ³Da erzählte er ihnen dieses Gleichnis und sagte: ⁴Wenn einer von euch hundert Schafe hat und eins davon verliert, lässt er dann nicht die neunundneunzig in der Wüste zurück und geht dem verlorenen nach, bis er es findet? ⁵Und wenn er es gefunden hat, nimmt er es voll Freude auf die Schultern, ⁶und wenn er nach Hause kommt, ruft er die Freunde und Nachbarn zusammen und sagt zu ihnen: Freut euch mit mir, denn ich habe mein Schaf wiedergefunden, das verloren war! ⁷Ich sage euch: Ebenso wird im Himmel mehr Freude herrschen über einen einzigen Sünder, der umkehrt, als über neunundneunzig Gerechte, die keine Umkehr nötig haben. ⁸Oder wenn eine Frau zehn Drachmen hat und eine davon verliert, zündet sie dann nicht eine Lampe an, fegt das Haus und sucht sorgfältig, bis sie die Drachme findet? ⁹Und wenn sie diese gefunden hat, ruft sie die Freundinnen und Nachbarinnen zusammen und sagt: Freut euch mit mir, denn ich habe die Drachme wiedergefunden, die ich verloren hatte! ¹⁰Ebenso, sage ich euch, herrscht bei den Engeln Gottes Freude über einen einzigen Sünder, der umkehrt.

Das Gleichnis vom verlorenen Sohn

¹¹Weiter sagte Jesus: Ein Mann hatte zwei Söhne. ¹²Der jüngere von ihnen sagte zu seinem Vater: Vater, gib mir das Erbteil, das mir zusteht! Da teilte der Vater das Vermögen unter sie auf. ¹³Nach wenigen Tagen packte der jüngere Sohn alles zusammen und zog in ein fernes Land. Dort führte er ein zügelloses Leben und verschleuderte sein Vermögen. ¹⁴Als er alles durchgebracht hatte, kam eine große Hungersnot über jenes Land und er

begann Not zu leiden. ¹⁵Da ging er zu einem Bürger des Landes und drängte sich ihm auf; der schickte ihn aufs Feld zum Schweinehüten. ¹⁶Er hätte gern seinen Hunger mit den Futterschoten gestillt, die die Schweine fraßen; aber niemand gab ihm davon. ¹⁷Da ging er in sich und sagte: Wie viele Tagelöhner meines Vaters haben Brot im Überfluss, ich aber komme hier vor Hunger um. ¹⁸Ich will aufbrechen und zu meinem Vater gehen und zu ihm sagen: Vater, ich habe mich gegen den Himmel und gegen dich versündigt. ¹⁹Ich bin nicht mehr wert, dein Sohn zu sein; mach mich zu einem deiner Tagelöhner! ²⁰Dann brach er auf und ging zu seinem Vater. Der Vater sah ihn schon von Weitem kommen und er hatte Mitleid mit ihm. Er lief dem Sohn entgegen, fiel ihm um den Hals und küsste ihn. ²¹Da sagte der Sohn zu ihm: Vater, ich habe mich gegen den Himmel und gegen dich versündigt; ich bin nicht mehr wert, dein Sohn zu sein. ²²Der Vater aber sagte zu seinen Knechten: Holt schnell das beste Gewand und zieht es ihm an, steckt einen Ring an seine Hand und gebt ihm Sandalen an die Füße! ²³Bringt das Mastkalb her und schlachtet es; wir wollen essen und fröhlich sein. ²⁴Denn dieser, mein Sohn, war tot und lebt wieder; er war verloren und ist wiedergefunden worden. Und sie begannen, ein Fest zu feiern. ²⁵Sein älterer Sohn aber war auf dem Feld. Als er heimging und in die Nähe des Hauses kam, hörte er Musik und Tanz. ²⁶Da rief er einen der Knechte und fragte, was das bedeuten solle. ²⁷Der Knecht antwortete ihm: Dein Bruder ist gekommen und dein Vater hat das Mastkalb schlachten lassen, weil er ihn gesund wiederbekommen hat. ²⁸Da wurde er zornig und wollte nicht hineingehen. Sein Vater aber kam heraus und redete ihm gut zu. ²⁹Doch er erwiderte seinem Vater: Siehe, so viele Jahre schon diene ich dir und nie habe ich dein Gebot übertreten; mir aber hast du nie einen Ziegenbock geschenkt, damit ich mit meinen Freunden ein Fest feiern konnte. ³⁰Kaum aber ist der hier gekommen, dein Sohn, der dein Vermögen mit Dirnen durchgebracht hat, da hast du für ihn das Mastkalb geschlachtet. ³¹Der Vater antwortete ihm: Mein Kind, du bist immer bei mir und alles, was mein ist, ist auch dein. ³²Aber man muss doch ein Fest feiern und sich freuen; denn dieser, dein Bruder, war tot und lebt wieder; er war verloren und ist wiedergefunden worden.

Das Gleichnis vom Verwalter und der Ungerechtigkeit

16 ¹Jesus sprach aber auch zu den Jüngern: Ein reicher Mann hatte einen Verwalter. Diesen beschuldigte man bei ihm, er verschleudere sein Vermögen. ²Darauf ließ er ihn rufen und sagte zu ihm: Was höre ich über dich? Leg Rechenschaft ab über deine Verwaltung! Denn du kannst nicht länger mein Verwalter sein. ³Da überlegte der Verwalter: Was soll ich jetzt tun, da mein Herr mir die Verwaltung entzieht? Zu schwerer Arbeit tauge ich nicht und zu betteln schäme ich mich. ⁴Ich weiß, was ich tun werde, damit mich die Leute in ihre Häuser aufnehmen, wenn ich als Verwalter abgesetzt bin. ⁵Und er ließ die Schuldner seines Herrn, einen nach dem anderen, zu sich kommen und fragte den ersten: Wie viel bist du meinem Herrn schuldig? ⁶Er antwortete: Hundert Fass Öl. Da sagte er zu ihm: Nimm deinen Schuldschein, setz dich schnell hin und schreib fünfzig! ⁷Dann fragte er einen andern: Wie viel bist du schuldig? Der antwortete: Hundert Sack Weizen. Da sagte er zu ihm: Nimm deinen Schuldschein und schreib achtzig! ⁸Und der Herr lobte den ungerechten Verwalter, weil er klug gehandelt hatte, und sagte: Die Kinder dieser Welt sind im Umgang mit ihresgleichen klüger als die Kinder des Lichtes.

⁹Ich sage euch: Macht euch Freunde mit dem ungerechten Mammon, damit ihr in die ewigen Wohnungen aufgenommen werdet, wenn es zu Ende geht!

Vom Umgang mit Besitz

¹⁰Wer in den kleinsten Dingen zuverlässig ist, der ist es auch in den großen, und wer bei den kleinsten Dingen Unrecht tut, der tut es auch bei den großen. ¹¹Wenn ihr nun im Umgang mit dem ungerechten Mammon nicht zuverlässig gewesen seid, wer wird euch dann das wahre Gut anvertrauen? ¹²Und wenn ihr im Umgang mit dem fremden Gut nicht zuverlässig gewesen seid, wer wird euch dann das Eure geben?

¹³Kein Sklave kann zwei Herren dienen; er wird entweder den einen hassen und den andern lieben oder er wird zu dem einen halten und den andern verachten. Ihr könnt nicht Gott dienen und dem Mammon.

Das Gesetz in Gottes Reich

¹⁴Das alles hörten auch die Pharisäer, die sehr am Geld hingen, und sie lachten über ihn. ¹⁵Da sagte er zu ihnen: Ihr stellt euch selbst vor den Menschen als gerecht hin; aber Gott kennt eure Herzen. Denn was die Menschen für großartig halten, das ist vor Gott ein Gräuel.

¹⁶Das Gesetz und die Propheten reichen bis zu Johannes. Von da an wird das Evangelium vom Reich Gottes verkündet und jeder drängt sich mit Gewalt hinein. ¹⁷Aber eher werden Himmel und Erde vergehen, als dass auch nur ein Häkchen im Gesetz wegfällt.

¹⁸Wer seine Frau aus der Ehe entlässt und eine andere heiratet, begeht Ehebruch; auch wer eine Frau heiratet, die von ihrem Mann entlassen worden ist, begeht Ehebruch.

Das Beispiel vom reichen Mann und vom armen Lazarus

¹⁹Es war einmal ein reicher Mann, der sich in Purpur und feines Leinen kleidete und Tag für Tag glanzvolle Feste feierte. ²⁰Vor der Tür des Reichen aber lag ein armer Mann namens Lazarus, dessen Leib voller Geschwüre war. ²¹Er hätte gern seinen Hunger mit dem gestillt, was vom Tisch des Reichen herunterfiel. Stattdessen kamen die Hunde und leckten an seinen Geschwüren. ²²Es geschah aber: Der Arme starb und wurde von den Engeln in Abrahams Schoß getragen. Auch der Reiche starb und wurde begraben. ²³In der Unterwelt, wo er qualvolle Schmerzen litt, blickte er auf und sah von Weitem Abraham und Lazarus in seinem Schoß. ²⁴Da rief er: Vater Abraham, hab Erbarmen mit mir und schick Lazarus; er soll die Spitze seines Fingers ins Wasser tauchen und mir die Zunge kühlen, denn ich leide große Qual in diesem Feuer. ²⁵Abraham erwiderte: Mein Kind, erinnere dich daran, dass du schon zu Lebzeiten deine Wohltaten erhalten hast, Lazarus dagegen nur Schlechtes. Jetzt wird er hier getröstet, du aber leidest große Qual. ²⁶Außerdem ist zwischen uns und euch ein tiefer, unüberwindlicher Abgrund, sodass niemand von hier zu euch oder von dort zu uns kommen kann, selbst wenn er wollte. ²⁷Da sagte der Reiche: Dann bitte ich dich, Vater, schick ihn in das Haus mei-

> *An die Erfolgreichen: Geld haben = o. k., Geld anbeten ≠ o. k.*

nes Vaters! ²⁸Denn ich habe noch fünf Brüder. Er soll sie warnen, damit nicht auch sie an diesen Ort der Qual kommen. ²⁹Abraham aber sagte: Sie haben Mose und die Propheten, auf die sollen sie hören. ³⁰Er erwiderte: Nein, Vater Abraham, aber wenn einer von den Toten zu ihnen kommt, werden sie umkehren. ³¹Darauf sagte Abraham zu ihm: Wenn sie auf Mose und die Propheten nicht hören, werden sie sich auch nicht überzeugen lassen, wenn einer von den Toten aufersteht.

…

Die Frauen und Petrus am leeren Grab

24 ¹Am ersten Tag der Woche gingen die Frauen mit den wohlriechenden Salben, die sie zubereitet hatten, in aller Frühe zum Grab. ²Da sahen sie, dass der Stein vom Grab weggewälzt war; ³sie gingen hinein, aber den Leichnam Jesu, des Herrn, fanden sie nicht. ⁴Und es geschah, während sie darüber ratlos waren, siehe, da traten zwei Männer in leuchtenden Gewändern zu ihnen. ⁵Die Frauen erschraken und blickten zu Boden. Die Männer aber sagten zu ihnen: Was sucht ihr den Lebenden bei den Toten? ⁶Er ist nicht hier, sondern er ist auferstanden. Erinnert euch an das, was er euch gesagt hat, als er noch in Galiläa war: ⁷Der Menschensohn muss in die Hände sündiger Menschen ausgeliefert und gekreuzigt werden und am dritten Tag auferstehen. ⁸Da erinnerten sie sich an seine Worte. ⁹Und sie kehrten vom Grab zurück und berichteten das alles den Elf und allen Übrigen. ¹⁰Es waren Maria von Magdala, Johanna und Maria, die Mutter des Jakobus, und die übrigen Frauen mit ihnen. Sie erzählten es den Aposteln. ¹¹Doch die Apostel hielten diese Reden für Geschwätz und glaubten ihnen nicht. ¹²Petrus aber stand auf und lief zum Grab. Er beugte sich vor, sah aber nur die Leinenbinden. Dann ging er nach Hause, voll Verwunderung über das, was geschehen war.

Die Erscheinung Jesu auf dem Weg nach Emmaus

¹³Und siehe, am gleichen Tag waren zwei von den Jüngern auf dem Weg in ein Dorf namens Emmaus, das sechzig Stadien von Jerusalem entfernt ist. ¹⁴Sie sprachen miteinander über all das, was sich ereignet hatte. ¹⁵Und es geschah, während sie redeten und ihre Gedanken austauschten, kam Jesus selbst hinzu und ging mit ihnen. ¹⁶Doch ihre Augen waren gehalten, sodass sie ihn nicht erkannten. ¹⁷Er fragte sie: Was sind das für Dinge, über die ihr auf eurem Weg miteinander redet? Da blieben sie traurig stehen ¹⁸und der eine von ihnen – er hieß Kleopas – antwortete ihm: Bist du so fremd in Jerusalem, dass du als Einziger nicht weißt, was in diesen Tagen dort geschehen ist? ¹⁹Er fragte sie: Was denn? Sie antworteten ihm: Das mit Jesus aus Nazaret. Er war ein Prophet, mächtig in Tat und Wort vor Gott und dem ganzen Volk. ²⁰Doch unsere Hohepriester und Führer haben ihn zum Tod verurteilen und ans Kreuz schlagen lassen. ²¹Wir aber hatten gehofft, dass er der sei, der Israel erlösen werde. Und dazu ist heute schon der dritte Tag, seitdem das alles geschehen ist. ²²Doch auch einige Frauen aus unserem Kreis haben uns in große Aufregung versetzt. Sie waren in der Frühe beim Grab, ²³fanden aber seinen Leichnam nicht. Als sie zurückkamen, erzählten sie, es seien ihnen Engel erschienen und hätten gesagt, er lebe. ²⁴Einige von uns gingen dann zum Grab und fanden alles so, wie die Frauen gesagt hatten; ihn selbst aber

sahen sie nicht. ²⁵Da sagte er zu ihnen: Ihr Unverständigen, deren Herz zu träge ist, um alles zu glauben, was die Propheten gesagt haben. ²⁶Musste nicht der Christus das erleiden und so in seine Herrlichkeit gelangen? ²⁷Und er legte ihnen dar, ausgehend von Mose und allen Propheten, was in der gesamten Schrift über ihn geschrieben steht.

²⁸So erreichten sie das Dorf, zu dem sie unterwegs waren. Jesus tat, als wolle er weitergehen, ²⁹aber sie drängten ihn und sagten: Bleibe bei uns; denn es wird Abend, der Tag hat sich schon geneigt! Da ging er mit hinein, um bei ihnen zu bleiben. ³⁰Und es geschah, als er mit ihnen bei Tisch war, nahm er das Brot, sprach den Lobpreis, brach es und gab es ihnen. ³¹Da wurden ihre Augen aufgetan und sie erkannten ihn; und er entschwand ihren Blicken. ³²Und sie sagten zueinander: Brannte nicht unser Herz in uns, als er unterwegs mit uns redete und uns den Sinn der Schriften eröffnete?

³³Noch in derselben Stunde brachen sie auf und kehrten nach Jerusalem zurück und sie fanden die Elf und die mit ihnen versammelt waren. ³⁴Diese sagten: Der Herr ist wirklich auferstanden und ist dem Simon erschienen. ³⁵Da erzählten auch sie, was sie unterwegs erlebt und wie sie ihn erkannt hatten, als er das Brot brach.

Die Erscheinung Jesu in Jerusalem

³⁶Während sie noch darüber redeten, trat er selbst in ihre Mitte und sagte zu ihnen: Friede sei mit euch! ³⁷Sie erschraken und hatten große Angst, denn sie meinten, einen Geist zu sehen. ³⁸Da sagte er zu ihnen: Was seid ihr so bestürzt? Warum lasst ihr in eurem Herzen Zweifel aufkommen? ³⁹Seht meine Hände und meine Füße an: Ich bin es selbst. Fasst mich doch an und begreift: Kein Geist hat Fleisch und Knochen, wie ihr es bei mir seht. ⁴⁰Bei diesen Worten zeigte er ihnen seine Hände und Füße. ⁴¹Als sie es aber vor Freude immer noch nicht glauben konnten und sich verwunderten, sagte er zu ihnen: Habt ihr etwas zu essen hier? ⁴²Sie gaben ihm ein Stück gebratenen Fisch; ⁴³er nahm es und aß es vor ihren Augen.

⁴⁴Dann sagte er zu ihnen: Das sind meine Worte, die ich zu euch gesprochen habe, als ich noch bei euch war: Alles muss in Erfüllung gehen, was im Gesetz des Mose, bei den Propheten und in den Psalmen über mich geschrieben steht. ⁴⁵Darauf öffnete er ihren Sinn für das Verständnis der Schriften. ⁴⁶Er sagte zu ihnen: So steht es geschrieben: Der Christus wird leiden und am dritten Tag von den Toten auferstehen ⁴⁷und in seinem Namen wird man allen Völkern Umkehr verkünden, damit ihre Sünden vergeben werden. Angefangen in Jerusalem, ⁴⁸seid ihr Zeugen dafür. ⁴⁹Und siehe, ich werde die Verheißung meines Vaters auf euch herabsenden. Ihr aber bleibt in der Stadt, bis ihr mit der Kraft aus der Höhe erfüllt werdet!

⁵⁰Dann führte er sie hinaus in die Nähe von Betanien. Dort erhob er seine Hände und segnete sie. ⁵¹Und es geschah, während er sie segnete, verließ er sie und wurde zum Himmel emporgehoben. ⁵²Sie aber fielen vor ihm nieder. Dann kehrten sie in großer Freude nach Jerusalem zurück. ⁵³Und sie waren immer im Tempel und priesen Gott.

Bibelstellen
Lk 1 – 2;
4,14 – 5,11;
6,17 – 7,17.36–50;
14,1.7 – 16; 24

Eine Geschichte wird ins gute Licht getaucht

Hallo. Wir sind's nochmal, die Schreiber des Lukasevangeliums. Die mit dem Remix. Die, die das Evangelium aufgepimpt haben, damit es für eine neue Zielgruppe – die Reichen und Einflussreichen – interessant wird.

Wir melden uns wieder, weil wir uns etwas überlegt haben: Es braucht eine Fortsetzung unserer Geschichte. Ein Filmproduzent würde sagen: „Wir brauchen ein Sequel." Wir müssen erzählen, wie die Geschichte weitergeht. Was zwischen Christi Himmelfahrt und den Schilderungen von Paulus in seinen Briefen passiert ist. Nun ist das mit dem Erzählen von Geschichten, die weit in der Vergangenheit liegen, so eine Sache. Wir erklären's dir.

Nehmen wir mal an, du bist ein Fan des 1. FC Köln. Du hast eine Dauerkarte für die Südkurve und bist Mitglied im Fanclub „Geißbocksprünge". Und bei der Weihnachtsfeier erwähnst du, dass die Geschichte dieses Fanclubs doch mal aufgeschrieben werden sollte. Allgemeine Begeisterung. Also setzt ihr euch hin, nehmt ein Blatt und macht ein Brainstorming: Was muss unbedingt in die Geschichte rein? Jedem fällt etwas ein:
„Was auf jeden Fall ganz vorne rein muss: dass wir mit drei Leuten angefangen und jetzt 200 Mitglieder haben! Wer hat das schon?" „Das Grillen mit Lukas Podolski am Aachener Weiher zum Zehnjährigen. Unvergessen!" „Unbedingt die Teilnahmen an den Fußballturnieren aller FC-Fanclubs. Vor allem, dass wir fünf Mal gewonnen haben." „Auf keinen Fall vergessen dürfen wir die Auszeichnung zum Fanclub des Jahres." „In jedem Fall muss die Geschichte rein, wie wir mit einem Charterflugzeug nach Belgrad

zum Europapokalspiel geflogen sind. Am besten auf die erste Seite!" Und so weiter. Am Ende habt ihr ein ganzes Blatt mit tollen Storyideen vollgeschrieben. Elemente einer Erfolgsgeschichte. Was nicht auf dem Blatt steht: dass ihr euch nach dem dritten Abstieg fast aufgelöst hättet, dass am Anfang unklar war, ob Frauen Mitglieder werden dürfen, dass ihr Ärger hattet, weil ihr Bengalos im Stadion angezündet habt und ihr deswegen fast aus dem Fanprojekt geflogen wärt.

Merkst du was? Wenn Menschen eine Geschichte erzählen, deren Beginn schon eine Weile zurückliegt, dann tun sie das mit dem Blick von heute und allen Erfahrungen dazwischen – vor allem den positiven, erfolgreichen. Oft wird die Geschichte dann verklärt. Ins gute Licht getaucht.

So ist das auch mit unserem Sequel. Wir erzählen aus der Perspektive von fünfzig Jahren Geschichte der Jesusbewegung. Der Beginn liegt schon so lange zurück. Und wir schreiben keine sachliche, detaillierte, objektive Chronik. Wir reihen keine Kalenderblätter aneinander. Themen, die die Generation um Petrus und Paulus noch hitzig diskutiert haben, sind inzwischen erledigt und spielen heute keine Rolle mehr. Aufgrund des zeitlichen Abstandes wissen wir um Dinge, die Petrus und Paulus noch nicht wissen konnten. Aus dieser Perspektive blicken wir auf die Gründungsjahre des Christentums zurück. Sie sind alles in allem eine Erfolgsgeschichte, obwohl es auch Schwierigkeiten und Probleme gab. Und dass sie eine Erfolgsgeschichte sind, das ist für unsere Adressatinnen und Adressaten nicht unwichtig, denn sie sind ja selbst erfolgreiche Menschen. Also erzählen wir eine Erfolgsgeschichte: Unser Weg, die neue Richtung im Judentum, hat sich institutionalisiert, hat ein eigenes Profil bekommen, einen eigenen Namen. Wir sind die Christen.

Die Botschaft von und über Jesus ist aus dem Judentum herausgewachsen. Die Christen haben sich in neue Städte, Länder und Kulturen ausgebreitet. Zunehmend bekennen sich Juden und Heiden zum Christentum. Das Evangelium breitet sich auch im Römischen Reich aus und kommt schließlich sogar in seine Herzkammer – in die Hauptstadt Rom.

Was für ein Kontrast! Was für eine Entwicklung! Denn: Erinnere dich, wie noch das Markusevangelium endete: Ein paar ängstliche Frauen an einem leeren Grab. Zähneklappern. Hier könnte alles zu Ende sein. Und unsere Geschichte? Zeigt einen weltweiten prachtvollen Erfolg. Ist doch klar, dass wir diese erstaunliche Geschichte, wie aus einem versprengten Minigrüppchen eine stolze Bewegung mit einer einzigartigen religiösen Identität wird, als Erfolgsgeschichte erzählen müssen. Und dafür erzählen wir noch einmal beide höchst unterschiedlichen Spielarten des neuen Weges, und wie er sich langsam zu einer neuen Religion entwickelt.

Auf der einen Seite Petrus in Jerusalem, dem Ort, in dem die Jesusnachfolger nach Art der Juden leben: Sie halten das Gesetz, sie lassen sich beschneiden, und sie setzen sich nur dann mit „heidnischen" Christen zusammen an einen Tisch, wenn diese sich an die jüdischen Speisevorschriften halten. Auf der anderen Seite erzählen wir von Paulus im heidnischen Epizentrum Antiochia, wo die Jesusnachfolger nach Art der Heiden leben. Beschneidungsfrei. Gesetzesfrei. Wir erzählen, dass Petrus mit der Heidenmission begonnen hat. Und nicht Paulus. Denn erinnere dich, welch zentrale Rolle Petrus in unserem Lukasevangelium spielt. Daher können wir ihn in unserem Sequel nicht einfach beiseiteschieben. Obwohl wir wissen, dass Paulus die ganze Sache natürlich anders sieht und in seinem Brief an die Galater auch komplett anders darstellt.

Denn wir erzählen die Geschichte halt nicht chronologisch-sachlich. Geht ja auch gar nicht. Wir haben mit der Erzählung ein eigenes Interesse. Ein Erfolgsinteresse. Wir wollen sozusagen, dass sich das Christentum über die ganze Welt ausbreiten wird. Und deswegen ist unser Interesse, einen internationalen Bestseller zu schreiben. Naja, jedenfalls eine Geschichte, die ein sehr breites Publikum interessiert. Wie geht das?

Nehmen wir zum Beispiel die Geschichte mit König Agrippa I. Wir lassen ihn in keinem guten Licht erscheinen. Im Gegenteil: Wir beschreiben ihn als Fiesling und Christenverfolger, der eben auch Petrus hinter Gitter gebracht hat. Wenn wir aber ehrlich sind, war Agrippa gar nicht so übel. Er achtete die Religion und hatte große Sympathien für den jüdischen Tempel und seinen Kult. Das hatte zwar auch taktische Gründe, die Agrippa nicht selbst ersonnen, sondern die er sich bei seinem ehemaligen Kumpel abgeschaut hatte, beim römischen Kaiser Claudius. Aber immerhin. Man muss zugeben, dass Agrippa die Christinnen und Christen vor allem deswegen auf dem Kieker hatte, weil sie sich vom jüdischen Lebensstil langsam emanzipierten. Von außen betrachtet könnte man auch zu dem Schluss kommen, dass er Petrus verhaftet hat, um in diesem Sinne ein Zeichen zu setzen.

Aber das können wir natürlich nicht so schreiben. Wir schreiben ja eine Erfolgsgeschichte. Und dazu gehört auch das Motiv, dass erfolgreiche Gruppen Staatsführern wie Agrippa auf die Nerven gehen. So eine Geschichte macht uns selbstbewusster, aufregender, interessanter.

Und zu so einem Selbstbewusstsein gehört auch so etwas wie Internationalität. Globalisierung würdet ihr heute sagen. Das bedeutet, dass wir die Geschichte so erzählen, dass die zwölf Jünger schnell keine Rolle mehr spielen. Ihr Sprecher Petrus hat ja schon den Blick von ihnen und der kleinen Urgemeinde weg hin zu den Heiden gelenkt. Zu den interessanten neuen Menschen in der neuen Welt. Daher stellen wir vor allem Paulus in den Mittelpunkt unserer Erzählungen. Der zwar um seine jüdischen Wurzeln weiß. Der aber das Denken ins Neue hinein verkörpert wie niemand sonst. Und das wird auch in den Geschichten deutlich: Paulus in Thessaloniki. Hafenstadt. Brummend. Aufregend. International. Wow! Paulus in Athen. Er spricht auf dem Areopag, wo die angesagtesten Philosophen debattieren. Der traut sich was. Cooler Typ. Wir zeigen: Das Christentum ist dem bäuerlichen Hinterland längst entwachsen. Paulus in Korinth. Wieder eine Hafenstadt. Kommen und Gehen. Aufbruch. Reisefieber.

Abenteuer. Kulturen, die sich begegnen. Waren, die getauscht werden. Basar der Neuigkeiten. Tor zur Welt. Paulus in Philippi. Hier tauft er erstmals eine Frau, Lydia. Auch dies erzählen wir, weil auch hier wieder Grenzen überschritten werden.

Wir verschweigen aber auch die Konflikte nicht. Der Kontakt mit Menschen wie Lydia ist natürlich auch strategisch wichtig für uns. Menschen wie sie gehören der wohlhabenderen Schicht an. Sie sie sind Influencer, wirtschaftlich und sozial. Wichtige Bindeglieder zwischen der griechisch-römischen Bevölkerung und dem Judentum. Obwohl sie selbst dem Judentum nicht angehören, sind sie bedeutende Türöffner, Brückenbauer, Vermittler. Wenn wir diese Bindeglieder, die als Patrone (du erinnerst dich: Stichwort Klientelwesen) oft Synagogengemeinden konkret unterstützten, nun auf unsere Seite ziehen, werden die Juden in den Synagogengemeinden not amused sein. Ist ja klar.

Ein weiterer Konflikt: Paulus wird von der römischen Bevölkerung als ein jüdischer Missionar wahrgenommen, der religiöse Inhalte verkündet, die selbst dem religionstoleranten römischen Staat zu weit gehen. Insgesamt versuchen wir aber, das Sequel als einen Siegeszug des sich schnell etablierenden Christentums zu erzählen. Da spielt die Darstellung von Konflikten innerhalb unserer verschiedenen Richtungen (wie Judenchristen vs. Heidenchristen), die Paulus noch ausführlich schildert, keine Rolle mehr. Wir halten zusammen und segeln von allen Häfen hinaus in die fremde Welt. Unbekannte Abenteuer warten. Sie verlangen all unsere Kraft und Konzentration. Dabei kennen wir aber nur eine Richtung: vorwärts, bis wir in Rom ankommen. Wir versuchen, motivierend und unterhaltsam zu erzählen. Würzen mit manch einer witzigen Anekdote. Zum Beispiel mit der, wie Eutychus vor Erschöpfung einschläft, als Paulus vor lauter Begeisterung über seine eigene Predigt einfach kein Ende findet. Wir schreiben auch Unterhaltungsliteratur.

Wir wollen eine Weltreligion werden. Also erzählen wir so, dass die ganze Welt versteht, um was es uns geht.

Aus der Apostelgeschichte

1 ¹Im ersten Buch, lieber Theophilus, habe ich über alles berichtet, was Jesus von Anfang an getan und gelehrt hat, ²bis zu dem Tag, an dem er in den Himmel aufgenommen wurde. Vorher hat er den Aposteln, die er sich durch den Heiligen Geist erwählt hatte, Weisung gegeben. ³Ihnen hat er nach seinem Leiden durch viele Beweise gezeigt, dass er lebt; vierzig Tage hindurch ist er ihnen erschienen und hat vom Reich Gottes gesprochen.

Weisungen und Himmelfahrt des Auferstandenen

⁴Beim gemeinsamen Mahl gebot er ihnen: Geht nicht weg von Jerusalem, sondern wartet auf die Verheißung des Vaters, die ihr von mir vernommen habt! ⁵Denn Johannes hat mit Wasser getauft, ihr aber werdet schon in wenigen Tagen mit dem Heiligen Geist getauft werden. ⁶Als sie nun beisammen waren, fragten sie ihn: Herr, stellst du in dieser Zeit das Reich für Israel wieder her? ⁷Er sagte zu ihnen: Euch steht es nicht zu, Zeiten und Fristen zu erfahren, die der Vater in seiner Macht festgesetzt hat. ⁸Aber ihr werdet Kraft empfangen, wenn der Heilige Geist auf euch herabkommen wird; und ihr werdet meine Zeugen sein in Jerusalem und in ganz Judäa und Samarien und bis an die Grenzen der Erde. ⁹Als er das gesagt hatte, wurde er vor ihren Augen emporgehoben und eine Wolke nahm ihn auf und entzog ihn ihren Blicken. ¹⁰Während sie unverwandt ihm nach zum Himmel emporschauten, siehe, da standen zwei Männer in weißen Gewändern bei ihnen ¹¹und sagten: Ihr Männer von Galiläa, was steht ihr da und schaut zum Himmel empor? Dieser Jesus, der von euch fort in den Himmel aufgenommen wurde, wird ebenso wiederkommen, wie ihr ihn habt zum Himmel hingehen sehen. ¹²Dann kehrten sie von dem Berg, der Ölberg genannt wird und nur einen Sabbatweg von Jerusalem entfernt ist, nach Jerusalem zurück.

Die betende Urgemeinde

¹³Als sie in die Stadt kamen, gingen sie in das Obergemach hinauf, wo sie nun ständig blieben: Petrus und Johannes, Jakobus und Andreas, Philippus und Thomas, Bartholomäus und Matthäus, Jakobus, der Sohn des Alphäus, und Simon, der Zelot, sowie Judas, der Sohn des Jakobus. ¹⁴Sie alle verharrten dort einmütig im Gebet, zusammen mit den Frauen und Maria, der Mutter Jesu, und seinen Brüdern.

Die Wahl des Matthias zum Apostel

¹⁵In diesen Tagen erhob sich Petrus im Kreis der Brüder – etwa hundertzwanzig waren zusammengekommen – und sagte: ¹⁶Brüder! Es musste sich das Schriftwort erfüllen, das der Heilige Geist durch den Mund Davids im Voraus über Judas gesprochen hat. Judas wurde zum Anführer derer, die Jesus gefangen nahmen. ¹⁷Er wurde zu uns gezählt und hatte Anteil am gleichen Dienst. ¹⁸Mit dem Lohn für seine Untat kaufte er sich ein Grundstück. Dann aber stürzte er vornüber zu Boden, sein Leib barst auseinander und alle seine Eingeweide quollen hervor. ¹⁹Das wurde allen Einwohnern von Jerusalem bekannt; deshalb nannten sie jenes Grundstück in ihrer Sprache Hakeldamach, das heißt Blutacker. ²⁰Denn es steht im Buch der Psalmen: Sein Gehöft soll veröden, niemand soll darin wohnen! und: Sein Amt soll

ein anderer erhalten! ²¹Es ist also nötig, dass einer von den Männern, die mit uns die ganze Zeit zusammen waren, als Jesus, der Herr, bei uns ein und aus ging, ²²angefangen von der Taufe durch Johannes bis zu dem Tag, an dem er von uns ging und in den Himmel aufgenommen wurde – einer von diesen muss nun zusammen mit uns Zeuge seiner Auferstehung sein. ²³Und sie stellten zwei Männer auf: Josef, genannt Barsabbas, mit dem Beinamen Justus, und Matthias. ²⁴Dann beteten sie: Du, Herr, kennst die Herzen aller; zeige, wen von diesen beiden du erwählt hast, ²⁵diesen Dienst und dieses Apostelamt zu übernehmen! Denn Judas hat es verlassen und ist an den Ort gegangen, der ihm bestimmt war. ²⁶Sie warfen das Los über sie; das Los fiel auf Matthias und er wurde den elf Aposteln zugezählt.

Das Pfingstereignis

2 ¹Als der Tag des Pfingstfestes gekommen war, waren alle zusammen am selben Ort. ²Da kam plötzlich vom Himmel her ein Brausen, wie wenn ein heftiger Sturm daherfährt, und erfüllte das ganze Haus, in dem sie saßen. ³Und es erschienen ihnen Zungen wie von Feuer, die sich verteilten; auf jeden von ihnen ließ sich eine nieder. ⁴Und alle wurden vom Heiligen Geist erfüllt und begannen, in anderen Sprachen zu reden, wie es der Geist ihnen eingab.
⁵In Jerusalem aber wohnten Juden, fromme Männer aus allen Völkern unter dem Himmel. ⁶Als sich das Getöse erhob, strömte die Menge zusammen und war ganz bestürzt; denn jeder hörte sie in seiner Sprache reden. ⁷Sie waren fassungslos vor Staunen und sagten: Seht! Sind das nicht alles Galiläer, die hier reden? ⁸Wieso kann sie jeder von uns in seiner Muttersprache hören: ⁹Parther, Meder und Elamiter, Bewohner von Mesopotamien, Judäa und Kappadokien, von Pontus und der Provinz Asien, ¹⁰von Phrygien und Pamphylien, von Ägypten und dem Gebiet Libyens nach Kyrene hin, auch die Römer, die sich hier aufhalten, ¹¹Juden und Proselyten, Kreter und Araber – wir hören sie in unseren Sprachen Gottes große Taten verkünden.
¹²Alle gerieten außer sich und waren ratlos. Die einen sagten zueinander: Was hat das zu bedeuten? ¹³Andere aber spotteten: Sie sind vom süßen Wein betrunken.

> *Apostelgeschichte: Erfolgsstory für die übernächste Generation und Identitätsanker für die expandierende Jesusbewegung.*

Die Pfingstpredigt des Petrus

¹⁴Da trat Petrus auf, zusammen mit den Elf; er erhob seine Stimme und begann zu reden: Ihr Juden und alle Bewohner von Jerusalem! Dies sollt ihr wissen, achtet auf meine Worte! ¹⁵Diese Männer sind nicht betrunken, wie ihr meint; es ist ja erst die dritte Stunde am Tag; ¹⁶sondern jetzt geschieht, was durch den Propheten Joël gesagt worden ist:
¹⁷In den letzten Tagen wird es geschehen, / so spricht Gott: / Ich werde von meinem Geist ausgießen / über alles Fleisch. / Eure Söhne und eure Töchter werden prophetisch reden, / eure jungen Männer werden Visionen haben / und eure Alten werden Träume haben.
¹⁸Auch über meine Knechte und Mägde / werde ich von meinem Geist ausgießen / in jenen Tagen und sie werden prophetisch reden.
¹⁹Ich werde Wunder erscheinen lassen droben am Himmel / und Zeichen unten auf der Erde: / Blut und Feuer und qualmenden Rauch.
²⁰Die Sonne wird sich in Finsternis ver-

wandeln / und der Mond in Blut, / ehe der Tag des Herrn kommt, / der große und herrliche Tag.
²¹Und es wird geschehen: / Jeder, der den Namen des Herrn anruft, / wird gerettet werden.
²²Israeliten, hört diese Worte: Jesus, den Nazoräer, einen Mann, den Gott vor euch beglaubigt hat durch Machttaten, Wunder und Zeichen, die er durch ihn in eurer Mitte getan hat, wie ihr selbst wisst – ²³ihn, der nach Gottes beschlossenem Willen und Vorauswissen hingegeben wurde, habt ihr durch die Hand von Gesetzlosen ans Kreuz geschlagen und umgebracht. ²⁴Gott aber hat ihn von den Wehen des Todes befreit und auferweckt; denn es war unmöglich, dass er vom Tod festgehalten wurde. ²⁵David nämlich sagt über ihn:
Ich hatte den Herrn beständig vor Augen. / Denn er steht mir zur Rechten, dass ich nicht wanke.
²⁶Darum freute sich mein Herz / und frohlockte meine Zunge / und auch mein Leib wird in Hoffnung wohnen;
²⁷denn du gibst meine Seele nicht der Unterwelt preis, / noch lässt du deinen Frommen die Verwesung schauen.
²⁸Du hast mir die Wege zum Leben gezeigt, / du wirst mich erfüllen mit Freude vor deinem Angesicht.
²⁹Brüder, ich darf freimütig zu euch über den Patriarchen David reden: Er starb und wurde begraben und sein Grabmal ist bei uns erhalten bis auf den heutigen Tag. ³⁰Da er ein Prophet war und wusste, dass Gott ihm einen Eid geschworen hatte, einer von seinen Nachkommen werde auf seinem Thron sitzen, ³¹sagte er vorausschauend über die Auferstehung des Christus: Er gab ihn nicht der Unterwelt preis und sein Leib schaute die Verwesung nicht. ³²Diesen Jesus hat Gott auferweckt, dafür sind wir alle Zeugen. ³³Zur Rechten Gottes erhöht, hat er vom Vater den verheißenen Heiligen Geist empfangen und ihn ausgegossen, wie ihr seht und hört. ³⁴Denn nicht David ist zum Himmel aufgestiegen; vielmehr sagt er selbst:
Es sprach der Herr zu meinem Herrn: / Setze dich mir zur Rechten
³⁵und ich lege dir deine Feinde / als Schemel unter die Füße.
³⁶Mit Gewissheit erkenne also das ganze Haus Israel: Gott hat ihn zum Herrn und Christus gemacht, diesen Jesus, den ihr gekreuzigt habt.

Erste Bekehrungen

³⁷Als sie das hörten, traf es sie mitten ins Herz und sie sagten zu Petrus und den übrigen Aposteln: Was sollen wir tun, Brüder? ³⁸Petrus antwortete ihnen: Kehrt um und jeder von euch lasse sich auf den Namen Jesu Christi taufen zur Vergebung eurer Sünden; dann werdet ihr die Gabe des Heiligen Geistes empfangen. ³⁹Denn euch und euren Kindern gilt die Verheißung und all denen in der Ferne, die der Herr, unser Gott, herbeirufen wird. ⁴⁰Mit noch vielen anderen Worten beschwor und ermahnte er sie: Lasst euch retten aus diesem verdorbenen Geschlecht! ⁴¹Die nun, die sein Wort annahmen, ließen sich taufen. An diesem Tag wurden ihrer Gemeinschaft etwa dreitausend Menschen hinzugefügt. ⁴²Sie hielten an der Lehre der Apostel fest und an der Gemeinschaft, am Brechen des Brotes und an den Gebeten.

Das Leben der jungen Gemeinde

⁴³Alle wurden von Furcht ergriffen; und durch die Apostel geschahen viele Wunder und Zeichen. ⁴⁴Und alle, die glaubten, waren an demselben Ort und hatten alles gemeinsam. ⁴⁵Sie verkauften Hab und Gut und teilten davon allen zu, jedem so viel, wie er

nötig hatte. ⁴⁶Tag für Tag verharrten sie einmütig im Tempel, brachen in ihren Häusern das Brot und hielten miteinander Mahl in Freude und Lauterkeit des Herzens. ⁴⁷Sie lobten Gott und fanden Gunst beim ganzen Volk. Und der Herr fügte täglich ihrer Gemeinschaft die hinzu, die gerettet werden sollten.

…

Die Rechenschaft des Petrus vor der Gemeinde in Jerusalem

11 ¹Die Apostel und die Brüder in Judäa hörten, dass auch die Heiden das Wort Gottes angenommen hatten. ²Als nun Petrus nach Jerusalem hinaufkam, hielten ihm die gläubig gewordenen Juden vor: ³Du bist bei Unbeschnittenen eingekehrt und hast mit ihnen gegessen. ⁴Da begann Petrus, ihnen der Reihe nach zu berichten: ⁵Ich war in der Stadt Joppe und betete; da hatte ich in einer Verzückung eine Vision: Eine Art Gefäß, das aussah wie ein großes Leinentuch, das, an den vier Ecken gehalten, auf die Erde heruntergelassen wurde, senkte sich aus dem Himmel und es kam bis zu mir herab. ⁶Als ich genauer hinschaute, sah und betrachtete ich darin die Vierfüßler der Erde, die wilden Tiere, die Kriechtiere und die Vögel des Himmels. ⁷Ich hörte auch eine Stimme, die zu mir sagte: Steh auf, Petrus, schlachte und iss! ⁸Ich antwortete: Niemals, Herr! Noch nie ist etwas Unheiliges oder Unreines in meinen Mund gekommen. ⁹Doch zum zweiten Mal kam eine Stimme vom Himmel; sie sagte: Was Gott für rein erklärt hat, nenne du nicht unrein! ¹⁰Das geschah dreimal, dann wurde alles wieder in den Himmel hinaufgezogen. ¹¹Und siehe, gleich darauf standen drei Männer vor dem Haus, in dem wir wohnten; sie waren aus Cäsarea zu mir geschickt worden. ¹²Der Geist aber sagte mir, ich solle ohne Bedenken mit ihnen gehen. Auch diese sechs Brüder zogen mit mir und wir kamen in das Haus jenes Mannes. ¹³Er erzählte uns, wie er in seinem Haus den Engel stehen sah, der zu ihm sagte: Schick jemanden nach Joppe und lass Simon, der Petrus genannt wird, holen! ¹⁴Er wird dir Worte sagen, durch die du mit deinem ganzen Haus gerettet werden wirst. ¹⁵Als ich zu reden begann, kam der Heilige Geist auf sie herab, wie am Anfang auf uns. ¹⁶Da erinnerte ich mich an das Wort des Herrn: Johannes hat mit Wasser getauft, ihr aber werdet mit dem Heiligen Geist getauft werden. ¹⁷Wenn nun Gott ihnen die gleiche Gabe verliehen hat wie uns, als wir zum Glauben an Jesus Christus, den Herrn, gekommen sind: Wer bin ich, dass ich Gott hindern könnte?
¹⁸Als sie das hörten, beruhigten sie sich, priesen Gott und sagten: Gott hat also auch den Heiden die Umkehr zum Leben geschenkt.

Die Entstehung einer christlichen Gemeinde in Antiochia

¹⁹Bei der Verfolgung, die wegen Stephanus entstanden war, kamen die Versprengten bis nach Phönizien, Zypern und Antiochia; doch verkündeten sie das Wort nur den Juden. ²⁰Einige aber von ihnen, die aus Zypern und Kyrene stammten, verkündeten, als sie nach Antiochia kamen, auch den Griechen das Evangelium von Jesus, dem Herrn. ²¹Die Hand des Herrn war mit ihnen und viele wurden gläubig und bekehrten sich zum Herrn. ²²Die Nachricht davon kam der Gemeinde von Jerusalem zu Ohren und sie schickten Barnabas nach Antiochia. ²³Als er ankam und die Gnade Gottes sah, freute er sich und ermahnte alle,

Das ist das Jerusalemer Treffen, von dem Paulus erzählt hat (Seite 244). Erinnert ihr Euch: Öffnen wir den Club oder nicht?

dem Herrn treu zu bleiben, wie sie es sich im Herzen vorgenommen hatten. ²⁴Denn er war ein trefflicher Mann, erfüllt vom Heiligen Geist und von Glauben. So wurde für den Herrn viel Volk hinzugewonnen. ²⁵Barnabas aber zog nach Tarsus, um Saulus aufzusuchen. ²⁶Er fand ihn und nahm ihn nach Antiochia mit. Dort wirkten sie miteinander ein volles Jahr in der Gemeinde und lehrten eine große Zahl von Menschen. In Antiochia nannte man die Jünger zum ersten Mal Christen.

Die Spende der Gemeinde von Antiochia für die Christen in Judäa

²⁷In jenen Tagen kamen von Jerusalem Propheten nach Antiochia hinab. ²⁸Einer von ihnen namens Agabus trat auf und weissagte durch den Geist, eine große Hungersnot werde über die ganze Erde kommen. Sie brach dann unter Claudius aus. ²⁹Sie beschlossen, jeder von den Jüngern solle nach seinem Vermögen den Brüdern, die in Judäa wohnen, etwas zur Unterstützung senden. ³⁰Das taten sie auch und schickten ihre Gaben durch Barnabas und Saulus an die Ältesten.

Die Hinrichtung des Jakobus und die Verhaftung des Petrus

12 ¹Um jene Zeit ließ der König Herodes einige aus der Gemeinde verhaften und misshandeln. ²Jakobus, den Bruder des Johannes, ließ er mit dem Schwert hinrichten. ³Als er sah, dass es den Juden gefiel, ließ er auch Petrus festnehmen. Das geschah in den Tagen der Ungesäuerten Brote. ⁴Er nahm ihn also fest und warf ihn ins Gefängnis. Die Bewachung übertrug er vier Abteilungen von je vier Soldaten. Er beabsichtigte, ihn nach dem Paschafest dem Volk vorführen zu lassen. ⁵Petrus wurde also im Gefängnis bewacht. Die Gemeinde aber betete inständig für ihn zu Gott.

Die wunderbare Befreiung des Petrus

⁶In der Nacht, ehe Herodes ihn vorführen lassen wollte, schlief Petrus, mit zwei Ketten gefesselt, zwischen zwei Soldaten; vor der Tür aber bewachten Posten den Kerker. ⁷Und siehe, ein Engel des Herrn trat hinzu und ein Licht strahlte in dem Raum. Er stieß Petrus in die Seite, weckte ihn und sagte: Schnell, steh auf! Da fielen die Ketten von seinen Händen. ⁸Der Engel aber sagte zu ihm: Gürte dich und zieh deine Sandalen an! Er tat es. Und der Engel sagte zu ihm: Wirf deinen Mantel um und folge mir! ⁹Und Petrus ging hinaus und folgte ihm, ohne zu wissen, dass es Wirklichkeit war, was durch den Engel geschah; es kam ihm vor, als habe er eine Vision. ¹⁰Sie gingen an der ersten und an der zweiten Wache vorbei und kamen an das eiserne Tor, das in die Stadt führt; es öffnete sich ihnen von selbst. Sie traten hinaus und gingen eine Gasse weit; und sogleich verließ ihn der Engel.

¹¹Da kam Petrus zu sich und sagte: Nun weiß ich wahrhaftig, dass der Herr seinen Engel gesandt und mich der Hand des Herodes entrissen hat und alldem, was das Volk der Juden erwartet hat. ¹²Als er sich darüber klar geworden war, ging er zum Haus der Maria, der Mutter des Johannes, mit dem Beinamen Markus, wo nicht wenige versammelt waren und beteten. ¹³Als er am Außentor klopfte, kam eine Magd namens Rhode, um zu hören, wer es sei. ¹⁴Sie erkannte die Stimme des Petrus, doch vor Freude machte sie das Tor nicht auf, sondern

lief hinein und berichtete: Petrus steht vor dem Tor. ¹⁵Da sagten sie zu ihr: Du bist nicht bei Sinnen. Doch sie bestand darauf, es sei so. Da sagten sie: Es ist sein Engel. ¹⁶Petrus aber klopfte noch immer. Als sie öffneten und ihn sahen, waren sie fassungslos. ¹⁷Er gab ihnen mit der Hand ein Zeichen zu schweigen und erzählte ihnen, wie der Herr ihn aus dem Gefängnis herausgeführt hatte. Er sagte: Berichtet das dem Jakobus und den Brüdern! Dann verließ er sie und ging an einen anderen Ort. ¹⁸Als es Tag wurde, herrschte bei den Soldaten keine geringe Aufregung darüber, was wohl mit Petrus geschehen sei. ¹⁹Herodes aber ließ ihn suchen, und da man ihn nicht fand, verhörte er die Wachen und befahl, sie abzuführen.

Der Tod des Herodes Agrippa

Dann zog Herodes von Judäa nach Cäsarea hinab und blieb dort. ²⁰Er war über die Bewohner von Tyrus und Sidon sehr aufgebracht. Sie kamen gemeinsam zu ihm, gewannen Blastus, den Kämmerer des Königs, für sich und baten um Frieden, weil sie ihre Nahrung aus dem Land des Königs bezogen. ²¹Am festgesetzten Tag nahm Herodes im Königsgewand auf der Tribüne Platz und hielt vor ihnen eine feierliche Ansprache. ²²Das Volk aber schrie: Die Stimme eines Gottes, nicht eines Menschen! ²³Im selben Augenblick schlug ihn ein Engel des Herrn, weil er nicht Gott die Ehre gegeben hatte. Und von Würmern zerfressen, starb er. ²⁴Das Wort Gottes aber wuchs und breitete sich aus.

…

Die Streitfrage zwischen Juden und Heiden

15 ¹Es kamen einige Leute von Judäa herab und lehrten die Brüder: Wenn ihr euch nicht nach dem Brauch des Mose beschneiden lasst, könnt ihr nicht gerettet werden. ²Da nun nicht geringer Zwist und Streit zwischen ihnen und Paulus und Barnabas entstand, beschloss man, Paulus und Barnabas und einige andere von ihnen sollten wegen dieser Streitfrage zu den Aposteln und den Ältesten nach Jerusalem hinaufgehen. ³Die Gemeinde gab ihnen das Weggeleit. Dann zogen sie durch Phönizien und Samarien; dabei berichteten sie den Brüdern von der Bekehrung der Heiden und bereiteten damit allen Brüdern große Freude. ⁴Bei ihrer Ankunft in Jerusalem wurden sie von der Gemeinde und von den Aposteln und den Ältesten empfangen. Sie erzählten alles, was Gott mit ihnen zusammen getan hatte. ⁵Da erhoben sich einige aus der Partei der Pharisäer, die gläubig geworden waren, und sagten: Man muss sie beschneiden und von ihnen fordern, am Gesetz des Mose festzuhalten.

Die Versammlung der Apostel und der Ältesten mit der Gemeinde

⁶Die Apostel und die Ältesten traten zusammen, um die Frage zu prüfen. ⁷Als ein heftiger Streit entstand, erhob sich Petrus und sagte zu ihnen: Brüder, wie ihr wisst, hat Gott schon längst hier bei euch die Entscheidung getroffen, dass die Heiden durch meinen Mund das Wort des Evangeliums hören und zum Glauben gelangen sollen. ⁸Und Gott, der die Herzen kennt, hat dies bestätigt, indem er ihnen ebenso wie uns den Heiligen Geist gab. ⁹Er machte keinerlei Unterschied zwischen uns und ihnen; denn er hat ihre Herzen

durch den Glauben gereinigt. ¹⁰Warum stellt ihr also jetzt Gott auf die Probe und legt den Jüngern ein Joch auf den Nacken, das weder unsere Väter noch wir tragen konnten? ¹¹Wir glauben im Gegenteil, durch die Gnade Jesu, des Herrn, gerettet zu werden, auf die gleiche Weise wie jene. ¹²Da schwieg die ganze Versammlung. Und sie hörten Barnabas und Paulus zu, wie sie erzählten, welch große Zeichen und Wunder Gott durch sie unter den Heiden getan hatte.

¹³Als sie geendet hatten, nahm Jakobus das Wort und sagte: Brüder, hört mich an! ¹⁴Simon hat berichtet, dass Gott selbst zuerst darauf geschaut hat, aus den Heiden ein Volk für seinen Namen zu gewinnen. ¹⁵Damit stimmen die Worte der Propheten überein, die geschrieben haben:

¹⁶Danach werde ich mich umwenden / und die zerfallene Hütte Davids wieder aufrichten; / ich werde sie aus ihren Trümmern wieder aufrichten / und werde sie wiederherstellen,

¹⁷damit die übrigen Menschen den Herrn suchen, / auch alle Völker, / über denen mein Name ausgerufen ist – / spricht der Herr, der das ausführt,

¹⁸was ihm seit Ewigkeit bekannt ist.

¹⁹Darum halte ich es für richtig, den Heiden, die sich zu Gott bekehren, keine Lasten aufzubürden; ²⁰man weise sie nur an, Verunreinigung durch Götzenopferfleisch und Unzucht zu meiden und weder Ersticktes noch Blut zu essen. ²¹Denn Mose hat seit alten Zeiten in jeder Stadt seine Verkünder, da er in den Synagogen an jedem Sabbat verlesen wird.

Die Beschlüsse der Versammlung

²²Da beschlossen die Apostel und die Ältesten zusammen mit der ganzen Gemeinde, Männer aus ihrer Mitte auszuwählen und sie zusammen mit Paulus und Barnabas nach Antiochia zu senden, nämlich Judas, genannt Barsabbas, und Silas, führende Männer unter den Brüdern. ²³Sie gaben ihnen folgendes Schreiben mit: Die Apostel und die Ältesten, eure Brüder, grüßen die Brüder aus dem Heidentum in Antiochia, in Syrien und Kilikien. ²⁴Wir haben gehört, dass einige von uns, denen wir keinen Auftrag erteilt haben, euch mit ihren Reden beunruhigt und eure Gemüter erregt haben. ²⁵Deshalb haben wir einmütig beschlossen, Männer auszuwählen und zusammen mit unseren geliebten Brüdern Barnabas und Paulus zu euch zu schicken, ²⁶die beide für den Namen Jesu Christi, unseres Herrn, ihr Leben eingesetzt haben. ²⁷Wir haben Judas und Silas abgesandt, die euch das Gleiche auch mündlich mitteilen sollen. ²⁸Denn der Heilige Geist und wir haben beschlossen, euch keine weitere Last aufzuerlegen als diese notwendigen Dinge: ²⁹Götzenopferfleisch, Blut, Ersticktes und Unzucht zu meiden. Wenn ihr euch davor hütet, handelt ihr richtig. Lebt wohl!

Die Mitteilung der Beschlüsse an die Gemeinde von Antiochia

³⁰Man verabschiedete die Abgesandten und sie zogen hinab nach Antiochia, riefen die Gemeinde zusammen und übergaben ihr den Brief. ³¹Sie lasen ihn und freuten sich über den Zuspruch. ³²Judas und Silas, selbst Propheten, sprachen den Brüdern mit vielen Worten Mut zu und stärkten sie. ³³Nach einiger Zeit wurden sie von den Brüdern in Frieden wieder zu denen entlassen, die sie abgesandt hatten. [34] ³⁵Paulus aber und Barnabas blieben in Antiochia und lehrten und verkündeten mit vielen anderen das Wort des Herrn.

Die Trennung von Paulus und Barnabas und Beginn der zweiten Missionsreise

³⁶Nach einiger Zeit sagte Paulus zu Barnabas: Wir wollen wieder aufbrechen und sehen, wie es den Brüdern in all den Städten geht, in denen wir das Wort des Herrn verkündet haben. ³⁷Barnabas wollte auch den Johannes, genannt Markus, mitnehmen; ³⁸doch Paulus bestand darauf, ihn nicht mitzunehmen, weil er sie in Pamphylien im Stich gelassen hatte, nicht mit ihnen gezogen war und an ihrer Arbeit nicht mehr teilgenommen hatte. ³⁹Es kam zu einer heftigen Auseinandersetzung, sodass sie sich voneinander trennten; Barnabas nahm Markus mit und segelte nach Zypern. ⁴⁰Paulus aber wählte sich Silas und reiste ab, nachdem die Brüder ihn der Gnade des Herrn empfohlen hatten. ⁴¹Er zog durch Syrien und Kilikien und stärkte die Gemeinden.

Paulus in Lykaonien während der zweiten Missionsreise

16 ¹Er kam auch nach Derbe und nach Lystra. Und siehe, dort lebte ein Jünger namens Timotheus, der Sohn einer gläubig gewordenen Jüdin und eines Griechen. ²Er war Paulus von den Brüdern in Lystra und Ikonion empfohlen worden. ³Paulus wollte ihn als Begleiter mitnehmen und ließ ihn mit Rücksicht auf die Juden, die in jenen Gegenden wohnten, beschneiden; denn alle wussten, dass sein Vater ein Grieche war. ⁴Als sie nun durch die Städte zogen, überbrachten sie ihnen die von den Aposteln und den Ältesten in Jerusalem gefassten Beschlüsse und trugen ihnen auf, sich daran zu halten. ⁵So wurden die Gemeinden im Glauben gestärkt und wuchsen von Tag zu Tag.

Durch Kleinasien bis Troas während der zweiten Missionsreise

⁶Weil ihnen aber vom Heiligen Geist verwehrt wurde, das Wort in der Provinz Asien zu verkünden, reisten sie durch Phrygien und das galatische Land. ⁷Sie zogen an Mysien entlang und versuchten, Bithynien zu erreichen; doch auch das erlaubte ihnen der Geist Jesu nicht. ⁸So durchwanderten sie Mysien und kamen nach Troas hinab. ⁹Dort hatte Paulus in der Nacht eine Vision. Ein Mazedonier stand da und bat ihn: Komm herüber nach Mazedonien und hilf uns! ¹⁰Auf diese Vision hin wollten wir sofort nach Mazedonien abfahren; denn wir kamen zu dem Schluss, dass uns Gott dazu berufen hatte, dort das Evangelium zu verkünden.

Das Wirken des Paulus in Philippi

¹¹So brachen wir von Troas auf und fuhren auf dem kürzesten Weg nach Samothrake und am folgenden Tag nach Neapolis. ¹²Von dort gingen wir nach Philippi, eine führende Stadt des Bezirks von Mazedonien, eine Kolonie. In dieser Stadt hielten wir uns einige Tage auf. ¹³Am Sabbat gingen wir durch das Stadttor hinaus an den Fluss, wo wir eine Gebetsstätte vermuteten. Wir setzten uns und sprachen zu den Frauen, die sich eingefunden hatten. ¹⁴Eine Frau namens Lydia, eine Purpurhändlerin aus der Stadt Thyatira, hörte zu; sie war eine Gottesfürchtige und der Herr öffnete ihr das Herz, sodass sie den Worten des Paulus aufmerksam lauschte. ¹⁵Als sie und alle, die zu ihrem Haus gehörten, getauft waren, bat sie: Wenn ihr wirklich meint, dass ich zum Glauben an den Herrn gefunden habe, kommt in mein Haus und bleibt da. Und sie drängte uns.

¹⁶Als wir einmal auf dem Weg zur Ge-

betsstätte waren, begegnete uns eine Magd, die einen Wahrsagegeist hatte und mit der Wahrsagerei ihren Herren großen Gewinn einbrachte. ¹⁷Sie lief Paulus und uns nach und schrie: Diese Menschen sind Knechte des höchsten Gottes; sie verkünden euch den Weg des Heils. ¹⁸Das tat sie viele Tage lang. Da wurde Paulus ärgerlich, wandte sich um und sagte zu dem Geist: Ich befehle dir im Namen Jesu Christi: Fahre aus dieser Frau aus! Und im gleichen Augenblick fuhr er aus.

¹⁹Als aber ihre Herren sahen, dass sie keinen Gewinn mehr erhoffen konnten, ergriffen sie Paulus und Silas, schleppten sie auf den Markt vor die Stadtbehörden, ²⁰führten sie den obersten Beamten vor und sagten: Diese Männer bringen Unruhe in unsere Stadt. Es sind Juden; ²¹sie verkünden Sitten und Bräuche, die wir als Römer weder annehmen können noch ausüben dürfen. ²²Da erhob sich das Volk gegen sie und die obersten Beamten ließen ihnen die Kleider vom Leib reißen und befahlen, sie mit Ruten zu schlagen. ²³Sie ließen ihnen viele Schläge geben und sie ins Gefängnis werfen; dem Gefängniswärter gaben sie Befehl, sie in sicherem Gewahrsam zu halten. ²⁴Auf diesen Befehl hin warf er sie in das innere Gefängnis und schloss ihre Füße in den Block. ²⁵Um Mitternacht beteten Paulus und Silas und sangen Loblieder; und die Gefangenen hörten ihnen zu. ²⁶Plötzlich begann ein gewaltiges Erdbeben, sodass die Grundmauern des Gefängnisses wankten. Mit einem Schlag sprangen die Türen auf und alle fielen die Fesseln ab. ²⁷Als der Gefängniswärter aufwachte und die Türen des Gefängnisses offen sah, zog er sein Schwert, um sich zu töten; denn er meinte, die Gefangenen seien entflohen. ²⁸Da rief Paulus laut: Tu dir nichts an! Wir sind alle noch da. ²⁹Jener rief nach Licht, stürzte hinein und fiel Paulus und Silas zitternd zu Füßen. ³⁰Er führte sie hinaus und sagte: Ihr Herren, was muss ich tun, um gerettet zu werden? ³¹Sie antworteten: Glaube an Jesus, den Herrn, und du wirst gerettet werden, du und dein Haus. ³²Und sie verkündeten ihm und allen in seinem Haus das Wort des Herrn. ³³Er nahm sie in jener Nachtstunde bei sich auf, wusch ihre Striemen und ließ sich sogleich mit allen seinen Angehörigen taufen. ³⁴Dann führte er sie in sein Haus hinauf, ließ ihnen den Tisch decken und war mit seinem ganzen Haus voll Freude, weil er zum Glauben an Gott gekommen war.

³⁵Als es Tag wurde, schickten die obersten Beamten die Amtsdiener und ließen sagen: Lass jene Männer frei! ³⁶Der Gefängniswärter überbrachte Paulus die Nachricht: Die obersten Beamten haben hergeschickt und befohlen, euch freizulassen. Geht also, zieht in Frieden! ³⁷Paulus aber sagte zu ihnen: Sie haben uns ohne Urteil öffentlich auspeitschen lassen, obgleich wir römische Bürger sind, und haben uns ins Gefängnis geworfen. Und jetzt möchten sie uns heimlich fortschicken? Nein! Sie sollen selbst kommen und uns hinausführen. ³⁸Die Amtsdiener meldeten es den obersten Beamten. Diese erschraken, als sie hörten, es seien römische Bürger. ³⁹Und sie kamen, um sie zu beschwichtigen, führten sie hinaus und baten sie, die Stadt zu verlassen. ⁴⁰Vom Gefängnis aus gingen sie zu Lydia. Dort sahen sie die Brüder, sprachen ihnen Mut zu und zogen dann weiter.

Paulus in Thessalonich und Beröa

17 ¹Auf dem Weg über Amphipolis und Apollonia kamen sie nach Thessalonich. Dort hatten die Juden eine Synagoge. ²Nach seiner Gewohnheit ging Paulus zu ihnen und redete an drei Sabbaten zu ihnen, wobei er von den Schriften ausging. ³Er legte sie ihnen aus und erklärte, dass der Christus leiden und von den Toten auferstehen musste. Und er sagte: Jesus, den ich euch verkünde, ist dieser Christus. ⁴Einige von ihnen ließen sich überzeugen und schlossen sich Paulus und Silas an, außerdem eine große Schar gottesfürchtiger Griechen, darunter nicht wenige Frauen aus vornehmen Kreisen.

⁵Die Juden wurden eifersüchtig, holten sich einige nichtsnutzige Männer, die sich auf dem Markt herumtrieben, wiegelten mit ihrer Hilfe das Volk auf und brachten die Stadt in Aufruhr. Sie zogen zum Haus des Jason und wollten die beiden vor das Volk führen. ⁶Sie fanden sie aber nicht. Daher schleppten sie den Jason und einige Brüder vor die Stadtpräfekten und schrien: Diese Leute, die schon die ganze Welt in Aufruhr gebracht haben, sind jetzt auch hier ⁷und Jason hat sie aufgenommen. Sie alle verstoßen gegen die Gesetze des Kaisers; denn sie behaupten, ein anderer sei König, nämlich Jesus. ⁸So brachten sie die Menge und die Stadtpräfekten, die das hörten, in Erregung. ⁹Diese nahmen von Jason und den anderen eine Bürgschaft und ließen sie frei.

¹⁰Die Brüder schickten noch in der Nacht Paulus und Silas weiter nach Beröa. Nach ihrer Ankunft gingen sie in die Synagoge der Juden. ¹¹Diese waren vornehmer gesinnt als die in Thessalonich; mit großer Bereitschaft nahmen sie das Wort auf und forschten Tag für Tag in den Schriften nach, ob sich dies wirklich so verhielte. ¹²Viele von ihnen wurden gläubig und ebenso nicht wenige der vornehmen griechischen Frauen und Männer. ¹³Als aber die Juden von Thessalonich erfuhren, dass Paulus auch in Beröa das Wort Gottes verkündete, kamen sie dorthin, um das Volk aufzuwiegeln und aufzuhetzen. ¹⁴Da schickten die Brüder Paulus sogleich weg zum Meer hinunter. Silas und Timotheus aber blieben zurück. ¹⁵Die Begleiter des Paulus brachten ihn nach Athen. Mit dem Auftrag an Silas und Timotheus, Paulus möglichst rasch nachzukommen, kehrten sie zurück.

Paulus in Athen

¹⁶Während Paulus in Athen auf sie wartete, wurde sein Geist von heftigem Zorn erfasst; denn er sah die Stadt voll von Götzenbildern. ¹⁷Er redete in der Synagoge mit den Juden und Gottesfürchtigen und auf dem Markt sprach er täglich mit denen, die er gerade antraf. ¹⁸Einige von den epikureischen und stoischen Philosophen diskutierten mit ihm und manche sagten: Was will denn dieser Schwätzer? Andere aber: Er scheint ein Verkünder fremder Gottheiten zu sein. Denn er verkündete das Evangelium von Jesus und von der Auferstehung. ¹⁹Sie nahmen ihn mit, führten ihn zum Areopag und fragten: Können wir erfahren, was das für eine neue Lehre ist, die du vorträgst? ²⁰Du bringst uns recht befremdliche Dinge zu Gehör. Wir wüssten gern, worum es sich handelt. ²¹Alle Athener und die Fremden dort taten nichts lieber, als die letzten Neuigkeiten zu erzählen oder zu hören. ²²Da stellte sich Paulus in die Mitte des Areopags und sagte: Männer von Athen, nach allem, was ich sehe, seid ihr sehr fromm. ²³Denn als ich umherging und mir eure Heiligtümer ansah, fand ich auch einen Altar mit der Auf-

> *Jetzt ist Paulus auf Tour. Erinnert Euch an die Musikbox (Seite 214). Hier kann man Paulus quasi beim Aufstellen zuschauen.*

schrift: Einem unbekannten Gott. Was ihr verehrt, ohne es zu kennen, das verkünde ich euch. ²⁴Der Gott, der die Welt erschaffen hat und alles in ihr, er, der Herr über Himmel und Erde, wohnt nicht in Tempeln, die von Menschenhand gemacht sind. ²⁵Er lässt sich auch nicht von Menschenhänden dienen, als ob er etwas brauche, er, der allen das Leben, den Atem und alles gibt. ²⁶Er hat aus einem einzigen Menschen das ganze Menschengeschlecht erschaffen, damit es die ganze Erde bewohne. Er hat für sie bestimmte Zeiten und die Grenzen ihrer Wohnsitze festgesetzt. ²⁷Sie sollten Gott suchen, ob sie ihn ertasten und finden könnten; denn keinem von uns ist er fern. ²⁸Denn in ihm leben wir, bewegen wir uns und sind wir; wie auch einige von euren Dichtern gesagt haben: Wir sind von seinem Geschlecht. ²⁹Da wir also von Gottes Geschlecht sind, dürfen wir nicht meinen, das Göttliche sei wie ein goldenes oder silbernes oder steinernes Gebilde menschlicher Kunst und Erfindung. ³⁰Gott, der über die Zeiten der Unwissenheit hinweggesehen hat, gebietet jetzt den Menschen, dass überall alle umkehren sollen. ³¹Denn er hat einen Tag festgesetzt, an dem er den Erdkreis in Gerechtigkeit richten wird, durch einen Mann, den er dazu bestimmt und vor allen Menschen dadurch ausgewiesen hat, dass er ihn von den Toten auferweckte.

³²Als sie von der Auferstehung der Toten hörten, spotteten die einen, andere aber sagten: Darüber wollen wir dich ein andermal hören. ³³So ging Paulus aus ihrer Mitte weg. ³⁴Einige Männer aber schlossen sich ihm an und wurden gläubig, unter ihnen auch Dionysius, der Areopagit, außerdem eine Frau namens Damaris und noch andere mit ihnen.

Paulus in Korinth

18 ¹Hierauf verließ Paulus Athen und ging nach Korinth. ²Dort traf er einen aus Pontus stammenden Juden namens Aquila, der vor Kurzem aus Italien gekommen war, und dessen Frau Priscilla. Claudius hatte nämlich angeordnet, dass alle Juden Rom verlassen müssten. Diesen beiden schloss er sich an, ³und da sie das gleiche Handwerk betrieben, blieb er bei ihnen und arbeitete dort. Sie waren Zeltmacher von Beruf. ⁴An jedem Sabbat redete er in der Synagoge und suchte Juden und Griechen zu überzeugen. ⁵Als aber Silas und Timotheus aus Mazedonien eingetroffen waren, widmete sich Paulus ganz dem Wort und bezeugte den Juden, dass Jesus der Christus sei. ⁶Als sie sich dagegen auflehnten und Lästerungen ausstießen, schüttelte er seine Kleider aus und sagte zu ihnen: Euer Blut komme über euer Haupt! Ich bin daran unschuldig. Von jetzt an werde ich zu den Heiden gehen.

⁷Und er ging von da in das Haus eines gewissen Titius Justus hinüber, eines Gottesfürchtigen, dessen Haus an die Synagoge grenzte. ⁸Krispus aber, der Synagogenvorsteher, kam mit seinem ganzen Haus zum Glauben an den Herrn; und viele Korinther, die davon hörten, wurden gläubig und ließen sich taufen. ⁹Der Herr aber sagte nachts in einer Vision zu Paulus: Fürchte dich nicht! Rede nur, schweige nicht! ¹⁰Denn ich bin mit dir, niemand wird dir etwas antun. Viel Volk nämlich gehört mir in dieser Stadt. ¹¹So blieb Paulus ein Jahr und sechs Monate und lehrte bei ihnen das Wort Gottes.

¹²Als aber Gallio Prokonsul von Achaia war, traten die Juden einmütig gegen Paulus auf, brachten ihn vor den Richterstuhl ¹³und sagten: Dieser verführt die Menschen zu einer Gottes-

verehrung, die gegen das Gesetz verstößt. ¹⁴Als Paulus etwas erwidern wollte, sagte Gallio zu den Juden: Läge hier ein Vergehen oder Verbrechen vor, ihr Juden, so würde ich eure Klage ordnungsgemäß behandeln. ¹⁵Streitet ihr jedoch über Lehre und Namen und euer Gesetz, dann seht selber zu! Darüber will ich nicht Richter sein. ¹⁶Und er wies sie vom Richterstuhl weg. ¹⁷Da ergriffen alle den Synagogenvorsteher Sosthenes und verprügelten ihn vor dem Richterstuhl. Gallio aber kümmerte sich nicht darum.

Die Rückkehr des Paulus über Ephesus nach Antiochia – Ende der zweiten Missionsreise

¹⁸Paulus blieb noch längere Zeit. Dann verabschiedete er sich von den Brüdern und segelte zusammen mit Priscilla und Aquila nach Syrien ab. In Kenchreä hatte er sich aufgrund eines Gelübdes den Kopf kahl scheren lassen. ¹⁹Sie gelangten nach Ephesus. Dort trennte er sich von den beiden; er selbst ging in die Synagoge und redete zu den Juden. ²⁰Sie baten ihn, noch länger zu bleiben; aber er wollte nicht, ²¹sondern verabschiedete sich und sagte: Ich werde wieder zu euch kommen, wenn Gott es will. So fuhr er von Ephesus ab, ²²landete in Cäsarea, zog nach Jerusalem hinauf, begrüßte dort die Gemeinde und ging dann nach Antiochia hinab.

Beginn der dritten Missionsreise

²³Nachdem er dort einige Zeit geblieben war, zog er weiter, durchwanderte zuerst das galatische Land, dann Phrygien und stärkte alle Jünger.

Die Missionsarbeit des Apollos in Ephesus

²⁴Ein Jude namens Apollos kam nach Ephesus. Er stammte aus Alexandria, war redekundig und in der Schrift bewandert. ²⁵Er war unterwiesen im Weg des Herrn. Er sprach mit glühendem Geist und trug die Lehre von Jesus genau vor; doch kannte er nur die Taufe des Johannes. ²⁶Er begann, mit Freimut in der Synagoge zu sprechen. Priscilla und Aquila hörten ihn, nahmen ihn zu sich und legten ihm den Weg Gottes noch genauer dar. ²⁷Als er nach Achaia gehen wollte, schrieben die Brüder den Jüngern und ermunterten sie, ihn aufzunehmen. Nach seiner Ankunft wurde er den Gläubigen durch die Gnade eine große Hilfe. ²⁸Denn mit Nachdruck widerlegte er die Juden, indem er öffentlich aus der Schrift nachwies, dass Jesus der Christus sei.

Die Begegnung des Paulus mit Johannesjüngern

19 ¹Während Apollos sich in Korinth aufhielt, durchwanderte Paulus das Hochland und kam nach Ephesus hinab. Er stieß dort auf einige Jünger ²und fragte sie: Habt ihr den Heiligen Geist empfangen, als ihr gläubig wurdet? Sie antworteten ihm: Wir haben noch nicht einmal gehört, dass es einen Heiligen Geist gibt. ³Da fragte er: Auf welche Taufe seid ihr denn getauft worden? Sie antworteten: Auf die Taufe des Johannes. ⁴Paulus sagte: Johannes hat mit der Taufe der Umkehr getauft und das Volk gelehrt, sie sollten an den glauben, der nach ihm komme: an Jesus. ⁵Als sie das hörten, ließen sie sich auf den Namen Jesu, des Herrn, taufen. ⁶Paulus legte ihnen die Hände auf und der Heilige Geist kam auf sie herab; sie redeten in Zungen und weissagten. ⁷Es waren im Ganzen ungefähr zwölf Männer.

Das Wirken des Paulus in Ephesus

⁸Er ging in die Synagoge und lehrte drei Monate lang freimütig und suchte

sie vom Reich Gottes zu überzeugen. ⁹Da aber einige verstockt waren, sich widersetzten und vor allen Leuten den Weg Jesu verspotteten, trennte er sich mit den Jüngern von ihnen und unterwies sie täglich im Lehrsaal des Tyrannus. ¹⁰Das geschah zwei Jahre lang; auf diese Weise hörten alle Bewohner der Provinz Asien, Juden wie Griechen, das Wort des Herrn.

Die Wundertaten des Paulus in Ephesus

¹¹Auch ungewöhnliche Machttaten tat Gott durch die Hand des Paulus. ¹²Sogar seine Schweißbinden und Tücher, die er auf der Haut getragen hatte, nahm man weg und legte sie den Kranken auf; da wichen die Krankheiten und die bösen Geister fuhren aus. ¹³Auch einige der umherziehenden jüdischen Beschwörer versuchten, den Namen Jesu, des Herrn, über den von bösen Geistern Besessenen anzurufen, indem sie sagten: Ich beschwöre euch bei dem Jesus, den Paulus verkündet. ¹⁴Das taten sieben Söhne eines gewissen Skeuas, eines jüdischen Oberpriesters. ¹⁵Aber der böse Geist antwortete ihnen: Jesus kenne ich und auch Paulus ist mir bekannt. Doch wer seid ihr? ¹⁶Und der Mensch, in dem der böse Geist hauste, stürzte sich auf sie, überwältigte sie und setzte ihnen so zu, dass sie nackt und zerschunden aus dem Haus fliehen mussten. ¹⁷Das wurde allen Juden und Griechen, die in Ephesus wohnten, bekannt; alle wurden von Furcht gepackt und der Name Jesu, des Herrn, wurde hoch gepriesen. ¹⁸Viele, die gläubig geworden waren, kamen und bekannten offen, was sie früher getan hatten. ¹⁹Und nicht wenige, die Zauberei getrieben hatten, brachten ihre Zauberbücher herbei und verbrannten sie vor aller Augen. Man berechnete den Wert der Bücher auf fünfzigtausend Silberdrachmen. ²⁰So wuchs das Wort in der Kraft des Herrn und wurde stark.

Der Aufruhr der Silberschmiede von Ephesus

²¹Als sich diese Geschehnisse erfüllt hatten, fasste Paulus im Geist den Beschluss, über Mazedonien und Achaia nach Jerusalem zu reisen. Er sagte: Wenn ich dort gewesen bin, muss ich auch Rom sehen. ²²Er sandte zwei seiner Helfer, Timotheus und Erastus, nach Mazedonien voraus und blieb selbst noch eine Zeit lang in der Provinz Asien. ²³Um jene Zeit aber wurde der Weg Jesu Anlass zu einem schweren Aufruhr. ²⁴Denn ein Silberschmied namens Demetrius, der silberne Artemistempel herstellte und den Kunsthandwerkern viel zu verdienen gab, ²⁵rief diese und die anderen damit beschäftigten Arbeiter zusammen und sagte: Männer, ihr wisst, dass wir unseren Wohlstand diesem Gewerbe verdanken. ²⁶Nun seht und hört ihr, dass dieser Paulus nicht nur in Ephesus, sondern fast in der ganzen Provinz Asien viele Leute überredet und verführt hat mit seiner Behauptung, die mit Händen gemachten Götter sind keine Götter. ²⁷So kommt nicht nur unser Gewerbe in Verruf, sondern auch dem Heiligtum der großen Göttin Artemis droht Gefahr, nichts mehr zu gelten, ja sie selbst, die von der ganzen Provinz Asien und von der ganzen Welt verehrt wird, wird ihre Hoheit verlieren. ²⁸Als sie das hörten, wurden sie wütend und schrien: Groß ist die Artemis der Epheser! ²⁹Die ganze Stadt geriet

> *Inkulturation pur: Christliche Botschaft meets heidnische Hochkultur. Nicht immer ganz einfach. Auch wirtschaftlich nicht.*

in Aufruhr; alles stürmte ins Theater und sie schleppten die Mazedonier Gaius und Aristarch, Reisegefährten des Paulus, mit sich.

³⁰Als aber Paulus in die Volksversammlung gehen wollte, hielten ihn die Jünger zurück. ³¹Auch einige hohe Beamte der Provinz Asien, die mit ihm befreundet waren, schickten zu ihm und rieten ihm, nicht ins Theater zu gehen.

³²Dort schrien die einen dies, die andern das; denn in der Versammlung herrschte ein großes Durcheinander und die meisten wussten gar nicht, weshalb man überhaupt zusammengekommen war. ³³Die Juden schickten Alexander nach vorn und aus der Menge gab man ihm noch Hinweise. Alexander gab mit der Hand ein Zeichen und wollte vor der Volksversammlung eine Verteidigungsrede halten. ³⁴Doch als sie merkten, dass er ein Jude war, schrien sie alle fast zwei Stunden lang wie aus einem Mund: Groß ist die Artemis der Epheser! ³⁵Der Stadtschreiber aber brachte die Menge zur Ruhe und sagte: Männer von Ephesus! Wer wüsste nicht, dass die Stadt der Epheser die Tempelhüterin der Großen Artemis und ihres vom Himmel gefallenen Bildes ist? ³⁶Dies ist unbestreitbar; ihr müsst also Ruhe bewahren und dürft nichts Unüberlegtes tun. ³⁷Ihr habt diese Männer hergeschleppt, die weder Tempelräuber noch Lästerer unserer Göttin sind. ³⁸Wenn also Demetrius und seine Zunftgenossen eine Klage gegen irgendjemanden haben, so gibt es dafür Gerichtstage und Prokonsuln; dort mögen sie einander verklagen. ³⁹Wenn ihr aber noch etwas anderes vorzubringen habt, so kann das in der gesetzmäßigen Volksversammlung geklärt werden. ⁴⁰Sonst sind wir in Gefahr, dass man uns nach dem heutigen Vorfall des Aufruhrs anklagt, weil kein Grund vorliegt, mit dem wir diesen Volksauflauf rechtfertigen könnten. Nach diesen Worten löste er die Versammlung auf.

20 ¹Nachdem der Tumult sich gelegt hatte, rief Paulus die Jünger zusammen und sprach ihnen Mut zu. Dann verabschiedete er sich und ging weg, um nach Mazedonien zu reisen.

Paulus in Mazedonien und Griechenland

²Er zog durch die dortigen Gegenden und sprach oft und eindringlich zu den Jüngern. Dann begab er sich nach Griechenland; ³dort blieb er drei Monate. Als er mit dem Schiff nach Syrien fahren wollte, planten die Juden einen Anschlag auf ihn. So entschloss er sich, den Rückweg über Mazedonien zu nehmen. ⁴Dabei begleiteten ihn Sopater, der Sohn des Pyrrhus, aus Beröa, Aristarch und Secundus aus Thessalonich, Gaius aus Derbe und Timotheus sowie Tychikus und Trophimus aus der Provinz Asien. ⁵Diese reisten voraus und warteten auf uns in Troas. ⁶Nach den Tagen der Ungesäuerten Brote segelten wir von Philippi ab und kamen in fünf Tagen zu ihnen nach Troas, wo wir uns sieben Tage aufhielten.

Der Abschiedsbesuch des Paulus in Troas

⁷Als wir am ersten Tag der Woche versammelt waren, um das Brot zu brechen, redete Paulus zu ihnen, denn er wollte am folgenden Tag abreisen; und er dehnte seine Rede bis Mitternacht aus. ⁸In dem Obergemach, in dem wir versammelt waren, brannten viele Lampen. ⁹Ein junger Mann namens Eutychus saß im offenen Fenster

und sank in tiefen Schlaf, als Paulus immer länger sprach; überwältigt vom Schlaf, fiel er aus dem dritten Stock hinunter; als man ihn aufhob, war er tot. [10]Paulus lief hinab, warf sich über ihn, umfasste ihn und sagte: Beunruhigt euch nicht: Er lebt! [11]Dann stieg er wieder hinauf, brach das Brot und aß und redete mit ihnen bis zum Morgengrauen. So verließ er sie. [12]Den jungen Mann aber führten sie lebend von dort weg und sie wurden nicht wenig getröstet

Von Troas nach Milet

[13]Wir gingen voraus zum Schiff und fuhren nach Assos, wo wir Paulus an Bord nehmen sollten; so hatte er es angeordnet, weil er selbst zu Fuß gehen wollte. [14]Als er in Assos zu uns stieß, nahmen wir ihn an Bord und erreichten Mitylene. [15]Von dort segelten wir am nächsten Tag ab und kamen bis auf die Höhe von Chios. Am anderen Tag liefen wir Samos an und landeten am folgenden Tag in Milet. [16]Paulus hatte sich entschlossen, an Ephesus vorbeizufahren, um in der Provinz Asien keine Zeit zu verlieren. Denn er hatte es eilig, weil er, wenn möglich, am Pfingsttag in Jerusalem sein wollte.

Bibelstellen
Apg 1 – 2;
11,1 – 12,24;
15,1 – 20,16

Gott macht das Ende rund

Wir haben das Ende des ersten Jahrhunderts nach Christus erreicht. Inzwischen haben wir immer mehr christliche Gemeinden im Römischen Reich gegründet. Das war mühsam. Denn die griechisch-römische Kultur dominiert nach wie vor. Wir sind in der Minderheit. Wie kleine Inseln in einem riesigen Ozean.

Wieder stellen sich Identitätsfragen: Wer sind wir in dieser Welt, die uns einerseits fremd ist, weil sich ihre Kultur, ihre Bräuche und ihre Religion so sehr von den unseren unterscheiden? Andererseits müssen wir in dieser Welt leben. Weil die Menschen unsere Nachbarinnen und Nachbarn sind. Weil wir mit ihnen Handel treiben. Weil wir uns die Welt nicht aussuchen können.

Wir haben den jüdisch-römischen Krieg erlebt. In Erzählungen. Teilweise waren wir auch dabei. Gewalt. Schrecken. Horror. Am Ende liegt der Tempel in Jerusalem, das Identitätssymbol aller Juden, in Schutt und Asche. Das hat Folgen. Vor allem für die Juden, die sich nun völlig neu formieren und formatieren müssen. Im Krieg mussten sie erfahren, dass ihre Schutzräume – die Synagogen – keinen Schutz mehr boten. Und nach dem Krieg spüren sie, dass die Beziehungen zwischen ihnen und den römischen Machthabern schwierig bleiben. Das hat aber auch Folgen für die Judenchristen, die sich mehr und mehr von den Formatierungen und Traditionen der jüdischen Synagogengemeinden – ihren eigenen Wurzeln – emanzipieren. Sie werden erwachsen, sie werden nun ihre eigene Geschichte beginnen. Die Erfahrungen von Unsicherheit in den jüdischen Gemeinden übertragen sich auf uns alle. Tja. Schön ist das nicht. Aber: Emanzipation bedeutet halt auch, sich eigenständig in der fremden Gesellschaft zu bewegen, sich auszurichten, eine Heimat zu finden.

Wir leben in der Zeit des römischen Kaisers Domitian. Er versucht, durch zentralistische Strukturen die Einheit seines Reiches zu sichern. Dazu gehört auch, dass er sich selbst als unumstritten darstellt. Überall lässt er Statuen und Triumphbögen errichten. Sein Sohn erscheint auf Münzen wie ein Gott. Er thront auf der Weltkugel. Als Kitt, der die Einheit sichern soll, dient dem Kaiser auch die Religion. Hier zeigt er sich sehr konservativ. Er betont traditionelle religiöse Verehrungsformen – und die Verehrung seiner selbst.

Du musst wissen, dass die Trennung von Staat und Religion in der Antike völlig undenkbar ist. Im Gegenteil. Religion und Politik bilden und füllen gemeinsam den Staat und seine Strukturen. Das ist für uns völlig normal. Die Verehrung des römischen Kaisers ist dafür ein sichtbares, griffiges und für alle Menschen verstehbares Symbol. Die gemeinsame öffentliche Verehrung des Kaisers verbindet die Menschen. Schafft eine sichtbare Einheit. Loyalität. Staatsidentität.

Das ist für uns Christinnen und Christen natürlich ein Problem. Weniger, weil wir Angst haben müssten, gezwungen zu werden, vor irgendeiner Statue zu opfern. Die Probleme zeigen sich eher im Alltag, in praktischen Dingen: Dürfen christliche Händler an Festmählern teilnehmen, bei denen sie sich mit römischen heidnischen Händlern treffen können, um Geschäfte zu machen? Dürfen Christen bei gesellschaftlichen Anlässen Götzenopferfleisch essen – also Fleisch, das bei Zeremonien zur kultischen Verehrung des Kaisers geopfert wird? Hm, schwierig. Denn die Verführung, sich vom Christentum zu verabschieden, wenn wir an diesem Kultessen auch ohne innere Überzeugung teilnehmen, scheint gegeben. Also lieber klare Trennlinien.

Du siehst: Es geht weniger um staatliche Verfolgung als um soziale Isolation. Und als Folge davon auch um berufliche, geschäftliche und existenzielle Probleme. Wir werden zu Außenseitern.

Unser Text spiegelt exakt diesen Konflikt. Die Auseinandersetzung um Nähe und Distanz unserer christlichen Gruppen zur römisch-griechischen Mehrheitsgesellschaft. Was können wir von ihr gefahrlos übernehmen? Wie können wir dennoch christlich leben?
Unser Text erzählt von zwei Positionen. Es gibt die Nikolaiten, die sich Grenzüberschreitungen vorstellen können. Wir selbst allerdings haben eine andere Position: Keine Anbiederung. Keine Kompromisse. Sondern Stärkung der eigenen jüdischen Herkunft und Tradition als christliche Identitätsmarker.
Deswegen schreiben wir diesen Text. Er ist anders als die Texte, die du bislang kennengelernt hast. Wir erzählen in verschlüsselter Form über die Zukunft, um den Adressaten und Adressatinnen in all dem Schlamassel Orientierung, Mut und Zuversicht zu geben. Dabei nutzen wir eine bildreiche, bisweilen drastische Sprache.

Vielleicht fühlst du dich manchmal mitten in den Roman „Der Herr der Ringe" oder in die Serie „Game of Thrones" versetzt. Das ist nicht ganz falsch. Wir nutzen eine metaphorische Symbolsprache, um über die bedrohliche Situation sprechen zu können. Das ist das Gemeinsame aller Bilder: dass sie eben Metaphern sind. Niemand von uns hat apokalyptische Reiter gesehen oder ein Tier mit zehn Hörnern. Aber all diese Bilder sind Ausdruck einer gemeinsamen theologischen Überzeugung:
Gott wird durch Christus die menschliche Geschichte vollenden. Rund machen. Zu einem guten Ende führen.
Du kannst dich natürlich mit einigem Recht fragen: „Mann, warum schreibt ihr so kompliziert drum herum? Warum sagt ihr nicht klipp und klar, was euer Ding ist?"
Hm. Stimmt schon. Einerseits. Würde die Sache vermutlich nicht so kompliziert machen. Andererseits gibt es halt verschiedene Textgattungen in der Literaturgeschichte. Denn Literaturformen entwickeln sich. Sie sind ja nicht vom Himmel gefallen. Sondern sie sind entstanden unter bestimmten gesellschaftlichen Einflüssen, Moden, Kunstformen. Haben sich verändert, sind verschwunden, haben sich mit anderen Formen verbunden.

Nehmen wir ein Beispiel. Die Dichterin Else Lasker-Schüler hat Anfang des letzten Jahrhunderts ihr Verliebtsein so ausgedrückt:

Leise sagen

Du nahmst dir alle Sterne
Über meinem Herzen.

Meine Gedanken kräuseln sich,
Ich muß tanzen.

Immer tust du das, was mich aufschauen läßt,
Mein Leben zu müden.

Ich kann den Abend nicht mehr
Über die Hecken tragen.

Im Spiegel der Bäche
Finde ich mein Bild nicht mehr.

Dem Erzengel hast du
Die schwebenden Augen gestohlen;

Aber ich nasche vom Seim
Ihrer Bläue.

Mein Herz geht langsam unter
Ich weiß nicht wo –

Vielleicht in deiner Hand.
Überall greift sie an mein Gewebe.

Was für ein Text!? Verschwurbelt hoch drei, aber irgendwie auch schön. Du musst ihn wieder und wieder lesen, um alles zu kapieren. Und bei jedem Lesen siehst du etwas Neues. Langsam bekommst du eine Ahnung. Du kannst diesen Text mit anderen ihrer Gedichte vergleichen. Auf jeden Fall ist er irgendwie einmalig und transportiert ja auch allein schon über den Sound der Sprache das, worum es geht: Liebe ist toll.

Doch es geht auch anders. Eine Autobahnbrücke. Auf den Pfeiler gesprüht: „Sebi und Julia. Forever." Und ein rotes Herz drumherum. Zack. Weißt du sofort Bescheid: Liebe muss toll sein.

Was wir damit sagen wollen: Es gibt unterschiedliche Wege, dasselbe zu sagen. Es geht nicht darum, den einen Weg besser und den anderen schlechter zu finden. Es gibt halt viele Wege. Warum auch nicht?

Unser Weg, das zu sagen, was wir sagen wollen, heißt Apokalyptik. Keine Ahnung, woran du bei diesem Wort denkst. Vielleicht an Science-Fiction. An das Weltende und die Spekulation darüber, was dann kommt. Vielleicht an Filme wie „Armageddon". Damit hat das, was wir wollen, aber nichts zu tun.

Apokalypse ist ein griechisches Wort und bedeutet „Enthüllen", „Eröffnen". Stell dir ein Kunstwerk vor, das ein Künstler neu geschaffen hat. Es ist mit einem Tuch verhüllt. Noch siehst du nur die äußere Größe, ahnst die Konturen. Vollendet ist das Werk erst, wenn die Hülle, das Tuch, weg ist. Dann siehst du alles.

Indem wir apokalyptisch schreiben, wollen wir die Erwartung und Hoffnung ausdrücken, dass die frohe Botschaft Jesu auch in harten Zeiten wirkt. Auch dann, wenn es schwierig wird. Die frohe Botschaft wird die ganze Schöpfung kreativ erneuern: den ganzen Himmel, die ganze Erde – auch die Orte, an denen Menschen Verfolgung, Chaos und Gewalt erfahren. Noch siehst du nur die Konturen. Irgendwann aber wirst du alles sehen. In vollendeter Pracht.

Für unsere Situation heißt das: Irgendwann wird sich die Verehrung einer Figur aus Stein – selbst, wenn sie den großen römischen Kaiser darstellt – von selbst erledigen.

Unser Text lässt sich aber nicht so einfach entschlüsseln. Man muss den Code kennen. Im weiteren Verlauf der Geschichte haben Menschen versucht, unseren Text zu enträtseln, ohne den

Code zu kennen. Sie haben versucht, mit Hilfe unserer Metaphern Epochen und Ereignisse in ihrer (Kirchen-)Geschichte zu deuten. Sie haben versucht, mit unseren Bildern etwas über das Ende der Zeiten am Ende der Welt auszusagen. Zum Beispiel, dass Jesus wirklich wiederkommt und auf der Erde ein Reich errichtet, das 1000 Jahre andauert. Andere versuchen, unsere Bilder und Geschichten wortwörtlich zu nehmen und durch sie etwas über die persönliche Zukunft der Menschen vorherzusagen. Esoterischer Klimbim.

Das hat mit dem, was wir wollen, nichts zu tun. Wir schreiben apokalyptisch, weil wir einfach Fans sind. Wir finden es einfach cool, so zu schreiben. Apokalyptische Texte, die ungefähr 200 Jahre vor Christus im Judentum entstanden, faszinieren uns: der Traum des Königs Nebukadnezar oder die geniale Tiervision! Apokalyptische High-End-Texte aus dem Buch Daniel. Wir kennen sie in- und auswendig.

Hintergrund apokalyptischen Redens und Schreibens ist immer eine politische Notsituation. Vor 200 Jahren die Herrschaft der Seleukiden vor dem Makkabäer-Aufstand. Und zu unserer Zeit eben unsere Situation als Minderheit.

Übrigens: Wenn du unseren Text liest, wirst du merken, dass er mit der Gattung der Fabel verwandt ist. Die Fabel ist ja eine meist kürzere Erzählung mit belehrender Absicht. In ihr haben vor allem Tiere, aber auch Pflanzen, Dinge oder auch erfundene Mischwesen menschliche Eigenschaften. Du wirst merken: Bei uns wimmelt es von Lämmern, Pferden, Widdern.

Neben der Textgattung der Apokalypse verwenden wir aber auch eine altbekannte: Du ahnst es schon – den Brief. Unser Text enthält sieben Briefe an sieben konkrete Gemeinden. Echte, wirkliche Gemeinden, keine erfundenen. Diese konkreten Gemeinden in den Städten Ephesus, Smyrna, Pergamin, Thyatria, Sardes, Philadelphia und Laodizäa liegen an einem wichtigen Handelsweg wie Perlen einer Kette. Und in diesen Gemeinden

finden diese Identitätskonflikte statt. Deswegen nennen wir sie – stellvertretend für alle anderen Gemeinden, in denen es diese Auseinandersetzungen auch gibt. Unser Text ist also nicht an einzelne Personen oder Gruppen gerichtet, die nach dem Ende der Welt fragen. Sondern an konkrete Gemeinden, in denen Christinnen und Christen in der Auseinandersetzung mit der Mehrheitsgesellschaft jeden Tag ihre christliche Identität stabilisieren und bewahren müssen. Die Menschen können die drastischen Bilder, die für dich rätselhaft sind, problemlos entschlüsseln, weil sie mit den apokalyptischen Codes des Alten Testaments vertraut sind.
Die Bilder beschreiben das Wesen der römischen Kultur, das wir Christen als widergöttlich, ja als teuflisch, unheilvoll erleben.
Unser Text soll trösten, aber auch zum entschiedenen christlichen Leben ermutigen. Keine Anbiederung! Sondern Gottvertrauen!

    Das ist ja auch eine sehr aktuelle Frage für dich: In welcher Kultur, in welchem Klima möchtest du leben? Und was kannst du als Christin, als Christ dafür tun? Eines kann dich dabei trösten und motivieren: Gott ist auf deiner Seite.

    Er allein kann und wird die Wende bewirken. Das Ende rund machen. Alles wird gut.

Aus der Offenbarung des Johannes

1 ¹Offenbarung Jesu Christi, die Gott ihm gegeben hat, damit er seinen Knechten zeigt, was bald geschehen muss; und er hat es durch seinen Engel, den er sandte, seinem Knecht Johannes gezeigt. ²Dieser hat das Wort Gottes und das Zeugnis Jesu Christi bezeugt: alles, was er geschaut hat. ³Selig, wer die Worte der Prophetie vorliest, und jene, die sie hören und das halten, was in ihr geschrieben ist; denn die Zeit ist nahe.

⁴Johannes an die sieben Gemeinden in der Provinz Asien: Gnade sei mit euch und Friede von Ihm, der ist und der war und der kommt, und von den sieben Geistern vor seinem Thron ⁵und von Jesus Christus; er ist der treue Zeuge, der Erstgeborene der Toten, der Herrscher über die Könige der Erde. Ihm, der uns liebt und uns von unseren Sünden erlöst hat durch sein Blut, ⁶der uns zu einem Königreich gemacht hat und zu Priestern vor Gott, seinem Vater: Ihm sei die Herrlichkeit und die Macht in alle Ewigkeit. Amen.

⁷Siehe, er kommt mit den Wolken und jedes Auge wird ihn sehen, auch alle, die ihn durchbohrt haben; und alle Völker der Erde werden seinetwegen jammern und klagen. Ja, Amen. ⁸Ich bin das Alpha und das Omega, spricht Gott, der Herr, der ist und der war und der kommt, der Herrscher über die ganze Schöpfung.

⁹Ich, Johannes, euer Bruder und Gefährte in der Bedrängnis, in der Königsherrschaft und im standhaften Ausharren in Jesus, war auf der Insel, die Patmos heißt, um des Wortes Gottes willen und des Zeugnisses für Jesus.

¹⁰Am Tag des Herrn wurde ich vom Geist ergriffen und hörte hinter mir eine Stimme, laut wie eine Posaune. ¹¹Sie sprach: Schreib das, was du siehst, in ein Buch und schick es an die sieben Gemeinden: nach Ephesus, nach Smyrna, nach Pergamon, nach Thyatira, nach Sardes, nach Philadelphia und nach Laodizea!

¹²Da wandte ich mich um, weil ich die Stimme erblicken wollte, die zu mir sprach. Als ich mich umwandte, sah ich sieben goldene Leuchter ¹³und mitten unter den Leuchtern einen gleich einem Menschensohn; er war bekleidet mit einem Gewand bis auf die Füße und um die Brust trug er einen Gürtel aus Gold. ¹⁴Sein Haupt und seine Haare waren weiß wie weiße Wolle, wie Schnee, und seine Augen wie Feuerflammen; ¹⁵seine Beine glänzten wie Golderz, das im Schmelzofen glüht, und seine Stimme war wie das Rauschen von Wassermassen.

¹⁶In seiner Rechten hielt er sieben Sterne und aus seinem Mund kam ein scharfes, zweischneidiges Schwert und sein Gesicht leuchtete wie die machtvoll strahlende Sonne.

¹⁷Als ich ihn sah, fiel ich wie tot vor seinen Füßen nieder. Er aber legte seine rechte Hand auf mich und sagte: Fürchte dich nicht! Ich bin der Erste und der Letzte ¹⁸und der Lebendige. Ich war tot, doch siehe, ich lebe in alle Ewigkeit und ich habe die Schlüssel zum Tod und zur Unterwelt.

¹⁹Schreib auf, was du gesehen hast: was ist und was danach geschehen wird. ²⁰Das Geheimnis der sieben Sterne, die du auf meiner rechten Hand

> *Die Sprache der Offenbarung klingt wie „Der Herr der Ringe" oder „Game of Thrones". Fantastische Bilder sind in der Antike ein gängiges Mittel zur Gegenwartsdeutung.*

gesehen hast, und der sieben goldenen Leuchter ist: Die sieben Sterne sind die Engel der sieben Gemeinden und die sieben Leuchter sind die sieben Gemeinden.

…

Die Frau und der Drache

12 ¹Dann erschien ein großes Zeichen am Himmel: eine Frau, mit der Sonne bekleidet; der Mond war unter ihren Füßen und ein Kranz von zwölf Sternen auf ihrem Haupt. ²Sie war schwanger und schrie vor Schmerz in ihren Geburtswehen.
³Ein anderes Zeichen erschien am Himmel und siehe, ein Drache, groß und feuerrot, mit sieben Köpfen und zehn Hörnern und mit sieben Diademen auf seinen Köpfen. ⁴Sein Schwanz fegte ein Drittel der Sterne vom Himmel und warf sie auf die Erde herab.
Der Drache stand vor der Frau, die gebären sollte; er wollte ihr Kind verschlingen, sobald es geboren war. ⁵Und sie gebar ein Kind, einen Sohn, der alle Völker mit eisernem Zepter weiden wird. Und ihr Kind wurde zu Gott und zu seinem Thron entrückt. ⁶Die Frau aber floh in die Wüste, wo Gott ihr einen Zufluchtsort geschaffen hatte; dort wird man sie mit Nahrung versorgen, zwölfhundertsechzig Tage lang.

⁷Da entbrannte im Himmel ein Kampf; Michael und seine Engel erhoben sich, um mit dem Drachen zu kämpfen. Der Drache und seine Engel kämpften, ⁸aber sie hielten nicht stand und sie verloren ihren Platz im Himmel. ⁹Er wurde gestürzt, der große Drache, die alte Schlange, die Teufel oder Satan heißt und die ganze Welt verführt; der Drache wurde auf die Erde gestürzt und mit ihm wurden seine Engel hinabgeworfen. ¹⁰Da hörte ich eine laute Stimme im Himmel rufen:
Jetzt ist er da, der rettende Sieg, / die Macht und die Königsherrschaft unseres Gottes / und die Vollmacht seines Gesalbten;
denn gestürzt wurde der Ankläger unserer Brüder, / der sie bei Tag und bei Nacht / vor unserem Gott verklagte.
¹¹Sie haben ihn besiegt durch das Blut des Lammes / und durch ihr Wort und ihr Zeugnis.
Sie hielten ihr Leben nicht fest, / bis hinein in den Tod.
¹²Darum jubelt, ihr Himmel / und alle, die darin wohnen.
Weh aber euch, Land und Meer! / Denn der Teufel ist zu euch hinabgekommen;
seine Wut ist groß, / weil er weiß, dass ihm nur noch eine kurze Frist bleibt.

¹³Als der Drache erkannte, dass er auf die Erde gestürzt war, verfolgte er die Frau, die den Sohn geboren hatte. ¹⁴Aber der Frau wurden die beiden Flügel des großen Adlers gegeben, damit sie in die Wüste an ihren Ort fliegen konnte. Dort wird sie eine Zeit und zwei Zeiten und eine halbe Zeit lang ernährt, fern vom Angesicht der Schlange. ¹⁵Die Schlange spie einen Strom von Wasser aus ihrem Rachen hinter der Frau her, damit sie von den Fluten fortgerissen werde. ¹⁶Aber die Erde kam der Frau zu Hilfe; sie öffnete ihren Mund und verschlang den Strom, den der Drache aus seinem Rachen gespien hatte. ¹⁷Da geriet der Drache in Zorn über die Frau und er ging fort, um Krieg zu führen mit ihren übrigen Nachkommen, die die Gebote Gottes bewahren und an dem Zeugnis für Jesus festhalten.
¹⁸Und der Drache trat an den Strand des Meeres.

Das Tier aus dem Meer

13 ¹Und ich sah: Ein Tier stieg aus dem Meer, mit zehn Hörnern und sieben Köpfen. Auf seinen Hörnern trug es zehn Diademe und auf seinen Köpfen Namen, die eine Gotteslästerung waren. ²Das Tier, das ich sah, glich einem Panther; seine Füße waren wie die Tatzen eines Bären und sein Maul wie das Maul eines Löwen. Und der Drache hatte ihm seine Gewalt übergeben, seinen Thron und seine große Macht. ³Einer seiner Köpfe sah aus wie tödlich verwundet; aber die tödliche Wunde wurde geheilt. Und die ganze Erde sah dem Tier staunend nach. ⁴Die Menschen warfen sich vor dem Drachen nieder, weil er seine Macht dem Tier gegeben hatte; und sie beteten das Tier an und sagten: Wer ist dem Tier gleich und wer kann den Kampf mit ihm aufnehmen? ⁵Und es wurde ermächtigt, mit seinem Maul anmaßende Worte und Lästerungen auszusprechen; es wurde ihm Macht gegeben, dies zweiundvierzig Monate zu tun. ⁶Das Tier öffnete sein Maul, um Gott und seinen Namen zu lästern, seine Wohnung und alle, die im Himmel wohnen. ⁷Und es wurde ihm erlaubt, mit den Heiligen zu kämpfen und sie zu besiegen. Es wurde ihm auch Macht gegeben über alle Stämme, Völker, Sprachen und Nationen. ⁸Alle Bewohner der Erde fallen nieder vor ihm: alle, deren Name nicht seit der Erschaffung der Welt geschrieben steht im Lebensbuch des Lammes, das geschlachtet wurde.

⁹Wer Ohren hat, der höre! ¹⁰Wer zur Gefangenschaft bestimmt ist, geht in die Gefangenschaft. Wer mit dem Schwert getötet werden soll, wird mit dem Schwert getötet. Hier muss sich die Standhaftigkeit und die Glaubenstreue der Heiligen bewähren.

Das Tier vom Land

¹¹Und ich sah: Ein anderes Tier stieg aus der Erde herauf. Es hatte zwei Hörner wie ein Lamm und redete wie ein Drache. ¹²Die ganze Macht des ersten Tieres übte es vor dessen Augen aus. Es brachte die Erde und ihre Bewohner dazu, das erste Tier anzubeten, dessen tödliche Wunde geheilt war. ¹³Es tat große Zeichen; sogar Feuer ließ es vor den Augen der Menschen vom Himmel auf die Erde fallen. ¹⁴Es verwirrte die Bewohner der Erde durch die Zeichen, die vor den Augen des Tieres zu tun ihm gegeben war; es befahl den Bewohnern der Erde, ein Standbild zu errichten zu Ehren des Tieres, das die Schwertwunde trug und doch wieder zum Leben kam. ¹⁵Es wurde ihm Macht gegeben, dem Standbild des Tieres Lebensgeist zu verleihen, sodass es auch sprechen konnte und bewirkte, dass alle getötet wurden, die das Standbild des Tieres nicht anbeteten. ¹⁶Die Kleinen und die Großen, die Reichen und die Armen, die Freien und die Sklaven, alle zwang es, auf ihrer rechten Hand oder ihrer Stirn ein Kennzeichen anbringen zu lassen. ¹⁷Kaufen oder verkaufen konnte nur, wer das Kennzeichen trug: den Namen des Tieres oder die Zahl seines Namens. ¹⁸Hier ist die Weisheit. Wer Verstand hat, berechne den Zahlenwert des Tieres. Denn es ist die Zahl eines Menschennamens; seine Zahl ist sechshundertsechsundsechzig.

Das Lamm und sein Gefolge

14 ¹Und ich sah und siehe, das Lamm stand auf dem Berg Zion und bei ihm waren hundertvierundvierzigtausend; auf ihrer Stirn trugen sie seinen Namen und den Namen seines Vaters geschrieben. ²Dann hörte ich eine Stimme vom Himmel her, die dem Rauschen von Wassermassen und dem Rollen eines gewaltigen Donners glich. Die Stimme, die ich hörte, war wie der Klang der Harfe, die ein Harfenspieler schlägt. ³Und sie sangen ein neues Lied vor dem Thron und vor den vier Lebewesen und vor den Ältesten. Aber niemand konnte das Lied lernen außer den hundertvierundvierzigtausend, die von der Erde weg freigekauft sind. ⁴Sie sind es, die sich nicht mit Frauen befleckt haben; denn sie sind jungfräulich. Sie folgen dem Lamm, wohin es geht. Sie allein unter allen Menschen sind freigekauft als Erstlingsgabe für Gott und das Lamm. ⁵Denn in ihrem Mund fand sich keinerlei Lüge. Sie sind ohne Makel.

…

Die große Stadt Babylon und ihr Fall

17 ¹Dann kam einer der sieben Engel, welche die sieben Schalen trugen, und sprach mit mir. Er sagte: Komm, ich zeige dir das Strafgericht über die große Hure, die an den vielen Gewässern sitzt. ²Denn mit ihr haben die Könige der Erde Unzucht getrieben und vom Wein ihrer Hurerei wurden die Bewohner der Erde betrunken. ³Im Geist entrückte der Engel mich in die Wüste. Dort sah ich eine Frau auf einem scharlachroten Tier sitzen, das über und über mit gotteslästerlichen Namen beschrieben war und sieben Köpfe und zehn Hörner hatte. ⁴Die Frau war in Purpur und Scharlach gekleidet und mit Gold, Edelsteinen und Perlen geschmückt. Sie hielt einen goldenen Becher in der Hand, der mit dem abscheulichen Schmutz ihrer Hurerei gefüllt war. ⁵Auf ihrer Stirn stand ein Name, ein geheimnisvoller Name: Babylon, die Große, die Mutter der Huren und aller Abscheulichkeiten der Erde. ⁶Und ich sah, dass die Frau trunken war vom Blut der Heiligen und vom Blut der Zeugen Jesu.

Beim Anblick der Frau ergriff mich großes Erstaunen. ⁷Der Engel aber sagte zu mir: Warum bist du erstaunt? Ich will dir das Geheimnis der Frau enthüllen und das Geheimnis des Tieres, das sie trägt, mit den sieben Köpfen und zehn Hörnern.

⁸Das Tier, das du gesehen hast, war einmal und ist jetzt nicht; es wird aber aus dem Abgrund heraufsteigen und dann ins Verderben gehen. Staunen werden die Bewohner der Erde, deren Namen seit der Erschaffung der Welt nicht im Buch des Lebens verzeichnet sind, wenn sie das Tier erblicken; denn es war einmal und ist jetzt nicht, wird aber wieder da sein. ⁹Hier braucht es Verstand und Weisheit.

Die sieben Köpfe bedeuten sieben Berge, auf denen die Frau sitzt. Sie bedeuten auch sieben Könige. ¹⁰Fünf sind bereits gefallen. Einer ist jetzt da, einer ist noch nicht gekommen; wenn er dann kommt, darf er nur kurze Zeit bleiben. ¹¹Das Tier aber, das war und jetzt nicht ist, bedeutet einen achten König und ist doch einer von den sieben und wird ins Verderben gehen. ¹²Die zehn Hörner, die du gesehen hast, bedeuten zehn Könige, die noch nicht zur Herrschaft gekommen sind; sie werden aber königliche Macht für eine einzige Stunde erhalten, zusammen mit dem Tier. ¹³Sie sind eines Sinnes und übertragen ihre Macht und Gewalt dem Tier. ¹⁴Sie werden mit dem Lamm Krieg führen, aber das Lamm wird sie besiegen. Denn es ist der Herr der Herren und der König der Könige. Bei ihm sind die Berufenen, Auserwählten und Treuen.

¹⁵Und er sagte zu mir: Du hast die Gewässer gesehen, an denen die Hure sitzt; sie bedeuten Völker und Menschenmassen, Nationen und Sprachen. ¹⁶Du hast die zehn Hörner und das Tier

gesehen; sie werden die Hure hassen, ihr alles wegnehmen, bis sie nackt ist, werden ihr Fleisch fressen und sie im Feuer verbrennen. ¹⁷Denn Gott lenkt ihr Herz so, dass sie seinen Plan ausführen: Sie sollen einmütig handeln und ihre Herrschaft dem Tier übertragen, bis die Worte Gottes erfüllt sind. ¹⁸Die Frau aber, die du gesehen hast, ist die große Stadt, der die Herrschaft gehört über die Könige der Erde.

18 ¹Danach sah ich einen anderen Engel aus dem Himmel herabsteigen; er hatte große Macht und die Erde leuchtete auf von seiner Herrlichkeit. ²Und er rief mit gewaltiger Stimme und sprach:
Gefallen, gefallen ist Babylon, die Große! Zur Wohnung von Dämonen ist sie geworden, zur Behausung aller unreinen Geister und zum Schlupfwinkel aller unreinen und abscheulichen Vögel. ³Denn vom Zornwein ihrer Unzucht haben alle Völker getrunken und die Könige der Erde haben mit ihr Unzucht getrieben. Durch die Fülle ihres Wohlstands sind die Kaufleute der Erde reich geworden.
⁴Dann hörte ich eine andere Stimme vom Himmel her rufen:
Verlass die Stadt, mein Volk, damit du nicht mitschuldig wirst an ihren Sünden und von ihren Plagen mitgetroffen wirst! ⁵Denn ihre Sünden haben sich bis zum Himmel aufgetürmt und Gott hat ihre Schandtaten nicht vergessen. ⁶Zahlt ihr mit gleicher Münze heim, gebt ihr doppelt zurück, was sie getan hat! Mischt ihr den Becher, den sie gemischt hat, doppelt so stark! ⁷Im gleichen Maß, wie sie in Prunk und Luxus lebte, lasst sie Qual und Trauer erfahren! Sie dachte bei sich: Ich throne als Königin, ich bin keine Witwe und werde keine Trauer kennen. ⁸Deshalb werden an einem einzigen Tag die Plagen über sie kommen, die für sie bestimmt sind: Tod, Trauer und Hunger. Und sie wird im Feuer verbrennen; denn stark ist der Herr, der Gott, der sie gerichtet hat.

…

Das tausendjährige Reich

20 ¹Dann sah ich einen Engel vom Himmel herabsteigen; auf seiner Hand trug er den Schlüssel zum Abgrund und eine schwere Kette. ²Er überwältigte den Drachen, die alte Schlange – das ist der Teufel oder der Satan –, und er fesselte ihn für tausend Jahre. ³Er warf ihn in den Abgrund, verschloss diesen und drückte ein Siegel darauf, damit der Drache die Völker nicht mehr verführen konnte, bis die tausend Jahre vollendet sind. Danach muss er für kurze Zeit freigelassen werden.
⁴Dann sah ich Throne; und denen, die darauf Platz nahmen, wurde das Gericht übertragen. Ich sah die Seelen aller, die enthauptet worden waren um des Zeugnisses für Jesus und des Wortes Gottes willen. Sie hatten das Tier und sein Standbild nicht angebetet und sie hatten das Kennzeichen nicht auf ihrer Stirn und auf ihrer Hand anbringen lassen. Sie gelangten zum Leben und zur Herrschaft mit Christus für tausend Jahre. ⁵Die übrigen Toten kamen nicht zum Leben, bis die tausend Jahre vollendet waren. Das ist die erste Auferstehung. ⁶Selig und heilig, wer an der ersten Auferstehung teilhat! Über solche hat der zweite Tod keine Gewalt. Sie werden Priester Gottes und Christi sein und tausend Jahre mit ihm herrschen.

Der endgültige Sieg über Satan

⁷Wenn die tausend Jahre vollendet sind, wird der Satan aus seinem Gefängnis freigelassen werden. ⁸Er wird

> *Episches Ende für das böse Tier. Solche Untergangsszenarien wünschen sich viele auch heute für tyrannische Systeme.*

ausziehen, um die Völker an den vier Ecken der Erde, den Gog und den Magog, zu verführen und sie zusammenzuholen für den Kampf; sie sind so zahlreich wie die Sandkörner am Meer. ⁹Sie schwärmten aus über die weite Erde und umzingelten das Lager der Heiligen und Gottes geliebte Stadt. Aber Feuer fiel vom Himmel und verzehrte sie. ¹⁰Und der Teufel, ihr Verführer, wurde in den See von brennendem Schwefel geworfen, wo auch das Tier und der falsche Prophet sind. Tag und Nacht werden sie gequält, in alle Ewigkeit.

Das Gericht über alle Toten

¹¹Dann sah ich einen großen weißen Thron und den, der auf ihm saß; vor seinem Anblick flohen Erde und Himmel und es gab keinen Platz mehr für sie. ¹²Ich sah die Toten vor dem Thron stehen, die Großen und die Kleinen. Und Bücher wurden aufgeschlagen; und ein anderes Buch, das Buch des Lebens, wurde geöffnet. Die Toten wurden gerichtet, nach dem, was in den Büchern aufgeschrieben war, nach ihren Taten. ¹³Und das Meer gab die Toten heraus, die in ihm waren; und der Tod und die Unterwelt gaben ihre Toten heraus, die in ihnen waren. Sie wurden gerichtet, jeder nach seinen Taten. ¹⁴Der Tod und die Unterwelt aber wurden in den Feuersee geworfen. Das ist der zweite Tod: der Feuersee. ¹⁵Wer nicht im Buch des Lebens verzeichnet war, wurde in den Feuersee geworfen.

Das Wohnen Gottes unter den Menschen

21 ¹Dann sah ich einen neuen Himmel und eine neue Erde; denn der erste Himmel und die erste Erde sind vergangen, auch das Meer ist nicht mehr. ²Ich sah die heilige Stadt, das neue Jerusalem, von Gott her aus dem Himmel herabkommen; sie war bereit wie eine Braut, die sich für ihren Mann geschmückt hat. ³Da hörte ich eine laute Stimme vom Thron her rufen: Seht, die Wohnung Gottes unter den Menschen! Er wird in ihrer Mitte wohnen und sie werden sein Volk sein; und er, Gott, wird bei ihnen sein. ⁴Er wird alle Tränen von ihren Augen abwischen: Der Tod wird nicht mehr sein, keine Trauer, keine Klage, keine Mühsal. Denn was früher war, ist vergangen.

⁵Er, der auf dem Thron saß, sprach: Seht, ich mache alles neu. Und er sagte: Schreib es auf, denn diese Worte sind zuverlässig und wahr! ⁶Er sagte zu mir: Sie sind geschehen. Ich bin das Alpha und das Omega, der Anfang und das Ende. Wer durstig ist, den werde ich unentgeltlich aus der Quelle trinken lassen, aus der das Wasser des Lebens strömt. ⁷Wer siegt, wird dies als Anteil erhalten: Ich werde sein Gott sein und er wird mein Sohn sein. ⁸Aber die Feiglinge und Treulosen, die Befleckten, die Mörder und Unzüchtigen, die Zauberer, Götzendiener und alle Lügner – ihr Los wird der See von brennendem Schwefel sein. Dies ist der zweite Tod.

Das neue Jerusalem

⁹Und es kam einer von den sieben Engeln, welche die sieben Schalen voll mit den sieben letzten Plagen getragen hatten. Er sagte zu mir: Komm, ich will dir die Braut zeigen, die Frau des Lammes. ¹⁰Da entrückte er mich im Geist auf einen großen, hohen Berg und zeigte mir die heilige Stadt Jerusalem, wie sie von Gott her aus dem Himmel herabkam, ¹¹erfüllt von der

Herrlichkeit Gottes. Sie glänzte wie ein kostbarer Edelstein, wie ein kristallklarer Jaspis. ¹²Die Stadt hat eine große und hohe Mauer mit zwölf Toren und zwölf Engeln darauf. Auf die Tore sind Namen geschrieben: die Namen der zwölf Stämme der Söhne Israels. ¹³Im Osten hat die Stadt drei Tore und im Norden drei Tore und im Süden drei Tore und im Westen drei Tore. ¹⁴Die Mauer der Stadt hat zwölf Grundsteine; auf ihnen stehen die zwölf Namen der zwölf Apostel des Lammes. ¹⁵Und der Engel, der zu mir sprach, hatte einen goldenen Messstab, um die Stadt, ihre Tore und ihre Mauer zu messen. ¹⁶Die Stadt war viereckig angelegt und ebenso lang wie breit. Er maß die Stadt mit dem Messstab; ihre Länge, Breite und Höhe sind gleich: zwölftausend Stadien. ¹⁷Und er maß ihre Mauer; sie ist hundertvierundvierzig Ellen hoch nach Menschenmaß, das der Engel benutzt hatte. ¹⁸Ihre Mauer ist aus Jaspis gebaut und die Stadt ist aus reinem Gold, wie aus reinem Glas. ¹⁹Die Grundsteine der Stadtmauer sind mit edlen Steinen aller Art geschmückt; der erste Grundstein ist ein Jaspis, der zweite ein Saphir, der dritte ein Chalzedon, der vierte ein Smaragd, ²⁰der fünfte ein Sardonyx, der sechste ein Sardion, der siebte ein Chrysolith, der achte ein Beryll, der neunte ein Topas, der zehnte ein Chrysopras, der elfte ein Hyazinth, der zwölfte ein Amethyst. ²¹Die zwölf Tore sind zwölf Perlen; jedes der Tore besteht aus einer einzigen Perle. Die Straße der Stadt ist aus reinem Gold, wie aus klarem Glas.
²²Einen Tempel sah ich nicht in der Stadt. Denn der Herr, ihr Gott, der Herrscher über die ganze Schöpfung, ist ihr Tempel, er und das Lamm. ²³Die Stadt braucht weder Sonne noch Mond, die ihr leuchten. Denn die Herrlichkeit Gottes erleuchtet sie und ihre Leuchte ist das Lamm. ²⁴Die Völker werden in diesem Licht einhergehen und die Könige der Erde werden ihre Pracht in die Stadt bringen. ²⁵Ihre Tore werden den ganzen Tag nicht geschlossen – Nacht wird es dort nicht mehr geben. ²⁶Und man wird die Pracht und die Kostbarkeiten der Völker in die Stadt bringen. ²⁷Aber nichts Unreines wird hineinkommen, keiner, der Gräuel verübt und lügt. Nur die im Lebensbuch des Lammes eingetragen sind, werden eingelassen.

22 ¹Und er zeigte mir einen Strom, das Wasser des Lebens, klar wie Kristall; er geht vom Thron Gottes und des Lammes aus. ²Zwischen der Straße der Stadt und dem Strom, hüben und drüben, steht ein Baum des Lebens. Zwölfmal trägt er Früchte, jeden Monat gibt er seine Frucht; und die Blätter des Baumes dienen zur Heilung der Völker. ³Es wird nichts mehr geben, was der Fluch Gottes trifft. Der Thron Gottes und des Lammes wird in der Stadt stehen und seine Knechte werden ihm dienen. ⁴Sie werden sein Angesicht schauen und sein Name ist auf ihre Stirn geschrieben. ⁵Es wird keine Nacht mehr geben und sie brauchen weder das Licht einer Lampe noch das Licht der Sonne. Denn der Herr, ihr Gott, wird über ihnen leuchten und sie werden herrschen in alle Ewigkeit.

⁶Und der Engel sagte zu mir: Diese Worte sind zuverlässig und wahr. Gott, der Herr über den Geist der Propheten, hat seinen Engel gesandt, um seinen Knechten zu zeigen, was bald geschehen muss.
⁷Siehe, ich komme bald. Selig, wer an den prophetischen Worten dieses Buches festhält!
⁸Ich, Johannes, habe dies gehört und

gesehen. Und als ich es hörte und sah, fiel ich dem Engel, der mir dies gezeigt hatte, zu Füßen, um ihn anzubeten. ⁹Da sagte er zu mir: Tu das nicht! Ich bin nur ein Mitknecht wie du und deine Brüder, die Propheten, und wie alle, die sich an die Worte dieses Buches halten. Gott bete an!

¹⁰Und er sagte zu mir: Versiegle dieses Buch mit seinen prophetischen Worten nicht! Denn die Zeit ist nahe.

¹¹Wer Unrecht tut, tue weiter Unrecht, der Unreine bleibe unrein, der Gerechte handle weiter gerecht und der Heilige strebe weiter nach Heiligkeit.

¹²Siehe, ich komme bald und mit mir bringe ich den Lohn und ich werde jedem geben, was seinem Werk entspricht. ¹³Ich bin das Alpha und das Omega, der Erste und der Letzte, der Anfang und das Ende. ¹⁴Selig, die ihre Gewänder waschen: Sie haben Anteil am Baum des Lebens und sie werden durch die Tore in die Stadt eintreten können. ¹⁵Draußen bleiben die Hunde und die Zauberer, die Unzüchtigen und die Mörder, die Götzendiener und jeder, der die Lüge liebt und tut.

¹⁶Ich, Jesus, habe meinen Engel gesandt als Zeugen für das, was die Gemeinden betrifft. Ich bin die Wurzel und der Stamm Davids, der strahlende Morgenstern.

¹⁷Der Geist und die Braut aber sagen: Komm! Wer hört, der rufe: Komm! Wer durstig ist, der komme! Wer will, empfange unentgeltlich das Wasser des Lebens!

¹⁸Ich bezeuge jedem, der die prophetischen Worte dieses Buches hört: Wer etwas hinzufügt, dem wird Gott die Plagen zufügen, von denen in diesem Buch geschrieben steht. ¹⁹Und wer etwas wegnimmt von den prophetischen Worten dieses Buches, dem wird Gott seinen Anteil am Baum des Lebens und an der heiligen Stadt wegnehmen, von denen in diesem Buch geschrieben steht.

²⁰Er, der dies bezeugt, spricht: Ja, ich komme bald. – Amen. Komm, Herr Jesus!

²¹Die Gnade des Herrn Jesus sei mit allen!

Bibelstellen
Offb 1;
12,1 – 14,5;
17,1 – 18,8;
20 – 22

Petrus, das gefälschte Original

Am Ende gehen wir noch einmal an den Anfang. Da haben wir vom Philipperbrief erzählt. Und vom Anfang unserer Bewegung. Vom Anfang der Kirche.

Wir haben erzählt, dass der Anfang in unserer Jesusgemeinschaft bunt und divers war. Wir haben erzählt, dass sie nicht sofort so war, wie du sie heute als Kirche kennst. Wie du sie erwartest. Mit einem Pfarrer, der der Chef ist. Mit einem Bischof als Oberchef. Mit einem klaren Regelwerk. Mit Kirchen und Altären.

Wir haben die Anfangszeit der Kirche mit der Zeit verglichen, in der die Partei „Die Grünen" entstanden ist. Du erinnerst dich: Viele verschiedene bunte Trüppchen, Bürgerinitiativen, Friedensbewegungen, politische Bewegungen, die sich zum Teil widersprachen, entstanden, verschwanden, schlossen sich zusammen, trennten sich wieder. Es dauerte Jahrzehnte, bis eine Partei entstanden war, die so strukturiert ist wie andere politische Parteien. Mit Vorständen, Ortsgruppen und Parteiprogrammen.

Die Anfangszeit der Kirche war genauso: vielleicht wie ein großes Laboratorium. Mit vielen Arbeitstischen, Versuchsanordnungen, Experimenten, verschiedenen Forschungsschwerpunkten, unterschiedlichen Forschergruppen mit Wissenschaftlern der unterschiedlichsten Fächer. Verschiedene Formeln und Theorien. Ein großer Patchworkteppich. Keine Auslegware, sondern ein Teppich aus unterschiedlichen Materialien und mit unterschiedlichen Mustern. Keine Uniformität, sondern Pluralität. Energie. Entwicklung. Ständiges Entwickeln. Neue Experimente.

Im zweiten Jahrhundert haben viele Theologen damit begonnen, die neue Religion auch wissenschaftlich zu erschließen. Menschen verschiedener Schichten haben sich dem Christentum angeschlossen. Vieles passiert nebeneinander, wird ausprobiert, verworfen, etabliert sich: verschiedene Theologien. Verschiedene Ethiken. Verschiedene Strukturen. Ein Kommen und Gehen. Bis zu einer Mehrheitskirche aber, die eine orthodoxe Lehre festlegt – also verbindliche theologische Grundlagen, an die sich Christinnen und Christen halten müssen, wenn sie dazugehören wollen –, wird es noch mehr als hundert Jahre dauern.

Der Weg dahin ist nicht ohne. Es gibt Auseinandersetzungen, Diskussionen und viel Krach. Klar. Ist normal. Wichtig ist, dass du kapierst: Die Geschichte der Kirche ist keine lineare Geschichte, in der sich aus einem Entwicklungsschritt ganz logisch der nächste ergibt. Gewirkt durch den Heiligen Geist nach ausschließlich einer Weise, als entwickle er die Kirche nach einem festgelegten Konstruktionsplan. Nee, so war es genau nicht. Auch wenn die Geschichten und Texte des Neuen Testamentes manchmal den Eindruck vermitteln.

Es war anders, das hast du ja auch schon festgestellt. Und der letzte Text des Neuen Testamentes – der zweite Petrusbrief – ist dafür wieder mal ein Beispiel.
In diesem Text schreiben wir wieder mal über so eine christliche Gruppe von vielen, die im Entstehen ist. Und die herumlaboriert, was für sie konstitutiv ist. Was also zu ihrer Identität gehört. Und auch in dieser Ecke des großen christlichen Laboratoriums gibt es Krach. Vor allem um die Frage:
Welche Bedeutung hat die Vorstellung der Parusie? Also die Vorstellung, dass Jesus selbst schon bald zurückkommen und über die Welt zu Gericht sitzen wird. Die einen finden den Gedanken megawichtig. Die anderen können damit nichts anfangen.
In dieser kritischen Phase greifen wir wieder mal zu dem Trick, den du schon kennst: der Pseudepigraphie. Wir brauchen einen prominenten Autor. Und zwar einen, der so prominent ist, dass die Diskussionen verstummen.

Gäbe es einen besseren als Petrus himself?
Nein! Petrus ist die zentrale Figur der Gründerzeit! Integrationsfigur zwischen den unterschiedlichen Strömungen von Heidenchristen und Judenchristen! Erstberufener Jünger! Erfinder der Heidenmission! Garant für die Verlässlichkeit der überlieferten Jesusworte! Hammer! Wie wäre es also, wenn wir sein Testament aufschrieben? Junge, Junge, das hätte doch wohl einigen Wumms. Einer, der Jesus noch live gehört hat und genau weiß, was er gesagt hat – den brauchen wir jetzt in dieser Krise. Wir brauchen jetzt ein Original. Auch wenn es ein gefälschtes Original ist.

Denn natürlich ist Petrus nicht der Autor. Das merkst du auch, wenn du den Brief liest. Der Autor weiß beispielsweise ja, dass es eine Sammlung von Paulusbriefen gibt. Aber Petrus hätte das ja nicht wissen können. Er war ja schon tot, als die Briefe gesammelt wurden. Diese Unlogik spielt für uns aber keine Rolle. Die faktische Autorität der historischen Figur ist für uns in der Krise Gold wert. Darauf kommt es an.

Unser Text ist ein Plädoyer für die Parusie. Also dafür, dass Jesus bald wiederkommt. Und wir wollen diejenigen, die sich von uns trennen, motivieren, zu uns zurückzukommen. Denn noch ist genug Zeit. Wir erzählen zum Beispiel vom neuen Himmel und von der neuen Erde. Ein klassisches Motiv aus der jüdischen apokalyptischen Literatur. Es ist dir schon begegnet, als du die Offenbarung des Johannes gelesen hast. Wir wollen unsere Leute zu einem guten Leben motivieren. Wer jetzt richtig lebt, der steht schon jetzt auf der richtigen Seite. Wenn Jesus zurückkommt, muss er sich keine Sorgen machen. Er ist dabei.

Dabei hauen wir richtig auf die Pauke. Wir schreiben ziemlich polemisch. Wir verteidigen unsere Position nicht mit Sachargumenten. Sondern wir konstruieren Personen – Irrlehrer (die es gar nicht gibt) – und machen sie fertig. Mit ziemlich heftigen Mitteln. Diskreditierung. Üble Nachrede. Das ganze Programm. Nicht gerade ein rhetorisches Florett, das wir da auspacken – eher ein Holzhammer. Aber in der Krise erlauben wir uns krasse Methoden.

Denn es geht nun zunehmend nicht mehr um die Wahrung der Identität nach außen, sondern nach innen. Es geht um Theologie. Theologische Eckpunkte, die unsere Gruppe zu der macht, die wir sind. Und wer sind wir?

Wir sind eine heidenchristliche Gruppe. Wir haben das Matthäusevangelium studiert, denn einige seiner Motive lassen wir in unseren Brief einfließen. Zum Beispiel die Verklärungsgeschichte. Das Motiv der Gerechtigkeit. Die Verbindung von Sintflut und Endgericht. Wir haben auch das Buch Genesis gelesen und haben darüber zum ersten Mal überhaupt den jüdischen Hintergrund des Christentums kennengelernt. Wow. Wir haben als Heidenchristen ja keinen blassen Schimmer von der jüdischen Kultur. Sie ist uns vollkommen neu und fremd. Deswegen fehlt manchen von uns logischerweise auch der innere Bezug. Erst recht zu einem so fremden Motiv wie der jüdischen Apokalyptik. „Was soll der Quatsch?", fragen andere aus unserer Gruppe. Und nach dem ganzen Radau und viel Streit gehen sie.

Und nun kommen wir. Wir brauchen jetzt einen Text, in dem wir uns als heidnische Gruppe in der judenchristlichen Gedankenwelt üben, in ihre Sprache und kulturellen Kontexte hineindenken. Daher die vielen alttestamentarischen Bezüge und Bilder. Indem wir (den fiktiven, weil schon toten) Petrus die Feder führen lassen, bilden wir eine Brücke von uns zum jüdischen Entstehungskontext der ersten Christen – den Petrus eben wie kein Zweiter perfekt verkörpert.

Petrus. Das Original. Auch wenn es gefälscht ist.

Der zweite Brief des Petrus

1 ¹Simon Petrus, Knecht und Apostel Jesu Christi, an jene, die durch die Gerechtigkeit unseres Gottes und Retters Jesus Christus den gleichen kostbaren Glauben erlangt haben wie wir. ²Gnade sei mit euch und Friede in Fülle durch die Erkenntnis Gottes und Jesu, unseres Herrn!

³Alles, was für unser Leben und unsere Frömmigkeit gut ist, hat seine göttliche Macht uns geschenkt; sie hat uns den erkennen lassen, der uns durch seine Herrlichkeit und Kraft berufen hat. ⁴Durch sie sind uns die kostbaren und überaus großen Verheißungen geschenkt, damit ihr durch diese Anteil an der göttlichen Natur erhaltet und dem Verderben entflieht, das durch die Begierde in der Welt herrscht. ⁵Darum setzt allen Eifer daran, mit eurem Glauben die Tugend zu verbinden, mit der Tugend die Erkenntnis, ⁶mit der Erkenntnis die Selbstbeherrschung, mit der Selbstbeherrschung die Ausdauer, mit der Ausdauer die Frömmigkeit, ⁷mit der Frömmigkeit die Brüderlichkeit und mit der Brüderlichkeit die Liebe! ⁸Wenn dies nämlich bei euch vorhanden ist und wächst, dann nimmt es euch die Trägheit und Unfruchtbarkeit für die Erkenntnis unseres Herrn Jesus Christus. ⁹Wem dies nämlich fehlt, der ist blind und kurzsichtig; er hat vergessen, dass er gereinigt worden ist von seinen früheren Sünden. ¹⁰Deshalb, Brüder und Schwestern, bemüht euch noch mehr darum, dass eure Berufung und Erwählung Bestand hat! Wenn ihr das tut, werdet ihr niemals scheitern. ¹¹So wird euch in reichem Maß gewährt, in das ewige Reich unseres Herrn und Retters Jesus Christus einzutreten.

Das Zeugnis der Propheten und Apostel

¹²Darum will ich euch immer daran erinnern, auch wenn ihr es schon wisst und in der Wahrheit gefestigt seid, die jetzt gegenwärtig ist. ¹³Ich halte es nämlich für richtig, euch daran zu erinnern, solange ich noch in diesem Zelt lebe, und euch dadurch wach zu halten; ¹⁴denn ich weiß, dass mein Zelt bald abgebrochen wird, wie mir auch unser Herr Jesus Christus offenbart hat. ¹⁵Ich will aber dafür sorgen, dass ihr euch auch nach meinem Tod jederzeit daran erinnern könnt. ¹⁶Denn wir sind nicht klug ausgedachten Geschichten gefolgt, als wir euch die machtvolle Ankunft unseres Herrn Jesus Christus kundtaten, sondern wir waren Augenzeugen seiner Macht und Größe. ¹⁷Denn er hat von Gott, dem Vater, Ehre und Herrlichkeit empfangen, als eine Stimme von erhabener Herrlichkeit an ihn erging: Das ist mein geliebter Sohn, an dem ich Wohlgefallen gefunden habe. ¹⁸Diese Stimme, die vom Himmel kam, haben wir gehört, als wir mit ihm auf dem heiligen Berg waren. ¹⁹Dadurch ist das Wort der Propheten für uns noch sicherer geworden und ihr tut gut daran, es zu beachten, wie ein Licht, das an einem finsteren Ort scheint, bis der Tag anbricht und der Morgenstern aufgeht in eurem Herzen. ²⁰Bedenkt dabei vor allem dies: Keine Prophetie der Schrift wird durch eigenmächtige Auslegung wirksam; ²¹denn niemals wurde eine Prophetie durch den Willen eines Menschen hervorgebracht, sondern vom Heiligen Geist getrieben haben Menschen im Auftrag Gottes geredet.

Die Vorwürfe gegen die Irrlehrer

2 ¹Es gab aber auch falsche Propheten im Volk, wie es auch unter euch falsche Lehrer geben wird. Sie werden Verderben bringende Irrlehren einschleusen und den Herrn, der sie freigekauft hat, verleugnen. Doch dadurch bringen sie über sich selbst rasches Verderben. ²Und ihren Ausschweifungen werden sich viele anschließen und ihretwegen wird der Weg der Wahrheit in Verruf kommen. ³In ihrer Habgier werden sie euch mit erdichteten Worten zu kaufen versuchen; aber das Gericht über sie bereitet sich schon seit Langem vor und das Verderben, das ihnen droht, schläft nicht. ⁴Gott hat auch die Engel, die gesündigt haben, nicht verschont, sondern sie mit Ketten in der Finsternis der Unterwelt verwahrt und sie als Gefangene dem Gericht übergeben. ⁵Er hat auch die Welt am Anfang nicht verschont, sondern nur mit sieben anderen Noach, den Künder der Gerechtigkeit, bewahrt, als er die Flut über die Welt der Gottlosen brachte. ⁶Auch die Städte Sodom und Gomorra hat er eingeäschert und zum Untergang verurteilt, als ein Beispiel für die Gottlosen in späteren Zeiten. ⁷Den gerechten Lot aber, der unter dem ausschweifenden Lebenswandel der Frevler litt, hat er gerettet; ⁸denn dieser Gerechte, der mitten unter ihnen wohnte, musste Tag für Tag ihr gesetzwidriges Tun sehen und hören und das quälte diesen Gerechten. ⁹Der Herr kann die Frommen aus der Versuchung retten; die Ungerechten aber kann er für den Tag des Gerichts aufsparen, um sie zu bestrafen, ¹⁰besonders jene, die sich von der schmutzigen Begierde ihres Körpers beherrschen lassen und die Macht des Herrn verachten. Diese frechen und anmaßenden Menschen schrecken nicht davor zurück, die überirdischen Mächte zu lästern, ¹¹während Engel, die ihnen an Stärke und Macht überlegen sind, beim Herrn nicht über sie urteilen und lästern. ¹²Diese Menschen aber sind wie unvernünftige Tiere, die von Natur aus dazu geboren sind, gefangen zu werden und umzukommen. Sie lästern über Dinge, die sie nicht verstehen. In ihrer Verderbtheit werden auch sie verderben ¹³und als Lohn für ihr Unrecht werden sie Unrecht erleiden. Sie halten es für ein Vergnügen, bei Tag ein üppiges Leben zu führen; Schandflecke und Makel sind sie, die in ihren Betrügereien schwelgen, wenn sie zusammen mit euch prassen. ¹⁴Sie haben nur Augen für die Ehebrecherin und sind unersättlich in der Sünde. Sie ködern ungefestigte Seelen; ihr Herz ist in der Habgier geübt, sie sind Kinder des Fluches. ¹⁵Sie haben den geraden Weg verlassen und sind in die Irre gegangen. Sie folgten dem Weg Bileams, des Sohnes Bosors, der den Lohn der Ungerechtigkeit liebte, ¹⁶aber er wurde wegen seines eigenen Vergehens zurechtgewiesen: Ein stummes Lasttier redete mit menschlicher Stimme und verhinderte das wahnwitzige Vorhaben des Propheten. ¹⁷Diese Menschen sind Quellen ohne Wasser, sie sind Wolken, die der Sturm vor sich herjagt; für sie ist die dunkelste Finsternis bestimmt. ¹⁸Sie führen geschwollene und nichtssagende Reden; in ihren fleischlichen Begierden ködern sie durch Ausschweifungen die Menschen, die sich wirklich von denen getrennt haben, die im Irrtum leben. ¹⁹Freiheit versprechen sie ihnen und sind doch selbst Sklaven des Verderbens; denn wem jemand unterliegt, dessen Sklave ist er. ²⁰Denn wenn sie den Schandtaten der Welt durch die Erkenntnis des Herrn und Retters Jesus Christus entkommen sind, in diese sich aber wieder verstricken und ihnen unterliegen, dann steht es mit ihnen am Ende schlimmer als vorher. ²¹Denn es wäre besser für sie, den Weg der Gerechtigkeit nicht erkannt zu haben, als ihn erkannt zu haben und sich danach wieder von dem heiligen Gebot abzuwenden, das ihnen überliefert worden ist. ²²Auf sie trifft das wahre Sprichwort zu: Der Hund kehrt zurück zu dem, was er erbrochen hat, und: Die gewaschene Sau wälzt sich wieder im Dreck.

Die Wiederkunft Christi

3 ¹Das ist schon der zweite Brief, Geliebte, den ich euch schreibe. In beiden will ich eure klare Einsicht wachrufen und euch erinnern: ²Denkt an die Worte, die von den heiligen Propheten im Voraus gesprochen worden sind, und an das Gebot des Herrn und Retters, das eure Apostel euch überliefert haben! ³Dies sollt ihr vor allem wissen: In den letzten Tagen werden Spötter kommen, die ihren Spott treiben, ihren eigenen Begierden nachgehen ⁴und sagen: Wo bleibt seine verheißene Ankunft? Denn seit die Väter entschlafen sind, bleibt alles, wie von Anfang der Schöpfung an. ⁵Wer das behauptet, übersieht, dass es einst die Himmel gab und eine Erde, die aus dem Wasser entstand und durch das Wasser Bestand hatte auf das Wort Gottes hin. ⁶Durch dieses wurde die damalige Welt vom Wasser überflutet und ging zugrunde. ⁷Die jetzigen Himmel aber und die Erde sind durch dasselbe Wort für das Feuer aufgespart worden. Sie werden bewahrt für den Tag des Gerichts und des Verderbens der gottlosen Menschen. ⁸Dies eine aber, Geliebte, soll euch nicht verborgen bleiben, dass beim Herrn ein Tag wie tausend Jahre und tausend Jahre wie ein Tag sind. ⁹Der Herr der Verheißung zögert nicht, wie einige meinen, die von Verzögerung reden, sondern er ist geduldig mit euch, weil er nicht will, dass jemand zugrunde geht, sondern dass alle zur Umkehr gelangen. ¹⁰Der Tag des Herrn wird aber kommen wie ein Dieb. Dann werden die Himmel mit Geprassel vergehen, die Elemente sich in Feuer auflösen und die Erde und die Werke auf ihr wird man nicht mehr finden. ¹¹Wenn sich das alles in dieser Weise auflöst: Wie heilig und fromm müsst ihr dann leben, ¹²die Ankunft des Tages Gottes erwarten und beschleunigen! An jenem Tag werden die Himmel in Flammen aufgehen und die Elemente im Feuer zerschmelzen. ¹³Wir erwarten gemäß seiner Verheißung einen neuen Himmel und eine neue Erde, in denen die Gerechtigkeit wohnt.

Das Zeugnis der Paulusbriefe

¹⁴Deswegen, Geliebte, die ihr dies erwartet, bemüht euch darum, von ihm ohne Makel und Fehler in Frieden angetroffen zu werden! ¹⁵Und die Geduld unseres Herrn betrachtet als eure Rettung. Das hat euch auch unser geliebter Bruder Paulus mit der ihm geschenkten Weisheit geschrieben; ¹⁶es steht in allen seinen Briefen, in denen er davon spricht. In ihnen ist einiges schwer zu verstehen und die Unwissenden, die noch nicht gefestigt sind, werden diese Stellen ebenso verdrehen wie die übrigen Schriften zu ihrem eigenen Verderben.

Wunsch und Lobpreis

¹⁷Ihr aber, Geliebte, da ihr dies im Voraus wisst, gebt Acht, dass ihr nicht von dem Irrtum der Frevler mitgerissen werdet und eure eigene Standfestigkeit verliert! ¹⁸Wachset in der Gnade und Erkenntnis unseres Herrn und Retters Jesus Christus! Ihm gebührt die Herrlichkeit, jetzt und bis zum Tag der Ewigkeit. Amen.

Liebe*r Leser*in unserer Jugendbibel,

auf den letzten 380 Seiten hast du sicherlich viele Entdeckungen gemacht, die du aus deiner Lebenswelt kennst. Anderes war vielleicht etwas sperrig für dich. Es gab bestimmt einige Stellen in den einführenden Texten, an denen du nach der Lektüre sagen konntest: Ach, so könnte das in der Bibel gemeint sein! Durch die Einführungen möchten dir die Autoren ihre Perspektiven auf die biblischen Texte vorstellen. Bei anderen Stellen regte sich vielleicht Widerstand in dir.

Ganz ehrlich: Uns ging es genauso. Viele Vergleiche, die die Autoren ziehen, brachten uns neue Perspektiven; über andere sind wir gestolpert und sagten: Nee, das sehen wir aber anders! Wenn es dir also genauso ging wie uns, dann sind wir zufrieden. Denn dann hat sich die Arbeit gelohnt. An dieser Stelle möchten wir ihnen – genau wie den Fachleuten aus der theologischen Bibelwissenschaft, dem Künstler und dem Verlag Herder – für ihr Engagement danken. Ohne sie wäre das Projekt nicht möglich gewesen.

Das Besondere an dieser Bibel ist: Unbequem zu sein – das war das Ziel! Wir wollten keine seichten Einführungstexte, die für alle schon irgendwie passen und niemanden provozieren. Es muss nicht immer harmonisch zugehen – auch nicht in der Kirche! Vor 2000 Jahren wurde übrigens auch schon gestritten über das, was im Glauben wichtig ist. Warum sollten wir das heute nicht mehr tun? Also: Setzt euch mit dieser Bibel, mit den alten und den neuen Texten auseinander! Kritisiert. Diskutiert. Findet neue Wege, den Glauben zu verstehen!

Ach ja: Das hier ist zwar ein Nachwort – aber es ist hoffentlich nicht das Letzte, was du in diesem Buch liest. Nimm die Bibel wieder in die Hand, blättere darin. Schau, wo du hängen bleibst. Verleih sie (und sorge dafür, dass du sie wieder zurückbekommst!). Dieses Buch soll keines sein, das du einmal liest und das dann für immer im Regal verstaubt. Es bleibt aktuell!

Ein wunderbarer Ort, um miteinander ins Gespräch zu kommen, sind die Gruppen der katholischen Jugendverbände. Schau gerne bei einer Jugendgruppe in deiner Nähe vorbei. Klemm deine Bibel unter den Arm, zieh los und tausch dich aus über das, was dir wichtig ist. In den Verbandsgruppen wirst du junge Menschen treffen, die an den Erzählungen genauso interessiert sind wie du. Wir wünschen dir weiterhin viel Freude und gute Inspiration mit dieser Bibel!

Wir freuen uns, dass du dich mit den Erzählungen aus unserer Heiligen Schrift auseinandersetzt. Wir sind uns sicher: Du bist da etwas ganz Großem auf der Spur.

Dein BDKJ-Bundesvorstand

Die Bibeltexte sind entnommen aus: Einheitsübersetzung der Heiligen Schrift, vollständig durchgesehene und überarbeitete Ausgabe,
© 2016 Katholische Bibelanstalt GmbH, Stuttgart. Alle Rechte vorbehalten.

© Verlag Herder GmbH, Freiburg im Breisgau 2020
Alle Rechte vorbehalten
www.herder.de

Gesamtgestaltung: Berres-Stenzel, Freiburg
Alle Illustrationen im Innenteil: Mika Springwald
Fotos: © bulentgultek - GettyImages: Titel/Rücktitel, 1, 5, 6, 16, 23, 40, 65, 92, 100, 116, 130, 137, 145, 153, 182, 207, 219, 244, 277, 303, 335, 356, 372;
© Nirian - GettyImages: Titel/Rücktitel, 1, 2, 4–8, 10, 117, 118, 120–121, 138, 161–162, 164, 208–209, 214–215, 219, 224, 245, 250–251, 336, 340–341, 357, 364, 373, 376–377, 381–383;
© Kanea - AdobeStock: 17–18, 20, 24, 26-27, 235, 240, 289–290, 294, 304, 308–309;
© cgsniper - AdobeStock: 41–42, 315;
© RiCi - AdobeStock: 66, 68–69, 101–102, 104, 146;
© Pam Walker - AdobeStock: 93–95, 183–185;
© Robert Schneider - AdobeStock: 131, 134, 148–149, 154, 156, 168, 170–171, 192, 194–195, 226, 230, 278, 284
Herstellung: L.E.G.O. S.p.A., Vicenza
Printed in Italy

ISBN 978-3-451-37666-5